JN298872

ピグー
富と厚生

八木紀一郎 ●監訳　本郷　亮 ●訳
Kiichiro Yagi　　　Ryo Hongou

Wealth and Welfare
Arthur Cecil Pigou

名古屋大学出版会

ピグー 富と厚生

目　次

凡　例　v

実践との関わりにおける経済学 …………………………… 1

富と厚生 …………………………………………………… 23

　序　文　25

　第 I 編　厚生と国民分配分　48
　　第 1 章　厚生と経済的厚生　48
　　第 2 章　経済的厚生と国民分配分　57
　　第 3 章　分配分とその構成部分の測定　73
　　第 4 章　国民分配分と国民の質　89
　　第 5 章　以下の議論の方法　101

　第 II 編　国民分配分の大きさ　103
　　第 1 章　パレート法則　103
　　第 2 章　生産と分配　109
　　第 3 章　分配分の大きさと，限界純生産物の均等　132
　　第 4 章　不完全な移動性による，限界純生産物の均等化に対する障害　135
　　第 5 章　取引単位の不完全な可分性による，限界純生産物の均等化に対する障害　152
　　第 6 章　産業の相対的変動による，限界純生産物の均等化に対する障害　156
　　第 7 章　社会的純生産物と私的純生産物の乖離による，限界純生産物の均等化に対する障害　166
　　第 8 章　単純競争下における各用途の限界純生産物の均等　187
　　第 9 章　独占の発生条件　193
　　第10章　独占的競争　203

第11章	単純独占 205
第12章	差別独占 208
第13章	特殊ケースとしての鉄道料金 221
第14章	購買者組合 239
第15章	政府の介入 246
第16章	独占の公的統制 250
第17章	産業の公営 269

第III編　国民分配分の分配　283

第1章	序論 283
第2章	賃金の自然な動きに介入する方法 285
第3章	任意地点の賃金率を自然水準以上に引き上げるための3つの手段 291
第4章	労働の雇用方式 296
第5章	特定業種における無差別な人為的賃金率が，相対的富者から相対的貧者に資源を移転する力 305
第6章	特定業種における差別的な人為的賃金率が，相対的富者から相対的貧者に資源を移転する力 316
第7章	人為的賃金率がもたらす移転の最終結果 322
第8章	相対的富者から相対的貧者への資源の直接的移転 326
第9章	相対的富者から相対的貧者への直接的移転の事実がもたらす影響 329
第10章	直接的移転に関する相対的富者側の期待がもたらす影響 341
第11章	直接的移転に関する相対的貧者側の期待がもたらす影響 352
第12章	ナショナル・ミニマム 364

第IV編　国民分配分の変動　369

| 第1章 | 経済的厚生と，代表的労働者の所得の変動 369 |

第 2 章　保　険　375
　　第 3 章　労働者階級の総実質所得の変動と，代表的労働者の実質所得の変動　384
　　第 4 章　一般物価の変動　386
　　第 5 章　労働者階級の実質所得を変動させる原因　399
　　第 6 章　自然の恵みの変動と外国の需要の変動　405
　　第 7 章　事業予測の誤りの変動　410
　　第 8 章　労働者階級の実質稼得の，変動因と変動性の関係　421
　　第 9 章　労働需要の安定を図る慈善家および政府の行動　427

　結　語　437

解題　厚生経済学とは何であるのか（本郷　亮）……………439

　　あとがき　457
　　索　引　459

凡　例

1. 本書は，アーサー・セシル・ピグー（Arthur Cecil Pigou, 1877-1959）の 2 つの著作，すなわち『実践との関わりにおける経済学』（1908 年）と『富と厚生』（1912 年）の全訳である。周知のように，前者はケンブリッジ大学における彼の教授就任講演であり，後者は彼の実践経済学＝厚生経済学の最初の体系書である。底本にはそれぞれ以下のものを用いた。
    ① *Economic Science in Relation to Practice : An Inaugural Lecture given at Cambridge, 30th October, 1908*, London : Macmillan, 1908, 32 pages.
    ② *Wealth and Welfare*, London : Macmillan, 1912, xxxi ＋ 493 pages.
2. 原文のイタリック体は，訳文ではゴチック体で示した。その必要がないと思われるラテン語慣用句などは通常の書体で，また引用著作名の場合は『　』で示した。
3. 原語を示す必要があると思われた場合には，訳語に続く（　）でそれを示した。
4. 訳文中の「　」記号は，原文の"　"を示す。
5. 訳文中の（　）記号は，上記 3 の場合を除き，原著者のものである。
6. 訳文中の［　］記号は，訳者の補足である。
7. 原注は 1), 2), 3) …で示し，訳注は［1］，［2］，［3］…で示した。
8. ピグーは文献名や出版年を省略して記すことが多い。このうち，明確に特定できた文献については，それらを適宜補ったが，複数の版が存在するなどして特定できなかった文献については，便宜的に初版の年を記し，その箇所に下線を引いた。
9. 原典の頁数を欄外に示した。

実践との関わりにおける経済学

ケンブリッジ大学教授就任講演，1908年10月30日

A. C. ピグー著，修士

詳細目次

第 1 節	本講演の主題 …………………………………………………	5
第 2 節	マーシャル教授 …………………………………………………	5
第 3-5 節	一片の知識は，それ自体に価値があるか，あるいはその利用に価値があるかのどちらかだろう．幾つかの学問では，知識の前者の側面，すなわち光明をもたらす側面の方が重要である．しかし経済学の探求する知識が価値をもつのは，主としてその果実のためであり，それが最終的には社会の改良を指導してくれるだろうからである．この果実への欲望が，経済学研究の主な推進力である …………………………	5
第 6 節	しかし経済学によるそのような指導が可能なのは，倫理学上の基本問題がすでに解決されている場合だけである．どんなものがそれ自体として善であるかを決定するのは，倫理学の課題である．経済学は実証科学であるから，規範を定めることはできない．経済学の役割はむしろ，原因がもたらすだろう結果を明らかにして，判断材料を提供することである ………………………………………………………	9
第 7 節	2種類の実証科学，すなわち含意を考察する「純粋」科学と，事実を考察する現実科学がある．経済学の目標は実践であるから，経済学はその性質上，明らかに現実科学になる …………………………	10
第 8-9 節	だが現実科学のめざす理想は，観察された事実を単に記述した目録の作成ではなく，現実世界における原因と結果の相互関係を示す法則の体系であり，しかも個別の問題の解決に利用できる体系の構築である．経済学の発展の現状のもとで，事実上，経済学がこれらの問題にあてることのできる光明の度合を，以下の3項目に分けて論じる ……	11
第 10-12 節	第1に，経済学は，有用な，批判的ないし消極的知識を提供できる．たとえある原因からどんな結果が生じるかを示せないとしても，経済学はしばしば，ある結果が生じるという常識に基づく議論の無効性を示すことができ，こうして政府の誤った指導を阻止できる．この点を，訓練されていない常識が陥りやすい2種類の誤謬によって例証する ……………………………………………………………	12

第 13-15 節　第 2 に，経済学はしばしば，定性分析の形で，原因と結果の間に存在する関係についての積極的知識を提供できる。この点における経済学の能力を，失業問題の幾つかの側面に関連づけて例証する …………… 15

第 16-17 節　第 3 に，経済学はしばしば，**定量**分析の形で，原因と結果の間に存在する数量関係についての積極的知識を提供**できない**。この大きな弱点を補うことは，現代経済学者が直面するに違いない課題のうち，おそらく最も重要なものであり，確かに最も困難なものである …………… 19

1　この講演のために私が選んだ題目は，『実践との関わりにおける経済学』である。その題目のもとで，私は一般性をもつ幾つかの考察を結合しようと試みた。私は胸中で，誰かが次のように問うだろうと想像した。「経済学のめざす目的は何であるのか。その価値は何であり，その意義は何であるのか。われわれはその研究に加わるように誘われたのだ。われわれにその理由を示して欲しい」と。

2　とはいえ，その問いに対して直ちに何らかの**弁明**をおこなう前に，少し個人的な話をすることを許していただきたい。何かを追求するさいにわれわれがそれを正当化する**理由づけ**は，ときには——あるいはしばしば——われわれがそれに向かった当初の**原因**とは異なっている。私の場合がそうである。私が初めて経済学に関心をもった原因は，［それが果実をもたらすからという］理屈ではなく，恩師［マーシャル］による個人的感化であった。彼の後継者であり弟子でもあることは，私に与えられた特別な恩恵である。ケンブリッジの経済学教授職は，今でも彼の名によって輝いている。しかし私自身が彼から受けた恩義——彼のすべての弟子たちが共有する恩義——を，ここで語るのは場違いである。

　　おんみずから道を見出せずとも，
　　おそらく私たちの相談に乗ってくれるものが，それ，あそこに[1]。

彼の始めた仕事をこの大学で引き継ぎ，発展させ，そして彼から学んだことを他の人々に伝えてゆくことが，私の最も真剣に努力する仕事になるだろう。

3　先ほど私は，経済学研究のための**弁明**の話をした。明らかに，それをおこなうさいには経済学自体の領域を越えたものが必要になる。そこでは倫理的な意味における評価が不可欠になり，したがって道徳哲学の領域に踏み入らざるをえない。それ自体として善であるものと，善への手段であるものは，昔から区別され

---

[1] ダンテ・アリギエーリ『神曲』煉獄篇，第3歌，第62-3節（寿岳文章訳『神曲II　煉獄篇』集英社，2003年，38頁）。

てきた。普遍的には言えないが，一般に広く主張されるように，それ自体善であるものとしてわれわれが唯一知っているのは，知覚をもつ存在（sentient beings）——とりわけ人間——の意識状態（states of consciousness）のみである。もしそうであるならば，どんな特定の種類の知識の獲得も，そのような意識状態を左右する場合にのみ，善——または悪——になる。それが意識状態に影響を与えるのは，次の2つの道のどちらか一方——または両方——によってだろう。第1に，新たな知識が人の意識に入りこむだけで，意識を構成する他の要素の作用を変化させ，その意識の価値ないし善さを**直接**に変化させるだろう。第2に，その知識は，食料供給の増加のような社会環境のさまざまな変化を可能にすることによって，こうして**間接**に，その影響を受ける意識活動の価値ないし善さを変化させるだろう。同じことを大まかに言えば，次のようになろう。一片の知識は，それ自体に価値があるか，あるいはその利用に価値があるかのどちらかだろう。すなわち知識が探求に値するのは，光明をもたらす（light-bearing）その性質のためか，あるいは果実をもたらす（fruit-bearing）その性質のためだろう。

4　さて，この大学が大いに力を注いでいる幾つかの優れた学問に目を向けるならば，それらが光明の獲得と果実の獲得のどちらの性質に依拠しているか，その力点の置き方は実にさまざまであることがわかる。実際，ほぼすべての学問においてその2つは混合しているが，その混合比率は異なる。一方の端には，おそらくすべてのうちで最も一般的な学問である，実在についての学問，すなわち形而上学があるだろう。この学問の研究者については，「彼はやがて，知ることを待ち望んでいる魂に，何か価値あるものをもたらすだろう」という言葉がぴったりである。だがそれは，光明のみであるに違いなく，果実であることはほとんどない。形而上学の研究者に最も近いのは，物理学の究極問題の研究者である。物質に関する微粒子説は，今のところ光明しかもたらない。しかしそこには，期待される別の面もある。はたしてそれが実現するか否かは誰にもわからないが，原子構造に関する思索は，いつの日か物質を分解して，原子内部の膨大なエネルギー資源を人類が利用できるようにする実用手段の発見に至るかもしれない。次に生物学に目を向けよう。そこでは，果実をもたらそうとする面がより顕著である。遺伝に関する最近の研究——その大部分はケンブリッジでなされた研究である——は，確かに純粋な学問的関心によるところも非常に大きい。しかし誰でも

よく考えてみるならば，同時に，それらの研究が小麦栽培にすでにもたらしているめざましい実際的成果や，それらの研究が人類の文化の発展についてためらいながらも試みに提示し始めている遠大な見込みを[2]，思い起こさざるをえない。以上のようにして，もし私にその知識があれば，自然科学のあらゆる分野をことごとく論じてゆくこともできよう。だが私はむしろ，人間の環境ではなく，人間自体を主に扱う一群の学問に目を向けることにする。最初に，個人としての人間を研究対象とする諸々の学問があり，ここでもやはり，前述のようなさまざまな混合比率の違いがある。心理学では理論的関心が優勢である——形而上学に判断材料を提供するという面では特にそう思われる——。だが心理学は，教育という実際的技術の基礎としても，ある程度評価されている。他方，人体生理学では理論的関心もあるにはあるが，むしろそれは二次的関心にすぎず，この学問は主に医術の基礎として昔から評価されてきた。すべての学問のうちでわれわれが最後に取り上げるのは，個々の人ではなく人々の集団を扱う学問，すなわち幾人かの研究者が社会学と呼んでいる一群の新しい学問である。歴史の展開の背後に存在するかもしれない法則についての光明は，あるいは特定の事実についての光明でさえ，多くの人の意見では，それ自体として高い価値をもつ。そのような主張を否定するようなことをここで述べるつもりはないが，次のことは述べなければならない——なぜならそれは私の基本的な考えだから——。すなわち人間社会に関する学問では，光明をもたらすものとしてのその魅力は，けっして高く評価されることはない。それが人々から評価されるのは主に，光明ではなく果実の見込みによるのである。私はマコーレイの歴史論の，やや激しすぎるが有名な章句を思い出す。「過去の事象には，いかなる内在的意義もない。過去に関する知識に価値があるのは，それが人々を導いて，未来についての正しい予想を立てさせるからにすぎない。この目的に役立たない歴史は，たとえそれが戦闘や条約や動乱に満ちていようとも，マシュー・マイト卿が収集した有料道路の色々な切符と同じくらい無益である」。この逆説には一理ある。もし人間の社会的行動に関する科学研究が，必ずしも直接ないし即時にではなくとも，いつの日か何らかの形で社会改良の実際的成果をもたらすという望みがなければ，私自身は——他の人のことはいざ知らず——その研究に費やした時間を無駄なものと見なすだろう。それ

---

[2] 優生学をさす。ピグー「近代生物学の光に照らした社会進歩」("Social Improvement in the Light of Modern Biology",『エコノミック・ジャーナル』1907年9月，358-69頁) 参照。

はすべての社会科学に当てはまるが，特に経済学によく当てはまるように，私には思われる。なぜなら経済学は「生活の通常の営みにおける人間の研究である」[3] が，人間が最も興味深いものになり，われわれを鼓舞するものになるのは，生活の通常の営みにおいてではないからである。知識がもたらす果実を別にして，それでも人間に関する知識を望むとすれば，私はそれを宗教の情熱（enthusiasm）の歴史，熱情（passion）や殉教や愛（love）の歴史に求めることはあっても，それを市場に求めたりはしない。われわれが人の通常の動機の働きを観察しようとするさい——人のそのような動機は，ときには卑しく，陰気で，恥ずべきものである——その研究の衝動は，知識のための知識を求める哲学者の衝動ではなく，むしろ治療のための知識を求める生理学者の衝動である。後者の知識は何らかの仕方で治療に役立つだろう。

5　この衝動は，社会の福利（social well-being）において最近見られた大前進を最もはっきり認識している者にとってさえ，当然ながら良心の命令による衝動である。まだ残っている悪は非常に多い。現代のイギリスでも現代のアメリカでも，その膨大な富にもかかわらず，『ジョン・ストリート5番街』（No. 5 John Street），あるいは『ジャングル』（The Jungle）のような著作さえ書かれているのであり，しかもそれらはまったく嘘の内容であるとも思えない。われわれの中で最も想像力のない者でも，産業上の苦闘の末に打ち負かされた者たちの苦しみや堕落の表情を，生々しく見ることがある。一部の者たちの贅沢と他の者たちの貧乏には，明らかに雲泥の差がある。トマス・アクィナスの次の章句はぴったりであり，手厳しい。「多くの者の生活の糧になるはずのものを独り占めして，お前は不正義をおこなっていないとでも思っているのか。……お前が持つのは飢えた者たちのパンであり，お前が大事にしまっているのは裸の者たちの衣服である」。確かに，これらのことを最も鋭く感じとる人々は，必ずしも経済学者ではない。研究ばかりでほとんど社会的な行動を起こさないことへの苛立ちから，ときおり彼ら［実践活動家］は経済学者と経済学に対して，世間の嫌われものという烙印を押すこ

---

[3] マーシャル『経済学原理』（Marshall, *Principles of Economics*, 1890）冒頭の有名な経済学定義。「経済学は生活の通常の営み（ordinary business of life）における人間の研究であり，人間の個人的，社会的行為のうち，福利（wellbeing）の物的条件の獲得と利用に最も密接に結びついた部分を考察する。それゆえ経済学は一面において富の研究であると同時に，他面において，またより重要な側面として，人間研究の一部である」。

ともあろう。しかしそれでもなお，彼らの思いと経済学者の思いは同一なのである。気の利いた警句をもってそうした苛立ちに対応するような経済学者は，真の経済学者ではない。次の章句は見事である。「情熱はしばしば，噴煙と火粉が混じりあって噴出する。文化がこれを精錬し，ゆっくりと鍛え上げるだろう。そのようになる前にそれに冷たい水を注ぐのは，憂鬱なものである」。もしある人が，エッジワース教授の『数理心理学』（*Mathematical Psychics*）への興味や，フィッシャー博士の『通貨の増価と利子』（*Appreciation and Interest*）への興味から経済学を学ぼうとするならば，私は喜ぶだろう。それは，ある人がビジネスを志し，自分の将来の職業に関する何らかの広い知見を得たいと願って経済学を学ぼうとするのを，私が喜ぶのと同じである。しかし彼がロンドンのスラムを歩き，自分の仲間を少しでも助けようと心を動かされて経済学を学ぼうとするならば，その方が私はずっと喜ぶだろう。カーライルによれば，驚き（wonder）は哲学の始まりである。だが社会への情熱（social enthusiasm）は経済学の始まりである，と付け足せるだろう。

6　このことは別の問題につながってゆく。もし実践が経済学者の仕事の推進力であるならば，明らかに経済学は単独で立つことはできない。なぜなら経済学は規範科学ではなく，実証科学だからである。経済学が扱うのは，何が起こるべきかではなく，何が起こる傾向をもつかである。それゆえ経済学は，それ自体では，改革のためのどんな処方箋も主張できない。経済学が研究するのは，生理学の研究と同じく，ある原因がもたらされる場合にどんな結果が生じるかということである。経済学は，意識活動のさまざまな状態のそれ自体の善さを比較するという問題について，［価値］判断を下そうとするわけではない。それは倫理学の仕事である。経済学より高い地位を占めるこの倫理学という分野で，われわれは善の問題について何らかのことを学ぶ——または学ぼうと努める——。そしてそれを学び終えたとき，経済学が次のように助言するのである。すなわち中央政府の，地方自治体の，自発的組合の，あるいは個人の，これこれの行動は，これこれの仕方で，人々の意識活動を変えるだろう。このとき初めてわれわれは，これこれの行動のもたらす結果は善——あるいは悪——だろう，と結論できるようになる。それゆえ，経済学と倫理学は互いに依存しあっている。社会に貢献する実践的学問を生みだすには，その両者が必要である。前者は後者の侍女である。そ

のどちらか一方を実際に実り豊かなものにしようとすれば，もう一方も発展させることが不可欠である。だから私は，経済学者が同時に倫理学者でもあることは焦眉の課題である，と付け加えたい。

7　さて，経済学の役割に関するこの考えが承認されれば，そこから次のような，経済学の大まかな一般的特徴に関するある結論に導かれるだろう。実証科学には2つの種類がある。一方の側には，形式論理学や純粋数学のような科学があり，その役割は**含意**の発見である。他方の側には，物理学・化学・生物学のような現実科学（realistic sciences）とでも呼べる科学があり，それらは現実世界を扱う。この区別はラッセル氏の『数学原理』によるものである。「非ユークリッド幾何学の発展以来，純粋数学は，ユークリッドの公理や命題が現実空間に妥当するか否かという問題に無関心になったようである。なぜならこれは現実数学の問題であり，もし解決できるとすれば，実験と観察によって解決されるべきものだからである。純粋数学が主張するのは，ユークリッドの命題がユークリッドの公理から導出されるということにすぎない。すなわちそれが主張するのは，これこれの性質をもつ任意の空間は同じくこれこれの他の性質をもつという含意である。だから純粋数学において扱う限りでは，ユークリッド幾何学も非ユークリッド幾何学も等しく正しい。なぜなら，どちらも含意しか主張していないからである。われわれの住む空間のような現実に存在するものに関わるすべての命題は，実験的，経験的科学に属すのであり，数学に属すのではない」[1]。

ところで経済学を構築しようとするさいに，純粋数学に代表される純粋型のものを選ぶか，それとも実験物理学に代表される現実型のものを選ぶかは，われわれの自由である。この意味での――明らかになじみの薄い意味での――純粋経済学は，任意の一群の動機 x によって行動する人々の集団のもとで生じる均衡と，均衡からの乖離を研究することになろう。そこには特殊ケースとして，アダム・スミス型経済学と，ロバチェフスキーの幾何学に対応する非アダム・スミス型経済学が，共に含まれるだろう。前者では，経済人ないし通常人に見られるような動機の値が x に与えられ，後者では，x は労働の愛好と稼得の嫌悪からなる。純粋経済学にとっては，このどちらの経済学も等しく正しいことになる。なぜなら

---

1) ラッセル『数学原理』（Russell, *Principles of Mathematics*, 1903）5頁。なお，私はこの引用文で，ラッセル氏の**応用**（applied）という語を，**現実**（realistic）という語に書き替えた。

純粋経済学は，今この世界で暮らしている現実の人間の胸中に存在する x の値を研究することには，無関心だからである。この純粋経済学と対比されるのが私の言う現実経済学であり，その関心は経験的に知られる世界に集中し，天使の共同体の経済活動にまで及ぶことはけっしてない。今，われわれの目的が実践であるならば，明らかにロバチェフスキー型やリーマン型の経済学は，われわれにとっておもしろい玩具にすぎないだろう。われわれの研究対象になるのは，純粋科学ではなく，現実科学の方である。

8 しかし，この問題と深く関連する第 2 の問題がある。純粋型の科学は明らかにわれわれの目的に役立たないが，観察された事実を単に記述した目録という意味における現実主義も，同じく役立たないのである。果てしなく記述しても，**それだけでは**，予測が可能になることはけっしてない。外国から輸入される小麦に 2 シリングの関税をかければ，どんな結果が生じるのか。一定額の最低賃金を法律で義務づければ，どんな結果が生じるのか。この世のすべての事実をことごとく知っていようとも，それだけでは，これらのような問題を扱えないだろう。何らかの予測をおこなうには，前もって，諸々の事実を理性によって吟味しておく必要がある。あるがままの事実のほかに，ブラウニングの言う「鉱石の中に含まれるあるもの。すなわち塊の中で混じりあい，槌に耐え，研がれて硬くなるもの」がなければならない。単に記述するだけの現実主義から区別される現実科学には，この**あるもの**が不可欠である。現実科学では，事実をただ寄せ集めるのでなく，思考によって事実に**語らせる**のである[2]。ポアンカレ氏がうまく述べたように，「家が石で建てられるのと同じく，科学は事実から組み立てられる。しかし石の山が家ではないのと同様に，事実の単なる蓄積は科学ではない」[3]。天文学は，特定の星を観測してさまざまな場合のその位置を記録しただけの単なる目

---

2) むろん，思考と事実のこの区別は，最終的なものではない。カーヴス・リードがその著書『自然の形而上学』(Carveth Read, *Metaphysics of Nature*, 1905) で述べたように，「思考は知覚に内在しており，しかも知覚はすべての思考のうちに暗に含まれている。すなわち次のように言えるだろう。思考の最も特徴的な作用は，分類および説明という知的過程であり，しかもこれらは明らかに現在の知覚に含まれている。なぜなら，樫の木を，栗の木を，もみの木を見ると言うときに，私は分類しており，見えない川のせせらぎを聞くと言うときに，私は原因を説明しているからである」(20 頁)。

3) ポアンカレ『科学と仮説』(Poincaré, *Science and Hypothesis*, 1905) 141 頁。

録ではない。生物学も，多数の繁殖実験の結果を記録した単なる目録ではない。そうではなくて，あらゆる科学は，確認できる個々の事実の検討や比較検討を通じて，これらの個々の事実がその作用の事例になるところの一般法則の発見をめざしている。天体の動きはニュートンの法則に照らして説明され，青色アンダルシア種の鶏の繁殖はメンデルの法則に照らして説明される。またこれらの法則は，観察された事実を簡略形で書き直した単なる要約でもない。それらは**一般法則**（generalisations）であり，そうであるからこそ人間の知識を，観測されていない事実，あるいはまだ起きてさえいない事実にまで広げるのである。この種の一般法則がいかなる哲学的基礎に依っているのかを，ここで論じるつもりはない。私が言いたいのは，あらゆる現実科学では一般法則が**めざされる**という点である。現実科学はどれも，ウェタム氏が物理学について述べたように，「**すべての場合の現象の因果関係を説明する一般法則の確立をめざしている**」[4]。これらの一般法則に照らしてのみ，実際問題を扱うさいに必要な予測が可能になる。現実科学が実際問題の指導と関わりをもつのは，法則を探求する道具としてのその根本的側面においてであり，事実の記述というその表層的側面においてではない。個々の問題に適するように作られ，すぐにそれに応用可能な道具を確立することこそ，現実科学のめざす理想である。

9 さて，さまざまな科学がこの理想にどれほど近づいたかに応じて，その一般法則によって問題を照らすことのできる光明の度合は異なってくる。この講演の残りの時間で，私は特に経済学の場合の，その明度の度合を吟味しようと思う。以下の3つの個別の議論の中で，この問題に答えてゆこう。

10 第1に，経済学は，他のあらゆる現実科学と同じく，建設的議論のみならず批判的議論の道具でもある。法律改正（あるいは他の変化）の企てがもたらす結果について，経済学はどんな**積極的**情報を提供できるのかという問題は後回しにして［第13～15節］，ここで主張したい点は，それらの企ての支持者や反対者が依拠する議論の価値について，経済学は多くの**消極的**情報を提供できるということである。どんな結果が**生じる**かを言えなくても，経済学は，それに依拠してあ

---

[4] ウェタム『物理学における最近の展開』（William Whetham, *The Recent Development of Physical Science*, 1904）30頁。太字（ゴチック）はピグーによるもの。

る結果が生じると世間一般に信じられているところの，もっともらしい俗論が無効であることならば言える。このようにして経済学は，たとえ政策を指導できない場合でも，誤った指導を阻止することならばできる。自然科学では，この課題は明らかにあまり重要ではない。それらの分野で因果関係の問題を研究する者や，自分の至った結論に基づき実践を担っている者は，そのほとんどが専門的に訓練された研究者である。例えば内科や外科の実践は，それらの代わりにいわゆる常識を学んだ人々には容易に開かれていない。それゆえ，おかしな議論や不合理な実践の余地は比較的小さく，誤った指導を取り除くことにさし迫った必要もない。しかし社会の健康については，参政権をもつ大部分の人や，それをもたない一部の人は，社会科学をまったく知らなくても，社会という病人を十分に処方できると信じるのみならず，そうすることが崇高な義務であるとも信じている。その結果，論理的推論のどんな形式とも矛盾する議論が常に広まっており，民主主義国家（Democratic State）の政策は常にそれに左右されやすい。このようなわけで，誤った指導は特に危険であるから，それを批判することも特に重要である。私が考えているその種の批判を示すために，単なる常識によって経済問題を論じるさいに陥りやすい，主要な２つの落とし穴について少し述べておこう。これらの落とし穴とは，第１に，幾つかの関連する先行事象を観察し損ねたにもかかわらず，観察された帰結と観察された先行事象の因果関係を誤って主張することであり，第２に，幾つかの関連する帰結を観察し損ねたにもかかわらず，同様の誤った主張をすることである。

11 第１の種類の誤り――前後関係と因果関係の混同（*Post hoc ergo propter hoc*[4]）――は，課税に関する通俗論議にほとんど常に存在する。例えば，ある財貨に対する輸入関税が価格に与える影響を予想するという問題では，常識は次のような２つの誤った議論に陥りやすい。その１つは，この種の関税はこれこれの場所で，これこれの時期に課されたが，その関税が課される前の価格はこれこれであり，その後はこれこれになった，**したがって**その関税の影響はこの２つの価格の差で示される，というものである。もう１つの議論は，ある場所には関税があり，他の場所にはそれがない，そして関税がある場所の価格はこれこれであり，それがない場所の

---

[4]「この後に，ゆえにこれにより」の意。

価格はこれこれである，**したがってその関税の影響はこれらの価格の差で示される**，というものである。どちらの議論も，関税の有無以外に，2つの時点ないし地点の価格を乖離させる要因は何もないと暗に仮定している。しかし通常，そのような多くの要因が存在する。それらが存在する**らしい**ことは先験的に明らかだが，それが真理**である**ことは次のような事実によって明らかになる。すなわちこの常識的推論が適用される事例を慎重に選べば，ある人は，一定の商品に対する一定の関税の影響は価格を非常に大きく上昇させることであると論証できるし，また別の人は，それは価格を低下させることであるとも論証できる。同じ誤謬のよりわかりにくい形のものは，次のような議論に見られる。すなわち観察と統計は，労働時間が最も短い産業において賃金が最も高いことをはっきり示しており，しかも多くの産業では，労働時間が短くなるにつれて賃金が上昇した。したがって共変法（concomitant variations）の原理によれば，労働時間の短縮は賃金を上昇させることになる。ところで，この結論は確かに幾つかの事例では正しいだろう。しかし，それが依拠する一般化された議論は大間違いである。すなわち短い労働時間と高い賃金が幾分か相関する真の理由は，一方が他方をもたらすからでなく，別の何か，すなわち産業的能力の向上が，その両方をもたらすからである。同様にして，観察と統計は，食卓上のコショウ瓶の存在と食塩瓶の存在の相関をはっきり示している。しかしそこにコショウ瓶を置けば，それに伴って食塩瓶が得られると主張するのは，誤った推論だろう。

12 常識が陥りやすい第2の種類の誤りは，ある原因がもたらす結果の一部だけを観察し，そしてこの一部をその全体と取り違えてしまうという失敗である。その好例は，資本を引き寄せる，あるいは駆逐する保護関税の影響を判断する問題に見られる。ある常識——保護貿易派の新聞に具体化される——にとって，その問題は，保護貿易をおこなう国で事業を始めた外国企業の一覧表によって決着がつき，また別の常識——自由貿易派の新聞に具体化される——にとっては，保護貿易をおこなう国の企業であるにもかかわらず国外に工場を設立した企業の，同様の一覧表によって決着がつく。自由貿易を支持するあるアメリカ人は，その本のある箇所で後者の種類の表を用いて，「保護関税は自国の製造業を外国に駆逐してしまう」ことを論証しながら，ある別の目的のために同じ本の別の箇所では，前者の種類の同じく長い表を用いて，その逆のことをうっかり論証してし

まっている[5]。むろん実際上，このような仕方の論証はどれも無価値である。資本を引き寄せる，あるいは駆逐する保護関税の影響は，ある国の工場所有者たちが他の国に関連工場を建てるという形でのみ作用するわけではない。その影響は，個人の通常の投資によって，一般にずっと多方面に作用する。先ほどのような一覧表だけを用いてそれを検討することは，結果の一部をその全体と取り違えているのである。同じ誤謬のよりわかりにくい事例が起こるのは，ストライキによって勝ち取られる賃金上昇が，結局，ストライキの実際の過程で被る損失をめったに償わないことを示して，労働者の立場からはストライキが得策でないことを論証しようとする場合である。そのような議論は，自分のところの労働者にストライキの用意があることを雇用主が察知するとき，これを察知するだけで，ストライキなど実際に起きなくても，雇用主を譲歩させることがよくあるという事実を見落としている。換言すれば，ストライキは賃金水準に対して，直接の具体的影響だけでなく，労働者の力に一目置かせることによって，間接の一般的影響を与えることがあるという事実を，その議論は見落としているのである。

13 私の主題の2つめの部分に移ろう。消極的ないし批判的な知識のほかに，経済学は，原因と結果の間に存在する関係の**性質**についての**定性**（qualitative）分析を通じて，積極的な知識も提供できる。この知識の特徴と，それが政策立案上どれほどの価値をもつかという点は，何か具体的な実際問題と関連づけてその知識を述べるようにすれば，最もわかりやすいように思われる。私が選んだ問題は，失業という大問題である。むろん私は，一般講義の中の1つの主題として，その問題をじっくり議論しようというのではない。私の目的は，経済学が実際問題に関わりをもつ例として，若干の点に触れることだけである。

現代のイギリスで失業問題という言葉が意味するのは，多くの職人や労働者が，働く能力も意思もあるのに，たびたび——ときには長期間ずっと——職に就けず，ゆえに賃金も得られないという事実である。ここでまず注目すべきなのは，建築・土木・造船・印刷・家具などの業種では，程度はそれぞれ異なるにせよ，いずれも失業が非常に深刻であるのに対し，石炭採掘業や織物業では，ストライキのような事態を除けば，失業が比較的少ないという点である。それはなぜ

---

5) ピアース『関税とトラスト』（Pierce, *The Tariff and the Trusts*, 1907）173頁と355頁を参照のこと。

だろうか。その理由は，イギリスの産業は2つのグループに大別され——むろんここでは非常に大まかに述べている——，一方は，主に労働者数を変えることで景気変動に対処し，他方は，すべての労働者を働かせながら主に週当り労働時間を変えることでそれに対処するからである。したがって需要の変動は，前者のグループには，失業という言葉で通常理解されるものをもたらし，後者のグループには，「労働時間短縮」をもたらすにすぎない。むろん後者にも，前者の場合と同じく害悪は生じる。しかし大勢の人々が完全に仕事を失うという観念と常に結びついている困窮や堕落といった特別な害悪は，そこではあまり生じない。だから当然，問題となるのは，この2種類の産業の違いはなぜなのかということである。その答えは観察によって得られる。労働者数を変える産業は，その大部分が——私はここでも非常に大まかに述べている——時間賃金制度に基づいて営まれる産業であるのに対し，すべての労働者の労働時間を変える産業は，主に出来高賃金制度に基づいて営まれる産業である。この観察された事実を理性によって吟味すれば，この大まかな相関が偶然のものでないことがわかる。組合員のために標準賃金率を断固主張することが労働組合の慣行であるから，この標準を捨てて個々の労働者のそれぞれの能力に賃金を合わせることは，容易には承認されない。その結果，時間賃金が普及している産業では，各労働者の賃金の差は，雇用主にとっての各労働者の真価の差よりも，一般に似通ったものになる。それがもたらす結果は明白である。雇用主の利益になるのは，一部の労働者［最も能力の低い労働者］の解雇によって需要の減少に対処することであり，労働時間の短縮によってではない。なぜなら雇用主は，どちらの場合も人件費を同額だけ削減できるに違いないが，解雇は，労働の真価に比べて賃金が割高な労働者のみに集中させることができるのに対し，労働時間短縮は，割高な労働者にも割安な労働者にも等しく適用せざるをえないからである。したがって時間賃金のもとでは，解雇方式が普及しやすい。しかし出来高賃金制度のもとでは，標準賃金は仕事の量に関連づけられ，その時間に関連づけられないので，どの労働者についても，労働の賃金と労働の真価はかなりよく一致するに違いない。それゆえ雇用主が時間賃金のもとで解雇方式に見出す利益は大幅に減少し，労働時間短縮方式に有利な別の要因が作用する可能性が高まる[6]。その実際的教訓は明白である。すなわち，道理にあった出来高賃金労働の協定を妨げる労働組合側のどんな行動も，または時間賃金が普及し続ける産業において，硬直的・非弾力的な標準に過度に固

執し，能力に応じた賃金の等級づけに反対することも，失業のもたらす最大の害悪を大いに和らげてくれる事業組織の形成の妨げになる。

14　別の論点に移ろう。失業問題が深刻な産業に関する入手可能な事実を研究すれば，失業の量——仕事を得られない労働希望者の数——は2通りの仕方で変動することがわかる。むろん最もわかりやすいのは，周知の一時的な季節変動である。だがこれらの季節変動の背後には，周期的，循環的な変動もあり，それはほぼすべての産業に現れ，その上昇・下降の動きには何年もかかる。一部の産業，例えば建築業では，季節変動の方が顕著である。しかし他の産業では，土木業がその好例であるが，循環的変動の方が顕著である。しかも建築業のような業種でさえ，この循環的変動の重要性は一見するよりも大きい。なぜならその季節変動は，循環的変動によって左右され，循環周期上の不況にあたる年には季節変動の幅が大きくなり，好況にあたる年には小さくなるからである。この循環的運動の原因は極めて複雑である。そこには，最近の戦争，会社法，銀行や通貨の組織，穀物や綿の先物取引の作用，世界各地をつなぐ輸送・通信手段の発達のような，明らかに遠く離れた分野の原因もある。これらの遠く離れた分野の中で，経済分析は複雑な作用経路の源をつきとめるのであり，その経路に沿ってこそ，失業の害悪を和らげるための行動が実際にとれるようになる。1ポンド紙幣を導入しようという故ゴッシェン卿の計画や，あるいは国家として価値計算基準表の使用を公認せよというジェヴォンズなどの経済学者の主張は，一見，失業と無関係であるように思われる。しかし経済分析によって明らかになるように，それらの提案は，割引利率や物価の変動を縮小させ，それゆえ失業の通常の変動幅を縮小させるための実行可能な手段として，重要な位置を占めている。

15　これに関連して，もう1つの論点がある。仕事を見つけるのが通常より難しい今日のような時代には，その遠い原因に対処する回りくどい方法よりも，むしろ目の前の現在の害悪に対処する［即効性のある］計画に議論が集まるのは当然である。この論争の根本問題は，失業者を就労させる目的で，地方税や国税を課

---

6) 雇用不足による困窮に関する委員会（Committee on Distress for Want of Employment）に対するルウェリン・スミス氏（現ヒューバート・ルウェリン・スミス卿）の証言を参照のこと。

すことの効果をめぐるものである。その問題について少し考えよう。

1つの見方は，議会において最近表明されたもので，次のようなものである。すなわち公の金銭をこのように用いれば，不要な仕事をする無能な労働者を雇うための資金を徴収することになり，本来ならばその金銭は，必要な仕事をする有能な労働者を雇うために，民間の人々によって用いられたはずである。したがって実際にはそれは，失業の総量を減らすどころか，社会を貧しくする傾向がある。この見方は魅力的なまでに単純だが，経済分析は，その見方が2つの重要な事柄を見落としていることを明らかにする。第1に，最も明白なことだが，その見方は，この20世紀には失業者を飢えさせることは許されないという事実を見落としている。したがって，彼らに仕事を与えなければ，彼らはきっと私的慈善か救貧法によって生活費を与えられるだろう。それゆえ救済事業の実施などに支出される金銭は，その大部分が本来ならば慈善や救貧法によって支給されたはずの金銭であり，民間産業で労働者を雇うために用いられたはずの金銭ではない。これだけではない。このことを別にしてもなお，救済事業のための課税が，公的産業の拡大に**等**しい量だけ民間産業を縮小させるというのは誤りだろう。確かにそれは，**ある**程度は民間産業を縮小させるが，おそらくは，人々が支払わなければならなくなる追加の租税の一部だけが，本来ならばその時期に直接ないし間接に賃金支払に向けられたはずの資金から取り去られるにすぎないだろう。それゆえ救済事業などがもたらす真の結果は，国内の失業の総量を変化させないことでなく，その量を減らすことである。すなわち，救済事業をおこなわない場合より，多くの人々が雇用されるのである。

第2の対立する見方は，以上の事実を認識したうえで，さらに次のことも認める。すなわちどんな仕方にせよ，もし失業者のための救済事業がなされれば，おそらく社会は，幾らかの直接かつ即時の経済的損失を被る。なぜならもし損失を被らないのであれば，そもそも慈善や税に頼る必要はないはずだからである。事実上，次のような損失を被ることになる。すなわち失業者は小麦5ブッシェルしか生産しない労働をおこない，6ブッシェルを受けとる。社会は，その労働の真価以上の価値で失業者から労働を買うのである。もし社会のすべての者が等しく豊かであれば，このことは害悪だろう。しかし——その議論は続く——実際には，地方税納税者や国税納税者は比較的豊かであり，失業者は比較的貧しい。したがってこの2集団の間の貨幣移転は，たとえその過程で多少の損失が生じて

も，常に社会全体の満足の総量を増加させ，したがって経済的に有益である。

しかし経済学者にとっては，この第2の見方も，第1のそれと同じく，まだ不十分だろう。なぜならそれは近視眼的だからである。経済学者は救済事業のうちに，貧者の威厳を傷つけずに富者から貧者に貨幣を移転するための手段のみならず，それ以上のものを見出す。その移転は即時の明白な事柄であるが，それが最も重要な問題なのではない。彼の発する問いは，苦しい時期の救済事業の策定が，さもなければ長期の失業が生みだしかねない永続的な堕落や能力喪失から，どれほど失業者を救うことになるのか，また他方では救済事業をあてにすることが，労働者側の2つの補完的努力，すなわち不況地域から好況地域への速やかな移動と，労働組合の組織や他の形態の相互保険の発達を，どれほど抑制することになるのか，というものである。これらの問題や，資本供給に関する同様の問題は，素人にもわかりやすいもっと簡単な問題に比べればわかりにくいが，重要さにおいて劣るわけではない。経済学はこれらの事柄にも注意を向け，目に見える即時の影響よりも実はしばしば重要である，目に見えずゆっくり作用する［長期の］影響を明らかにする。ほぼすべての実際問題に関して——失業問題は一例にすぎない——，経済学は，ある程度までこの種の分析を提供することができる。経済学がわれわれに語るのは，どんな問いを立てるべきなのか，どんな**種類**の答えを期待できるのか，ということである。この仕事は社会科学では，形而上学の場合と同じく，非常に大きな重要性をもっている。

16 しかし私は，経済学に**できる**ことだけを主張してこの講演を終えるつもりはない。私の主題の3つめの部分が残っている。通俗論議を批判する能力や，定性分析を用いて堅実な研究の道を指し示す能力から得られるのは，社会改革の指導に必要な能力のほんの一部にすぎない。十分な指導には，それなりの数量的精度で，原因のもたらす蓋然的結果を推定する能力も必要である。実際問題の解決にとって最も価値があるのは，原因のもたらす結果についての定量的（quantitative）知識であり，定性的知識ではない。現在の経済学は，**前者**の知識を提供する能力をほとんど欠いている[7]。一般法則を個別問題に適用して定量的結論を下すためには，まずこれらの法則自体が定量的に表せるような命題でなければならない。

---

7) マーシャル「経済学者の旧世代と新世代」（"The Old Generation of Economists and the New",『クォータリー・ジャーナル・オブ・エコノミクス』第11巻，1897年）参照。

法則は大前提であり，問題に関連する個々の事実は小前提である。その法則の表現が精度を欠くならば，その結論も一般に同じ欠点をもつに違いない。しかし残念ながら，どんな経済法則も厳密な形では表せないのである。物理学者は算術的正確さをもって，距離と引力の関係を表現できる。引力定数は，常に，しかもあらゆる種類の物質について，ほぼ同じである。だが経済世界の基本要素——各種の財・サービスに対して人々の集団がもつ欲望と嫌悪——は，このように単純でも均一でもない。経済学者の置かれている状況を物理学者に喩えるならば，ある年には錫は鉄を，その距離の3乗に比例して引き寄せたのに，翌年には距離の2乗に比例するようになり，しかも銅は鉛を，また別の比率で引き寄せるようなものである。経済学者は，物理学者が引力に関して言えるようには，供給ないし需要されるあらゆる財貨の量が，その価格の，常に同じ特定の関数であるとは言えない。このような一般的な形で経済学者に言えるのは，それが，特定の大関数族に属する**ある**関数の，価格の関数である，ということにすぎない。それゆえ経済学には，力学の場合のように一般に適用できる単一の基本法則がなく，むしろ非常に多くの法則がある。それらはいわば，定数がばらばらで，しかも変化するが，どれも同じ形の方程式で表すことができる。一部にはこの多様性と不定性のために，それらの定数の確定や，あるいは問題をより広く考えれば需給の弾力性の測定は，技術的に非常に困難である——あまりにも難しいので，これまでそこでなされた進展はほとんどない——。なるほど，すべての関連事実を慎重に研究すれば，通常はこれらの弾力性について**何らかのこと**を学べるが，それらの大きさについては少しも厳密に確定できない。換言すれば，経済学の基本法則は，したがって特定の場合にこれらの法則から導かれる推論も，現状では定量的に精密な形で表すことはできない。その結果，ある実際問題が［費用と便益のような］対立しあう要素を均衡させることにかかっている場合，これらの要素がまったく経済的性質のものである場合でさえ，経済学はほとんどいつも，確信を欠いた口調（uncertain voice）で語らなければならないことが多いのである。

17 さあ，ここに補うべき大きな弱点が残っており，その一部を補うことさえも至難の業である。国民の福利（national well-being）の向上を願うわれわれに必要な知識は，やすやすとは手に入らない。よく準備を整えなければ，どれほど激しく攻めたてようとも，社会悪の城塞を陥落させることはできない。だがわれわれ

の弱点を告白するからといって，貧者の福利を思いやる人々の仕事［経済学研究］に対する要求が弱まるわけではない。大きな前進が近年になされた。かつてその前進の指導者であり，今でもその指導者である者の地位に，私は立っている。真に重要な課題がある。過去と同じく未来にも，このケンブリッジに，その課題を担う情熱と能力をもつ者たちが現れることを，私は疑わない。

富と厚生

A. C. ピグー著，修士
ケンブリッジ大学経済学教授

不満を吹き飛ばすのに効き目があるのは，あでやかな希望であるに違いない。
　　　　　　　　　　　　　　——チャールズ・ブース

序　文

　数年前，私は失業の原因を研究し始めた。しかしながら，これらの原因は経済活動の総体と緊密に絡み合っているので，それらだけを分離して取り扱おうとしてもほとんど不可能であることが，すぐに明らかになった。それゆえ私の研究はだんだんと膨らみ，本書のように広範囲にわたるものになった。その議論の骨子は，簡略かつ不完全な形ではあるが，詳細目次に示されている。しかしこの目次は議論の要約ではなく，実は難解な部分をわざと省いている。したがってそれは，本文で扱われるさまざまな論点の位置を検索する手引きとしてのみ，用いられるべきである。私は本書を執筆するにあたり，経済学の専門家でない読者にも，その主要部分が理解できるように努めた。しかしそのような読者には，第Ⅰ編の第3章と，第Ⅱ編の第1章，第8章，第10章，第11章，第12章を読み飛ばすことを勧めたい。

　本書のように非常に幅広い分野を含み，しかも経済生活の非常に多くのさまざまな側面を秩序づけて統一的に扱おうとする著作では，自分の力だけで誤りや曖昧さを完全に取り除けるなどとは，とても期待できない。これらの危険を防ぐうえで，私はケンブリッジ大学キングズ・カレッジのJ. M. ケインズ氏と，インナー・テンプルのドナルド・W. コリー氏に大いに助けられた。草稿ないし校正刷の段階で，両氏は大変親切にも本書全体を閲読してくれた。私はまた，索引の作成でもコリー氏に助けられた。

1912年9月

ケンブリッジ大学キングズ・カレッジ
A. C. ピグー

詳細目次

序　文　25

第Ⅰ編　厚生と国民分配分

第1章　厚生と経済的厚生 …………………………………… 48

第1節　厚生は，意識の状態としてのみ存在する　48

第2節　経済的厚生とは，厚生全体のうち，国民分配分の稼得と支出とに結びついた満足からなる部分である　48

第3-6節　多くの例が挙げられるように，ある形で経済的厚生に影響を与える経済的原因は，別の形で厚生全体にも影響を与える。それでもなお，経済的厚生に与えるその影響に関する結論は，厚生全体に与えるその影響についても同じく妥当する，という見込みがある　49

第7節　経済学の考察範囲は部分的，限定的であるにもかかわらず，経済学は，経済的厚生に与えるその影響について十分に適切な結論を下せる場合が多い　56

第2章　経済的厚生と国民分配分 …………………………………… 57

第1節　経済的原因はたいてい，直接にではなく，国民分配分を通じて，経済的厚生に作用する　57

第2-3節　粗国民分配分は，貨幣尺度によって容易に測定できる財・サービスの年々のフローである　57

第4-7節　真の国民分配分，すなわち純国民分配分は，資本の減価を適切に考慮して，粗国民分配分からそれを控除した差である　59

第8節　もし純国民分配分の総量を増加させる原因がもたらされ，各社会集団が通常主に消費する財貨で測って，どの集団の絶対的取分も減少しないならば，その社会全体の経済的厚生は増加するだろう　63

第 9-10 節	もし相対的に貧しい集団の絶対的取分を（この集団が通常主に消費する財貨で測って）増加させる原因がもたらされ，純国民分配分の総量が減少しないならば，経済的厚生は増加するだろう　66	
第 11 節	もし分配分の，特にそのうちの貧しい階級が得る部分の，通時的な変動ないし不均等を縮小させる原因がもたらされるならば，経済的厚生は増加するだろう　72	

第 3 章　分配分とその構成部分の測定 ……………………… 73

第 1 節	分配分は単一の財貨からではなく，さまざまな量の多くの財貨から構成されるので，分配分の変化を測定する何らかの方法を見つける必要がある　73
第 2 節	社会の貨幣所得を一定とすれば，一般物価指数の逆数こそが，まさにそのような尺度である　73
第 3-16 節	したがって本章の課題は，できる限り，その逆数が経済的厚生と同方向に動くように指数を作成することである　74

第 4 章　国民分配分と国民の質 ……………………………… 89

第 1 節	ここでは，第 2 章の結論を，近代生物学の知識に照らして再検討しなければならない　89
第 2 節	生物学の知識は，明白な堕落者たちの出産を制限する施策によって一般的厚生と経済的厚生を共に増加させることができる，という考えに根拠を与えている。しかしこの考えは，第 2 章の結論を補うものであり，妨げるものではない　89
第 3 節	近代生物学は，環境より遺伝の方が支配的役割を演じることを示し，主に環境を扱う経済学が無力であることを論証した，と言われることもある。この見方が誤っている理由を示す　92
第 4 節	また第 2 章で論じた，①国民分配分の増加，②その分配の平等化，がもたらす経済的厚生の増加は，生物学上の間接的影響によって無効化される，と言われることもある　97
第 5-6 節	これらの見方が誤っている理由を示す　98

第 5 章　以下の議論の方法 …………………………………… 101

第 II 編　国民分配分の大きさ

第 1 章　パレート法則 …………………………………………… 103

第 1 節　パレート教授による統計研究は，一見すると次のことを示すように思われる。すなわち分配分の大きさとその分配は厳密に結合しており，全体としての分配分と貧者の実質所得が同方向に動くことはありえない　103

第 2-3 節　しかし，パレート教授の統計からこの見解を引き出すことはできない　104

第 4 節　したがって，分配分の大きさとその分配とに同時に影響を与える原因が，この両者に対してどれほど調和的に作用するかを判断するために，分配という大問題を考察する必要がある　108

第 2 章　生産と分配 ………………………………………………… 109

第 1 節　人々の間の所得分配は，分析上は，経済学の教科書で扱う生産要素の間の分配から明確に区別される。それでもなお，貧しい階級の所得と労働の賃金を同一視しても，大きな誤りは生じない　109

第 2 節　国民分配分の大きさに影響を与える原因が作用する一般経路は，①労働以外の生産要素の量，あるいはその技術的能率の変化，②労働の量，あるいはその技術的能率の変化，を通じてである　110

第 3-13 節　詳細な議論によって示されるように，労働以外の生産要素の供給を通じて作用する原因は，国民分配分の大きさと労働者の総実質稼得に対して同方向の影響を与えるだろうという意味において，一般に調和的である　111

第 14-15 節　労働供給を通じて作用する原因についても，同じことが言える　121

第 16 節　それゆえ経済的厚生は，国民分配分を増加させる原因によって増加し，国民分配分を減少させる原因によって減少する　123

第 2 章の覚書　生産要素としての不確実性負担 ……………………… 123

第 3 章　分配分の大きさと，限界純生産物の均等 ……………… 132

第 1-4 節	各用途の資源の限界純生産物を不均等化する原因は，国民分配分をその自然水準以下に減少させる．例外もあるが，このことはおおむね正しい．限界純生産物がすべての用途で均等になるほど，一般に分配分は大きくなるだろう	132

第 4 章　不完全な移動性による，限界純生産物の均等化に対する障害　135

第 1 節	本章から第 6 章までは，利己心には，もし妨げられなければ，すべての用途の資源の限界純生産物を均等化する傾向がある，と暫定的に仮定する．そして本章では，「移動を妨げる障害」がこの傾向を抑制する程度を考察する	135
第 2 節	「移動を妨げる障害」とその影響に関する通俗的理解は混乱しており，不適切である	136
第 3-10 節	その問題をやや詳しく分析する	136
第 11 節	産業分野の各部門の生産の相対的優位についての正しい判断を促すものや，産業分野の部門間の移動費を低下させるものは何であれ，限界純生産物をより均等化し，それゆえ前章で述べたように国民分配分を増加させるだろう，と結論される．それらの例証を示す	146
第 12 節	ただし前述の考察結果の例外として，情報や移動の費用の低下が，その受益者から国などの公共団体への費用の単なる移転によって生じる場合には，国民分配分は増加しないだろう	148

第 4 章の覚書　移動性と失業 …………………………………… 150

第 5 章　取引単位の不完全な可分性による，限界純生産物の均等化に対する障害 …………………………………… 152

第 1 節	取引単位が大きい，あるいは取引単位が 2 つの要素を一定比率で合成したものである場合には，利己心がすべての用途の各要素の限界純生産物を均等化する傾向は妨げられる	152
第 2 節	現代では，一部には証券取引所のおかげで，資本の取引単位は小さくなっている	152
第 3 節	かつてこの単位が帯びていた合成的性質も，担保として用いるのに適した証券の大発展が促した工夫によって，大部分は除去されている	154

第6章　産業の相対的変動による，限界純生産物の均等化に対する障害 …………156

- 第1-2節　移動を妨げる制度は，各地点の資源に対する需要の相対的変動が大きいほど，各地点の資源の限界純生産物の不均等を拡大させるだろう　156

- 第3-8節　国内の各産業の相対的変動を決定する影響力の分析の第一歩として，個別産業における労働と待忍に対する需要の絶対的変動を決定する影響力について論じる　157

- 第9節　ここで論じた影響力は，他の幾つかの影響力と結びついて，各地点の労働と待忍に対する需要の相対的変動の大きさも同じく決定する，ということを示す　165

第7章　社会的純生産物と私的純生産物の乖離による，限界純生産物の均等化に対する障害 …………166

- 第1-2節　私的純生産物と社会的純生産物は区別される。利己心は各分野の私的限界純生産物を均等化する傾向しかもたないので，私的限界純生産物と社会的限界純生産物が乖離する場合には，社会的限界純生産物の均等化は常に妨げられる。そのような乖離は，単純競争下で起こるもの，独占的競争下で起こるもの，双方独占下で起こるもの，などに分類される　166

- 第3節　単純競争下では，幾つかの慣習的な契約形態のために乖離が生じることがある　168

- 第4-6節　地主と借地人，あるいは雇用主と労働者が結ぶ，種々の契約からの例証を示す　168

- 第7-9節　契約の当事者でない一般の人々に対して，付随的な無償の用役ないし負の用役をもたらすような投資形態の場合も，同じく乖離が生じるだろう。その例証を示す　175

- 第10節　これらの乖離は，税と補助金を賢明に利用すれば緩和できる　180

- 第11節　独占的競争下では，宣伝に投じられる資源に関して，別の種類の乖離が生じる　181

- 第12-14節　双方独占下では，「駆け引き」や不正行為に投じられる資源に関して，乖離が生じる。これらの乖離は，罰則を伴う法律によっ

てある程度まで緩和できる　184

第8章　単純競争下における各用途の限界純生産物の均等 …………187

第1節　ここまでは，利己心は妨げられない限り，各用途の資源の私的限界純生産物を均等化する傾向をもつ，と暫定的に仮定してきた。次に，この仮定の妥当性を検討する。ここでは私的限界純生産物と社会的限界純生産物の違いを無視し，単なる限界純生産物として論じる方が好都合である　187

第2-5節　難解な議論によって示されたように，単純競争下の収穫逓増産業では，その限界純生産物は産業一般の限界純生産物を上回る傾向があり，逆に収穫逓減産業では，それを下回る傾向がある　188

第6節　産業内のそれぞれの生産者が同質でない場合も，その産業内のそれぞれの生産の中心地に投資される資源の限界純生産物は，収穫一定の場合を除き，互いに乖離する傾向がある　191

第7節　これらの乖離は，差別的ないし無差別的な，税と補助金によって緩和できる　192

第9章　独占の発生条件 …………193

第1節　次に，独占のもとで各用途の限界純生産物が均等化する傾向の程度を考察しなければならない。この考察の準備として，独占力の発生条件を明らかにする必要がある　193

第2節　産業の総規模が一定であるときに，典型的な個別企業が大規模化すれば構造的にその企業の経済性が高まるような状況は，独占力の発生にとって有利である　193

第3節　典型的な個別の事業経営単位（おそらく複数の施設をもつ）が大きくなれば構造的にその経済性が高まるような状況も，独占力の発生にとって有利である　194

第4節　企業どうしが結合すれば競争的宣伝が不要になり，費用を大幅に削減できるような状況も，独占力の発生にとって有利である　196

第5節　財貨の需要が非常に非弾力的である場合も，独占力の発生にとって有利である。なぜならこれは，独占によって巨利を得る機会があることを意味するからである。さまざまな財貨の需要

		の弾力性を左右する要因を論じる　197
	第6節	他方，企業結合をめざす交渉の開始を困難にするどんな事情も，独占力の発生にとって不利である　200
	第7節	同じことは，企業結合の「参加比率」の条件をめぐる主張の対立によって，合意が妨げられる場合にも言える　202

第10章　独占的競争 …………………………………… 203

	第1節	独占的競争下では，利己心は，その産業の資源の限界純生産物を，資源一般の限界純生産物に等しくする傾向をもたない　203
	第2-4節	むしろ利己心は，前者の限界純生産物を，ある範囲内の不確定な状態のままに留める。その範囲を決定する幾つかの要因を簡単に論じる　203

第11章　単純独占 ……………………………………… 205

	第1-3節	単純独占下で，産業への参入制限がある場合には，おそらくその産業の資源の限界純生産物は，単純競争下の場合より，資源一般の限界純生産物から大きく乖離するだろう　205
	第4節	その独占産業への参入制限がない場合でも，国民分配は別の仕方で減少するだろう　207

第12章　差別独占 ……………………………………… 208

	第1節	一定の条件下では，独占者は差別価格を課すことができる　208
	第2-4節	本質的には財貨の移転不可能性に基づく，これらの条件の性質を論じる　209
	第5-7節	差別独占の3つの形態のうち，実際に重要であるのは，各市場に異なる価格を課す第3度の差別独占のみである。その場合の市場分割の仕方は，独占者自身が自由に選べるわけではない　211
	第8-16節	第3度の差別独占下で，産業への参入制限がある場合，その産出はおそらく特定の状況においては，単純独占の場合より，その産業の資源の限界純生産物を資源一般の限界純生産物に等し

		くする量に近づくだろう。しかし，単純競争の場合ほどには，この量に近づかないだろう　214
第17節		ただし，そのようになる状況も考えられる　219
第18節		競争しあう売手どうしが結ぶ，特定の種類の価格差別協定の影響を検討する　220

第13章　特殊ケースとしての鉄道料金 …………………………… 221

第1節	前章の議論は，鉄道料金に関する「サービス費用原則」と「サービス価値原則」のそれぞれの主張者の論争に光を照らすものである　221
第2-4節	銅輸送と石炭輸送を，あるいは同じ路線上のA地点行きの石炭輸送とB地点行きの石炭輸送を，「結合生産」だとする通俗的見方が，この論争を混乱させている。こうした見方は誤りである　221
第5節	「サービス費用原則」の実際の意味　225
第6節	「サービス価値原則」の実際の意味　227
第7節	「サービス費用原則」は単純競争に，「サービス価値原則」は第3度の差別独占に，それぞれ対応する　233
第8節	一般に前者の方が国民分配分を増加させる。ただし前章で述べたように，後者の方が国民分配分を増加させる状況もありうる　234
第9-10節	しかしそのような状況は，鉄道問題を扱う経済学者が通常考えるより，ずっと稀である　235

第13章の覚書　区域制度 ………………………………………… 238

第14章　購買者組合 ……………………………………………… 239

第1節	これまでの考察から明らかなように，多くの産業では，単純競争も，独占的競争も，単純独占も，差別独占も，そこに投資される資源の限界純生産物を，資源一般の限界純生産物に一致させることはない。次に，こうした一致を購買者組合という手段によって確保できるか否かを考察しなければならない　239

第2節	その確保は明らかに可能である。しかし生産効率面において，購買者組合と通常の営利事業のどちらが優るかを確かめるまでは，国民分配分に与えるその影響について，何も言うことはできない 239
第3節	歴史的事例は，この問題においてあまり参考にならない 240
第4-5節	購買者組合は，宣伝，駆け引き，不正防止などの経費を削減できる限りでは，生産面で有利である 241
第6節	しかし各購買者組合が個々に到達する事業規模は，大部分まで，経済効率とは無関係な事情によって決まるに違いない。その限りでは，購買者組合は非常に不利である 243
第7-9節	種々の産業におけるこの欠点の程度を論じる 243
第10節	購買者組合が実際に活動できる領域は厳しく限られているため，通常の営利事業形態の不完全性を改善する方策の研究がなおも必要である，と結論される 245

第15章 政府の介入 ………………………………… 246

第1節	本章から第17章までは，その改善策として，産業への政府の介入を扱う 246
第2節	政府の介入はその運営に収用権が必要な産業のみに限定される，という主張には何も根拠がない 246
第3節	政府が介入せず放任する場合に，私的産業が国民分配分の最大化に失敗することは，それだけでは介入の十分な根拠にならない。なぜなら介入によって，事態はさらに悪化する**かもしれな**いからである 247
第4節	しかし幾つかの近代的発展によって，政府機関の介入能力は従来よりも向上している 248

第16章 独占の公的統制 ………………………………… 250

第1節	本章では，私的独占を統制して供給を需要に適合させ，したがって国民分配分を単純競争下の場合と同じ大きさにしようとする，政府の試みを扱う 250
第2-3節	統制の間接的方法のうち，あまり重要でないある方法を述べたうえで，まず第1に，競争しあう企業どうしの結合を禁じるこ

	とによって**現実的**競争を維持する政策を論じる　250	
第4節	統制の第2の間接的方法は，**潜在的**競争を維持する政策に具体化されている。これは，出血競争すなわち破壊的廉売のような，あるいはボイコットのような，「閉鎖的結束」の企てを罰することによっておこなわれる　255	
第5-6節	これらの「閉鎖的結束」の企ての性質と影響を説明する　256	xix
第7節	これらの閉鎖的結束を禁じる法律は，もし慎重に作られるならば，多くの困難もあるとはいえ，そうした企てをとにかく減少させるだろう　259	
第8節	しかしそのような法律は，たとえその当面の目標を達成するとしても，潜在的競争の維持にとって完全に十分であるわけではなかろう　262	
第9-11節	統制の間接的方法はこのように不十分であるから，価格と産出を単純競争に固有の水準に設定することをめざす直接的方法が提案される　262	
第12節	しかし政府の課す条件を独占企業に守らせることは，政府にとって至難の業である　264	
第13-16節	課すべき条件を適切に決定することも，政府にとって困難である。けれども，この困難をある程度まで克服できる幾つかの方策がある　265	

第17章　産業の公営 ……………………………………269

第1節	独占産業や他の特定産業に対する十分な公的統制の難しさは，次のことを示唆する。すなわちこれらの産業を公営化するならば，それによって生産の経済性の深刻な低下が生じない限り，国民分配分は増加するかもしれない　269
第2節	公営産業と株式会社産業の経済効率は，統計によっては正しく比較できない　269
第3節	その2種類の産業の経営効率は，ほぼ同等だろう　270
第4節	しかし第1に，公営の場合，経営当局は不公正な非経済的手段を用い，同じサービスをより安く提供できる競争相手の企業を犠牲にして，公営企業を維持しようとする危険がある　271

第5節	第2に，公営の場合，生産要素としての不確実性負担の供給が過度に抑制されるので，効率は低下するだろう　275
第6-7節	第3に，公営の場合，事業施設の不経済な経営単位規模のために，効率は低下するだろう．けれども，通常の産業の状態が独占的競争であるような一部のケースでは，公営はこの面において，株式会社による経営より優れている　278
第8節	以上のような一般に公営につきまとう生産効率の面における劣等性と，最も経済的な需給調整の面における公的統制の劣等性を，比較考量しなければならない．その比較結果は，産業によって，また時期によって，異なってくる　281

第 III 編　国民分配分の分配

第1章　序論　……………………………283

第1節	本編で扱うのは，第1に特定の貧者に支払われる賃金の自然な動きへの介入を通じて，また第2に課税などを通じて，相対的富者から相対的貧者に計画的に資源を移転し，分配分の分配を平等化する試みである　283
第2節	一般に，このどちらの方法による移転も，それが国民分配分を減少させない場合のみ，長期的に貧者の実質所得を増加させる，ということが示される　283
第3節	本編の議論の流れ　284

第2章　賃金の自然な動きに介入する方法　……………………………285

第1節	どんな地点でも，賃金の自然な動きへの介入は，多かれ少なかれ差別的要素を含む人為的賃金率の確立という形をとる　285
第2節	出来高賃金一般でさえ，能力の低い労働者を幾らか優遇することを意味する　286
第3-4節	時間賃金のもとで，賃金の過度の硬直性を維持せずに賃金を能力に合わせる試みがなされる場合には，出来高賃金の場合よりやや大きい差別的要素が存在する　286
第5節	すべての労働者に時間当り一定額を支払う硬直的な時間賃金の場合には，出来高賃金の場合よりずっと大きい差別的要素が存

在する　290

第3章　任意地点の賃金率を自然水準以上に引き上げるための3つの手段 …………………………………………………………291

第1節　任意の労働者集団の賃金率をその自然水準以上に引き上げようとするさいの主な手段は，労働組合による交渉，法制化，消費者の圧力，の3つである　291

第2節　これらの試みは，その集団の得る実質賃金率を自然水準以上に引き上げるという当面の目標を，容易に達成するだろう。しかしそれらは，直接の脱法行為を招きやすい　293

第3節　これらの試みは，高い賃金の支払われる地方に有能な労働者が移住するという，いわば間接の脱法行為も招きやすい　295

第4節　真の問題は，相対的富者から相対的貧者に資源を移転するという長期的な最終目標をそれらが達成できるか否か，またもしそれができるならば，その条件は何であるか，ということである。そこでまず第5章ではこの問題を，差別的要素を含まない人為的賃金率について論じ，次に第6章では，差別的要素を含む場合について論じる　295

第4章　労働の雇用方式 ……………………………………………296

第1節　前章で提示した問題の答えは，その人為的賃金率が確立される産業における労働者の雇用方式にも，一部依存する　296

第2節　労働の雇用方式は，そこに存在する仕事を少数の労働者に集中させる方式と，多数の者に分散させる方式に，区別できる　296

第3節　集中方式ないし分散方式の普及する程度を決める影響力は，①遂行される仕事の性質，②労働需要の変動，③個々の典型的な雇用中心地の範囲，にそれぞれ関連して，3種類に分けられる　298

第4節　熟練の要る業種では，熟練の要らない業種より，集中雇用方式が有利である　298

第5節　熟練業種でも非熟練業種でも，その労働需要の変動は，集中雇用方式を不利にする傾向がある　301

第6節	しかしその業種に，多数の小さな雇用中心地ではなく，少数の大きな雇用中心地が存在する場合には，集中雇用方式は促進される傾向がある　302	
第7節	前節で述べた事情は，労働案内所のめざす政策に関連するある問題を示唆する　304	

第5章　特定業種における無差別な人為的賃金率が，相対的富者から相対的貧者に資源を移転する力　305

第1節	任意地点における無差別な人為的賃金率の確立は，相対的富者から相対的貧者に資源を移転するというその最終目標を達成できるだろうか。この問題を考察するにあたり，まず，この地点で生産される財貨はもっぱら労働者階級以外の人々によって消費される，と仮定しよう　305
第2節	人為的賃金率を保証された労働者集団の実質稼得は，もしその労働に対する需要の弾力性が1より小さければ，増加する　305
第3節	それぞれの労働者集団に対する労働需要の弾力性は，さまざまな事情によって決まる。そのうちの主要なものを論じる　305
第4節	産業分野の各部門の間に完全な移動性があり，また労働者にとっての各部門の魅力がそこに集まる労働者の平均稼得で表される場合には，任意地点における人為的賃金率の確立によって，労働者全体の実質稼得は，その地点の労働需要弾力性が1より小さければ，増加する　309
第5節	そこに属するすべての労働者に仕事を均等に分散する雇用方式をとる業種では，その業種の魅力は，そこに集まる労働者の平均稼得で**実際に表される**　310
第6節	そこに属する労働者に仕事を多少ともランダムに分散する業種では，その業種の魅力は，前述の平均稼得以上になり，他の業種より大きくなる。この場合，人為的賃金率の確立によって，労働者全体の実質稼得は，均等分散方式の場合より減少するだろう　311
第7節	集中雇用方式が普及している業種では，人為的賃金率の確立によって，労働者全体の実質稼得は，均等分散方式の場合より増加するだろう　313

| | | 富と厚生（詳細目次） 39 |

| 第8節 | 同じ命題は，そこへの参入が移動の障害によって妨げられている業種にも妥当する　314 |
| 第9節 | ある労働者集団の生産物の大部分は，通常，他の労働者によって消費される。この事実を考慮すれば，明らかに，どんな地点における人為的賃金率の確立も，本章の考察が示すほどには，相対的富者から相対的貧者に資源をうまく移転できないだろう　315 |

第6章　特定業種における差別的な人為的賃金率が，相対的富者から相対的貧者に資源を移転する力 316

第1節	差別的要素を含む人為的賃金率は，無差別な人為的賃金率の場合ほどには，労働者全体の総稼得を増加させることができない　316
第2節	そのうえ，能力の低い労働者に有利な賃金差別は，能力の高い労働者に仕事と賃金を集中させることを意味する　317
第3節	一般的考察から引き出された前節の命題は，統計的証拠によって裏づけられる　318
第4節	したがって，差別的な人為的賃金率が経済的厚生を増加させる見込みは，無差別な人為的賃金率の場合よりずっと小さい　321

第7章　人為的賃金率がもたらす移転の最終結果 322

第1節	人為的賃金率の確立によって，相対的富者から相対的貧者に資源を実質的に移転できる場合があることは，今や明らかである。そのような移転は，国民分配分を，したがって長期的ないし最終的に貧者の実質所得を，増加させるだろうか　322
第2節	そのような好結果になる場合もあるが，見込みは小さい。一般にその作用は有害だろう　323
第3節	たとえそうであっても，最下層労働者のための人為的［最低］賃金率の確立は，救貧法による救済を補う手段として，なおも擁護することができる　324

第8章　相対的富者から相対的貧者への資源の直接的移転 326

| 第1節 | 次に，慈善家や政府の直接行動によって，相対的富者から相対 |

		的貧者に資源を移転する試みを論じる　326
	第2節	そうした移転は，次のような理由から不可能だと言われることがある．すなわち富者から資源を徴収すれば，労働雇用のための彼らの支出が，それと同量だけ減少するに違いないからである．しかしこの見方に根拠はない　326
	第3節	そうした移転は，次のような理由からも反対されることがある．すなわちそうした移転は，それと同時に，その移転を受ける者が産業で働き続けることを禁止しない限り，［賃金が低下してしまうので］不可能だからである．しかしこの見方にも根拠はない　327
	第4節	以上のように，この種の移転は明らかに可能であるから，①移転の事実，②移転の事実に関する期待，がそれぞれ国民分配分に与える影響を考察しなければならない　329
第9章		相対的富者から相対的貧者への直接的移転の事実がもたらす影響 …………………………………………………………… 329
	第1節	本章の観点からは，相対的富者から相対的貧者に資源を移転することは，富者の消費財や機械［資本財］を，貧者の消費財に置き替えることを意味する　329
	第2節	富者の消費が減少しても，実際上，彼らの能力は変わらないだろう．したがって，国民分配分が増加するか否かは，一方では，貧者に移転される資源のどれほどの割合が機械から取り去られるか，また他方では，機械への投資と貧者への投資ではどちらの方が収益を多く得られるか，にかかっている　329
	第3節	機械から取り去られる資源の割合は，相続税によって資源を徴収する場合の方が，所得税によって資源を徴収する場合より大きい　330
	第4節	しかしこの割合の絶対的大きさについては，それが常に1よりやや小さいということ以外は何も述べることができない　332
	第5節	貧者の消費にふり向けられる資源からもたらされる収益率が，機械の形をとる資源からもたらされる収益率を上回るか否かは，資源の移転にさいして貧者に課される受給要件と，移転を受ける貧者の種類にかかっている　332
	第6節	貧者の能力に投資される貨幣の限界収益は，機械の性能に投資

	される貨幣の限界収益よりおそらくずっと大きい。これは，もし資源を貧者に移転すれば，その収益が増加するということを示唆する　333
第 7 節	しかしその示唆は，貧者が適切な仕方で新たな資源を自分に投資するという仮定に基づいており，実際には貧者はこのように投資しそうにない　333
第 8 節	それゆえ，資源の移転が収益の増加をもたらすためには，被扶助者に要件を遵守させることによって，その移転行為に管理と指導が伴わなければならない　335
第 9 節	これらの受給要件の性質に関する幾つかの命題を定める　337
第 10 節	管理をおこなう場合でさえ，障害者や老齢者に移転される資源は，機械の形をとる資源に匹敵するほどの収益をもたらしそうにない。しかし，並の生活をする通常の労働者を病気や失業から守るために移転される資源が，機械の形をとる資源よりずっと大きな収益をもたらすことは，実際上確実であり，通常の子どもの心身育成のために移転される資源については，なおさらである　339

第 10 章　直接的移転に関する相対的富者側の期待がもたらす影響 …… 341

第 1 節	自発的移転に関する相対的富者の期待は，資源の望ましい新用途の発見を意味するので，努力と待忍の供給を促進する　341
第 2-3 節	相互保険の多くの制度のもとで，自発的移転は実際によくおこなわれている　342
第 4 節	自発的移転は，表彰や勲章を賢明に用いることによっても引き出される　344
第 5 節	強制的移転に関する相対的富者の期待は，その移転が，真実地代への課税や，予期しない臨時収入への課税によってなされる場合には，努力と待忍の供給を抑制しない　345
第 6 節	消費される資源にも貯蓄される資源にも同率で課される税がもたらす，移転に関する期待は，産業的努力の供給を抑制するが，直接には待忍の供給を抑制しない　345
第 7 節	そのような移転を合理的に計画する限り，産業的努力の供給の抑制も大きなものにはならない　347

	第8節	しかし，貯蓄される資源を不利に差別する税がもたらす移転に関する期待は，待忍の供給を大きく抑制するだろう	348
	第9節	ただしこの議論は，相続税のような将来の税がもたらす移転については妥当しない	349

第11章　直接的移転に関する相対的貧者側の期待がもたらす影響 …… 352

第1節	移転に関する相対的貧者の期待がもたらす影響は，その移転が，①貧者側の怠惰に中立的であるか，②怠惰を不利に差別するか，③怠惰を有利に差別するか，によって異なってくる	352
第2節	中立的移転の例	353
第3節	ある種類の中立的移転に関する期待は，貧者の労働供給を抑制するが，他の種類の中立的移転に関する期待は，それを抑制しない	355
第4節	怠惰を不利に差別する，したがってそれに関する期待が国民分配分を増加させる傾向をもつ，移転の例を挙げる	356
第5節	近代諸国の救貧政策によってなされる移転の大部分は，貧者の怠惰を優遇するものである。なぜならその移転の給付額は，貧者が生活のために自分で稼ぐ所得額と逆方向に変化するからである	357
第6節	**保険を通じての低所得の優遇は，国民分配分への生産的貢献を怠ることの優遇とは異なるものである**	358
第7節	怠惰を優遇する移転に関する期待が分配分に与える悪影響は，抑止的要件を課すことによって緩和できる	361
第8節	これらの要件にふさわしい内容を論じる	361

第12章　ナショナル・ミニマム ……………………………………………… 364

第1節	**ナショナル・ミニマム**の制定は，国民分配分を減少させると同時に，相対的貧者の総実質所得を増加させるだろう	364
第2節	**ナショナル・ミニマム**という用語が意味するのは，人生の浮き沈みの中で，どんな市民もそれを下回ることが許されない，すべての生活側面に関する諸々の条件の客観的最低限である	365

第3節	経済的厚生が最大になるのは，貧者への限界的移転のもたらす直接的善が，それに伴う分配分の減少のもたらす間接的悪とちょうど均衡するような水準のミニマムの制定によってである　366
第4節	したがって豊かな国では，貧しい国より高いナショナル・ミニマムを設定すべきである　367

第IV編　国民分配分の変動

第1章　経済的厚生と，代表的労働者の所得の変動 …………369

第1節	ある集団の経済的厚生は，その集団の代表的成員の消費が通時的に安定しているほど，大きくなる　369
第2節	多少とも同質である2つの集団を合わせた経済的厚生は，それらの間に移転制度が確立され，その2つのうちの貧しい方の集団の消費が安定すれば，増加する　370
第3節	したがって，代表的労働者の消費を安定させるどんな移転計画も，他の条件が等しい限り，たとえそれが他の階級の消費の変動を拡大させるとしても，経済的厚生を増加させる傾向がある　370
第4-6節	この結論は，貧者の消費の変動が通常意味する不安定雇用などの，間接に付随する害悪も考慮すれば，さらに強固なものになる　370
第7節	代表的労働者の**消費**に関する前述の命題に類似した命題が，その**実質所得**に関しても同じく妥当する　374

第2章　保　険 ……………………………………………375

第1節	本論からいったん離れ，次のことを論じる。すなわち代表的労働者の所得の変動が一定であるとき，その消費を安定させる方策は経済的厚生を増加させる　375
第2-3節	その1つの方法は相互扶助であり，もう1つは貯蓄である　375
第4節	この2つの方法は実際にはしばしば結合し，保険の形をとる　376
第5節	保険を有効に活用できる分野は，重要な技術的事情によって限

		定される　377
	第6節	しかもそれは，貧者側の将来展望の甘さなどによってさらに限定される　378
	第7節	前節の事情は次のことを示唆する。すなわち政府は貧者に保険加入を奨励ないし強制することによって，経済的厚生を増加させることができる　381
	第8節	奨励と強制のそれぞれの利点を比べる　383

第3章		労働者階級の総実質所得の変動と，代表的労働者の実質所得の変動 ……………………………………………………… 384
	第1節	再び本論に戻る　384
	第2節	代表的労働者の実質所得の変動は，労働者全体に対する需要の変動や，労働者全体の稼得の変動を縮小させる原因によって，必ずしも常に縮小するわけではない　385
	第3節	しかしそれは，こうした影響をもたらす通常の大部分の経済的原因によって縮小する。最終章を除き，今後はこれらの原因のみに注目する　386

第4章		一般物価の変動 ……………………………………………………… 386
	第1節	労働者全体の実質稼得の変動は，貨幣の購買力が変動するという事実によって影響を受けるので，**後者**の変動の原因を研究しなければならない　386
	第2節	その決定因は，①貨幣需要の変動，②貨幣供給の変動，③貨幣供給の弾力性，の3つである　387
	第3節	貨幣需要の変動をもたらす原因　387
	第4-9節	貨幣供給の弾力性を決定する通貨制度や銀行制度などの事情を，やや詳しく論じる　388
	第10-11節	貨幣供給の変動をもたらす原因　394
	第12-13節	短期間しか続かないとわかっている貨幣需要表の変動が起こる場合には，常に貨幣供給表は，その結果生じる一般物価の動きを縮小するように変動する傾向がある　396
	第14節	これは次のことを示唆する。一般物価の変動，すなわち貨幣の

富と厚生（詳細目次）　45

| | | 購買力の変動は，当局が貨幣供給を管理してこれを安定させる制度を採用しない場合の方が，ずっと縮小するかもしれない　398 |

第5章　労働者階級の実質所得を変動させる原因 ……………………… 399

第1節　再び本論に戻り，次のことに注目する。すなわち労働者階級の消費の大部分が特に供給の変動しやすい財貨からなるという事実のために，労働者階級の実質所得の変動は，そうでない場合よりやや拡大する　399

第2節　前節の問題を別にすれば，労働者階級全体の実質稼得が変動し始めるのは，①国民分配分の自生的変動か，②即時的消費，蓄積，労働雇用への投資という競合しあう3用途のもつ相対的魅力の自生的変動，のどちらかによる　400

第3節　この2つの変動によって労働者階級の実質所得の変動が生じる過程を説明する　401

第4-5節　貨幣制度の媒介によってその過程がどのような影響を受けるか，を示す　402

第6章　自然の恵みの変動と外国の需要の変動 …………………………… 405

第1-2節　国民分配分の自生的変動の原因は，ある特定国の立場からは，自然の恵みの変動と，その国の輸出品に対する外国人の欲望の変動によってもたらされる。それゆえそれらによる変動は，生産の源泉地と需要の源泉地が多いほど，縮小するだろう　405

第3節　売買される商品が，人間の支配の及ばない自然力に左右される種類のものであるほど，自然の恵みの変動は拡大するだろう　407

第4節　わが国の輸出品に対する外国人の需要の変動を左右する，幾つかの事情を論じる　408

第5節　こうした外国の需要の弾力性の影響力に注目する　409

第7章　事業予測の誤りの変動 ……………………………………………… 410

第1節　投資用途の相対的魅力の自生的変動の原因は，絶対的な投資収益について事業者がもつ期待を変動させる原因と，おおむね同じである　410

	第2節	そこには，事業者がもつ期待の誤りを変動させる原因も含まれる　411
	第3節	この誤りの変動の大きさを左右するものとして，次の4つがある。①近代産業を特徴づける活動様式，②実際的影響力のある予測を立てる人々の資質，③各人の予測の相互作用，④発生した誤りの伝播力　411
xxx	第4節	近代産業を特徴づける活動様式には，交換の慣行と，「将来展望性」の事実がある。これらはどちらも，誤りの変動を拡大する　412
	第5節	実際的影響力のある予測を立てる人々の資質は，一方では職業的金融業者の参加，他方では投機をおこなう一般公衆の参加，によって左右される　413
	第6-7節	各人の予測の相互作用は，誤りの変動を拡大する。近代産業ではそれらの相互作用は，債務者・債権者関係が生みだす事業所間の相互依存性によって強められる　415
	第8-9節	発生した誤りの伝播力も，誤りの変動を拡大する。その伝播力は，貨幣制度の影響力と，信用制度がもたらす無分別な経営の影響力によって強められる　417

第8章　労働者階級の実質稼得の，変動因と変動性の関係 …………421

	第1節	労働雇用に投資される資源の変動性は，分配分の変動や，3用途の相対的魅力の変動のみならず，①この2系列の変動をそれぞれ構成する個々の変動の発生順序，②もし存在するならば，その2系列の変動の間に存在する相関，にも依存する　421
	第2節	個々の変動の発生順序が，上昇変動が連続した後に下降変動が連続するような傾向をもつ限り，その結果生じる労働稼得の変動性は拡大する　421
	第3節	事実上，自然の恵みの変動も，3用途の相対的魅力の変動も，このような発生順序になる傾向が幾らかある　422
	第4節	自然の恵みの上昇の（ないし下降の）動きが，投資用途のもつ相対的魅力の上昇の（ないし下降の）動きと正の相関をもつ限り，その結果生じる労働稼得の変動性は拡大する　423
	第5節	事実上，この2種類の変動は正の相関をもつ傾向が幾らかあ

	る 424	
第6節	総実質労働稼得の変動性を左右する，さまざまな影響力の相対的重要性について論じる 424	

第9章　労働需要の安定を図る慈善家および政府の行動 …………… 427

第1節	労働者全体の実質稼得を安定させる慈善家および政府の行動は，代表的労働者の実質稼得の変動を，必ずしも常に縮小させるわけではない。後者を縮小させる条件を，ここで考察しなければならない 427	
第2節	まずその準備として，慈善家も政府も労働者全体の実質稼得を安定させることなどできないという反論は，根拠のないものとして斥けられる 428	
第3節	第3章で見たように，一部の産業の実質労働稼得の変動を拡大させることなく，(集計的な)産業全体の変動を縮小させる方策は，代表的労働者の実質稼得の変動を必ず縮小させる 429	
第4節	消費者団体は，時期を自由に選択できる自分たちの一部の需要によって，社会全体の需要の隙間を埋めるならば，そのような方策をおこなえるだろう 430	
第5節	雇用主も，それをおこなえるだろう 431	
第6節	(集計的な)産業全体の実質労働稼得を安定させるために，一部の産業の変動を縮小させながらも，あえて他の産業の変動を拡大させる方策は，代表的労働者の実質稼得の変動を必ずしも常に縮小させるわけではない。しかし労働の移動性が完全に近づくほど，その見込みは高まる 433	

結　語 …………………………………………………………………… 437

第 I 編
厚生と国民分配分

第 1 章　厚生と経済的厚生

1　「もし『善（good）とは何か』と問われるならば，善は善であるというのが私の答えであり，それで終わりである。またもし『善はどう定義されるか』と問われるならば，それは定義できないというのが私の答えであり，私がそれについて述べなければならないことは，これだけである」[1]。厚生は，善と同一物を意味する。厚生もやはり，分析によっては定義できない。それでもわれわれは，特定の事柄が厚生に含まれるか否か，またどのように含まれるかについて述べることができ，これらのことは実に倫理学の主要課題である。本書の目的にとっては，この主題について 2 つの命題を定めておけば十分である。すなわち第 1 に，厚生は意識の状態だけを含み，物的なモノや条件を含まない。第 2 に，厚生は大小の範疇のもとに置くことができる。厚生一般についてここで述べる必要があるのは，これだけである。

2　経済的厚生は，厚生一般の一部である。経済的厚生とは，国民分配分の，すなわち社会の純所得のうち貨幣尺度によって容易に測定できる部分の，稼得と支出に結びついて生じる厚生である。しかし経済的厚生は，これらに結びついて生じる厚生をすべて含むわけではない。所得の稼得と支出に結びついて間接に生じ

---

1) G. E. ムーア『倫理学原理』（Moore, *Principia Ethica*, 1903) 6 頁。

るさまざまな善悪の性質は，そこから除かれる。経済的厚生は，国民分配分を構成する客観的用役が，いわば肉体という工場を通過するさいに現れる精神的生産物をすべて含むわけではないのである[2]。それが含むのは，**満足**（*satisfaction*）という精神的生産物のみである。だから経済的厚生とは，いわば厚生の一部の，そのまた一部にすぎない。

3 もしそうであれば，明らかに，経済的厚生が変化しなくても厚生は変化するだろうし，経済的厚生の一定量の変化が，それに等しい厚生全体の変化をもたらすこともめったにないだろう。一見すると，この事情は経済的厚生の研究の意義を失わせるように思われるかもしれない。だがそのように即断するのは，経済学の目的全体に対する誤解だろう。もし科学という語が，それ自体のための知識をひたすら探求することを意味するのであれば，経済学の目的はそもそも科学的なものではない。それはむしろ実際的（practical），実利的（utilitarian）なものであり，社会生活の改善にむけて直接ないし間接に役立ちそうな知識の究明を主にめざすのである。それゆえ，経済的厚生が厚生全体の指標にならないことは，大した問題ではない。なぜならわれわれが知りたいのは，厚生の大きさがどれほどであるか，あるいはどれほどだったかではなく，むしろ政治家や私人の力によってある原因がもたらされるときに，厚生の大きさがどう変化するかということだからである。経済的厚生が厚生全体の指標として役に立たないことは，経済学がこの後者の知識を提供できないことの証拠にはならない。なぜなら全体は多くのさまざまな部分からなるので，ある部分の変化量が全体の変化量を示すわけではけっしてないが，それでも［他の部分が変化しない限り］その部分の変化はその量だけ，常に全体を変化**させる**だろうからである。もしそうであれば，経済学の実際的意義は十分に確保される。なるほど，経済学がわれわれに語るのは，ある経済的原因がもたらされた後に厚生全体が従来の水準からどれだけ変化するかではない。むしろそれがわれわれに語るのは，その原因がもたらされた場合に，他の条件が等しい限り，厚生全体がどのような方向に変化するかである。経済学がこの重要な知識を提供するだろうということは，あくまで可能性にすぎない。この可能性は実現するだろうか。それが実現するという見方に対しては，2つの重

---

2) フィッシャー『資本と所得の性質』（Fisher, *The Nature of Capital and Income*, 1906）168頁参照。

要な反論がなされるだろうから，これらを検討しなければならない。

4 第1の反論はわかりやすいものである。すなわち所得に結びついて生じる満足や不満足に影響を与える原因は，これらだけを変化させるのでなく，厚生の他の部分も変化させるというものである。こうして他の部分に生じる変化は経済学では考慮されないので，ある特定の原因の方が別の特定の原因より経済的厚生を一層増加させるからといって，前者の方が厚生全体を一層増加させるだろうと言うことはできない。しかも，ある特定の原因が経済的厚生を増加させるからといって，それが厚生全体を増加させるだろうと言うことさえできない。なぜなら非経済的厚生にもたらされる測定不可能な影響が，経済的厚生にもたらされる測定可能な影響を変えてしまう，あるいは上回るかもしれないからである。また可能性の面しか述べないのは，この反論に対して不公平な態度である。なぜならわれわれもはっきり知っているように，経済的原因は，直接にも間接にも，非経済的厚生に対して実際に非常に大きな影響を与える場合が多いからである。

まず直接の影響に目を向けよう。あらゆる意識状態は多くの要素の複合体であり，満足のみならず，認識（cognitions）・感情（emotions）・欲望（desires）も含んでいる。それゆえ当然予想されるように，満足を変化させる原因は，その作用自体として，あるいはその作用の帰結として，これらの他の要素の幾つかを変化させるだろう。これは実際に見られることである。例えばある欲望を満たす財貨が普及すれば，この欲望はその実現の経験を通してますます強くなる，という結果がしばしば生じる。しかしその欲望自体が善ないし悪であるならば，その強度の高まりは厚生を変化させるので，これによって生じる厚生の変化が，満足によって生じる厚生の変化に追加されることになる。しかも経済環境の変化に付随して変化するのは，欲望だけではない。いわゆる人々の性格，すなわち感情や目的意識の中核部分は，特に若い頃には，善い方にも悪い方にも影響を受けやすい。また労働環境も，生活の質に作用する[3]。倫理的な質は職業によっても左右される

---

3) 「マサチューセッツのプリマス索具会社では，その工場を芝生や生垣で囲い，その壁をツタで覆った結果，『労働者は，われわれが教えようと努めていたことを家庭でも実践するようになった。彼らは自分の庭を手入れし始めた。それまで放置されていた小道の縁は綺麗に刈られ，芝生も入念に刈り込まれた。これらのことは，たちまち労働者の家庭に従来とまったく違う趣をもたらし始めた』」（ミーキン『模範工場と村落』（Meakin, *Model Factories and Villages*, 1905) 79-80頁）。

が——召使いの雑用，農業労働，芸術的創作，従属的経済地位に対比されるものとしての独立[4]，単調な作業の繰り返しなど——，人々がそれらの職業に就くのは，消費者の欲望を満足させるためである。倫理的な質は，これらの人々が個人的関係をもつだろう他者に与える影響によっても左右される[5]。トランスヴァールの中国人労働の社会的影響や，オーストラリアの牧畜業者が労働供給源として流刑制度を維持しようとすることの社会的影響も[6]，厚生を左右する。産業関係から生じる人間関係もそうである。団結心や企業の将来への関心は，雇用主と労働者の個人的関係が友情に満ちている事業所の労働者を元気づけて，富の生産を増加させるのみならず，それ自体としても厚生への追加要素である。これだけではない。ある種の産業協定に結びついて生じる半ば愛国的な感情と混ざりあった，別の重要な非経済的善，すなわち人々の間の共感的，友好的感情もあろう。18，19世紀に大規模産業が普及するにつれ，雇用主と労働者はますます持ち場が離れ，会う機会も減っていった。この避けがたい肉体の分離が，精神の分離，すなわち「雇用主自身と，彼が雇って自分のために働かせる多くの仲間との人格的疎外」をもたらすこともあった[7]。この敵対精神は，経済的原因が非経済的厚生にもたらした明白な負の要素であった。だから調停委員会や協同経営計画を通じてその一部を抑制することは，同じく明白な正の要素である。また経済的原因は，家族生活や国家間の礼節に関する非経済的厚生を左右する。農場を営む家族を都市で暮らす家族から区別する特徴である，関心と職業の一致[8]，協同組合店の組合員に見られる社交性や公式・非公式の相互教育機会，狭い家に大勢で住むことの弊害，関税の賛否をめぐる論争によって仲間内の共感的人間関係が壊れてしまう可能性，賄賂による司法や行政の堕落など，これらすべてのことも非経済

---

4) 例えば，機械が精巧かつ高価になるほど，資産の少ない者が自分の独立事業を興すことは，工業でも農業でも難しくなる，という点に注意することが重要である。クェインタンス『生産と労働に与える農業機械の影響力』(Quaintance, *The Influence of Farm Machinery on Production and Labor*, 1904) 58頁参照。

5) 例えばラウントリー氏も，監督者が工場労働者の道徳的気風に与えるだろう重要な影響力を適切に強調している。B. S. ラウントリー『産業の改善』(Rowntree, *Industrial Betterment*) 10-1頁参照。

6) V. S. クラーク『オーストラリアの労働運動』(Clark, *The Labour Movement in Australia*) 32頁参照。

7) ギルマン『労働への分配分』(Gilman, *A Dividend to Labor*, 1899) 15頁。

8) 『アメリカ経済学協会会報』(*Proceedings of the American Economic Association*) 第10巻，234-5頁参照。

的厚生を左右する。最後に，人々の性格は，公共博物館によっても，また公共浴場によってさえも左右される[9]。厚生のこうしたまさしく現実的要素が経済的厚生の枠内で考慮されるのは，ある人々が自分の所得で他の人々**のために**商品を購入するという特殊な場合のみである。この場合には，他の人々の満足に与える影響のみならず，その影響全体が考慮されるだろう。他の人々というのが自分の子どもであれば，なおさらである。シジウィックが鋭く述べたように，「隣人への純粋な思いやりは，慣習の支配に妨げられない限り，彼にとって本当に善いとわれわれが思うものを，彼に与えるように，われわれを促す。他方，自然的利己心は，われわれが好むものを，われわれ自身に与えるように，われわれを促す」[10]。したがってこの場合には，経済的厚生に与える影響と厚生全体に与える影響の隔たりは，部分的に架橋されている。しかし，そのように架橋されていない場合も多いのである。

　次に，間接の影響に目を向けよう。経済的厚生を変化させる原因は，直接にではなく，国民分配分以外の厚生の客観的条件を通じて間接に，厚生の他の部分に影響を与えることがある。これらの条件のうち最も重要なのは，自然美という特定の対象がもたらす用役と，特定の人々が貨幣報酬を受けずにおこなう用役である。経済的原因が自然美という対象に与える影響は，石炭や金の採掘で景観がしばしば破壊されること，規制されない工場排煙がまき散らす汚染，宣伝広告によく見られる低俗さ[11]によって例証される。これに対し，救貧法，工場法規，男性労働者に対する需要の変動などの経済的原因が，女性労働者を，工場労働や有償家庭労働から，子育て，家族の食事を作ること，家族の衣服の修繕，賢い家計運営などの無償家庭労働に転向させる場合にはいつでも，特定の人々のおこなう

---

9) ダーウィン『自治体事業』(Darwin, *Municipal Trade*, 1903) 75頁参照。
10) シジウィック『実践倫理学』(Sidgwick, *Practical Ethics*) 20頁。またエッフェルも参照のこと。「一般に利害関係者の方が，非利害関係者より，自分の利益になると思うことを実現する適切な手段についてよく知っている。しかし何が利益であるかという判断においては，一般に非利害関係者の方が明瞭に知っている」(エッフェル『反論経済学』(Effertz, *Les Antagonismes économique*, 1906) 237-8頁)。
11) 1907年の広告規制法（Advertisement Regulation Act）は，屋外広告が風景の自然美や公園・遊歩道の環境を損なうのを防ぐための条例の制定を，地方当局に認めている。こうした立場もふまえ，市電の電線の埋設に多くの費用がかかることは，埋設式に反対して架空式に賛成する決定的根拠にならない，という点に注意すべきである。ロンドン市議会は，より費用のかかる埋設式を慎重に選んでいる。

用役が影響を受ける[12]。明らかに，この種の場合，経済的厚生に現れる変化は，ほとんどもっぱらわれわれが選んだその用語の定義から生じており，厚生全体の何ら大きな変化を表すわけではない。次のように述べておけば十分だろう。すなわち所得に算入されない実に膨大な無償労働が常時おこなわれているけれども——例えば無償の組織者による慈善活動，教会員の労働，日曜学校の教師，利害関係をもたない実験者の科学研究，有閑階級の多くの人々の政治活動など——，経済的原因が無償労働と有償労働の間の大量の**移動**を引き起こすことは，おそらくなかろう。したがって，経済的厚生に関する事実から厚生全体に関する推論をおこなうさいにつきまとう留保条件は，おそらく無償労働に関する限り，当初一見して考えられるほどには大きくない。

5　第2の反論は，もっと難解な性質のものである。経済学が基づく，また経済学を他の社会科学から区別する方法論的原則は，ある尺度，すなわち貨幣を参照することにある。しかしこの尺度は，**欲望**と**嫌悪**（*desires* and *aversions*）を媒介にして，満足と不満足に関連づけられるにすぎない。したがって貨幣尺度を利用するためには，ある一定量の満足を，ある一定強度の欲望の満足として**定義**する必要がある。大きな強度の欲望が満たされれば，小さな強度の欲望が満たされるときより大きな満足がある，とわれわれは言うのであり，その逆もまた同様である。これはむろん，それ自体としてはまったく正当な議論の流れである。しかし満足をこのように定義する場合，満足は厚生の一部であり続けるけれども，満足の増加，すなわち満足からなる経済的厚生の増加は，たとえ他のあらゆるものが一定に留まるにせよ，必ずしも厚生全体の増加を含意せず，ましてや同量の増加を含意するわけではない，という点に注意することが不可欠である。この含意が妥当するためには，等しい強度の欲望の満足がそれ自体として，そのもたらす影響を別にして，常に同量の「善」を含む必要があろう。しかし容易に示されるように，その必要な同量性は，以下の2つのどちらの場合にも成立しないのである。

---

12) しかし次のような点にも注意しなければならない。王立救貧法委員会が雇用した調査員たちによれば，グラスゴーでおこなわれた母子家庭への寛大な救済計画は，ゴシップと悪癖しかもたらさなかった。「それらの女性の大多数は家事などへの関心を失っているため，むしろ働かせて賃金を稼がせる方が貧困の実際的予防策になる」（『王立救貧法委員会報告』（*Report of the Royal Commission on the Poor Laws*, 1909）154頁）。

第1に，最も極端なケースをとり，欲望の対象は常に，善の手段として，それがもたらすと期待される善の量に比例した強度で欲望される，と考えよう。この場合，もし期待が外れれば，先ほど定義した意味における満足のある一定の増加は，それに対応する量の厚生の増加をもたらさない。しかも期待は外れることが多いのである。

　第2に，事実として，欲望の対象は，それがもたらすと期待される「善」に比例した強度で欲望されるわけではない。この点は，シジウィックが述べた特殊ケースによって例証される。「私は，快楽の大小が，快楽を維持する，あるいは生みだす活動に意志を向けさせる力の強弱に正確に比例する，とは考えない」[13]。しかもそのケースは明らかに，快楽以外の満足にも妥当する。同様にして，フランツ・ブレンターノも次のように述べた。「愛が現実に存在することは，愛される対象がそれに値することを，無条件に証明するわけではけっしてない。……ある人が何かを愛しながら，それが彼の愛に値しないことをみずから告白するのは，よくあることである。

　私はより良い方法を見，それを承知しているが，悪い方に従う」[14]。

この点は明らかに大きな実際的重要性をもっている。それは，貧者の相対的**無知**に関する意見と結びついて，次のような方策を擁護するさいによく用いられる同様の議論の根拠にもなっている。すなわち利潤分配（profit-sharing）に対するものとしての福利分配（prosperity-sharing）――ここではどのようにして労働者が超過利得を受けとるかを雇用主が決める[15]――を支持するレヴァー氏の提案や，工場法の衛生条項，現物支給の政府による禁止，強制保険などである。また他のさまざまな分野でも，その重要性はやはり明らかである。例えば，ある政治家がいて，富の分配の不平等が厚生に影響をもたらす程度について考えているとする。そのとき彼は次のように考えるだろう。賭博の興奮や贅沢な肉体的享楽のような，またおそらく東洋諸国におけるアヘンのような，富者の幾つかの欲望の満足は，一次的・肉体的ニーズの満足より倫理的に劣っており，富者の需要に支配される資本や労働を貧者に移転すれば，それらはおそらくそのようなニーズの確保

---

13) シジウィック『倫理学の諸方法』（*Methods of Ethics*, 1874）126頁。
14) F. ブレンターノ『正誤の知識の起源』（Brentano, *Origin of the Knowledge of Right and Wrong*, 1902）17頁。

に向けられるだろう。しかし他方で，彼は次のようにも考えるだろう。富者の購入する他の満足，例えば文学や芸術に関する満足は，おそらく一次的ニーズの満足より倫理的に優っており，［酒などの］刺激物におぼれることから生じる部分の貧者の満足より確かに優っているのである。

6　第4〜5節の議論から明らかなように，経済的厚生に生じる影響から厚生全体に生じる影響を厳密に推論することなど，論外である。場合によってはその2つの影響の乖離は取るに足りないが，場合によってはそれは非常に大きいだろう。それでも私は，特別な事情がない限り，蓋然的判断（judgment of probability）を下す余地があると思う。ある原因が経済的厚生に与える影響を確認したさいには，その反対の証拠がない限り，経済的厚生に生じる影響と厚生全体に生じる影響は，たとえその大きさが違っても，その方向は**蓋然的**に同じであると見なせるだろう。またある原因のもたらす影響の方が，別の原因のもたらす影響より経済的厚生に有利であることを確認したさいには，その反対の証拠がない限り，前者の原因のもたらす影響の方が，厚生全体にとっても蓋然的に有利であると結論できよう。要するに，経済的原因が経済的厚生にもたらす影響についての結論は，厚生全体にもたらす影響についても同じく妥当するという見込み——エッジワース教授のいわゆる「証明されない蓋然性（unverified probability）」——が存在するのである。その挙証責任は，何らかの個別ケースにおいてこの見込みを棄却せよと

15）レヴァー氏の主張によれば，利潤分配の場合には「労働者が得る追加貨幣のほとんどは，個人的に，あるいは生活状態を物的に向上させない奢侈品に，完全に浪費されるので，その妻や家族はそれによってまったく利益を得られないことが多い。したがってこの会社は，単にその利潤を労働者と分かち合うのでなく，福利という結果を彼らと分かち合おうと努めた。すなわち利潤を彼らに分配して無駄にするのでなく，利潤の一部を毎年積み立て，全員の利益のために投資したのである」（ミーキン『模範工場と村落』428頁）。また「福利分配の利益は，非常にさまざまな仕方で労働者に応用できるだろう。……最善の方法の1つは……安価に賃貸するための家屋建設である。この方法は，労働者の状態の改善に最も効果があり，その妻子も確実に恩恵を受けるという追加的長所がある。……クラブの建物，レクリエーションホール，福利施設，夏休み，冬の娯楽，疾病や埋葬の互助会のために拠出することもできるだろう。……ただしこうした目的に拠出金を出すことによって，労働者はその業務外で自分たちの組織を運営する完全な権利を得るが，その運営は業務内の適切な位置に保たれなければならない」（レヴァー（『エコノミック・レヴュー』1901年1月，62-3頁））。**賢明に実行されるならば**，この種の方針のもとでは，一定額の貨幣が，それを現金の形で労働者に手渡すだけの場合より確実に労働者の質を高めることは，ほぼ明らかである。

主張する者の側にある。

7　一見すると前節の結論は，経済学が十分に発展すれば，それは実際問題の解決のための力強い指針を提供するだろうということを示唆する。しかしこの示唆を承認するにあたっては，ある大きな障害がまだ残っている。前節の結論の正しさが承認されても，経済学の実際的有用性については，依然として問題が提起されるだろう。経済的原因が経済的厚生に与える影響が，厚生全体に与える影響に，蓋然的にある程度等しくても，実は何の意味もないと言われるかもしれない。この批判によれば，経済的厚生に生じる影響は，経済学の範囲内だけの部分的・限定的研究では，あらかじめ確定できないのである。なぜなら，ある経済的原因が経済的厚生にもたらす影響は，何らかの形で常に存在する非経済的条件の性質によって変化しやすいが，経済学はそのような条件の研究には適さないからである。この問題は，J. S. ミルの『論理学体系』で非常に明快に述べられている。彼が指摘するように，事物のある**部分**に関する研究からは，いかなる場合も近似的結果以上のものを期待できない。「社会状態のある要素に大きな影響を与えるものは何であれ，それを通じて他のすべての要素に影響を与えるのである。……だから社会状態の他のすべての側面を考慮しなければ，社会状態のある側面を理論的に理解することも，実際的に管理することもけっしてできない。どんな社会現象も，その社会状態の他のあらゆる部分によって，したがってその時代の社会現象の他の部分に影響を与えるあらゆる原因によって，多少とも影響を受けるのである」[16]。換言すれば，経済的原因のもたらす影響は，確かに非経済的事情に一部依存しているので，たとえ同じ経済的原因であっても，例えばそこでの政治や宗教の状況の一般的性質によって，やや異なった経済的影響をもたらす。この種の依存がある限り，明らかに経済学上の因果的命題は，非経済的事情が一定に留まるか，あるいは少なくとも一定限度を越えて変化しないという条件のもとでしか成立しなくなる。この条件は経済学の実際的有用性を失わせるだろうか。私の考えでは，例えば西ヨーロッパの住民のようにかなり安定した状態の一般文化をもつ国々においては，その条件はおおむね満たされるので，経済学によって到達する結論は，真理のそれなりに優れた近似と見なすことができる。こ

---

16) J. S. ミル『論理学体系』（Mill, *A System of Logic, Ratiocinative and Inductive,* 1843）第 2 巻，488 頁。

れはミルがとった見解でもある。すなわち彼は,「ある社会の文明や社会進歩の一般状態が,その部分的・副次的なすべての現象に与えるに違いない主要な影響力」を十分に承知しながらも,社会現象のうちその直接の決定因が主に富への欲望を通じて作用する部分については,「確かに**主として**,少なくとも当面は,1種類の事情のみに依存する」と結論づけた。また彼は次のように付言している。「他の種類の事情も影響をもたらす場合には,1種類の事情がもたらす諸々の影響を確定するだけでも,これを1度にすべておこない,次いでこれに修正をもたらす他の種類の事情の影響を考慮するのは,非常に複雑かつ困難な仕事である。他の種類の事情が,絶えず変化するその1種類の事情と共に,しばしばその都度変化しやすい場合には,特にそうである」[17]。この説明に付け足すことは何もない。もしそのことが承認されるならば,本節で論じた問題によって,もはや足止めされる必要はない。経済的原因が経済的厚生にもたらす近似的結果を経済学によって確定することは,必ずしも実行不可能ではない。したがって,本章で架けられた経済的厚生と厚生全体を結ぶ橋が,未使用のまま朽ち果てないですむわけである。

第2章　経済的厚生と国民分配分

1　前章では経済的原因がもたらす,直接的には経済的厚生への,間接的には厚生全体への,影響を検討した。次に注意しなければならないのは,ほとんどの原因は経済的厚生に直接に作用するわけではないことである。一般にそれらは,①国民分配分の大きさ,②人々の間におけるその分配,③異なる時点間におけるその分配,を通じて間接に作用する。本章の課題は,経済的厚生の変化とこの分配分の3つの量的側面との関係を,大まかに明らかにすることである。しかしその前に,分配分そのものについて,もう少し詳しく検討しなければならない。

2　分配分を構成する究極の要素は客観的用役であり,その一部は財貨を通じて

---

17) 前掲書 490-1 頁。

もたらされ，他の部分は直接にもたらされる。これらの要素を合計するさいには，同じものを二重計算しないように注意しなければならない——例えばその明細に，パン職人の用役とこの用役が焼くパンを重複して入れたり，その国の鉄道と鉄道株の価値を重複して入れてはならない——。この計算においては，やや重要な問題を克服する必要がある。政府が最近試みたのは，実際には国民分配分の明細の作成ではなく，むしろその構成部分の貨幣価値の評価であるが，この問題の性質はその試みによって例証できるだろう。生産統計に関して公表された中間報告書の中で，その企画責任者は，二重計算の回避法を次のように要約した。「ある産業ないし産業群の総生産価値から，使用された材料や他企業の仕事に対する支払額などの総費用を控除した差は，その産業ないし産業群の『純生産』と便宜的に呼べる数字を示している。この数字は，脱漏も重複もなく，一体と見なされる産業ないし産業群の生産額のうち，外部から購入した材料の価値を上回る部分の合計額を表す。すなわちそれは，生産過程で原材料に付加された価値を表すのである。この額こそが，どの産業にとっても，そこから賃金・俸給・地代・利子・租税・減価償却などのすべての諸経費，ならびに利潤を捻出しなければならない基金になる」[18]。その国のすべての産業の純生産を合計し，さらに外国に投資されたその国の資本の純生産を加えれば，貨幣で表された分配分全体の明細が得られる。この種の方法によって二重計算を避ければ，先ほど区別した2種類の用役——財貨を通じてもたらされる用役と直接にもたらされる用役——を「財貨と用役」という用語で表すことは，原理上，何の問題もない。この用語法が適切に守られ，意味が限定されるならば，その意味はフィッシャー教授たちが「用役」という用語で意味しようとする内容とまったく同じである。この2つの用語の選択は，フィッシャー教授は原理の問題であると主張しているようだが[19]，むしろ便宜の問題である。私個人は，経済世界の用語法から大きく外れるという不都合は承知しているが，「用役」という簡潔な用語の方が良いと思う。

3 国民分配分の構成要素として，用役——あるいは財貨と用役——をすべて算入するのか，それともその一部のみか，またもし一部のみであるならばどれを算入するのか。これらもまた，原理の問題でなく，便宜の問題である。前章の冒頭

---

18) Cd. 4896, 6頁．
19) フィッシャー『資本と所得の性質』105-6頁．

で述べたように，ここではマーシャル博士の用語法に従い，貨幣尺度によって容易に測定できるものだけを含めることにする。またその容易さの基準についても，同じくマーシャル博士がそうしたように，イギリス所得税委員会の慣例に従うことにする。それゆえ私は，人が貨幣所得で購入するあらゆるものに加えて，自身が所有し居住する家屋から得る用役も含める。しかし「人が自分に対しておこなう用役，人がその家族や友人に無償でおこなう用役，人が自分の私的財貨（家具や衣服など）の使用から得る便益，無料の橋などの公共財産は，国民分配分の構成要素として算入せず，別途計算されるものとして残す」[20]。国民分配分の減少が一般に経済的厚生の減少を意味するという議論に進むさいには，国民分配分という用語をこの限定された意味で用いるという本節における決定を，忘れてはならない。

4 次の問題はより実質的に重要なものである。第2〜3節では，明らかに国民分配分に含まれるものとしての，特定の用役を抽出した。しかしよく考えると，これらの用役は2つの異なる種類のものからなることがわかる——すぐさま心的感覚に変換される用役と，他の用役を生みだす用具を作ることに向けられ，将来の心的感覚に変換されるだろう用役である——。このどちらの種類の用役も，本当に分配分の構成要素として適格なのか，それとも後者をすべて除外すべきなのか，それとも双方からそれぞれある部分を除外すべきなのか。この判断はやや難しい問題である。これらの用役の全体を，**粗**（*gross*）国民分配分と呼びたければ，そう呼んでもよい。その場合，この問題は次のような形で表される。すなわち「粗国民分配分のどの部分が，真の，純（net）国民分配分をなすのか」。

5 この問題については，マーシャル博士とフィッシャー教授による，2つの主な解答がある。マーシャル博士によれば，「一国の労働と資本は，その天然資源に働きかけて，あらゆる種類の用役を含む，物的および非物的な財貨の，ある一定の純合計量を年々生みだす。これがその国の年々の真の純所得ないし純収入，すなわち国民分配分である」[21]。だが彼は，別の箇所で次のように付言している。

---

20) マーシャル『経済学原理』（Marshall, *Principles of Economics*, 6th ed., 1910）第6版，524頁。
21) 同上書523頁。

「主に一国の所得に注目するのであれば，所得が引き出される源泉の減価を考慮しなければならない」[22)]。換言すればマーシャル博士の見解では，純国民分配分は，粗国民分配分の全体から，その国の資本減耗を補うために必要になるだろう部分を控除した差である。したがってそれは，状況に応じて，その年のうちに直ちに消費される用役の量を上回ったり，下回ったりするだろう。すなわちもし新たな資本を創出すれば，それはその用役の量を上回り，もし更新や修繕を怠れば，それはその用役の量を下回ることになる。これに対してフィッシャー教授は，議論の前提として，いかなる場合も貯蓄は所得ではないという命題を置き，国民分配分とは直ちに消費される用役のことであり，そのような用役しか含まないと明確に主張する。彼によれば，マーシャル博士の国民分配分の概念は，実際に［効用として］実現**する**分配分ではなく，一国の資本が維持される**ならば**実現する分配分を表している。古びた設備を更新するにせよ，減価償却費を積み立てるにせよ，とにかく資本の減価を正確に相殺するだけの資金を別途用意するような特殊ケースでは，この２つの定義はなるほど**実質的に**等しい。しかし実際には，この２つの定義が**実質的に**等しくなることはごく稀であり，またそれらが**理論的に**等しくなることはありえない。

6 マーシャル博士の定義は，論理的簡潔さの点でひどく不利であり，苦戦するのは明白である。完全定常状態（through-going stationary state）では，資本の維持に必要なものという概念には，何の曖昧さも困難もない。もしある特定の種類の機械が10年で減耗するのであれば——綿紡績工場の機械の平均寿命に関するタウシッグの推定[23)]——，明らかに，純国民分配分は10年間にわたり，この機械の減価分だけ粗国民分配分より小さくなる。またある種の作物が土壌の生産力を消耗する場合も，純分配分は，その奪われた化学成分を土に返す費用だけ粗分配分より小さくなる[24)]。地中から鉱物を採掘する場合も，年間に使用される鉱物の元来の状態の価値（理論上はそれに支払われる採掘権料で表される）を，その鉱物の使用後に生じる一国のすべての生産物の価値から控除すべきである。もしその「使用」という語が，資本として用いない輸入品と交換するための輸出を意味するならば，鉱物の使用後の価値はゼロである。他方，もしその語が何らかの耐久

---

22) 前掲書80頁。
23)『クォータリー・ジャーナル・オブ・エコノミクス』1908年，342頁。

的用具の生産を意味するならば，鉱物の使用後の価値はそれが鉱山でもっていた元来の価値を上回るので，粗分配分から純分配分を算出するさいには，控除せずに，むしろ幾らか追加することが必要だろう。

　どれもこれは実に単純なことである。しかし仮想の定常状態ではなく現実世界の状態を扱う場合には，設備の物的能力の単なる維持は，もはや明らかに，資本の維持と同一の事柄ではなくなる。改良型の発展によって陳腐化した機械は，その物的状態がいかに良好でも，実際には資本を維持していない。その生産物を人々が好まなくなった機械にも，同じことが言える。ところがこれらの事情もふまえ，陳腐化の場合を考慮しようとすれば，次のような反論にさらされるのである。すなわちこれを考慮することは，維持すべき対象として，生産用具の物的能力ではなくその価値に着目することを論理的に意味するが，そうなると生産用具の価値は，それが将来にもたらすと期待される用役の現在価値であるから，割引利率の変化に左右されざるをえない。粗国民分配分との関係がこの種の事情に左右されるような形で純国民分配分を定義することは，本当に理にかなった手続きだろうか。明らかにわれわれは，この論理的なプロクルステスの寝台に無理に合わせることに対して強く抗議できるし，また実際に抗議する。割引利率が変化しようとしまいと，物的減価と陳腐化による減価を補えば，**われわれの意味において資本は維持されている**，とわれわれは主張するのである。これは明確に限定された立場であり，それによって純国民分配分という概念をそれなりに明確化する立場である。それでもなお，この概念は妥協的性質を帯びており，もう一方のフィッシャー教授の概念がわれわれの眼前に突きつける論理的明快さを欠いている，と認めざるをえない。

7　しかしこの2つの分配分概念の優劣は，この種の二者対質（dialectics）によっては判断できないのである。私がこの問題を理解する限りでは，その解決は，一

---

24) カーヴァー教授は合衆国について次のように述べた。「合衆国全体で考えれば，おそらく，もし農夫に肥料を強制的に買わせ，彼らの土の肥沃さを維持させていたならば，他の条件が等しい限り，農業全体は破産していただろう……。（1887年頃まで）普通の農夫はけっして，土の消耗分をその収穫の費用分と見なさなかったのである」（カーヴァー『アメリカ農業素描』(Carver, *Sketch of American Agriculture*) 70頁）。しかしこの資本損失のほかに，土地の占有権（occupation）や継承譲与（settlement）の事実による資本利得もあることを，考慮しなければならない。

般的推論によるというより，その概念が用いられる具体的目的にかかっている。もしわれわれが，各年に社会が得る経済的厚生の相対量の長期的動向に関心をもち，この一連の量を適切に関連づけることのできる客観的指標を探しているのであれば，その場合には明らかに，フィッシャー教授の概念がふさわしいものになる。しかし本書が関心をもつのは，測定ではなく因果関係であるから，その問題の一般形式は次のようになる。「1912年の経済状況に作用するかくかくしかじかの原因は，全期間を通じての経済的厚生にどんな影響をもたらすのか」。ところですでに同意されているように，その原因は分配分を媒介にして作用するのだから，その影響に関する直接の議論では分配分に言及する必要がある。したがって，フィッシャー教授とマーシャル博士のそれぞれの概念を採用する場合に生じるその結果を比べてみよう。フィッシャー教授の案では，その原因が1912年の分配分にもたらす変化のみならず，1912年以後のあらゆる年にもたらす変化も確定しなければならない。なぜなら，もしその原因が新たな貯蓄を促すならば，フィッシャー教授が考える分配分にもたらされるその影響は，それ以後のあらゆる年を含む議論によってしか適切に推定できないからである。例えば彼が示すように，もし1台のピアノのような財貨が1912年に作られるならば，その財貨の資本価値ではなく，1912年にそれがもたらす用役の賃貸価値のみを，1912年の分配分に算入すべきである。だからそのピアノが生みだされたことの全影響は，各年の国民分配分の長期的動向をふまえないと測定できない。マーシャル博士の案では，この不便な手間はまったく省かれる。すなわち彼の意味における1912年の分配分に生じる影響をわれわれが述べるとき，1912年以後のあらゆる年の消費に与える影響は，それらを予想できる限りは，そこに暗に含まれているのである。なぜならこれらの影響は，ピアノの当初の資本価値に反映されているからである。消費に与える**即時的**影響は，フィッシャー教授が考える1912年の分配分に生じる変化によって示される。しかし経済的厚生と経済的原因が連結されるのは，［期間全体の］総消費を通じてであり，即時的消費を通じてではない。したがって，マーシャル博士の概念は二者対質による比較では劣るにもかかわらず，私はマーシャル博士の概念こそが実質的にわれわれの求める概念であると考える。したがって今後は，この概念を用いることにする[25]。こうして基礎が明瞭になったので，本論に入ろう。本章では，われわれの問題を大まかに一般的な形で考察する。分配分は，さまざまな比率でさまざまな人々によって消費される各

種の財貨や用役からなるが，この事実から生じる問題は無視し，分配分はあたかも同質であるかのように見なして議論を進めよう。

8 そのうえで，3つの重要な命題を定めることができる。第1の命題は，分配分を増加させる原因がもたらされる場合，その集団が通常主に消費している財貨で測って，いずれの集団の成員の絶対的取分も減少しないならば，社会全体の経済的厚生は増加する傾向があるというものである。

この命題は，次のようにして一般的な形で確立することができる。分配分の大きさに影響を与える原因は2つのグループ，すなわち供給側と需要側のそれぞれから作用する原因に，分けられるだろう。前者のグループは，商品をより安い費用で生産可能にするすべての原因を含み，後者のグループは，商品がより大きな強度で求められるようにするすべての原因を含む。明らかに改良などは，需要の一般条件が一定であれば，生産を増加，すなわち分配分を増加させ，また経済的満足も増加させる。同じく明らかに，商品に対する欲望の発達も，供給の一般条件が一定であれば，分配分と経済的満足を増加させる。しかも今区別した2つのグループのどちらか一方の原因のもたらす分配分の増加が，経済的厚生の増加に結びつく蓋然性は，生産の過程も人々の嗜好も，いずれも繰り返されることによってさらに発達するという事実のために，高められる。もし分配分の増加が欲望の増大によるのであれば，経済的厚生の直接的［即時的］増加のみならず，幼稚産業への作用を通じての間接的［長期的］増加も起こるだろう。この間接的増加が，直接的増加そのものを上回ることもある。例えば，束の間の激しい需要のさなかに新しい観念や発明が生まれ，それが分配分を，それゆえ経済的厚生を増加させる永続的要因になることもある。同様のことは，分配分の当初の増加が生産条件の側から起こる場合にも言える。なぜなら未発達の産業と同じく，未発達の需要もあるからである。財貨の生産経験によって生産能力が高まるのと同じで，財貨の使用経験によってそれに対する愛着は高まる。特定の商品を一時的ないし習慣的に使うことによって，人々はそれを愛好するようになり，それに対す

---

25) やや異なる線からの批判として『クォータリー・ジャーナル・オブ・エコノミクス』1909年2月号のフラックス教授の論文と，これに返答した同誌5月号のフィッシャー教授の論文を参照のこと。個別事業の立場から，所得勘定と資本勘定に経費をどう配分するかという問題は，コール氏の『会計』(Cole, *Accounts*, 1903) 第13章で詳しく論じられている。

る人々の欲望の強さが永続的に高まるだろう。機械を試用で貸し出したり，財貨を試用品として贈ったり，絵画を無料で一般公開したりすれば，これらのものへの人々の嗜好は高まる傾向がある。居酒屋・宝くじ・図書館が身近にあれば，飲酒・賭事・文学への嗜好は，ただ満たされるだけでなく，促進されるのである。

清潔，照明[26]，模範住宅，農地の模範区画などを見せれば，近隣住民はそれを見るだけで所有しなくても，その対象の示す教訓は成果をあげ，これまで認識されていなかった優越性をわかりやすく教示するだろう[27]。例えば「無料図書館は上質の文学を習慣的に楽しむ力を養う手段であり」，貧者に限って言えば，貯蓄銀行は「倹約を教える手段」である[28]。また欲望の増大の場合と同じく，生産の増加の場合にも，経済的厚生への間接的影響は，直接的影響を上回ることがある。例えば補助金によって，ある財貨の供給が増加するかもしれない。その直接的影響は補助金の作用する間しか続かないという場合もある。しかし人々の嗜好が永続的に変化し，今や人々は当初の供給量から以前より多くの満足を得るという場合もあろう。好例はベニーニによって与えられる。彼によれば，1888～96年にイタリアが被った不況は，その期間中の人々の賭事への支出を減少させ，賭事への嗜好をその後も永続的に低下させたそうである[29]。

このようにして一般的に定められた，分配分の増加と経済的厚生の増加の関連が，本書の立場から見て最も重要になるのは，分配分の増加が供給側に作用する

---

26) 街灯の導入が近隣の**屋内**照明の需要を増加させた経緯についての，ウォルポールの説明を参照のこと。『イングランド史』(Walpole, *A History of England*) 第1巻，86頁。電灯の手の込んだ宣伝法が，ホワイト『電機産業』(Whyte, *The Electrical Industry*, 1904) 57頁に引用されている。すなわちある会社は，半年の試用期間中はすべて無料にして，ある家に6つの電灯を設置しようとし，家主はその期間中の電気代だけを払えばよかった。そしてもし半年後に家主が望めば，その会社は設置したものをすべて撤去する，と保証したのである。

27) 自分が経営する下宿の**踊場や階段**を清潔にすることにこだわったオクタヴィア・ヒル嬢の実践や，1902年のコーク博覧会に関するH.プランケット卿の説明を参照のこと。『新世紀のアイルランド』(Plunkett, *Ireland in the New Century*, 1904) 285-7頁。

28) ジェヴォンズ『社会改革の方法』(Jevons, *Methods of Social Reform and other Papers*, 1883) 32頁。しかしマーシャル博士は，この種のことには小さな実際的重要性しかないと考えており，この点にも注意すべきである。すなわち「長期的には高い弾力性を示すそれらの需要は，たいていすぐにでも高い弾力性を示すのである。それゆえ，若干の例外を除けば，どれほど先の将来まで視野に入れるかを特定しなくても，財貨の需要の弾力性の大小を語ることができるだろう」(マーシャル『経済学原理』436頁)。

29) ベニーニ『統計的方法の原理』(Benini, *Principii di statistica metodologica*, 1905) 259頁。

何らかの原因から生じる場合である。需要側に作用する原因も，なるほど，ときには大きな実際的重要性をもつ。ジェヴォンズの実に彼らしい次のような見解は，大いに示唆的である。「欲求と嗜好のいかにわずかな変化であれ，それはしばしば（満足の意味における）富の大増加をもたらす，ということを指摘せざるをえないだろう。……アイルランドの大飢饉が最もひどかった時期でも，豊富にいたサケなどの魚を誰も捕まえようとしなかった。飢えた小作農のほとんど誰もが，それにさわるのを拒んでいた」[30]。キャノン・バーネットの次のような言葉も，同様の考えに基づいている。「子どもたちは，労働のために訓練される場合と同じくらいの配慮をもって，余暇のすごし方を訓練されるべきである。少年が何か技能を身につけたり，少女が裁縫をするさいには，大きな苦労が伴う。しかし彼らが自分で楽しんだり，他人を楽しませたりする能力を発達させるさいにも，確かに，同じくらい大きな苦労が伴うはずである」[31]。需要の訓練に関する問題は，これらの引用が示すように最も慎重な研究に値する。しかしそのような研究は，その難しさもあり，本書ではその大部分を扱わない。すでに述べたように，本書は主として供給側に作用する原因を扱うのである。

　このことが，われわれの一般命題への次のような批判に，特別な重要性を与える。すなわち本節の冒頭で定めた命題がわれわれにとって最も興味深いものになるのは，その命題が，改良などによる分配分の増加は同じく厚生も増加させるだろうと主張する場合である。しかしこれこそがまさに，最も批判されやすい命題の形態ないし部分なのである。人が経済環境から得る満足の大部分は，その所得の**絶対量**でなく**相対量**に由来する。問題はこの点にある。ミルによれば，「人は**金持ち**になろうと望むのでなく，他の人々より金持ちになろうと望む。どれほどの富を抱えていても，強欲な者は，隣人や同胞たちの中で自分が一番貧しければ，ほとんど，あるいはまったく満足を感じないだろう」[32]。またリニャーノ氏はさらに踏み込んで，次のように述べた。「虚栄が生みだすニーズについては，必死に努力しても，のんびり努力しても，等しくそれを満たすことができる。そのような満足のために，のんびり努力する代わりに必死に努力する必要があるの

---

30) マーシャル『経済学原理』32頁。
31) バーネット『社会改革にむけて』(Barnett, *Towards Social Reform*, 1909) 302頁。フィッシャー『資本と所得の性質』176頁も参照のこと。
32) 社会的自由に関する死後公表論文。『オックスフォード・アンド・ケンブリッジ・レヴュー』1907年1月。

は，巨大な富が存在するからにすぎない。実際，人が他人より2倍『価値がある』ように見せようとする欲望，すなわち他人が所有する財より2倍価値のある財（宝石・衣服・馬・大庭園・奢侈品・家屋など）を所有しようとする欲望は，自分が10で他人が5であっても，自分が100で他人が50である場合とまったく同じく，十分に満たされるのである」[33]。しかも問題は，競争心だけではない。人々の間で相対的に良い立場を占めようとする欲望は，明らかに万人に等しい利益をもたらす改善によっては少しも満たされないが，この欲望とは別に，それ自体のための卓越をめざす高貴な欲望もある。「それを見てしまうと，われわれは，なんとしても最高のものを愛さざるをえなくなる」。われわれは，ある程度，自分の持ちものをその種のものの中で最高のものにしたいと望む。この欲望は明らかに完全には満たされない。換言すれば，改善によって従来の「最高」を越える新しい「最高」を創りだしても，厚生はその点では少しも増加しない。この種のことも考慮すれば，前述の命題に対して留保を設けざるをえなくなるが，このことは一般に認識されている以上に，おそらくずっと大きな重要性をもっている。それでも私は，その留保はやはり留保に**すぎない**と考える。すなわち普通の人の満足は，その相対所得だけにもっぱら依存するのでなく，その絶対所得にも一部依存する。後者の増加が，人の経済的厚生を構成する満足を**一切**増加させないなどとは，とても本気で主張することはできない[34]。それゆえ，他の事情が等しい限り，私の第1の命題は成立する。

9 私の第2の命題は，幾つかの形で述べることができる。その最も抽象的な形では，経済的厚生は，他の事情が一定ならば，国民分配分の分配を平等化するどんなものによっても増加する傾向がある，と主張される。もし社会のすべての成員が類似した気質をもち，またこれらの成員が2人しかいないと仮定すれば，容易に示されるように，その2人のうちの豊かな方から貧しい方へのどんな移転も，あまり強くない欲求を犠牲にして強い欲求を満たすことを可能にするのだから，その2人の満足の総和は増加するに違いない。3人以上の成員からなる社会

---

33) リニャーノ『自由経済の原理と調和する社会主義について』(Rignano, *Di un socialismo in accord colla dottrina economica liberale*) 285頁。
34) ルロワ＝ボリューが引用したラサールの見解，すなわち「各階級の境遇は，いつでも，その同時代の他の階級の境遇だけを唯一の尺度とする」という見解は，明らかに言いすぎである。ルロワ＝ボリュー『富の分配』(Leroy-Beaulieu, *Répartition des richesses*, 1881) 45頁。

では,「国民分配分の分配を平等化する」ことの意味は曖昧になるが,成員の気質の類似性を仮定すれば,平均所得からの平均二乗偏差の縮小という意味における分配の平等化によって,おそらく満足の総和が増加することを明らかにできる[35]。しかしここでの目的にとっては,実は,分配の平等化の意味を正確に定義する必要はない。なぜなら,ある尺度では不平等が拡大し,別の尺度では縮小するようなケースを見つけることも明らかに可能だが,これらのケースは実際にはあまり重要でないだろうからである。大まかに言えば,平均二乗偏差が提供する尺度は,任意の額 x を超える所得をもつ人数の対数を x の対数で割ることによってパレートが得た尺度と一致する。なぜなら,他の事情が等しい限り,この尺度が分配の平等の向上を示すのは,ある所得 x をそれまで下回っていた人々がそれを上回るようになった場合だけであり,これは一般に,x を上回る何人かの所得を引き下げることを意味するからである[36]。したがって私の第 2 命題は,より具体的に次のように述べられよう。比較的貧しい集団の絶対的取分(この集団が通常主に消費する財貨で測って)を増加させる原因がもたらされるとき,全体としての国民分配分が(財貨一般で測って)減少しない限り,経済的厚生は増加する傾向がある。

明らかに,この命題が非難する不平等とは,ランダムな不平等である。もし実際に存在する所得の不平等が,経済資源から楽しみを得る能力に応じて常に計画されているのであれば,その非難は当たるまい。これを考慮すれば,人種間ない

---

[35] A を平均所得,$a_1, a_2 \cdots$ をその平均からの偏差とすれば,われわれの仮定のもとでは,総満足は以下のように示される。

$$n \cdot f \cdot A + (a_1 + a_2 + \cdots)f' + \frac{1}{2!}(a_1^2 + a_2^2 + \cdots)f'' + \frac{1}{3!}(a_1^3 + a_2^3 + \cdots)f''' + \cdots$$

だが $(a_1 + a_2 + \cdots) = 0$ であることはわかっている。また第 3 項以降の和が正か負かを示す手がかりは何もないが,$\frac{1}{2}(a_1^2 + a_2^2 + \cdots)f''$ が負であることは確かである。したがってもし第 3 項以降の和が第 2 項より小さければ,総満足が大きいほど,$(a_1^2 + a_2^2 + \cdots)$ が小さくなることは確かであり,一般におそらくそうだろう。この後者の和はむろん,平均二乗偏差ないし標準偏差 $\sqrt{\Sigma \frac{a^2}{n}}$ と同方向に変化する。

[36] 不平等を測定する問題は,『クォータリー・ジャーナル・オブ・エコノミクス』のパーソンズ博士(1908 年)とワトキンス博士(1909 年)の論文で論じられた。パーソンズ博士は平均二乗偏差の使用を唱えているが,脚注 35 で示したような,そのための理論的根拠を述べていない。パレートの尺度は,もしその考察対象となる分配に関して,本文の 2 つの対数の比があらゆる x の値に近似的に等しいという彼の見解をわれわれが認めなければ,大きな困難に直面するという点に注意すべきだろう。

し集団間の**ある特定の不平等**を残すべきだという主張を，正当化することもできよう。けれども，ここでも次のことを忘れてはならない。すなわち楽しむ能力は大部分までそこでの教育しだいであるから，現状においてほとんど能力のない集団ないし人種は，それゆえ遺伝的にもほとんど能力がない，と証明されたわけではない。しかしここでの目的にとっては，この種の留保によって足止めされる必要はない。現代の文明諸国の実状を考えれば，先ほどの口実を主張しても，そこに存在する不平等のすべてを十分に正当化できないことは明白である[37]。チオザ‐マニー氏の『富と貧困』で示された推計によれば，わが国で肉体労働によって賃金を稼ぐ者の数は，男，女，子どもをすべて含めて約1,500万人である。また「その利潤ないし俸給が週3ポンド以下である小事業主，公務員，事務員，商店主，外交販売員（travellers），訪問販売員（canvassers），仲介人（agents），教師，農場経営者，宿屋，下宿屋，年金受給者など」の数は約300万人である[38]。この2組の人々とその被扶養者を合わせれば，所得税免除者は計3,800万人であり，その総所得は年間8億8,000万ポンド，すなわち1人当り23ポンドになる。一方，これらの人々とは別に，約8億3,000万ポンドの総所得を占め，1人当り166ポンドの所得をもつ500万人の所得税納税者がいる。この166ポンドは，あくまでも平均であり，なかには悪名高い大富豪も確かにいる。1910年にアイルソン氏がおこなった一層詳しい推計の結果は，次頁の表の通りである[39]。

これらの数字には，明らかに重大な留保が付く。すなわちアイルソン氏が注意深く指摘したように，富者の方が貧者より所得の貯蓄率はずっと高いので，「1人当り平均所得」と1人当り平均支出は異なるのである。かなり雑な推計によって，彼は表の第4列を算出したが，そこでは富者と貧者の格差が第3列よりずい

---

37) 富者から貧者への所得移転が，分配分を構成する具体的内容を変化させることは，むろん明白である。例えばイギリスの所得平等化は，他の事柄に加えて，耕作に適するが今は鹿園に使われている土地を農地に転換させたり（ランドリー『私有地の社会的効用』(Landry, *L'Utilité sociale de la propriété individuelle*, 1901) 76頁参照），今は装飾に使われている貴金属を産業用にふり向けたり，今は召使いとして雇われている労働者を広く一般に需要される財貨の生産にふり向けることを意味するだろう。

38) チオザ‐マニー『富と貧困』(Chiozza-Money, *Riches and Poverty*, 1905) 16頁と18頁。また次のような事実も，分配の不平等のさらなる例証になる。すなわち所得税はほとんどの所得税納税者に軽減された税率で課されるうえに，所得のほぼ全体にわたり正規の税率でしか課されない（例えば所得税の場合は$4\frac{1}{4}$パーセントになる）。『所得税委員会』(*Income-tax Committee*) 219頁。

39) アイルソン『国民の進歩』(Ireson, *The People's Progress*, 1910) 146頁。

所得者	人数	1人当り平均所得	平均支出
5,000 ポンド以上	4万人	1万 2,100 ポンド	7,000 ポンド
700〜5,000 ポンド	116 万人	1,059 ポンド	690 ポンド
160〜700 ポンド	280 万人	357 ポンド	329 ポンド
52〜160 ポンド	2,700 万人	142 ポンド	138 ポンド
52 ポンド以下	1,200 万人	40 ポンド	40 ポンド

ぶん縮小している。また富者は買物のさいに，同じ商品に対して貧者より高い価格をふっかけられやすいので，貨幣所得の推計では富者の相対的実質所得が過大になる傾向があることも想起すべきである[40]。「高級住宅地」の住人に対するこの種の価格差別はロンドンの多くの店でおこなわれているようであり，ホテル料金もしばしば差別的である。しかしすべての留保をふまえても，表の数字を見れば，全体としての分配分を減少させない限りは，より平等な分配によって獲得される貧者の利得が経済的厚生の増加を意味することは，一見して明々白々だろう。もしこの命題の裏づけがさらに必要であるならば，次のことを加えよう。すなわち大所得から得られる満足は，小所得から得られる満足より，Aの所得がBの所得に対してもつ**比率**から生じる傾向が強いので，AとBの両者の所得の減少によって，それほど大きく減少しない傾向がある[41]。

10 しかし一見明白なこの結論に対して，2つの反論がときおり主張される。第1の反論は，労働者の賃金の増加は，実際には経済的厚生を増加させず，興奮的快楽という無価値な形で浪費されるにすぎないというものである。この反論は，本書のように経済的厚生を定義する場合には，なるほど明らかに的外れであるが，その点を強調するのは学者ぶった態度だろう。その反論の真意，すなわち賃金の増加が必ずしも広義の厚生を増加させないという点は，その重要性のために考慮に値する。確かに，突然の激しい賃金上昇は，さしあたり大きな浪費を招くだろう。しかし高い賃金率がある期間続けば，浪費が勝る局面はすぐに過ぎ去るだろう。一方，賃金が徐々に増加する場合，あるいはさらに好都合なのは，それ

---

40) アーウィック『奢侈と生活の浪費』(Urwick, *Luxury and the Waste of Life*, 1908) 87 頁と 90 頁参照。アーウィック氏は，富者が支出する貨幣所得の 25 パーセントは，それに対応する実質所得を少しも表していないと示唆している。
41) リニャーノ『自由経済の原理と調和する社会主義について』289 頁参照。

が直接にわからないような形で——例えば物価の下落を通じて——もたらされる場合には，浪費が現れる期間はまったく生じないですむ。とにかく，この浪費があまりにひどいので賃金の上昇は厚生を少しも増加させないと主張するのは，逆説の押しつけであり，それなりに理解できる範囲を越えている。その適切な見方は，私の考えでは，救貧法委員会への特別報告書の中でプリングル氏とジャクソン氏が見事に示している。「飲酒の害が根強いのは，人口のうち，非熟練の，最も教育を受けていない部分である。雇用の安定と賃金の上昇が，労働者階級の幾つかの雇用分野で実現されるにつれて，それらの労働者は体面と人格をますます向上させている。酒代が減り，賃金が国全体で上昇していることは，わが国の最も有望な進歩の徴候の1つである」[42]。

第2の反論は，賃金労働者の所得の増加は人口の増加を促すので，厚生を増加させないというものである。この反論は有名な「賃金鉄則」の残滓であり，それによれば，労働者の人口の増加傾向は，常に彼らの稼得を「生存水準」にまで押し下げるに違いない。ちなみにこの主張は，たとえそれが妥当な場合でさえ，労働者が豊かになっても経済的厚生は増加しないということを証明するには不十分である。なぜなら，そもそも平均的労働者の生活が全体として不満足より満足を多く含むとすれば，人口増加は，たとえ1人当りの経済的厚生が一定であっても，経済的厚生の総量を増加させるからである。しかし私は，この点を強調するつもりはない。なぜならこの第2の反論は，もっと直接に論破できるからである。

どの集団に生じる分配分の増加も，たいてい幾らか人口を増加させる傾向があるということは，明らかに正しい。結婚に関しては，イギリスの結婚率が，19世紀前半には小麦価格に，また同世紀後半には輸出や手形交換所の収益などに関連していたことは，よく知られている[43]。死亡に関しても，死亡率が富の増加に伴って低下し，また富の減少に伴って上昇することは，同じくよく知られている。しかし，所得の増加が人口を大幅に増加させるので，個々の労働者の稼得がその増加前の水準にまで押し戻されるという主張は，まったく経験に反している。労働者階級が物的財貨に対する請求権［すなわち所得］の増加を利用できる方法としては，次の2つ，すなわち人口の増加と安楽水準（standard of comfort）

---

42) Cd. 4795, 46頁。
43) パレート『経済学講義』(Pareto, *Cours d'économie politique*, 1896) 88頁以降，またマーシャル『経済学原理』189-90頁を参照のこと。

の向上がある。この2つの用途の違いを例証するには，マルサス『経済学原理』の次の2つの章句を対比すればよい。彼は一方では，18世紀にアイルランドでジャガイモの栽培が始まったことによって生じた富の増加が，「大家族や身近な親類を養うことばかりに大部分が支出」されたのを見出したが，他方では，1660～1720年にイングランドで穀物価格が下落したさい，労働者の，かなりの部分の「実質賃金の増加は，消費される食物の質の顕著な改善や，彼らの安楽および利便の水準の明白な向上のために支出された」のである[44]。どんな個別ケースにおいても，増加した資源がこの2つの用途に向けられる正確な比率を先験的に予想することは，不可能であるように思われる。その比率は時期や場所によりけりだろう。例えばルロワ−ボリューが示すように，人口増加のための資源利用は最近ではベルギーとドイツにおいて，また安楽水準向上のための資源利用はその他のヨーロッパ諸国において，主に起きている[45]。しかし人口増加のための資源利用が，人間の自然支配力の増大の**全**成果を吸収するようなことにならないのは，実際確実である[46]。これだけではない。極めて広範な事実を扱っているブレンターノ教授の重要な調査が示すように，現在では近代世界のどの階級の繁栄の高まりも，出生数を**少しも**増加させず，むしろ実際にはそれを減少させる傾向がある。すなわち彼によれば，結婚率を高めるその影響力は，結婚1件当りの出生数を減少させるその影響力より小さいのである。この影響力は，富の増加が間接にもたらす，性格や理想の変化を通じて作用する。豊かさと文化の永続的向上は，

44）マルサス『経済学原理』(Malthus, *Principles of Political Economy,* 1820) 252頁と254頁。
45）ルロワ−ボリュー『富の分配』439頁。
46）安楽水準の増加はたいてい，物的財貨の消費量の単なる増加という形をとることに注意すべきである。労働者の資源支配権［すなわち所得］の増加は，一部はさらなる**財貨**の獲得に，一部は彼ら自身とその家族のさらなる**余暇**の獲得に，使用される傾向がある。周知の事実であるが，高賃金の国・産業は，一般に短時間労働の国・産業であり，しかも家計を助けるために女性や子どもに求められる賃労働が，最も少ない国・産業である。例えばチャップマン教授は，ドイツの炭坑夫は自分の世帯所得の65.8パーセントしか稼がないのに対し，より豊かなアメリカの炭坑夫は77.5パーセントを稼ぐと断言する（『労働と賃金』(Chapman, *Work and Wages,* 1904) 第1巻17頁）。ラウントリー氏のヨーク市に関する興味深い図表も，適切に分析すれば，同様のことを示している（『貧困』(Rowntree, *Poverty : A Study of Town Life,* 1901) 171頁）。また近年のイギリスの歴史に見られる，賃金上昇と労働時間減少の周知の関係に言及することもできよう。最後に，現在のイギリス各地の賃金率と労働時間の研究によっても，同様の相関が明らかになるだろうと私は考えており，1908年の労働統計摘要（Abstract of Labour Statistics）におけるレンガ積み職人に関する数値に，これが現れているように思われる（42頁など）。

31 「異なる階層の比較や，異なる発展段階にある同じ階層ないし同じ種類の人々の比較がわれわれに示すように，少子化をもたらす。……豊かになるにつれて，結婚以外の他の快楽が増加し，同時に，子どもに対する感じ方も洗練された新たな性質を帯びる。そしてこれらの両方の事実によって，子どもを生み育てようとする欲望は弱まる傾向がある」[47]。この見方の，また関連事実の現代的性質の，詳細な裏づけは，首都ロンドンに関するヘロン氏の最近の統計調査によって与えられる。彼はさまざまな地区を選び，妻100人当りの出生数と，社会的地位のさまざまな指標との相関係数を算出した。彼が選んだ指標は，専門職に従事する男性の割合，100家族当りの女性召使数，男性1,000人当りの一般労働者数，1部屋に2人以上で住んでいる人々の割合，人口1,000人当りの被救済貧民数および精神障害者数である。その結果，どんな場合でも，豊かさの指標が低ければ，出生率は高くなることがわかった。この結果と対比しなければならないのは，豊かさの指標が低ければ，幼児死亡率も高くなるという事実である。この事実は，「子どもの死は，特にそれが乳児であれば，次の子どもの出生をもたらす傾向を強める」というブース氏の議論と合致する[48]。しかし調査からわかるように，その高い死亡率は，その高い出生率に匹敵するほどではない。それゆえ，「繁栄および文化の水準が最も低い地区の妻たちは（むろんこれらの貧しい妻は貧しい夫と結婚していた），最も大きな家族をもつ」という結論になる。しかも1851年と1901年の状況を比べると，「この関連の強さは過去50年でほぼ倍になっている」という驚くべき事実もわかる[49]。以上のことから明らかなように，労働者階級の人口を通じて作用する可能性のある相殺的影響力を考慮した場合でも，前節の結論は問題なく承認されるのである。

32 **11** 最後に，私の第3の命題がある。これは大まかには次のように示されよう。すなわち国民分配分のうち，特に貧者階級が得る部分の，通時的変動ないし通時

---

47) 『エコノミック・ジャーナル』1910年，385頁。
48) ブース『ロンドンの人々の生活と労働』（Booth, *Life and Labour of the People in London*）最終巻，20頁。
49) 『人の出生率と社会的地位の関係』（*The Relation of Fertility in Man to Social Status*）15頁と19頁。ブルティヨン氏もヨーロッパの多くの大都市について同様の結果を得た。チャタートン-ヒル『社会学における遺伝と淘汰』（Chatterton-Hill, *Heredity and Selection in Sociology*, 1907）326頁参照。

的不均等を縮小する原因がもたらされるならば，社会全体の経済的厚生は増加する傾向がある。この命題を定めるにあたっては，正確な説明やかなり詳細な議論が実は必要である。しかしここではそれを割愛する。その論証は，第IV編の第1～2章でなされるだろう。

第3章　分配分とその構成部分の測定

1　前章で定めた3つの基本命題に関する議論では，国民分配分全体の変化，またはある集団に帰属する分配分の取分の変化という概念は，明確であり，曖昧さはない，と暗に想定していた。もし分配分が例えば小麦のような単一種類の財貨のみからなるのであれば，この条件はむろん満たされよう。しかし実際には，社会全体，または社会のある集団が，分配分としてその時々に受けとるのは，ある単一財貨からなる1つの大きな塊でなく，さまざまな財貨からなる多くの小さな塊である。そして本章で取り組まなければならない課題は，次の事実から生じる。すなわちこれらのさまざまな塊の大きさは個々ばらばらに変化するので，それらの変化は一般にさまざまな率で起こり，しかもある塊が増加しているのに，同時に他の塊は減少しているということも稀ではない。こうした状況下では，さまざまな塊を合計した量が変化したか否か，またどれほど変化したかを，どんな場合でも判断できる必然的な標準など，まったく存在しない。われわれの採用するどんな標準も，われわれの特定の目的に照らして恣意的に選ばなければならない。したがって，その標準を論じるために私が選んだ問題は，すなわち同質な分配分の場合に関して定めた前章の命題の正しさを保ちながら，異質な財貨からなる分配分の変化を測るための尺度を見つけることである。その問題の表現の仕方には，むろん，一見すると非常に異なる他のものも幾つかあるが，どれを選んでも本質的には同じである。しかし私が選んだものには便宜上の利点がある。

2　以上のように問題を設定すれば，われわれが指数という難問に直面していることは明らかである[50]。ある集団に帰属する分配分の絶対的取分の，2時点間ないし2地点間の変化率は，その集団の貨幣所得の変化率を，その集団に関する物

価変動率で除した値に等しい[51]）。議論の単純化のために——実質的違いは生じない——ここでその豊かさを考察している集団の貨幣所得を一定と考えよう。この場合，価格変化の尺度の逆数が，その集団に帰属する分配分の絶対的取分の変化の尺度になる。問題は，この逆数が，ここでその豊かさを考察している集団の享受する経済的厚生の量と常に同方向に動くように，価格変化の尺度を作成することである。だがこの問題に直接に取り組む前に，指数の性質をもつあらゆる尺度の作成につきまとう，2つの技術的問題を片づけておくことが望ましい。

3 第1の問題は，観察可能な対象の価格変化を表の形で示す方法についてである。これは何ら真の困難をもたらさない。ある時点の価格か，ある期間の価格を100とし，以後の年々の価格をこの価格の百分率で表す方法は，説明するまでもないほどに明白である。しかしそれについて，1点だけ誤解の恐れがある。われわれが測定しようとする価格変化の「対象」は，複数の物的商品の「集合」であ

---

50) 指数という用語を，価格変化を示す表のすべてに対して用いるべきだろうか。それともある関連対象の変化を記録することによって何か他の対象の変化を**代わりに示す**表だけに限定すべきだろうか。これは便宜の問題である。一般には，その用語は後者の意味だけに限定する方が，語意的に適切であり，定説にも合致するだろう（ボーレイ『統計学要綱』(Bowley, *Elements of Statistics*, 1901) 217 頁参照）。それゆえ私も，ある時点の価格の百分率で示された小麦価格の一覧表を，小麦価格の指数として語るつもりはない。しかし非常に奇妙な指数ではあるが，小麦1ブッシェルと牛肉1ポンドとベーコン1ポンド半を合わせたものの価格指数を，指数として語ることは可能だろう。同様に，卸売価格の変化の表を小売価格の指数と見なせるだろうし，卸売価格と小売価格の関係がほぼ安定していると考える理由がある場合には，その指数は優れたものになるだろう。最後に，石炭と鉄の産出，また電気の時代には銅の産出を示す表も，経済全体の産出の指数と見なせるだろう（ワトキンス『大財産の成長』(Watkins, *The Growth of Large Fortunes*, 1907) 91 頁参照）。

51) もしその集団が，その集団で消費される何らかの財貨を生産しているならば，この財貨の市場価値は，その集団の所得の一部としても，その支出の一部としても，計算されるはずである。それゆえ，ルロワ＝ボリューの次のような興味深い議論を，われわれの分析と調和させることは容易である。「交通の便と新植民地が，旧世界における富の平等化の2大要因である。合衆国西部やカナダ，南アメリカ，オーストラリアの広大な保留地，スーダン，アフリカ大湖地域，北部および中央アジアが定期的に耕作されることによって，特に所得の減少を被る傾向があるのは，大地主である。中規模の地主が所得の減少をそれほど感じないのは，彼が農夫の暮らしをしながら自分の土地を経営し，その農産物の大部分を農夫と同様に自己消費するので，他の商品の購入費を節約でき，これによって農産物の販売価格の下落による損失がほぼ相殺されるからである。自分の農産物をほとんど消費してしまう小地主の場合，自分の家族を養うための糧とはいえ，その価格の高低は，彼にとってほとんど重要ではない」（ルロワ＝ボリュー『富の分配』125頁）。

ることが多い。集合の概念の曖昧さから混乱が起こるかもしれない。例えば，その対象は「小麦と鉄の合成物」からなる集合であり，測定しなければならないのは「小麦と鉄の合成物」の価格変化であると，漠然と考えることにしよう。もしこのような想定から出発すれば，単位当りの小麦価格が a_1 から a_2 に動き，同時に単位当りの鉄価格が b_1 から b_2 に動くとき，われわれは，結合した対象である「小麦と鉄の合成物」に生じた変化を確かめるにあたり，これらの変化を関連づける適切な方法をめぐる論理的問題に直面する。例えば個々の比率を結合する方法が，算術平均・調和平均・幾何平均のいずれであるかによって，異なる結果になるのを示すことができ，またそれらの比率の2乗和の平方根による結合も，それらの比率の3乗和の立方根による結合も，単純平均と同等の資格をもつとさえ言えよう。この問題は具体例によって示すことができる。すなわちヨーロッパ諸国では通常，財貨1単位を購入するだろう価値標準の単位数に名称を付けることによって価格を測定するが，インドでは，通貨1単位で購入できる財貨の単位数に名称を付けることによって価格を測定する[52]。この2つの方法のどちらを選ぶかは，明らかに，純粋に裁量的な慣行の問題である。だがインド方式の価格比率の算術平均による結合は，ヨーロッパ方式の価格比率の調和平均による結合と，同じ結果になる！　これだけではない。たとえ算術平均を用いることにし，より複雑な方法に関するあらゆる問題を無視する場合でさえ，すぐに判明するように，基準年の選択によって結果はまったく異なってくる。例えば1890年から1900年までに，小麦は価格が半分になり，鉄は倍になったとする。その場合，1890年の両財貨の価格を100とすれば，小麦と鉄の合成物の価格が1900年に25パーセント上昇したことを明らかにでき，また1900年の両財貨の価格を100とすれば，この価格が（1900年の価格に基づき）25パーセント下落したことを明らかにできる[53]。この問題の実際の好例は，イギリスとドイツのそれぞれの諸都市の生活費に関するイギリス商務省の出版物の中の，幾つかの表によって与えられる。イギリスに関する青書は，ロンドン，ミッドランズ，アイルランドの実質賃金を指数によって計算したが，そこでは（例えば1890年の）ロンドンを基点に取

---

[52] 私はこの例証に関してJ. M. ケインズ氏に負っている。
[53] この二者対質は，基準年の選択から生じる差異を除去する幾何平均に有利な議論であるが，幾何平均はいずれかの価格がゼロである場合に奇妙な結果を生む，という反論もあろう。

り，そこでの消費財価格と地代をいずれも 100 としている。この方法に従い，消費財価格と地代にそれぞれ 4 と 1 のウエイトを与えて，商務省は，ロンドンの実質賃金がミッドランズのそれに等しく，またアイルランドのそれより 3 パーセント高いことを明らかにした。だがもしアイルランドを基点に取れば，実質賃金はロンドンで 98，ミッドランズで 104，アイルランドで 100 になったはずである。同様の問題は，ドイツの諸都市に関する青書にも見られる。商務省はベルリンを基点に取り，この都市の実質賃金が，彼らの示した一覧表の中の 1 都市を除けば，あらゆる都市の中で最も高いことを明らかにした[54]。「もしベルリンではなく北海沿岸の港町を基点にしていたならば，ベルリンは一覧表の 2 位ではなく 4 位に見え，他の地域の順位も入れ替わるだろう。また中央ドイツを基点にすれば，さらに大きな順位の変化が生じるだろう」[55]。重くウエイトづけられた財貨に大きな変動が起こりさえしなければ，この種の**大きな**差異は，なるほど確かに生じにくい。それでも本質的な問題が残っている。すなわち小麦と鉄の個別価格の同時変化は，そのどれもが同等の正当さをもつように見える多くの結合方法のうちのどれか 1 つを選ぶことによって，「小麦と鉄の合成物」の多くの価格変化のうちのどれか 1 つを選ぶことを，意味するだろう。

　以上のすべての問題に対する答えは，次の通りである。「小麦と鉄の合成物」は，小麦 x 単位と鉄 y 単位か，あるいは何か他に考えられる単位構成比を意味するだろう。したがって，小麦価格のある一定の変化と鉄価格のある一定の変化を合わせれば，「小麦と鉄の合成物」の価格について，曖昧な結果が生じることはない。その計算結果は，比較される 2 つの時点の，「小麦と鉄の合成物」の中で結合している小麦と鉄の単位数にかかっている。もし両時点の「小麦と鉄の合成物」が「小麦 x 単位と鉄 y 単位の合成物」を意味するならば，その結果は，両時点について「小麦 y 単位と鉄 x 単位の合成物」を想定した場合の結果と異なるし，また第 1 期については「小麦 x 単位と鉄 y 単位の合成物」を，第 2 期については「小麦 y 単位と鉄 x 単位の合成物」を想定した場合の結果とも異なる。だからこの点を明確化し，われわれがその価格に関心をもつ集合物を正確な形で定義するならば，その二者対質上の問題はすべて消滅するのである。問題の集合物

---

54)『ドイツ諸都市の生活費に関する商務省報告』(*Report on the Cost of Living in German Towns*, Cd. 4032) xxxiv 頁。

55) J. M. ケインズ（『エコノミック・ジャーナル』1908 年，473 頁）。

は，明快に x 単位の A と y 単位の B からなり，その単位当り価格は，第 1 期においては a_1 と b_1，第 2 期においては a_2 と b_2 であるとしよう。また第 1 期の集合物の価格を p_1，第 2 期のそれを p_2 で表すならば，以下の式は直ちに理解される。

$$\frac{p_1}{p_2} = \frac{a_1 \cdot x + b_1 \cdot y}{a_2 \cdot x + b_2 \cdot y}$$

これがわれわれの「対象」の価格変化を測定する**唯一**の正しい方法であることは，完全に明白である[56]。

4 第 2 の技術的問題が生じるのは，われわれがその価格変化を確認しようとする「対象」の，一部しか観察できない場合である。観察できない範囲は，むろん対象によりけりである。しかしほぼすべての実際的ケースでは，問題となる集合全体の比較的小さな部分しか含まない，小集合の価格変動から得られる指標で満足するほかはない。なぜならわれわれが実際に観察できる，それゆえわれわれの集合に含めることができる，商品の範囲は限られているからである。

第 1 に，大量に広く消費される幾つかの財貨の場合を除けば，消費者に請求される小売価格を確認することは難しく，ギッフェンもかつて次のように述べたほどである。「実際のところ，大きな卸売市場で扱われる主要財貨の価格しか利用できないことがわかる」。この意見は，食料小売価格に関する商務省の最近の調

---

56) この概念の算術的取り扱いには，注意しなければならない。もしわれわれが小麦 1,000 単位と鉄 1,000 単位の合成物の価格に関心をもち，そして小麦 1 単位と鉄 1 単位の年々の一連の価格がそれぞれ，$a_1, a_2 \cdots$ と $b_1, b_2 \cdots$ であるならば，このとき，第 1 年から第 r 年までの価格変化は，明らかに以下のようになる。

$$\frac{p_1}{p_r} = \frac{a_1 + b_1 \cdots}{a_r + b_r \cdots}$$

しかし $a_1, b_1 \cdots$ を 100 と置き，$a_r, b_r \cdots$ をその百分率で表すならば，$a_1 = b_1 = \cdots$ を満たすような単位を選ばない限り，この値は得られない。なぜなら直ちに得られるその値は，以下のようになるからである。

$$\frac{100 + 100}{100 \frac{a_r}{a_1} + 100 \frac{b_r}{b_1}} = \frac{2 \cdot a_1 \cdot b_1}{a_r \cdot b_1 + a_1 \cdot b_r}$$

そしてこれは**一般**に $\frac{a_1 + b_1}{a_r + b_r}$ に等しくない。要するに a や b は絶対量であるが，百分率は比率であるので，後者は一般に前者の代わりにならないのである。

査を見れば，今日では割り引いて考えなければならないが，それでも依然としてかなりの分野について言える。しかし，たとえ小売価格を確かめる困難が克服できたとしても，そのような価格は時系列の比較には適していない。なぜならその財貨の価格は，小売業者や輸送業者の用役をさまざまな比率で含んでいることが多く，それゆえ時期によって，もはや異なる財貨になってしまうことが多いからである。「新鮮な海の魚が海辺でしか得られなかった頃には，その平均価格は安かった。今では鉄道によって内陸でもそれを買えるようになり，その平均小売価格は昔よりずっと多くの流通経費を含んでいる。この問題に対処する最も簡単な方法は，原則として，その生産地における財貨の卸売価格をとり，それから財貨や人の輸送の低廉化，通信の低廉化を，別個の最も重要な事項として十分に考慮することである」[57]。

第2に，製造された財貨の卸売価格を考慮することさえ，実際には非常に難しい。なぜならそのような財貨は，同じ名称で呼ばれていても，特徴や品質が絶えず変化しているからである。スティルトン・チーズは，昔は脂肪分の濃いダブル・クリーム・チーズであったが，今では薄いシングル・クリーム・チーズである。さまざまなヴィンテージ赤ワインも同じではない。鉄道客車の三等席も，今では20年前と同じものではない。「部屋10室の平均的住宅はおそらく，昔の倍の広さがあり，その費用の多くが，昔の住宅にはなかった水道やガスなどの設備にかけられている」[58]。同様の困難は，多くの直接的用役を評価しようとするさいにも生じる——例えばパレートが鋭く指摘したように，医師の用役はそのような経費を綿産業より多く含む[59]——。なぜならこれらも，同じ名称でありながら，しばしばその性質が変わるからである。

それゆえ実際に観察可能な財貨は主に，卸売市場，特に大きな世界市場で取引される原材料だろう。これらの財貨は，取引量の少ない財貨に比べれば，おそらく近年は価格が下落しており，輸送費は小さな割合しか占めていない。またそれらの財貨は，対人サービスに比べれば，確かに価格が下落しているが，製造工程が実際に改良されている製品に比べれば，おそらく価格は上昇している。

こうして財貨の範囲を限定したとしても，次のような集合を選択することは明

---

57) マーシャル（『コンテンポラリー・レヴュー』1887年3月，374頁）参照。
58) 同上書375頁。
59) パレート『経済学講義』281頁。

らかにかなり困難だろう。その集合は，われわれのめざす特定の目的に適した真の全体集合を代表するものでなければならず，前者の価格変化は，後者の価格変化を正しく表すものでなければならない。しかしわれわれが情報をもつ全体集合の構成要素が，次のようなものである場合には，それらの要素からなる小集合を，まさにその全体集合の指標として利用できよう。すなわちそれらの要素への支出が，全体集合への支出総額の主要部分を占めるという意味において，全体集合の主要部分を占める場合である。むろんその価格変化と全体集合の価格変化は厳密には一致しないが，何か特別な証拠がない限り，それに伴う誤差はおそらく小さいものと正当に結論できるだろう。情報の範囲が狭ければ，こうして構成される指数の蓋然的誤差は拡大する。われわれが情報をもつ財貨のどれかが，他のどれかと同方向に価格が変化しやすいような形で結びついているか否かを調べ，これに基づき，「代表的」であると判断された財貨に特別な「ウエイト」を加えて理想的小集合を作ることは，おそらく一考に値する。おそらくそのような理想的小集合は，現実の小集合より優れた指標になるだろう。いずれにせよ，誤差論が示すように，もし真の全体集合を構成する個別の各品目が，その全体集合への支出総額のうちの小部分しか占めず，またかなり多くの品目について情報があるならば，現実の小集合と理想的小集合は，いずれもかなり信頼できる指標になるだろう。この線の議論を過度に押し進めることには，確かに危険もある。ザウアーベックや『エコノミスト』誌の，既存の指数に関する数学的論証において置かれる仮定は，統計理論家がときおり進んで譲歩する以上に，おそらく現実世界では十分に成立しない[60]。それゆえ実際的結論は，次のようなものになるだろう。すなわちわれわれは，情報を駆使して，できるだけ最良の理想的小集合を作るべきであり，またそこに見出される既知の価格変化を，真の全体集合の未知の価格変化の指標として用いるべきであるが，この指標は誤表示を起こす場合もあることを常に認識すべきである。

5　前節までの議論は準備的なものであり，ある特定の財貨集合の価格変化を表す指数の作成法について，第1に，その集合に含まれる個別財貨のすべての価格が観察できる場合を考察し，第2に，これらの価格の一部しか観察できない場合

---

60) 指数の数学的研究として，エッジワース教授の1889年の「イギリス学術協会への報告」（Edgeworth, "Report to the British Association"）を参照のこと。

を考察した。次にわれわれは，この指数がある特定の集合の価格変化を表すか否か，という問題に直接に取り組む。われわれは，できる限り，その価格変化の逆数が，その豊かさを考察している集団の経済的厚生と同方向に動くように，その価格変化の尺度を作成しなければならない。そのためには，その集団の嗜好や気質が一定である場合と，それらが変化する場合を，常に区別する必要がある[61]。前者の場合の方が明らかに簡単である。したがってまずそれに取り組み，何らかの答えを得てから，嗜好や気質が実際に変化する状況下でこの答えがどれほど通用するかを考察すべきだろう。われわれは，嗜好や気質の一定性がその集団の現実の個人に見られると考える必要はなく，その集団の平均人（l'homme moyen）にそれが大まかに見られると考えるだけでよい。この代表人（representative man）という概念は，その集団の人々を典型化するために利用できるのであり，それはちょうど，ある物体の重心の動きが，その物体全体の動きを代表するために利用できるのと同じである。それゆえここでは，むろんその集団は，多かれ少なかれ同質であり，生活水準のかけ離れた大金持ちと極貧者という2つの部分から構成されてはいない，と仮定する[62]。ここでは近似法による接近を企てるが，それが重大な誤りを招くのではないかと懸念する必要はない。その後にこれを足がかりにして，平均人の嗜好や人的能力を一定と仮定しながら，われわれの研究の第一段階に進もう。

6 嗜好や気質などが一定に留まるという仮定に，まず，その集団の取得する各財貨の**相対量**は常に一定であるというもう1つの仮定を加えよう。この場合には明らかに，ある時点にその集団が消費する財貨集合の価格変化を表す尺度が，われわれの求める尺度になり，その時点はいつでもよい。その集団の経済的厚生すなわち満足が，この尺度の逆数の変化と同じ比率で変化することはむろんないけ

---

61) もしある人の所得と，彼にとってのその総効用が一定に留まり，また彼の嗜好もすべて一定に留まるならば，彼にとっての貨幣の限界効用も同じく一定に留まるに違いない，と言われるかもしれない。しかし，限界効用が一定に留まりながらも総効用は変化する，あるいは逆に限界効用が変化しながらも総効用は一定に留まるような形で，嗜好が変化することもあろう。

62) この仮定の必要性は，パレートの観察によって明らかになる。「豊かなイギリス人はイタリアに移住すべきである。同じくイタリア人の労働者はロンドンに居を定めるべきである」。

れども――効用逓減法則がそれを禁じている――，その尺度は常にこの逆数と同方向に変化する。

7　その集団の消費する各財貨の相対量は一定に留まるという仮定を外す場合には，その考察領域に，1つでなく2つの財貨集合が現れる。それゆえ価格変化の尺度が2つ存在することになり，一方は，比較される2時点のうちの，第1期の財貨集合の価格に生じた変化を示し，他方は，第2期の財貨集合の価格に生じた変化を示す。

8　前節の**どちらの尺度**も，その逆数はその集団の享受する経済的厚生の量と同方向に動かなければならないという条件を満たす場合がある。こうしたケースは次のように特徴づけられよう。もしその集団の平均人が第1期に購入した集合 C_1 の価格が，第1期より第2期において低く，かつ第2期に購入した集合 C_2 の価格も，やはり第1期より第2期において低ければ，第2期に得られた総満足は第1期より増加しているに違いない。もしどちらの集合の価格も第1期より第2期において高ければ，むろんその逆も言える。この点は，以下のようにして明確に示すことができる。

C_1 は x_1 単位の A 財と y_1 単位の B 財…を含み，それぞれの価格を $a_1, b_1, \cdots$ とする。
C_2 は x_2 単位の A 財と y_2 単位の B 財…を含み，それぞれの価格を $a_2, b_2, \cdots$ とする。

第1期の C_1 の価格 $= p_1 = x_1 \cdot a_1 + y_1 \cdot b_1 + \cdots$
第2期の C_1 の価格 $= p_2 = x_1 \cdot a_2 + y_1 \cdot b_2 + \cdots$
第1期の C_2 の価格 $= \pi_1 = x_2 \cdot a_1 + y_2 \cdot b_1 + \cdots$
第2期の C_2 の価格 $= \pi_2 = x_2 \cdot a_2 + y_2 \cdot b_2 + \cdots$

そのとき
$$\frac{p_2}{p_1} = \frac{x_1 \cdot a_2 + y_1 \cdot b_2}{x_1 \cdot a_1 + y_1 \cdot b_1} \quad \cdots\cdots(1)$$

$$\frac{\pi_2}{\pi_1} = \frac{x_2 \cdot a_2 + y_2 \cdot b_2}{x_2 \cdot a_1 + y_2 \cdot b_1} \quad \cdots\cdots(2)$$

これらの分数がどちらも1を上回る場合には，代表人の所得は以前より少ない満

足しか生みださず，またこれらがどちらも 1 を下回る場合には，その所得は以前より多くの満足を生みだす，と正当に推論することができる。すなわちこれらの分数がどちらも同方向に動く場合には，2 つの分数は異なるとはいえ，どちらもわれわれの尺度に必要な条件を満たすのである。またこのことから明らかなように，2 つの分数のどんな平均も，同じくその条件を満たすことになる。

9 したがって，ここで考察してきたようなケースでは，前述の条件は，価格変化の尺度の選択という問題に決着をもたらすのでなく，むしろその選択が許される範囲を確定するにすぎない。この範囲は 2 つの分数 $\frac{p_2}{p_1}$ と $\frac{\pi_2}{\pi_1}$ の差に依存する。しかしこれらの分数が近似的に等しくなるケースもあり，近年の連合王国の状況はまさにそうであるように思われる。半世紀前には，明らかに各地方の人的能力の向上は非常にむらがあった。しかし最近の，ほぼあらゆる重要財貨の獲得におけるイギリス人の能力向上の主な要因は，どの地方でも同じ単一の要因，すなわち輸送手段の改善である。なぜなら，製造業の改善によって今日達成される成果の大部分は，輸送手段を低廉化させるからである。それ以外のケースでは，2 つの分数の差はかなり大きい。直接当てはまるような例証は容易に見出されるが，私は，同一集団の 2 つの状態の異時点間の比較ではなく，同一時点の 2 つの集団の状態の比較から得られる例証を挙げたい。この例証は『ドイツ諸都市の生活費に関する商務省報告』によって与えられる。それによれば，イギリスの労働者は，もしドイツに移住すれば，イギリスに留まる場合より，消費習慣の違いのために 5 分の 1 ほど多くの生活費がかかるのに対し，ドイツの労働者は，もしドイツに留まれば，イギリスに移住する場合より，消費習慣の違いのために 10 分の 1 ほど多くの生活費がかかる[63]。もし——**むろん事実ではない**——イギリスとドイツの労働者の嗜好が等しく，彼らの消費内容が異なるのは価格差のためだけであり，また p_1 と π_1 はドイツ，p_2 と π_2 はイギリスに関するものであるとすれば，このことは，以下のように表される。

$$\frac{p_2}{p_1} = \frac{100}{120} \ : \ \frac{\pi_2}{\pi_1} = \frac{100}{110}$$

---

[63] 『ドイツ諸都市の生活費に関する商務省報告』Cd. 4032, vii 頁と vlv 頁。

10 これまで考察した種類のケースでは，われわれの条件は，価格変化の尺度を選ぶさいの範囲を定めるだけであったが，便宜性の考慮はここでも，不確定な数だけ存在する可能な尺度のどれを選ぶかという問題の解決策を——恣意的なものであるとはいえ——示唆してくれる。しかしこの種のケースから別のもっと難しい種類のケースに移れば，純粋に恣意的な選択に頼る必要もなくなる。難しい種類のケースとは，$\frac{p_2}{p_1}$ と $\frac{\pi_2}{\pi_1}$ の，一方が 1 を上回り，他方が 1 を下回る場合である。この場合には明らかに，第 1 期と第 2 期のどちらの集合の価格変化も，それらの逆数はその集団の享受する経済的厚生の量と同方向に動かなければならないという条件を満たせなくなる。なぜなら，その 2 つの価格変化の向きが逆だからである。すなわち第 2 期には，代表人はその貨幣所得（一定と仮定する）によって，第 1 期に購入していた集合について言えば，第 1 期より少ない量しか購入できないが，他方，第 2 期に購入していた集合について言えば，第 1 期より多くの量を購入できる。それゆえ明らかに，われわれが求めている尺度を見つけるには，さらに詳しい研究が必要である。

11 代替財や補完財に関する問題は，これらの関連しあう財貨を集めて結合単位とする手続きによって除去され，その結合単位の構成要素には，多かれ少なかれ恣意的に選んだ比率でどちらの財貨も含まれる，と仮定しよう。もし 2 つの時期にそれぞれ代表人が購入する集合の各財貨について，そのさまざまな量の生みだす満足を表す効用曲線を描くことができるならば，われわれは，その 2 つの時期のどちらにおいて，彼の所得がより大きな総満足を彼にもたらすかを直接に評価できるので，**どんな**間接的指標も不要になる。しかし現実世界では，むろんこの手続きに必要な情報が不足しているため，この直接的方法は利用できない。それでも，必ずしも，まったく何もわからないわけではない。例えば常識が示唆するように，もし $\frac{p_2}{p_1}$ の値が非常に大きく，一方，$\frac{\pi_1}{\pi_2}$ の値が非常に小さければ，代表人の満足は**おそらく**減少するはずであり，その逆もまた言える。この一見して明らかな結論は，次のような厳密な分析によっても確認できる。$\frac{p_2}{p_1}$ が大きい場合，これが意味するのは，もし代表人が第 1 期と同じ比率で，第 1 期の財貨集合を第 2 期に消費しようとすれば，彼が消費していたあらゆる財貨の量を大幅に減らさざるをえないので，おそらく，例えば K_1 量の満足ないし総効用の大きな喪失を被るということである。したがって，このようにせずに彼が集合 $(x_2 + y_2 + \cdots)$

を購入するという事実は，この第2期の集合の効用が第1期の集合（$x_1+y_1+\cdots$）の効用を下回る量が，K_1以下であることを証明する。同様の推論から次のことも明らかになる。すなわちもし代表人が第1期に，第2期と同じ比率で，第2期の財貨集合を消費しようとすれば，彼はあらゆる財貨の量を少し減らすだけでよいので，おそらくは，例えばK_2量だけの総効用のわずかな喪失しか被らない。それゆえ，第2期の集合の総効用が第1期のそれを下回る程度は，K_1という大きな量以下であり，また第2期の集合の総効用が第1期のそれを上回る程度は，K_2という小さな量以下であることがわかる。したがって，第2期の集合の総効用が第1期の集合の総効用を下回るケースの数の方が，上回るケースの数より多く，しかもこれらの各ケースが起こる確率は明らかにどれも等しいので，**おそらく第2期の集合の総効用は第1期のそれを下回るだろう**。また$\frac{p_2}{p_1}$が$\frac{\pi_2}{\pi_1}$より大きいほど，このようになる蓋然性は高まる。以上の考察から，分数$\left\{\frac{p_2}{p_1}\times\frac{\pi_2}{\pi_1}\right\}$が1より大きいか小さいかによって，代表人の総効用ないし満足は，**おそらく**第2期に減少ないし増加するという結果が得られる。したがって，われわれの尺度の必要条件をおそらく最もよく満たす数は，どちらか一方の集合の価格変化率ではなく，第1期の集合の価格変化率に第2期の集合の価格変化率を乗じた積であり，要するに，それは以下のようなものになる。

$$\frac{p_2}{p_1}=\left\{\frac{p_2}{p_1}\times\frac{\pi_2}{\pi_1}\right\}=\frac{x_1\cdot a_2+y_1\cdot b_2+\cdots}{x_1\cdot a_1+y_1\cdot b_1+\cdots}\times\frac{x_2\cdot a_2+y_2\cdot b_2+\cdots}{x_2\cdot a_1+y_2\cdot b_1+\cdots}$$

貨幣所得が一定であれば，これは$\frac{x_1\cdot a_2+y_1\cdot b_2+\cdots}{x_2\cdot a_1+y_2\cdot b_1+\cdots}$に等しくなる。この尺度は，ここで考察した難しい種類のケースでは，われわれの目的に最も適うだろう。またその尺度は，すでに考察したもっと簡単なケースでも，明らかに他のどんな尺度よりも優れていた。利便性の観点からは，1つの尺度を一貫して用いる方が明らかに有利であり，したがってこの尺度こそが，われわれの採用すべき適切な尺度だろう[64]。

12　しかしこうして得られた尺度は，なるほど，第1期に生産されなかった重要な新財貨が第2期に現れる場合には，両期の経済的厚生の変化の方向を表すというわれわれの条件を満たさなくなる。この問題が重要になるのは，ここで言う新

財貨には，物的に新しい財貨のみならず，12月のイチゴや，かつて小麦を食べなかったインドの各地に鉄道がそれをもたらした場合のような，新たな時期や場所で獲得可能になった旧来の財貨も含まれるからである。明らかにわれわれは，12月のイチゴと旬のイチゴを同一視して，促成栽培の発明によってイチゴの価格が上昇したなどと考えてはならない。むしろ12月のイチゴを独自の新財貨と考えなければならないのである。しかしこの問題の大部分は，マーシャル博士の手法によって除去することができ，そこでは例えば1860年と1890年は，直接にではなく連鎖比較法によって比較される[65]。マーシャル博士の尺度は，本節で示した尺度より構成が単純である。すなわち1860年のウエイトに基づいて1860年と1861年を比べ，次に1861年のウエイトに基づいて1861年と1862年を比べる，という作業を繰り返し，連続的指数の形で得られる結果を整理するだけである。しかし明らかに，彼の連鎖法はより複雑なわれわれの尺度にも利用可能であり，その場合，新財貨の登場による誤差は最小限に抑えられる。なぜなら新財貨がその最初の年に消費の重要要素になることはごく稀であり，この年とその前年の比較以外のあらゆる比較においては，その手法によって新財貨を考慮できるからである[66]。だがわれわれの尺度は，この手法によって助けられる場合でさえ，必ずしも**確実**にその求められる条件を満たすわけではないことを，忘れてはならない。それは最善の尺度であるが，それがその目的をうまく果たせるというのは，あくまで**蓋然性**にすぎない。1と$\frac{p_2}{p_1}$の差が，どちらの向きにせよ小さい場

---

64) この議論は，どれも**最良**の尺度ではない諸々の尺度の**相対的**優位を示すための，幾つかのケースにも利用できる。$\frac{p_2}{p_1}$と$\frac{\pi_2}{\pi_1}$が大差なければ，$\left\{\frac{p_2}{p_1}\times\frac{\pi_2}{\pi_1}\right\}>1$である場合，**おそらく**$\frac{p_2+\pi_2}{p_1+\pi_1}>1$だろう。したがって，$\frac{(x_1+x_2)a_2+(y_1+y_2)b_2}{(x_1+x_2)a_1+(y_1+y_2)b_1}$に等しい$\frac{p_2+\pi_2}{p_1+\pi_1}$という尺度は，本文で用いた尺度より劣るとはいえ，$\frac{p_2}{p_1}$や$\frac{\pi_2}{\pi_1}$よりは**おそらく**優ると考えてよかろう。この結論が示唆するのは，イギリスやドイツの諸都市の福利指標として実質賃金を比べるさいには，商務省がおこなったようにこれらの都市のいずれかで消費される品目の実際の集合の価格を測るより，すべての都市で消費される各品目の平均量を含む集合の，地方ごとの価格を測る方が良いということである。しかし次の点に注意することが重要である。すなわちこの議論は$\frac{p_2}{p_1}$と$\frac{\pi_2}{\pi_1}$が大きく異ならないという条件に依拠しており，それゆえ$\frac{p_2}{p_1}$や$\frac{\pi_2}{\pi_1}$という単純な尺度より優れた**何か他の**尺度があるとすれば，それは一般に，この条件が満たされ**ない**場合だけである。

65) マーシャル（『コンテンポラリー・レヴュー』1887年3月，371頁以降）参照。

合には，それを鵜呑みにしてはならないのである。

13　こうしてある程度うまく作成された尺度の有効性は，本章の冒頭で指摘したように，その集団の平均人の嗜好，気質，個人能力が一定に留まるという仮定にかかっている。しかし実際には，この仮定は次の2つのどちらの場合にも崩れてしまう。すなわち代表人の嗜好の一部が，他の部分に対して**相対的に**変化する場合もあるし，またその嗜好全般の水準が，絶対的に変化する場合もある。この区別は大まかなものだが，比較可能な2集団の同時期における差異から得られる例証によって，その重要性を十分に明らかにすることができる。一方では，①社会階級を対比すれば，教養の高い階級 A は，実際にすべての対象について鋭敏な評価力をもつので，教養の低い階級 B よりそれらから多くの満足を得ると言えることもあろう。他方では，②例えばイギリスの労働者とドイツの労働者のような，異なる国の同じ社会階級を対比すれば，**一般的**気質はほぼ同じでも，主に習慣から生まれた特定の嗜好の違いが見られると予想できるだろう。より精密に言えば，①の場合には，いずれの国の環境でも，教養の低い階層より教養の高い階層の方が，100 ポンドからより多くの満足を得ると予想されるはずであり，②の場合には，今年 100 ポンドをドイツで支出し，翌年 100 ポンドをイギリスで支出することからドイツの労働者が得る総満足は，同様の仕方の支出からイギリスの労働者が得る総満足とほぼ同じであるが，ドイツで支出される 100 ポンドの方がドイツの労働者に一層多くの満足をもたらし，イギリスで支出される 100 ポンドの方がイギリスの労働者に一層多くの満足をもたらすと予想されるはずである。前述の仮定のこれら2種類の失敗はそれぞれ，われわれの尺度の以下の2種類の

66）連鎖法（chain method）は，ザウアーベック流の指数で採用される連続法（continuous method）に比べて，もう1つの非常に大きな長所がある。なぜなら連鎖法は，各財貨の相対的重要性に応じて意識的に調整可能な一組のウエイトを伴うのに対し，連続法は，しばしばこれと逆方向に変化するウエイトを無意識的に伴うからである。後者の手法では実際，安価になり，それゆえ第2期におそらくより多く消費される財貨のウエイトは小さくなり，高価になった財貨のウエイトは大きくなる。なぜならフラックス氏も指摘するように，その指標が 40 に下がったある財貨価格の 20 パーセントの変化は，その指標が 160 に上がった財貨価格の同パーセントの変化ほどには，最終的な指数に影響を与えないからである。だからザウアーベック流の「ウエイトづけられない」数（"unweighted" number）では，その費用のうち輸送費が大きな比率を占める財貨に与えられるウエイトは，輸送の低廉化の事実によって，かなり小さくなる（『クォータリー・ジャーナル・オブ・エコノミクス』1907 年 8 月，615 頁参照）。

失敗に対応している。

14 第1に，われわれがその厚生を知りたいと思う人々が，財貨集合に含まれるある品目に対する嗜好を他の品目に比べて強め，その価格が上昇した場合，もしその生産が収穫逓減法則に従うならば，われわれの尺度を用いると，実際には経済的厚生が増えているのにそれが減ったように見える**こともある**。また嗜好の弱まりが収穫逓減のもとで生産される財貨に影響を与えて，その財貨の価格が下がる場合に，われわれの尺度はその逆の誤表示を起こすこともある。その用いられる尺度が，2つの時期のどちらか一方に消費される財貨集合の価格にすぎないならば，**必ず**こうした事実の誤表示が起こるはずである。しかし**われわれ**の尺度の失敗は，これほどひどくない。その誤表示が実際に起こるか否かは，他の要因と並んで，それに対する嗜好が変化した財貨の供給の弾力性にも依存するだろう。供給が弾力的であるほど，換言すれば収穫逓減が強く作用しないほど，誤表示の可能性は小さくなる[67]。それでもわれわれの尺度には，この種の誤りをもたらすかなりの可能性が残る。なるほど，もし a_2, b_2, …等々が，第2期に階層Aに流布している実際の価格ではなく第 n 単位の供給価格であるならば（n は第1期に消費された単位数），その誤りを理論上は除去することができる。しかし実際上，こうした工夫をおこなうために必要な統計は手に入らないので，われわれの尺度をこのようにして改善することはできない。

15 第2に，われわれの尺度は，直接の誤表示によってのみならず，私が嗜好全般の水準の変化と呼んだものによっても失敗し，その結果，経済的厚生に生じる影響を示すことがまったくできなくなる。ここで言う変化とは，どれか1種類の

---

67) これは次のように証明される。われわれの尺度は $\dfrac{x_1 \cdot a_2 + y_1 \cdot b_2 + \cdots}{x_2 \cdot a_1 + y_2 \cdot b_1 + \cdots}$ と示され，a と b は価格，x と y は数量を表す。代表人の貨幣所得を一定としているので，$x_1 \cdot a_1 + y_1 \cdot b_1 = x_2 \cdot a_2 + y_2 \cdot b_2$ である。

嗜好を強める影響力によって，x_2 が $(x_1 + h)$ に，a_2 が $(a_1 + k)$ になるとしよう。

そのとき，われわれの尺度は $\dfrac{x_1 \cdot a_1 + y_1 \cdot b_2 + k \cdot x_1}{x_2 \cdot a_1 + y_2 \cdot b_2 + h \cdot a_1}$ になる。

$x_1 \cdot a_1$ と $\{(x_1 + h) \cdot (a_1 + k)\}$ の値が一定であるならば，k が h に比べて小さいほど，換言すれば，生産に一定の変化をもたらす需要曲線の位置の変化が小さいほど，さらに換言すれば，財貨の供給が弾力的であるほど，明らかにこの分数は 1 より小さくなる傾向があり，その表示は正しいものになる。

財貨からでなく，むしろ財貨全般から，楽しみを得る能力の変化である。例えばもし生産が容易になっている時期に，嗜好全般の水準が低下しているならば，われわれの指数の逆数は必ず増加しているだろうが，現実には経済的厚生は減少していることもあろう。確かに，とにかく近接した時点どうしであれば，この種の誤表示は起こりそうにないが，それでも，それが起こりうるという事実が，われわれの尺度の第 2 のやや深刻な欠陥を示している[68]。

16 本章の議論の一般的結論は，次のようなものだろう。すなわち特定の限られた目的のために，第 11 節で説明した方法に従って任意の集団に関して作成した価格変化の尺度は，適切な尺度であり，その逆数はおそらく，われわれの考察する集団が得る経済的厚生と同方向に動くだろう。しかし到底，その尺度は完全なものではない。特にそれが失敗しやすいのは，個別的ないし全般的な嗜好が大きく異なりやすい離れた時点どうしの比較に用いられる場合である。しかし幸い，本書が課題とする一般的因果関係に関する大まかな議論は，この種の問題に妨げられない。われわれが論じようとしている変化の考察に利用できる尺度を明確に定式化して，誤解が生じないように用心すれば十分である。しかし実際の議論では，この尺度を直接参照する必要はほとんどないことがわかるだろう。

---

[68] 2 時点間ないし 2 地点間で，嗜好全般の絶対水準に差異があることは，統計からはけっして明らかにならない。しかしさまざまな嗜好の相対水準の差異は，統計から明らかになる場合もある，という点に注目することは興味深い。例えばドイツ人が黒パンを食べ，イングランド人が白パンを食べることは，よく知られている。このことが，黒パンがドイツで比較的安く，またドイツ人がイングランド人より貧しいという事実のためだけではないことも，よく知られている。なぜなら，もしドイツにおけるライ麦の消費が安さのためだけであるならば，裕福なドイツ人の間では白パンの消費がおそらく盛んなはずだからである。しかしこのようなことは見られない。したがって，ドイツ人はイングランド人と異なる嗜好をもち，黒パンを好み，白パンを好まない，と正当に推論できる。他の場合には推論はもっと単純である。例えばドイツ人は，羊肉が豚肉より 1 ポンド当り 1 ペンス安くても羊肉を食べないが，イングランド人は喜んでそれを食べる（『ドイツ諸都市の生活費に関する商務省報告』Cd. 4032, xlviii 頁と xlix 頁）。

第4章　国民分配分と国民の質

1　第2章の一般的結論は，つい最近までは，反論や論争もなく，そこで述べた通りに述べることができた。しかし近年，生物学は一大発展を遂げた。なるほど旧来の経済学は，経済的原因が人口の数に与える作用を幾らか考慮しなければならなかったが，それが人口の質に与える作用をめぐる問題は，提起されなかった。今ではその状況は一変している。生物統計学者もメンデル主義者も，いずれもその関心を社会学に向け，遺伝法則の正しい理解が経済学にとっても基本的に重要であると力説している。彼らによれば，経済学者は，私がおこなったように分配分という環境が厚生に与える直接的影響ばかりを論じて，空しい努力をしている。経済環境が与える直接的影響は重要ではなく，本当に重要なのは，それが優れた血統と劣った血統のそれぞれの家族の規模に与える間接的影響のみである。なぜならあらゆる種類の厚生は，経済環境よりずっと根本的な何かに，すなわち生物の淘汰を支配する一般的影響力に，結局のところ依存するからである。私がこれらの主張をわざとやや曖昧な形で述べたのは，こうして提起された問題を，批判的精神よりむしろ建設的精神によって検討したいと切望するからである。本章では，生物学の最近の発展が，実際に経済学にもたらす影響を，できるだけ厳密に示すように努めたい。この目的のために，次の3つを順に考察してゆく。すなわち①生物学の知識がもたらす結論のうち，一般的には重要だが，経済学にはあまり関係のない幾つかの結論，②生物学の新たな知識によって，これまでに示した経済学の研究方法が取るに足りないものになるという一般的主張，③生物学の新たな知識が本書の考察課題に直接に関係してくるため，これまでに到達した結論を幾らか制限せざるをえなくなるような幾つかの論点，である。

2　これまで近代生物学が社会学にもたらした最も重要な貢献は，幾つかの先天的欠陥の明確な遺伝性を証明したことである。遺伝の生理的メカニズムについてどんな見解をとろうとも，実際的結論は同じである。すなわち周知のように，先天的欠陥をもつ人が結婚すれば，その子どものうちの何人かに欠陥をもつ組織が

遺伝するだろう。ただし望ましい一般的性質とは何か，特にその精神面については，われわれはこうした明確な知識をもっていない。ベートソン教授は，賢明にも次のような警鐘を鳴らしている。「何が極端な不適格性であるかについては，われわれの経験は十分に信頼でき，また明確である。ところが社会に役立つ性質，あるいは役立ちうる性質や，それらの必要な数量比を判断するさいに，われわれの指針となるものはほとんどない。……優れた精神的性質の遺伝において，それが何か単純な遺伝メカニズムに従うということを示す手がかりは，今のところ皆無である。それらの精神的性質も，より顕著な肉体的能力の発達も，何か1つの遺伝因子をもつからではなく，むしろ多くの因子の組合せによって起こるようである」[69]。またウェタム夫妻が適切に述べたように，能力，精神的性質，健康，体力，気品，美しさ，魅力などの，望ましい性質は，「遺伝の観点から言えば，これまで考察してきた幾つかの悪い性質とは本質的に異なり，非常に多くの因子の結合に依存する。そのような結合を遺伝の過程で追跡することは，至難の業であるに違いない。その過程では，各性質は独立して遺伝するかもしれず，あるいは動植物の性質の場合にわれわれが追跡したよりずっと複雑な仕方で，各性質は互いに結合したり分離したりするかもしれない。われわれの現在の知識はまったく不足しているため，われわれは，優秀な，あるいは魅力的な男女の個性を作り上げている因子の複雑な組合せが，どのようにして子孫に遺伝するのかを予測できない」[70]。実際，この領域はわからないことだらけであるから，最大限の用心が不可欠である。ドンキャスター氏が適切に述べたように「この方面では，科学が確信をもって語れる時代が来るまで，依然として経験則と常識に従わなければならない」のである[71]。さらに最近では，この見解は故フランシス・ゴールトン卿の権威によってますます重みを増している。すなわち「この問題の研究者は，その一般的結果をすでに熟知しており，胸中に疑いは何も残っていないが，極端な場合を除けば，法制化などの対策を正当化するほどには定量的な形で熟知しているわけではない」[72]。だが明確な欠陥については，事情はまったく

---

69) ベートソン『メンデルの遺伝原理』(Bateson, *Mendel's Principles of Heredity*, 1909) 305 頁。
70) ウェタム夫妻『家族と国民』(William Whetham and Catherine Whetham, *The Family and the Nation*, 1909) 74 頁。
71) 『インディペンデント・レヴュー』1906 年 5 月, 183 頁。
72) ゴールトン『優生学の基礎としての確率』(Galton, *Probability, the Foundation of Eugenics : the Herbert Spencer Lecture delivered on June 5, 1907*, 1907) 29 頁。

異なる。ゴールトンの言う極端な場合とは，まさにこれらの場合である。昔から多くの医学者が主張してきたように，中度知的障害（imbecility），重度知的障害（idiocy），梅毒，結核に苦しむ者の出産を当局が防ぐことは，欠陥をもつ人々の長い系譜の源を断つことになる。知的障害者に関する王立委員会（Royal Commission on the Feeble-Minded）は，精神的欠陥に関してこの見解を非常に強く支持している。この問題がこの種の人々の間で特に急を要するものになるのは，彼らを放任すれば，非常に多くの子どもを出産する傾向があるからである。例えば，「特に経験豊かな証人であるトレッドゴールド博士の指摘によれば，現在，公立小学校を利用する家族の平均子ども数は約4人であるのに対し，特別学校に子どもを託す変性した家族のそれは，死産児を除いても7.3人である」[73]。しかも知的障害をもつ女性はしばしば，非常に若年から出産を始める。たとえ家族数に影響しなくても，早婚が重要な問題であることを忘れてはならない。なぜならどんな集団でも，結婚の通常年齢が下がれば「世代交代は加速し」，そのため全人口のうちその集団の元の成員の子孫の占める比率が高まるからである[74]。しかし出産制限が有益であるかもしれない種類の人々は，精神的欠陥をもつ者だけではない。犯罪行為の特定の形態や，救貧法による救済につながる特定の性質も，同様にしてその子孫から根絶できるかもしれない，と示唆する著作家もいる。カール・ピアソン教授の示唆は，もしそれが正しければ，この種の政策がその目標を達成する見込みを大いに高めるものである。彼の考えでは，まったく異なる種類の欠陥どうしにも相関があり，「生殖細胞の変性に似た何らかの原因が存在し，これが同じ器官のさまざまな欠陥，あるいはさまざまな器官の欠陥をもたらすことがある」[75]。ベートソン教授も，「極端なケースについては，不適格性はその遺伝的因果関係が比較的明確であり，しばしばある単一の遺伝因子の存在に起因すると認められる証拠」があるとし[76]，理論上は異なるが，実践上は同じ意見を述べている。結局，ベートソン教授が述べるように，「幾つかの重大な肉体的，精神的欠陥，同じくほぼ確実な幾つかの病的因子，幾つかの形態の悪徳や犯罪は，もし社

---

73) ウェタム夫妻『家族と国民』71頁。
74) ハイクラフト『ダーウィニズムと人種の進化』（Haycraft, *Darwinism and Race Progress*, 1895）144頁。
75) K. ピアソン『国民優生学の範囲と重要性』（Pearson, *The Scope and Importance of National Eugenics*, 1907）38頁。
76) ベートソン『メンデルの遺伝原理』305頁。

会が決断すれば根絶できる」ことは，ほぼ間違いない[77]。これは極めて重要な結論である。またそれは明らかに，大きな困難もなく，実際的応用のための何らかの対策が可能になるだろう結論である。変性した者が犯罪や精神障害のために政府施設に強制的に送られる事態は，しばしば起こる。これらの場合には，慎重に精査したうえで，永続的隔離か，あるいは可能であればアメリカの一部の州が法律で認めているような外科手術によって，出産を制限することもできよう[78]。われわれの知識は，社会が慎重に幾らかこの方向に歩みだすことの根拠として，明らかに十分であるように思われる。そのような政策は，間違いなく，社会の一般的厚生と経済的厚生をどちらも増加させるだろう。この結論と，それがもたらすと期待される大きな前進について，われわれは近代生物学に負っている。しかしその結論は，経済学の範囲外のものであり，第2章の結論をけっして揺るがすものではない。

3 そこで次に，とにかく［経済学の見地からも］その重要性を認めざるをえないような見解を考察しよう。すなわち生物学は，本書でおこなっているような研究がすべて取るに足りないものであり，誤りに導くものであることを証明しているという見解である。大まかに言えば，その非難は次のようなものになる。国民分配分の大きさ・分配・安定の変化のような経済的変化は，環境にしか影響を与えない。ところが環境は少しも重要ではない。なぜなら環境の改善は，その改善を享受する人々が生む子どもの質に作用することはないからである。この見解は，パネット教授が次のように言い放ったことによって鮮明になった。すなわち衛生や教育などは「せいぜい一時しのぎの緩和策にすぎず，解決すると称しながら問題を先送りし，かえって問題を大きくしている。……永続的進歩は，教育よりもむしろ血統の問題であり，訓練よりも配偶子の問題である」[79]。ロック氏も同様

---

77) 前掲書 305 頁。
78) ラントゥール博士によれば，不妊手術は，男女いずれかの，悪い副作用をほとんど伴わない簡単な手術によっておこなわれる（『人種改良か人種滅亡か』(Rentoul, *Race Culture or Race Suicide? A Plea for the Unborn*, 1906) 第 20 章）。この方法か，あるいは他の方法による不妊手術が，「知的障害者，精神障害者，犯罪者の出生を防ぐものとして，インディアナ（1907 年），カリフォルニア（1909 年），コネチカット（1909 年），ニュージャージー（1911 年）で法制化されている（『クォータリー・ジャーナル・オブ・エコノミクス』1911 年 11 月，46 頁）。
79) パネット『メンデル主義』第 2 版 (Punnett, *Mendelism*, 2nd ed., 1907) 80-1 頁。

のことをさらに力説している[80]。この 2 人の著者の実践面における意見は，実質的にカール・ピアソン教授の意見に賛同するものである。

そのようなすべての見解が依拠する科学的根拠は，むろん，環境の影響力によって生みだされた獲得形質は遺伝しないという命題である。そこでは，少なくとも比較的複雑な多細胞生物については，最終的に生物の子孫を作りだす生殖細胞と，生物の体を作りだす生殖細胞は，初めから別のものであると主張される。例えばウィルソン氏によれば，「遺伝を，親の体から子の体に伝わって生じるものと見なすのは，誤った見方である。子に遺伝するのは，親の体からではなく，親の**生殖細胞**からであり，しかも生殖細胞はその性質を，それを宿す肉体ではなく，それ以前から存在した同種の生殖細胞から受け継いだ性質から受け継ぐ。だから体は，いわば生殖細胞からの派生物にすぎない。遺伝に関する限り，体は，将来世代のために生殖細胞を託された運搬者にすぎないのである」[81]。ドンキャスター氏も実質的に同じ立場である。「初期の遺伝理論では，生殖細胞は体によって生みだされるので，生殖細胞は体のすべての部分の見本をもつと考えるか，あるいは少なくともそれらの部分から受け継ぎ，次世代において発展可能な，何らかの種類の単位体をもつと考えなければならないとされていた。遺伝研究と，生殖細胞の実際の起源に関する研究が進むにつれ，しだいに生物学者はこの見方を捨て，生殖細胞連続説，すなわち遺伝質はそれ以前の遺伝質から受け継がれるのであり，体はそこからの一種の派生物にすぎないと考えるようになった。だから子が親に似るのは，子が親から生まれるからでなく，子と親がどちらも同系統の遺伝質から生みだされるからである」[82]。もしこの見方が正しければ，生物体に明確な特徴が現れるか否かは，生殖細胞のもつ明確な構造や内容によって決まるのであり，祖先が「後天的に獲得した」どんな性質によっても，直接の影響を一切受けないはずである。このような影響を受けるのは，生殖細胞が体の他の細胞と相互作用しあったり，流動体や容易に溶ける物質を他の細胞から受けとったりして現れると考えられる，不確定な量的種類の特徴だけである。こうし

---

80) R. H. ロック『変異，遺伝，進化の研究における最近の発展』(Lock, *Recent Progress in the Study of Variation, Heredity, and Evolution*, 1906) 参照．
81) ウィルソン『細胞の発達および遺伝』(Wilson, *The Cell in Development and Inheritance*, 1896) 13 頁．ロック『変異，遺伝，進化の研究における最近の発展』68 頁に引用あり．
82) ドンキャスター『最近の遺伝研究』(Doncaster, *Heredity in the Light of Recent Research*, 1910) 124 頁．

て保存される特徴も，むろんまったく無意味ではない。生殖細胞が有害な環境によって損なわれることが，その細胞の子孫に永続的影響を与えるか否かという問題は，この種の考察だけでは解決できない問題のようである。J. A. トムソン教授によれば，「肉体と共に生殖細胞も損なうことと，特定の方法によって生殖細胞に影響を及ぼし，親の特殊な一時的変異がその子孫にも現れるようにすることは，まったく別の問題である」[83]。生殖細胞は，「それを宿す肉体の日常生活にどんな事故や出来事が起きても，影響を被らない不死身の生活」を送るわけではない[84]。それどころか，アルコールのような直接の害悪のみならず親が被った傷害でさえ，生殖細胞の栄養摂取に作用して，その子孫に一般的虚弱と，その結果としての悪い性質をもたらすという証拠もある。ただし，**その子孫の子孫**に与える影響の程度は不明である。しかし生物学者の一般的意見は，ある世代の獲得形質が次世代の性質に与える影響は，ある世代の先天的特徴が与える影響に比べれば，とにかくごく微少であるというものだろう[85]。「人間にとっての教育は，エンドウ豆にとっての肥料のようなものである。教育を受けた本人は，それによって優れた者になるが，その経験は，その子孫のあらかじめ定められた性質を少しも変えることはない」[86]。だから「育児の放棄，貧困，親の無知は，それがもたらす結果は重大であるとはいえ，何ら顕著な遺伝的影響をもたらさない」[87]。

この生物学の命題は，専門家の間の支配的な定説であるから，素人が異論を挟む余地はない。またその命題は，経済環境はあくまで環境にすぎないから長期的な観点からは何ら真の重要性をもたない，という前述の見方の科学的根拠でもある。私はこの生物学的前提を承認するが，その社会学的結論には異議を唱える。すでにシドニー・ウェッブ氏も，社会問題の生物学的側面ばかりに目を向けすぎることには，穏やかに抗議していたのである。「結局，すべての赤ん坊が良い血統から生まれるようになっても，彼らが代々，悪い大人に育つならば，あまり社会の役に立たないだろう。生まれが良くても，肉体的，精神的に堕落した大

---

83) J. A. トムソン『遺伝』(Thomson, *Heredity*, 1908) 198 頁。
84) 同上書 204 頁。
85) ロック『変異，遺伝，進化の研究における最近の発展』69-71 頁。
86) パネット『メンデル主義』81 頁。
87) アイヒホルツ「身体的衰退に関する委員会に対する証言」(Eichholz, "Evidence to the Committee on Physical Deterioration", 1904), 『報告』14 頁。アイヒホルツ博士の見方は経験的に得られたものであり，生物学の一般原理からの推論ではないように思われる。

人の世界には魅力がない」[88]。しかし私の批判は，これよりさらに深く問題を掘り下げるものである。パネット教授と彼に賛同する研究者たちは，ウェッブ氏の訴えを承認するだろう。彼らは，環境条件が，それに直接に服する世代に影響を与えることを進んで承認するが，それでもやはり環境条件は重要ではない，なぜならそれは将来世代の先天的性質に影響を与えることができないので，いかなる永続的結果も生みだせないからである，と主張する。だが私は次のように反論しよう。ある世代の環境は永続的結果を残すことが**できる**。なぜならそれは，将来世代の環境を左右することができるからである。要するに，環境もまた，人間と同様にその子孫をもつ。教育などは，将来世代に対して，肉体世界では影響を与えることができないが，観念世界では影響を与えることができる[89]。そして観念が特定の世代によってひとたび生みだされるか，ひとたび承認されるならば，それが機械発明となって具体的に現れるか否かを問わず，将来世代の享受する環境をまさにその根底から作り変えることもあろう。こうして環境の永続的変化がも

---

88)『ユージェニックス・レヴュー』1910年11月，236頁。
89) この2つの世界の進化の過程について，興味深い比較をおこなうことができる。どちらの世界にも3つの要素，すなわち突然変異の**発生**，その**繁殖**，それらの間の**闘争**がある。

またどちらの世界にも，環境の激変や特定の種類の環境によって，突然変異の増加する傾向がときおり見られるが，その発生する突然変異の**種類**は，どちらの世界でも偶然によるものと考えられ，これを操作することはできない。どちらの世界でも，**変動**が拡大するほど，「善い」突然変異が生じる可能性は高まる。それゆえ，他の条件が等しい限り，変動を促す環境は，善をもたらす手段である。例えばマーシャルは，地方政府について次のように述べた。「社会秩序と効率的行政に調和する，すべての変動の力は，ほぼ純粋な善である。進歩の見込みが高まるのは，多くの人々が各自の考えの価値を実際に試す機会に恵まれ，彼らの間で，類似した多くの実験や観念の交流がなされるときである」(『地方税に関する王立委員会への覚書』(*Memorandum to the Royal Commission on Local Taxation*) 123頁)。またブース『ロンドンの人々の生活と労働』第5巻「産業」，86頁と，ホブハウス『民主主義と反動』(Hobhouse, *Democracy and Reaction, 1904*) 121-3頁も参照のこと。

他方において観念世界では，突然変異の**繁殖**は，生物世界と同じように進むわけではない。観念世界と異なり，生物世界では，突然変異した生物の繁殖力は，有利に闘争するための適応力などの有無に関わらず，適応できない生物も適応できる生物も，どちらも子どもを生むだろう。しかし観念世界では，失敗は後継者を得られず，成功者は多くの後継者に恵まれるだろう。

さらに顕著に異なるのは，その2つの世界における，突然変異した生物の間に生じる**闘争**の性質である。物質世界ではその過程は消極的であり，すなわち失敗者は淘汰される。観念世界ではそれは積極的であり，すなわち成功した観念は採用され，模倣される。この1つの帰結として，一般に，成功した実験の方が，成功した「スポーツ」よりずっと急速に普及する。

たらされ，しかも環境がそれに実際に服する人々に重要な影響を与えることは承認されているのだから，環境の変化は明らかに永続的帰結を生みだすだろう。動物や未開種族の場合には，なるほどこの点は重要ではない。なぜならその場合には，ある世代の生物が観念分野で生みだした成果は，次の世代に容易に受け継がれないからである。「人類は，もし広く散らばって互いに交流できなければ，同じ発見を何度でも繰り返す。その努力や成功は，本人の死やその発明を口伝された最後の家族の死によって消滅する」[90]。しかし文明人の場合には，文字と印刷術によって思想は時代を越えて継承され，こうして各世代は，次の世代の観念的環境を形成し，作り変える力をもつのである。タルド氏はこれを理解し，次のように述べた。「生産の一層の容易化こそが，資本の主な意義であり，資本という用語はそのように理解されるべきである。だがそれは何に存在するのか。財貨，あるいは特定の種類の財貨だろうか。そうではなく，それはむしろ記憶に残っている成功の経験にある。資本とは伝統，すなわち社会の記憶である。資本と社会の関係は，遺伝ないし生命の記憶（vital memory）——謎めいた言葉であるが——と生物の関係に等しい。発明家が考案する新しい型の複製を作るために貯えられている生産物について言えば，それらの生産物と真の社会的生殖細胞であるこの新しい型の関係は，養分の貯蔵庫にすぎない子葉と胚の関係に等しい」[91]。ベーコンもすでに次のように述べていた。「新発明の導入は，すべての人間活動のうちでまさに最も重要なものであるように思われる。新発明の恩恵は，全人類にあまねく及ぶだろう。だが政治活動の利益は，ある特定の国民にしか関わりがない。後者は短い時代しか続かないが，前者は永遠のものである」。マーシャル博士も同様のことを述べている。「世界中の物的富が破壊されても，それを作った観念が残っていれば，それはすぐに元通りになるだろう。しかし物的富ではなくその観念が失われたならば，そのときには物的富はどんどん減少してゆき，世界は貧困に逆戻りするだろう。単なる事実に関するわれわれの知識の大半が失われても，思想の建設的観念が残っていれば，それはすぐに回復できるだろう。しかしもしその観念が失われたならば，世界は再び暗黒時代に戻るだろう」[92]。だがこの引用さえも，その問題の完全な説明にはなっていない。マーシャルが別の

---

90) マジュースキ『文明の科学』(Majewski, *La Science de la civilisation*, 1908) 228頁。
91) タルド『社会の論理』(Tarde, *La Logique sociale*, 1895) 352頁。
92) マーシャル『経済学原理』780頁。

頁で適切に述べたように，「ある世代の労働者に一層の稼得と，その最善の性質を発展させる一層の機会を与えるどんな変化も，彼らがその子どもに提供できる物的，精神的利益を増加させる。また同時にそのような変化は，彼ら自身の知性，知恵，先見性を高めることによっても，その子どもの福利のために自分の快楽を犠牲にしようとする意志を，幾らか増加させるだろう」[93]。そのような子どももより強壮かつ聡明になるので，彼らが成人すると，今度は彼らがその子どもにさらに良い環境——この環境（environment）という用語には出産前および出産直後の母親の肉体の状態も含まれる[94]——を提供できるようになり，その後の各世代についても同様である。その影響はますます累積してゆく。祖先の環境の変化は，その後の環境条件と，それを通じて時代の環境に一部依存する人間の性質を，継続的，累積的に変えてゆく力の始まりになる。それゆえ本節の冒頭で示したパネット教授の主張は，誤った極論にすぎない。単に永続的であるのみならず，成長的でもある進歩は，血統や生殖細胞とは無関係な原因からも**起こる**のである。後天的性質に作用する原因と先天的性質に作用する原因の間に存在するとされてきたような根本的差異は，存在しない。その2つの原因は同等の重要性をもち，どちらの研究者にも，他方の研究者の仕事をけなす権利はないのである。

4 次に，本章の第1節で示した第3の問題に移ろう。すなわち第2章で定めた3つの命題が，生物学の新しい知識によってどれほど制限されざるをえないかという問題である。再び述べるならば，3つの命題とは次のようなものだった。すなわち，他の条件が等しい限り，①国民分配分の全般的増加，②貧者に有利なその分配の平等化，③分配分のうち特に貧者に帰属する部分の「安定化」は，いずれも経済的厚生を，また経済的厚生を通じて厚生を，増加させるだろう。このうち③の命題は，現在の文脈では無視してもおそらく問題はなかろう。しかし残りの2つについて，生物学を学んだ批判者は重要な警鐘を鳴らし，次のように問うのである。すなわち①の線に沿う前進は，自然淘汰の自由な働きを抑え，虚弱な

---

93) 前掲書563頁。
94) この点の重要さは，幼児死亡率の低い年に生まれた児童は体格が良く，その逆もまた言えるという，1905年のロンドン教育委員会の見解によって例証される。ウェルズ『旧き者にとっての新世界』（Wells, *New Worlds for Old*, 1907）216頁参照。

子どもを生存可能にし，国民的虚弱を促す累積的影響力をもたらさないだろうか。また②の線に沿う前進は，劣った血統を優遇し，同様の悪影響をもたらさないだろうか。どちらの場合もその進歩の流れの輝きは偽物であり，将来に禍根を残すのではないか，と心配するのは杞憂だろうか。それゆえ，厚生をもたらすと判断された変化には，せいぜい怪しげな意味しかないのではあるまいか。以下では，この2つの命題を順に再検討しなければならない。

5　富の全般的増加の結果として国民の体力が衰える危険は，多くの著者によって強調されてきた。穏やかな環境では，厳しい環境であれば死亡したはずの虚弱な子どもも生き延び，子孫を残すことができる[95]。巨富を獲得した国民や貴族も最後には滅ぶことの秘密は，この事実のうちにあるとさえ言われてきた。ここで私はむろん，この見方に幾らか真理の要素があることを否定するつもりはない。しかしそれは，幾つかの理由のために，しばしば一般にそう考えられているほど重要ではない。第1に，生物学の最新の見解によれば，弱い子どもの生存は，もしその弱さがいわば偶然であり，遺伝的欠陥によらないのであれば，最終的に弊害はない。なぜなら，弱い子どもが強い子どもを生む場合も多いからである。第2に，富の増加が不適格者を淘汰する影響力を消滅させるのであれば，それは同じく，適格者を弱化させる影響力も消滅させるのである。この2つの作用を合わせた結果が，有害であるどころか，むしろ有益であることも多いだろう。実際にそうであることは，幼児死亡率と一般死亡率の関係について地方政府委員会が公刊した，ある最近の重要な報告書に示されている。そこでニューズホルム博士が直接に批判したのは，幼児死亡率を低下させる改善は，弱い人々の生存を促してしまうので，全人口の平均的健康を悪化させるに違いないという見解だった。すなわちこれとは逆に，彼は次のようなことを見出したのである。「幼児死亡率の高い州では，20歳まで一般にやや高い死亡率が継続し，幼児死亡率の低い州では，20歳まで比較的低い死亡率が継続するが，両州の差は，前半10年より後半10年の方が小さい。……一般的経験に従えば，疾病数と死亡数はほぼ同様に変化すると考えるのが正当である。だから幼児死亡率の高い州では，幼児死亡率の低い州よりも病気が多く，年少者や大人の健康水準が低い——移民を別にし

---

[95] ハイクラフト『ダーウィニズムと人種の進化』58頁参照。

て——ということを疑う正当な理由はない」[96]。これだけではない。幼児期の虚弱は必ずしも本質的，先天的な虚弱の適切な指標でないことを思い起こす必要がある。例えばユール氏は，利用できる統計を数学的手法によって検討した結果，次のように考えるに至った。おそらく「幼児死亡率は，幼児期特有の危険しか抽出しておらず，その影響力は2歳以後にはほとんど及ばないのに対し，幼児期に病気がちであったことが虚弱をもたらす影響力は，その後も長く続く」[97]。これらすべての事柄は，分配分の増加とそれに当然伴う改善が，将来世代の虚弱の種をまくものであり，経済的厚生を最終的に増加させるどころか，むしろ減少させるという見方に対する反論である。いずれにせよ，それがこのような影響をもたらす危険は，第2節で提唱した不適格者の隔離政策を採用すれば，容易かつ完全に消滅させることができる。トムソン教授が指摘するように，もし出産を制限するのであれば，虚弱者を保護しても生物学的弊害は生じない[98]。したがって，分配分を増加させる原因が一般に，経済的厚生を，またそれを通じて厚生全体を増加させる，というわれわれの第1の命題を放棄する必要はない。

6 分配分の分配の平等化を通じて国民の体力や能力が低下する危険は，先験的には非常に重要視されるかもしれない。なぜなら分配の平等化は，豊かな階級と貧しい階級のそれぞれから生まれる将来世代の比率を変えるだろうからである。したがって，もし貧しい階級が豊かな階級より能力の低い血統であるならば——すなわち事実上，経済的地位が先天的性質の何らかの指標になるならば——，分配の平等化は先天的性質の一般水準を変化させるに違いない。それゆえ長期的に，国民分配分の大きさに対して累積的な力をもって作用するに違いない。だがここで私は，貧困と先天的能力の低さとには明確かつ確実な相関がある，と主張する人々に同意するつもりはない。なるほど極端な貧困はしばしば，困窮者の性格的問題や肉体的欠陥などの「悪い」性質の結果であるが，これらの性質は，それ自体，悪い環境とも一般に相関関係がある。だからその「悪い」性質は，生来の悪い性質の結果ではなく，主として当初の悪い環境の結果であるかもしれず，この主張を議論に値しないものとして一蹴するのは，おかしな話であ

---

96) 1909〜10年の報告（Cd. 5263），17頁。
97) 同上書の付録，82頁。
98) トムソン『遺伝』528頁。

る[99]。貧困と生来の「悪い」性質にかなりの相関があることは，自明のことではないが，それでもやはり，ありそうなことであるように思われる。なぜなら相対的富者の中には，貧しい環境から這い上がった多くの者がおり，今でも貧しいそのかつての仲間たちも，幼少期には彼と共に同じ環境を過ごしたことは，明白だからである。この種の階層移動は，教育などの機会を貧しい階級が得るようになるにつれ，おそらくさらに顕著になるだろう。同様にして，むろん貧者の中にも，恵まれた環境から転落してきた者がいる。**これらの相対的富者の生来の性質の中に，その出世を説明する，能力を向上させる性質がおそらく存在し，またこれらの相対的貧者の生来の性質の中に，その逆の種類の性質がおそらく存在するだろう**[100]。それゆえ，相対的富者と相対的貧者のそれぞれの相対的出生率を変化させる原因が，（能力の観点から）生来の「善い」性質をもつ者と「悪い」性質をもつ者の出生率を同方向に変化させるというのは，おそらく正しいだろう。貧困階級の富裕化によってその出生率は上昇するということが事実である限り，分配分の分配の平等化は，血統の劣る親から生まれる子どもの数，したがってその比率を増加させるだろう。しかし第2章の第10節で見たブレンターノ教授の研究が示していたのは，ある階級の富裕化によって全体としてその階級の出生率は上昇せず，かえって低下するということだった。それゆえ分配分の分配の平等化

---

99) 社会問題に関する多くの統計調査で，この種の困難に直面する。例えばオックスフォードの学生名簿とハロウおよびチャーターハウスの生徒名簿が示すような，能力の遺伝に関する興味深い研究がシャスター氏によって最近出版された。だがその結論の価値は，次の事実によって多少——**どれほどであるかは言えないが**——損なわれる。すなわち有能な親をもつことは，良い学校教育を受けることと相関する傾向があり，家庭教育などについてはさらに強く相関する傾向がある。シャスター氏は23頁で，この事情による誤差は小さいだろうと論じている（同じくカール・ピアソン『バイオメトリカ』第3巻，156頁参照）。他方で，ニスフォロ氏はその『貧困階級』(Niceforo, *Les Classes pauvres*, 1905) において，貧者階級の肉体的，精神的能力を低下させる環境の影響を力説したが，「すべての要因は——結局のところ——，個人の生体構造自体よりも，現代社会の経済的環境に深く根を下ろしている」（332頁）という結論の証拠を示していないように思われる。

100) パレート教授はこれらの点を見落として，次のように論じた（パレート『社会主義体制』(*Systémes socialistes*) 13頁以降）。富者の家に生まれる子どもの相対的増加は，国民の性質を悪化させるに違いない。なぜなら富者の家に生まれる子どもは，貧者の家に生まれる子どもに比べて厳しい生存競争にさらされないので，貧者の家に生まれれば死亡したはずの虚弱な子どもでも，富者の家に生まれれば生き残ることができ，そして再び虚弱な子どもを残すからである。しかし本文で述べた事実に照らすならば，このことは単なる相殺作用にすぎず，富者の出生率の相対的高まりがもたらすだろう有益な帰結を弱めることはあっても，破壊することはないと考えるべきである。

によって，劣った血統の出生率は低下すると期待できるだろう．要するに，この生物学的考察は，分配の平等化によって経済的厚生および一般的厚生が増加するという第2章の命題を覆すどころか，むしろ現状ではその命題を幾分か支持しているのである．したがって，第2章の3つの主要命題はどれも，生物学的考察によって覆されない．

第5章　以下の議論の方法

　すでに到達した結論［3つの主要命題］を，ここでもう一度述べておこう．すなわち，①他の事情が等しい限り，国民分配分の増加は，おそらく経済的厚生を増加させる．②他の事情が等しい限り，貧者に帰属する国民分配分の絶対的取分の増加は，おそらく経済的厚生を増加させる．③他の事情が等しい限り，国民分配分，特にそのうち貧者に帰属する部分の変動の縮小は，おそらく経済的厚生を増加させる．もし分配分の大きさに影響を与える原因が，貧者の絶対的取分や分配分の変動に何ら影響を与えず，また貧者の絶対的取分や分配分の変動にそれぞれ影響を与える原因も，同じく他のものに何ら影響を与えなければ，本書の研究の残りの部分は単純なものになろう．すなわちこれらの一群の原因を，それぞれ個別に順に検討してゆけばよかろう．しかし実際には，同一の原因がしばしば，分配分の大きさ・分配・変動に同時に影響を与え，しかも一見する限りでは，その3つに対して必ずしも調和的に影響を与えるわけでもない．この問題のために，明らかに，本書の議論は非常に難解になる．このような場合には，完全に満足のゆく議論の方法などありえないように思われる．しかしやや躊躇したが，私は次のように議論を進めようと決心した．すなわち第II編では，まず，国民分配分の大きさと貧者の絶対的取分とに作用する原因の大部分が，この2つの量に対して調和的に作用することを明らかにしたうえで，次に，分配分の大きさを変化させる幾つかの主要原因を検討する．第III編では，相対的富者から相対的貧者への資源の計画的移転によって分配分の分配を平等化しようとする試みのもたらす影響を，一般的に考察する．最後に第IV編では，分配分の変動に主に影響を与える原因を，個別に考察する．この編別構成が論理的均整を欠くことは，百

も承知である。しかしそれは，私が考えついた他のどんな構成よりも，全体として好都合であるように思われる。

第 II 編
国民分配分の大きさ

第 1 章　パレート法則

1　経済的原因が国民分配分の大きさとその分配のそれぞれに対して，相反する方向に作用する**場合がある**という主張は，素人の目から見れば当たり前のことであり，議論するまでもないように思われよう。そして彼は直ちに，そのような不調和が実際に生じる程度に関する詳しい研究に進もうとする。したがって私が，こうした研究をひとまず脇に置き，議論するまでもないとされる方の見解を再考しなければならないと言いだせば，読者は驚かれるかもしれない。こちらの見解の根拠は，要するに，分配分の全体量と貧者の絶対的取分に対して，相反する方向に作用するような原因は存在せず，またありえないという主張である。経済学者にとって極めて都合の良い条件が現実世界に存在しているのが見られるなどということは，先験的には最も可能性が薄そうである。しかしパレート教授の驚くべき研究によって，その可能性が実現するか否かを真剣に問い直すことが必要になった。彼の『経済学講義』には，主に 19 世紀の多くの国の所得統計が収められている。それによれば，ある一定の所得を x で，また x 以上の所得をもつ人数を N で表し，そして縦軸に x の対数，横軸に N の対数をとって曲線を描くならば，考察するすべての国について，この曲線はほぼ直線になり，しかもどの場合も 56 度から 3〜4 度以内の角度で，縦軸 X の方に傾斜をもつ。これは（$\tan 56° = 1.5$ であるから），もし x 以上の所得をもつ人数が N であるならば，m の値が何であれ，$m \cdot x$ 以上の所得をもつ人数が $m^{\frac{1}{1.5}} \cdot N$ になることを意味する。「われわれは

いわば，同一の化学構造をもつ多くの結晶に直面するわけである。大きな結晶，中ぐらいの結晶，また小さな結晶もあるが，それらはどれも相似形である」[1]。この前提からパレート教授は，数学的推論によって次のように結論づけた。「最低所得の水準を引き上げる，あるいは所得の不平等を縮小するには，富が人口より急速に増加する必要がある。それゆえ貧困階級の状態を改善する問題とは，まず何よりも富の生産の問題であることがわかる」[2]。この命題の逆も一般に正しい。すなわち「人口に比べて富が増加するならば，最低所得の増加か，所得の不平等の縮小か，あるいはこの2つが合わさった結果が生じるだろう」[3]。換言すれば，その変化が起こる前に貧者に属した者の数が減少するか，その中の最貧者の所得が増加するか，あるいはこれらのことが同時に生じるに違いない。これが実質的に意味するのは，貧者に属す一定の限られた人々の総所得が増加するのは，社会全体の総所得を増加させる影響力によってのみであり，その逆もまた言えるということである。要するに，パレート教授の尺度——すでに見たようにこの尺度は，より厳密に適切な尺度である標準偏差に一致する[4]——で計測される分配の不平等は，分配分の**大きさ**が一定である限り，変化することは**ありえない**。

2 このような驚くべき見解が承認されるためには，明らかに，慎重な吟味が必要である。そこで第1に，その疑わしい法則が依拠する**資料**に目を向けよう。よく検討するならば，パレート教授が示す数字は，彼の主張と完全に一致するわけではないように思われる。なるほど所得曲線の近似的線形性は，あくまで中程度の所得額に関する限り，かなりよく保たれている。だがその曲線の傾きは，大幅に異なるわけではないにせよ，それでも観察された各統計集団の間で明確に異なっている。例えば，適切なデータから得られたその傾きの最低値は1.24（バー

---

1) パレート『経済学講義』第2巻，306-7頁。
2) 同上書408頁。
3) 同上書324頁。パレートは所得の不平等の縮小を次のように定義する。「その『所得の不平等の縮小』という言葉の意味を定義する必要がある。所得を平等化するには，2つの方法がある。すなわち最高所得が低下するか，最低所得が上昇するかである。この所得の不平等の縮小とは，結局，xを上回る所得をもつ個人の数に比べて，xを下回る所得をもつ個人の数が減る場合に起こることを意味する，と言える」(パレート『経済学提要』(*Manuale di economia politica*, 1906) 371頁)。
4) 25頁［本訳書67頁］参照。

ゼル・1887年）であり，最大値は 1.89（プロシア・1852年）である。しかもボーレイ氏が指摘したように，長期にわたる最も重要な観測値（すなわちプロシアのそれ）では，その曲線の傾きは時間の経過とともに緩やかになっている。ボーレイ博士の示す数字は，パレート教授の数字とやや異なるが，その一般的結果はどちらも同じである。しかしその曲線の傾きが緩やかになることは，明らかに分配が平等になっていることを意味する。したがってボーレイ氏は当然，プロシアの数字を次のように説明するわけである。「プロシアでは所得がますます平等に分配されるようになってきており，その結果，これらの数字から見て，プロシアの所得はイングランドの一層平等な分配に近づきつつある」[5]。最後に，遺産の額に関する，フランス，イタリア，イギリスの統計が，ベニーニ氏によって最近出版された。遺産は，実際に所得と直接の関係をもつわけではないが，おそらく幾らか所得と密接な関係をもつ。彼は，イギリスの曲線の傾きが突出して最も急であることを見出している。3国の係数はそれぞれ 0.1017, 0.1090, 0.0769 であり，このように，富の絶対量の大きな差にもかかわらずフランスとイタリアの分配状況は類似しているのに対し，イギリスの分配はより不均等であることがわかる[6]。それゆえ，パレート教授の結論は興味深いけれども，彼が『経済学講義』で示したようなどんな一般法則も，けっしてそこからは正当に導きだせないのである。

3　しかし『経済学講義』の結論が批判されるべき点は，その統計的基礎だけではない。パレート教授は，すべての階級が豊かにならない限り，ある階級が豊かになることはありえないと言うけれども，現在および近年の少数の事実からそのような謎めいた力が永続的に存在すると主張するまでの論理展開は，確かに強引である。なるほどあまりに強引なので，その後の著作ではパレート教授自身も，彼の初期の議論から導かれるように見えた結論を明確に否定し，『経済学提要』では，その原則が純粋に経験的なものであることを力説している。「その原則から，所得を平等化するための唯一の方法に関する一般法則を導きだす者もいるだろう。しかしそのような結論をその前提から導きだすことは，到底できない。こ

---

5) 所得税に関する特別委員会（Select Committee on Income Tax），『証言録』（*Evidence*, 1906）81頁。
6) ベニーニ『統計的方法の原理』191頁。

こで論じている経験則は，それが経験的に妥当することがわかっている境界の外では，ほとんど，あるいはまったく価値がない」[7]。これが実際にその通りであることは，容易に示すことができる。なぜなら，たとえ各統計集団が実際より遙かに強く類似していたとしても，所得額という単なる事実のほかに，その集団の間に類似した所得曲線が見られることなど，多くの共通点の存在も述べる必要があるはずだからである。しかし，これらの共通点の1つを変化させる原因が所得曲線を変化させることはないという意味において，ある一定の形状の所得曲線が必然的なものである，と考えるべき理由は示されていない。パレート教授は『経済学提要』において，これをある特別なケースと見なし，次のように述べた。「例えば集産主義が私有財産制度に取って代わる場合のように，もしその社会構造が根底から変わるのであれば，その曲線の形状が変わらないと主張することはできない」[8]。この点は，ベニーニの『統計的方法の原理』で詳しく論じられている。すなわち「異なる集団や異なる時点の間における，特徴的な一定不変の所得分配の形を説明できるような何か他の要因が，観察されるすべてのケースに共通して存在するか否かを調べることは，重要である。これを調べる最大の理由は，身体能力や知的能力などの才能の個人間の分配が，正規の誤差法則に従うと考えられるからである。それゆえ，もし才能の分配が富の分配の唯一の原因であるならば，後者の分配を表す曲線は，二項式のものでなく双曲線になるはずである。ところで，その観察されたケースに共通する何か他の要因はあるだろうか。検討された各国には，少し違いはあるが，相続制度がある。その制度の存在によって，才能の劣った多くの個人は豊かな階層に留まることが可能になるが，才能の優れた他の者たちは，例外的な場合を除けば，その平均以上には上昇できなくなるはずである。こうして，全所得を表す双曲線は，財産相続という攪乱要素のために二項式の曲線が変形した結果として説明されるだろう。したがって，相続に関する現行規則を廃止する仮定上の集産主義社会では，個人間の富の分配はその現在の形を保たず，むしろ正規の誤差法則にかなりよく従うだろう」[9]。

所得曲線の形状が大きく変化するのを見るために，相続法の廃止のような大改革をわざわざ仮定する必要はない。同様の結果は，「勤労」所得と投資所得の比

---

7) パレート『経済学提要』371–2 頁。
8) 同上書 370–1 頁。
9) 同上書 310 頁に引用あり。

率を大きく変化させるあらゆる事柄の帰結としても生じる，と考えるべき理由がある。その理由は次の3つである。第1に，経験からわかるように，財産所得の分布は，頭脳労働や肉体労働からの所得よりもずっと不均等である。ワトキンス氏はその『大財産の成長』において，ある興味深い表を示し，これを次のように論評した。「この表による比較をおこなうには，その基準は絶対的なものでなく相対的なものでなければならない。手ごろな相対数は，中位数に対する，上位十分位数か上位百分位数の比率である。賃金に関する統計からは，上位十分位数は常に中位数の2倍よりやや小さく，また9つの業種のうちの1つにおいて，それは中位数の4分の1とほぼ同じであることが観察される。給料（salaries）の分布についても，上位十分位数は中位数の約2倍であるから，賃金所得の分布とあまり違いはない。だがこの分布と財産所得に見られる分布では，大きな違いがある。マサチューセッツの遺言検認統計では，上位十分位数は中位数の8〜9倍であり，しかも誤差はおそらく控えめな値の方に偏っている。なぜならその数字は純額ではないので，小財産の場合には負債を大きく差し引かなければならず，また非常に少ない財産の場合にはそもそも裁判所に持ち込まれないからである。フランスの財産については，上位十分位数は中位数の13倍である」[10]。第2に，不均等に分布する「不労」所得の占める割合が大きいほど，勤労所得自体の分布も不均等になりやすい。このような結果になるのは，「不労」所得の差が教育訓練の差をもたらし，それが高収入の専門職に就く機会の差をもたらすからである。その2種類の所得の相関は，ベニーニ氏が示したある表によって例証される。その表の中で彼は，イタリアの所得に関する数字を2つの部分に分割しており，「その一方が示すのは，あらゆる産業部門に対して均一な収益率，例えば5パーセントで投資されるとする場合の人々の財産所得であり，他方が示すのは，その同じ人々が稼ぐ純粋に個人的な勤労所得である。例えば9,016リラの財産をもつ者の2,000リラの総所得は，投資の成果である451リラと専門的職業活動の成果である1,549リラからなると見なせるだろう。このようにして計算すれば，次頁のような表が得られる。

---

[10] ワトキンス『大財産の成長』18頁。

総所得		財産所得		個人的勤労所得
1,000	=	143	+	857
2,000	=	451	+	1,549
4,000	=	1,458	+	2,542
8,000	=	4,285	+	3,715
16,000	=	11,665	+	4,335
20,000	=	15,885	+	4,115
32,000	=	28,640	+	3,360
40,000	=	37,500	+	2,500

(単位：リラ)

　総所得が1万6,000リラを超えるとすぐに，個人的勤労から得られる部分が減少することは，むろん注目されるだろう。しかしこれは，その従事する専門的職業の報酬が減少することを意味するのではない。それが意味するのは，多くの金持ちが有給のどんな専門的職業にも就かず，もっぱらその財産所得で暮らし，彼らのこうした行動がその所属階級の平均勤労所得を低下させているということにすぎない」[11]。最後に，訓練等——人的資本への投資——の分布の変化は，不労所得の変化と無関係に生じることもある。そしてこのような場合には，明らかに，たとえ生来の能力が何らかの（同じ）誤差法則に従って分布していても，訓練等の分布の変化は，勤労所得の分布を変化させる直接の傾向をもつことになる。ムーア教授は最近のアメリカの賃金統計を研究したうえで，1890年より1900年の方が賃金の「ばらつき」は縮小していると結論づけたが，この縮小を説明するのもおそらくこの種の何らかの変化である。

4　これと同様のことを示す例は，他にも容易に挙げられるが，分配分の増加とその分配の平等化は**必ず**同時に生じるという一般命題が成り立たないことを示すには，以上の議論で十分だろう。しかしこの消極的議論に甘んじる必要はない。なぜなら，完全な調和はどんな方法によっても論証できないけれども，ある限られた程度の，だがそれでも非常に重要な調和は存在する，と考えるべき理由があるからである。このことを示すには，「分配法則」を少しばかり論じる必要がある。すなわち一方に有利に作用する原因が，他方にも有利に作用する程度を判断

---

11) 前掲書 336-7 頁に引用あり。

するには，それを直接に研究する必要がある．それに目を向けるとき，われわれは分配という大問題に直面するのである．

第 2 章　生産と分配

1　経済学の教科書で説明される「分配法則」は，周知のように，さまざまな「生産要素」の間の分配を指すものであるが，ここで論じる分配は，人々の間の分配である．この2種類の分配は同じものではない．もしそれぞれの要素が，他の要素を一切提供しない人々によって，もっぱらそれだけが供給されるのであれば，その2種類の分配は同じものになる**だろう**．しかしむろん現実世界では，同一人物がしばしば複数の要素を供給しており，その所得の一部をある要素から，また一部を他の要素から得ている．地主はいわゆる「土壌の本源的かつ不滅の性質」の所有者であるだけではない．それどころか彼は，自分の土地に大量の資本を投じている場合が多く，ときには借地人を選んだり，借地人の耕作法に一定の規制を課したり，あるいは土地占有権の回復を決意したりして，多大な精神労働をおこなう．商店主も，資本すなわち待忍を幾らか供給しており，特に掛売をする場合には，「その顧客の経済的状況」を見極めるという多大な精神労働をおこない，また支払の滞りというかなりの不確実性負担も供給している．大資本経営者は，さらに明白に，資本家と頭脳労働者と不確実性負担者という3側面を兼ね備えている．最後に，通常の肉体労働者もしばしば，やはり幾分かは資本家である．これらのことをふまえれば，生産要素の間の分配に関する学説が，人々の間の分配に関する問題に直接かつ無条件に適用できないことは，明らかである．しかしこの問題は，多くの場合，それほどの実際的重要性をもっていない．わが国の貧しい階級の圧倒的大部分は，賃金を稼ぐ労働者である．したがって，肉体労働者と貧者を同じ階級として扱っても，何ら大きな誤りを犯すことはなかろう．しかも統計からわかるように，こうして定義した連合王国の貧者が実際にもっている最も重要な所得獲得手段は，肉体労働である．賃金稼得者数は約1,500万人であり，この賃金によって扶養される者はおそらく3,000万人，すなわち人口のほぼ3分の2にのぼる．これらの人々の財産総額は4億5,000万ポンドと推定さ

れるので，そこからの利子は年間約 2,000 万ポンドだろう。これはおそらく賃金稼得者の総所得の 35 分の 1 をやや上回るにすぎず，残りはすべて労働賃金として取得される[12]。それゆえ，先ほど貧者と賃金稼得者を大まかに同一視することを認めたのと同様に，われわれは，賃金稼得者の稼得と要素労働の稼得を同一視することも認めてよかろう。この単純化は，何ら大きな誤りをもたらさない。またそのように単純化すれば，経済学の周知の分析方法を直接利用できるようになる。

2 われわれの目的にとっては，その結合作用によって国民分配分を生みだすところの諸々の生産要素を，2 つのグループに大別すると便利である。すなわち労働と労働以外の要素であり，後者は簡単に非労働要素（non-labour）と呼べるだろう。むろん明らかに，労働も非労働要素も，類似した単位からなる同質のグループではない。労働は，非熟練の臨時労働者と各種の熟練労働者をどちらも含んでおり，また非労働要素も，自然の働きのほかに，各種の精神能力の働き，待忍という用役，不確実性負担という用役を含んでいる[13]。しかしここでの観点からは，これらの問題を捨象し，労働要素全体をある特定種類のある単位数の労働に相当するものとして表し，また非労働要素全体も，ある単位数の，例えば「待忍」に相当するものとして表すのが適当である。このように理解すれば，国民分配分の大きさを左右する原因の一般経路が，次の 2 つの種類のどちらか一方，あるいはその両方であることは明白である。すなわちそれらの原因が作用するの

---

12) チオザ-マニー『富と貧困』49 頁参照。
13) 待忍という用役の性質は，ずいぶん誤解されてきた。ときにはそれは貨幣の供給の中に，ときには時間の供給の中に，存在すると言われてきた。しかもどちらの考えでも，それは国民分配分に何も寄与しないと言われてきた。どちらの考えも誤りである。「待忍」が意味するのは，人が即時的に享受できる消費を延期することにすぎず，消費によって消滅したはずの資源に生産手段という形態を取らせ，「自然の力を導いて人間の努力を助けるようにする道具」として作用させることである（フラックス『経済学原理』(Flux, *Economic Principles*, 1904) 89 頁）。したがって「待忍」の単位は，一定期間の一定量の資源の使用である。それゆえカーヴァー教授の例では，もしある製造業者がその年に毎日，1 日 1 トンの石炭を買い入れ，毎日の補給分を前日に買うとすれば，彼が年間に供給した待忍は，1 年間の 1 トンの石炭，すなわち 1 年・トンの石炭になる（カーヴァー『富の分配』(Carver, *The Distribution of Wealth*, 1904) 253 頁）。より一般的な用語では，待忍の単位は年・価値単位，あるいは厳密さでは劣るがカッセル博士の簡単な用語では，年・ポンドと言えるだろう。不確実性負担の概念に伴うもっと重大な問題は，本章の覚書で論じる。

は，①非労働要素の量ないし技術的能率の変化，②労働の量ないし技術的能率の変化，を通じてである。このどちらの種類の原因も，分配分全体の大きさと総実質労働稼得に同方向の影響を与えることを，私は明らかにできると思う。これこそが，前章の終わりで述べた限定的調和である。

3 非労働要素の量ないし技術的能率の増大の影響を分析するには，マーシャル博士が発展させた分配に関する一般分析に頼らなければならない。後の諸章で論じる幾つかの重要な留保のもとで，この分析が明らかにするのは，第1に，企業者の労働[14]を含むあらゆる生産要素は，その限界純生産物価値に比例して報酬を受ける傾向をもつことである。第2にその分析が明らかにするのは，他の条件が等しい限り，あらゆる要素の限界純生産物価値は，その要素の供給の増加につれて低下することであり，その増加がその量の増加のためか，その技術的能率の増加のためかは問わない。この命題は，次の2つの法則から導きだされる。第1の法則は，**個別生産要素に関する収穫逓減法則**と呼べるだろう。その意味は，任意の産業分野における任意の生産要素の1単位の増加による生産物の増分は，一般に，他の条件が等しい限り，すでにそこで用いられているその要素の供給が大きいほど，減少するというものである。この法則を，**ある一定業種に投じられた資源一般に関する収穫逓減**法則と混同してはならない。こちらの法則は，場合によっては，ある一定の財貨を生産する業種において，資源一般の1単位──それは複数の生産要素が結合した単位であることもある──の増加による生産物の増分は，すでにその業種で用いられている資源量が大きいほど，減少するというものである。この後者の法則は一部の財貨のケースにしか妥当せず，通常の理解によれば，その他の財貨のケースに妥当する収穫逓増法則と対応している。**個別生産要素に関する収穫逓減法則**はこれとはまったく異なり，一部のケースのみならず，若干のささいな例外を除くすべてのケースの事実を述べるものであり[15]，そ

---

14) **企業者**の稼得に関する特殊なケースは，1904年2月の『クォータリー・ジャーナル・オブ・エコノミクス』で，エッジワース教授が詳しく論じている。またそれは，1907年12月の『エコノミック・ジャーナル』の彼の論文「数学理論」（"Mathematical Theories"）でも簡単に述べられている。

15) これとやや類似した議論として，カーヴァー『富の分配』65-6頁と，ウィックスティード『経済学の常識』（Wicksteed, *The Common Sense of Political Economy*, 1910）第2巻第5章を参照のこと。

れに対応する，個別生産要素に関する収穫逓増法則は存在しない。どれか1つの要素の供給が増えるにつれて，各要素の供給がさまざまな方向に不揃いに変化することは，一般的事実である[16]。どれか1つの要素の供給が増えるほど，その新たな追加単位が見出すところの，自分と協力しあう，また自分を助けてくれる他の要素の量は減少し，したがってその単位当り生産力は低下する。これが，ここで確立すべき命題を基礎づける第1の法則である。第2の法則は**効用逓減法則**である。その意味は，一般に，任意の特定の財貨の供給が増えるほど，人々がその限界単位から得る満足は減少し，したがって一般価値で測ったその価値がますます低下するということにすぎない。これらの法則を結合すれば，任意の生産要素の量が増えるにつれてその限界純生産物価値が減少することは，直ちに導かれる。これこそが，ここで必要とされた命題である。

4 前節の分析から，ある重要な副次的命題を直接に導きだすことができる。この命題は次のようなものであり，2つの内容を含んでいる。すなわちもし任意の生産要素の量ないし技術的能率が増大すれば，（完全に代替可能という意味で）その要素と完全に競合的なすべての要素が得る効率単位当りの報酬は減少し，また（まったく代替不可能という意味で）その要素と完全に補完的なすべての要素が得る効率単位当りの報酬は増加する。この命題の前半は明白である。小売業への中国人移民の参入は，ニュージーランドのイギリス人小売店主に損害をもたらすに**違いない**し，低い階層のヨーロッパ人移民の絶えざる流入は，合衆国の非熟練アメリカ人労働者の賃金を低迷させるに**違いない**[17]。またその命題の後半も，次のように容易に論証できる。その増加する要素には，どの単位にも同じ報酬率が支払われなければならず，しかも単位が増加するにつれて支払われる報酬率は低下するので，その要素の生みだす生産物の一部は補完的要素に引き渡されることに

---

16) このことは，チュルゴーの描いた詳細な図がよく示している（カッセル『利子の性質と必然性』(Cassel, *The Nature and Necessity of Interest*, 1903) 22頁参照）。利子率が低下するにつれて用具財がしっかり作られるようになり，必要があればすぐ修繕され更新されるようになる，という例証に注目すべきである。

17) タウシッグ教授が指摘するように，合衆国ではほとんどの分野で貨幣所得は増加したが，「通常の日雇労働や実質的に熟練の要らないような工場労働の賃金は，低迷したままのようであり，低下することさえあったらしい」（『クォータリー・ジャーナル・オブ・エコノミクス』1906年，521頁）。

なる[18]。例証として，次のことを指摘できよう。新しい国々で一般に賃金水準が高いのは，第1に，利用できる大量の土地があるからであり，第2に，その土地を担保にすれば，その住民は外国人から大量の資本も借りられるからである[19]。

5 むろん実際には，一部の要素は補完的であり，また一部の要素は競合的であるのが普通である。この場合には，そのいずれかの要素の量ないし能率の増大が他の要素の得る報酬に与える影響は，次のように分析できる。要素Aの量がAから$(A+a)$に増加し，それらの新単位のうちのx量が，他の要素Bがそれまで占めていた用途を$m \cdot x$単位だけ代替するとしよう。このときBの単位当り報酬に生じる影響は，2つの要素が完全に補完的であり，またAの量がAから$(A+a-x)$に増加し，Bの量がBから$(B+m \cdot x)$に増加した場合に生じる影響と等しくなる。この影響がBの単位当り報酬の増加ないし減少のいずれかを表すだろうことは明らかであり，$\frac{A+a-x}{A}$が$\frac{B+m \cdot x}{B}$を大きく上回るほど，それが増加を表す可能性は高くなる。生産関数の形が不明であれば，これ以上精密に論じることは不可能である。しかし大まかに解釈すれば，これまでの仮定のもとでAの量の増加がBの単位当り報酬を増加させるためには，Aの追加単位の大半をそれまでBの単位が占めていた用途以外にふり向けても，利益を得ることが可能でなければならない。それゆえ一般に，2つの要素が一部補完的であり，一部は競合的である場合には，もしその2つの要素の補完関係がその競合関係を上回るならば，一方の量ないし技術的能率の増大は，他方の得る単位当り報酬，したがって分配分の絶対的取分を増加させることになる。

6 非労働要素と労働の関係が実際には主に補完的なのか，それとも主に競合的なのかという問題は，先験的には答えられない問題である。それに答えるには，非労働要素の主要な構成要素を精査しなければならない。その構成要素の1つである「不確実性負担」については，答えはほぼ明らかである。すなわち不確実性負担と，肉体労働の意味における労働は，明らかに補完的である。それゆえ，本

---

[18] 完全を期すために次のことを付言しても，この議論は左右されない。すなわち需要が増加すれば，その補完的要素の量は増加する傾向があるけれども，その供給曲線は正の傾きをもつので，その報酬を従来の元の水準まで減少させるほどには増加しない。

[19] 『労働に関する王立委員会』(*Royal Commission on Labour*) におけるマーシャルの証言 (Q. 4237-8) を参照のこと。

章の覚書で論じられる諸々の近代的工夫が考えだされた結果，不確実性負担の量と技術的能率は増大し，そして必然的に，国民分配分も労働の絶対的取分も共に増加したのである。しかし「待忍」や建設的観念を発展させる「精神能力」といった構成要素については，その問題に対する答えは，明らかにそれほど確かなものではない。したがって，労働とこれらの非労働要素との関係についての特別な議論が必要になる。

7 一見すると，労働と待忍の関係は，主に競合的になりやすいように思われる。このように主張されるのは，機械と労働はしばしば二者択一的な生産要素であり，その選択は相対的費用に左右されるという明白な事実のためである。例えば「賃金が極端に低いインドやロシアでは，耕作は一般に，最も単純な種類の農具によってなされる。一方，オーストラリアや合衆国は，蒸気機関で動く鍬を用いる国である」[20]。しかしマーシャル博士が述べたように，機械は単なる「待忍」ではなくむしろ労働と待忍の具体的結合物であることを，忘れてはならない。それゆえ「その競争は実際には，大量の待忍に助けられる幾つかの種類の労働と，待忍に少ししか助けられない他の種類の労働との競争である。一方の側には，例えば，手作業で靴を作る多くの者や，待忍にほとんど助けられずに錐などの単純な用具を作るごく少数の者がおり，他方の側には，大量の待忍に助けられて，機械技師が作った強力なミシンを用いる比較的少数の者がいる」[21]。このことが，労働と待忍という2要素の競合関係の明らかな優勢を幾らか和らげている。この関係を広く検討し，マーシャルは次のように結論づけた――私も彼の権威を認めるのにやぶさかではない――。「労働一般と待忍一般の間には，現実の，有効な競争が存在するが，それはその全領域のわずかな部分に見られるにすぎず，労働が資本の助けを，すなわち労働が必要とする能率的な商品生産手段の助けを，安く得られることの利益に比べれば，その重要性は小さい」[22]。換言すれば，2つの要素の関係は主に補完関係である。

8 非労働要素の1つに，建設的観念を発展させる精神能力がある。そしてこの

---

20) カッセル『利子の性質と必然性』117頁。
21) マーシャル『経済学原理』540頁。
22) 同上書540頁。

精神能力と労働の関係も，同じくやや曖昧である。ある特定の建設的観念が，労働に対して主に補完的であるか，それとも主に競合的であるかという問題は，その観念がその関係商品の生産において労働雇用を増やすか減らすかという別の問題と，しばしば混同される。ある観念の協力的性質の優勢，したがってそれが労働に与える利益は，その観念の利用される地点において雇用が増えることを示せば立証できる，と考えられているのである。そのような見方は直ちに楽観をもたらす。しかし実際には，ホブソン氏が示したように，その影響はこうした地点の雇用を必ずしも常に増加させるわけではない。「ランカシャーやヨークシャーにおける紡績機や織機の導入は，雇用を大幅に増加させ，また19世紀の第2および第3四半世紀における多くの一連の発明や改良も，同様の結果をもたらした。だがその後の機械の増加は，同様の結果をもたらさなかった。それどころか，織物業の主要製造工程の幾つかでは雇用人数が減少した。また印刷業への植字機械の導入は雇用を大幅に増加させたが，製靴業への留金機械の導入は雇用を最終的に減少させた」[23]。特定分野における発明の帰結として，その分野の雇用が減少してしまう一般的例証は，農業のケースによっても与えられる。なぜなら周知のように，農業の改良は農業労働者を駆逐してしまったからである。この種の弊害がときおり生じることは，誰もが十分に認めている。それでもこの問題の研究者の考えによれば，一般的に言って発明は，それが作用する地点の雇用を増やすのであり，減らすのではない。例えばルヴァソー氏によれば，「『機械は労働者を駆逐する』，すなわち労働者階級の一部から仕事を奪う，というのが一般的意見である。強力な機械を備えた工場の方がその同じ財貨を手作業で作る工場より，多くの生産物を，しかもずっと少数の労働者の力によって，ある一定時間内に生みだすということは，なるほど正しい。まず人が気づくのはこのことである。研究に努めて人がようやく気づくのは，機械で経済的に生産された財貨は一般に安い価格で売られるので，多くの新しい購入者がしばしば現れ，こうして必要になる生産の増加によって，その機械の導入前より多くの労働者が雇用される場合もある，ということである」[24]。また救貧法委員会も，機械の改良がもたらす影響に関する製造業者たちの意見に顕著な一致があることを見出して，安堵している。救貧法委員会によれば，機械の改良は，「そのような変化が生じる部門の労働需

---

23) ホブソン『産業体制』（Hobson, *The Industrial System*, 1909）281 頁。
24) ルヴァソー『賃金生活者と賃金』（Levasseur, *Salariat et salaires*, 1909）421 頁。

要を確かに一時的に減少させるが，それによる解雇は通常，産業全体の労働雇用を減少させるわけではなく，その失業者はすぐに同じ産業に吸収される——変化が徐々にもたらされ，一度にわずかの者しか影響を被らない造船業では，特にそうである——。そしてその最終結果は，労働需要の減少ではなく増加である」[25]。ところで私は，これらの結論の経験的部分を否定する気は毛頭ない。ある分野における発明が最終的にその分野の雇用を増加させることを保証するために必要な条件は，実際問題として通常は満たされているという救貧法委員会の主張に，私も同意する。しかしこれらの事実が，建設的観念は労働要素にとって有益な協力者か，それとも有害な対抗者かという問題を解決するのだという［本節冒頭で述べた］非常に広まっている意見に対しては，私は強く反論する。

9 ある財貨に関する発明がなされたが，その財貨は労働者階級がまったく消費しないもの［非賃金財］であると，まず仮定しよう。この場合，発明後にその財貨が大きく値下がりしても，労働の実質稼得への影響は皆無である。その実質稼得への影響はもっぱら，その発明がなされた地点以外のところで用いられる労働量と待忍量——他の生産要素は無視してよかろう——に生じた影響を合わせたものに依存する。ある建設的観念がこれらの地点の労働量を増加させるか，あるいは一定に留める限り，その観念は労働と競合的であり，またその観念がそこでの待忍量を増加させるか，あるいは一定に留める限り，その観念は労働と協力的である。もし他の要素を無視し，$m \cdot x$ 単位の労働と $m \cdot x$ 単位の待忍による生産物が，x 単位の労働と x 単位の待忍による生産物の m 倍になると仮定するならば，それがもたらす結果は単純である。ある建設的観念の帰結として，もしその観念が直接に影響を与える地点以外のところにおいて，労働に対する待忍の比率が高まるならば，その観念は主に労働と協力的であるので，労働に利益をもたらす。その逆の場合には，その観念は主に労働と競合的であるので，労働に損害をもたらす。もしその発明の生じる地点が，発明前に労働と待忍の比率がすべての地点の平均比率に等しかった地点であるならば，発明がその地点の待忍に対する労働の比率を高める場合には，労働は利益を受け，発明がこの比率を低下させる場合には，労働は損害を被る。ところで，建設的観念が経済的に有利になるには，そ

---

[25]『王立救貧法委員会報告』344 頁。

れによってある一定の成果が，その観念のない場合より少ない費用で達成可能にならなければならない，ということは明白である。しかし同じく明白なように，その費用の低下がもたらされるのは，生産活動における労働と待忍の比率——これらの要素の絶対量は無関係である——を，①高めるか，②変化させないか，③低下させるか，のいずれかによってである。①の場合には，電線を不要にしたマルコーニの無線電信の発明の仕方にちなんで，その建設的観念は大まかに「待忍節約的」と呼べるだろう。②の場合には，その観念は中立的と呼べるだろう。軽量向きの鉄道線路・橋・蒸気機関・車両などを，同様の一般的性質をもつ重量向き輸送手段に置き換えることを可能にした工夫は，この種のものである[26]。③の場合には，その観念は大まかに労働節約的と呼べるだろう。この③の種類の観念が，実際上，おそらく最も普通である。なぜならカッセル博士が言うように，「ほぼすべての発明者の努力は，それまで手作業でなされてきた仕事をおこなう耐久的用具の発明を直接にめざしている」からである[27]。そして，その主な影響を受ける財貨を労働者階級が消費しないならば，3種類の建設的観念はいずれも国民分配分を増加させ，——またここでの議論に従うならば——労働の絶対的取分を，①の種類の観念は増加させ，②のそれは変化させず，③のそれは減少させる。しかしこの議論は不完全である。なぜならその議論は，国民分配分の増加によって，そこから待忍を引き出せる基金が増加し，間接に「待忍」の供給が年々累積的に増加するという事実を無視しているからである。この事情を考慮すれば，③の種類の発明が長期的に労働者の絶対的取分を減少させるということは，それらの発明が労働者の消費するどんな財貨にも影響を与えないという事実にもかかわらず，もはや明白ではない。それどころか，この種の発明でさえ，最終的に労働の絶対的取分を増加させるように思われる。

10 ③の種類の発明が常に労働者の絶対的取分を増加**させる**という前節の推論を，否定する読者もいるだろう，と私は思う。そのような発明は労働者の絶対的取分を減少させるかもしれない，と反論することも**可能**だからである。それは，手作りのレースのようなものを自国で作らずに，工業製品の輸出によって外国から購入するという外国貿易の発展がそのような結果を招くかもしれない，と主張

---

26) 『エンジニアリング・マガジン』1901年1月，746頁参照。
27) カッセル『利子の性質と必然性』112頁。

することが**可能**であるのと同じである。それゆえ，もしその種の発明がこうした有害な結果を招くのであれば，その取分の減少量を調べることが重要になる。この問題の答えは，労働需要の弾力性の大きさ，すなわち他の条件が等しい場合に，労働量のある一定率の増加が労働の限界純生産物を減少させる程度にかかっている。労働需要の弾力性が小さければ，③の種類の発明が実質賃金をかなり低下させる恐れが幾らかあるけれども，その弾力性が大きければ，そのような結果は明らかに不可能である。

11　したがって前節の問題に答えるには，わが国で実際に流布している労働需要の弾力性の大きさについて，何らかの一般認識を得る必要がある。このようにして提起された問題は難問ではあるが，解決できるように思われる。労働量の増加は，より多くの労働がそれ自体のみで財貨の生産に投入されるか，あるいはより多くの労働が待忍と共にその生産に投入されることを意味する。もし労働それ自体のみでも実際に収穫一定を保ちながら生産できる多くの商品が存在し，しかもこれらの商品が，人々が現在買おうとしている財貨に匹敵する強度で求められるような商品であるならば，労働需要は非常に弾力的であるに**違いない**。幾つかの種類の対人サービスはこの種のものである，と考えるべき理由がある。以上のようなケースの他に，次の２つのケースを考えなければならない。第１に，他の要素の供給が厳密に固定されているならば，労働需要の弾力性は，一定量の待忍を助けるためにさらに労働を追加するときの収穫逓減率に依存する。その弾力性が本節の問題の場合にどれほどになりそうか，を言うのは難しい。しかし第２に，待忍の供給は厳密に固定されていないことがわかっている。それゆえ，労働が増加して間接的に待忍１単位の収益を高める場合には，この稼得の高まりによって待忍の量が増加するという事実と，この増加の反作用によってある一定量の労働の限界生産物が増加するという事実を，共に考慮しなければならない。もし待忍の供給が完全に弾力的であるならば，待忍の増加は，それが従来と同じ単位当り報酬を得るような点，したがってその増加にもかかわらず労働も従来と同じ単位当り報酬を得るような点まで，進むだろう。これは労働需要が完全に弾力的であることを意味する[28]。事実として，**世界に存在する**待忍の供給は，おそらくかなり弾力的であり，また**どの国においても**待忍の供給は，確かに極めて弾力的である。なぜなら資本は大きな移動性をもつので，どんな国であれ，資本が獲得でき

る単位当り収益のわずかな増加も，国外からの大きな資本流入を不可避的にもたらすに違いないからである。それゆえイギリス国内の総労働需要の弾力性は，イギリス国内の資本のみによって決定されるその需要部分の弾力性よりもかなり大きい。確かに前者の弾力性の方がずっと大きいので，後者の弾力性についてどれほど穏当な仮定を置くとしても，前者の弾力性が1を大きく上回ることは，実際に確実であると考えてよかろう。これは，もし③の種類の発明によって労働者の絶対的取分が減少するとしても，その減少は実際にはごく微量であるに違いない，ということを意味する。

12 ③の種類の発明が実際に労働の絶対的取分を大きく減少させる恐れは，ある実際的事情によってさらに低くなる。すなわち現実世界では，新たな建設的観念が発見されたところの財貨を，労働者階級がまったく消費しないという条件——第9〜11節を通じて仮定された条件——は，一般に満たされない。特に近年では，発明と改良は，まさしく労働者が**消費する**財貨［賃金財］に主に作用したように思われる。タウシッグ教授によれば，主に貧者が購入する財貨は，機械で作られる，したがって発明によって価格を大幅に引き下げることのできた財貨であるのに対し，主に富者が消費する財貨は，概して人間の労働の生産物であるため，貨幣賃金の上昇の結果，その価格はかえって上昇する向きがあった[29]。ルロワ-ボリュー教授もこの点を力説している。「自分の服を仕立屋に作らせる上流社会の人は，既製服を販売する店が社会の比較的貧しい階層に大きな値引きをおこなっても，何ら利益を受けない」[30]。そしてルロワ-ボリュー教授はこれらの高級商品を，「昔は大衆は用いなかったが，今では一般に用いており，労働者の家庭の衛生の改善，あるいは身だしなみや品位の向上に役立つ，すべての商品」と対比する。すなわち「靴下，ハンカチ，より多彩でより身体にぴったりした衣服，カーテン，カーペット，より多くの家具類，これらのものが人類の生産力の発展

---

28) この関係は，ここで扱う生産要素が資本と労働のみであり，かつ生産関数 F (L, C) が相似拡大的であるという**仮定のもとでの**，要約として述べたものである。これらの仮定のもとでは，もし資本供給が完全に弾力的であれば，労働の増加は，それと同じ**比率**の資本量の増加を伴わなければならない。

29) タウシッグ（『クォータリー・ジャーナル・オブ・エコノミクス』1906年8月，508頁）参照．

30) ルロワ-ボリュー『富の分配』37頁．

の成果である大衆的奢侈を構成する」[31]。だが，なるほど確かに，単一の技術的発明だけでは労働者に巨大な利益を与えるどんな結果ももたらしそうにない。例えばマーシャル博士が言うように，綿製品の生産において，1世紀前には1,000人の労働でおこなった作業を，1人の労働でおこなえるようにした発明は，あまり労働者の利益にならなかったが，それは，彼らの所得のわずかな割合しか綿製品に支出されないからである[32]。また貧者の消費においては，家賃や食費が，富者の消費よりずっと大きな割合を占めることや，建設労働と農業労働がいずれも，技術的改良や組織的工夫を最も幅広く利用できる機械用具から比較的少ない恩恵しか受けないことも，確かに言えるだろう。こうした留保は，特に極貧者の場合に当てはまる。「物価の下落は，各階級の賃金稼得者に，その賃金に直接比例した利益をもたらすわけではない。家賃や，大多数の労働者にとって消費量が増えている燃料費などの幾つかの支出項目は，貧しい階級の労働者の予算において比較的大きな割合を占めるので，物価の一般的下落から得られる利益は小さくなる。小売店でごく少量ずつしか購入しない最も貧しい階級も，家賃や燃料費を除く他の財貨の価格低下からほとんど利益を受けない」[33]。しかしこの事情は，わが国に関する限り，マーシャル博士が強調した次の事実によって十分に解消される。すなわちイギリス人の一般的食料になる主要財貨は，大部分が外国から輸入されており，最近の最も顕著な特徴の1つは，輸送機械に関する建設的観念の発展と，その結果としての輸送費の大幅な低下である。また協同組合店の登場が示すような，貧しい人々に財貨を小売りする仕組みに関する建設的観念の重要な発展と，その結果としての小売サービス費用の大幅な低下も挙げられよう。最近の発明が主に作用したのは直接ないし間接に労働者階級が消費する財貨だったという歴史的事実は，むろん，今後の発明も主に同様のものだろうと予想することの根拠にはならないが，この歴史的事実は先験的予想にとって有利な材料だと主張することはできる。なぜなら利潤の機会，したがって発明の刺激は，広く消費される「大衆商品」については極めて大きいからである。

13 以上の議論からわかるように，非労働要素の供給の増加は，それが労働節約

---

31) 前掲書 440 頁。
32) 『労働に関する王立委員会』(*Royal Commission on Labour*, Q. 8630)。
33) 『王立救貧法委員会報告』309 頁。

的な発明の形で現れる場合でさえ，国民分配分と総実質労働稼得の両方の増加を一般にもたらす傾向がある。確かに，特殊な場合にはこのようにならないこともある。しかし大まかに言って，非労働要素の供給を通じて作用する原因が，国民分配分と総実質労働稼得を同方向に変化させるだろうという意味で調和的であることに，ほとんど疑いはなかろう。

14 次に，労働供給に作用する原因の考察に移ろう。非労働要素の場合とは異なり，労働の場合には，量と技術的能率のそれぞれを通じて作用する変化の区別が重要になる。とはいえ，その2種類の労働供給の変化は，ある点まで共通の議論が可能である。例えば，労働の量ないし技術的能率のどちらの増加も，明らかに国民分配分を増大させる。それが労働自体の得る絶対的取分を増加させるか否かは，労働需要の弾力性が1を上回るか否かという問題にかかっている。容易にわかるように，その弾力性が1を上回るならば，全体としての要素労働は，以前より大きな絶対量の分配分を得るのに対し，その弾力性が1を下回るならば，以前より小さな絶対量を得る[34]。しかし労働全般の需要弾力性が1よりずっと大きいことは，すでに論証済みである。それゆえ労働供給の増加は，平均的労働者が供給する一定の能率の労働単位数の増加を通じてか，あるいは平均的な一定の労働単位数を供給する労働者数の増加を通じて，労働者全体が受けとる分配分の絶対量を増加させるに違いないと結論できるだろう。確かに，労働という大集団に属する一部の小集団にしか影響を与えない能率の高まりは，能率の高まらなかった他の小集団に損失をもたらすこともある。しかし，それぞれの小集団が厳密に同質でなく，むしろ一部が補完的である場合や，職業訓練を受ける非熟練労働者がいる場合に起こるように，能率の高まらない小集団の人数がその生じた変化の間接的作用によって減少する場合には，この危険さえもなさそうである。しかも，労働という大集団の内部におけるこれらの出来事は，いずれにせよ二次的な重要性しかない。労働供給の増加によって労働者全体の絶対的取分と国民分配分が共に増加する，ということが示されれば，われわれが確立しようとしている命題は直ちに証明されるのである。

15 本節からは，労働の量と能率のそれぞれに作用する原因を区別することが重要になる。労働供給の増加が労働者の能率の高まりによって生じる場合には，明

らかに，その結果として彼らが得る分配分の絶対的取分の増加は，これまでの諸章の議論に従って，経済的厚生を増加させる。しかし労働供給の増加が人数の増加によって生じる場合には，その集団全体の絶対的取分が増えるという事実にもかかわらず，**1人当りの絶対的取分は減少する**。もしその1人当りの損失が大きいと考えるべき理由があるならば，われわれは，労働供給のこの種の増加が労働者の経済的厚生を増加させる，と結論するのをためらうはずである。しかし実際上，わが国の現行の条件下では1人当りの損失はごくわずかだろう，ということを示せるのである。財貨一般で測ったその損失がごくわずかだろうということは，イギリスにおける労働需要の弾力性が大きいという，すでに確証された事実から導かれる。労働者数の増加が，食料などの主に労働者階級が消費する財貨の実質生産費を著しく高めるような場合には，その損失は，彼らにとっての重要財貨で測れば確かに大きくなるかもしれない。しかし現在のところ，輸入食料の豊富な供給があるという事実のため，わが国のような小さな国の労働人口の増加によって，食料生産の点で収穫逓減法則が強く作用することはありえない。それゆ

---

34) この議論は特殊な一例であり，一般的命題は次の通りである。他の条件が等しい限り，任意のある生産要素の量の増加は，もしその要素の需要弾力性が1を上回るならば，その要素の得る生産物の**絶対的取分**を増加させる。それがその要素の得る**相対的取分**を増加させる条件は，これとは別に次のように定められる。他の各要素の供給関数が一定であれば，生産物 P の総産出はその可変的要素の量に依存し，x が後者の量を表すならば，$P = f(x)$ である。したがって，その可変的要素の得る**絶対的取分**は $x \cdot f'$，また**相対的取分**は $\dfrac{x \cdot f'}{f}$ で表される。x が増加する場合に相対的取分が増加する条件は，

$$\frac{1}{f}\{f' + x \cdot f''\} + x \cdot f' \left\{\frac{-f'}{[f]^2}\right\} > 0 \text{ である}。$$

その要素の需要弾力性を e で表せば，$e = -\dfrac{f'}{f''}$ であるから，簡単な代入によってこの条件は次のように書き換えられる。

$$e > \frac{1}{1 - \dfrac{x \cdot f'}{f}}$$

弾力性が1を大きく上回るほど，その生産物のうち可変的要素が得る相対的取分は，変化前よりますます大きくなる。この一般式は，特殊な問題にも適用できる。なぜならそれは，耕作法の改良が，耕地の総生産物に占める真実地代の比率を高める条件も示しているからである。資本や労働の追加的単位のもたらす収穫が非常に緩やかに逓減する場合，すなわち財で測ったそれらの需要弾力性が非常に大きい場合には，改良（これは使用される資本量や労働量が増えるのと同じことである）は一般に，資本と労働の相対的取分を従来より増加させるので，真実地代の相対的取分を減少させる。他方，収穫逓減が強く作用する場合には，改良は一般に，真実地代の得る相対的取分を増加させる。

え，あらゆる意味において，労働者階級の1人当り実質賃金の低下はごくわずかだろう[35]。したがって労働の絶対的取分の増加は，それが労働人口の増加によって生じる場合でさえ労働者の経済的厚生を増加させる，と合理的に結論できるように思われる。したがって，労働者の富を増加させる原因は労働者の厚生を減少させることもあるという点を強調して，労働供給に作用する原因は国民分配分と総実質労働稼得に同方向の影響を与える，というわれわれの結論を制限する必要はない。

16 以上のことからわかるように，2つに大別された原因――非労働要素の量・能率を通じて作用する原因と，労働の量・能率を通じて作用する原因――は，一般的に言って，分配分と労働者の絶対的取分に調和的に作用する。ところで国民分配分を変化させる原因の一般作用は，すでに考察したように，この2種類の原因のどちらか一方，あるいはその両方によるのだから，それらの原因の一般作用も，それが国民分配分の総量と実質労働稼得の総量に同方向の影響を与えるという意味において調和的である。それゆえわれわれは，その社会の経済的厚生が，国民分配分を増加させる原因によって増加し，また国民分配分を減少させる原因によって減少するということを，なるほど普遍的真理としては主張できなくても，それに反する特別の理由がない限りは推定できるのである。

第2章の覚書　生産要素としての不確実性負担

1 経済学では，自然の用役，待忍，そして各種の精神的・肉体的労働を区別したうえで，これらを生産要素として一括するのが通例である。将来のすべての欲求が完全に予見される世界では，この目録で十分だろう。しかし現実世界では，将来の一部の欲求は完全には予見されない。それどころか，その活動のために資源が待忍される大多数の事業計画では，それらの資源は不確実性にさらされる。すなわちそれらの資源は，その結果を確実に予測できない用途に向けられるのである。この事情をふまえ，先ほど列挙した生産要素の目録に，各種の不確実性負

---

35) マーシャル『経済学原理』672頁参照。

担（uncertainty-bearing）からなるもう1つの項目を追加することが適切であると，私は思う。

2 このような分類が通常は採用されない主な理由は，実際上，不確実性負担と待忍は非常に密接な関係をもつので，両者の理論的分離可能性が一見して明瞭ではないからだろう。しかしよく考えれば明らかなように，両者の関係は必然的，内在的な関係ではない──それらは実際には，一般に同時に見られる2つの別々の要素であって単一の要素ではない──。例えば，ある壺をもつ人を想像しよう。それは壺としては100ポンドの価値をもつが，割れてしまえば無価値である。そしてその所有者は，この壺に何かが入っており，その何かの価値は等しい確率で0〜250ポンドであることを知っているとする。所有者がその壺を割れば，そのとき彼はそれぞれ等しい確率で，100ポンド以下の額を失うか，150ポンド以下の額を得るだろう。したがって彼の賭けの保険数理的価値は25ポンドであるので，もし100万人が彼と同じ立場にあり，しかも彼らが皆，自分の壺を割ることにすれば，世界の富の総額はおそらく2,500万ポンドほど増えるだろう。換言すればこの100万人の用役は，各人が不確実性を担い，100ポンドをそれぞれ等しい確率で0〜250ポンドにするような状況に置くことによって，国富に2,500万ポンドを追加するわけである。この例は，不確実性負担が一般に待忍と関連するとはいえ，理論上はそれとまったく別のものであることを示している。不確実性負担は，その他の周知の生産要素と対等の立場にある，独立の基本要素なのである。

3 不確実性負担という一般概念には，1つの重大な問題が立ちはだかっている。周知のように通常の生産要素は，そのいずれの要素の単位も，ある資源量にある時間量を乗じた積としてでなければ表せないという意味において，2次元の単位である。待忍は，一定量の資源を一定期間だけ供給することであり，労働は，一定量の労働を一定期間だけ供給することである。だから待忍の単位は，年・ポンド（a year-pound）と言われ，労働の単位は，年・労働者（a year-labourer）と言われる[36]。したがって，もし不確実性負担が生産要素として待忍や労働と対等の立

---

36) 79-80頁［本訳書110頁］脚注参照。

場にあるとすれば，それは，後二者がもつ時間との関係に相当するものを何らかの形でもたなければならないだろう。しかし不確実性負担は，待忍や労働とは異なり，その本質上，時間から独立しており，純粋理論で扱う限りは即座に完了可能なものである。したがって，何らかの種類の一定量の不確実性負担を一定期間だけ供給するという表現は，一見すると，実質的に無意味な表現にすぎないように思われる。しかしこの困難は，実際問題として不確実性を負担するどんな活動も即座に完了するのではなく，時間がかかるという事実によって除去される。例えばある会社の発起人が引き受ける不確実性負担は，公衆が参加して彼が株式を販売できるようになるまで完了せず，こうなるまでにはむろん，かなりの期間が経過するだろう。こうした事情のおかげで，われわれは不確実性負担の単位を，待忍や労働の単位と同じ方法で定めることができる。この単位とは，1年で完了する一定の不確実な活動計画に，1ポンドを投じることである。だから，例えば平均10日で完了する同様の不確実な活動計画に，1年間連続して1ポンドを投じることは，この単位の $\frac{365}{10}$ に相当する。こうしてわれわれは，待忍や労働の単位に類似した不確実性負担の2次元の単位を手に入れ，本節で提起した問題を克服したことになる。

4 今まで，不確実性負担が，単一の同質な生産要素ではなく，むしろ労働と同じく一群の多数の要素からなるという事実を無視してきた。そこで次に注目しなければならないのは，労働にも多くのさまざまな種類があるように，不確実性にも，その産業過程で資源を不確実性にさらす多くのさまざまな計画があることである。不確実な計画は，次のような方法によって図示できる。
横軸 OX は，その計画に1ポンドを投じることで生じるあらゆる可能な収益を表

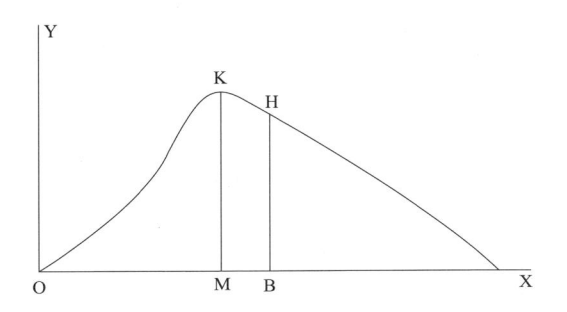

す。そしてOX軸上の各点から，その各収益の生じる，証拠に基づいた確率に比例した長さの縦線を描き，図のようにこれらすべての縦線の上端をなめらかに結ぶ。どんな不確実な計画も，この方法で描いた曲線によって表せることは明白である。また以下のようにして，よく見られる主な計画の種類を，幾つかの主なグループに分類することもできる。OX上の点Bは，OBが，その曲線全体で示される収益見込みの保険数理的価値を表すように，換言すればOBが，各縦線とそれに対応する各横座標との積の和をその縦線の和で割った値に等しくなるようになっている。そしてBを通る縦線は，Hでその曲線と交わる。同様にしてOX上の点Mは，OMが，今検討している不確実な計画に関して最も蓋然性の高い収益，すなわち［曲線全体で］最も「頻繁」に生じる収益を表すようになっている。そしてMを通る縦線は，Kでその曲線と交わる。この図を基にして，第1に，BHとMKが一致するような左右対称の曲線と，左右非対称の曲線を区別できよう。対称的グループの曲線が含むのは，rを任意の計画にさらされる1ポンドの保険数理的価値とすれば，$(r-h)$の収益を得る可能性が，hのすべての値に対して，$(r+h)$の収益を得る可能性に等しいような種類の計画である。非対称的グループの曲線が含むのは，それ以外のすべての計画である。対称的な種類の計画が可能になるのは，不確実性にさらされる1ポンドが事柄の性質上，1ポンド以上の損失をもたらさないので，それ以上の利得ももたらさない，という条件を満たす場合のみである。第2に，対称的グループ内では，開いた傘のように幅の広い曲線と，閉じた傘のように幅の狭い曲線を区別できよう。前者は，現実の収益と，最も蓋然性の高い収益との開きが大きくなりやすい種類の計画を表し，後者は，その開きが小さくなりやすい種類の計画を表す。第3に，非対称的グループ内でも，MKがBHの右にくる曲線と，左にくる曲線を区別できよう。前者が表すのは，最も蓋然性の高い結果は適度な利得であるが，大きな損失の方が大きな利得より蓋然性が高いような種類の計画である。この種の計画は，多数の少額賞金と若干のハズレを含む宝くじに具体的に見られる。後者の種類の曲線が表すのは，最も蓋然性の高い結果は適度な損失であるが，小さな損失の方が小さな利得より蓋然性が高いような計画である。通常の種類の宝くじは，若干の高額賞金と多数のハズレを含むので，この種のリスクの例である。以上のように区別されたそれぞれのグループ内でも，さらに無数の細かい分類をおこなえることは明白である。

5 不確実性負担一般が含む多種多様の不確実な計画は，一見すると，第1節でなされた「不確実性負担要素」と「待忍要素」を対等の立場で取り扱う試みを，挫折させるように思われるかもしれない。なぜなら待忍は単一の要素であるのに対し，不確実性負担は一群のさまざまな要素だからである。それゆえ待忍の供給の変化が意味するものは明白だが，不確実性負担の供給の変化の方はどのように考えればよいだろうか。この当然に生じる問題は，容易に克服される。なぜなら結局，不確実性負担は，この点では労働とまさしく同じだからである。すなわち労働一般は，非常に多様な種類や質の労働を含むが，だからといって待忍の概念と並んで労働一般の概念が利用できなくなるわけではない。この利用のための手続きを正当におこなうには，その基本単位として，裁量的に何らかの特定種類の労働を選び，この単位で測った他の種類の労働量を，その相対的市場価値に基づいて表すだけでよい。こうして，任意の時点に供給ないし需要される種々のすべての労働を，裁量的に選んだある等級の労働の一定量に相当するものとして，1つの数字で表すことができる。これとまったく同じ方法を，不確実性負担の場合にも利用できるのである。裁量的に選んだある特定の不確実な計画に1ポンドを投じることを，基本単位として選び，そして任意の不確実な計画に資源を投じることを，その相対的市場価値に基づき，この基本単位で測ったその相当量に還元することができる。このようにして，不確実性負担という生産要素を他の要素と対等に取り扱うための最後の問題も，うまく克服できるのである。

6 すでによく理解されているように，明らかにこの要素も，他の要素と同じく，量が増加したり技術的能率が向上したりする傾向をもつ。しかも現代ではますます強く，この2種類の変化を促す影響力が働くようになっている。まず，量に与えるその影響力の方から検討しよう。初期の時代には，企業は，その資本を数名だけで用意しなければならず，一般に共同経営の計画に沿って活動したので，その関係者全員が自分たちの投資した資源を同一の不確実な計画にさらしていた。したがって，産業が求める不確実性負担の多くは，公衆が供給しようとは思わない種類のものであり，また公衆が供給しようと思うような不確実性負担の多くは，産業では求められない種類のものである，という問題もよく起こっただろう。したがって，産業的企業が実際に利用できる不確実性負担の量は，その2種類の不確実性負担の十分な調整がなされた場合より，おそらくずっと少なかった

だろう。現代世界においてこの問題が大部分克服されたのは，さまざまな等級の証券によって資本調達するという，今では株式会社が常に採用している方策のおかげである。ある企業に投資されたあらゆるポンドを同一の不確実な計画にさらすというやり方に代えて，われわれは，利益配当社債（debentures），累積利益配当優先株（cumulative preference shares），非累積利益配当優先株（non-cumulative preference shares），普通株（ordinary shares），ときにはさらに特殊な証券など，を組み合わせた資本制度をもっている。これらの種類の証券はそれぞれ，異なる計画ないし種類の不確実性を表す。結果として，産業が利用できる不確実性の種類は大幅に増加し，以前には公衆が提供しようにも提供できなかった大量の不確実性負担が，今では市場を見出せるようになっている。こうして，実際に供給される不確実性負担の量が増加したのである。

7　不確実性負担の技術的能率を向上させた現代的影響力は，おそらくその量を増加させた影響力以上に重要である。既存の知識に基づく予測は，集団が立てる場合の方が，集団の個々の成員が立てる場合より一般に確実性が高まる。これこそが，その技術的能率の向上が依拠する中心的事実である。この事実は，「ある平均の正確さは，それが含む項の数の平方根に比例する」という正規の誤差法則から導かれる重要な結論によって，専門的な形で示される[37]。それが意味するのは，例えば，もしある一定の冒険的事業への100ポンドの投資が95〜115ポンドの各収益をそれぞれ等しい確率でもたらすならば，100種類の類似した投資先に分散させた100ポンドは，その互いに異なる投資先に影響を与える原因がすべて独立している場合には，104〜106ポンドの各収益をそれぞれ等しい確率でもたらすということである。一部の原因だけが独立しており，一部が共通している場合には，最も蓋然性の高い収益の範囲は，104〜106ポンドの範囲より広くなるが，それでも95〜115ポンドの範囲より狭いだろう。しかしその範囲の狭い不確実な計画に100ポンドを投じることには，その範囲の広い不確実な計画に同額を投じることより小さな市場価値しかないことは，容易にわかる。なぜなら経験的事実によれば，任意の財貨の追加的1単位から得られる効用のみならず，この効用の逓減率もまた，その財貨の所有単位が増加するにつれて，減少するからであ

37）ボーレイ『統計学要綱』305頁。

る。したがって一般に，ある金額を均等割にして100種類の類似事業に投資すれば，このうちの1つの事業だけに全額を投資するより，不確実性負担は小さくなる。したがって同じく，各々100ポンドを投資する100人が，その各々の投資を100種類の事業に分散すれば，その集団が引き受ける不確実性負担の総量は，すべての投資家が1つの事業のみに集中投資した場合より小さくなる。しかし全体としての投資の物的総成果は，いずれの場合も同じであるに違いない。したがって，多少とも独立した諸々の不確実性を1つに結合すれば，一定の成果を，より少量の不確実性負担によって常に達成できる。換言すれば，その不確実性負担要素の技術的能率が向上したのである[38]。ここで説明された原理は，事業者たちも十分に認識しており，保険の取引や，証券取引所における非常に投機的な取引のいずれの根底にも昔から存在した。だが現代では，それを産業的事業に利用する範囲は，最近起こった2つの重要な変化によって大いに広がっている。その1つは法的変化，すなわち株式会社に有限責任の権利を認めたことであり，もう1つは物的変化，すなわち輸送・通信手段の発展である。そこで次節では，この2つの変化が上述の原理の利用を促した経緯を検討することにしよう。

8 責任が無限であることは，投資を分散しようとする人の不利益になる場合が多かった。なぜならもし彼が投資を分散すれば，投資先を増やすことになるので，それだけ自分の資産に対して無限に支払を請求される危険が高まるからである。1862年のイギリス有限責任法（English Limited Liability Act）や，これと同様の外国の法律によって，この危険なしに投資を分散できるようになった。1862年以来，株式会社の入金済み資本は5倍に増えると同時に，登録株主数はさらに大きな割合で増えたが，この同時変化はおそらく，同一の人々が多くの異なる会社の株主として現れるようになったことを意味する[39]。また仲介機関が発達し，資産が少なく自分では投資を分散できない人々に代わって，それを分散してやる

---

38) むろんこのことは，本来ならば貯蔵された資源を，一部は即時的消費に，また一部は投資に利用することを可能にする。例えば，社会が各銀行の準備金を一元管理すれば，必要な準備金の総額は減り，投資に利用できる資本は増え，それに伴って利子率は低下する（H. Y. ブラウン（『クォータリー・ジャーナル・オブ・エコノミクス』1910年，743頁以降）参照）。

39) ゴッシェン『経済問題に関する試論と講演』（Goschen, *Essays and Addresses on Economic Questions*, 1905）256-7頁参照。

ことも可能になった。産業的企業の株式の最小取引単位が1ポンド以下であることは稀なので，小投資家が自分で直接に分散する能力は，有限責任の場合でさえ，たかが知れている。しかし貯蓄銀行（savings banks），友愛組合（friendly societies），労働組合，住宅金融組合（building societies），協同組合，信託会社（trust companies）などは，この点で小投資家を，大資本家と同等の有利な立場に置くことができる。ところで，明らかに分散投資は，複数の企業の株を保有するすべての投資家の側における不確実性の結合を意味するが，有限責任に基づく分散にはもう1つの別の結合的側面がある。なぜなら通常，それぞれの事業は，直接ないし間接に他の多くの事業と取引関係をもつからである。もしそのうちの1つが100万ポンドの損失を出せば，**無限責任**の場合，その損失の全部が株主ないし共同経営者の負担になるが，**有限責任**の場合，損失の一部を負担するだけでよく，しかもそれはその事業の非常に大勢の株主ないし共同経営者の間に分散される。このようにしてどの株主も，自分たちが関わっている事業に固有の不確実性を，他の事業に固有の何らかの不確実性と結合するのであり，したがって産業に投資した通常の100ポンドが事業不振のために被る不確実性の範囲は，量的にさらに狭まることになる。この利益は，ある国が事業に失敗した自国企業の実質費用の一部を，有限責任によって外国人に支払わせるという直接の国民的利益とはまったく異なり，むしろそれに追加されるものである。

9　輸送・通信手段の発展は，ある非常に単純な仕方で不確実性の結合を促進する。すなわちそれによって，投資家はこれまで以上にずっと多くのさまざまな機会を得られるようになる。この点は非常に重要だが，当り前のことであるから，解説は不要である。しかし輸送・通信手段の発展は，もっと捉えにくい形でも作用する。カッセル博士が述べたように，産業的企業は近年，その事業全体の規模に比べて，生産過程で保有する在庫量を減少させている。このような改善はあらゆる業種で見られる。生産に関しては，「最もよく組織された産業では，2つの異なる生産工程の間で遊んでいる原料は，たとえこれらの工程がときには非常に離れた別々の工場でなされる場合であっても，ごくわずかである。近代的製鉄所は，原料にせよ，その生産物にせよ，大量の在庫をもたないが，それでも鉱石や石炭は絶えず流れ込み，鉄となって絶えず流れ出てくる」[40]。同様にして工場も，通常使わない予備機械の形態の固定資本量を減らすようになっている。同じ傾向

は小売業でも明らかであり，年々の総生産量に対して保有される平均在庫量の比率は昔より低くなった。イングリス氏が鉄道協議会に対して述べたように，「現状では，一国の経済取引は，年々成長し続ける小売流通網を通じておこなわれる。大量の在庫を保有する習慣はほとんどすたれ，財貨は当面の需要を満たすに足る量しか注文されない」[41]。カッセル博士を再び引用するならば，この1つの理由はやはり輸送・通信手段の発展である。「アメリカの鉄道幹線には広く行きわたった支線があるので，都市や大きな町の商人は自分の店の陳列台や棚に，品物を毎日補充できる。したがって在庫は，例えばひと冬分の財貨をまとめて10月に仕入れた昔の時代のように，大量には必要でない。……都市の間を結ぶ道路は，村の商店主にもこうした利益をもたらし，彼らは朝にトリードやクリーヴランドやデトロイトに電話で欲しいものを頼み，午後には注文した品物を店の棚に並べる」[42]。ところで一見すると，この慣習の変化はほとんど重要でないように思われるかもしれない。というのも，小売業者の保有する完成財や製造業者の保有する予備機械などの減少は，産業事業者全体の保有するこれらの財貨の総量の減少を必ずしも意味しないからである。それどころか，われわれは当然，卸売業者や機械製造業者が，その取引先の在庫の減少につれて，自分たちの在庫を増やすに違いないと考えるだろう。しかし実際には，この考えは誤りである。なぜなら不確実性を結合できるのは，まさに卸売業者や機械製造業者の側だからである。したがって輸送・通信手段の発展は，不確実性を担う仕事を彼らに直接に移転する限りにおいて，必要な不確実性負担の量を間接に減少させる。要するに，不確実性負担の能率が高まるのである。より少量の不確実性しか使用しなくても，換言すれば不確実性の使用を省くためにより少量の待忍しか使用しなくても，従来と同じ成果を達成できるわけである。

---

40) カッセル『利子の性質と必然性』126頁。
41) 『商務省鉄道協議会報告』(*Report of the Board of Trade Railway Conference*) 1909年，第1巻，33頁。
42) アイルズ『在庫の回転』(Iles, *Inventors at Work*, 1906) 483頁。

第3章　分配分の大きさと，限界純生産物の均等

1　国民分配分の大きさに作用するさまざまな原因をすべて論じるには，生産に関する体系書に匹敵するものが必要だろう。そこには，待忍・頭脳力・労働のそれぞれの供給表を決定する影響力の分析のほかに，機械と産業組織に関する，観念や技術的工夫の発展の説明も含まれよう。そのような議論をここでおこなうことは不可能である。ここに列挙した一般条件，各種用役の供給表，それらが雇用される「場所」を，まずは所与としたうえで，われわれは，分配分の大きさを決定する主な事情を研究することになる。この研究を始めるにあたり，所与の需給条件のもとで国民分配分は「自然」に**最大**になる傾向があるという，アダム・スミスの非常に楽観的な理論を便宜的に用いよう。彼が主張したように——それは政府の無能力のためだけではない——「特別な奨励策によって，ある特定種類の産業に自然に投じられるはずの量以上にその社会の資本を引き寄せようとしたり，あるいは特別な制限によって，ある特定種類の産業から，そこで自然に用いられるはずの資本の一部を無理に引き抜こうとするような政策はすべて，……真の富強に向かうその社会の進歩を加速するどころか，かえって遅らせるのであり，社会の土地と労働の年々の生産物の真の価値を増加させるどころか，かえって減少させるのである」[43]。この見方の理論的根拠は，次のような2つの命題の形で述べることができよう。第1は，資源の限界純生産物があらゆる用途で均等化するとき，分配分は必然的にその実現可能な最大量になるというものであり，第2は，利己心は，もし妨げられなければ，これらの限界純生産物を均等化する傾向をもつというものである。第2の命題は次章で主に扱うので，本章では第1の命題を考察しよう。

2　第1の命題には2つの重要な留保が必要である。このうち軽い方の留保は，たとえもし存在する資源量が厳密に一定であり，その報酬率によって何ら影響を

---

[43] A. スミス『諸国民の富』（Smith, *Wealth of Nations*, 1776）第IV編第9章，後から3つめの段落。

受ける傾向がないと仮定しても，必要である。そう仮定すれば，あらゆる用途の資源の限界純生産物が均等になら**ない限り**，分配分はその実現可能な最大値に到達しないということを示すのは，なるほど容易である。なぜならもしそれらが均等でなければ，ある用途に向けられている資源の最終単位を別の用途に移すことによって，分配分は常に増加するだろうからである。しかし，もし限界純生産物があらゆる用途で均等であれば，分配分は疑う余地のない最大値に到達する**に違いない**，ということにはならない。なぜなら，いずれかの用途で収穫逓増が生じていれば，限界生産物均等の条件を満たす配分は複数存在するだろうからである。そのような配分はすべて，分配分のいわば**相対的最大値**を意味するが，これらの最大値の中の1つだけが，疑う余地のない，すなわち絶対的な，最大値である。また必ずしも相対的最大値のすべての点が，相対的最大値でないすべての点より，大きな分配分を表すとも限らない。それどころか，それ自体として限界生産物均等の条件を満たさないが，その絶対的最大値に近い配分は，この条件を満たしながらも，小さな相対的最大値をもたらす配分のほとんどより，おそらく大きな分配分を意味するだろう。それゆえ，各用途の資源の限界純生産物を不均等にする原因を除去することが，必ずしも常に分配分を増加させるとは限らない。われわれに言えるのは，先ほどの第1の命題が，おおむね成り立つだろうということだけである。

3 使用できる資源量が厳密に一定であるという仮定を外すと，第1の命題には，より重大な留保が必要になる。なぜなら各地点の投資の限界純生産物の乖離は，限界純生産物がどこでも同一であるときより，投資に利用できる資源総量を増加させる場合があるからである。例えば，資本需要は農業地域では極度に弾力的であるが，工業地域では極度に非弾力的であるとし，また資本供給の弾力性はその2地域で同じであるが，それらの間には交通がないので，その利子率，すなわち資本の限界純生産物（そのように仮定してよかろう）は，農業地域より工業地域の方がずっと高いとしよう。この場合，銀行の発達がもたらすだろうような，その2地域の限界純生産物の乖離の縮小の後には，工業地域の資本需要量はほとんど変わらないが，農業地域の資本需要量は費用の増加のために大幅に減少するだろう。したがって結局，その2地域全体では，以前より資本総量が減少するだろう。その問題の一般分析が示すように，2地点の限界純生産物のランダムな乖離

が，その2地点を合わせた生産資源の総量を増加**させるだろう**とか，増加**させないだろう**とか，考える理由はない[44]）。しかし本節の仮定のもとでは，その乖離は確実に，新たに現れる一部の資源単位の生産力をその必要水準以下にしてしまうので，資源量が増加するケースでさえ，分配分は減少するだろう。それゆえ大半のケースでは，限界純生産物の乖離は分配分を減少させ，そして乖離の縮小は分配分を増加させるということは，依然としてやはり正しい。しかしこのように言えるケースの比率は，利用できる資源量が固定される人為的に単純化された条件下に比べれば，現実世界では小さい。

4 本章の議論が示すように，今まで論じてきた命題は，次のように言い換えら

44）要素移動を妨げる障害がある要素の雇用総量を増加させるための必要条件は，クルノーによって考察されたが，それは次のような別の形でも示せるだろう。

2つの市場の間に交通がない場合のそれらの需要を $\phi_1(p_1)$ および $\phi_2(p_2)$ とし，それらの供給を $f_1(p_1)$ および $f_2(p_2)$ とすれば，需給の均衡条件式は以下のようになる。

$$\phi_1(p_1) = f_1(p_1) \quad \cdots\cdots\cdots\cdots\cdots\cdots\cdots\cdots\cdots\cdots \text{(I)}$$
$$\phi_2(p_2) = f_2(p_2) \quad \cdots\cdots\cdots\cdots\cdots\cdots\cdots\cdots\cdots\cdots \text{(II)}$$

交通が始まれば，均衡条件式は次のようになる。

$$\phi_1(p_3) + \phi_2(p_3) = f_1(p_3) + f_2(p_3) \quad \cdots\cdots\cdots\cdots\cdots\cdots \text{(III)}$$

(I)(II)(III) の解を，それぞれ a, b, $a+k$ とする。ただし k は，$a+k+h=b$ を満たす。

すべての関数が線形であるならば，2回目以降の微分はすべてゼロになる。そのとき，次の式は容易に証明される。

$$h = \frac{(b-a)\cdot(\phi_1'-f_1')}{\phi_1'+\phi_2'-f_1'-f_2'}$$

ゆえに $a+k = \dfrac{a(\phi_1'-f_1')+b(\phi_2'-f_2')}{\phi_1'+\phi_2'-f_1'-f_2'}$ であり，これは a から b までの間の値である。交通が始まればその問題の要素の量が増えることも，同じく容易に証明される。

$$= \{f_1(a+k)+f_2(a+k)\} - \{f_1\cdot a + f_2(a+k+h)\}$$
$$= k\cdot f_1' - h\cdot f_2'$$
$$= \frac{b-a}{\phi_1'+\phi_2'-f_1'-f_2'}\{f_1'\cdot\phi_2'-f_2'\cdot\phi_1'\}$$

これは正か負のどちらかだろう。それが負になるには，$\{f_1'\cdot\phi_2'-f_2'\cdot\phi_1'\}>0$，すなわち $\dfrac{f_1'}{\phi_1'} > \dfrac{f_2'}{\phi_2'}$ でなければならない。

その2市場のそれぞれの供給と需要の弾力性を e_1, η_1, e_2, η_2 で表すならば，この条件は $\dfrac{e_1}{\eta_1} > \dfrac{e_2}{\eta_2}$，すなわち交通が始まる前に価格が低かった方の市場での，需要弾力性に対する供給弾力性の比が，他方の市場の比より大きいということである。この条件が満たされるだろうとか，満たされないだろうとか，考える理由は明らかに何もない。またすべての関数が線形であるという仮定を棄てても，この無知は少しも改善しないだろう。

れるべきである。「すべての用途の資源の限界純生産物が均等であるとき，それらを不均等にしようとする政府などの干渉行動は，国民分配分を増加させることもあるが，大部分の実行可能な干渉行動は，このような傾向をもちながらも，かえって国民分配分を減少させるだろう」。換言すれば，すべての用途の限界純生産物の均等を乱すことは，分配分の増加をめざして特に調整されない限り，**おそらく実際には**，分配分をその自然水準以下に減少させるだろう。したがって通常は，すべての用途の限界純生産物がより均等化するほど，分配分は増大する傾向がある。

第4章　不完全な移動性による，限界純生産物の均等化に対する障害

1　前章で2つの命題に区別したアダム・スミスの古典的テーゼの，第2の命題は，利己心は，もし妨げられなければ，すべての用途の資源の限界純生産物を均等化する傾向をもつというものだった。後の諸章では，この命題の妥当範囲を慎重に検討する必要が生じるだろう。しかし本章から第6章までは，その傾向の存在を仮定したうえで，その実現の度合を決定する幾つかの重要な事情に注目する。これらの事情は，大まかに「移動に対する障害」という名称下にまとめられるかもしれない。なぜなら一般に承認されているように，障害物の存在によって，水が水平になる傾向が妨げられるのと同様に，限界純生産物がすべての用途で均等になる傾向も妨げられるだろうからである。この問題は，およそ次のようなものになる。特定の仕事に多少とも特化した多くの人々と多くの機械が，任意の時点に存在する。すなわちその人々は特定の訓練を受けており，その機械も特定の様式で作られている。そのように仮定された世界に，新たな人々，新たな不確実性負担，新たな待忍が絶えず流れ込んでくる。旧来のストックと新規のフローを含む，さまざまな要素単位は，利己心に促され，限界生産力の低い地点から限界生産力の高い地点に向かうが，その移動はさまざまな形で妨げられるため，すべての地点の限界生産力の完全な均等が実現することはけっしてない。この一般的学説をより詳しく考察しよう。

2 通俗的経済学者は，「移動」という概念で，啓発された利己心の示す方向に資源が移動する傾向を表し，また「移動に対する障害」という概念で，それぞれ独立の要素として，判断の誤りや，移動を妨げる諸々の費用などを，一括するのが通例である。むろんこの費用には，移動期間中に遊休を強いられることによる損失も含まれる。ある一定程度の判断の誤りは，どんな場合も，各地点の資源の限界純生産物に一定量の不均等をもたらすと考えられており，またある一定額の移動費も，同様にして，さらに一定量の不均等を追加すると考えられている。しかし，この考えが間違いであることは容易にわかる。ある一定程度の判断の誤りがもたらす結果は，移動費の大きさによって異なってくる。例えば移動費が無限大であれば，判断が完全に誤りであろうが，完全に正しかろうが，結果は同じだろう。またある一定程度の移動費がもたらす結果も，そこに流布している判断の正誤によって異なってくる。例えば，A 地点の資源の限界純生産物が B 地点より大きいことは，事実であるとしよう。もしこの点に関する人々の判断がその事実に合致していれば，AB 間の移動費の低下は，移動の増加と，AB 間の限界純生産物の不均等の縮小をもたらす。しかし人々の判断がその事実に反するならば，移動費の低下は，移動の減少と，AB 間の限界純生産物の不均等の拡大をもたらす。それゆえ明らかに，誤った判断と移動の関係，また移動費と移動の関係についてのわれわれの議論は，先ほどの通俗的議論に従うべきではない。以下の諸節では，より正確な分析を試みよう。

3 任意の 2 地点 AB の間に資源の移動がなければ，両地点の資源の限界純生産物が異なるという事態は，明らかによく起こるだろう。「定常状態」においてさえ，待忍，不確実性負担，労働のいずれについても，それらの資源はさまざまな地点に生じてくるし，その生じる地点が一般に最大の生産力をもつ地点であると考える理由もない。現実世界には大規模かつ頻繁な経済変動があるので，なおさらそうである。なぜなら，需要が変動する各用途で限界純生産物の均等を保つには，これらの用途に投資される資源量もそれに応じて変動しなければならないからである。このことは十分に理解されるだろうから，A に投じられる資源の限界純生産物を x，B のそれを $(x+h)$ としよう。われわれの問題は，判断の誤りと移動費がどのように h の値を変化させるかを，できるだけ正確に確定することである。

4 この問題を解くために，Bの限界純生産物をAのそれと比べるさいに，人々は常に判断を誤って，Bの限界純生産物をその実際の値より k だけ過大評価すると仮定しよう。すなわち実際の限界生産物がAでは x であり，Bでは $(x+h)$ であるのに，人々はBの限界生産物を $(x+h+k)$ だと見誤るわけである。またAB間の移動費は，ある年額——その資本還元価値は，移動した要素単位が，その新たな場所に留まる全期間を通じて得られると期待する利益である——に等しくなると仮定しよう。この年額を計算するさいに，5つの問題がある。第1に注意する必要があるのは，移動費は，移動性をもつすべての要素で必ずしも同一ではないことである。例えば家族をもつ年配労働者は，若い独身労働者よりも地域にしっかり根を下ろしている。だがこの事実は，実は大した問題ではない。なぜならわれわれが関心をもつ移動は，移動費の小さい要素単位の移動——流体の全体ではなく流体の縁の部分——だからである。しかし第2に，移動費の小さい単位の移動費自体が，移動している単位数によって変化するため，完全な正確さを求めるならば，これらの移動費を定数としてでなく，移動した単位数の関数として扱う必要があろう。けれども，およその値を得るという目的にとっては，大まかに**不連続**に集団を区分し，それぞれの小集団に異なる一定の移動費を設定できれば，一般に十分である。だからAとBの表すものが，異なる場所であれ，異なる職業であれ，また移動の意味するものが，場所の移動であれ，転職であれ，われわれは移動費の概念を，扶養家族をもたない若い労働者の場合の移動費として理解できる。およその値を得るという目的にとっては，この大まかな方法で一般に十分である。なるほど，ある業種ないし場所が衰退し，若者が徐々に流出するにつれて，その人口の年齢分布が変わるため，それに関連する移動費も徐々に上昇することには注意すべきである[45)]。しかし明らかに，この問題は原理の問題ではなく，むしろ細部の問題である。第3に，われわれの議論に関連するAB間の移動費は必ずしも実際の費用ではなく，むしろそれより小さな，いわば「仮想」費用（"virtual" costs）とでも呼ぶべき費用だろう。それは，AB間に存在する別々の各段階の移動費の総額からなる。問題となるのが物的交通費のみであれば，なるほどこの点は重要ではなかろう。なぜなら一般に長距離の旅は，短距離の旅よりマイル当りで見れば割安であるため，仮想の費用の方が実際の費用より大きくなるからである。しかし問題となる費用が特定の必須技術を修得するためのものである場合には，事情はまったく逆である。農業労働者の仕事と製造業

経営者の仕事では，この意味における交通費は限りなく大きいだろう。しかし農業労働者と小店主の間，小店主と大店主の間，大店主と部門長の間，部門長と総支配人の間，総支配人と製造業経営者の間，の交通費はどれも小さいだろう。これと同様の事情が当てはまるのは，その費用というのが，住み慣れた土地を去ってどこかに移住するときの主観的重荷のようなものに起因する場合である。おそらく，1,000マイルの移動に伴うこの費用は，5マイルずつの200回の移動に伴うそれを大きく上回るだろう。2つの国の境界地域の住人が一般に両国の言葉に通じている場合は，言葉の違いによる障害の影響も，同様にして実質的に小さくなる。その好例は，中世フランスに関する次の記述に見られる。「リヨンで労働者が必要になれば，リヨンはシャロン・シュル・ソーヌに労働者を求め，それは供給された。シャロンに生じた空席は，オセルから引き抜かれた人々によって満たされた。オセルは，労働供給が必要分に足りないことに気づくとサンスにその助けを求め，サンスは労働が必要になるとパリに頼った。労働登録官（rôleur）として知られる役人は，毎週，あらゆる地方の労働需要を登録して人の移動状況の把握に努め，すべての登録労働者がそれまでその雇用条件を満たしてきたことを彼が保証した。こうして各地方はすべて，どれほど遠方の労働需要によるにせよ，それに応じて一斉に労働者を移動させたのであり，それはさながら，一列に並んだ兵隊が皆で少しずつ前進するようなものであった」[46]。この種の事柄は，明らかに非常に重要である。第4に，移動費の資本還元価値が一定であっても，それと等しくなければならない年額は一定ではなく，移動した単位がその新たな場所に留まることによって利益を得るだろうと期待する期間が短いほど，大きく

---

45) この議論の統計的裏づけは，さまざまな業種や場所における労働者の年齢構成の研究から得られる。例えばブース氏が示すように，斜陽業種では老齢労働者の比率が正常水準を上回り，その斜陽化が進むにつれて，その比率はますます高まる（ブース『ロンドンの人々の生活と労働』第5巻「産業」，43頁と49頁）。同じくダンレイヴン卿も，「アイルランドは，イギリス帝国領内の国々のうち，最も老齢人口が多い」と述べている（『アイルランドの展望』(Dunraven, The Outlook in Ireland) 21頁）。しかし，それらのことからは産業の衰退や発展を無条件に**推論**できない，という点に注意しなければならない。なぜならその**通常**の年齢分布が，社会の平均と大幅に異なる産業もあるからである。配達人は，一般にいつか他の仕事に就きたいと思っている若者であり，はしけ船の乗員は，一般に退役水兵である。また一部の産業の老齢者の比率が非常に高いのは，そこで働く者が非常に健康であるか，あるいは非常に健康な者を引き寄せるからにすぎない。

46) フォーヴィル『輸送手段の発達とその経済的・社会的帰結』(De Foville, *La transformation des moyens de transport et ses conséquences économiques et sociales*, 1880) 396頁。

なる。例えば，需要の減少した地点を去ろうか否かと悩んでいる人の立場から見れば，この年額は，その不況がすぐに終わりそうな場合には，不況が長引きそうな場合より大きくなるだろう。またこのことは，他にもより広い範囲に当てはまる。なぜなら一般に，不況が突発的である場合，楽観的な人は当然それが束の間のことだろうと予想するが，不況が季節的である場合にはそのように予想しないので，移動費の資本還元価値に等しいその年額は，季節労働者の場合には，他の労働者の場合より小さくなるからである。最後に，AからBに移動する費用は必ずしもBからAに移動する費用に等しくない，ということに注意しなければならない。例えば「輸送は，丘や川を下る場合の方が，遡る場合より容易である……。言葉の壁も，イギリスからドイツに渡る場合の方が，その逆の場合より高くなる」[47]。これらのさまざまな事柄をふまえ，移動費を表す年額を，AからBに移る場合にはmで，BからAに移る場合にはnで示すことにしよう。

5 第3節の終わりで述べたわれわれの問題は，k, m, nの値が，hの値に及ぼす正確な影響力を確定することであった。明らかにその影響力はある境界内に限られ，hの値がその境界を越えることはない。その境界は次のようにして決まる。すなわち人々はAの限界純生産物をx，またBのそれを$(x+h+k)$と判断するので，$(h+k)>m$の場合にはAからBへの移動が起こり，$-(h+k)>n$の場合にはBからAへの移動が起こる。したがって，kの符号が何であれ，hの値は$(-k+m)$と$(-k-n)$の境界内になければならない。単純化のためにmとnが等しいとすれば，その場合，kの値にかかわらず，hの値は必ず$(-k+n)$と$(-k-n)$の間になければならない。この境界内では，hのあらゆる値はどれも等しい実現可能性をもつが，最も可能性が高いのは，その境界のどちらか一方の端の値である。なぜならこれらの値は，境界内の初期資源配分からだけでなく，境界外の，それゆえ境界内に移らざるをえない初期資源配分からも生じるからである。kがゼロであれば，その境界は$+n$と$-n$になり，nがゼロであれば，その境界は$-k$の1点になる。

6 この分析からわかる最も明瞭な第1の結果は，hが$-k$と等しいために移動費

---

47) マクレガー『産業の結合』(Macgregor, *Industrial Combination*, 1906) 24頁。

が無視できるほど小さいケースでは，AとBの資源の限界純生産物の差が，必ず人々の判断の誤りの程度に応じて直接に変化することである。この種のケースの最も重要な例は，労働者が自分自身やその子どものために，幾つかの競合しあう職業間でおこなう選択に関するものである。長期の観点に立つならば，注目する必要があるのは，すでに一人前になった労働者の転職ではなく，成長中の若い労働者がおこなう，あるいは彼らのために親がおこなう選択のみである。それゆえ移動費は存在せず，誤った判断は，それが存在する場合には単独で作用する。今日の産業世界では，そのような判断の誤りの2つの主要形態が顕著である。労働者は一方では，安全で，健康で，安定した業種よりも，危険で，不健康で，不安定な業種の利益を過大評価するようであり，他方では，当面の賃金は低いけれども訓練になる業種よりも，当面の賃金は高いけれどもほとんど訓練にならない業種の利益を過大評価する。このどちらの形態の過大評価も，概してある共通の原因から生じている。すなわち人々にとって，努めて意識しなければ見えない遠い将来のことより，目の前の明白なことの方が理解しやすいという事実である。ある場所で支払われる賃金率は，この意味で明白であるが，事故や失業の恐れ，また産業能力の向上による将来の利益の見込みは，調査したり注意力を慎重に働かさなければ，十分理解しにくいのである。しかも，危険・不健康・不安定な産業の利益について労働者が抱く過大評価は——訓練になる産業と訓練にならない産業という問題は，独立の問題として第III編で扱う——，ほとんど誰もが次のような一種の無意識的自信をもつという事情によって強められる。すなわち自分たちは個人として，自分と同様の境遇の「平均」人よりも幾らか優れているという感覚である。だから，**われわれ**は機械を安全柵で囲まなくても大丈夫であり，**われわれ**の体はそれほど弱くないので，仕事場に照明や換気や衛生が欠如していても大丈夫である。**われわれ**は不況期に仕事を失うような類の人間ではない。事実判断を曇らせるこの個人的楽観は，明らかに，正しい現実をしっかり知ることの困難がもたらす悪影響を，さらに強めることになる。これらの傾向が存在する場合には，誤った判断に基づく想像上の利益がその現実の利益を上回る差が，その業種の労働の限界純生産物が他の業種の労働の限界純生産物を下回る差より小さくなるまで，労働は，危険・不健康・不安定な業種へと駆り立てられる。そして，誤った判断が是正される場合には，限界純生産物の不均等もこれに応じて縮小する。これこそが労働者災害補償法（Workmen's Compensation Act）の，また国

が危険・不健康・不安定な業種の労働者に労働災害・職業病・失業のための保険加入を強制することの，経済的根拠である。どちらの工夫も，怪我・病気・失業という遠い将来の目につきにくい危険を，賃金の低下や賃金からの天引きという目につきやすい形で，とにかく示すことになる[48]。それらは k ［判断の誤り］をゼロに引き下げることによって，同じく h をゼロに引き下げ，こうして危険・不健康・不安定な業種の労働の限界純生産物を，労働一般の限界純生産物を近づける[49]。もっと保険に支出するように人々を**促す**ための国の補助金制度も，有効性の度合は劣るが，同様の目的を推進するのに役立つ[50]。

---

48) 補償金や保険金を支払うための必要基金を，雇用主が支払う賃金に比例して雇用主から徴収するか，あるいは一部を労働者が拠出し，残りを雇用主が拠出するかは，長期の観点から見れば，あまり重要な問題ではない。それは，地方税を地主から徴収するか，あるいは借地人から徴収するかが，あまり重要な問題ではないのと同じである。雇用主の労働需要は，雇用主に課される負担比率によって変化するので，雇用主が補償基金を拠出する場合には，労働者がそれを拠出する場合より，賃金はその基金拠出額だけ減少してしまう。オーストリアの法律は，その必要基金の1割を労働者から，9割を雇用主から徴収するように定めており，イギリスの労働者補償法（1897年）やドイツの労働災害保険法は，その基金をすべて雇用主から徴収するように定めている。しかし，雇用主が機械の設置方法を改善して事故の危険を減らすことによって利益を得られるような仕組みの制度になっているか否かは，むろん重要な問題である。ドイツでは，それぞれの相互保険組合は「拠出する各事業所の危険等級を自分たちで判定し，危険度に応じて割増金を課すことが認められている。またそれらの組合は，規則や規約を遵守させる権限も与えられている」（フランケルと M. M. ドーソン『ヨーロッパの労働者保険』(Frankel and Dawson, *Working Men's Insurance in Europe*, 1910) 96 頁）。その規則を破る雇用主は，高い危険等級に入れられるだろう（115 頁）。オーストリアでは，「自分の事業所内の事故件数を減らし，年々の拠出金がより低い危険係数に基づいて算定されるように努めることが，雇用主の利益になる。これこそがオーストリアにおける事故防止運動の主要因であるが，同国の保険団体は，ドイツの職業組合のように防止規約を作ることは認められていない」（120 頁）。失業防止の取り組みを奨励するための同様の工夫が，イギリスの国民保険法に見られる。同法は，雇用主が労働者を長期雇用する場合や，「時間短縮」労働によって不況に対処する場合には，事実上，雇用主に低い保険料率を課している。
49) 保険に関するさらに詳しい議論は，第IV編第2章でおこなう。ここで付言すべきことは，そのような不確実性は害悪を伴うので，保険や補償の制度を整備すれば，危険・不健康・不安定な業種の方が，そうでない業種よりも大きな利益を受けるという点である。その影響は，ある産業分野でしか利用できない機械の発明がもたらす影響に似ている。それは一般条件を変化させ，それゆえ国民分配分を最大化する産業間の労働者配分も，その発明がない場合の配分から変化する。こうした結果は明らかに，本文で論じた，既存の一般条件のもとで可能な最も有益な配分に現実の配分が近づくという結果とは，**別の問題**である。われわれは実際には，いわばその標的の位置と，弾丸がその標的から外れる平均偏差の両方を変化させる原因を扱わなければならないが，本文で注目したのは，後者のもたらす結果のみである。

7 第2の明瞭な結果は，人々の判断が常に正しいようなケースに関する分析から得られる。このケースでは，第5節の記号を用いるならば，h の可能値のいわば中枢が $+n$ から $-n$ までの範囲で存在する。もし移動費が n から $(n-p)$ に低下すれば，その中枢は縮小し，以後は $+(n-p)$ から $-(n-p)$ までの範囲になる。ただしこの中枢の縮小は，**確実に** h の値を低下させるわけではない。なぜならその変化前にたまたま h の値が，$+n$ から $+(n-p)$ までの間か，あるいは $-n$ から $-(n-p)$ までの間でない限り，明らかにそれは h の値を低下させないからである。しかしその変化前の h の値は，明らかにこの条件を満たす**場合もある**ので，その中枢の縮小は h の値を低下させる可能性があると言えるのに対し，それが h の値を上昇させると考える理由はない。しかも n に比べて p の値が大きいほど，h が低下する可能性は高まる。それゆえ移動費の低下は，限界純生産物が均等化する可能性を高め，しかも移動費の低下が大きいほど，その可能性はますます高まる。現実世界では，判断の誤りが完全になくなることはありえないので，このケースの実例を挙げることはできない。

8 第6～7節の考察結果は，われわれに一層複雑な問題を提起する。すなわち誤った判断と移動費が同時に存在する場合には，どうなるだろうか。この問題を解く最も容易な方法は，図を用いることである。線分 XY 上に任意の点 O をとり，O から右方向への距離で，B 地点の限界純生産物に対する A 地点の限界純生産物の超過分を表し，また O から左方向への距離で，その反対の超過分を表すとしよう。そして OM は $-k$ の値，MQ は $+n$ の値，そして MP は $-n$ の値を表すとしよう。このとき明らかに，h の値，すなわち A の限界純生産物に対する B の限界純生産物の実際の超過分は不確定になり，それは，O から，QP 間のある点までの距離で表されるだろう。この図を検討すれば，判断の誤り $[k]$ の減少が，AB 間の限界純生産物の乖離を**拡大**する場合もあることがわかる。なぜなら，Q が O の右側にある場合には，k の値の減少は，他の事情が等しい限り，Q をさらに右に動かすことになるからである。しかし資源が B から A に流れてい

```
        P       M       Q
    ────┼───────┼───────┼───────────────┼────
    X                                   O       Y
```

---

50) 第 IV 編第 2 章第 8 節参照。

る状況では，h は OQ に等しく，OQ が大きくなれば h も大きくなる。また図を検討すれば，移動費の低下が，限界純生産物間の乖離を拡大する場合もあることがわかる。なぜなら，Q が O の左側にある場合，n の値の低下は，他の条件が等しい限り，Q をさらに左に動かすことになるので，資源が B から A に流れている状況では，やはり h の値が大きくならなければならないからである。

9 これらの可能性は学問的関心にすぎないように思われるかもしれないが，けっしてそうではない。それどころか，後者の可能性は，とにかく重要な実際的意味をもつようになってきている。すなわち甚だしい無知が広まっている場所では，単なる移動費の低下——ここでは「低下」という言葉に，第三者が費用の一部を引き受けて移動者本人の費用を低下させることも含める——は，社会的利益より，かえって社会的損害をもたらしかねないという見方が，ますます有力になっている。例えばわが国でも，旅費手当（travelling benefit）が単なるあてのない放浪ではなく，就職先に向かう人の真の援助になるようにするという観点から，近年，その支給方法が改められた。「旅費手当は元来，仕事を探して移動する者を想定していたが，今ではそれは主に，その仕事が実際に見つかった場所に人々が赴けるようにするために利用されている」。同様にしてヨーロッパ大陸の国々でも，移動に対する国の補助金は，移動全般ではなく，むしろ明確な就職のための移動を助成するという形で，ますます整備が進んでいる。ドイツの救済事務所（relief stations）は通常，支援対象である労働者の移動経路を管理し，そのために乗車券や無料通行券などの手の込んだ制度を活用している。しかも「簡易休息所（Herberge）も食事付休息所（Verpflegungsstationen）も，失業者に仕事を見つけてやろう，仕事の情報を手に入れてやろうと，熱心に努めている」[51]。この目的のためにこれらの休息所は，移動者に情報を提供する労働案内所（Labour Bureau）とますます緊密に連携して活動するようになってきた。また労働案内所が割引鉄道乗車券を提供するのも，求職者一般に対してでなく，はっきりとした就職先を見つけた者に対してである[52]。ヴュルテンベルクでは「国営鉄道は，労働案内所が労働者に移動の指示を出している場合には，仕事を探しているすべての労働者に三等車の料金を半額にしている（三等車はマイル当り約0.5セントにな

---

51)『合衆国労働公報』（*United States Bulletin of Labour*）第76号，757頁。
52)『王立救貧法委員会報告』401頁。

る)。シュトゥットガルトは 1904 年に，そのような移動指示証を 1,960 通発行した。その成果は大いに満足なものだった」[53]。同様の傾向は，資本の移動に関する近代的な考え方にも見られる。例えば，権威ある多くの著作家たちの主張によれば，インドの大部分の小作農は「経済上の道徳」をあまりにも欠いているため，彼らに無制限の貸付を安易におこなえば，きっと弊害が生じるだろう。セオドア・モリソン卿によれば，「インドの農民が資金を欲しがっているのは，ひとえに自分の土地を改良したり開発したりするためである，などと考えるのは愚かであり，お人好しにもほどがある」[54]。また 1907 年に出されたビルマの協同信用組合法（Co-operative Credit Societies Act）の影響に関する報告書でも，次のように主張されている。「ビルマでは，大半の借入は借金癖や，将来展望の欠如のためであり，必要のためではない。耕作資金として本当に必要な資本（奢侈を除く）は，一般に考えられているよりずっとわずかである。協同組合などを通じての単なる低利融資は，人々の現状の感覚では，所得の倹約よりもむしろ浪費を促しやすい。そして最後に，ビルマでは，浪費防止と倹約教育がその組合員の心に有効に刻み込まれるような形で協同組合を運営するためには，非常に特殊な配慮が必要だろう」[55]。この種の場合には，わざと借入を難しくする政府の堅実な政策の必要さえも主張できよう。実際，パンジャブ地方では，農民が土地を借入の抵当に入れるのを不可能にする法律によって，これがなされている——ただし浪費防止がその制定の動機ではない——[56]。この種の法律が有害な借入の抑制にほとんどつながらずに，借入にさらに煩わしい条件を追加するだけに終わるという危険も確かにある。フランスでは，農民に対する貸付の回収に障害を設けたところ，このような結果を招いたようである[57]。その危険は，ドイツやオーストリアやイギリスに見られるような高利禁止の規定によって，一部は対処できるだろう。しかしその最も適切な防止策は，世論もこれに傾いているようだが，すでに労働に

---

53) 『合衆国労働公報』第 76 号，770 頁。
54) モリソン『インドのある州の産業組織』(Morison, *The Industrial Organization of an Indian Province*, 1906) 110 頁。
55) 『報告』15 頁。
56) モリソン『インドのある州の産業組織』116 頁。同法が土地を譲渡不可能にしたことからも，同法の背後にあった真の動機は容易に察せられる。
57) F. A. ニコルソン『土地農業銀行に関する報告』(Nicholson, *Report on Land and Agricultural Banks*, 1895) 46 頁参照。

関して述べた政策，すなわちすべての移動の助成ではなく，公認された移動のみの助成を，資本に関しても採用することである。この種の助成は，人民銀行（People's Bank）が仲介し，その監督下でなされる特定事業に低利で貸し付けるならば，容易におこなうことができる。これらの銀行が協同組合的性質のものであれば，その顧客の事業を監督するにはうってつけである。なぜならそのような貸手は，借手の近隣住民であるため，借手の行動を容易に知ることができるからである。貸付のなされる特定事業において，借手の個人的能力の向上やその物的用具の改良が生じないと考える理由は，事柄の性質上，存在しない。しかし明らかに，この種の助成制度の運営は難しいだろう。

10 第8〜9節で立証し，また例証した結論は，一見すると，情報の改善と交通手段の低廉化が限界純生産物を均等化するという従来の定説を，覆すように見える。すなわちすでに明らかにしたように，これらは限界純生産物の不均等を実際に拡大する場合があり，その場合には前章で論証したように，これらは国民分配分を増加させるどころか，減少させる傾向がある。そのような結論は，職業紹介制度（Labour Exchanges）の発展，情報の普及，移動費の引き下げなどのために費やす努力が，徒労であり，良い結果と同じくらい悪い結果ももたらしやすいことを示唆する。しかしこの悲観論には根拠がない。われわれが証明したのは，誤った判断の減少や移動費の減少が，限界純生産物をより不均等にする**場合がある**ということにすぎない。これらの減少のもたらす帰結を，一般的観点から考察するさいに重要になるのは，**可能的**（possible）結果ではなく，**蓋然的**（probable）結果である。多くの事柄は，ある特定の場合には有害であると判明するだろうが，それでも一般には有益だろう。誤った判断の減少や移動費の減少についても，同じことが言える。そこで再び，第8節で用いた図［本訳書142頁］を用いて，今度は k と n の値が低下する場合を考察しよう。第1に，k の値の低下は，点 M の O 方向への移動で表される。そのとき明らかに，とにかく k の値が低下すれば，h の値をある一定の値に保つことは不可能になるが，その代わり，それまで不可能だったある一定の小さな値（正負どちらでもよい）が可能になる。これは，大部分のケースにおいて k の値の低下は h の値を低下させるだろうということを，はっきり示している。換言すれば，誤った判断の減少は，一般に，AB 間の資源の限界純生産物を均等化する傾向がある。第2に，n の値の低下は，P と Q

の2点の，M方向への移動で表される。kとnの値が，PとQの位置をOの反対側に移動させるようなものである場合には，明らかにこの移動は，それまで可能だったhの最大値を不可能にするだけであり，他には影響をもたらさない。しかしPとQがOと同じ側に位置する場合には，その移動によって，それまで可能だったhの最大値は不可能になり，またその最小値も同じく不可能になる。hの最大値と最小値をどちらも不可能にするこの変化が，hの値を上昇させる蓋然性とそれを低下させる蓋然性は同じだろう。それゆえ，もしP点とQ点が常にOと同じ側に位置する場合には，nの値の低下がhの値をどちらの向きに変化させやすいかは，わからない。しかし実際には，PとQがOの反対側に位置することはよくあるに違いない。他のケースと共にこのケースも考慮すれば，大多数のケースではnの値の低下はhの値を低下させやすいと推論できる。すなわち移動費の低下は，一般に，AB間の資源の限界純生産物を均等化するだろう。しかし移動費の低下がこの均等化をもたらす**蓋然性**は，誤った判断の減少がこれをもたらす蓋然性より幾らか小さい。それゆえ，同程度のkの低下かnの低下かを選択しなければならない場合には，kを低下させる方が良いと言えよう。

11 われわれの手の込んだ分析では以上のような結論になるが，一般的推論とはやや異なる推論によっても，結局は同じ実際的結論になる。この結論とは，産業分野の部門間の相対的有利さに関する判断を改善するか，あるいは産業分野の部門間の移動費を低下させるものは何であれ，通俗的意味における移動性の向上と限界純生産物の均等化を，それゆえ間接に国民分配分の増加をもたらすだろうということである。したがって，通俗的学説を何ら否定する必要はない。同種の労働者を雇用する諸々の企業が近くに一緒に建てられると，距離が縮まり，企業間を移動する費用も低下するので，分配分は増加する傾向がある。その利益が特に大きいのは，それらの企業が，レンガ積みとガス供給のような異なる労働用役の，需要の変動を多少とも補いあう場合である[58]。また通勤の便が良くなり，労働者が転職しても転居せずに済むようになれば，分配分は増加する傾向がある[59]。なぜならこれが可能になれば，場所の移動費から，次のような諸々の費用が除去されるからである。すなわち地元への愛着という犠牲，自分たちを知る商店主たちの愛顧を失う犠牲，地元で賃金を稼ぐ仕事を諦めざるをえなくなる彼の家族の賃金喪失である。また類似業種の組合間の提携協定によって，業種間の移

動が低廉化すれば，分配分は増加する傾向がある．なぜならそのような協定がない場合，労働者が元の業種の労働組合を脱退すれば，「彼は，失業手当などの手当を直ちに失うことによって不利になり，しかも当面の間，転職先の業種の労働組合から手当を受給する資格もない」からである[60]．そうかといって，もし彼がその元の労働組合を脱退しなければ，「縄張り（demarcation）」をめぐる組合間の嫉妬のために，その範囲外の仕事ができない．例えば，レンガ積み職人は自分たちの組合によって，石工の仕事をするのを禁じられており，図案職人も指物師の仕事をするのを禁じられている．だが，ある業種に適した人や機械を大きな変更や訓練もなくそのまま他の業種でも実際に使えるようにする，業種間の工程の共通化によって，業種間の移動が低廉化すれば，いつでも分配分は増加する傾向がある．共通化の例は織物業に見られる．例えばクラパム氏によれば，「軽い婦人ドレスはほぼすべて，綿の縦糸と梳毛の横糸で作られる．それらはしばしば性質上，綿製品に似ているので，軽い婦人ドレスの大部分を作っている極細幅の織機は，純綿の布や裏地などを織ることにもすぐに転用でき，羊毛が高価なときや，何か他の理由で綿が流行するときには，いつでもそのように用いられてきた」[61]．

---

58) この種の利益が明らかに最大になるのは，互いに補いあう諸々の需要の変動のもとで，同種の労働を雇用する諸々の企業が，近くに一緒に建てられ，実際に一体化している場合である．したがって，最近の商務省報告書が次のように述べていることは興味深い．「有能で思いやりのある者（雇用主）は，組織の改善によって，自然的な季節変動を乗り越えようと努力する．すなわち彼らは，ジャムやマーマレードの製造と，砂糖菓子や瓶詰食品の製造を結合する．彼らはこうして，その大多数の労働者の休閑期を埋める．年間6ヵ月だけの仕事に200人以上の少女・成人女性を雇用しているある造花業者は，帽子の羽飾りを作るという別の仕事を始めたので，今ではその従業員は1年を通じて雇用されている．ルートンでも，その主要産業は麦わら帽子作りであり，年間の6ヵ月はいつも仕事がなかった．しかしフェルト帽子作りを始めたので，今ではその2つの仕事が同一の労働者を雇用する同一の企業によって1年の別々の時期になされるのを，ごく普通に見る」（『労働階級の生活費』(Cost of Living of the Working Classes, 1908, Cd. 3864) 284頁．『王立救貧法委員会報告』338頁に引用あり）．この種の補完は，通常の営利動機に基づく計画的行動によっても，多少はもたらされる傾向がある．1年を通じて1つの工場を操業する方が，2つの工場を建てて季節によって使い分けるよりも，明らかに安くつく．それゆえ，実行可能なところではどこでも，雇用者は自分の工場において――もし季節商品を生産しているならば――異なる季節商品の生産を組み合わせ，工場を1年中操業できるようにする傾向がある．これを計画するさいには，季節変動を埋めるだけでなく，同一の機械や人員を使用できるような商品を選ぶことが得策だろう．一方，このような営利的動機のほかに，その工場の労働者の生活条件をより高めるという利他的動機も挙げなければならない．

59) マエム『労働者の安定雇用』(Mahaim, Les Abonnements d'ouvriers, 1910) 170頁参照．

60) 『王立救貧法委員会報告』398頁．

労働者の場合，分業が進むにつれ，この種の共通化がますます顕著に生じる傾向がある。なぜなら分業が意味するのは，それまで1つの全体としておこなわれてきた複雑な作業をその基本要素に分割し，そして比較的少数の基本要素をさまざまな仕方で結合すればほぼその全体が再構成される，ということだからである。したがって，一定の商品の生産に携わる労働者の移動性の範囲は，「労働者どうしで交代する能力の点では狭い」が，「他業種でそれに対応する工程をおこなう労働者と交代する能力の点では一般に広い」のである[62]。M. ドゥ・ルシエール氏が適切に述べたように，「機械の利用がますます絶えず発展するにつれ，機械工の仕事は店員の仕事に似通ってくる。店員はある商売から別の商売に，例えば服地商から食料品商に，小間物商から家具商に容易に移動できるので，現在では有能な人々がおこなう小売店経営は，もはや個々の単一部門に限定されず，大きな総合商店の形をとっている。製造業はまだそれほど広い範囲を手がけることはできないが，店員がある持場から別の持場に容易に移動するのと同じく，労働者もある機械の操作から別の機械の操作に，織布から靴作りに，製紙から紡績に，という具合に容易に移動する」[63]。労働組合のもつ労働案内所としての側面の発展，職業紹介所の情報網の発展，失業者に自分の用役がどこで必要とされるかを知らせるのに役立つ他の組織の発展によって，分配分は増加する傾向がある。最後に，資本の移動性を高める強力な手段のどんな発展も，分配分を増加させる傾向がある。すなわち資本を投資しようと望む者に直ちに情報を提供し，投資先に選ばれた地点にその資本を移動させる過程を彼らのために低廉化するところの，銀行・手形仲買・株式仲買・企業発起・信用保証などの制度である。

12 最後に注意点を述べておく必要がある。私は，移動のための組織の改善は，全体として各用途の資源の限界純生産物をより均等化し，それゆえ前章の議論に従って，国民分配分を増加させるだろうと論じた。ここで注意しなければならないのは，この議論が，**どんな**種類の知識や移動の低廉化でもこうした結果をもたらすだろう，という推論を正当化するわけではないことである。ある意味では知

---

61) クラパム『羊毛・梳毛織業』(Clapham, *The Woollen and Worsted Industries*, 1907) 144 頁。
62) ルウェリン・スミス『労働の移動性』(Llewellyn Smith, *The Mobility of Labour*, 1891) 19 頁。
63) ルシエール『イギリスの労働問題』(Rousiers, *La Question ouvrière en Angleterre*, 1895) 334 頁。

識や移動は，その費用の一部がそれらから利益を得る本人以外の誰かによって負担されても，低廉化すると言える。その恩恵を受ける個人にとってのこの種の低廉化は，それに対応した総費用の減少を伴わず，明らかに分配分を増加させない。むしろそれによって，通常より多くの資源が，知識を得たり移動をおこなったりする仕事に向かうようになる。したがって，それによって**おそらく**，その仕事に用いられる資源の限界純生産物は他の用途の限界純生産物より小さくなり，それゆえ**おそらく**，分配分は低廉化が起こらなかった場合より小さくなる。ベルギーの鉄道に導入された通勤乗車券の人為的割引制度の結果，このような浪費が実際に幾らか生じている，と考えるべき理由が多々ある。マエム博士の興味深い著書の次のような章句は，このことを強く示唆している。「リエージュ近郊に田舎屋敷を建てることになったが，同地は労働にはまったく不足しない場所だった。その契約は，ニヴェルのある建設業者が請け負った。彼がもっぱら雇ったのはブラバントの労働者であり，彼らは毎日，あるいは毎週月曜にやって来た。必要な一般労働をリエージュの労働者がおこなうことは皆無だった」[64]。同様のことを示唆する他の章句もあり，それによれば，政府が通勤乗車券に支給する補助金——なぜなら実際，それは補助金だからである——によって，ある地域の雇用主は，別の地域でおこなうべき仕事がある場合，適当な労働者を現地で調達できるという事実にもかかわらず，労働者をそこへ連れてゆくように促される。これは，金の重複輸送によく似た浪費——現行の決済制度によってその支払義務を負う個人にとっては必要であるが，社会全体にとっては必ず浪費的なものになる移動過程——をもたらす。しかし，移動性を向上させる産業［鉄道など］への補助金支給に反対する，こうして示された議論は，任意の産業への補助金支給に反対する一般的議論の1つの特殊ケースにすぎない。他のすべての例と同じく，先ほどの例でも，もし補助金がなければその産業の投資が不足し，そこに投じられる資源の限界純生産物が産業一般の水準にまで減少しないだろう，と考えるべき理由があるならば，その議論は覆されよう。一国の各地域の間の労働者の移動性を向上させる産業では，投資が不足していると考えるべき強い理由があるように思われる。

---

64) マエム『労働者の安定雇用』157頁。同じく111頁も参照のこと。

第4章の覚書　移動性と失業

　第4章の議論は，一般に，移動に対する障害を除去すれば，国民分配分が増加すると共に，労働者の絶対的取分も増加することを示している。しかし次のことに注意すべきである。そのような除去は，この除去自体が厚生に与える良い影響を一部相殺する付随的影響を伴うかもしれない。なぜならそれは，労働者たちの非自発的遊休（involuntary idleness）の量を増加させ，それゆえ個人間にせよ，時点間にせよ，あるいはその両方にせよ，労働階級内部の分配を不平等化するかもしれないからである。それがこうした悪影響をもたらしかねない理由は，移動性の改善によって，移動する人々自身がより速やかに移動可能になるだけでなく，他の多くの人々も移動が有利であることに気づくからである。例えば少年労働についてよく言われてきたように，少年は新しい仕事をすぐに得られるというその事実自体のために，安易に仕事を辞めてしまう[65]。またヒース氏が示すように，ドイツの職業紹介制度は，労働者の短期雇用を増加させる結果を招いている[66]。こうした状況では，移動性の改善によって非自発的遊休者の数が増えるか減るかは，彼らがある場所から別の場所に移動中であるために確定しない。例えば極端なケースを考えるとよい。もし賃金水準の決定において慣習や人為的要因がまったく作用しなければ，完全な移動性も，完全な非移動性も，失業者がゼロになることを意味する。前者のケースでは，A地点を去る者は直ちにB地点で仕事を見つけ，後者のケースでは，誰もA地点を去ることはない。中間的ケースではおそらく，移動性の改善は，ある場合には失業者数を増やし，ある場合には減らすだろう[67]。しかしこの特殊な問題は，私の理解する限り，実際上，あまり重要ではない。われわれが関心をもつ付随的影響は短期の影響であり，短期の観点からは，その産業分野のどの部門の賃金水準も，慣習的・人為的要因の影響を受けやすいと考えるべきである。ところが今考察しているケースでは，こうした要因の影響を受けないことが前提なのである。慣習的要因が存在すれば，不調和でなく調和がもたらされる。どの地点でも，雇用主が補充しようと望む欠員数は賃金によって決まるので，この人数を超えてその地点に集まった労働者は失業するこ

---

65) ジャクソン『少年労働に関する報告』（Jackson, *Report on Boy Labour*, 1909）14頁参照。
66) 『エコノミック・ジャーナル』1910年，345頁参照。

とになる。非自発的遊休の量は，その慣習的賃金で働きたいと望む労働者の数から，その賃金で雇用主が補充したいと望む欠員数を差し引き，そして雇用主が補充できなかった欠員数を加えた量に等しい。この最後の数だけが唯一の可変項目であり，Aに生じている欠員を他の場所からの労働移動によって補充できる速度が高まるほど，それは必ず小さくなる。以上の考察結果が意味するのは，任意の産業分野で生じる非自発的遊休の総量は，その分野内の移動性がより完全になるにつれて，減少するということである。

---

67) AからBへの移動費は，移動性の改善前には賃金減少分Cに等しかったが，その改善後には賃金減少分$C(1-h)$に等しくなるとしよう。またこの賃金の減少は，AからBに移動する期間中の遊休のためであるとしよう。それゆえ実際に生じる失業量は，移動性の改善前には，Aを去った人数の$m \cdot C$倍であり，その改善後には，Aを去った人数の$m \cdot C(1-h)$倍になる。また賃金はAでもBでも当初はWであるとし，そしてBの賃金がある水準$W+q$にやや上昇するとしよう。

これらの条件下では，Aの賃金は，移動性の改善前には$(W+q-C)$になり，その改善後には $\{W+q-C(1-h)\}$ になるだろう。

ηをAにおける労働需要弾力性とし，kを定数とする。そのとき，Aを去る人数は，移動性の改善前には，

$$= \eta \cdot \left(\frac{q-C}{W}\right) \cdot k$$

またその改善後には，

$$= \eta \cdot \left(\frac{q-C(1-h)}{W}\right) \cdot k \text{ である。}$$

∴ **存在する失業**は，移動性の改善前には，

$$= m \cdot C \cdot \eta \cdot \left(\frac{q-C}{W}\right) \cdot k$$

またその改善後には，

$$= m \cdot C(1-h) \cdot \eta \cdot \left(\frac{q-C(1-h)}{W}\right) \cdot k \text{ である。}$$

∴ 移動性の改善前の失業をその改善後の失業が上回る量は，

$$= \frac{m \cdot C \cdot \eta}{W}[(1-h)\{q-C(1-h)\}-(q-C)] \cdot k \text{ である。}$$

これは，$\{C(2-h)-q\}$ が正か負に従って，正か負になる。すなわち移動を生みだす景気変動が大きいほど，また移動性の改善前の移動費が低いほど，またその改善によって生じる移動費の低下が大きいほど，移動性の改善は失業を減少させやすくなる。

第 5 章　取引単位の不完全な可分性による，限界純生産物の均等化に対する障害

1　前章で論じた意味における不完全な移動性と深く関連して，限界純生産物の均等化が完全に実現する傾向を妨げる，もう 1 つの事情がある。経済問題を純数学的に扱うさいには，任意の地点において一定量の各種の生産要素を用いて利益を得る機会がある場合，そこでは各要素は無限に小さな単位で取得でき，しかも他のどの要素単位からも完全に分離できる，と常に仮定される。容易にわかるように，この仮定が保証されない限り，限界純生産物が均等化する傾向は不完全にしか実現しないだろう。すなわち一方では，ある企業が何らかの要素を 1,000 ポンド相当の単位でしか調達できない場合には，その要素を他の企業から調達しても均衡成立時の総収益を増やせないかもしれないが，1,000 ポンド以下の量でも調達できる場合には，明らかに総収益を増やせるだろう。要するに，取引単位が無限に小さくない限り，すべての用途の限界純生産物を均等化する傾向は，不均等を制限する傾向に格下げされ，最低取引単位が大きくなるにつれ，不均等を制限する力は弱まる。また他方では，ある企業が任意の 2 つの要素 A，B に関して，ある一定比率でそれらを結合した単位でしか調達できない場合には，その複合的要素 1 単位を他の企業から調達しても均衡成立時に総収益を増やせないかもしれないが，その 2 要素のどちらか一方のある量だけを分離して取引できる場合には，明らかに総収益を増やせるだろう。それゆえ，取引単位が，複数の要素の固定比率の合成物である場合も，すべての用途の限界純生産物を均等化する傾向は，やはり不均等を制限する傾向に格下げされる。したがって，取引単位の過大性と複合性は，移動の障害と同様の作用をもたらす。一般にそれらは，すべての用途の各個別生産要素の限界純生産物を均等化する利己心の傾向を妨げるのである。

2　昔はたいてい，資本の取引単位は著しく大きかった。しかし近年では，その取引単位は 2 つの方法によってかなり小さくなった。一方は明白であるが，他方は比較的わかりにくい。明白な方法とは，銀行が受け入れる個々の預金の最低額

の引き下げ——例えば貯蓄銀行は数ペニーの個々の預金でも認めている——や，またそれほど普及していないが，会社の発行する個々の株の最低額面価値の同様の引き下げである[68]。他方のわかりにくい方法は，資本がいわば2次元の単位をもつという事実に基づいている。人がその資本供給量を減らすには，一定期間に彼が貸すポンド額の変更のみならず，一定額のポンドを貸す期間の変更によっても可能である。資本を借りる単位期間の短縮は，実際，非常に重要である。なぜなら大半の企業は資金を長期間必要とするのに，多くの貸手は無情にも短期間しか自分の資金を貸そうとしないからである。現代世界では，その期間短縮の要求に応えるために2つの工夫が発展してきた。第1は，一部は自分たちの事業上の資金需要の柔軟性を頼りに，また一部は他からの借り換えの機会を頼りに，企業が実際に短期貸付を受け入れることである。第2はロンドン証券取引所の組織であり，これによって企業債務が証券化され，**売買**可能になる。すなわちそれは，貸手から見れば，自分の貸付をその企業自体から回収する権利を他人に販売するための，一歩進んだ工夫である。どちらの工夫も本質的には類似している。なぜならどちらも，貸付の社会的総供給は平均的個人の供給より安定しているという一般的蓋然性に基づくからである。その結果，一方では，会社は，手形によって一連の短い満期をつなぎ合わせ，さまざまな人からその資本の一部を借り入れるので，各人は皆，数ヵ月だけの貸付をおこなえるようになる。また他方では，永続的に借り入れる資本部分については，それらの工夫により，「楽しみ」のためや不意に備えるために貯蓄する人は，必要と見込まれる現金を蓄える代わりに，それを投資できるようになる。なぜなら必要なときには，証券取引所の組織を通じて自分の資本を現金化できるからである。ただしこれらの工夫は完璧なものではない。緊迫した時期には，新たな手形の割引が非常に困難かつ不利になるだろうし，株を売って資本を現金化することも，大損を覚悟しなければ不可能だろう。それでもそれらの工夫は，資本取引の単位期間の大幅かつ重要な短縮をもたらすのに役立った。他の2つの生産要素，すなわち労働と土地については，取引単位がかなり小さいことは十分に明らかである。それゆえ現代世界では，取引単位の大きさが，すべての用途の限界純生産物の均等をもたらす利己心の傾向を妨

---

[68] しかし，額面価値の低い株を企業が発行することには幾つかの付随的弊害もあるので，ドイツでは法律によって制限されていることにも注意すべきである（第IV編第7章第5節参照）。

げる唯一の領域は，雇用力［資本］の領域だろう。雇用力の作用の平均量は，どんな用途であれ，雇用力の作用の総量に比べて無限に小さなものである，と見なすことはできない。この事実が妨げるので，利己心に促されて各用途の雇用力の限界純生産物がほぼ完全に均等化することは，おそらくなかろう。

3 次に，取引単位の複合性，すなわち合成的性質について考察しよう。ここでも前節と同じく，最も議論を要するのは資本に関するケースである。なぜなら資本は，実業界で通常考えられているような単一の要素ではなく，待忍と不確実性負担という2つの要素のさまざまな比率での結合物だからである。昔は，ある事業を複数人で企てる場合，**それぞれの**出資者は，待忍と不確実性負担を，これらの要素の必要総量を満たす比率で提供することが実際に必要だった。彼らは自分たちの資本を実質的にプールし，貸し付けるそれぞれの1ポンドに，同程度の不確実性を負担させていた。彼らは共同経営者（partners）になるか，あるいは有限責任の恩恵を受ける場合には，その資本がすべて普通株からなる会社の株主になるのが常だった。しかし現代では，こうしたことはもはや不要である。待忍 x 単位と不確実性負担 y 単位を必要とする企業はもはや，待忍1単位を提供する各人から，同じく不確実性負担 $\frac{y}{x}$ 単位を提供してもらう必要はない。保証貸付（guaranteed loans）の工夫によって，ある集団から待忍のみを引き出し，別の集団から不確実性負担のみを引き出すならば，資本需要を2つの流れに分離できるからである。保証貸付には実にさまざまなものがある。保険会社は保険料を取り，例えば火事や事故によって事業者の収益が失われる危険を引き受け，事業者に保証を提供する。為替銀行（Exchange Banks）も，1893年以前のインドにおいて，貿易業者が契約を結ぶさいにその為替手形をある価格で買い，契約から手形の現金化までの間に生じうる為替差損（や差益）に対して彼らに保証をおこなったように，諸々の保証を提供する。また事業者が主要商品を取引しており，商品の格付けによって先物市場を設立できる場合には，投機家も，より一般的な事業リスクに対して保証を提供する。なぜなら小麦や綿商品の供給の注文を引き受ける製粉業者や綿商人は，将来の市場価格とは無関係に，今契約した額でそれらの原材料を買うという投機家の約束をあらかじめ購入できるからである。同様の保証は，企業のために手形割引をおこなう銀行にも提供される。この場合には，他の銀行家か，手形仲買人か，独立した誰かが，手形の引受や裏書に同意するか，あるいは

スコットランドの当座貸越の場合になされるように，初めの借手の保証人になる[69]。最後に，中央銀行にも保証が与えられる。この場合には，無限責任に基づいて，あるいは署名付き保証資本をもって経営される人民銀行（People's Bank）が，実質的に地元の顧客のために，中央銀行から資金を借り入れる[70]。これらすべてのケースで，その保証者は必要な不確実性負担を提供し，またその貸付を保証してもらう者は待忍を提供する。この機能分離が一般に可能になるのは，「担保」証券（"collateral" security）の預け入れによって，その保証者が自分の保証を維持できるという事実のためである。担保証券の特に最も有力な形態は，企業の株式である。なぜならこれらの預け入れは，動産担保の預け入れとは異なり，それを預ける側にとって現在の損失をまったく伴わず，しかもその最終引受は，差押えとは異なり，預け入れを引き受ける側にとっても面倒な問題がまったく生じないからである。最近では，一部には株式会社が合名会社に取って代わった結果[71]，国富のうち株式で表され，したがって国富のうち担保証券として利用できる比率は，非常に高まっている。シュモラーの推計によれば，100年前にはどの国でも，この形態をとる国富はごくわずかな比率しか占めなかったが，今日，ドイツでは国富の17パーセント，イギリスでは40パーセントを，この紙の富が占めている[72]。連合王国の住民に関するワトキンス氏の調査によれば，1902～3年に遺産税（estate duty）を課せられた資本価値の77パーセントは「動産」であり，この動産の70パーセントは証券財産だった[73]。当然の帰結として，保証貸付の

---

69) 引受人の署名が与える保証の本質は，その手形が，受取商品に関して振り出されたものであろうと，あるいは手数料を取って名義を貸す引受業者によって裏書きされた融通手形（accommodation bill）であろうと，同じである。引受人が**変名**を用いた振出業者の一部門である，いわゆる「ピッグ・オア・ベーコン」という変種の融通手形は，むろんそれとは異なる。なぜならそのような手形は，実質的に1つの名前だけを記してあるにすぎないからである。それと同じことが実質的に言えるのは，裏書業者の財産と初めの借手の財産が一蓮托生の関係にあり，一方の破産が他方の破産をほぼ確実にもたらすような場合である。

70) 有限責任制と無限責任制の主張者間の論争は，ときには激しいものになる。普通の銀行やシュルツェ・デーリッチ人民銀行では，有限責任が普遍的原則である。これに対し，イタリアの人民銀行やドイツのライファイゼン銀行では，（ごく**少額**の株式の発行を法律で定めている以外は）無限責任の方式をとる。なぜならそれらの銀行が顧客とする貧しい人々は，実質的な意味で株主になることがまったく難しいだろうからである。

71) フィッシャー『利子率』（*The Rate of Interest*）208頁参照。

72) ワトキンス『大財産の成長』42頁に引用あり。

73) 同上書48-9頁。

工夫を利用できる領域は非常に拡大している。このことや他の現代的発展がもたらした一般的結果は，かつての「資本」取引において用いざるをえなかった合成単位が，より単純な要素に分解されたことである。労働や土地の取引については，用いられる単位にどんな複合性もない。企業がしばしば，一定量の待忍と不確実性負担が結合した雇用力の供給を要求するということは，確かに依然として事実である。しかし株式会社のために働いて俸給をもらう経営者の登場が，この領域でも同じく複合単位の分解に大いに貢献した。したがって一般に次のように結論できよう。現代世界では，取引単位の大きさも，またその合成的性質も，すべての用途の各個別生産要素の限界純生産物を均等化する利己心の傾向を，何ら重大なほどには妨げない。

第6章　産業の相対的変動による，限界純生産物の均等化に対する障害

1　本章では，新しい概念，すなわち産業分野の各部門の需要の相対的変動を導入しなければならない。この相対的変動は，連続する時点間に起こった諸々の相対的需要変動の平均として定義できよう。すなわちある一定価格における任意の生産要素の需要量をすべての地点について集計した場合，もしその集計値が一定であるのに個々の各地点の需要量が変化しているならば，2つの時点，例えば2つの年の需要の相対的変動は，第2年の各地点の需要量が第1年の各地点の需要量を上回る（下回る地点は無視する），その超過量の和によって測られる。しかしすべての地点について集計したその生産要素の需要量が一定でなければ，需要の相対的変動は，**第1年の総需要量が第2年の総需要量を下回る場合には**，先ほどと同様の超過量の和によって，また**第1年の需要量が第2年の需要量を上回る場合には**，第2年の各地点の需要量が第1年の各地点の需要量を下回る（上回る地点は無視する），その不足量の和によって，測られる。

2　以上の定義に基づいて容易に示されるように，限界純生産物の均等を妨げる，移動の障害の影響力は，今説明した意味における需要の相対的変動が大きいほど，一般に増大する。そこで，限界純生産物の「長期的」均等を妨げるほどでは

ないが，そのような均等を即座にもたらすのに必要な移動を妨げるには十分な障害に，注意を集中しよう。もし産業分野の各部門が互いに相対的に変動していれば，この種の障害はその求められる均等を恒常的に妨げることになる。なぜなら，均等化を促す力によってある原因が最終結果に落ち着く前に，何らかの他の原因が新たな攪乱をもたらすからである。海上の波の動きに喩えたミルの例証は，実にぴったりである。重力のもとでは，すべての海面部分は水平化する不断の傾向をもつが，ある攪乱の後にこの傾向が実現するまでには時間がかかり，それまでに何らかの新たな攪乱が常にもたらされるので，実際にはいつまでも水平状態にならない。海面の不均等の平均量は，明らかに，これらの攪乱の大きさに一部依存する。それと同様に，移動の障害のどんな条件下でも，限界純生産物の不均等の平均量は，明らかに，産業分野の各地点の資本や労働の需要の相対的変動に一部依存する。したがって，さまざまな場合にこの変動量を決める影響力を明らかにしなければならない——これが本章の課題である——。

3 この問題を解くための第一歩として，個別産業における労働と待忍の需要の絶対的変動を決める主な影響力を列挙する必要がある。これらの影響力は，便宜的に2種類に分けられるだろう。1つは，その産業の労働と待忍の需要変動を決める影響力——産業で生産される財貨の需要変動と，そこで用いられる原材料や他の生産要素の供給変動は所与と見なす——であり，もう1つは，ここで所与と見なした2つの変動を決める影響力である。以上のように区別された2種類の影響力を，順に論じてゆこう。

4 まず，ある産業で生産される財貨の需要変動と，そこで用いられる原材料などの供給変動を所与としよう。この場合，その産業における労働と待忍の需要変動は，雇用主が独占力を行使できる，あるいは行使しようとする程度に一部依存する。実際，容易に示されるように，独占力を最大限かつ永続的に行使すれば，単純競争の場合とは異なり，好況期の生産量は不況期の生産量とほぼ同程度にまで抑制される傾向があるので，需要変動は何ら拡大しないと予想されるはずである[74]。しかし実際には，独占力は好況期よりも不況期に，ずっと徹底して行使されることが多い。この傾向の最も明白な例は，好況期には互いに自由に競争するが，不況期には週当り何日か休業する連携協定を結ぶ，ランカシャーの綿紡績工

場主の慣行である。しかし不況期に徹底して独占力が行使されるのは，この種の極端な場合だけではない。同じことは，産業結合や他の独占団体が，どんな理由からにせよ，とにかくその生産物の価格変動を防ごうと決意すれば，いつでも起きる。一部には利便性のために，一部には宣伝のために，独占団体は実際によくこれをおこなう。例えばフランクフルトのイギリス総領事の1907年の報告書によれば，「シンジケートは，好況期に価格水準が上昇するのを防ぎ，不況期の始まりにおいても安定全般に寄与した」[75]。さらに同報告書によれば，「石炭シンジケートは，4月から翌年4月までの1年間の石炭価格を定める。ひとたびそのような基準価格を定めれば，それを変更するのはごく例外的な場合のみである」[76]。最後に，周知のようにUSスチール社（United States Steel Corporation）も，同様の価格安定策の維持に努めてきた。このような目的をめざす独占団体が，好況期よりも不況期に「より独占者らしく」ふるまうに違いないことは明らかである。それゆえそうした独占団体は，その支配する財貨の産出量を，単純競争の場合より，また独占力を最大限かつ永続的に行使する場合より，大きな比率で変動させるに違いない。それゆえそうした独占団体は，その産業における労働と待忍に対する需要についても，それらの場合より，大きな比率で変動させるに違いない。

5 前節の冒頭で述べた仮定をなおも維持しながら，次のように述べることもできよう。すなわちどんな産業にせよ，そこでの労働と待忍の需要変動は，製造業者は不況期に大量の在庫を抱えざるをえないという事情によって幾らか影響を受ける。在庫を増加させる誘因が強いほど，その産業における労働と待忍の需要変動は縮小し，その誘因が弱いほど，その変動は拡大する。したがって，この誘因の強弱を決める影響力を解明することが課題になる。

その当該財貨の1単位をある時点から別の時点に移す費用が大きいほど，明らかに，在庫をもつことは不利になる。この費用はむろん，すべての財貨に等しく影響を与える事情，すなわち利子率に一部依存する。なぜなら明らかに，時間を通じてのどんな持越も，財貨を貯蔵せずに投資していれば獲得できたはずの利子

---

74) 需要曲線と供給曲線を直線と仮定すれば，この議論は完全に正しい。なぜなら好況期でも不況期でも，独占に固有の生産量は，単純競争に固有の生産量の半分になることが容易に示されるからである。
75)『報告』Cd. 3727-167，64頁。
76) 同上書75頁。

の喪失を意味するからである。その費用はまた，財貨によって性質の異なる多数の事情にも依存し，なかでも最も明白な事情は，その貯蔵費である。貯蔵費の第1の重要な決定因は，時間の経過による**物的**（*physical*）減耗に対する財貨の抵抗性，すなわち一般的に言えば，傷みや不慮の破損に対するその耐久性である。この点では，貴金属や，木材のように丈夫な物は特に有利である。確かに，地中から掘り出される物は，地上で育つ物より一般に長持ちする。最近では冷蔵などの保存法の発展によって，多くの財貨，主に食料品が従来よりずっと長持ちするようになったが，これは特に重要である。例えば，ホップに関する委員会（Committee on Hops）は1908年に次のように述べた。「前回の1856年の調査では，『保存時にホップが被る品質低下のために，ある年の過剰をもって他の年の不足を十分に埋めることはできない』という事実が注目された。冷蔵技術の登場は，過剰の年と不足の年の間の調整をもたらし，その結果，価格にも影響を与えた」[77]。貯蔵費の第2の重要な決定因は，時間の経過による**心理的**（*psychical*）減耗に対する財貨の抵抗性，すなわち一般的に言えば，その価値の不変性である。私の念頭にあるのは，需要の安定した主要産品と需要の不安定な流行品の違いである。来週には誰も欲しがらないような財貨は，一定の市場が常に保証されている財貨よりも，明らかに高い持越費用がかかり，貯蔵の誘因も弱くなる。その極端な例は，個別の買手の必要に特別に合わせなければならない舞踏会衣装のような財貨である。昔は個人の注文に応じて作っていた品物が，のちに一般に普及することもある。家は，それを個人で所有しようとする者の注文によって建てられる場合もあれば，投機として建てられる場合もある。ブーツ製造業は，個人注文方式が優勢だった初期の段階から，大半のブーツが既製品になった現在の状態に発展してきた。

　しかし事業者が在庫を強いられる事情は，通時的に影響を被る財貨1単位の持越費用だけによって決まるのではない。不況期に産出を大幅に減らせば事業者はある特殊な損失を被るという事実によって，持越費用が高まる場合もある。このような事態が生じるのは，通常の完全操業時の生産量以下への一時的減産が，将来の生産費を高めてしまう——減産が大幅であるほど，生産費の高まりも大幅になる——ような産業である。製鉄業などでは，溶鉱炉の火を一度消すと再び火を

---

77)『報告』x頁。

入れるのに膨大な費用がかかるので，この点は明らかに重要である。大量の精密機械を用いる産業でも，それはやはり重要である。例えばブルックス氏によれば，「資本主義の投資の実に大きな割合が，今では，非常に精密かつ高価な機械として存在している。その複雑な機械がひとたび動きだせば，それはあたかも最もひ弱な人間や植物のように『世話』されなければならない。現代の機械を停止して放置するのは，優美な花々を育てる温室を停止して放置するのと同じくらい危険である。あらゆる有害要素が，ここぞとばかりに機械をせめたてる。この荒廃を避けるために，工場はしばしば不況期に大損失を出しながらも操業する。こうして在庫過剰な市場に，ますます生産物があふれるわけである」[78]。また炭坑業でも次のように言われてきた。「操業し続ければ良好な状態であるはずの炭坑を休業すれば，非常に大きな損失や損壊を被る，あるいはとにかくその危険があるため，炭坑所有者は，休業して大きな損失を被るくらいならば，むしろ多少の損失を出しながらも毎年の操業を続けるだろう」[79]。最後に，これに似た事情が労働人員にも当てはまる場合がある。不況期に人員を解雇すれば，雇用主は，最も人手を必要とするときに労働用役を得られないという危険を冒すことになる。この事情は，企業に対して一種の準地代（quasi-rent）価値をもつ高度な熟練労働者の場合に強く当てはまり——非熟練労働者がこのような立場にいることは稀である——，この点は，小事業所の雇用主にとっても，大事業所の雇用主にとっても同様である[80]。例えばブラック嬢は，ある小さな仕立屋のケースについて次のように述べている。「われわれが（閑散期に）訪れたとき，彼のところの2人の職人はほとんど暇にしていたが，彼は職人たちを雇い続けていた。なぜなら，彼がわれわれに語ったように，そうしなければ，再び繁忙期が来たときに彼らを確保できないかもしれないからである」[81]。

---

78) ブルックス『社会不安』（Brooks, *The Social Unrest*, 1903) 188頁。
79) 『エコノミスト』1902年10月25日，1639頁。
80) アシュレー教授が示唆するように，失業保険制度の発展によって，不況期に工場を操業し続けるこの動機は弱まるだろう。なぜなら失業保険制度の影響によって，人々は「景気の回復を自宅で待つ，すなわち以前の雇用主が自分たちを再雇用してくれるのを待つ」ようになるかもしれないからである。また彼が同じく示唆するように，失業保険は，特に雇用主をそれに強制加入させる場合には，これまで雇用主が労働者への責任感から維持していた操業幅を縮小させるかもしれない。「雇用主は，自分が保険料を支払うのは，自分のところの労働者を，実に都合良く自由に解雇する権利を得るための代価であると感じるだろう」（『エコノミック・ジャーナル』1910年，574頁）。

6 次に，どの産業においても，完成財の在庫量と，その生産過程で用いられる原材料の在庫量は一定であるとしよう。この場合，その産業における労働と待忍の需要変動は，その完成財の需要変動と，その原材料や他の生産要素の供給変動によって決まる。むろん後者の需要変動と供給変動は，それぞれに特有な個別の多くの影響力に左右される。しかしこれらを論じる前に，その両者に妥当する形で述べることのできる，ある一般命題を定めておこう。この命題とは，他の条件が等しい限り，第1に，任意の財貨に対する需要の個別の源泉地が多いほど，またそれらが独立しているほど，需要変動は縮小するというものであり，第2に，その生産に用いられる原材料や他の生産要素の供給の個別の源泉地が多いほど，またそれらが独立しているほど，その供給変動は縮小するというものである。それは，統計学者にとっては周知の「ある平均の正確さは，それが含む項の数の平方根に比例する」[82]という一般命題の特殊な適用である。2つの例を示せば十分だろう。第1の例は，生産面に関して小麦財貨を扱った『エコノミスト』誌の記事である。それは，世界全体の小麦の供給と大英帝国内で栽培される小麦の供給の，安定性を比べたものである。「年々の平均変動幅は，世界全体の小麦の場合，約 $5\frac{1}{2}$ パーセントであり，大英帝国内の小麦の場合，それは約15パーセントである。もし連合王国自体をその計算から除けば，後者の数値はさらにずっと大きくなる」[83]。第2の例は，消費面に関して，『失業と職業』に関するラザール氏の興味深い研究から取ったものである。フランスの1901年の国勢調査を用いて，彼は幾つかの産業で記録された失業率を算出し，それらを各産業の事業所当りの平均人員数と比べ，彼独自の方法に基づいて両者の逆の相関を見出した。そして大量失業を需要変動に関連づけたうえで，彼はこの逆の相関を，平均人員数の多さと販売市場の大きさの間に彼が存在すると考える関連によって説明する。「販売市場の大きさと人員の多さの関連は明白である。大事業所が存在するのは，その販売市場が大きい場合だけである。ところで大市場は，比較的安定した市場であるに違いない。なぜならそこでは，ある顧客の消費が大幅に減少しても，他の顧客の消費の増加によって相殺されるだろうからである。そしてこの安定は，実際上，生産の安定を意味するので，失業がないこと，あるいはとにかく失業の減少を同時に意味する」[84]。同様にして，彼は次のように論じる。「失業が，原材料

---

81) ブラック『衣服を作る人々』(Black, *Makers of our Clothes*, 1909) 23頁。
82) ボーレイ『統計学要綱』305頁。また本書第IV編第6章第2節参照。

産業から完成財産業へと産業階層を上昇するにつれて増加するように見えるならば，このことは，産業階層の上部を占める産業は専門化しているため，狭い市場しかないという事実によって説明される。他方，原生産物を扱う産業は他の多くの産業が必要とする材料を供給するので，多くの販路があり，有利である」[85]。

143　むろん同じ原理は，石炭・砂糖・鉄などの商品の需要と比べた場合の，鉄道輸送の需要の安定性を説明するさいにも適用できよう。

7　ある産業で用いられる原材料や他の生産要素の供給変動を左右する，より特殊な影響力として，次のものを入れる必要がある。すなわち原材料が独占されて

---

83)『エコノミスト』1909年4月24日，861頁。その詳細は，以下の表の通りである。

	世界の小麦収穫	対前年比増減率（％）	大英帝国の小麦収穫	対前年比増減率（％）
	100万ブッシェル		100万ブッシェル	
1898	2,948	…	453	…
1899	2,765	－6.2	377	－16.8
1900	2,610	－5.6	428	＋13.5
1901	2,898	＋11.0	411	－4.0
1902	3,104	＋7.1	471	＋14.6
1903	3,190	＋2.7	572	＋21.6
1904	3,152	－1.2	458	－19.9
1905	3,321	＋5.3	565	＋23.3
1906	3,435	＋3.4	565	…
1907	3,109	－9.5	412	－27.1

　　大英帝国の小麦の変動の方が激しいのは，むろん，栽培面積が比較的狭いためだけではない。気候条件のために，インドとオーストラリアが小麦のほぼ完全な凶作を被り，同時期にカナダの収穫も極端に不安定であることは，よくある。

84) M. ラザール『失業と職業』(Lazard, *Le Chômage et la profession*, 1909) 336-7頁。ラザール氏は次のように付言している。「市場組織がもたらす大企業特有のこの第1の利点に加えて，生産機構がもたらすもう1つの利点が存在する。すなわち産業の管理権が少数の者に集中している場合には，その産業の企業主は，他の産業部門の中小の企業主よりも，それぞれの分野において，自分たちが商品を供給する市場を熟知している。彼らはどれほどの消費が見込めるかを知っているので，自分たちの生産を調整する……。だが，われわれの仮説は検証される必要があるかもしれない。なぜなら，ここで示した法則の明らかな例外をなす産業も幾つかあるからである。例えばよく言われるように，典型的な労働集約型産業である農業は，その事業所の平均人員が極めて少ないにもかかわらず，かなりの程度まで失業を免れている。この理由は，農業ではその販路がいわゆる工業よりも安定しているという事実や，耕作面積を拡大できないために農業企業の数が当然ながら制限されるという事実に，求められよう」(337-8頁)。

85) 同上書337頁。

いる程度と，不況期に原材料を貯蔵できる程度，を決定する影響力である。なぜなら明らかに，貯蔵が容易であるほど，その市場におけるそれらの供給変動は縮小する傾向があるからである。これらの影響力に関わる問題のうち，すでに第4〜5節で検討したものを除けば，最も重要なのは気候条件の季節変動である。なぜなら太陽から受ける光と熱は，多くの産業の遂行上，最も重要な生産要素に含まれるからである。太陽の光と熱の変化がもたらす，労働と待忍に対する需要変動の幅は，一般に屋外産業で大きく，屋内産業で小さい。例えば建設業には，大幅な季節変動がある。なぜなら冬に霜が降りれば，レンガ積みや石工や壁塗りの仕事はひどく妨げられるし，日が短くなれば，人工照明に頼る必要から費用がかさむうえに，それらの仕事に差し障りが生じるからである。モルタルの代わりにセメントを用いるような最近の発展は，建設業に与える気候変化の影響力を確かに幾らか和らげたが[86]，季節変動の影響力は今なお極めて重要である。同じことは，霜や霧によってひどく中断されやすいロンドン港湾地域の荷揚作業にも言える。他方で，屋内業種や，機械工業や造船業のような天候条件にほとんど左右されない業種には，比較的小幅な季節変動しか見られない。例えば，数年にわたる H. ルウェリン・スミス卿の研究によれば，最も良い月と最も悪い月の差の平均は，建設業では $3\frac{1}{4}$ パーセントだが，機械工業や造船業では $1\frac{1}{3}$ パーセントにすぎなかった[87]。

8 ある産業で生産される財貨の需要変動を左右する，より特殊な影響力のうち，最も重要な２つのものは，使用がその財貨の存続に与える影響と，その使用目的の性質である。前者の影響力の働きは次のように説明できよう。通常の物的意味において耐久性をもつ財貨は，使用によってそれが破壊されるか否かに応じて，２つの種類に分けられるだろう。小麦は一方の種類の例であり，船・家・鉄道車両は（ある限度までは）他方の種類の例である。ところで，もし数年間，小麦の需要が通常より大いに高まり，その後に元に戻るならば，小麦生産に投じられる労働と待忍の需要も，再びほぼ元の水準に戻ることになる。しかし，もし船・家・鉄道車両の需要が高まり，その後に再び元に戻るならば，元に戻った通常の

---

[86] ディアール（『エコノミック・ジャーナル』1908 年，103 頁）参照。
[87] 『雇用不足による困窮に関する委員会』（*Committee on Distress from Want of Employment*），Q. 4580 参照。

需要は，大量の在庫の山に直面することになる。その結果，**新たな船・家・鉄道車両の需要，それゆえこれらの生産に投じられる労働と待忍の需要は，その変化前よりもずっと小さくなる**。要するに，これらの財貨の需要の活況は，その活況期の投資を通常以上に増加させるのみならず，同じくその活況が過ぎ去った時期の投資を通常以下に減少させるのである。それゆえ使用によって破壊されないという耐久性は，この性質をもつ財貨を生産する労働と待忍の絶対的需要変動を拡大させる原因になる。次に，ある財貨の需要変動が，その財貨の使用目的の性質によってどのように影響を受けるかについての考察が残っている。ここでは2つの重要な区別ができよう。第1は，用具財と消費財の区別である。各種の財貨の需要にそれぞれ影響を与える独立の要因のほかに，それらすべての財貨の需要に影響を与える共通の要因もときおり作用している。これらの共通の要因として，産業上の期待の一般的変動がある。この期待を決定する究極的な力は第IV編で詳しく論じられるが，そこでは，この一般的変動が産業ごとに異なる変動をもたらすという事実は無視される。したがってここでは，次のことを述べなければならない。産業上の期待の改善は，投資意欲の高まりを意味するので，消費財よりも用具財の需要を増加させ，また同様にして，産業上の期待の悪化は消費財よりも用具財の需要を減少させる。したがって，もしどちらの種類の財貨にとってもほぼ等しく重要になる，需要変動を促す独立の要因の存在を仮定できるならば，独立および共通の両要因の影響力を考慮すると，［独立の要因は互いに相殺しあうこともあるので］その総需要の変動は用具財の場合の方が大きくなる。第2の区別は，直接の私的使用のために「それ自体として」求められる財貨と，むしろどちらかと言えば誇示によって卓越を示す手段として求められる財貨の区別である。前者の種類の財貨の需要の方が安定しやすい。なぜならジェヴォンズが言うように，それらに関する人々の欲望の方がより長期にわたって変わりにくいからである。例えばわれわれは，エプロン製造業の安定性に気づくだろう。「衣類製造業は（バーミンガムでは）めったに労働時間短縮を被らない」[88]。これに対し，主に誇示される財貨は，世間の評価によって卓越性の対象が移るたびに，需要の変動を被りやすい。したがって労働と待忍に対する需要は，広く使用される一般商品を作る産業では，奢侈品を作る産業より安定する傾向がある。ちなみに付言

---

88) キャドベリー『女性の労働と賃金』（Cadbury, *Women's Work and Wages,* 1906）93頁。

するならば，この区別が付随的に示唆しているのは，大金持ちから適度に裕福な者に富を移転する分配の平等化は産業の安定を促すだろうということである[89]。

9 個別産業における労働と待忍の絶対的需要変動を決定する主な影響力を，今や考察し終えた。こうして，本章で提起した問題の解明にむけて第一歩を踏み出したわけである。なぜなら明らかに，他の条件が等しい限り，任意の地点の労働と待忍の絶対的需要変動を変化させるどんな要因も，それらの全体としての相対的需要変動を変化させるからである。さて次に，問題の完全な解明のために，国内の各産業の通常の絶対的需要変動が一定である場合に，他のどんな影響力によってその国の相対的需要変動が決定されるかを調べなければならない。これらの他の影響力を2種類に大別し，それらを順に考察するのが好都合である。

第1の種類の影響力は十分に明白である。もし需要の一時的好況のもとにいる産業経営者が，一時的不況のもとにいる他の産業経営者に注文を移転でき，またそれが通例であるならば，その国の労働と待忍の相対的需要変動は縮小する。異なる財貨の生産に携わる企業の間では，むろんこの種の移転は実行不可能であるが，異なる場所で同じ財貨の生産に携わる企業の間であれば可能である。それらの企業の一部に対する需要圧力が例外的に大きい場合，その一部の企業は，小さな需要圧力しか受けていない他の企業に仕事を「委託」できる。競争的条件下では，むろんこの種の需要移転は，互いの嫉妬などのために大いに妨げられるが，同じ産業内の多くの企業が結合して一元的に経営される場合には，それによって注文を事業所間で完全に自由に再配分し，各事業所の相対的産出をほぼ一定に保つことができる。だから，他の条件が等しい限り，国内で競争しあう企業の結合は，労働と待忍の相対的需要変動を縮小する傾向がある。

第2の種類の影響力は，その作用がもう少し複雑である。一見すると，一国の資源が絶対的変動の大きい産業に向けられる比率を下げるどんな要因によっても，需要の相対的変動が縮小することは明白であるように思われる。しかしこのことは，次のように反論されよう。すなわち産業変動が産業上の期待の一般的変動に起因する場合には，用具財を作る産業における労働と待忍の需要は，消費財を作る産業におけるそれらの需要よりも大きく変動する。したがって，産業変動

---

89) ホブソン『産業体制』286頁参照。

がもっぱら産業上の期待の一般的変動に起因する場合には，その需要の相対的変動は，大きな絶対的変動を被る用具財だけを生産している国ではなく，大きな絶対的変動を被る用具財と小さな絶対的変動を被る消費財をほぼ同じ比率で生産している国の方が，大きくなるだろう。この結果からわかるように，どんな国における労働と待忍の需要の相対的変動も，その資源が個別の安定産業と不安定産業の間に配分される比率と単純な関係をもつわけではない。なぜならある一定比率の配分であっても，不安定産業に大きな変動をもたらす要因の性質に応じて，相対的変動に及ぼす影響は異なるからである。その生産される財貨が耐久性をもつために産業が不安定である場合や，その財貨の使用目的が流行に依存するために産業が不安定である場合には，その産業に向けられる資源比率の**どんな減少も**，需要の相対的変動を縮小する傾向がある。しかし用具材を作っているために産業が不安的である場合には，その産業に向けられる資源の減少は，一定の限度を越えれば，相対的変動を拡大する傾向がある。

　一般的考察をこれ以上進めることは，不可能だろう。しかしその得られた結果を特定ケースの事実に細かく当てはめれば，どの国で労働と待忍の需要の相対的変動が大きくなる，あるいは小さくなる傾向があるか，したがってどの国で移動を妨げる障害が国民分配分を損なう度合が大きくなる，あるいは小さくなる傾向があるか，をわれわれは判断できるはずである。

第7章　社会的純生産物と私的純生産物の乖離による，限界純生産物の均等化に対する障害

1　利己心は，もし妨げられなければ，あらゆる用途の資源の限界純生産物を均等化する傾向がある。この古典的教説の本質的有効性について，これまでの諸章では疑問を提起しなかった。そこでは，この傾向が実際の場面でどのようにして妨げられるかを示したが，その傾向自体の存在は認めていたのである。本章以後の諸章では，この点を改めて詳しく考察する。一部のケースでは，利己心の働きに委ねても限界純生産物が均等化する傾向はなく，したがってこれらのケースでは，利己心の自由な働きに介入する特定の行動は，国民分配分を減少させるどころか，むしろ増加させる傾向をもつことが示されよう。このことは，次のような

見解を何ら否定するわけではないことを，明確に理解しなければならない。利己心の自由な働きへの介入一般，すなわちまったくでたらめになされる介入によって，限界純生産物は不均等化するだろうから，そうした介入がなくなれば限界純生産物は均等化するだろう，という見解である。本章以後の諸章の議論は，この一般的結論と何ら矛盾しない。介入が概して有害であることは，特定の弊害を是正するために慎重に計画された特定の介入行動が有益であることと，何ら矛盾しない。特定の薬を特定の量だけ特定の時期に摂取することは，非常に有益な影響をもたらすだろう。しかしそのことがどれほど明快に証明されたとしても，薬一般のでたらめな摂取が健康に有害な影響をもたらすだろうことは，やはり正しい。これが十分に理解されたならば，次の問題に進んでもよかろう――この問題は非常に複雑なので一歩ずつ進むのが最もよい――。

2　その第一歩は，任意の投資単位の真の純生産物すなわち社会的純生産物と，その私的純生産物の区別である。「社会的純生産物（social net product）」という用語で意味するのは，国民分配分への寄与総額であり，「私的純生産物（private net product）」という用語で意味するのは，その産業の経営者の稼得への寄与額である。明らかに，一般に産業経営者は，自分の活動の社会的純生産物ではなく，私的純生産物に関心をもつ。したがって明らかに，各産業で社会的純生産物と私的純生産物が乖離する場合には，利己心の作用によって各産業の投資の社会的限界純生産物は均等化される傾向がある，と期待する理由はまったくない。しかし明らかに，多くの場合，利己心の作用によって私的限界純生産物は均等化される傾向がある，と期待する理由は確かにある。本章ではさしあたり，利己心はこのような作用をもつと仮定しよう。このように仮定すれば，任意の産業の社会的限界純生産物が産業一般の社会的限界純生産物から乖離する量は，その産業の社会的限界純生産物がその産業の私的限界純生産物から乖離する量に等しい，と言えるだろう。したがって私は，ある産業における任意の第 r 番目の投資単位の社会的純生産物と私的純生産物を，どちらが大きいにせよ，とにかく乖離させるさまざまな事情の検討に進むことにしよう。乖離には，単純競争の条件下でさえ生じうる幾つかの一般的種類のもの，独占的競争の条件下で生じうる幾つかの別の種類のもの，そして双方独占の条件下で生じうるさらに別の種類のものがある。

3 第1に，一般的種類の乖離の中には，契約上の慣習形態によって生じる，ある重要な種類の乖離があることに気づくだろう。これは通常，耐久的生産用具に関連して見られる。多くの産業分野では，そのような用具はある集団によって所有され，使用のために別の集団に賃貸されるのが通例であり，しかもその所有者は，その用具の維持や改善に要する多くの種類の費用の一部についての全責任を放棄するのが通例である。どれほどの領域を放棄するかは，むろん各地方の伝統によりけりである。例えばアイルランドでは多くの地主が貧しいので，土地に対する支出のうち彼らがその借地人に完全に委ねる種類のものは，イングランドより多いようである[90]。しかし今重要な点は，非常に多くの場合に，委ねられる領域がとにかく**幾らか**存在するということである。そのような場合にはいずれも，投資の私的純生産物と社会的純生産物は乖離しやすく，その乖離の大きさは，貸手と借手が結ぶ契約の条件しだいである。

4 一定量の投資の社会的純生産物を所与とすれば，その借用期間の満了時にそのときの状態のままで用具をその所有者に返せばよいと定めるだけの制度のもとでは，私的純生産物が社会的純生産物を下回る量は特に大きなものになる。この場合，任意の第 r 単位の投資の私的純生産物は，投資がその用具にもたらすだろう将来収益の増加のほぼ全額だけ，社会的純生産物を下回ることになる。それは，必ずしもこの将来収益の増加のちょうど全額だけ下回るわけではない。なぜなら借りた用具を良い状態に保つことで知られる借用人は，そうしないことで知られる借用人より有利な条件で，容易にそれらを取得するだろうからである。この限りでは，慎重な借用契約は，私的純生産物と社会的純生産物の乖離を縮小する。しかし個々の契約はしばしば相当の期間を隔てて結ばれるので，この緩和的事情が特に重要になるわけではない。したがってこの点を無視すれば，次のようになる。用具を維持し改善する投資の効果は，一般にしばらくすると失われるので，前述の形の借用契約のために私的純生産物が社会的純生産物を下回る量は，長い借用期間の初めの頃には大きくならないだろう。しかし長い借用期間の終わりの頃や，短い借用期間の全期間にわたって，それは非常に大きくなるだろう。実際，借地契約の場合には，その借地期間満了が近づくと，農業経営者は当然か

---

[90] ボーエン『現代アイルランド』(Bowen, *Modern Ireland*) 63頁参照。

つ露骨に自分の資本からできるだけ多くを回収しようと努め，土地を過度に酷使するので，その後の数年は収穫が激減してしまうことも多い[91]。

前述の形の借用契約は，借地期間満了時の土地の状態について何も条件を定めない，地主と借地人の素朴な契約形態によって明白に例証される。しかしそれは，けっしてこの契約形態だけに見られるわけではない。それが見られる他の非常に重要な分野として，ガス会社や電灯会社などに対する「免許」契約がある。免許を得た会社の設備が，それに免許を与えた市に最終的に無償で引き渡されるという方式は，借地人の土地改良に対する補償を定めない借地契約の方式にまさしく相当する。そのような方式が，ベルリン市街電車会社（Berlin Tramways）の場合に見られる。同社の免許状は「契約満了時に，電柱，電線，市所有地に建てられた待合室，また免許権も含め，市の街路に存在するその鉄道の全資産は，無償で市に引き渡される」と定めている[92]。現在の観点からは，この方式は，1870年のイギリス市電法（British Tramways Act）や1881年の電灯法（Electric Lighting Act）の方式に似ており，これらは会社の設備を「（同事業の過去および将来の利潤に対するどんな斟酌もおこなわず，また強制売却に対するどんな補償もおこなわず，他のどんな事情も無視し）その時価を支払うという条件で」引き渡すことを定めている。なぜならどの年に作られた設備の「再生産費」も，その年の事業活動の中でなされた投資量とほとんど無関係だからである。一方では，任意時点における設備の置換費用は，産業が発展するにつれ，それを一からやり直す再生産費とはまったく別のものになりやすく，また他方では，得意先の確保やのれんの確立のために，損失を出しながらもサービスを供給するような場合も含めた宣伝費は，再生産費の計算にまったく入らない。したがって，前述のドイツ方式でもイギリ

---

91) J. S. ニコルソン『経済学原理』（Nicholson, *Principles of Political Economy*, 1893）第1巻，418頁参照。この傾向がさらに顕著になるのは，借地人が，裁判所の手続きによって借地を定期的に再評価する権利と結合した，永続借地権をもつ場合である。なぜならこの場合，借地契約の更新を地主側が拒む恐れはないので，土地を害する行為が抑制されないからである。裁判所によるアイルランドの借地制度のもとでは，ひどい場合には裁判所が契約更新の拒否を認めるという形で，建前上は救済策が与えられるが，この救済策は実際上，役に立たない。ボーエン氏はこれを示すために，次のような例を挙げている。「2人の兄弟は，ある農場を同じ価値の2つの農場に分割したが，その有能な方の農場主は$7\frac{1}{2}$パーセント，無能な方の農場主は$17\frac{1}{2}$パーセントの地代割引を，裁判所から認められた」のである（ボーエン『現代アイルランド』113頁）。

92) ベミス『自治体の独占事業』（Bemis, *Municipal Monopolies*, 1899）565頁。

ス方式でも，何か対策を講じなければ，その期限付き免許制は，事業拡大などのための投資の私的純生産物を非常に大きく減少させるに違いない[93]。しかも明らかに，免許期間の終了が迫れば，それを減少させる影響力は最も著しいものになる。この事実をふまえ，コルソン氏は，これらの免許が切れる15年前か20年前に免許更新の交渉を始めるという政策を推奨している[94]。

　労働雇用に関する契約も，前述の種類の契約と密接な類似性をもつ。というのも，労働者も一種の耐久的生産用具であり，彼の受けとる賃金や，彼の現在の労働条件によって，その将来の生産力に違いが生じるだろうからである。要するに，労働者はいわば肉体能力の所有者であり，雇用主はさしあたりその借用人である。むろんここでは所有者による投資は無視している。しかし労働者の能力の借用人（すなわち雇用主）による投資の機会が存在し，明らかにそれは大きな社会的純生産物をもたらすだろう。奴隷制経済のもとでは，主人はその働く奴隷とその家族の能力向上のすべての成果を自分が確保できるので，奴隷の質的改善に

---

[93] むろんイギリス方式は，借用期間の満了直前になされた設備投資については，ドイツほど厳しいものではない。なぜならおそらく短期的には，そのような設備の建造費はほぼ一定に留まるからである。しかしのれんを創りだし，これによって将来の事業を創りだす投資については，それはドイツ方式とまったく同じである。例えば1905年の協定に基づき，郵便局は1911年に，国民電話会社（National Telephone Company）の設備のうち適当と認めた部分をその置換費用で買収しようとしたが，国民電話会社の社長は次のように述べた。「弊社は，その発展に手間も時間もかかる事業を企てるつもりはない。弊社は初めから，利子や他のすべての本来の負債の支払業務に専念したい」（H. メイヤー『イギリスにおける公有と電話事業』(Meyer, *Public Ownership and the Telephone in Great Britain*, 1907) 309頁）。本文で考察した困難を克服する工夫は，ベルリン市街電車会社の免許を1919年まで延長する契約の中に具体化されており，この契約は特に次のように定めている。「もし契約期間中に市当局が，その契約に明記されていない路線拡張を市内で要求する場合には，同社は複線を単線として計算し，93マイルまで敷設しなければならない。だが同社は，1902年元日から1907年元日までに命じられる全路線の建設費の3分の1，また1908年元日から1914年元日までに命じられる全路線の建設費の2分の1を，市から受けとるものとする。それ以後に命じられる全路線については，市がその建設費をすべて支払うか，その後の協定によって決める十分な補助金を運転費として支払わなければならない。市が蓄電池方式を要求した場合以外は，架線集電方式をまず用いるものとするが，何か別の動力方式の方が実際的であると判明し，市当局の判断によってそちらの方が適切であると思われる場合には，同社はそれを採用してもよく，市当局がそれを要求すれば，同社はそれを採用しなければならない。それによって同社の費用が増大するならば，その新方式から得られる利益を適切に考慮して，市は同社に補償をおこなわなければならない」（ベミス『自治体の独占事業』563頁）。

[94] コルソン『経済学講義』(Colson, *Cours d'économie politique*, 1901) 第6巻，419頁参照。

投じられるあらゆる資源単位の社会的純生産物の全体が，私的純生産物の中に反映されるだろう。しかし自由経済のもとでは，労働者は勤め先を変える傾向があり，それゆえ投資をおこなっている借用人からその投資の成果を奪ってしまう傾向があるので，その私的純生産物は社会的純生産物をかなり下回る傾向がある。それゆえその労働者の訓練・健康増進・事故防止のための雇用主による社会的に有益な支出は，それに相当する私的利益を伴わない。これらの事柄に対する任意の第r単位の投資の私的純生産物が社会的純生産物を下回る程度は，雇用主が労働用役を継続して雇用できる見通しの有無にかかっている。2つの純生産物の差は，多少とも特殊な種類の労働が必要な，専売財貨を作る企業において最も縮小する傾向があり，それゆえこれらの企業において労働への投資が特に顕著であるのも，当然である。

5　私が素朴な借地制度と呼んだものに結びついて起こる，任意の第r単位の投資の私的純生産物が社会的純生産物を下回る事態は，より洗練された制度を入念に作ることによって，さまざまな程度で緩和できる。この工夫の一般的特徴は，土地保有という特殊ケースによって便宜的に例証できよう。第1の最も明白な工夫は，借地人が土地をその所有者に返すさいに「土地減価補償（tenantable repair）」をしない場合の罰則規定である。そのような罰則は，明示的な法的契約によって直接に実施されるか，借地人にその地方の土地利用慣習を遵守させる規定によって間接に実施されるか，あるいは地方慣習に関するこの規定の目的を損なわない形でそれを修正し，その単純な規定が課す負担を進取の気性に富む借地人に免れさせることによって，実施されるだろう。例えば1906年の農地保有法（Agricultural Holdings Act）では，借地人が「保有地を損ねたり荒廃させないように，適切かつ十分に備える」場合には，借地契約満了の直前の1年を除き，彼は耕地の作付けに関する地方慣習に，あるいは契約にさえ従わなくてもよい。もしこの条項下における借地人の行為が保有地に実際に損害を与えるならば，地主は損害を回復する権利と，必要であれば，借地人の行為の継続を禁じる裁判所命令を得る権利をもつ。

　第2に，借地人が自分のおこなった改良について地主から補償を受ける権利を定める規則によって，私的純生産物を社会的純生産物に一層近づけることができよう。もともとこの種の規則は，地主が結ぶ毎年の借地契約において自発的に取

り決められる事柄だった。テイラー氏が引用するヨークシャーの借地契約では，地主は，その契約期間の最後の2年間に通常の農作業の過程で土地に投じられた資本について，「当事者双方が道理にかなうと見なす補償額」を借地人に支払う約束を交わしている[95]。だが，しだいに補償制度は法的に位置づけられるようになった。1875年には，イングランドとウェールズの土地を立ち退く借地人への補償の条件を定める法律が通過したが，その契約を免れることも認められていた。1883年には農地保有法という新たな法律が通過し，そこでは契約を免れることは禁じられた。同法では，地主の同意が必要な改良と，それが不要な改良は区別されており[96]，スコットランドには今もそれに似た法律がある。それが昔ながらの長期借地契約に大部分まで取って代わったので，この昔ながらの契約は今では形を変え，実際上消えてしまった[97]。しかし，こうした方法による私的純生産物と社会的純生産物の調整は不完全なものである。なるほど，借地人は退去のさいに土地改良に対する補償を請求できるが，彼は自分の改良をあてにして自分に対する地代が引き上げられるかもしれないこと，また自分がその農場を手放すという極端な手段をとらない限り，その補償請求には効力がないことを知っている。それゆえ投資の私的純生産物は，やはり抑制されるわけである。1906年の農地保有法は次のような規定によってこうした事態をうまく防いでいる。「地主が適正かつ十分な理由もなく，適正な土地経営に反する理由から退去通告をおこなって，借地契約を終了する場合」や，借地人が明らかに自分のおこなった改良のゆえに要求された地代の引き上げの結果として退去する場合には，借地人は，その改良に対する補償のみならず，家財道具や農業用具などの売却や撤去に結びついた「その保有地からの退去に直接に起因する損失や経費に対する補償」も請求できる[98]。これに似た規定は，1906年のアイルランド都市借地人法（Town Tenants Act）にも見られ，ここでは特定の場合には，「のれん」に関する補償請求もできる[99]。これらの規定は，もし事実問題として農場の耕作者の交代が慣習に反

---

95) テイラー『農業経済学』(Taylor, *Agricultural Economics*, 1909) 305頁参照。
96) 同上書313頁以降。
97) 同上書320頁。
98) しかし現住借地人の耕作地が，ある地主から別の地主に売却される場合，もしその借地人が新たな地主のもとでその農場を借りようとすれば，彼は「何の補償も受けずに，自分のおこなった改良についても賃借させられる羽目になりやすい」という点に注意しなければならない。『借地農業者に関する委員会報告』(*Report of the Committee on Tenant Farmers*, Cd. 6030) 6頁。

するものであれば，実際にはほとんど無意味だろう。だからラウントリー氏も，ベルギーの一部の地方に補償の仕組みがないことをほとんど重視しない。「ベルギーの農場ではめったに耕作者が変わらないので，土地を退去する借地人への補償がなくても，農業者が自分から進んで，あるいは強要されて，その農場を去ると予想しない限りは，その行動に重大な影響を与えないだろう」[100]。しかし，地主が自分の利益のために経済的圧力を用いることが法律で認められる場合には，この圧力の使用を彼が手控えるという保証はない。

　最後に，土地への任意の第 r 単位の投資の私的純生産物は，補償の仕組みの形態しだいでは，その社会的純生産物以上に高まることがある。例えば，土地に対してなされる一部の種類の「改良」は，その生産費に相当する価値をその土地の永続的価値に付加しないだろう。したがって，これらの改良に対する補償がその費用に多少とも基づく場合には，その私的純生産物は社会的純生産物以上に高まることになる。しかし実際には，補償の基準として初期費用を用いず，また一部の種類の改良には地主の同意が要るようにすれば，この危険はおおむね克服される。例えば1906年のアイルランド都市借地人法のもとでは，借地人が改良を企てるさいには地主に通知しなければならず，そしてもし地主が反対すれば，その改良が妥当か否か，またそれが保有地の賃貸価値を高めるか否かの問題は，州裁判所が判断する。しかし場合によっては，それでも私的純生産物の方がわずかに大きくなる可能性が残るので，私的純生産物と社会的純生産物を一致させるためには，補償を目的とする場合は，次のような状況もふまえて改良の価値を評価すべきである。すなわち借地人が変わるさいには，おそらくその土地はしばらく借手のいない状態になり，この期間中，その改良はその年価値を十分に生みださないだろう。この点も含めて評価しなければ，地主ないし社会が有益に投資できる量を超えて，借地人は過度に投資を進めてしまう。それゆえ，市場向け菜園のよ

---

99) 補償に賛成する議論は，必ずしも借地人に利益をもたらすわけではない点に注意すべきである。J. S. ニコルソン教授は適切に次のように述べている。「改良に対する補償は，一般に考えられているほどには，その借地人の利益にならない。なぜならその特権自体が金銭的価値をもつからである。すなわち地主はそれだけ高い地代を求め，借地人にはそれを支払う余裕がある。昔のいわゆる改良借地契約（improving leases）において地代が安かったのは，結局のところ，その永続的改良が地主の利益になったからである」（ニコルソン『経済学原理』第1巻，322頁）。インドにおける補償の仕組みに関するモリソンの解説も参照のこと（モリソン『インドのある州の産業組織』154-5頁）。

100) ラウントリー『土地と労働』（Land and Labour, 1910）129頁。

うに地主の同意がなくても改良をおこなえる場合には，そのような改良がなされると予想されれば，地主は土地を貸すことを控えるだろう。だから1906年の農地保有法において，退去する借地人が改良に対して請求できる補償を，「新たにやって来る借地人にとっての，その改良価値を公正に示すような額」と定めているのは理論的には誤りであり，その基準は「地主にとっての価値」とすべきである。しかし通常はそうであるように，改良の効果がほんの数年で消えてしまう場合には，この誤りの実際的影響はごくわずかなので，任意の第r単位の投資の私的純生産物と社会的純生産物はほぼ一致する。

6 貸手と借手の関係に起因する私的純生産物と社会的純生産物の乖離のほかに，契約自体に起因して起こりやすい乖離もある。この乖離が起こるのは，その契約の形が次のような場合である。すなわちある個人への支払が，その個人のおこなった実際の用役量でなく，この用役に関する何らかの大まかな指標によってなされ，その用役量が変化しても指標が変化しない場合である。そのような契約の形は，労働雇用によく見られる。賃金契約はしばしば，労働者の追加的努力がある一定の点を越えると，その努力は社会的純生産物をもたらすけれども，雇用主にはそれに相当する私的純生産物をもたらさないような内容になっている。この種の乖離は出来高賃金制度の場合には，けっして大きなものにはならない。なぜなら賃金が出来高制度で支払われるならば，追加の産出物は追加の賃金によって報われるからである[101]。しかし時間賃金だからといって，**必ず**乖離が起こるわけでもない。なぜなら慎重に記録し，それに応じて調整すれば，各労働者の働きに見合った賃金率を支払うように時間賃金を計画できるからである[102]。だが実際問題として，時間賃金が普及している場合に，各労働者の能力に見合った賃金支払を計画するのは，至難の業である。雇用主は自分のところの有能な労働者に，「標準」率ないし「最低」率よりずっと多めに支払うことをためらう。なぜならそのような特別の支払は，組合が賃金標準自体の引き上げを要求する，口実にされる恐れがあるからである。内密の支払や他の方法によって，この問題を克

---

[101] この場合でさえ，仕事の速い労働者の方が仕事の遅い労働者より，雇用主の機械をふさぐ時間が短い限りは，多少の乖離が残る。

[102] この線に沿った入念な試みについては，ガント『労働，賃金，利潤』(Gantt, *Work, Wages, and Profits*, 1910) 第4章を参照のこと。

富と厚生（第II編第7章）　175

服できる場合も確かにある[103]）。また，さまざまな能力に合わせた調整が非常に不完全な場合でさえ，有能な労働者は不況期でも最後まで解雇されそうにないという事実によって，労働の私的純生産物が社会的純生産物を下回ってしまうという時間賃金のもたらす影響は緩和される。その影響は，能力の低い労働者の活力を高めるという傾向によっても幾分緩和される。なぜなら能力の低い労働者は，自分たちが解雇の対象になる可能性を減らすために，おのずと懸命にその能力を奮い起こすからである。しかし時間賃金の促進的影響は，能力を生みだすとはいえ，その抑制的影響は，用いられない既存の能力を放置するだけであるので，両者を比べれば，後者の影響の方が大きくなりやすい。したがって，これらの緩和要因は部分的なものにすぎない。実際には一般に時間賃金によって，通常より高められた労働活力の私的純生産物は，社会的純生産物よりも小さくなり，それゆえ，そのような活力の供給は，国民分配分の観点から見て望ましい水準よりも少なくなる[104]）。

7　ここまでは，契約の形態に起因して起こる社会的純生産物と私的純生産物の乖離を扱ってきた。すなわちAがBから何かを購入するとき，その契約の形態では，Aがその取得するものに相当する対価を支払わない，あるいはAがその取得するもの以上の支払を求められるような場合である。次に注目しなければならないのは，Bのおこなう用役ないし負の用役が，対価を伴わずに，彼と契約関

---

103) 例えば，あるニュージーランドの雇用主がエイヴズ氏に語ったように，「彼は固定賃金体系の危険に敏感だったので，自分のところの何人かの労働者に，毎日『割増金のようなもの』を払っていた。だがこれは『こっそり』なされた。労働者たちは紙幣と硬貨で，すなわち紙幣で硬貨を包んで，支払われるのである。ずらりと並んだその小さな包みを私は見せられた。どれも実に素早く手渡されるので，『誰も他の者が何をもらっているのかわからない』」（『賃金委員会報告』（*Report on Wages Board*) Cd. 4167, 109頁）。同様に，あるイギリスの雇用主も，慈善組織協会の非熟練労働に関する委員会（Charity Organisation Society's Committee on Unskilled Labour）に対して次のように述べた。「ある労働者が他の者より優れているならば，われわれは週末に1, 2シリングの割増金を彼に与える。注意しなければならないのは，他の労働者にそれを悟られないことであり，さもないと彼らはその理由を知りたがる。割増金を与えるのは，その労働者がわれわれのためによく働いてくれたからであるが，彼らにはそれが理解できない。『私はあなたに2シリング多くあげよう』などと，おおっぴらには言えないのである。その労働者は気に入られているものと見なされるのが常であるから，彼は，夜にはその安っぽい住居で心温かにすごすだろう」（『報告』109頁）。
104) 賃金と能力の詳しい関係については，第III編第2章第2～5節を参照のこと。

係にある A ではなく誰か赤の他人に作用する場合にも，同じく乖離が起こるだろうということである。本節では，付随的に生じる無償の用役の例を示そう。都市の個人庭園に資源が投じられる場合には，そのような用役が発生する。なぜなら，たとえ公衆がそこへの立入を許されない場合でも，その近隣の空気が良くなるからである。鉄道の発達も，やはりそのような用役をもたらし，それによって労働者は町で働いていても田舎に住めるようになり，それゆえ健康的な環境での子育てが可能になる[105]。同じことは植林に向けられる資源にも言える。それが気候に与える有益な影響はしばしば，その植林をおこなった本人の所有地の境界を越えて広がるからである。それはまた，個人の家の玄関に設置するランプなどに投じられる資源にも言える。なぜならこれらは当然，家の前の通りを照らすからである[106]。それはまた，工場排煙を減らすために投じられる資源にも言えるのであり，これはますます重要になりつつある問題である[107]。なぜなら大都市のこの煙は，健康・建物・野菜の被害，服の洗濯や部屋の掃除の費用，追加の人工照明の費用などの多方面において，補償を伴わない大損害を社会にもたらすからである。それはまた，町の建物の配置に関する適切で健康的な都市計画の工夫や，労働雇用の安定のための一般組織に，向けられる資源や活動にも言える。それはまた，産業過程における発明や改良を促すために向けられる資源や活動にも

---

[105] ベルギーの労働者割引乗車券の制度は，大いに発展しており，本文で述べたような効果をもたらしているようである（ラウントリー『土地と労働』108 頁参照）。マエム博士は，この制度がそのように作用している理由として，ベルギーが「大きな都市」というよりも「大きな町」からなる国であり，フランスやドイツに比べて，人口のずっと大きな割合が住民 5,000〜2 万人の地域社会に住んでいるという事実を挙げている（マエム『労働者の安定雇用』149 頁）。ただしマエム博士は，割引乗車券が逆の影響をもたらすことも認めている。「人々は町や工場へ行って，毎晩ないし毎土曜日に家に戻るようになる。こうして彼らはしだいに新しい環境に慣れ，田舎に住まなくなる」（143 頁）。実際，割引乗車券は「外に移住する方法を教える」のである。

[106] スマート『経済学の研究』(Smart, *Studies in Economics*, 1895) 314 頁参照。

[107] ロンドンでは工場排煙のために，天文学的に可能とされるわずか 12 パーセントの日光しか届かず，霧の 5 回に 1 回が煙のみに直接起因するものであり，しかもあらゆる霧が煙に汚染されて長引くと言われてきた（J. W. グラハム『日照の侵害』(Graham, *The Destruction of Daylight*, 1907) 6 頁と 24 頁）。防煙装置は，燃料効率の向上によってその利用者に直接の利益をもたらす場合が多いけれども，単なる無知と惰性がその利用を妨げているように思われる。しかし社会全体の利益は，こうした対策が「採算のとれる」点を越えて実施されることを要求する。給炭機や熱気噴射などの工夫によって，工場の煙突を実際に無煙化できることは間違いなさそうである。アルカリ工場からの有害ガスは，法律によって，煙より厳しく規制されている（126 頁）。

言える。なぜならこれらの発明や改良は，実際上，秘密を守り続けることはできず，法律上，無期限の特許を得ることもできないだろうからである。最後にそれは，投資者本人および彼がその利害を自分の利害とほぼ同一視する者たちの死後に，その成果の一部が現れるような目的に向けられるあらゆる資源にも言える。これは，他の条件が等しい限り，将来の収益のために投じられる資源の私的純生産物が，常に社会的純生産物を下回ること，またその意図する将来の収益が遠い先のことであるほど，その乖離が大きくなることを意味する。なぜなら収益が遠い先のことであるほど，その収益を得る前に投資者本人が死んでしまう可能性が高まるからである[108]。むろん任意の期間内に死亡する可能性は，風土や職業などによって異なるが，とにかく経過する時間が短い場合より長い場合に，その可能性は高まるだろう。例えば，故ロバート・ギッフェン卿は次のように述べた。「長期的には，おそらくアイルランドと大ブリテン島を結ぶトンネル造りのような事業ほどに，社会に大きな利益をもたらす事業はない。それは戦略的，経済的価値のあるまったく新たな交通手段を開くものである。だが短期的には，個々の企業者は採算をとれそうにない」。しかも，収益のどの部分にせよ，それが遠い将来のことであるほど，投資者が多少とも一心同体と考える子どもや近親がそれを得る可能性も低くなる。本章の後の部分では，この点がかなり重要になってくる[109]。

8 その逆の種類のケース，すなわち負の付随的用役がもたらされ，したがって任意の第 r 単位の投資の社会的純生産物が私的純生産物を下回るケースの考察に入る前に，非常にもっともらしいある誤りに注意すべきであり，これを避けるこ

---

[108] 私自身と比べて，私の相続者がもつ1ポンドに私が認める重要性の比率を k とし，また私が t 年後に生存している可能性を $\phi(t)$ とすれば，t 年後の**私ないし相続者**にとっての一定額のポンドが，現在の私の関心を引く程度は，t 年後の**私**にとっての一定額のポンドに，$\{\phi(t)+k(1-\phi(t))\}$ をかけた積に等しくなる。$\phi(t)$ ないし k を増加させるどんなものも，明らかにこの積を増加させる。

もし財産や気質の変化を見越して，t 年後の1ポンドは現在の1ポンドの $(1-a)$ 倍に相当するだろうと予想するならば，t 年後の私にとっての，t 年後の $\{\phi(t)+k(1-\phi(t))\}$ ポンドが，現在の私の関心を引く程度は，$(1-a)\{\phi(t)+k(1-\phi(t))\}$ ポンドに等しい。したがって，相続者が感じる，一定額のポンドを今投資することの魅力は，もし私が確実に永遠に生き続け，常に同じくらい裕福であり続け，しかも気質が変わらないとする場合に，私がその一定額に感じる魅力と同じだろう。

[109] 第III編第10章以降参照。

とが重要である。実際，ホブソン氏は，新型機械に対する任意の投資単位の社会的純生産物を計算するさいには，旧型機械の陳腐化によって機械販売業者が被る損失を考慮してその私的純生産物から幾らか差し引く必要がある，と主張している[110]。もしこの議論が有効であれば，ガス事業設備を所有する幾つかの自治体がガス事業の収益を守るために電灯事業の設立を渋ることの，政策的根拠が示されたことになる。しかしそのような議論は無効である。旧型機械の所有者の被る損失は，その価格の下落のみに起因するのだから，消費者余剰に相当する利益より明らかに小さいに違いない。それゆえ，旧型機械の所有者の損失を無視して理解される限界純生産物が，他の各用途の資源の限界純生産物と等しくなる点に至るまでは，新型機械に資源を追加投資すれば常に総便益は増加する。このことは，旧型機械の所有者の損失を**考慮して**理解される純生産物については成立しないが，本書で理解されるような社会的純生産物については**必ず成立する**。それゆえ社会的純生産物は，既存の機械の所有者の損失を考慮しては適切に理解できないので，それを無視して理解しなければならない。すなわち新型機械に対する任意の投資単位の社会的純生産物は，この単位の私的純生産物と同じであり，後者から何も差し引く必要はない。自治体がそのガス事業の収益を守るために電灯事業への投資を控えるのは，社会的観点から見れば不経済である。

　この結論を避けようとする試みは，実際，それでもやはりなされるだろう。あくまで直接の影響に限って言えば，通常の商業政策が擁護されることは認めてもよかろう。しかし間接の影響もある。すなわちもし苦労と費用をかけて作った設備が，新たな発明によってたちまち収益の減少を被るならば，そのような設備の建設は妨げられないだろうか。生産過程のさらなる改善をめざす競争によって生産過程があまりに急速に陳腐化してしまうのを防ぐ，何らかの保証が与えられれば，生産過程の改善は全体として促進されないだろうか。要するに，ガス事業設備を所有する自治体の政策を一般に採用することによって，その時代の最新の発明がもっと幅広く利用されないだろうか。この問いへの直接的解答は，確かに，生産過程の改善は進むだろうというものである。しかしこれに対する反論として，優れた生産方法が利用可能であるとしても，実際に提案される政策は，現在の劣った生産方法の継続利用だろうという事実も考慮しなければならない。この

---

[110]『ソシオロジカル・レビュー』1911 年 7 月，197 頁。

2つの影響力が合わさった全体的結果としての損得は，自信をもって答えにくい問題だろう。しかしこうした無力な結論をもって，議論が終わるわけではない。ここまでの議論では，より良い方法が発明される速度はその実際の導入をめざす政策とは無関係であると仮定していた。対立しあう政策に関するわれわれの比較が明確な結論に到達できないのは，その仮定のためである。しかし事実問題として，過去に発見された最良の生産方法が用いられ，したがってそれが実際の作業の中で観察される場合にはいつでも，既存設備の利害のためにその利用が妨げられる場合より，ずっと改良は進みやすい。それゆえガス事業設備をもつ自治体の政策は，発明された改良の導入のみならず，新たな改良の発明も間接的に遅らせることになる。このことによって，ほぼ確実に天秤の均衡は破られる。通常の競争的産業にふさわしい政策は，一般的，全体的に，それに反する政策よりも大きな社会的利益をもたらす。改良された生産方法の導入を考えている事業者が，自分たちの側の先駆的行動によって他の事業者に与える恐れのある損失まで考慮することは，社会の利益にならない。所有するガス設備が減耗するまで電灯設備の設立を延期する自治体の例は，見做うべき例ではなく，社会的純生産物と私的純生産物の区別によってうまく擁護できるような例でもない。

9 しかしこの偽のケースとは別に，任意の第 r 単位の投資の社会的純生産物がその私的純生産物を下回る多くの真のケースもある。例えば，道路をすり減らす自動車の走行に投じられる資源は，一般の人々に対して，補償されない負の付随的用役をもたらす。同様の負の用役は，すでに密集した中心街のさらなる建築に投じられる資源にも見られる。なぜならそのような建築は，その近所の空間や遊び場を狭め，住人の健康や能力を害する傾向があるからである。このケースは――人々の嗜好に影響を与えないと仮定しても――酒類の生産や販売に向けられる資源の場合と似ている。この種の財貨の生産に投じられる1ソブリン金貨［1ポンド］の私的純生産物から社会的純生産物を計算するさいには，バーナード・ショー氏が言うように，その産業は「帳簿の借方に，障害・無能・病気・犯罪などの費用と，それらが産業的生産力に与えるすべての悪影響，また医者・警察官・監獄などの直接的費用を書き加える」べきである[111]。しかしおそらく，私

---

111) B. ショー『自治体事業の常識』(Shaw, *The Common Sense of Municipal Trading*, 1904) 19-20頁。

的純生産物が社会的純生産物を上回るこの種の例証の最大級のものは，特に出産直前および直後の女性の工場労働によって与えられる。なぜならそのような労働がしばしば，その女性自身の稼得のみならず，子どもの健康にも重大な損害を与えることは，疑う余地がないからである[112]。母親の工場労働と幼児死亡率の間に見られる低い相関，ときには負の相関でさえ，この損害の存在に対する反証にはならない。なぜならこの種の女性労働が広くおこなわれる地域には，ひどい貧困が存在するらしい――そしてこれこそが，その女性労働の原因である――からである。子どもの健康にとって明らかに有害なこの貧困は，母親が工場労働を断るような他の地域の家族よりもひどいようであり，その極度の貧困の害悪は，工場労働の害悪を上回るかもしれない。このことが周知の統計的事実を説明してくれる。それは明らかに，**他の条件が等しい限り**，母親の工場労働は有害である，という見解と何ら矛盾しない。その統計が示唆しているのは，そのような労働の禁止には，その禁止によって困窮する家族への救済が伴うべきだということにすぎない[113]。

10 明らかに，今考察したような種類の私的純生産物と社会的純生産物の乖離は，借地法による乖離のように，契約を結ぶ当事者間の契約関係の変更によっては緩和できない。なぜなら前者の乖離は，契約当事者以外の他人が被る用役や負の用役によって生じるからである。しかし政府は，その気になればどんな分野でも，その分野の投資に対する「特別な奨励」や「特別な抑制」によって，その乖離をなくすことができる。これらの奨励や抑制がとるだろう最も明白な形態は，むろん補助金および租税という形態である。この両面からの介入政策の一般的例証は，容易に挙げられる。アルコール飲料の生産や流通に対する投資の私的純生産物は，その社会的純生産物に比べて過度に大きい。したがってほとんどすべての国で，これらの産業には特別の税が課せられている。マーシャル博士が提案し

---

112) ハチンス（『エコノミック・ジャーナル』1908 年，227 頁）参照。
113) 『地方政府委員会年報』（*Annual Report of the Local Government Board*）1909-10 年，57 頁参照。母親の工場労働の弊害は，その勤務時間中に，その家事を未婚女性の誰かにしてもらえば，解消されるという意見は誤りである。なぜならその意見は，女性の家事には，彼女自身の子どもにとって，ある特別の人格的価値があるという事実を見落としているからである。バーミンガムでは，この事実が認識されているようである。なぜなら，自分の子どもの「世話」を他人に任せることの弊害に気づいた既婚婦人は，工場を辞めて家事に従事する傾向が見られるからである。キャドベリー『女性の労働と賃金』175 頁。

たのは，同じ原理を，密集地域のさらなる建築に向けられる資源の場合にも適用することだった。労働に関する王立委員会に対する証言の中で彼が述べたように，「すでに十分に人口稠密な地域に家を建てる者は誰でも，無料運動場を作るための拠出金を強制的に支払わされるべきである」[114]。その原理は明らかに，より一般に適用可能である。自動車の利用者に対する特別ガソリン税や自動車運転免許の，最近の法制化においてもその原理は用いられており，その歳入は道路事業に使われている。その原理は，国民保険法（National Insurance Act）においても巧みに用いられている。すなわちどの地区も疾病率が特に高い場合には，もしその高い率が雇用主・地方当局・水道会社のいずれかの怠慢や不注意に起因することを示せるならば，その結果生じた通常以上の出費をこれらの組織に負担させることが定められている。他方では，農業のように，軍事訓練に適する市民を育てるという間接的用役をもたらすとされる産業の私的純生産物は，過度に小さい。一部にはこの理由から，ドイツの農業は間接の補助金によって保護されている。同様にして，遠い将来の収益が見込まれる用途については，死という事実によって私的純生産物が過度に小さくなるので，政府の無利子の貸付による奨励や，インドの鉄道の場合のような利子支払の政府保証が，ときには必要だろう。最後に，政府当局が必要な資金を**すべて**提供するという極端な形の補助金もあり，都市計画，警察行政，またある場合にはスラム街の再開発のような事業に対して，給付されている。

11 ここまでは，単純競争の条件下でさえ発生しやすい，社会的純生産物と私的純生産物の乖離の形態を論じてきた。しかし独占的競争——その産業の総産出量の大きな比率をそれぞれ生産している少数の売手の間の競争[115]——の条件下では，ある新しい種類の投資の可能性が生じる。すなわちある商品の需要を，供給者間で奪いあうことだけを目的とする競争的宣伝である。むろんすべての宣伝が厳密に競争的であるわけではない。それどころか，人々にその嗜好に合った商品の存在を知らせるという社会的目的を果たす宣伝もある。しかしここでの議論にとっては，厳密な競争的宣伝が宣伝全体に占める比率の推計を試みる必要はない。現代世界の宣伝のかなりの部分が厳密に競争的であることは明らかである。

---

114)『労働に関する王立委員会』Q. 8665.
115) 192 頁［本訳書 203 頁］参照。

166 このことは，派手な絵入りの広告，新聞広告の文句[116]，外交販売員，セールスマン等々のような明白な宣伝形態にも，また陳列窓の多くの宝石の展示，帳簿を付けたり回収困難な債権を取り立てたりする費用を覚悟したうえでの信用販売，売手にとって不便で費用のかかる時間帯に店を開けておく費用のような，微妙な形態にも等しく言える。明らかに，ある点までならばこの種の投資は，それがその投資者に「目立つ場所」を保持ないし獲得させる限りは，国の軍備への支出と同じく，大きな私的純生産物をもたらす。その投資単位を次々に増やしてゆくときの私的純生産物を表す曲線は，長い間，正の値を示すだろう。ではこの曲線は，その単位を次々に増やしてゆくときの社会的純生産物を表す曲線と，どんな関係をもつだろうか。

第1に，対立しあう各競争者の宣伝支出は，そのうちの1人が勝ち残ってその分野の支配者になるか，あるいは彼らの間の提携を生みだす，という結果をもたらすかもしれない。この場合，独占的競争が促した宣伝支出は，単純独占に発展する原因になる。独占的競争と比べた場合の単純独占のもたらす社会的利益の程度を，一般的方法によって確定することは不可能だろう。したがってこの場合には，投資単位を次々に増やしてゆくときの社会的純生産物を表す曲線が，その全域で正の値を示すか否かについて，一般的に議論することはできない。

第2に，競争しあう各独占者の宣伝支出は相殺しあうにすぎず，彼らの産業上の立場は，双方が宣伝のためにまったく支出しなかった場合と何も変わらないかもしれない。なぜなら明らかに，2人の競争者が互いに相手から公衆の愛顧を奪おうとして等しい努力をおこなえば，その全体としての結果は，双方がまったく何も努力しなかった場合と同じだからである。1908年の商務省鉄道協議会（Board of Trade Railway Conference）に提出されたバターワース氏の覚書は，この点を実に明快に述べている。彼が指摘したように，競争的条件下では，競争しあう
167 各社の役員は，その時間と活力の大部分を「どうすれば経費節約と事業能率を最もよく両立できるかという工夫ではなく，どうすれば輸送量を自社の路線に確保できるかという策を弄すること」に費やす。「現在，鉄道会社の最も給料の高い役員たちが多くの時間と活力をかけて夢中になっているのは，経済社会に何ら

---

116) むろんこれらの文章に投じられた「資源」が測定されるのは，その文章の生産に投じられた実際の資本と労働の量によってであり，その新聞がそれらに強要する独占的対価——そのような支払がなされているならば——によってではない。

利益をもたらさないような仕事である。その仕事は株主の利益のために必要となるにすぎず，彼らが会社間の激しい競争を通じて働くのも株主のためである」[117]。このような場合には，投資単位を次々に増やしてゆくときの社会的純生産物を表す曲線は，終始，負の値を示すだろう。

　第3に，宣伝費は，市場において，ある企業の生産する財貨を，別の企業の生産する同じ量の同じ財貨に置き替える結果しかもたらさないかもしれない。Aの生産もBの生産も収穫一定の法則に従い，また単位当り費用が等しい場合には，公衆がこの2つの生産者のどちらから買うかは，明らかに，社会的には完全にどちらでもよい問題である。換言すれば，相手より大きな信用を確立しようとして，もう一方の生産者が支出する資源単位の社会的純生産物はすべてゼロになる。BからAに注文を幾らか移すことによってその財貨の総生産費が減少する場合には，Bから注文を奪うためにAが用いる資源単位の一部は，正の社会的純生産物をもたらすが，Aから注文を奪うためにBが用いる資源単位はすべて，負の社会的純生産物をもたらす。また能率の高い企業と能率の低い企業が，こうした競争関係のもとで宣伝にほぼ同量の資源を費やし，しかもそれらの努力が相殺しあって，双方がその努力をやめる場合と同じ状態のまま留まる場合には，明らかに全体としては，双方の努力のどんな合成単位の社会的純生産物もやはりゼロである。しかし生産能率の低い企業は，生産能率の高い競争相手よりも宣伝に熱心になりやすい，と考えるべき理由が少しばかりある。なぜなら明らかに，能率の低い企業の方が，自分と他の生産者が同じ価格で供給している財貨の中身を比較できないようにする特殊な包装などの工夫に支出する，強い動機をもつからである。このことは，投資単位を次々に増やしてゆくときの社会的純生産物を表す曲線が，終始，負の値をとりやすいことを示唆する。

　以上の議論から明らかなように，一般的に言って，競争的宣伝に投じられる任意の第 r 単位の資源の社会的純生産物がその私的純生産物と同じくらい大きくなることは，稀である。最後に次のことを述べておこう。すなわち競争的宣伝が通常もたらす浪費は，法廷弁護士の間，医師の間，ロンドン株式取引所会員の間で結ばれているような，宣伝をしないという競争者間の特別な約束によって減少するかもしれない。こうした約束ができない場合でも，その害悪は，政府による課

---

[117] 『商務省鉄道協議会報告』27頁。

税や競争的宣伝の禁止——厳密に競争的でない宣伝と区別できるならば——によってなくせるかもしれない。また独占的競争の状況自体が解消されれば，それは完全になくせるだろう。

12　次に，双方独占の場合を考察する。この場合，単一の買手と単一の売手の関係は，彼らが活動する市場の働きによっては厳密に確定されない。この意味における双方独占の存在は，若干の理論的不確定性が生じることを含意するのである。好例は，水夫向けの宿屋の主人とその客の関係，組織化されていない業種の個々の雇用主と個々の労働者の関係，個々の金融業者とその顧客の関係，大鉄道会社と大海運会社の関係である。そのような場合にはすべて，パレート教授が次のような表現で区別した，ある種の活動の機会が生じる。「人間の活動は2つの方面に向かう。1つは，経済財の生産や変形に向かい，もう1つは，他人が生産する財貨の収奪に向かう。古典古代の時代の戦争は他人の財貨を奪う主要手段であり，その犠牲者は外国人だった。今日では収奪は，主としてその収奪者の同国人に対しておこなわれる」[118]。法的罰則がなければ，他人の財貨の収奪に向けられる活動や資源が，うまくいけば正の私的純生産物を生みだすことは明らかである。しかしそれらの活動や資源の初めの方の単位でさえ，正の社会的純生産物を生みださず，場合によっては負の社会的純生産物をもたらすことも同じく明らかである。直接の略奪をめざす暴力の行使を別にすれば，ここで考察している活動は主に，「交渉」自体の頭脳労働と，次の2種類の詐欺からなる。すなわち第1に，商品の物的性質に関する詐欺であり，第2に，商品の物的性質が正直に説明される場合には，その商品から「当然期待できる」将来収益に関する詐欺である。

13　交渉自体については，特に述べることはほとんどない。この目的に向けられる知性や資源は明らかに，自分側にも相手側にも，また成功しても失敗しても，社会全体に純生産物をまったくもたらさない。カーヴァー教授によれば，事業者の活力のかなりの部分がこの種の労働に向けられ，またその稼得のかなりの部分がそこから生じる[119]。これが事実である限り，その活動は無駄であり，私的純

118）パレート『経済学提要』444-5頁。

生産物には寄与しても，社会的純生産物には寄与しない。しかし，この結論をもってこの主題が論じ尽くされたわけではない。しばしば指摘されるように，労働者から搾取できる場合には，雇用主は自分の活力を，工場組織の改良より，むしろ搾取の実現に費やす傾向がある。「安価な労働は改良の大きな障害である。それは発明の意欲を挫き，進歩や効率化を促す大きな刺激をなくしたり鈍らせたりする。……歴史が教えるように，雇用主は，安価な労働と劣悪な労働条件という道に沿って自分の事業を発展させることができなくなると，生産方法の改善という道に沿ってその事業をさらに発展させ，その生産方法の改善は，産出の増加と大幅な価格下落の両方をもたらす傾向がある」[120]。だからラウントリー氏は，ベルギーではイギリスよりも工場設備などが劣悪なのだろうと考えるわけである。すなわちベルギーの雇用主は，「極端な低賃金で非常に長い時間進んで働こうとする，よく組織されていない労働の豊富な供給が，すぐ手に入ることを知っているので，彼はおのずと最も安易な道を選び，生産方法の改善に努めたり労働節約的機械に投資したりせずに，この労働を利用する」[121]。この場合，労働者の能力はおそらく害を被るのに対し，雇用主の能力はこのような賃金契約によってそれほど高まらないので，交渉に向けられる資源の初めの方の単位の社会的純生産物でさえ，ゼロどころか，むしろ負になるだろう。そのような場合，歳入を生みだす租税によって事態を改善することはできても，最大満足をもたらすことはできないので，むしろそのような労働の完全な禁止が必要になる。この方向への改革は，イギリスの1901年の工場及び事業所法（Factory and Workshop Act）の特別条項や，「現物支給」を禁じるイギリスの多くの法律によって試みられている。できる限り，賃金契約からすべての種類の曖昧さをなくすことによって，交渉活動に委ねられる領域を狭めることが期待されるのである。

14 商品の物的性質に関する詐欺がよくおこなわれるのは，財貨に関する度量衡の偽り，粗悪品，品名の偽りなどの場合である。協同組合運動が現れる以前の時代には，「工場町の裏通りには小店が軒を連ね，そこではあらゆる最悪の商品が，未検査の尺や升，怪しげな秤を使って売られていた」[122]。程度は劣るが，同様の

---

119) 『アメリカ経済学協会』（*American Economic Association*）1909年, 51頁。
120) ブラック『衣服を作る人々』185-92頁。
121) ラウントリー『土地と労働』530頁。

悪習は今でも広く見られる。入念に組織された「検査」部門を備えていることの多い鉄道会社のような大企業が買手となる「生産財」については，そのような詐欺をおこなう誘因はほとんどない。だが貧しく無知な買手に販売される「消費財」については，また農業者のように取引下手な買手に販売される場合には生産財についてさえ，今もそのような誘因が幾らかある。他方，商品から当然期待できる将来収益に関する詐欺がよくおこなわれるのは主に，有価証券を扱う破廉恥な金融業者によってである。その手口としては，配当支払の操作，「馴れあい売買」，偽情報の故意の公表などがある[123]。明らかに，これらの形の詐欺活動は，ある点までは正の私的純生産物をもたらすが，正の社会的純生産物をもたらすとはない。しかもそれらの活動は，詐欺がよくおこなわれる商品の購入を増加させるので，その生産をしばしば増加させる。すなわちそれらの活動は，本来ならば正常な限界収入をもたらす生産形態に向けられたはずの資源を，この商品の生産に振り向けることになる。したがって，この間接的帰結も考慮するならば，詐欺に向けられる資源の初めの方の単位でさえ，一般にその社会的純生産物はゼロどころか，むしろ負になる。もしその商品が，不正な登録事務所が生みだす架空の存在のような，その生産に資源の支出をまったく伴わない商品であるならば，その社会的純生産物は，なるほど負にはならない。なぜならこれらの架空の存在の追加生産は，他のどこからも資源を何ら取り去らないからである。しかしほとんどの場合，詐欺活動に投じられる資源の社会的純生産物は，どの資源単位についても負になる。そのような場合には，交渉の場合と同じく，歳入を生みだす租税は，事態を改善することはできても最大満足をもたらすことはできないので，やはりその活動の完全な禁止が必要になる。そのような禁止を定める試みは，一方では，度量衡の偽りや食料の品質低下を防ぐさまざまな法律によって，他方では，会社設立の慣行を統制したり規制したりするさまざまな法律によってなされてきた。その他の分野でも，欺瞞活動の害悪は，売手と買手の利害が統一される購買者組合の設立によって，より直接に対処することができる[124]。

---

122) エイヴズ『協同組合事業』（Aves, *Co-operative Industry*, 1907）16 頁。
123) これらの手口の幾つかに関する明快な説明は，ローソン『金融の熱狂』（Lawson, *Frenzied Finance*, 1904）の随所にある。また有名なドイツの 1884 年の法律に具体化されたその防止策に関する分析については，シャスター「ドイツの法律に従った会社設立とその資産評価」（Schuster, "The Promotion of Companies and the Valuation of their Assets according to German Law", 『エコノミック・ジャーナル』1900 年，1 頁以降）を参照のこと。

第 8 章　単純競争下における各用途の限界純生産物の均等

1　前章では暫定的に次のように仮定していた。すなわち利己心は各産業の私的限界純生産物を均等化する傾向をもち，したがって，利己心が社会的限界純生産物の均等化に失敗するのは，あくまで私的純生産物と社会的純生産物が乖離する場合のみである。そこで次に，この暫定的仮定がどこまで正当化されるかを考察しなければならない。説明の単純化のために，私的限界純生産物と社会的限界純生産物が乖離しやすいという事実をここでは無視し，今後は形容詞なしの「限界純生産物」について述べる。われわれの問題の一般的性質を理解するには，2 つの簡単な図の助けを借りるのが一番である。私的供給価格と社会的供給価格は，終始一致していると仮定しよう。任意の産業に関する需要曲線 DD′ を描き，そしてある厄介な問題を避けるために，この需要曲線が同じく限界需要価格曲線でもあると仮定しよう[125]。次に，通常の型の供給曲線 SS_1 を描き，そこでは，その曲線上の任意の点 P から引いた垂線 PM が M で横軸と交わり，PM がある年間産出量 OM を長期的に保つだろう価格を表すようにする。最後に，限界供給価格曲線 SS_2 を描き，そこでは，曲線上の任意の点 Q から引いた垂線 QM が M で横軸と交わり，QM が第 OM 番目の産出単位の生産によってその産業の総費用に生じる差分を表すようにする[126]。限界供給価格曲線が，Q で需要曲線と交わるようにしよう。このとき，任意の産業と産業一般の間に，資源の限界純生産物の均等を成立させるには，その産業の産出は OM 単位にな

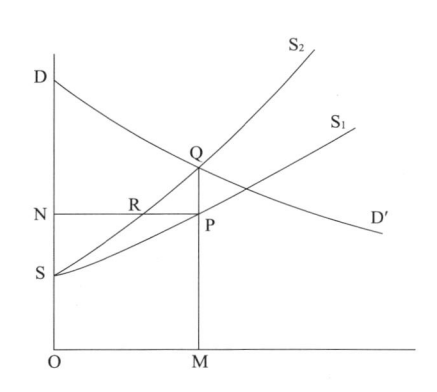

---

124)　第 II 編第 14 章参照。
125)　私の論文「生産者余剰と消費者余剰」（"Producers' and Consumers' Surplus"，『エコノミック・ジャーナル』1910 年 9 月）を参照のこと。**需要曲線**と**限界需要価格曲線**の関係は，すぐ後で述べる**供給曲線**と**限界供給価格曲線**の関係に類似している。

る必要がある。産出がOM単位を上回れば，その産業に投じられる資源の限界純生産物は，産業一般のそれより小さくなり，また産出がOM単位を下回れば，その限界純生産物は，産業一般のそれより大きくなる。独占的競争および本来の独占の場合に限界純生産物を均等化する産出——これを理想的産出と呼ぼう——と現実的産出の関係は，後の諸章で考察するので，本章では単純競争の場合だけを扱う。

2　単純競争下では——そこでは各供給者の産出は非常に少ないので，彼らは市場価格を受け入れ，これを操作しようとしない——，取引の指針は必ず需要曲線と供給曲線の交点に位置し，産出はこの指針の位置に対応する水準になる。それゆえ，その供給曲線と限界供給価格曲線が一致する場合には，現実的産出は理想的産出と一致する傾向があり，これらの曲線が乖離する場合には，現実的産出は理想的産出と乖離する傾向がある。これは，任意の産業の現実的産出と理想的産出の接近の程度が，その供給曲線と限界供給価格曲線の接近の程度によって決まることを意味する。したがって，両曲線の間に存在する関係を，さまざまな場合について調べることが必要になる。

3　どんな生産量にせよ，その供給価格は定義上，その生産量を毎年もたらすよ

---

126) 念のため，次のことを述べておく必要がある。第OM番目の産出単位の生産によって「総費用に生じる差分」が意味するのは，x単位を生産しており，**かつその生産に適した十分な調整がなされる場合**と，$(x+\Delta x)$単位を生産しており，**かつその生産に適した十分な調整がなされる場合**の，ある産業の総費用の差分である。それは，x単位の生産に適したある産業の産出に，Δxを追加することによって，ある任意の年に生じる差分を意味**するのではない**。われわれが出発するのは，何も生産する用意のないゼロの状態からであり，x単位を生産する用意がすでに整っている状態からではない。この違いは鉄道輸送に関する事実から例証できよう。もしx単位の貨物を輸送する用意がすでに整っているならば，荷物を1つ追加してもほとんど追加費用はかからず，2つめも同様だろう。だがどんどん荷物を追加してゆけば，いずれは貨車の追加が必要になり，そのさいに巨額の費用がかかる。だがその後の荷物の追加には，再びほとんど費用がかからなくなる。しかし当初に何の用意もなければ，常にその都度，必要輸送量に適した条件を考えなければならないので，それぞれの貨車の積荷の量は，その総輸送量によって異なってくる。すなわち過剰な積荷を載せた貨車40両に，さらに荷物が1つ加われば，過剰な積荷を載せた貨車40両と1つの荷物を載せた貨車1両ではなく，積荷を軽減された貨車41両になるだろう。同様にして，混雑する1路線にさらに乗客が加われば，過剰な乗客を運ぶ1路線とごくわずかな乗客を運ぶ1路線ではなく，適度な数の乗客を運ぶ2路線になる。

うな価格である。しかしどんな産業でも，ある生産量 x に対してある価格 p_1 が流布しているために，その産業の総収入が経営のための賃金や利子などを含む総費用を上回る場合には，その結果生じる黒字は，資源をその産業に引き寄せる力として作用する。それゆえ均衡は成立しておらず，p_1 は x 単位の供給価格ではなく，この供給価格より高いことになる。他方，どんな産業でも，ある生産量 x に対してある価格 p_2 が流布しているために，その産業の総収入が総費用を下回る場合には，その結果生じる赤字は，資源をその産業から駆逐する力として作用する。それゆえこの場合も，やはり均衡は成立しておらず，p_2 は x 単位の供給価格ではなく，この供給価格より低いことになる。したがって任意の生産量 x の供給価格は，その総収入が総費用に等しく，それゆえ黒字も赤字も出ないような価格でなければならない。注意すべきなのは，この帰結が通常の地代原理と矛盾することである。なぜなら今の議論では，さまざまなポンド価値に相当する量の**土地を含む資源が**，ある産業で用いられると考えたのに対し，地代の一般的議論では，さまざまなポンド価値に相当する量の資本と労働が，**ある一定面積の土地に対して**用いられると考えるからである。だから任意の生産量 x の供給価格は，その価格での総収入が，土地の使用費とその他の生産要素の使用費を含む総費用に等しくなるような値になる。これは，x 単位の供給価格が，ゼロ単位から x 単位までの各量の限界供給価格の総和を x で除した値に等しくなることを意味する。それゆえ，任意の産業の供給曲線と限界供給価格曲線の間には，完全に固定したある関係が存在する。この関係を示すために，SS_1 上の任意の点 P から，横軸 X と縦軸 Y のそれぞれに対して垂直に PQM と PRN を引き，そして PQM が Q で SS_2 と交わるとしよう。そのとき，SS_2 が与えられれば，SS_1 は必ず，P および Q のすべての位置について，面積 PRQ が面積 SRN と等しくなるようになっている。したがって，SS_1 が水平線であれば SS_1 と SS_2 は一致し，SS_1 が正の傾きをもつならば SS_1 は SS_2 より下方に位置し，SS_1 が負の傾きをもつならば SS_1 は SS_2 より上方に位置することになる。また SS_1 と SS_2 が右方に向かうにつれてますます乖離してゆくほど，SS_1 の傾きは正負の

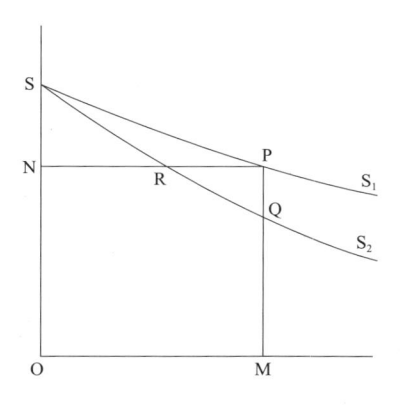

いずれの向きにせよ急なものになる。

4　これらの結論は抽象的には明白である。またそれらは，収穫一定や収穫逓増のケースに具体的に適用されても反論を受けそうにない。だが収穫逓減のケースに適用される場合には，それらは眉唾ものと見られそうである。第1に，供給曲線の傾きが負になるのは，一定量の土地に用いられる資本と労働で測った，生産の連続的増分の費用を表すようにそれを作図する場合のみであるから，ここで採用した方法によって描かれる供給曲線の傾きは負に**なりえない**と反論される。しかしこの反論は，どんな産業にせよ，その産出が増加すれば，そこで用いられる原材料の価格が上昇するだろうという事実を見落としている。その事実を考慮すれば，その反論が無効であることは容易にわかる。第2に，収穫逓減のもとでは，われわれの議論に従えば，どんな産出量の供給価格もその限界供給価格を下回ってしまい，それは生産者が損失を出しながらその限界単位を生産し続けることを意味するので，これは不可能であり馬鹿げていると反論される。この反論のもっともらしさは，ここで用いられる**限界供給価格曲線**がマーシャル博士の**特定経費曲線**（*particular expenses curve*）と同一である，という暗黙の仮定から来ている。しかしその仮定は，単純競争の場合には誤りである。x 単位の限界供給価格は，私の定義では，x 単位と $(x+\Delta x)$ 単位の，それぞれの年間生産の総費用の差である。x 単位が生産されているときに——同じことは $(x+\Delta x)$ 単位が生産されているときにも言える——，そのうちのどれか1単位を生産する代表的生産者にとっての個別費用，すなわち**必要な土地を借りることも含めて計算される全費用**は，どれか他の1単位を生産する個別費用に等しい。すなわちもし p が，x 単位を生産する単位当り平均総費用であるならば，x 単位の生産に対応する個別費用曲線は，p の高さの水平線になる。それゆえ，先ほど定義した**限界供給価格**は p より高いという事実があるのだから，それらの個別費用より安く生産されている単位もあるというのは正しく**ない**。したがって第1の反論と同じく第2の反論も斥けられたので，われわれの抽象的な結論は，具体的にも正当性が立証されるのである。

5　一般的結論は次の通りである。収穫一定産業では，あらゆる生産量の供給価格と限界供給価格は等しい。収穫逓増産業では，その供給価格は限界供給価格を

上回り，収穫逓減産業では，その供給価格は限界供給価格を下回る。むろんこの結論は，その供給価格と限界供給価格が，ある単一生産物を生みだす活動に関するものであっても，複数の生産物を結合的に生みだす活動に関するものであっても，等しく妥当する。したがって，他の条件が等しい限り，収穫逓増産業では，その投資の限界純生産物は産業一般の限界純生産物を上回り，収穫逓減産業では，それを下回ることになる。またその乖離の「幅」は，どちらのケースでも，その収穫の逓減ないし逓増が強く作用するほど大きくなる。

6 前節の議論は，もし総供給に寄与するすべての生産者を厳密に同質と考えるならば，申し分のないものである。一見すると，なるほど収穫逓増の場合には，単一の生産者しか活動していないという第2の仮定——われわれの単純競争の仮定と矛盾する仮定——を加える必要があるように思われるかもしれない。なぜならその市場に複数の供給者がいれば，どのようにして安定均衡が成立するのかを理解し難いからである。しかしこの問題は，実質的なものというより，むしろ外見的なものである。ある外部経済がすべての供給者全体に等しく作用している場合には，供給者全体の観点からの収穫逓増は，個別供給者の特定の活動の観点からの収穫逓減と両立可能であるから，この場合，安定均衡は十分に成立可能である。それゆえわれわれの議論を立証するうえで，先ほどの第2の仮定は不要である。しかし第1の仮定——すべての生産者の厳密な同質性の仮定——を外す場合に，どんな結果が生じるのかを考察する必要がある。ところで単純競争の場合に均衡が成立するのは，その産出量が，その需要価格と，供給の中心地Aや中心地Bなどの供給価格を，すべて均等化する場合だろう。またその産業のあらゆる部門の資源の限界純生産物が，資源一般の限界純生産物と等しくなるためには，その需要価格と，中心地Aや中心地Bなどの限界供給価格が，すべて等しくなる必要がある。しかしAやBの供給価格の均等が意味するのは，その2つの供給中心地が厳密に同質である場合の，限界供給価格の均等にすぎない[127]。それゆえ，第1の仮定を外し，一部の供給中心地が他の中心地とは同質でないよ

---

127) もしその2つの供給曲線が直線であり，a と b を，それらの直線がそれぞれ縦軸Yと交わる点の原点からの距離とすれば，容易に示されるように，Aの供給価格がBの供給価格と一致する産出量では，Aの限界供給価格はBの限界供給価格を $(b-a)$ だけ上回らなければならない。

うな市場に注目するならば，単純競争には，これまで論じてきた調整不全のほかに，もう1つの調整不全の傾向があることがわかる。すなわち供給の各中心地に投じられる資源の限界純生産物は，資源一般の限界純生産物から均一に乖離するのではなく，むしろあるものは大きく，他のものは小さく乖離するだろう。

7 こうして得られた結果は，直ちに次のような結論を導く。供給地が1つしかない場合や，すべての供給地が同質である場合には，収穫逓減法則に従うあらゆる産業について，次のようなある一般的かつ均一な税率を考えることができる。すなわちその産業への課税が，その産業の資源の限界純生産物を，課税しなかった場合よりも資源一般の限界純生産物に近づけるような税率である。同様にして，収穫逓増法則に従うあらゆる産業についても，その給付がこうした結果をもたらすある一般的かつ均一な補助金率を考えることができる。需要曲線と供給曲線の交点に対応するその産業の産出をxで表し，需要曲線と限界供給価格曲線の交点に対応する産出をyで表すことにしよう。そのとき，何らかの率の税ないし補助金によって産出をxからy方向に動かせば，産出がyを越えない限り，限界純生産物の均等化は促される。またyを越える産出をもたらす率であっても，均等化は促される**ことがある**。やや興味深い特殊ケースが起こるのは，供給曲線が完全に需要曲線の上方に位置するためにxはゼロになるが，限界供給価格曲線が需要曲線と交わるためにyは正の量になる場合である。この特殊ケースは，後に改めて論じられるだろう。複数の供給地が互いに厳密に同質でない場合でも，収穫逓減のもとでは，その産業の供給の各中心地の資源の限界純生産物を，完全な自由放任体制の場合よりも資源一般の限界純生産物に近づける，ある一般的かつ均一な税率を考えることは依然として可能である。しかしその産業のすべての中心地の資源の限界純生産物を，資源一般の限界純生産物に等しくする，一般的かつ均一な税率を考えることは不可能である。後者の目的を達成するには，収穫逓減が最も強力に作用する供給地には重く課税し，その他の供給地には軽く課税する，差別的な税体系が必要になる[128]。

---

[128] このすべての議論は，単独で生産される財貨と同じく，結合生産物にも妥当する。しかし2つの結合生産物の一方に課される現物税——通常の金納税ではない——については，ある特殊な別の可能性も生じる。すなわちもしその一方の需要弾力性が1より小さければ，その生産物に対する現物税は，両方の生産物の産出を増加させ，それゆえ他方の生産物の消費者に正の利益をもたらし，消費者余剰の総量を増加させる場合もある。

第9章　独占の発生条件

1 前章では，利己心があくまで単純競争のもとで作用すると仮定して，すべての用途の限界純生産物を均等化する利己心の傾向を考察した。しかしこの仮定は，常に保証されるわけではない。「単純競争」の本質的特徴は，各々の売手の供給が市場の総供給のごくわずかな割合しか占めず，それゆえ売手が「市場価格を意図的に操作しようとせず，その価格を受け入れる」場合に[129]，その利益が最大になることである。いずれかの売手の産出が市場全体の産出の大きな割合を占める場合には，各種の独占的行動の余地があり，そして何らかの種類の独占的行動がなされる場合には，利己心は，需要曲線と供給曲線の交点に対応する産出をもたらさなくなる。次章以後では独占的行動を精査するので，その前に本章では独占力の発生条件を考察するのが好都合だろう。

2 第1に，産業の総規模が一定であるとき，その典型的な個別企業が規模を拡大すれば，構造的にその経済性が高まるような場合には，他の条件が等しい限り，ある単一の**売手**がその産業分野の総産出の大きな割合を販売する傾向は，それだけ強まる。なぜならそのような状況は，ある単一の**企業**がその総産出の大きな割合を販売する蓋然性を必然的に高めるからである。実際，ある単一の企業が，産業全体に比較して，幾らかの独占力を獲得するほどに巨大化するか否かは，考察対象となる産業の一般的特性に依存する。そのような事態は，「特製品」になることが多い高級品を扱う産業の場合に，非常に生じやすい。なぜならこの種の産業には，その広い一般市場の内部にしばしば小市場が存在し，ある程度までそれらの間には競争がないからである。このような場合，個々の売手は，けっしてその規模はあまり大きくなくても，自分の小市場のかなりの割合を供給することがある。主要商品（staple goods and services）を扱う産業のうち若干の特殊産業の場合にも，内部経済を見込んで単一の企業が巨大化し，産業の全産出量の大

---

[129] パレート『経済学講義』第1巻，20頁参照。

部分を支配するようになることがよくある。この最も明白な注目すべき例は，任意の経路上の鉄道輸送業である。適当な路線を整備する巨額の工事費を考慮すれば，1社か，せいぜい2, 3社の鉄道が，任意の2地点間の輸送サービス全体を提供する方が，このサービスを多くの鉄道が分担して，各々がそのサービス全体の小部分しか提供しない場合より，明らかにずっと安上がりである。同様のことは，水道・ガス・電気・市電などのサービスを都市に供給する産業についても言える。多くの企業が乱立すれば，幹線となる配管・電線・線路をやたらに作ることになるが，通常のどんな地域でも，それらの事業に必要な幹線はごくわずかである。したがって，多くの企業が乱立すれば，大量の資本が幹線に投資されるにもかかわらず，その幹線の稼働能力のごく一部しか利用されないという事態になる。そのような投資を避けることには，明白な経済性がある。この経済性こそが，上述の種類の産業に強く現れる，単一の企業がその供給全体の大部分を提供するという傾向の，**究極的**理由である。このことがわかりにくい一因は，次のような事実にある。すなわちその**直接的**理由は，中央および地方の政府当局が一般に，どうしても必要な数以上の者に土地収用権を与えるのを好まず，みだりに多くの者によって街路がかき乱されるのを好まないからである。しかしそれらの当局がこれを嫌うことの背後には，そのような施策にかかる追加の出費もある。主要商品を扱う大部分の産業では，鉄道やそれに類する産業に特有の独占的状況は発生しない。個別企業が成長してその産業分野全体の大きな部分を占めるようになるずっと前に，内部経済の限界に至るからである。この場合には明らかに，内部経済は独占力をもたらす原因にならない。

3 第2に，産業の総規模とその典型的な個別企業の規模が一定であるとき，典型的な個別事業の経営単位——例えば単一の当局が管理する事業数——が拡大すれば，構造的に経済性が高まるような場合には，他の条件が等しい限り，ある単一の売手がその産業の総産出の大きな割合を販売する傾向は，それだけ強まる。この命題は最近，非常に重要になってきたので，さまざまな場合において大規模経営がもたらす各種の構造的経済性（structural economies）を慎重に検討する必要がある。

幾人かの著者が強調しているのは，多くの類似企業の経営を統合すれば，各設備は特定段階の作業にひたすら専念できるという事実，またどんな場所の注文に

対してもそこに最も近い設備によって対応できるので，輸送の重複が省かれるというもう1つの関連事実である。しかし，これらの経済性を確保するために，多くの別々の企業の経営をわざわざ統合する必要はなかろう。たとえそれらの企業が別々のままであっても，その産業的有機体は通常の経済動機に促されて，それらの経済性を発展させる傾向をもつだろう。また幾人かの著者が大規模経営によって生じたと見なす販売面の経済性にも，大きな重要性はないように思われる。ホブソン氏が引用するように，「ある製造業者が原材料を購入しているとする。彼がその通例の最小量を買う場合には，ある市場価格が一般に存在し，誰もがその価格を支払わなければならず，誰もがその価格で品物を入手できる。これに対し，彼が必要とするものが半完成品である場合には，年当り数百ポンドにのぼる即金で支払われる購入は，一般に可能な限りの最低価格でなされる。原材料の購入のさいに巨大企業が享受する唯一の利点は，小企業には到底できない大量購入によって，原材料や半完成品の余剰生産物を，必要なときに市場から安く調達できる可能性にあるように思われる。しかしそのような活動は投機の性質を帯びており，利益を得られるとしても，それは生産費の低下と呼ばれることはほとんどない。次のような理由を挙げれば十分である。すなわちそのような特殊な大量購入の機会が頻繁にあるとは期待できないし，機会があるとしても，おそらく利益を得るのと同じくらい損失も被りやすいからである」[130]。またマクロスティー氏が述べる「事務作業の集約，中央財貨倉庫の設備，保険や銀行の集中，支部の活動の比較を容易にする統一会計制度の確立，統一費用見積制度や中央販売機関の整備」[131] などの大規模経営の利点も，あまり重視すべきではない。なぜならこれらの経済性は，ドイツで普及している素朴な型の価格固定カルテルにおいてもほとんど実現不可能であり，合同企業や持株会社（holding companies）においてさえ[132]，巨大事業の経営に適した有能な人材を見つけるという計り知れない困難に，たちまち圧倒されてしまうからである。

　しかし別の種類の，より広範に作用する大規模経営の幾つかの構造的経済性が存在する。多くの企業を統合した事業は，一般に，それぞれの需要変動がある程度まで無関係な多くの異なる市場で取引をしている。したがってそのような事業

---

130)　ホブソン『産業体制』187頁。W. R. ハミルトン『産出逓増と生産費』（Hamilton, *The Cost of Production in Relation to Increasing Output*）に引用あり。
131)　マクロスティー（『エコノミック・ジャーナル』1902年9月号，359頁）。

活動は，各部門の活動がばらばらである場合より，総計として少ない不確実性しか負担しないで済む。この事実から生じる一般的経済性は，容易に貸付を受けられるようになること，そのさいに課される低い利率，その企業が配当などを平準化するために留保する必要のある準備金の比率を小さくできること，などの形で現れるだろう。その本質的な点は，一般的経済性がどのように現れようとも，それが必ず存在することである。個別の経営単位が大きいほど，この経済性も大きくなる。ある点を越えれば，経営単位の拡大による経済性の高まりは，確かに非常に緩慢になる。しかしその単位が巨大な規模に達するまでは，それは急速に高まり，さらなる単位の拡大を促す強い力を発揮する。さらにもう1点，述べることができよう。一定の特殊ケースでは，大規模経営は，各企業の産業的景気変動から生じる不確実性を減らすことによって直接的な経済性を獲得するのみならず，そのような変動が起こる蓋然性自体を減らすことによって間接的な経済性も獲得する。後者が獲得されるのは，公衆の信頼が重要であり，資本金の大きさがその信頼を創りだすと考えられる事業分野においてである。銀行の場合，この条件は満たされており，銀行の会計が一般に公表されるようになってからは，なおさらそうである。銀行がこの点において他の企業と異なるのは，むろん，その顧客が債権者であり，他のたいていの業種の場合のように債務者ではないからである。

4 ここまでは，いわゆる**構造的**経済性のみを考察してきたが，場合によっては，大規模経営の発展を促す他の種類の経済性も存在する。ある産業分野が別々に管理される多くの企業によって営まれる限り，それらの企業はすべて，他の企業から自分の市場を守るための出費を強いられることが多い。宣伝や外交販売員に関する出費の大部分は，第7章で見たように，この種の性質のものである。しかし競争しあう多くの企業ではなく，経営統合された多くの企業が産業分野の任意の

---

132) リーフマン博士によれば，「若干のトラスト，例えば砂糖や蒸留酒のトラストは，**完全な合併**，すなわち企業合同によって，単一の会社に姿を変えた。すなわち諸々の関連企業が個別の経済組織として存在しなくなるほどに，単一の事業にすべて統合されたのである。しかし大多数のトラストは，最近のさまざまな試みの後，いわゆる**持株会社**の形，すなわちドイツでは**管理会社**（Kontrollgesellschaft）と呼ばれる形をとっている。すなわちそれは，トラストに属する個々の会社全部の株式のすべて，あるいは少なくとも大多数を獲得した会社である」（『カルテルとトラスト』（Liefmann, *Kartelle und Trusts*, 1905）114頁）。

部門に現れる場合には，同じく第7章で見たように，この出費の大部分を省くことができる。A社とB社が統合されれば，人々を説得するために金銭を費やして，その一方を他方より愛好させることは，もはやどちらの利益にもならない。商務省鉄道協議会も，最近，次のように述べた。「周知のように，鉄道各社は顧客を奪いあうことに多額の金銭を費やさざるをえない。しかし賢明な合併によって競争がなくなれば，この出費の大部分を省くことができるはずである」[133]。むろんこうした経済性が最大になるのは，統合がなされなければ「競争的」出費が最大になる業種，すなわち容易に見分けられる規格品を供給する主要商品産業ではなく，各種の「高級品」産業だろう[134]。

5 次に，ある産業において個々の企業の大きさと個々の経営単位の大きさが，構造的およびその他の経済性をふまえて調整済みであり，こうして発展した単位は独占力を行使するほどの規模ではないとしよう。この場合には明らかに，独占力とは無関係に生じる発展に付随して，その発展が独占力をもたらすことはない。しかし独占をもたらす傾向のある影響力として，独占が生みだす利得への直接的期待が，依然として残っている。ある独占によって実際以上の利益が得られると投機筋は過大評価するかもしれない。そう考えるべき理由が，企業合併の発起人の側にあるならば，この事実は発起人に特別の利得を約束することになる。なぜならそれによって，発起人は持株を高値で販売できるからである。だがこの特別な事情を別にすれば，独占から得られる利得の大きさは，供給の条件が一定であれば，その関連財貨の需要の弾力性しだいであると言ってよい。この需要の弾力性が小さいほど，他の条件が等しい限り，その蓋然的利得は大きくなる。したがって，マーシャル博士の通説的解説に示された著しく非弾力的な需要の主要条件を，ここに列挙しなければならない。

第1の条件は，その財貨が，手頃な代用品を見つけにくい種類のものであることである。羊肉の需要は牛肉の存在によって，石油の需要はガスの存在によっ

---

133) 『商務省鉄道協議会報告』26頁。
134) 企業結合は外交販売員などの費用の節約を可能にするという主張は，ジェンクス教授がどこかで指摘したような事実，すなわち多くの場合，企業結合の形成後に販売員に支払われる年間総賃金は増加したという事実によって，覆されるわけではない。なぜならその増加はおそらく，その結合した企業の次のような試み，すなわち結合に加わったどの企業もこれまで進出していなかった分野に，その市場を拡大したことに起因するからである。

て，市電サービスの需要はバスの存在によって，比較的弾力的になる。同様にして，鉄道輸送サービスの需要は，イギリスでは，アメリカ大陸より比較的弾力的である。なぜなら「イギリスの長く入りくんだ海岸線と非常に多くの港」によって，水上輸送の競争力は大いに高まるからである[135]。また水上輸送との競争がない地方でさえ，特定のどの鉄道路線サービスの需要も，他の市場に向かう路線との間接的競争があるので，一般にかなり弾力的である[136]。ここで説明している事柄の好例が，分野は異なるが，ジェヴォンズの『石炭問題』に見られる。「両シチリア王国の政府が硫黄に法外な重税を課したとき，イタリアは天然硫黄を独占していると考えられていたので，イギリスの製造業者は直ちに黄鉄鉱や硫化鉄を化学分解する方法に頼った」[137]。代用品を利用しやすい財貨の種類については，一般的に興味深い事柄はほとんどないが，数量ではなく品質の優位をめざして努力する地方ないし国の生産物は，他の生産物ほどには，代用品との競争にさらされないことに注意すべきである。例えばイギリスの最高品質の牛肉や羊肉は，より低い品質の肉ほどには，アメリカやオーストラリアとの貿易の発展によって影響を受けていない[138]。したがって，イギリスの製造業者が壁紙や高級織物やケーブルに関する品質では，実に際立った優位性をもつのに対し，電気や化学産業では，決定的に劣る立場にあることは，通商上の重要な事実である[139]。ここでの観点からは明らかに，独占業者が生産する財貨に対する代用品の中に，他の売手が生産するその同じ財貨も含めなければならない。したがって，独占業者が市場に供給する生産物の，その産出全体に占める比率が大きいほど，彼の業務に対する需要は非弾力的になる。したがって独占商品の需要が非弾力的になるのは，高い輸送費，高い関税，あるいは各国の結合生産者の領域分割を定めた国際協定によって，競合する生産地からの輸入が妨げられている産業においてである[140]。また競合する供給地が必ずしも実際に存在しなくても，代用品によってその需要は非弾力的になることがある。通常は商品を購入する人々がそれを自分

---

135) マクファーソン『ヨーロッパにおける輸送』(McPherson, *Transportation in Europe*, 1910) 231頁参照。
136) ジョンソン『アメリカの鉄道輸送』(Johnson, *American Railway Transportation*, 1903) 267-8頁参照。
137) ジェヴォンズ『石炭問題』(*The Coal Question*, 1865) 135頁。
138) ベッセ『イギリスの農業』(Besse, *L'Agriculture en Angleterre*, 1910) 45頁と85頁を参照。
139) レヴィー『独占，カルテルおよびトラスト』(Levy, *Monopole, Kartelle und Trusts*, 1909) 227頁，229頁，237頁を参照。

で作るようになれば，それ自体が，潜在的な競合的供給地になる場合もあるからである。例えば，家内労働に関する委員会（Committee on Home Work）が述べたように，「収入の多い労働者や収入の少ない中流階級の女性に販売される，これらの財貨（乳児用リネン，婦人のブラウスや肌着）の価格が安ければ，人々はそれを購入するだろうが，価格が高ければ，人々は材料を買ってその財貨を家で作るだろう」。同じことは，洗濯業や日雇家政婦にも妥当するようである。貧しい主婦は，いざとなれば，これらのことを自分でおこなえるので，そのような業者の用役に対する需要は非常に弾力的になる[141]。例えばバーミンガムについて言われているように，「不況期に最初に仕事を失うのは，いつも洗濯婦たちである。なぜなら不況期の最初の節約は自分で洗濯をすることであるから，地域住民を相手にする小さな洗濯屋は直ちに仕事を失うのである」[142]。

　非弾力的な需要をもたらす第2の条件は，その財貨が何か別の財貨の生産に用いられる場合に，後者の総費用をわずかな比率しか上昇させないことである。むろんその理由は，その比率が小さければ，前者の財貨の価格上昇率が大きくても，後者の財貨の価格上昇率はわずかにすぎず，したがって消費の減少率もわずかにすぎないからである。レヴィー博士は，この条件が産業の通常の原材料の需要を非弾力的にしていると示唆する[143]。

　第3の条件は，その財貨が何か別の財貨の生産に用いられる場合に，後者が代用品を見つけにくいような財貨であることである。例えば建設業の原材料は，他の条件が等しい限り，機械工業の原材料より需要の弾力性は低いはずである。なぜなら外国の家屋がイギリスの家屋と競争するより，外国の機械がイギリスの機械と競争する方がずっと容易だからである[144]。より詳細な例証は，労働という特殊な商品から得られる。例えばブロードヘッド氏は，オーストラリアにおける

---

140) 1905年以来，鉄道レールにはこの種の国際協定が存在するようである（前掲書250頁）。タバコ産業にも同様の協定が存在する（254頁）。
141) チャップマン『ランカシャーの失業』（*Unemployment in Lancashire*, 1909）87頁参照。
142) キャドベリー『女性の労働と賃金』172頁。
143) レヴィー『独占，カルテルおよびトラスト』280頁。
144) ただし家屋全体は輸入できないが，その**資材**の輸入はますます容易になっていることに注意すべきである。すなわち加工石材・大理石・建具の輸入量は，1890年から1902年までに倍増したが，地方からロンドンへのこれらの物の「輸入」は，さらに大幅に増えている。ディアール『ロンドンの建設業における失業問題』（Dearle, *Problems of Unemployment in the London Building Trades*, 1908）52頁。

賃金規制の幾つかの影響を次のように論評している。「一部の業種では，輸入品との競争のために生産費を上昇させることができなかったので，自分たちの事業の生産部門を断念し，輸入を増やさざるをえなかった。皮革業や毛皮業でも，最低賃金の制定は幾つかの深刻な結果を招いた。2つの例を挙げよう。数年前，ダニーディン地方のある企業は，主として仲裁裁判所（Arbitration Court）が課した賃金条件のために，その工場を閉鎖し，設備をオーストラリアに移転させた。あるクライストチャーチの企業の社員が教えてくれた話によると，カンタベリー地方では，裁判所の定める最低賃金が6年ほど前にできて以来，羊皮のますます多くが，昔のように地元の毛皮商によって扱われることなく，ロンドンに船積みされるようになってしまった。この地でなめされるはずの獣皮が，そのまま船積みされている。最低賃金が定められる以前は，私に情報を提供してくれた社員の企業は，賃金に1万～1万5,000ポンドを支払っていたが，今では5,000ポンドほどにすぎない。同企業の，不純物を除いた羊毛の年間梱包数は，最低賃金が施行されてからはせいぜい2,000にすぎないが，昔は6,000～8,000だった」[145]。

第4の条件は，その財貨が何か別の財貨の生産に用いられる場合に，前者の財貨に協力する他の生産要素が，容易に「搾り取れる」ものであること，すなわち専門用語で言うならば，非弾力的な供給表をもつことである。

6 以上の考察が示すのは，たとえ構造上の経済性や宣伝上の経済性が独占の形成を決定づけなくても，独占力の行使に適した経営単位がしばしば見出されるということである。しかしこうした独占をもたらす傾向は，競争しあう売手どうしが協定を結ぶことに伴う困難と費用に妨げられる場合が多い。この困難と費用は，次のような一般的事情に左右される。第1に，関係する売手の数が多いときよりも少ないときの方が，結合は容易になる。なぜなら少数であれば，実際の交渉過程は容易になるし，協定参加者の誰かが後に協定を破る可能性も減るからである。1883年のドイツのマッチ製造業におけるカルテル形成の企ては，リーフマンの報告によれば，245もの別々の生産者と談合しなければならなかったために失敗した[146]。第2に，参加する各生産者があちこちに散らばっているより，

---

145) ブロードヘッド『ニュージーランドにおける政府の労働規制』（Broadhead, *State Regulation of Labour in New Zealand*, 1908) 215頁。

146) リーフマン『企業者団体』（Liefmann, *Die Unternehmerverbände*, 1897) 57頁。

互いにすぐ近くに住み，それゆえ簡単に集まれる場合の方が，結合は容易になる。結合がドイツの石炭業で普及し，イギリスの石炭業で普及しない理由の1つは，ドイツの石炭生産が地理的に集中しており，イギリスの場合のように多くの地方に散らばっていないからである[147]。なぜ買手一般より，売手一般の間で結合がよく生じるのかということも，おそらく同様の理由によって大部分は説明できる。なぜなら競売においては，買手側も集まるので，買手側の結合も珍しくないことが観察されるだろうからである。第3に，参加する各企業の生産物に一定の均一性がある場合に，結合は容易になる。個々人の好みに合わせなければならなかったり，流行の変化に左右される商品については，どんな形であれ，カルテルの協定を結ぶことは非常に難しい。レヴィー博士が言うように，イギリス企業が外国企業に比べてあまり結合しない理由は，前者が概して，「大衆商品」よりむしろ高品質の特殊な種類の財貨を作っているからである[148]。同様にしてウォーカー氏も，ドイツにおいてコークス・カルテルの方が石炭カルテルよりずっと容易に形成された原因を，コークスに一般に見られる質の均一性に求めている[149]。第4に，その国の伝統や習慣が，協調活動一般に否定的でなく好意的である場合に，結合は容易になる。雇用主が，商業会議所，割引や払戻金に関する協定，労働組合との交渉において，協調して行動することに慣れ親しんでいる場合には，その目的のために初対面で集まる場合より，価格協定を結ぶさいに克服すべき摩擦は明らかに小さくなる。例えばロビンソン氏によれば，「ニューヨークの商工会議所のような連合会は，なるほど独占力をもたないとはいえ，それでもその協調活動をもたらす影響のために，また一層強力な組織である企業結合やプール基金への道を準備するその傾向のために，極めて重要である」[150]。同様にしてV. S. クラーク氏が示唆するように，ニュージーランドの仲裁法は「雇用主に連合会への加入を強制する。なぜならそのようにしてのみ，彼らは同法のもとで自分たちを守ることができるからであり，これらの連合会はおのずと競争を制限する組織に発展してゆく」[151]。またおそらく，これを妨げる摩擦は，結合

---

147) レヴィー『独占，カルテルおよびトラスト』172頁参照。
148) 同上書 187頁。
149) ウォーカー『ドイツ石炭業における独占的結合』(Walker, *Monopolistic Combinations in the German Coal Industry*, 1904) 43頁。
150) 『アメリカ経済学協会』1904年，126頁。
151) 『合衆国労働公報』第43巻，1251頁。

に参加する生産者たちが個人企業（private firms）である場合よりも，会社（companies）である場合に，幾らか小さくなる。個人企業の経営では，経営者の個人的資質がより大きな役割を演じるからである。

7　前節では，結合から生じる利得がそれに伴う費用や手間を上回れば，実際に結合が起こると暗に前提していた。しかし必ずしもそうなる保証はない。すべての当事者に有利な協定の機会があるからといって，必ずしも協定が結ばれるわけではない。なぜなら互いの嫉妬によってAとBは，自分の取分に比べて不当に大きな取分だと考えるものを相手に与えるくらいならば，共通の利益であるメロンを切らないでおくかもしれないからである。そのような「参加比率」（participation）は，結合に参加する各企業の生産能力に比例させるべきだろうか。あるいはそれは，ここ数年間のその平均生産量に，あるいは設備やのれんに投資しなければならなかった量に，あるいは何か他の数量に，比例させるべきだろうか。「ある製造業者は特許や特殊機械をもち，彼はそれに多額の金銭をつぎ込んでいるので，それを非常に重視する。これらの費用が補償されなければ，彼はその提案される結合に参加しないだろう。別の製造業者は大きな生産能力，例えば50台の釘打機をもつかもしれない。彼はその機械の半分の生産量しか，その販売市場を見出せなかったが，結合すればその全生産能力を発揮できるようになると言い張るだろう。したがって彼は，生産能力をそのトラストの株の割当の基準にすべきだと主張する。3人めの製造業者は，その設備の卓越性と優れた経営方法によって，自分の工場を生産能力一杯に操業できたのに対し，競争相手はさらに大きな生産能力をもつとはいえ，地の利が悪いか，あるいは従業員の能力が劣るために，半分の時間しか操業していなかった。その成功していた方の製造業者は，平均販売量を株の割当の基準にすべきだと言い張る」[152]。企業どうしが直接の交渉を試みても，この種の争いによっておそらく議論は紛糾するだろう。しかし，それらの争いは大部分まで避けられることにも注意すべきである。（イギリスの銀行の場合のように）吸収の手法によって徐々に合併する場合や，会社発起人が競争しあう多数の企業を買収し統合しようと企て，各企業と個別に条件交渉をおこない，彼が他の企業とどんな取り決めをしたかを秘密にする場合には，結

---

152) ミード『企業財務』（Meade, *Corporation Finance*, 1910) 36頁。

合は一層容易になる。

第10章　独占的競争

1　独占的競争（monopolistic competition）が生じる1つの条件は，複数の売手がそれぞれ自分の市場でかなりの割合の生産物を供給することである。この場合，利己心にはその需要曲線と供給曲線の交点に対応する産出をもたらす傾向がまったくないことを，示すことができる。したがって，たとえその供給曲線と限界供給価格曲線が一致しても，理想的産出——すなわちその産業の限界純生産物を産業一般の限界純生産物に等しくする傾向をもつ産出——が達成されると期待する理由はない。この命題の証明は，172頁［本訳書187頁］のものと似た図を用いておこなうのが最も良い。以前と同様に，DD' は需要曲線，SS_1 は供給曲線，SS_2 は限界供給価格曲線，OM は理想的産出，そして OM' は単純競争での正常産出を表している。この図の助けを借りれば，以下のような線に沿って，ある一般的議論が容易に展開される。

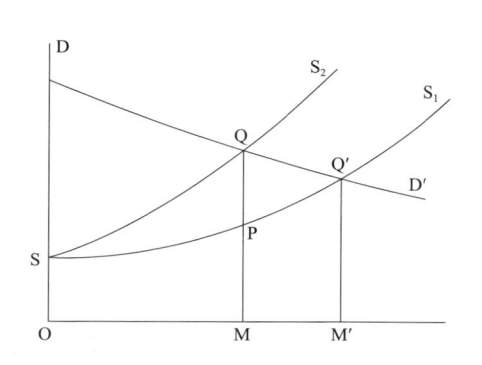

2　まず，現在を犠牲にして将来に競争相手より優位になることをめざす，あらゆる行動形態は無視することにしよう。そのときわれわれは，純粋な「寡占（multiple monopoly）」の問題を扱うことになる。この問題は，2人の生産者しかないとする場合に最も単純な形になり，この形で数理経済学者によって大いに論じられてきた。周知のようにクルノーは，複占のもとでの産出が，単純競争と単純独占のもとでの各産出の間のある確定量になると結論づけた。他方，エッジワース教授はある入念な批評の中で，その産出は不確定になると主張した。現在の通説である後者の見解の方が，私には正しいものであるように思われる。どんなときにも，Aにとって最大の利益をもたらすだろう産出は，Bの企てる産出に

依存し，その逆もまた言える．したがって各々の企てる産出は，相手方のとる方針を各々がどう判断するかに依存し，しかもこの判断は不確定のものである．それゆえ，それぞれの個別の産出も，その両者を合わせた産出も不確定である．しかし，産出がそれを越えることはありえない範囲が存在する．その範囲の一方の端では，どんな場合も，生産をゼロにすることはどちらの生産者の利益にもならない．また他方の端では，相手方の売手の生産がゼロである場合に自分の利益となる量以上に，生産することは，一般にどちらの生産者の利益にもならない．それゆえ総産出の不確定性の範囲は，その一方の端のゼロから，Bがいない場合にAの独占収入を最大化する産出とAがいない場合にBの独占収入を最大化する産出の合計まで，の間になる．その供給曲線と需要曲線が直線である最も単純なケースでは，容易に示されるように，この合計は，供給が大きい方のどちらか一方の生産者しか存在しない場合の，単純競争下の産出より小さくなる．したがって，その合計が需要曲線と供給曲線の交点に対応する産出 OM′ より小さくなる蓋然性は，ますます高くなる．両曲線が直線でない場合でも，この結果は確実ではないが依然として生じやすい．それゆえ，大まかに次のように結論できよう．独占的競争下では，利己心は，OM に等しい産出を確実にもたらすわけでなく，ゼロからある不確定量までの間の産出をもたらす．この産出は，場合によって異なるが，一般に OM′ より小さくなる．

3 ここまでの議論では，競争相手をその産業分野から駆逐したり，有利な合意条件を競争相手から無理に引き出したりして，将来の利得の確保をめざす値下げ競争のもたらす結果を，明確に除外してきた．前述の不確定性は，「独占者の一方が出血価格（cut-throat prices）によって他方の者を破滅させようと望む」[153] ことがない場合でさえ，独占的競争下であれば存在する．しかし独占的競争の大半の例では，値下げ競争——出血競争——が実際によく起こる．それは，競争相手に損害を与えるために，損失を出しながら販売する行為である．それは，不況期によく起こる，主要費用（prime cost）にまで，あるいはそこに近づけるように，値下げをする行為とは慎重に区別しなければならない．この後者の行為は，その「正常」水準以下への大きな値下げを伴うかもしれず，需要が変化しやすく主要

---

153) エッジワース（『経済学者雑誌』（*Giornale degli economist*）1897 年 11 月，405 頁）．

費用が補助費用（supplementary cost）に比べて小さい場合には確実にそうなるが，それはその厳密な意味における「損失を出しながらの販売」を伴わない。本来の出血競争が起こるのは，いかなる量の販売価格もその量の短期供給価格を下回る場合のみである。それが起これば，その産出はもはや，ゼロと OM′ より小さいある量との間で不確定にならず，各競争者が相手の経営体力について抱く考えや他の戦略的考慮によって決定される程度だけ，OM′ を上回ることになるだろう。それゆえ明らかに，産出が理想的産出 OM に接近する傾向はまったくない。

4 本章の議論の一般的結論は次の通りである。独占的競争下にあって「出血」競争が存在しない産業では，投資の限界純生産物は不確定であるが，どちらかと言えば，産業一般の限界純生産物を上回る傾向が強いだろう。他方，独占的競争下にあって「出血」競争が存在する産業では，それはやはり不確定であるが，産業一般の限界純生産物を下回る蓋然性が非常に高いだろう。

第 11 章　単純独占

1　単純独占（simple monopoly）が発生する 1 つの条件は，ある単一の売手のみが独占力を行使しており——この売手の定める価格を受け入れる他の売手がその市場にいるか否かを問わず——，しかも輸送費などを考慮したうえで，その同じ価格が，その影響下にある市場全体をすっかり支配していることである。この条件は，2 通りの仕方で成立する。1 つは，その産業への参入が厳しく制限されるために，現在そこで用いられている資源以外のどんな資源もそこに引き寄せられない場合であり，もう 1 つは，その産業への参入が自由な場合である。

2　前章と同様に図を描き，DD′ はその需要曲線，SS_1 は供給曲線，そして SS_2 は限界供給価格曲線を表すことにする。このとき，前章の場合と同じく，OM はその産業の資源の限界純生産物を産業一般のそれに等しくする産出であり，OM′ は単純競争下で生みだされる産出である。単純独占下の産出は，四角形 RFHK を**最大化**するような OM″ によって示されよう。この図の考察から，次のような

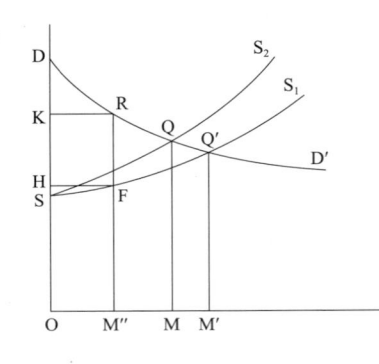

結果が得られる。すなわち収穫一定および収穫逓増の場合には，単純独占によってOM″は，OMとOM′のどちらよりも小さくなるに**違いない**。したがって単純独占によって，その産業の資源の限界純生産物は産業一般のそれを超過し，またこの超過分は，単純競争によって産出が決まる場合の超過分より大きくなるに**違いない**[154]。収穫逓減の場合には，OM″は理論上はOMに等しくなることもある。それゆえ単純競争によって，その産業の資源の限界純生産物は，理論上は産業一般のそれに等しくなることもある。だがこのようなことは，まずありえないだろう[155]。実際には確実に，単純独占によってその産業の限界純生産物は，産業一般のそれから乖離するだろう。ただし収穫逓減の場合には，OM″がOMとOM′のどこか中間になることもあり，この場合には，単純独占によって，その産業の限界純生産物と産業一般のそれは，単純競争の場合よりさらに均等に近づくことになる。しかし実際には，収穫逓減が弱く作用する場合——すなわちその条件が収穫一定の条件に近い場合——や，その需要が非常に非弾力的である場合には，OM″がそのような中間の位置にならないことは確実である。それゆえ，次のように結論してよかろう。すなわちどんな産業でも，単純独占が存在すれば，そこでの投資はおそらく抑制され，単純競争の場合に生じる乖離よりも大幅に，そこでの資源の限界純生産物は資源一般のそれから乖離するだろう。

3 売手が結合し，価格協定の作用を通じて独占力が行使される特殊ケースでは，投資を抑制する影響力は，もう1つの別の事情によって間接的に高められることがある。1，2の大まかに定めたサービスの等級よりもさらにそれを細かく分け

---

154) この議論が無条件に当てはまるのは，単一の生産物を生みだす工程の場合のみである。同じ工程から2つの生産物が生みだされる場合には，単純競争下では，生産物はゼロになるが，単純独占下では，その生産物のどちらか一方の一部を廃棄しながら大きな産出を生みだすような状況も考えられる。
155) それに関連する各曲線が直線であるならば，その必要条件は，SS_2が次のような中点で需要曲線と交わることである。すなわち需要曲線の縦軸切片と，需要曲線がSS_1と交わる点との中点である。SS_1およびSS_2の任意の与えられた位置に対して，この条件を満たす需要曲線の位置は1つしかない。

て協定を結ぶことは，実際上不可能である。その結果，それらのサービスに適切な料金を課せないので，たとえ多くの購入者がその中間等級のサービスを相応の料金であれば購入する場合でさえ，その幾人かは実際には何も買わなくなる。そのため，これらの中間等級のものは消滅する傾向がある。したがって，完璧に作られた独占協定の場合にはこれらの中間等級のサービスの生産に向かうはずの資源も，実際の協定の不完全性のために，そこに向かわなくなる。この影響が主によく見られるのは鉄道会社や船会社であり，各社は運賃協定のもとで活動しながら，鉄道や船の運転数，速度，快適さを競いあっている[156]。例えば，急ぐ必要のない安い運賃の配送に対する需要があっても，そのような配送は提供されないだろう。「速やかな配送を確保するために，貨車は荷が少なくても出発する。しかも多くの場合，特に大都市近郊では，1両でも容易に運べる軽い荷の配送に，2，3両の貨車が使われることになる」[157]。あるいは，遅く安い船を使って安い運賃で配送することを協定が禁じているので，第一級の快速船が，快速船などまったく不要であるような商品の輸送に使われる[158]，等々のためである。こうして生じる資源の誤った配分が，独占力の単なる行使のみに由来する誤った配分に付け加わることになる。

4 ここまでの議論では，単純独占の存在する産業への参入が著しく妨害ないし制限されるので，現在そこで用いられている資源以外はどんな資源もそこに引き寄せられないと仮定してきた。この条件が満たされなければ，わざわざ苦労して独占協定を結ぶ価値はないので，ほとんどの場合，この条件は満たされる。しかしそれでも，参入制限のない独占協定が存在する場合はある。容易に示されるように，この種のすべての場合に，国民分配分は，その同じ独占価格協定がその産業への参入制限を伴って存在する場合以上の損害を被る。なぜなら，大まかに言って次のようになるからである。すなわち参入を制限しない独占産業で現在使用されている資源の限界純生産物は，参入を制限する場合のそれに等しいが，こ

---

[156] プール基金の形成にまで至らない鉄道間の協定には，運行速度に関する取り決めが含まれることもある。また海運協議会の会員間の協定の全部ではないが，その一部には，各会員に認められる運航数の比率に関する取り決めが含まれる（『海運同盟に関する王立委員会報告』(*Royal Commission on Shipping Rings Report*) 23 頁）。
[157] 『商務省鉄道協議会報告』39 頁。
[158] 『海運同盟に関する王立委員会報告』108 頁。

れらの資源に加えて，他の資源も他の産業における使用から引き抜かれて，その産業で使用される。これらの追加資源は，それら自体がすべて遊休するか，あるいはそれに等しい量だけ，以前からその産業で使用されていた資源を遊休させる。したがって参入を制限しない体制下における分配分は，参入を制限する体制下における分配分を下回ることになる。その下回る分量は，その産業における x 単位の生産に必要な資源と，この x 単位にその産業の x 単位の需要価格を乗じた積からなる正常稼得を得るために必要な資源の差を，産業一般において用いた場合の正常産出量に当たる分量である。むろんこのことは，独占産業への参入制限が社会的に望ましいことを証明するわけではない。なぜなら自由な参入によって，独占者がその方針の変更を強いられ，単純競争の場合に近い方針を採用することも多いからである。それが証明するのは，参入制限をなくしても独占者の価格方針に影響を与えない——おそらく例外的な——独占では，参入制限が有益であるということにすぎない[159]。

第 12 章　差別独占

1　ここまでは，独占が発生する場合，それは買手への価格差別を設けない単純な形のものであると仮定してきた。次に注意しなければならないのは，このような独占だけが唯一の可能な種類のものではないという点である。独占力に差別力

---

[159] ここで，ある特殊ケースに注意すべきだろう。同一の工程から 2 つの結合生産物が生みだされ，その一方は独占商品であり，もう一方はそうでないとしよう。このとき，本節で見たように，もしその産業への参入を制限できるならば，単純独占の場合にはどちらの生産物の産出も，単純競争の場合より少なくなる。独占商品でない方の結合生産物はすべて販売されるが，独占商品である方の生産物の一部はおそらく廃棄されよう。しかしもしその産業への参入が自由であれば，単純競争の場合より多くの資源がそこに流入し，これは，独占商品でない方の結合生産物の産出と販売が，単純競争の場合より増加することを意味する。そしてその最終的結果として，単純競争の場合より消費者余剰の総量が大きくなることもありうる。例えば，好況期と不況期の綿業をある程度まで結合生産物と見なすならば，綿業への参入を制限する場合の不況期における組織的な労働時間短縮の慣行が，社会に損害を与えるとしても，そこに自由に参入できる場合のこの慣行が，確実に社会に損害を与えるとは言えない。しかし不確実であるけれども，通常は社会に損害を与えそうである（本編第 8 章の脚注 128 を参照のこと）。

（discriminating power）が伴うこともあり，この場合には独占のもたらす結果は変化する。したがって独占者が差別力を行使できる状況と，これを有利に行使できる度合を，明らかにすることが重要になる。

2　差別にとって最も有利な状況，すなわち差別が独占者に最大の利益をもたらす状況は，財貨の各単位の需要価格が，他のあらゆる単位の販売価格と無関係であるときに生じる。これは，どの単位も他の単位と置き替えられないことを意味し，これがまた，次の2つのことを意味する。1つは，ある市場で販売されるどの財貨単位も，他の市場にまったく移転できないということであり，もう1つは，ある市場に固有のどの需要単位も，他の市場にまったく移転できないということである。前者の種類の移転については説明するまでもないが，後者の種類の移転は少しわかりにくい。例えばそれが生じるのは，Aから発送される石炭とBから発送される石炭の輸送に異なる料金が課されるために，輸送料の安い方の地方は石炭生産を増やせるようになり，したがって輸送料の高い方の地方を犠牲にして，輸送需要を増やせるようになる場合だろう。差別にとって最も有利な条件が成立するためには，この種の移転可能性は，もう一方の移転可能性と同様に排除されなければならない。現実世界で独占的な各種の方策をおこなうにあたり，この種の移転可能性の有無の程度はさまざまである。以下では，ここで区別したそれぞれの項目について，さまざまな度合の移転可能性を例証する一連のケースを示すことにしよう。

3　商品が，医者・弁護士・教師・歯科医・ホテル経営者などの用役のように，その売手が自分の顧客に対して直接におこなう用役からなる場合には，商品単位は完全に移転不可能である。ある集団には他の集団より料金を安くしようという医者の申し出があっても，そのある集団が仲買人になって，他の集団に用役を転売することはできない。さまざまな商品の輸送サービスのように，取り扱いを任された財貨に対してその売手が直接におこなう用役についても，やはり完全な移転不可能性がある。ある鉄道が1トン・マイルの輸送サービスに対して，銅商人にはある価格を課し，石炭商人にはそれより安い価格を課すとしても，仲買の方法は存在しない。なぜなら，輸送という目的のために銅を石炭に変えて輸送後にそれを元に戻すことは，物的に不可能だからである。個人住宅に供給されるガス

や水道がまさにそうであるように，その購入者の個人住宅と物的に結合して提供されるのが普通であるサービスの場合には，ごくわずかな移転可能性がある。この場合，十分な費用と手間をかければ，配管からそれを取り出し，よそへ輸送することも**可能**なので，まったく移転不可能というわけではない。高い輸送費や関税によって移転が妨げられているにすぎない財貨の場合には，さらに大きな移転可能性がある。これらの場合の移転不可能性の度合は，明らかに，差別が設けられる2つの市場の距離や，関税率の差が大きいほど，ますます高まるだろう。同様にして，転売を罰する契約を購入者に強要して，さまざまな度合の移転不可能性を人為的に生みだすこともできる。例えばルールの炭田地帯では，石炭シンジケートが産業目的の購入者と協定を結び，「鉄道・ガス工場・レンガ工場・石灰工場への転売や，その本来の目的地からの再積出には，その販売価格にトン当り3マルクの追徴金を課す」と定めている[160]。この種の協定，輸送費，関税が何もなければ，完全な移転可能性が成立するだろう。

4 財貨がすぐに最終消費できるものであり，また差別の設けられる各市場がその購入者の豊かさによって区分される場合には，需要単位を市場間で移転することは，ほぼ完全に不可能である。例えば，医者が貧者には富者よりも料金を安くするからといって，明らかに，どんな富者もその安い料金のために貧しくなろうとはしない。同様にして，石炭商人と銅商人に異なる料金で輸送サービスが提供されるからといって，その安い輸送料のために石炭商人になる銅商人はいない。明らかにこのどちらの例でも，富者があたかも貧者のように不正に装ったり，銅をあたかも石炭であるかのように不正に装って輸送することに成功すれば，わずかな移転が生じる**かもしれない**が，実際上，この種のことは重要ではない。シーズン中のホテル施設の市場とシーズン外のそれとの間にも，同様の低い度合の移転可能性がある。なぜなら料金差別が甚だしいと，かなり多くの人々がその休暇の時期を変えるだろうからである。またAからBへの鉄道輸送について，Aに住み一定の財貨をBに直接に送りたい商人と，Cに住みこの財貨をA経由でBに送りたい商人が，それぞれ提供する市場の間には，さらに低い度合の移転可能性がある。なぜならこの場合，それらの輸送料に大きな差があると，通常は輸送料

---

[160] ウォーカー『ドイツ石炭業における独占的結合』274頁。

の高い地点でなされたはずの生産が，輸送料の安い地点でなされるようになるだろうからである。完全な移転可能性が見られるのは，例えば鉄道が，鉛筆をもつ乗客とそれをもたない乗客に異なる料金を課す場合のように，まったく費用のかからない何らかの指標を用いて市場を区分する場合である。そのような場合の差別が直ちにもたらす結果は，不利な市場から有利な市場に**すべての**需要を移転することであり，差別はその独占者に**まったく**利益をもたらさないだろう。

5　一方では財貨単位の，他方では需要単位の，移転不可能性が差別を十分有利にするほどのものである場合には，独占的売手と各買手の関係は，厳密に言えば双方独占の関係である。したがって彼らの間で結ばれる契約の条件は，理論的に不確定になり，第7章でその社会的結果を分析したような「駆け引き」に左右される[161]。2，3の大きな船主と契約条件を交渉する鉄道会社を考察する場合には，そのような不確定要素が大きな実際的重要性をもつだろう。しかし差別が有利になる大半の場合，その対立しあう両当事者とは，単一の大きな売手と2，3の大きな買手でなく，むしろ単一の大きな売手と多数の比較的小さな買手である。そのような場合，取引先を1つぐらい失っても，独占的売手にとっては，多くの独占的買手のうちのいずれかにとってよりも，ずっと小さな意味しかない。それゆえ，買手の間に結合がない限り，すべての買手はほぼ確実にその独占的売手の価格を受け入れる。彼らは，相手の譲歩を得るために虚勢を張って抵抗しても無駄であることを悟り，自分たちに要求される契約条件が自分たちに消費者余剰を**幾らか**残すものである限り，提示された価格で買う。以下では，買手がこのように行動すると仮定する。そのように仮定すれば，独占者が行使すると考えられる差別力の度合は，次の3つに分類できよう。第1の最高度の差別では，財貨の各単位にすべて別々の価格を課すので，各単位に強要される価格がその需要価格になり，買手には消費者余剰がまったく残らないだろう。第2度の差別が生じるのは，xより高い需要価格をもつすべての単位には価格xで販売し，xより低くyより高い需要価格をもつすべての単位には価格yで販売するという具合に，独占者がn個の別々の価格を設定できる場合だろう。第3度の差別が生じるのは，独占者が，実行可能な何らかの指標によって顧客を多少とも区別してn個の集団に

---

161) 169頁［本訳書184頁］参照。

分割でき，その各集団の成員に別々の独占価格を課すことができる場合だろう。第3度の差別が第1度および第2度の差別と本質的に異なるのは，次の点にあることに注意すべきである。すなわち需要価格によって示されるある市場の需要のうち，他の市場では満たされるその需要価格の超過部分の一部が，その市場では満たされないだろうという点である。

6 この3つの度合の差別力は理論上はどれも可能であるが，実際上はどれも等しい重要性をもつわけではない。それどころか，現実世界で見られるのは第3度のものだけである。確かに，第1度の差別でさえも実現可能な場合を想像することはできる。もしすべての消費者が厳密に同じ需要表をもつならば，独占者は，各消費者が一定期間当りに必要とする量以上のまとまった単位でしか販売せず，消費者余剰の全体をちょうど吸収するような水準にその単位当り価格を定めるという単純な工夫によって，第1度の差別を実現できよう。例えば，もし各消費者の需要表がどれも曲線 DD′ で表されるならば，独占者はその販売単位を OM の現物単位とし，この単位に面積 DPMO で表される価格を課すだろう。もし買手側の結合がなく，各買手が独占者の産出の小部分しか買わないのであれば，販売単位数は，価格が現物単位当り PM であるときの販売単位数と実質的に同じになり，実際，異なる強さの需要を満たす現物単位はそれぞれ異なる価格で販売される。しかし実際には，こうした差別方式は，それが全面的であるか部分的であるかを問わず，その市場の需要表を構成する各人の需要表が通常はまったく異なるため，実際上不可能である。それゆえそのような差別方式の分析は，学問上の興味の対象にすぎない[162]。この方式をとらなくても，第1の最高度の差別は，あらゆる顧客との詳細な個別交渉によって依然として理論上は成立するだろう。しかし明らかに，この方式には膨大な費用と手間がかかる。しかもそれは，各人との個別交渉を伴うので，単なる誤りのみならず，賄賂による代理人の背任をもたらす恐れもある。

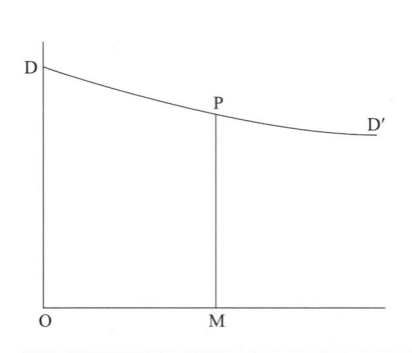

---

162) 第1度の差別方式の分析については，私の論文「独占と消費者余剰」("Monopoly and Consumers' Surplus",『エコノミック・ジャーナル』1904年9月）を参照のこと。

これらのことは一般に，独占者自身にその方式の採用を躊躇させるのに十分であり，たとえ彼らが躊躇しない場合でも，その方式は「不公正」な競争の大きな機会をもたらすので，政府が彼らを野放しにしておくことはまずありえないだろう。「それぞれの輸送行為に対してその個別の事情に適した料金を課すことに，どんな財務上の利益があろうとも，この計画に基づいて設定される料金体系の恣意的性質には非常に大きな疑問があり，またそれ自体が重大な濫用につながるので，われわれはそれを非難せざるをえない」[163]。このように，独占者を説得ないし強制して社会の一般規則に従って行動させ，また料金表の公表によって内密の払戻金の弊害をできる限り有効に監視する，強力な影響力が常に作用しているのである。これは，特別な場合を除けば独占者は第1度の差別も第2度の差別も導入できないので，第3度の差別が主に実際上は重要になるということを意味する。

7　第3度の差別を伴う独占は，確定的な概念ではない。どんな市場も理論上は無数のさまざまな形で分割可能であり，それによって独占者が得る利益もさまざまだろう。独占者がそこで完全に自由に行動できるならば，彼が選ぶ分割方式は，小市場Aの最低需要価格が小市場Bの最高需要価格を上回り，また小市場Bの最低需要価格が小市場Cの最高需要価格を上回る，等々と続くようなものになるだろう。それらの小市場を合わせた総需要が一貫して1より大きい弾力性をもつ場合には，その結果生じる体制は，第2度の差別に固有の体制と同一だろう。なぜなら各集団の最低需要価格は，同じく，その各集団に関する独占利潤を最大化するように計算された価格になるだろうからである。その総需要が一貫して1より小さい弾力性をもつ場合には，一部の集団に関する独占利潤を最大化する価格は，それらの集団の最低需要価格を上回るので，その体制は第2度の差別に固有のそれとは異なるだろう。とにかく，第1の集団の最低需要価格が第2の集団の最高需要価格を上回り，また第2の集団の最低需要価格が第3の集団の最高需要価格を上回る，等々と続くような市場分割が，独占者の観点からは，他のどんな種類の市場分割よりも有利であることは明白である。しかし実際には，独占者の行動の幅は，前述のように社会の一般規則に従って行動する必要のために

---

163) コルソン『経済学講義』第6巻，211頁。

制限される。それゆえ彼はその小市場として，何らかの容易に識別可能な指標によって区分できる諸集団しか選択できない。しかも世論の反発が立法的干渉をもたらすかもしれないので，その選択は正義の通念に反するものであってはならない。だから彼は，まったく新たな集団に分けたり，まとめたりせず，むしろ既存の区分を利用する。すなわち彼は，理想的な一連の小市場を期待することなど到底できないが，第1の集団の比較的少数の成員だけが第2の集団の最高需要価格より低い需要価格をもち，また第2の集団の比較的少数の成員だけが第3の集団の最高需要価格より低い需要価格をもつ，等々と続くような一連の小市場であれば見出せるだろう。

8　次に帰結の分析に移り，前章と同じく，まずはその独占産業への参入を制限できるケースから考察しよう。分析を完全なものにするには，現実世界では，ある財貨の任意の第 r 単位に対するある購入者の需要は，この財貨が他の購入者に販売される価格にも一部依存することが多い，という事実を考慮する必要があろう。この種の相互依存性が市場に存在する場合，幾何学的分析は，代数的分析に道を譲らざるをえない。しかしその性質上，そのような複雑な場合の一般的帰結は，確かに例外もあるが，より単純な場合の帰結と同じであるように思われる。したがって以下では，各小市場の需要量は，各小市場に流布している価格のみに依存するものとする。このように仮定すれば，従来と同様の簡単な図による分析が可能になる。

9　すでに説明したように，実際上の関心は第3度の差別独占に集中する。しかしこのケースを検討する前に，より高度な他の2つの差別形態がもたらす，より

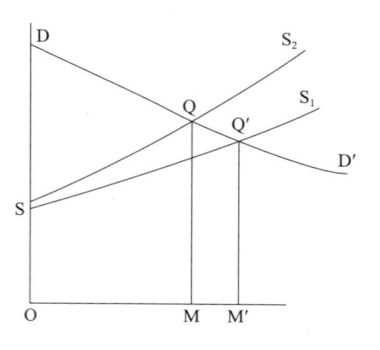

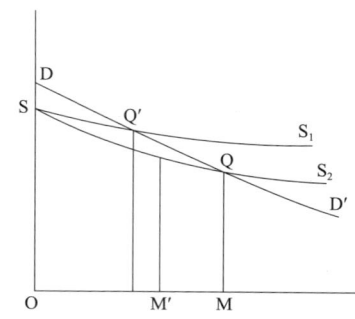

単純な問題に注目する方が有益だろう。従来と同様の図を描き，本節ではまず，D点がS点より上方に位置するとしよう。最高度の差別独占下では明らかに，産出はOM単位，すなわちその需要曲線と限界供給価格曲線の交点に対応する量に等しくなる。これは，最高度の差別独占の条件下で営まれる産業では，その投資の限界純生産物が，産業一般に投じられる資源の限界純生産物に等しくなることを意味する。収穫一定の場合には，その帰結は単純競争の場合の帰結と厳密に同じになるが，収穫逓減や収穫逓増の場合，つまり通常の場合には，その帰結はいずれも，単純競争の場合より社会的に有益なものになる。またその有益さは，その財貨の需要が弾力的であるほど，常に大きくなる。またその有益さは，SS_2が水平線から乖離するほど，すなわちその供給条件が収穫一定から収穫逓減ないし収穫逓増のいずれかに乖離するほど，常に大きくなる。

10 前節では，D点がS点より上方に位置すると仮定していた。次に，DがSの下方に位置する場合を考察しよう。もしDD′が一貫してSS_1とSS_2の両曲線より下方に位置するならば，単純競争下では産出はゼロにならざるをえないように，明らかに，最高度の差別独占下でも産出はゼロにならざるをえない。これに対し，もしDD′がSS_1とSS_2の両曲線と1回交わるならば，DD′はこれらの両曲線ともう1回交わらなければならず，その帰結は前節の議論と実質的に同じになる。しかし収穫逓増の特定のケースでは，DD′がSS_2と交わってもSS_1と交わらないことがある。DD′が，RとQの2点でSS_2と交わるとしよう。このとき，単純競争のもとでは，明らかに産出はゼロにならざるをえないが，最高度の差別独占のもとでは，もし面積RQが面積DRSより大きければ，産出OMは総費用を上回る総収入をもたらすので，やがてOMが実現する。すなわちこのような条件下では，この産業に投じられる資源の限界純生産物——単純競争のもとではそれはゼロだった——は，最高度の差別独占によって，資源一般の限界純生産物に等しくなる。

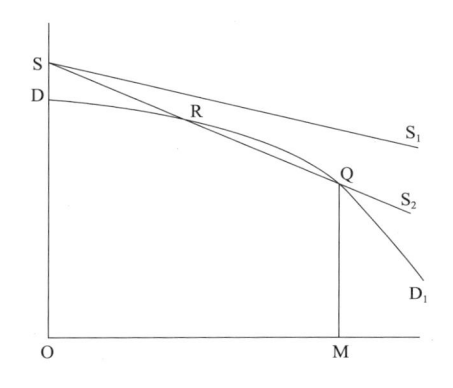

11 容易にわかるように，独占者が設定できる価格の数が増えるにつれ，第2度の差別独占がもたらす帰結は，第1度の差別独占のそれに近づいてゆく。これは，ある円に内接する多角形の面積が，その辺の数が増えるにつれ，その円の面積に近づいてゆくのと同じである。最高度の差別独占の産出を a としよう。このとき，第2度の差別独占は a より少ない産出しかもたらさないが，独占者が異なる価格を課すことのできる集団の数が増えるにつれ，産出は a に近づいてゆき，またこの産業に投じられる資源の限界純生産物も同様にして，この集団の数が増えるにつれ，産業一般の限界純生産物に近づいてゆくだろう[164]。

12 第3度の差別独占の考察は，より高度な他の2つの形態の考察よりも複雑である。後者の2形態の議論では，さまざまな状況で生じる総産出と先ほどの図の理想的産出 OM との，ある単純な関係を利用できた。すなわち産出が OM より多いか，少ないか，あるいはそれに等しいかに応じて，その産業に投じられる資源の限界純生産物が産業一般の限界純生産物より少ない，多い，またはそれに等しいと結論できたのである。ところが第3度の差別独占の場合には，現実的産出と理想的産出の関係は，もはや基準として不十分である。なぜなら，需要価格 p で表される需要が満たされても，これまで必ずそうだったように，p より高い需要価格で表されるすべての需要が満たされるとは限らないからである。それどころか独占者は，ある市場では $(p+h)$ を下回る需要価格で表される需要を満たすことを拒みながら，他の市場では p を上回る需要価格で表されるすべての需要を満たすかもしれない。したがって，その産業に投じられる資源は多くの異なる市場に配分され，その各々が異なる限界純生産物をもたらすことになる。それゆえ，**その産業**に投じられる資源の限界純生産物と産業一般のそれとの関係を問うことは，もはや無益である。むしろ，**その産業内の各個別市場**に投じられる資源のさまざまな限界純生産物と産業一般のそれとの関係を問わなければならない。この場合の理想的産出は，その産業全体の単一の産出ではなくなり，個別の市場

---

[164] 異なる価格を課すことのできる集団の数を n としよう。DD′ と SS_2 を直線と仮定すれば，容易に示されるように，その財貨の供給が収穫一定法則に従い，それゆえ SS_2 が水平になる場合には，その産出は，n のすべての値について，$\frac{n}{n+1}a$ になる。すなわち1つの価格しか設定できなければ産出は $\frac{1}{2}a$，2つの価格を設定すれば $\frac{2}{3}a$ になる。財貨の供給が収穫逓増法則に従う場合には，n が1であれば，その産出はやはり $\frac{n}{n+1}a$ であるが，n が1より大きければ，これをやや下回ることになる。

で販売される多数の個別の産出になる。その産業全体のある一定の産出は，その個別市場にさまざまな形で分割され，限界純生産物の大きさも，実際の市場分割の仕方によって異なってくる。それゆえ第3度の差別独占が産出に与える影響の考察は，せいぜいその影響の完全な解明に向けての第一歩にすぎなくなる。しかしそれでもなお，そのような考察をおこなうことは有益である。考察を簡単にするために最も単純なケースを取り上げ，そこでは，ある産業の生産物に対する需要をAとBの2つの集団ないし市場に分割でき，その2つの間で価格差別が実行可能であるとしよう。

13 単純独占がいわゆる理想的産出OMに等しい産出をもたらす**場合がある**のと同様に，第3度の差別独占がこのような産出をもたらす**場合もある**。ただしそのような結果は，偶然の幸運にすぎないだろう。収穫一定や収穫逓増のもとでは，それは不可能であり，収穫逓減のもとでも，めったになさそうである。この点は明白である。しかしここで答えなければならない主要問題は，それほど明白ではない。すなわち第3度の差別独占の場合の産出が一般に理想的産出に一致しないことを認めるとしても，ではそれは，単純独占や単純競争の場合の産出より，理想的産出に近づくだろうか。この問題に答えるための第一歩として，第3度の差別独占の産出が，単純独占と単純競争の各産出よりも多いか少ないかを，まず調べよう。

14 第3度の差別独占に固有の産出と，単純独占に固有の産出を比べるには，一連の仮定的ケースを利用するのが便利だろう。

第1に，単純独占において，当該財貨の一部ずつが，AとBの両市場で消費されるような状況を考えよう。収穫一定の場合には，次のような結果になる。もし両市場の需要曲線がどちらもX軸に対して凹型であれば，差別力をもつ独占者は，差別力のない独占者より少なく生産する。もし一方の需要曲線が凹型で，他方が凸型であれば，差別力をもつ独占者の生産は，差別力のない独占者より少なかったり多かったりするだろう。もしそのどちらの需要曲線も直線であれば，前者は後者と同量を生産する。もしどちらの需要曲線も凹型であれば，前者は後者より多く生産する。需要曲線は一般に凹型であると考えるべき理由があるので，差別力をもつ独占者は**おそらく**，収穫一定の場合には，差別力のない独占者

より多く生産するだろう。また以上の結果は，収穫逓減や収穫逓増の場合にも同様に妥当するだろう。

　第2に，単純独占において，当該財貨の一部が，Aでは消費されるがBでは消費されないような状況を考えよう。この場合，差別力の存在によって生産が減少することはありえない。それどころか，少しでもBに需要があれば，それによって生産は増加するに違いない。その増加幅は，Bの需要が弾力的であり，その財貨の供給が収穫逓増法則に従うときには，特に大きくなる。この条件がしばしば満たされるのは，競争にさらされる外国市場などで，常に特別な低価格で販売しているカルテルの場合である。

　最後に，単純独占において，当該財貨がAでもBでもまったく消費されないような状況を考えよう。この場合には明らかに，差別力の存在によって生産が減少することはありえないが，生産が増加することはありうる。そのための条件は，次節で示す条件，すなわち単純競争の場合には生産がゼロになるが，第3度の差別独占の場合には幾らかの生産がなされるときの条件と同じである。

15　次に，差別独占に固有の産出と，単純競争に固有の産出を比べなければならない。収穫一定と収穫逓減の場合には，明らかにどんな度合の差別独占によっても，産出が単純競争の場合より多くなることはありえない。だから第3度の差別独占によって，産出は単純競争の場合より少なくなるに違いない。しかし収穫逓増が作用する場合には，この問題は複雑になる。この場合，第10節で論証したように最高度の差別独占によって，産出は単純競争の場合より大きくなるに違いない。また明らかに，需要を分割できる小市場の数が，少しでも需要が存在する需要単位の数に近づくにつれて，第3度の差別は最高度の差別に近づいてゆく。したがって収穫逓増の場合，第3度の差別独占によって，産出は単純競争の場合より大きくなる**ことがあり**，差別できる小市場の数が多いほど，そうなりやすい。単純競争では産出がゼロになる場合でも，第3度の差別独占では幾らかの産出が生じる場合さえある。とはいえ，そのように産出が生じる頻度は，最高度の差別の場合より低い。差別できる小市場の数や，最も有利に市場を編成できる独占者の自由に対する実際的制約をふまえれば，任意の産業において，第3度の差別独占が単純競争に匹敵する産出をもたらすことは，総じてまずありえないだろう。

富と厚生（第Ⅱ編第12章）　219

16　第13〜15節では，第3度の差別独占の場合の産出と，単純独占および単純競争の場合の産出を比較した。そこで得られた結果に基づき，それらの各産出が理想的産出にどれほど近づくかという優劣比較に容易に進むことができる。なぜなら収穫逓減の場合には，単純独占の産出より少ない産出は，単純独占および単純競争のどちらの産出よりも理想的産出から遠いものになりやすく，また単純独占の産出と単純独占の産出の間の中間的産出は，このどちらよりも理想的産出に近いこともあれば，遠いこともあるからである。収穫逓増の場合には，単純独占の産出より少ない産出は，単純独占および単純競争のどちらの産出よりも理想的産出からさらに遠いものになることが確実であり，また単純独占の産出と単純独占の産出の間の中間的産出は，単純独占の産出よりは理想的産出に近いものになるが，単純競争の産出よりは理想的産出から遠いものになる。単純競争の産出より多い産出は，単純独占および単純競争のどちらの産出よりも理想的産出に近いものになる。それゆえ次のように結論される。すなわち収穫逓減の場合も，収穫逓増の場合も，第3度の差別独占の産出は，単純独占の産出より理想的産出に近づくことがありうる。しかし収穫逓減の場合には，第3度の差別独占の産出は，単純独占の産出より理想的産出に近づくかもしれないが，このようなケースは稀だろう。収穫逓増の場合も，第3度の差別独占の産出は，単純独占の産出より理想的産出に近づくかもしれないが，このようなケースは**非常**に稀だろう。

17　ここで，第12節で示した問題を改めて考察しなければならない。そこで指摘したように，ある産業の現実的産出と理想的産出が一致する程度は，第3度の差別独占の場合には，他の場合と同じ含意をもつわけではない。例えば，第3度の差別独占が，単純独占と単純競争のどちらの産出よりも理想的産出に近い産出をもたらすとしよう。差別独占が単純独占や単純競争の場合より低い価格をつけてその市場の需要を満たすような産業部門が存在する場合には，その産業部門に投じられる資源の限界純生産物は，産業一般の資源の限界純生産物を超過し，その超過量は，単純独占および単純競争のどちらの場合よりも小さくなる。しかし反対に，差別独占が単純独占や単純競争の場合より高い価格をつけてその市場の需要を満たすような産業部門が存在する場合には，そこに投じられる資源の限界純生産物は，産業一般の資源の限界純生産物を超過し，その超過量は，単純独占および単純競争のどちらの場合よりも大きくなる。それゆえ差別独占の産出の方

が，単純独占および単純競争のどちらの産出よりも理想的産出に近づくときでさえ，差別独占によって，その産業の限界純生産物と産業一般のそれが，全体として一層の均等に近づかないことが，依然としてよくある。しかし，この問題が生じない2つのケースがある。第1は，差別独占が単純独占と比較されており，単純独占下ではその2つの市場の一方の産出がゼロになるようなケースである。第2は，差別独占が単純競争と比較されており，単純競争下ではそのどちらの市場の産出もゼロになるようなケースである。この2つのケースでは明らかに，第3度の差別独占によって，単純独占と単純競争のどちらよりも理想的産出に近い産出が生じるときには，同時に，その産業の資源の限界純生産物と産業一般のそれも一層の均等に近づくに違いない。

18 ここまでは，差別独占には，その独占産業への参入を制限する力が伴うと仮定してきた。しかしこの仮定が妥当しない場合でも，前章の最後に述べたものに似た議論を利用できる。準独占的な種類の暗黙の取り決めによって，売手がそれぞれの買手集団に課す，絶対価格ではなく相対価格が決まると考えよう。このような場合，その産業への自由参入がもたらす結果は，次のように例証できよう。販売されるすべての財貨単位について，最高度の価格差別が可能であるほどの，十分に精巧な独占的取り決めを想像しよう。このとき，産業への参入を制限できる場合には，産出はその需要曲線と限界供給価格曲線の交点に対応する水準になり，遊休資源はその産業から消滅する。しかし産業への参入が自由である場合には，産出は，その産出から得られる総価格［面積 $ODD'M''$］がその産出の総供給価格［面積 OSS_1M''］に等しくなる水準になるに違いない。需要曲線 DD'，供給曲線 SS_1，そして限界供給価格曲線 SS_2 を以下のように描けば，このとき，参入制限を伴う最高度の差別の場合の産出は OM になり，これはすでに説明したように理想的産出，すなわち分配分を最大化する産出である。参入制限のない最高度の差別の場合の産出は OM'' 量になる。このとき M'' は，垂線 $M''QP$ を描けば，面積 PQR と面積 DRS が等しくなるような水準である。

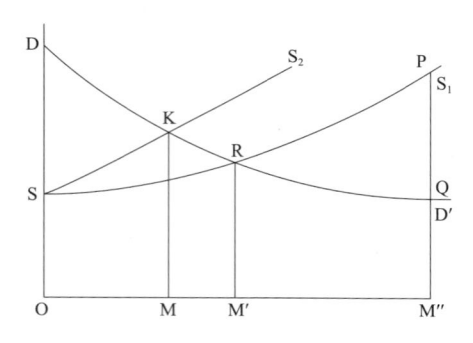

OM″ は——収穫逓増の場合の特別な可能性によって産出が OM にならない限り——分配分にとって OM より必ず不利になる。収穫逓減および収穫一定のもとでは，OM″ は，単純競争に固有の産出である OM′ に比べても，分配分にとって必ず不利になる。収穫逓増のもとでは，OM″ が OM′ より有利になるか不利になるかは，場合によりけりである。より低い度合の差別についても，同様の一般的推論が妥当する。産業への参入制限を伴わない差別は，実質的に，ある買手集団の購入に課税し，この税収を他の買手集団の購入への補助金に用いることを意味するのである[165]。

第 13 章　特殊ケースとしての鉄道料金

1　前章の議論はやや抽象的なものにならざるをえなかった。しかしそこで示した内容は，鉄道会社が課すことのできる料金に実際に適用する場合には，極めて重要なものになる。鉄道料金は「サービス費用原則」に基づくべきであると主張する人々と，それを「サービス価値原則」，すなわち「鉄道が運ぶ貨物」の価値による原則に基づけようとする人々との間に，大論争が起こっているからである。「サービス費用原則」は，実は第 8 章で論じた単純競争に対応し，「サービス価値原則」は第 3 度の差別独占に対応する。すでに述べた事柄に照らせば，両者の争点は明快に述べることができる。本章では，それらの意味を具体的に示したうえで，それぞれの社会的帰結を比較しよう。

2　しかしその前に，ある通俗的混乱が生じている理由を明らかにしなければな

---

[165] 忘れてはならないのは，収穫逓増が作用していない場合でさえ，したがって本文の議論に従って，一部のサービス単位がその貨幣価値を上回る貨幣費用をかけて生産されざるをえない場合でさえ，それでもそれらのサービスは，必ずしもその実質価値を上回る実質費用をかけて生産されるわけではないという点である。例えば医師という専門職への自由参入を伴う差別価格は，貨幣で測った分配分を減少させるにもかかわらず，それは貧者への安価な医療サービスを意味し，貧者にとってのわずかな貨幣的利益は，大きな心理的利益を意味する。またどんな航路の蒸気船も，便数が制限されない限り，差別料金は一等船室の乗客を犠牲にして三等船室の乗客に補助金を与えることになるので，やはり同様のことが言える。

らない。私の考えでは，その混乱のために鉄道料金問題に関する現代の議論の大部分は価値を失っている。この混乱は「結合生産」に関するものである。2つの生産物が結合供給されるのは，一方の正常産出を増やすために支出される投資単位が，**必然的に**他方の正常産出も増やすような場合である。ところで，ある鉄道沿線の任意のA点から任意のB点への石炭輸送と銅輸送は，結合生産物であると一般に考えられており，また同様にして，Bで消費される財貨のAからBへの輸送と，さらにCに運ばれる財貨のAからBへの輸送も，結合生産物であると一般に考えられている。だがこのどちらの意見も，私の見方では誤りである。それらはどちらも，タウシッグ教授が示した次のような見解と同じ一般的根拠に基づいている。「巨大な固定設備が，単一の目的ではなく，複数の目的に用いられるときには，いつでも結合費用の影響力が現れる。この最も顕著な例は，鉄道料金の調整に見られる」[166]。また「その鉄道を敷いた労働——換言すればそこに固定された資本——は，あらゆる輸送品目の輸送を等しく助けており，その全体の結合費用を表すように思われる。……鉄道の固定資本のみならず，運転費の実に大部分，すなわち実際に群を抜く最大の部分も，それぞれの輸送品目の個別の経費ではなく，その全体ないしその大きな品目群に共通の経費を表している。運転費も結合費用を構成するので，特定の費用に対してではなく，むしろ需要に対しての料金調整が必要になる」[167]。このタウシッグ教授の議論を根拠とする先ほどの2つの意見を，順に検討してゆこう。

3　たとえタウシッグ教授がその基礎に置く一般命題を承認しても，銅輸送と石炭輸送は結合生産物であるという命題が成立しないことは，容易に示されると私は思う。なぜならタウシッグ教授自身も認めているように，巨大な固定設備が**複数の目的**に用いられることが，結合費用の作用にとって不可欠だからである。彼は明確に，「ある大きな設備が単一の同質な財貨——例えば鉄道や無地綿布——の生産に用いられる場合，結合費用に特有の影響が現れることは，むろんありえない」と述べている[168]。したがって彼の命題への返答としては，数トンの

---

166) タウシッグ『経済学原理』(Taussig, *Principles of Economics*, 1911) 第1巻，221頁。また第2巻の369頁も参照のこと。
167) タウシッグ「鉄道料金の理論」("Theory of Railway Rates"，リプレー『鉄道問題』(Ripley, *Railway Problems*, 1907) 収録，128-9頁)。
168) タウシッグ『経済学原理』第1巻，221頁。

さまざまな財貨をAからBに輸送することも，無地綿布の場合とまったく同じ理由から，単一の同質な財貨である，と述べれば十分である。「数トンの輸送」の一部が銅商人に販売され，一部が石炭商人に販売されるという事実は，2つの異なるサービスの提供を意味しない。それは，無地綿布の一部がイギリスで販売され，一部が外国で販売されるという事実が，2つの異なる財貨の提供を意味しないのと同じである。なぜなら1種類の商品が，2つの目的のために，あるいは2つの異なる集団に，販売されるという事実は，2種類の商品の存在を意味しないからである。そこにはただ1種類の商品しかない。しかし結合供給は，少なくとも2種類の商品の存在を前提する。なぜなら明らかに，どんな財貨もそれ自身と結合して供給されることなどありえないからである[169]。それゆえ先ほどのケースからは，結合性が実際に存在しないことが証明されるのみならず，その存在しないことが**論理的**必然であることも証明される。これと逆の見方が一般に承認されているのは，銅商人に販売される輸送，石炭商人に販売される輸送と言わずに，たまたま「銅の輸送」，「石炭の輸送」と言っているという事実のためでしかない。言葉上の問題によって，本質的に誤った学説が経済学の1つの重要な部門に広まってしまったのである[170]。

4 AB間の輸送とBC間の輸送が異なる業者によってなされる場合も，前節と

---

[169] 結合生産の概念は，もし財貨を作る工程の単位がその財貨の単位より大きければ，1種類の財貨しか生産されない場合にも成立する，と反論されるかもしれない。例えば，その限界工程単位が生産物100単位を生みだす場合，その100単位には，1つの工程単位に報酬を支払うのに十分な価格がつかなければならないが，その供給者にとっては，個々の価格がどのように組み合わさって100単位の総価格が形成されるかは重要でない，と主張されるかもしれない。しかしこの主張は，次の事実を見落としている。すなわち100単位の生産物を削減することは，100単位の工程のそれぞれの生産物を1単位ずつ減らすことによってだけでなく，1単位の工程をやめることによっても可能であり，またどの生産物単位についても，1単位の工程の供給価格にその100分の1を上乗せした価格がつかない限り，自由競争下では後者の削減方法が当然用いられるだろう。これは，同一工程によって同時にもたらされる物的に同一の生産物は，たとえその生産工程の生みだす限界単位が大きくても，結合生産物であるとは言い難いことを示している。

[170] しかし本文の議論は，1種類の商品を2つの異なる時点に生産する場合には妥当しない，ということに注意しなければならない。旅客輸送は主に昼間に求められるが，貨物輸送は主に夜間に求められる。その限りでは，昼の輸送と夜の輸送は，当然，結合供給と見なせる。それは，動力のために昼間に供給される電気と，電灯のために夜間に供給される電気を，そのように見なせるのと同じである。

まったく同じ返答を，B で消費される財貨の A から B への輸送と，さらに C に運ばれる財貨の A から B への輸送は結合生産物である，という命題に対して示すことができる。そのような輸送の一部の単位は，BC 間の輸送も購入しようと欲する人々に販売され，また一部の単位はこのように欲しない人々に販売される。この事実にもかかわらず，やはり AB 間の輸送は，それ自身と結合して供給できない単一の同質な商品である。しかし AB 間の輸送と BC 間の輸送が同じ業者によってなされる場合には，この返答は不十分である。なぜならその場合，AB 間の輸送を BC 間の輸送と結合的に供給できるようになるからである。もしそうであれば，B で消費される財貨の A から B への輸送量は，A から B を経て C に至る財貨の輸送を欲する人にとっての，その輸送費用全体を左右する要素になる。したがって実質的には，AB 間の輸送と BC 間の輸送の結合供給は，B で消費される財貨の A から B への輸送と，さらに C に運ばれる財貨の A から B への輸送の結合供給に等しい。しかし実際のところ，AB 間の輸送と BC 間の輸送は，何ら重要な結合生産物ではない。鉄道の車両・機関車・職員は，その路線網全体で**共用**されており，したがってタウシッグ教授が主張する結合費用の条件，すなわち複数の目的に用いられる巨大な固定設備という条件を満たしている。しかしこの条件は，結合供給の真の条件ではない。AB 間の輸送と BC 間の輸送において一定の用具が共用されるという単なる事実は，AB 間の輸送の正常産出を増やすために支出される投資単位によって，**必ず** BC 間の輸送の正常産出も増えるということを意味しない。それが意味するのはせいぜい，そのような投資単位によって，一方の種類の輸送の x 単位と他方の種類の輸送の y 単位が，あるいは前者の $(x+h)$ 単位と後者のゼロ単位が，あるいは前者のゼロ単位と後者の $(y+k)$ 単位が生じる，ということにすぎない。これは結合供給ではない。それゆえ，ある路線のさまざまな区間における設備の共用は，結合供給の存在を断定する根拠にはならない。たとえタウシッグ教授の議論に，AB 間の輸送と BC 間の輸送を 1 社がまとめて供給すれば，どちらの区間についても，2 社が別々に供給するより安く輸送できるというさらなる条件を加えても，そのような結合供給の存在は証明できない。この事実は，もしそれらをまとめて生産すれば，別々に生産するより，ある投資単位が一方の生産物をより多く生みだすことを意味するが，そのような投資単位は必ずしもその**両方**の産出を増加させるわけではない。したがって，タウシッグ教授の誤った一般的議論を斥けなければなら

ない。これを斥ければ，AB 間の輸送と BC 間の輸送が何ら重要な結合生産物でないことは，明白になる。したがって，A から B への銅輸送と石炭輸送の間に結合性がないのと同じく，B で消費される財貨の A から B への輸送と，さらに C へ運ばれる財貨の A から B への輸送の間にも，結合性はない[171]。

5 こうして基礎が明瞭になったので，「サービス費用原則」すなわち単純競争に合致する料金体系の採用が実際に意味することの説明に進もう。もし A から B に運ばれるあらゆるトン単位貨物が厳密に同質であり，何らかのさまざまな付随的サービスを伴わなければ，この議論は手短に済ませられる。すなわちそのトン当り料金は全体を通じて均一になり，需要価格と供給価格を一致させるような水準になるだろう。ただしこの料金の現実の水準は，その鉄道路線に影響を及ぼす一般的事情に左右される。他の条件が等しければ，特に高い料金が適するのは，その路線が，山岳鉄道の場合のように路線を敷く工事費が特に大きい地方や，その交通が時期によって非常にばらつきのある地方を通る場合である[172]。なぜならこれらの場合，その路線による輸送の供給価格は，あらゆる輸送量において特に高くなるからである。同様にして，他の条件が等しい限り，特に高い料金が適するのは，その路線が，ほとんど輸送収入を得られない人口のまばらな地方や，その地形のために陸上輸送の代わりに水上輸送が容易に利用できる地方を通る場

---

171) 以上の議論から，鉄道サービスには結合供給の要素が皆無である，などと考えてはならない。それどころか，そのサービスの一部，すなわち任意の 2 地点 AB の間の**乗物の往復**に関する部分には，結合生産が確かに存在する。鉄道会社や汽船会社は，A から B に行った乗物をその後に B から A に帰す必要がある。移動する乗物への 100 万ポンドの追加支出は，A から B への乗物の移動数と B から A への移動数を，必ずどちらも増加させる。これは真の結合性を意味する。したがって競争体制下の鉄道や船の料金は，一般に，A から B への行程と B から A への行程に同じ料金を課さずに，需要の多い方の行程に割高な料金を課すものになるだろう。イギリス国外に出てゆく貨物の方が，国内に入ってくる同価値の貨物よりもたいてい輸送料が安いのは，むろんこのためである。イギリスの輸入品は，大部分が食料と原材料であり，イギリスの輸出品は，石炭を除けば主に完成工業品であるので，当然，前者の方が海運設備に対する需要は大きい。石炭輸出を除外すれば，この差は実際よりさらに拡大する。これに似た例は，合衆国における貨物輸送の——旅客輸送ではない——東行きと西行きの間にも見られる。なぜなら「食料と原材料を世界に供給する西部の人々は，彼らが東部から購入するよりずっと多くの輸送トン数を販売するからである」（ジョンソン『アメリカの鉄道輸送』138 頁）。
172) ウィリアムズ『鉄道輸送の経済学』（Williams, *Economics of Railway Transport*, 1909）212 頁参照。

合である。なぜならこれらの場合，その需要表は特に低くなり，しかもその供給表は収穫逓増を示す――少ない輸送量に適した鉄道の敷設や運営にかかる経費は，大規模な輸送サービスの生産費より割高になる――からである。イギリス議会の貨物輸送料分類に基づいて課される**最高限度額**が各路線で異なるのは――むろんその［輸送距離に基づく］分類自体はすべての路線に共通である――明らかにこれらの事情をふまえてのことである。

　実際には１トンの輸送の買手が，輸送に加えて，費用のかかる他の付随的サービスを求めることも一般によくあるので，少しばかり議論を補足する必要がある。これらの他のサービスの費用に応じて，各買手に対する料金の調整が必要になる。その必要な調整は，その製造地からさまざまに離れた場所に住む買手たちに保険料込み貨物料（CIF）で配送される無地綿布の価格調整とまったく同じである。例えば一定の財貨については，その荷造方法が鉄道輸送に好都合であれば，料金は安いはずである。また小さな荷物の輸送は，他の条件が等しい限り，大きな荷物の輸送より費用が割高である。「小荷物の輸送は，鉄道にとって，３つの別個の大きな追加経費をもたらす原因になる。すなわち別々の集荷と配送，終点における別々の荷物取扱や送状作成や会計など，そして貨車の荷積みの無駄の多さである」[173]。したがって前述のイギリス議会の分類において，４トンごとにまとめて荷積みすればＡ級，すなわち最も安い等級に入る財貨が，２～４トンの量で急送される場合にはＢ級料金に引き上げられ，また２トン以下の荷積みで急送されればＣ級料金に引き上げられるのは適切である。イギリスの鉄道会社が自主的に分類して，一定の量ないし一定の荷造方法で荷積みされるという条件で，一定の財貨を議会の分類が求めるより低い料金の等級に入れるようにしているのも，同様の原則に照らして適切である。また荷造方法を所与とすれば，トン当り料金が，容積，壊れやすさ，液体性，爆発の危険，構造などのような取扱費用を左右する条件や，要求されるサービスの速さや規則性によって変わることも，適切である[174]。この点は，合衆国鉄道委員会（United States Railway Commissioners）の決議の１つに明快に示されている。すなわち「イチゴの割高な輸送料は，その輸送に関連するサービスの例外的性質によって正当化されるように思われる。この例外的サービスは，道中の冷蔵，迅速な輸送，特別に用意した列車，

---

173) アクワース『鉄道経済学要綱』（Acworth, *Elements of Railway Economics*, 1905) 120 頁。
174) ヘインズ『鉄道の規制立法』（Haines, *Restrictive Railway Legislation*, 1905) 148 頁参照。

最終地への迅速な配送を要する，イチゴの非常に傷みやすい性質のために欠かせないものである。またこのサービスには，受取地や配送先における特別な取扱の手間，貨車の「操車術」，移動速度の確保のための車両編成の縮小，貨車の積荷が過少になること，帰りの貨車が空になること，それからおそらく他の同様の付随的事柄も含まれる」[175]。最後に，さらに同一路線上のCに向かう財貨をAからBに運ぶ料金が，Bで消費される財貨をAからBに運ぶ料金より，一般に低くなっているのも適切である。鉄道料金によって最終地における各種の経費を賄う限り，これは明らかにそうである。なぜなら前者の種類の財貨については，最終地Bにおける経費が完全に省かれるからである。しかし最終地における経費がなくても，より長い行程の一部としてのAB間の行程は，独立した全行程としてのそれより，費用が割安になる。なぜなら大まかに言って，どんな行程にも生じる機関車や設備の空き時間の遊休は，その行程に当然帰属するある費用をもたらし，しかもその合間の長さは，それをもたらす行程の長さによって変化するわけではないからである。例えば「長い行程の方が，必然的に途中待機を伴う多数の短い行程よりも，機関車や貨車や乗務員などから多くの輸送マイル数を稼ぎだし，また機関車や貨車は十分に荷積みされ，その路線も絶え間なく利用される」[176]。この事情が，最終地における経費がなくても，実際の輸送サービスに一種の逓減的料金をもたらすのである。イギリスの貨物輸送料分類はこの計画に沿って実施されている。それは，最初の20マイルのマイル・トン料金の最高額を定め，次の30マイルにはより低い最高額を，その次の50マイルにはさらに低い額を，それ以上の距離には最も低い額を定めている。この等級表は最終地における経費を含まず，その経費は距離に関係なく一定である[177]。

6　「サービス価値原則」すなわち第3度の差別独占のもつ実際的意味は，より複雑である。前章で見たように，この原則を採用する独占者は，自分が供給する市場全体を多くの小市場に分割し，それらの間に差別を設けて，総利益をできる限り最大化する。また同じく前章で見たように，この目的に最もかなう市場分割法は，実際的事情が許す限り，第1の集団の最低需要価格が第2の集団の最高需要

---

175)　『クォータリー・ジャーナル・オブ・エコノミクス』1910年11月，47頁。
176)　アクワース『鉄道経済学要綱』122-3頁脚注。
177)　マリオット『鉄道料金の設定』(Marriott, *The Fixing of Rates and Fares*, 1908) 21頁参照。

価格をできるだけ上回り，また第2の集団の最低需要価格が第3の集団の最高需要価格をできるだけ上回る，等々と続くように，一連の個別市場を整えることである。そのような小市場にひとたび分割されたならば，それぞれに課すべき料金の決定は，何らの分析上の困難もなく，簡単な数式で表される[178]。もしこの計画が採用されれば，各市場に課される相対料金は各市場の需要曲線の（ある不特定の点の）弾力性の相対的大きさだけによって決まるとか，それらの相対料金は，需要曲線上の（Y軸からの不特定な距離の）ある点の，X軸からの相対的高さだけによって決まると，ときおり考えられているが，実はそうではない。その真の決定因はより複雑なもの，すなわち各市場の需要曲線の全形状と位置である。それらの需要曲線がすべて直線である場合のみ，この複雑な決定因は単純なものに，すなわちそれらの個別市場でそれぞれ最も強く需要される単位の需要価格の相対的高さになる[179]。その決定因は一般にはもっと複雑であるけれども，それでも各市場の需要曲線がすべて直線であれば，このようになる。しかしその真の問題は，現実にそうであるように，鉄道会社が実際的制約のもとで，小市場のさまざまな編成法のどれを選択しなければならなくなるかという点である。鉄道会社の観点から最も有利な編成が追求された結果，以下で順に考察するように，旅客輸送および貨物輸送について手の込んだ料金体系が生じた。サービス価値原則の実際の適用を明らかにするには，これらの体系にも少し触れておく必要がある。

　旅客輸送については，主として各乗客集団の相対的豊かさに基づく分類が，サービス価値原則に最もかなうことを，鉄道会社は知っており，そこでは，富者の交通需要の大半が，貧者の交通需要の大半より高い需要価格をもつと想定されている。豊かさの違いによる直接の分類は，実際には不可能なので，さまざまな程度の豊かさに結びついたさまざまな指標や印が利用される。例えば合衆国で

[178) 例えば，$\phi_1(x_1)$，$\phi_2(x_2)$ …が n 個の個別市場の需要価格，$f(x)$ がその供給価格を表すとしよう。第3度の差別独占下の各市場の価格は，以下のような n 本の方程式を満たす $\phi_1(x_1)$，$\phi_2(x_2)$ …の値によって与えられる。

$$\frac{d}{dx_r}[x_r\{\phi_r(x_r)-f(x_1+x_2+\cdots)\}]=0$$

この n 本の方程式は，n 個の未知数を決定するのに十分である。

179) この単純化が特に妥当するのは，収穫一定の場合である。なぜならこの場合，もしそのすべての需要曲線が直線であれば，各市場に適した独占価格は，その供給価格とそこで最も強く需要される単位の需要価格との差の，半分に等しいことが示されるからである。

は，ある鉄道は移民に特別に安い料金を設けており，たとえ現地のアメリカ人が移民用の安い車両で旅をしたいと思っても，それは不可能である[180]。ある植民地では，旅行者の肌の色による差別料金が存在し，一般に貧しいと見られている黒人には，白人より安い料金が課される[181]。またイングランドでは，鉄道会社は労働者向け切符に特別に安い料金を設けており，ベルギーでは，これがさらに顕著である[182]。このような方法は，ロンドンの商店主が，「上流」の顧客に特別の高い価格を課したり，ケンブリッジの貸ボート屋が，午後のボート一艘の貸料として5人組の顧客に5シリングを課しながら，1人で乗る者には同じボートを1シリングで貸すのとまったく同じである。しかし豊かさの指標のみによる分類は，やや大雑把なものになる。なぜなら同じ豊かさの人々であっても，実にさまざまな強さ，さまざまな理由で，ある一定の旅を欲するからである。この事実をふまえ，鉄道会社はさまざまな付随条件，すなわち旅の快適さ・速度・時間帯や，推測される旅の目的などに基づき，さまざまな集団区分を作り上げた。例えば一等設備の乗車料や急行列車による輸送料は，劣等な設備の乗車料や遅い列車の輸送料より高いが，その料金差は，これらの異なる種類のサービスを提供する費用の差を上回っている[183]。また早朝になされる旅にも，ときおり特別の安い料金が課される[184]。同様にして，特別な条件をつけた観光切符・週末切符・行楽切符などの販売によって，需要が少ないと考えられる休日の旅を，業務上の必須の旅と区別する試みもなされている。

　貨物輸送については，輸送される各財貨の相対価値に基づく分類がおおむねサービス価値原則に最もかなうことを，鉄道会社は知っており，そこでは，高価な種類の財貨の輸送需要の大半が，安価な種類の財貨の輸送需要の大半より高い需要価格をもつと想定されている。このように想定するのは，以下のような理由による。任意の財貨の任意の第n単位をAからBに輸送することの需要価格は，その第n単位が輸送されない場合に生じるだろうAB間のその財貨の価格差に

---

180) 『クォータリー・ジャーナル・オブ・エコノミクス』1910年11月，38頁．
181) コルソン『経済学講義』第6巻，230頁参照．
182) ラウントリー『土地と労働』289頁参照．
183) コルソン氏は，すべての列車が三等乗客を受け入れ，急行列車には追加料金を課す方式の方が，旅を急ぐ乗客が三等と二等の料金の差額全部を払わなければならない現在の大陸の方式よりも優れている，と示唆する．
184) マエム『労働者の安定雇用』12頁参照．

よって示される。しかし，その一定の輸送行為によってAとBが連絡されない場合に生じるだろうこの2地点間の任意の財貨の蓋然的価格差は，そのどちらかの絶対価格が高いほど，拡大する。これはいわば，AとBにおけるポプラの高さの蓋然的差が，ドングリの高さの蓋然的差より大きいのと同じである。その百分率の差では，安価な財貨よりも高価な財貨の方が大きいと予想する理由はないが，絶対的な差では，高価な財貨の方が大きいと予想する理由がある。鉄道料金法（Railway Rates and Charges Act）のもとでイギリスの鉄道が採用する分類の詳細に関する研究が示すように，分類の基礎になっているのは，おおむねその財貨の価値である。だから大まかに言って，その等級に含まれる財貨が安いほど，その分類上の等級の位置づけも下がる[185]。同様にして，合衆国鉄道委員会の決議も，安い商品を高い商品より——例えば，椅子の材料を椅子の完成品より，あるいは干しぶどうを乾燥果実より——低い等級に入れるべきだという考えに基づいている[186]。

　会社や規制当局にとって，価値に応じて直接に財貨を分類することは，実際上，不便な場合がある。この場合，その差が価値の差に対応しやすい指標に応じて財貨を分類すれば，間接に同様の結果が得られる。例えば，高級な財貨は低級な財貨より一般にしっかり荷造りされるので，荷造りの入念さによって料金が変わることもある。フランスでは，上等のワインは普通「220〜30リットルの大樽に」入れられるが，並のワインは「650〜700リットルの半枡か，貨車の貯蔵漕に」入れられるので[187]，「大樽」のワインには高い等級に基づく料金が課せられている。

　旅客輸送の場合と同様に，貨物輸送の場合も，輸送される財貨の価値のみに基づく分類は，どうしてもやや大雑把なものになることを付言しなければならない。このため，他の付随条件に基づく分類法も併用されてきた。例えばAからBに輸送される一定価値の各財貨のグループの中でも，B自体で容易に生産したりA以外の場所から取得できる財貨と，そのように生産したり取得できない財貨の間で，さらに細かな分類がなされ，後者のグループには割高な料金が課せられ

---

[185] これらの分類表については，マリオット『鉄道料金の設定』27頁以降を参照のこと。
[186] 『クォータリー・ジャーナル・オブ・エコノミクス』1910年11月，13頁，15頁，29頁参照。
[187] コルソン『経済学講義』第6巻，227頁。

ている。また同一の財貨単位からなる同質のグループも，小グループに細分類される。例えばドイツからイングランドに輸入される野菜は，イングランドにおける収穫が可能になる前の数週間は，この収穫の後にドイツからイングランドに輸入される野菜より高い料金を課されており，同じことは，フランスの南部から北部に送られる野菜についても言える[188]。さらに重要なのは，最終輸送地に基づく細分類である。例えばBで消費するためにAからBに送られる財貨は，さらにBからCに送るためにAからBに送られる財貨とは異なるグループに分類され，異なる輸送料が課される。なぜなら世界の各地域は，その距離の差に比例して自然条件が変化するわけでないからである。すなわちBにおけるある商品の生産費とAにおけるその生産費の差は，両地域が500マイル離れている場合には，100マイル離れている場合より大きくなる，と先験的に予想する理由はあまりない。したがって，任意の第rマイルの輸送単位に対する需要は，長距離貨物輸送の場合の方が，短距離貨物輸送の場合よりおそらく少ない。このことは，本来の生育に適する温度や気候の許容範囲が広い食料品や原材料品について特に強く言える。しかしそれは，どんな種類の財貨についても多少は言えるのであり，明らかに，イギリスやフランスやドイツに見られる逓減的貨物料金体系——旅客料金については別である——を生みだした一因である[189]。しかしこうした事情がさらに強く当てはまるのは，直接の水運によってAがCと結ばれているときや，AからBまで鉄道があり，さらにBからCにも鉄道か水運があるときである。これらの場合，Bで消費される商品の，AからBへの輸送の**多くの**単位の需要価格は，BからCに輸送されるその同じ商品の，AからBへの輸送の**どの**単位の需要価格よりも，ずっと割高になりやすい[190]。この事実をふまえた分類のために，リヴァプールを通じて輸入された財貨をチェシャーからロンドンに運ぶ料金は，チェシャーから発送される同様の財貨を運ぶ料金よりずっと割安になっている。同じ原則に従って，「プロシア国有鉄道は，ロシアから外国（スウェーデン，ノルウェー，イギリスなど）への穀物輸送に対する特別料金を認めているので，その国境からドイツの港，すなわちケーニヒスベルクやダンツィヒな

[188) 前掲書227頁参照。
[189) マリオット『鉄道料金の設定』43頁参照。
[190) 旅客輸送の場合には，短い旅がより長い旅全体の一部にすぎない人々の方が，短い旅しか必要としない人々より，短い旅に対する需要の強度が高い場合もある。例えばロンドンからドーヴァーまでの臨港列車の料金は，その行程の通常の鉄道料金より割高である。

どまでの，キロメートル・トン当りの料金は，ドイツの穀物に対するその同じ地点間の料金より安くなっている。……この特別の割引料金が認められたのは，プロシア国有鉄道の貨物量を確保するためだと言われている。なぜならロシアの穀物は，必ずしもプロシアを通る必要はなく，リガ，レイヴァール，リーバウを経由しても運べるし，この割引料金がなければそうなったはずだからである」[191]。

AB 間の輸送と BC 間の輸送について結合供給がないと判明している場合や，それ自体で完結する AB 間の輸送費と，より長い行程の一部としての AB 間の輸送費が同じである場合には，前述の原則は，長い行程の方が，その**一部としての**同一方向の同一路線上の短い行程より安い総料金を課される，ということを必ずしも保証しない。なぜならこれらの場合には，そのような安い料金は，さらに C に輸送される財貨を A から B に輸送するさいには，負の，したがって必ず損失を被る料金を意味するだろうからである。しかし第 5 節で指摘したように，AB 間の行程がより長い行程の一部であるときには，それがそれ自体完結した行程であるときより，一般に費用は安くなる。それゆえ前述の原則が，長距離および短距離輸送に関する条項の厳密な字義から多少逸脱することを，正当化できる場合もある。したがって，州際通商委員会（Interstate Commerce Commission）がその条項を弾力的に解釈することにも，十分な根拠があると言えよう[192]。

---

191) 『商務省鉄道協議会報告』99 頁。
192) 1910 年のその改正法以後，「この問題に関する州際通商委員会の意見は，『ネヴァダ州鉄道委員会 対 南部太平洋鉄道会社』（Railroad Commission of Nevada v. Southern Pacific Co.）や『スポケーン市 対 北部太平洋鉄道会社』（City of Spokane v. Northern Pacific Railway Co.）などの裁判に引き継がれた。これらの中で同委員会は，すでに定められていた長距離および短距離輸送に関する新条項についての，初めての解釈を示した。それは，この新条項の影響を受ける料金の改定を命じ，そしてその解釈を実施するために合衆国を 5 つの『区域』に分け，各区域内において，水運との競争から保護された地点に有利な料金差が一定の幅を越えないようにすべきであるとしている。例えばそれは，シカゴ区域の支線から出発して内陸地点に向かう貨物に，同地方を出発する沿岸行きの貨物より 7 パーセント以上高い料金を課してはならないと命じている。バッファロー・ピッツバーグ区域から（内陸の）経由地までの料金は，同地方から沿岸の最終地までの料金より 15 パーセント以上高くしてはならず，またニューヨーク区域の支線からの場合には，その料金は，最終地に向かうときの料金より 25 パーセント以上高くしてはならない。内陸地点から西方の太平洋沿岸への発送も，太平洋沿岸行きの貨物に課すことを認められた料金より，その新たな命令が定めた各区域の標準を上回るほどの，高い料金を課してはならない」（『エコノミスト』1911 年 8 月 12 日）。

7 以上の考察によって，今や，国民分配分の観点からサービス費用原則とサービス価値原則を比較する用意は整った。周知のように通俗的意見では，サービス価値原則，すなわち鉄道が運ぶ貨物の価値による鉄道料金設定は，サービス費用原則より，疑いの余地なく優れているとされる。しかし私の理解では，この通俗的意見は，主に2つの混乱に基づいている。第1の混乱は，言葉上のものである。銅輸送と石炭輸送は，あるいはBからさらに輸送する必要のあるAからBへの輸送とその必要のないAからBへの輸送は，第3〜4節で説明したように結合生産物であると誤解されているため，限界需要の相対的大きさに合わせて結合生産物に料金を課すことが，サービス価値原則による料金の課し方であると誤解されている。さらにこの誤解に基づき，牛肉と牛皮に同じポンド当り価格を課すように強制する恣意的介入が分配分を減少させることを証明する議論は，もし鉄道会社がサービス費用原則ではなくサービス価値原則を採用すれば，逆に社会に利益をもたらすことを証明する議論である，と誤解されている。ハドレー学長[193]ほどの権威者でさえそれを支持しているとはいえ，これほどの大きな混乱を，さらに詳細に批判する必要はないように思われる。第2の混乱もやはり，論点からずれた誤った推論の性質を帯びている。そこでは議論がさらに展開してゆき，差別独占に固有の意味におけるサービス価値原則が単純競争より優れている，ということが論証される。例えば，銅輸送と石炭輸送に同じ料金が課されるという条件下で，独占者が設定できる自分に最も有利な料金が石炭輸送をまったく妨げてしまうような場合には，その2つの料金の差別を認めれば国民分配分を増やすことができる，と言われる[194]。このような議論は明らかに，それ自体の領域では成り立つとしても，第3度の差別独占が，単純独占ではなく単純競争より優れているか否かという問題とはまったく無関係である。これらの混乱が一掃されれば，鉄道料金に関するサービス価値原則とサービス費用原則の間の問題は，前章で示した一般問題，すなわち第3度の差別独占と単純競争の間の問題の特殊ケースであることがわかる。

---

193) ハドレー『鉄道輸送』(Hadley, *Railroad Transportation*, 1885) 113頁と脚注を参照のこと。「消費者の利益のために幾らか拠出して」，一方の種類の輸送に特別に安い料金を課せば，「他方の種類の輸送がそのように拠出しなければならない額は減少する」(エリクソン(『アメリカ経済学協会』(Erickson, *American Economic Association*) 1908年，100頁)) という主旨のすべての議論に，この混乱が含まれている。
194) 前章16〜17節参照。

8 その問題に対する結論は，単純競争の方が一般に有利であるというものだった[195]。しかし，第3度の差別独占の方が有利になるある明瞭なケースも見られた。それは，任意の産出量を生みだす費用を賄う均一価格は存在しないが，これを賄うある差別価格体系ならば実行できる場合である。それはハドレー学長によって，Bで消費されるためにBに向かう財貨のAからBまでの輸送料と，さらにCに輸送されるためにBに向かう財貨のAからBまでの輸送料との差別に特に関連して，詳しく例証されている。すなわち「それは，2つの大都市の間のある農村地方を通って一本の道路を建設できるか否かという問題であり，両都市は水運で結ばれているが，中間の農村地方は結ばれていないとする」。水運との競争に対抗するには，Aから中間地点Bへの輸送料は，さらにCに運ばれる財貨については安くしなければならない。しかも，もしそれをAからBのすべての輸送に適用するのであれば，その道路のこの部分の経営が赤字になるほどに安くしなければならない。だがAからBへの輸送需要は，Bを最終地とする財貨についてはごくわずかなので，その輸送料をどれほど安く，あるいは高くしても，それだけではその道路を維持できない。「換言すれば，とにかくその道路を存続させるためには，2つの異なる料金——その地元の輸送に対する高い料金と，安い料金でなければ引き寄せることのできない大量の中継輸送——を確立しなければならない。つまりその道路を維持しようとすれば，彼らは差別を設けな

---

[195] BからAに製品を運ぶ製造業者の輸送料と，CからBを経由してAに製品を運ぶ製造業者の輸送料の差別は，銅商人と石炭商人の差別より一般に有害であるという見解を，ここで考察しておくことが望ましい。この見解の根拠は，Aの市場で競争しているCとBの製造業者の輸送需要は互いに依存しあうのに対し，銅商人と石炭商人の需要は互いに独立しているという点である。だから前者の種類の差別には，財貨単位をCからBに輸送する費用がかかるので，特別の追加的損失が生じ，もし差別がなければその財貨単位はBで生産され，それゆえその区間を運ぶ必要もなかっただろうと主張される。このような形の議論は，誤りであるように思われる。なぜならそれは，均一価格を前提しつつ，ある用役の一般需要表が与えられる場合，独占者に最も有利な差別価格体系は，この市場を構成する各需要が互いに独立しているか否かを問わず同じである，と暗に仮定しているからである。しかし実際上，これはまずありえないだろう。例えば，ある用役の需要全体を分割できる2つの小市場が完全に競合しあう場合，独占者はそれらの小市場を差別してもまったく採算がとれない。なぜならそのように差別すれば，結局，その2つの小市場のうち不利になる方は，消滅するだろうからである。それゆえ，それらの小市場の需要が競合しあう場合には，CからBへの本来不要な輸送のために，差別は多少の損失をもたらすだろうけれども，この不要な輸送の量が，競合的需要と独立的需要のそれぞれの場合の差別によって生じる総損失の差を示す，とは言えない。

けらねばならない」[196]。明白なことであるが，異なる財貨に異なるトン・マイル料金を課すという差別に関して，サービス価値原則に有利な同様の議論が成り立つのは，差別をしなければ輸送単位量がゼロになってしまい，その輸送料収入でその輸送費を賄えないような場合である。この種のケースが実際に起こり**うる**という点については，私も認める。しかしハドレー学長とその追随者たちは，その事実を示すだけでは満足せず，論証もせずにこのケースこそが鉄道世界全体の典型であると考え，したがって，鉄道料金の設定はすべてサービス価値原則に従うべきであるということを論証したと考えている。論証されていないそのような議論は明らかに不適切であるから，サービス価値原則を正当化するこの明瞭なケースが実際に妥当しそうな範囲について改めて精査する必要がある。

9 分析的観点から見れば，この問題は単純である。前章で説明した通り，最高度の差別独占が，単純競争では生みだされないある産出量を生みだすには——ある市場の需要が他の市場の価格に影響されない最も単純なケースを考えよう——，以下の図において，供給曲線 SS_1 が一貫して需要曲線 DD' より上方にある必要があり，また面積 RQP が面積 SRD より大きくなるような仕方で限界供給価格曲線 SS_2 が DD' と 2 回交わる必要がある。これらの条件下では，単純競争の産出はゼロになるが，最高度の差別独占の産出は OM になる。第 3 度の差別独占が OM をもたらすための条件は，それほど明確ではない。最高度の差別が何とかそれに成功するような条件では，通常，第 3 度の差別はそれに失敗する。第 3 度の差別が産出 OM をもたらす見込みが高いのは——差別できる市場が多いほど，また独占者の立場から見て各市場の編成が万全のものであるほど，その見込みは高まる——，面積 RQP が面積 SRD を大きく上回る場合である，と大まかに結論してよかろう。われわれの問題は，この条件がどれほど

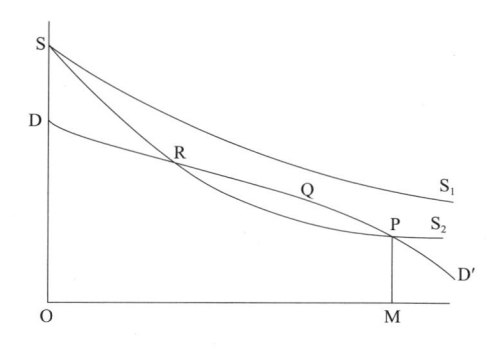

---

196) ハドレー『鉄道輸送』115-頁。

実際に満たされるかを明らかにすることである。この問題に答えるためには，2つの曲線のそれぞれの形状と相対的位置の両方を考慮しなければならない。

　第1に，供給曲線が急勾配の右下がりである場合には，それが緩やかな右下がりである場合より，前述の必要条件を満たす多くの需要曲線の形状が存在する。鉄道という特殊ケースでは，供給曲線は，とにかくその初めの方の部分では急勾配だろうと考えるべき理由がある。なぜなら鉄道の固定設備は，実際，ある一定の最低限の輸送だけをおこなえるようには作れないからである。週当り1オンスの鉄道輸送を供給する総費用は，何千トンもの輸送を供給する総費用にほぼ匹敵するぐらい大きいのである。どちらの場合も，測量，法的経費，谷間や急流の架橋，岩盤にトンネルを通すこと，停車場やプラットホームの建設などに，同じぐらい膨大な支出をしなければならない。これは，供給曲線の傾きが初めは急であるが，その後は緩やかになることを意味する。したがってこの点だけを考えれば，差別独占の方が単純競争より優れた結果をもたらすケースの成立にとって，鉄道サービスの条件は，他の産業の条件より有利である。

　第2に，もし供給の条件が一定であり，かつ需要曲線が供給曲線のY軸上の切片から一定距離だけ下方にあるY軸上の点を通ることがわかっているならば，需要曲線と供給曲線が平行であるほど，その必要条件は満たされやすい。それゆえ鉄道サービスの場合，供給曲線の傾きは初めは急であるが，その後は緩やかになることがわかっているので，もし需要曲線もこれと同様の形状であれば，その必要条件は特に満たされやすい。事実上，需要曲線はそのような形になりやすいと考えるべき理由がある。ある輸送目的のために非常に高い需要価格が流布しているときには，比較的少ない財貨しか輸送されず，他の輸送目的のために（例えばその出発地と水運でも結ばれているさらに先の地点に運ぶために）適度な需要価格が流布しているときには，比較的多くの財貨が輸送される。なるほどこの条件は，需要曲線と供給曲線が平行になりやすいことを示すには不十分である。なぜなら急な傾きから緩やかな傾きへの変化は，2つの曲線上の対応する点で必ずしも同時に生じるわけではないからである。だがその条件は，このような形状の同時変化にとって確かに多少とも有利な材料である。だからここでも，差別独占の方が単純競争より優れた結果をもたらすケースの成立にとって，鉄道サービスの条件は他の産業の条件より有利であると言えよう。

　しかし需要曲線と供給曲線の形状が断然有利なものであっても，これらの曲線

の相対的位置も同じく有利なものでなければ、差別独占は単純競争ではもたらせないある産出量をもたらす、とは言えない。そのための十分条件は、差別が最高度の種類のものである場合には、供給曲線が需要曲線より上方にあること、ただし限界供給価格曲線も同じく需要曲線より上方にならないように、供給曲線があまり上方に位置しすぎないことである。だから、一方ではその地方はあまりに繁栄していたり、人口が多すぎてはならず、他方ではあまりに閑散としていたり、人口が少なすぎてもならない。必要になる活動および人口の、ある一定の中間範囲というものがあり、この範囲は、可能的範囲全体に比べれば明らかに狭い。したがって、国民分配分にとって差別独占の方が単純独占より有利になる特殊な状況を示すことはできるが、これらの状況が無作為に選んだ任意の時期の任意の鉄道において実現する可能性は小さいだろう。

234

10 ただし、この結論を修正するある重要な事情にも注意すべきだろう。どの国でも、人口や富の総額が増えるにつれ、任意の路線の鉄道サービスに対する需要表はしだいに高まる。それゆえ、「サービス費用原則」ではなく「サービス価値原則」に基づく鉄道料金体系によって分配分が一層大きくなるための条件を、無作為に選んだ任意の時期の任意の路線が満たすことはなさそうだが、それがこの条件を**一時的**に満たすことは、ありそうである。そのような状況は、富や人口の増加が一定の水準に至ると現れ、それより少し先の水準に至ると消えるだろう。もし「サービス費用原則」をすべての鉄道会社に強制し、しかも政府が補助金を一切与えなければ、前者の水準に至れば社会に利益をもたらす特定の路線を建設できるという事実にもかかわらず、後者の水準に至るまでその路線は建設されないだろう。したがって、差別すなわち「サービス価値原則」は、任意の路線がこの２つの水準の中間段階にある時期に採用されるべきであり、また人口が増加して需要表がその段階を越えるほどに高まれば、それは直ちに、単純競争すなわち

---

197) ビッカーダイク氏（『エコノミック・ジャーナル』1911年3月, 148頁）や J. M. クラーク氏（『アメリカ経済学協会紀要』(*Bulletin of American Economic Association*) 1911年9月, 479頁）が実際に主張しているのは、ある料金体系から別の料金体系への転換が起こるのは、需要の増加によってその問題の鉄道が上述の段階を越えるときでなく、需要の増加によって需要曲線が上方移動し、供給曲線の傾きが負から正に変わるその点と交わる、まさにそのときだということである。私の意見では、この見方には適切な根拠は何もない。

「サービス費用原則」に転換されるべきである[197]。「サービス価値原則」に適する期間は，通常の大半の路線では比較的短期間にすぎないだろう[198]。

第13章の覚書　区域制度

　区域料金制度（zone system of rates）では，外部のどの地点からやって来ても料金が同じになる，鉄道路線の一定の区域を定めている。郵便という目的にとっては大英帝国全体が単一の区域であり，輸送費が取扱費に比べて小さい輸送形態では，単純性や利便性を考えれば，それに付随する短所にもかかわらず，そのような制度は全体として望ましいものに十分になりうる。しかし区域制度は，自分の市場から離れている企業を有利にし，自分の市場の近くに位置する企業を不利にするという差別をもたらす。実際それは，後者を犠牲にして，その競争相手である前者に一種の補助金を与えるものである。ところで第8章で見たように，一方の供給地を有利にし，他方の供給地を不利にする差別は，特定の状況下で特定の仕方で導入されれば，社会的に有益であることが判明している。しかし区域制度がもたらす種類の差別は，ランダムな差別であり，慎重に厳選された企業だけの優遇を特に意図していない。だからそれは，**類似した企業の一方のグループを有利にし，他方のグループを不利にする差別**と概して変わらない。容易に示されるように，この種の差別は，その財貨の一部を必要以上に高い実質費用で生産（輸送も含む）することを意味する。なぜなら，遠くの供給地で生産してその市場に運ぶ限界実質費用は，近くの供給地で生産してその市場に運ぶ限界実質費用よ

---

[198] そのような路線については，次のように主張することもできる。ある鉄道が建設され，サービス費用原則に基づき有利に経営される段階に至った後に，まもなく次の段階に至る。このとき，サービス費用原則に基づく料金体系のままでは，社会的に有益な路線をさらに建設しても鉄道会社にとって採算は合わないが，サービス価値原則に復帰すれば，そのような路線拡張が可能になるだろう。この議論が示すのは，**その新たな路線で運ばれる貨物のみに適用される**差別料金体系の設定が，理論的に有効なケースであり，それを修正した議論が示すのは，差別しなければ運行するにまったく値しない**追加的な**列車ないし路線で運ばれる貨物のみに適用される差別料金体系の設定が，理論的に有効なケースである。しかし実際には，サービス価値原則はこのような限定された形で適用することはできない。すなわちそれを，追加的路線，あるいは追加的路線で運ばれる貨物に対して導入するのであれば，実際上，その路線で運ばれるすべての貨物に対して導入しなければならない。本文の議論は，このような場合に理論的に有効なケースを示すわけではない。

り，必ず大きくなるに違いないからである[199]。こうして生じる直接的損失は区域制度がもたらす次のような利益によって埋め合わされる，と主張することも可能である。すなわち区域制度によって，ある産業に属する生産企業は地理的に分散し，それゆえ企業結合や，その結果生じる反社会的，独占的行動が困難になる[200]。しかしこの主張は，大した説得力をもたないように思われる。というのも，生産単位の規模拡大は経済性を高めるので，これを抑制するのは，それ自体としては望ましくない。後に論じるように，結合を防ぐ試みによって間接に対処するより，結合がもたらす恐れのある独占的行動の弊害に直接に対処する方が，おそらく優れた政策だろう[201]。

第 14 章　購買者組合

1　前章までの考察結果から明らかなように，多くの産業では，単純競争も，独占的競争も，単純独占も，差別独占も，各分野の限界純生産物の均等化をもたらさず，それゆえ国民分配分の最大化をもたらさない。しかしすでに読者も気づかれたであろうが，これまで考察してきた経済体制はすべて，ある集団によって財貨が生産され，他の集団にそれが販売される体制だった。したがって，この体制がもたらすそうした調整の失敗も，まさしくこの事実に起因するのである。それゆえ当然，次のような疑問が生じる。自分たちに必要な財貨の生産を自分たちでおこなう自発的購買者組合という工夫によって，これらの失敗をなくせないだろうか。

2　さて，購買者組合（Purchasers' Association）の本質は，それが完成財の消費者によって設立されるにせよ，さらなる生産のために自分たちの購入を役立てる生産者によって設立されるにせよ，購買者の総余剰から総費用を差し引いた値の最

---

199) 『クォータリー・ジャーナル・オブ・エコノミクス』1911 年 2 月，292-3 頁，297-8 頁，300 頁，また『鉄道料金に関する議会委員会』（*Departmental Committee on Railway Rates*）10 頁を参照のこと。
200) 『クォータリー・ジャーナル・オブ・エコノミクス』1911 年 5 月，493-5 頁参照。
201) 本編第 16 章第 3 節参照。

大化にその経営方針が向けられることである。したがって購買者組合は，需要価格と限界供給価格が等しくなる産出量をちょうど生産するに**違いない**ので，ある財貨の生産によってその財貨の購入者でない他者が影響を受ける場合を別にすれば，購買者組合は，その産業の投資の限界純生産物を資源一般の限界純生産物に等しくするに違いない。したがって購買者組合は，他の条件が等しい限り，独占にも単純競争にも伴う調整不全を大部分まで解消してくれるに違いない。しかし，この準備的，抽象的説明によって問題が解決するわけではない。**他の条件が等しい限り**，購買者組合は国民分配分を増加させる，ということを知るだけでは不十分である。このことから，現実世界における購買者組合の影響についての何らかの推論を引き出すためには，通常の営利事業に比べて購買者組合が大まかな経済効率の面でどのような位置にあるのかを，まず考察する必要がある。なぜなら，購買者組合が価格づけの方針の面でもつだろう優位性は，もしそれが生産の面で不効率であれば，明らかに覆されやすいからである。

3 この課題に取り組むにあたり，2つの混乱に用心すべきである。第1に，最も明白なことであるが，一定の分野では購買者組合の方が，個々の組合員のばらばらな経済活動よりも効率的である，という主張をすべて斥ける必要がある。多くの人が少量ずつ必要とするが，大きな量であればずっと経済的に生産できるようなサービスを挙げることは，容易である。明白な例は，零細農業者が少量ずつ生産するさまざまな品質の農産物を，市場に出荷するサービスである。なぜなら経済的な販売にとっては，品質の慎重な等級づけと各等級のかなり安定した供給が必要であるが，そのバターや卵を出荷しようと個々に企てる零細農業者は，これらの必要を満たすほどの大規模経営をしていないからである。しかし，このような理由のために，バター作り，ベーコンの塩漬け，卵の出荷が「協同組合原則の適用のうってつけの機会を提供する」という事実は，ここでの問題と無関係である。なぜならこれらのことは，営利原則の適用のうってつけの機会も同じく提供するからである[202]。購買者組合がこの分野では，単一の零細農業者よりずっと安上がりに活動できることは事実だが，まったく同じことは，これらの農業者

---

202) 同様にして，最終消費者以外の人々の間における購買者組合の発展によって，最終消費者に対する独占的行動が可能になるかもしれない，という非難も当たらない。なぜなら営利企業の発展によっても，同じくそうなるかもしれないからである。

に出荷サービスを販売しようする通常の営利企業についても言える。第2に，イギリスの協同組合店の歴史を過度に強調しないようにする必要がある。なぜなら，購買者組合という工夫が小売業界に導入された時代に，その競争相手だった営利事業の状態は正常なものではなかったからである。1つには商店の間の競争の不完全性のために，長らくある種の旧弊がはびこっていた。彼ら自身の目から見てさえ，「全体として小売業は，無駄に多くの店舗を抱え，若干の客を引き寄せることに，しかもその若干の客が信用で買った，すなわち借りた財貨の，長期の——非常に長期の——代金支払を世話することに，あまりに多くの手間と金銭を費やしていた。だから小売業は，そのすべての費用分も請求しなければならなかった。……小売業は，経済性を改善する余地の大きい1つの手頃な事業分野だった」[203]。小売業が異常な状態にあったというこの事実は，小売商店が協同組合との競争のみならず，大商店との競争によっても簡単に駆逐されたというパレート教授の観察からも，明らかにされる[204]。購買者組合店が登場したときの小売業のありさまと，購買者組合店を比べても，それぞれが代表する2つの産業形態の真価を公正に比較検討することにはならない。それは，ある人種の障害者と別の人種の健常者を比べるようなものである。したがって，公正に見て歴史的事例はあまり重視できないので，理論的考察に頼るほかはない。

4 理論的観点から購買者組合の経済効率の評価を試みるにあたり，それがもつ，またはもちうる，重要な2つの長所にまず注目しよう。第1に，独占的競争のもとでは，どんな産業分野でも通常の営利事業は，第7章第11節で述べたように，宣伝に多大な浪費的経費をかけざるをえず，この経費はその事業の生産費を上昇させる。しかし購買者組合では，購買者組合**である**という事実自体のために顧客はすでに確保されるので，この経費はまったく不要である。したがってその分だけその効率は，他の条件が等しい限り，通常の営利事業の効率を上回るわけである。第2に，どんな産業分野においても独占的競争のもとでは，通常の営利事業とその顧客は，第7章第13～14節で述べたように，互いに優位に立とうと争い，活力や金銭を費やさざるをえない。しかし購買者組合の場合には，この種の経費

---

203) マーシャル『協同組合連合会の開会演説』(*Inaugural Address to the Co-operative Congress*, 1889) 8頁．

204) パレート『経済学講義』274頁参照．

は省かれよう。また保険と小口融資という2種類のサービスの提供についても，購買者組合の有利さは明瞭である。保険契約は，その買手に何らかの事象が起こることを条件とし，融資契約は，その借手の返済の約束を条件とする。保険の場合，買手はその保険事象を装ったり，故意にそれを起こしさえして，その売手を犠牲にして利益を得るかもしれず，融資の場合には，借手は故意にその約束を破ったり，その約束を履行不可能にするような行為をして，利益を得るかもしれない。ところで，［通常の営利事業のように］集団としての買手と売手が異なる場合のみならず，［購買者組合のように］両者が同じである場合にも，個々の買手がこの種の行為から利益を得られるということは，むろん正しい。しかし肝心なのは次の点である。すなわち株式会社の形態の産業組織では，ある買手の詐欺や詐欺まがいの行為は，他の買手にとってどうでもよいことなので，絶え間ない入念な検査体制によってしか防げない。しかし購買者組合の形態では，他の買手もそうした行為によって直接の損害を被るので，その防止に関心をもつ。だから購買者組合が近隣住民から構成される場合には，皆が付随的に，日常生活の中で，互いに自発的な無償の検査人になる。こうして，保険や小口融資のサービスを提供する小さな地域型購買者組合では，株式会社がこれらのサービスを提供しようとする場合には負担せざるをえない金銭的，実質的費用の大部分が実際に省かれる。もし人々が——不正の成功の見込みはまったく別にして——相互組合に対しては，営利会社に対するより誠実に行動するのであれば，この点での購買者組合の有利さは高まる。

5 より一般的な事情の考察に移るならば，われわれは，購買者組合が構造上は株式会社の一形態であることに気づく。他の株式会社と同様に，それは株主によって所有され，その株主の中から選ばれる理事会ないし役員会の監督下で，経営者によって管理される。それに代わる形態としては，個人事業と通常の営利会社があり，購買者組合の経済効率をこれらと比べようとすれば，当然ながら第1に，その経営組織に注目することになる。この点でまず述べなければならないのは，個人事業の特徴である機敏な行動の機会や，私的所有が生みだす刺激を，理事会ないし役員会が欠く限り，購買者組合と営利会社はいずれも，個人事業に劣るということである。しかし，公共心を要する職務に携わっているという事実がその経営者や理事会に喚起する社会的情熱によって，この購買者組合の欠点はあ

る程度まで相殺されるだろう。購買者組合という形態では，実際，産業効率を高める刺激として，利己的動機と並んで利他的動機も利用できるだろう。しかしこの第1の事情を，次のような第2の事情と対比しなければならない。すなわち購買者組合が貧しい人々から構成される場合，購買者組合は経営者に高い給料を払いたがらないことが多く，それゆえ営利会社より能力の低い経営者しか得られないことが多い。しかもその理事たちは，限られた狭い領域から選出されるので，営利会社の重役たちより事業経験に乏しいことが多い。この2つの対立しあう影響力のどちらが上回るかは，むろん場合によりけりである。

6 以上の考察は，購買者組合を生産上の効率的組織と見なそうとする主張にとって，全体として不利なものではないので，購買者組合を有利に活用できる分野は広いように思われるかもしれない。しかし別の重要な一群の問題が残っている。ある条件下の，ある時点の，どんな産業にも，活動が最も経済的になる，つまり最も効率的になる，事業単位の規模というものが常に存在する。この規模がどれほどであるかは，むろん場合によりけりだが，どんな条件下でも，とにかく何らかの最も経済的な規模というものが存在する。ところで，前節までの議論では，購買者組合と営利企業はどちらも最も経済的な規模を容易に達成できると暗に仮定していた。もし実際にそうであるならば，この問題を考慮する必要はないが，現実には，営利企業は効率性だけに基づいて決定される事業単位規模に，妨げられることなく自由に発展するのに対し，購買者組合はこのように自由でない場合が多い。この方面の能力が制限される限り，購買者組合は，その構造のゆえに直接的にではなく，むしろ規模に関するその制限のゆえに間接的に，営利企業より不効率になる。そこで次に，この問題を詳しく検討しよう。

7 本章第2節では，購買者組合の本質を，その経営方針——すなわち経営者は利潤のみならず，利潤と購買者余剰の和の最大化をめざす——に基づいて定義した。ところで，この基本方針に基づいて設立された組合において，組合員が株式を保有しようとする，あるいは責任を引き受けようとするためには，博愛行為を別にすれば，自分の購買の量と自分の持株や引受責任の量との比率が，他の組合員の購買の量とその持株や引受責任の量との比率と同じ程度になる，と彼が予想する必要がある[205]。なぜなら私が定義したように，購買者組合では，そのリス

クは，持株や責任の量に比例して各組合員によって引き受けられるが，成功した場合のリスクの報酬は，購買の量に比例して各組合員に分配されるからである。これは，大量の購入をおこなう意思がなければ，誰も大量のリスクを引き受ける十分な動機をもたないということを意味する。したがって，購買者組合の事業単位規模がどこまで拡大するかは，さまざまな潜在的組合員の間の，株式保有力と購買力の比率の類似の程度にかかっている。この点の類似性が広い範囲の人々に及ぶならば，購買者組合は，経済的に最も効率が良いと判明するどんな事業単位規模でもおそらく容易に達成する。しかしその類似性が狭い範囲にしか及ばなければ，こうした規模の達成は不可能であり，したがって購買者組合を設立してもその規模が小さすぎて，実際，どうしようもなく不効率なものになるだろう。

8 購買者組合の株を保有したり責任を引き受けたりする能力は，大まかに言って，所得に比例すると考えてよかろう。したがって，購買者組合という産業形態の規模の過小性に起因する不効率を避けるには，そこで扱われる商品は，多少とも所得に比例して人々が大量に購買するような種類のものでなければならない。したがって，この条件に合う分野を明らかにする必要がある。そこには，おそらく２つの主要分野があるだろう。第１に，何らかの他の営利産業で，重要かつ永続的な役割を果たす商品は，その必要条件を満たしている。なぜならそれぞれの生産者が必要とするこの種の商品の量は，その事業規模に大まかに比例し，さらにこの事業規模は，その所得に大まかに比例するからである。この議論は，農業者がしばしば形成するいわゆる供給組合（supply associations）——すなわち肥料・種子・農業機械などを生産企業から安く仕入れるサービスを，その組合員に提供する組合——のおこなうサービスに妥当する。その議論はまた，農業販売組合（agricultural selling societies）のおこなうサービス——例えば卵やバターの，選別・等級づけ・販売・荷造りなどのサービス——にも妥当する。最後にそれは，デンマークやアイルランドで非常に重要な役割を果たしている酪農協同組合（Co-operative Creameries）のおこなうサービス——この場合のサービスは製造および販売活動である——にも妥当する。さて第２に，他の生産には用いられず最終消費される幾つかの商品も，その必要条件を満たしている。**あらゆる**商品が，所

---

205)「株式」が存在せず，組合員の無限責任による保証に基づき，銀行から資本を借り入れている組合もある。

得の大幅に異なる人々によって，所得に比例して消費されるとは，なるほど期待できない。なぜなら個々のどんな商品も，たちまち［効用の］飽和点に達しやすいからである。だが同じような所得をもつ人々の大集団が存在するならば，一部の商品については，彼らは同じような量だけ消費すると期待できる。それゆえ十分な経済効率に適する規模の購買者組合にとっては，次のような活動領域が存在する。すなわち定住する労働者の大集団に対して，一般的かつ主要な家庭用品（家屋自体も含む）の小売や卸売のサービスを，ときにはその製造さえも，提供することである。

9 しかし，その必要条件を満たさない非常に広大な産業分野が存在する。流行の変化などのために需要の不安定な商品については，人々は各自の所得に比例した額を購入しないだろう。おそらくこれこそが，なぜ協同組合店は「首都や船乗りの町を避けているように思われてきたのか」ということを説明する理由である。人口の移動が激しいので，そのような地域における財貨の小売サービスに対するある個人の需要が突然に消滅し，それゆえ，さもなければ購買と所得の間に存在したはずの単純な関係が崩れてしまうことは，日常茶飯事である。しかも，個々の需要に特別な変動傾向がない場合でさえ，その購買が購買者の所得と間接にしか結びつかない商品は，依然として多数存在する。例えば，需要が個人の嗜好に左右される商品や，それから確かに，明白な「必需品」以外の，ほとんど「贅沢品」と言ってよいすべての商品がある。これらについては，最も効率の良い事業単位規模に固有の経済的生産を達成できるような規模の購買者組合を作るのは難しい，ということが一般に判明するだろう。すなわちこれらの場合，購買者組合という形態自体の直接の経済性が非常に高くない限り，その効率は営利企業の効率より低くなりやすく，したがって購買者組合が特に導入されやすいわけでもなく，仮に導入されても，それは社会改良のために特に適した方法でもないことが判明するだろう。

10 もう1つ，問題が残っている。たとえ購買者組合が営利事業におそらく匹敵するほど効率的であるような場合でさえ，組合が必ず設立されるとは限らない。非常に貧しい人々は実行力や理解力に欠けることがあり，一方，非常に豊かな人々は多少の節約など気にかけないので，組合を作る意思に欠けることがある。

したがって，通常の競争や通常の独占産業のもたらす弊害を克服する手段として，確かに購買者組合にはその果たすべき重要な役割があるけれども，購買者組合が活動できる分野はその範囲がまったく限られているので，その他の改善策の研究が依然として必要になる[206]。

第15章　政府の介入

1　自発的な購買者組合が通常の営利事業の形態のもとで生じる産業上の調整不全を克服する適切な手段にならないような，広範な産業分野では，何らかの種類の政府介入によって国民分配分を増やせないだろうかという疑問が生じる。本章から第17章までの課題は，この疑問に答えることである。

2　ある人々は，次のような想定のために，この問題を明瞭に考察できないでいる。すなわち鉄道サービス（全国規模の鉄道と市電）・ガス灯・電力供給・水道供給などのように，収用権（right of eminent domain）を用いる幾つかの産業があり，政府当局はこれらに対しては，他の産業に対してもたないような介入権をもつという想定である。この想定は誤りである。国家当局も自治体当局も，街路や主要道への，複数の当局による重複した介入を許すことは到底ないだろうから，収用権の行使が実際上，独占を意味するということは正しい。しかしこの場合，これらの公益サービスは独占業務という一般範疇に含まれるだけであり，どんな本質的な点においても，それらは，まったく他の仕方でその範囲に含まれる独占業務――例えばアメリカの石油業や鉄鋼業――と同じである。だから収用権はけっして，政府経営の前提条件でも，営業免許を通じての政府統制の前提条件でもない。公共食肉解体場，販売免許をもつ酒店，ロンドンの免許制辻馬車は，そのことの実例である。その政策上の一般的問題は，その考察対象が独占産業であるか否かによって異なり，また独占産業の中でも，差別価格が実行できる分野か否かによって異なるが，他の条件が等しい限り，その産業が収用権の行使を必要とす

---

[206] 協同組合活動の各種形態についての詳しい議論として，フェイ『国内外の協同組合』（Fay, *Co-operation at Home and Abroad*, 1908）を参照のこと。

るか否かにかかわらず同じである。要するに「公的当局は，サービスがなされたり財貨が販売されるさいの価格を決定する権限に加えて，どんな産業であれ，そこで得られる利潤を規制する権限をもつ。どんな個別の事案でも，公共の必要や利便がその権限の行使を要求するか否かは，そのケースの事情しだいの実際的問題である。だからそれぞれの個別ケースの事情を調べもせずに，単に一般原則の問題として，街路を使用する免許が必要な産業については利潤を制限すべきであり，料金も規制すべきであると主張するのは，不公平な課税や階級立法を唱えるようなものである」[207]。またキャナン博士によれば，「ある特定の業務がきまって自治体によってなされている理由は，それを最もうまくできるのが自治体だからであり，それが社会全体の効用を高めるからではない。社会全体の効用を高めるか否かという問題は，それを自治体企業の業務（そのサービスは販売される）とすべきか，それとも地方税一般で賄われる自治体の通常業務の一環とすべきかを考えなければならない場合にのみ生じる」[208]。したがって，［収用権を用いる産業とそうでない産業という］この架空の区別を無視して，第1節で述べた課題の議論に入ってもよかろう。

3 多くの産業に関して，特にそれらが独占的性質をもつ場合，一見した限りでは，政府介入に適した事例がすでに現れていたことは明らかである。しかし，この種の問題に有益に介入するために政府がもつべき資質を考慮するまでは，その事例はせいぜい一見した限りの事例でしかない。規制されない私企業による不完全な調整を，経済学者が机上で想像するような最善の調整と対比するのでは不十分である。なぜなら，その目標を達成すること，あるいはそのために全力を尽くすことさえ，どんな政府当局にも期待できないからである。このような当局はどれも，無知，党派の圧力，私利私欲による個人的腐敗に陥りやすい。声高な一部の，彼らを支持する有権者が投票のために組織されれば，社会全体の利益を容易に圧倒するかもしれない。産業への公的介入一般に対するこの反論は，私企業の統制による介入についても，直接の公営による介入についても妥当する。一方では，特に継続的に規制がなされる場合には，その免許を取得するさいだけでなく，それを行使するさいにも，会社は賄賂を用いるかもしれない。「規制は，そ

---

207) H. メイヤー『イギリスにおける公有と電話事業』176頁。
208)『エコノミック・ジャーナル』1899年，8頁。

れ自体が大仕事であるところの，申し分のない契約の作成と採用をもって終わるのではない。……憲法や制定法や特許状と同じく，免許もまた同様である。そのような合意は，おのずと守られるわけではなく，その作成や採用のときに匹敵するほど精力的に，契約期間全体を通じて努力しなければ守られないことは，はっきりしている。敵意をもつか，怠惰であるか，あるいは無知な市議会は，または国会でさえ，合意条件を変更して，規制の価値を台無しにしたり大きく損ねたりするかもしれない」[209]。だからこそ，それらの企業は**継続的なロビー活動**をおこなうのである。「政治家がその選挙資金を得るのは，それらの企業からである」[210]。この害悪は累積的影響力をもつ。すなわちそれは廉潔の士が政治家になることを妨げ，それゆえその腐敗的影響力はますます野放しになる。他方で，自治体そのものが企業を公営する場合には，腐敗の可能性は形を変えるだけにすぎない。「市営推進論者が提案する新たな事業は，商人・建設業者・設計技師などとの何百万ドルもの取引をもたらし，また重要な公職を何百も増やし，何万ものさらなる公務員の雇用を生みだすだろう。党派の指導者は，その増加した任命権から自分たちの分け前を得るだろう。あらゆる公職は，公益に反して堂々と設けられた，ある種の私益のための潜在的機会である」[211]。

4　公的当局の介入に対するこの反論の力は，明らかに，いつでもどこでも同じというわけではない。なぜならあらゆる種類の公的当局は，効率の点でも公的義務感の点でも，その時代の一般的気風によって変化するからである。例えば前世紀のイギリスには，「高潔さ，能力，非利己的精神，また政府の財源の膨大な増大」が見られた。「……そして国民は今では，一般教育が未整備の時代，生計を立てるだけで精一杯の時代には不可能だったような仕方で，自分たちの支配者を従わせ，権力や特権の階級的濫用を抑えることができる」[212]。この重要な事実は，今ではどんな場合でも，政府当局による介入の有益性の見込みが，昔より高

---

209)　『公益事業の公営と私営——アメリカ合衆国・国民市民連盟への報告』(*Municipal and Private Operation of Public Utilities*, Report to the National Civic Federation, U. S. A.) 第1巻，39頁。
210)　ベミス『自治体の独占事業』174頁。
211)　『公益事業の公営と私営』第1巻，429頁。
212)　マーシャル「経済騎士道の社会的可能性」("The Social Possibilities of Economic Chivalry", 『エコノミック・ジャーナル』1907年) 18-9頁。

まっていることを意味する。これだけではない。既存の形態の公的当局の活動がこのように改善されたことに加えて，公的当局の形態自体を改良するための新たな工夫も考慮しなければならない。この点は次のように要約できよう。事業を統制したり運営したりする組織としての自治体や国の代議制議会には，4つの主な短所がある。第1に，議員は主に，産業に介入するという目的とはまったく別の目的のために選出される。したがって，産業に介入するための何か特別な能力を，これらの議員に期待する理由はほとんどない。第2に，市会議員の頻繁な交代は，産業に介入するうえで深刻な障害になる。W. プリース卿によれば，「私は電灯事業のときの経験を覚えている。大きな自治体は，少人数の強力な委員会を作り，同一の議長を選任することによってその問題を克服し，こうして政策上の一貫性のようなものを保っている。だが小さな自治体は，非常に大きな委員会を作って事業を始める。委員は絶えず交代し，その結果，活用すべき制度について合意を得られなかったり，サービスをおこなう手段について合意を得られなかったりする。それは，絶え間ない苦労と争いである」[213]。第3に，それぞれの公的当局に割り当てられる地域は非経済的事情によって決まるので，それは，どんな介入形態にせよ，産業の運営に適さない地域であることが多いだろう。周知のように，例えば市電サービスや電力供給をときには規制し，ときには運営しようとする自治体の試みは，近代発明の発展以来，単一の自治体の必要をずっと上回る規模でなければこれらのサービスを最も経済的に提供できなくなった，という事実に大いに悩まされてきた[214]。第4に，前述のように，正規の政府機関はそれらが選挙で選ばれる限りは，有害な形の選挙圧力を明らかに受けやすい。以上の4つの短所はどれも深刻である。しかしそれらはどれも，「理事会」，すなわち産業の運営ないし統制という明確な目的のために政府当局が任命した人々の団体という最近発達した工夫によって，大幅に解消できる。これらの理事をその職務上の適性に合わせて専門的に選ぶことも，その任期を長期のものにすることも，彼らに割り当てられる地域を適切に調整することも，その任命条件を選挙圧力から彼らがほぼ守られるようにすることも，可能である。また理事会制度は，市議会による産業への介入に対するもう1つの重要な反論を大部分まで斥ける，

---

[213] H. メイヤー『イギリスの自治体所有事業』(*Municipal Ownership in Great Britain*, 1906) 258頁。
[214] 本編第17章第6節参照。

という点も付言できよう。この反論は，ダーウィン少佐が述べるように，そのような介入は「これらの団体が本来の基本的職務にかけることのできる時間を奪い，多忙な自治体職員が自分の時間を公務に費やすことを渋るようになるため，地方当局の平均的行政能力を低下させる」というものである[215]。専門の公的理事会が産業を運営ないし統制するならば，この反論は明らかに的外れになる。それゆえ，一般的結論は次の通りである。政府機関の構造上および方法上の近代的発展によって，かつてはそのような介入が是認されなかったような条件下でも，これらの政府機関は産業に有益に介入できるようになっている。

第16章　独占の公的統制

1　第7〜8章では，単純競争のもとで作用する利己心が国民分配分をその可能限度にまで最大化しない場合に，政府がおこなうことのできる介入策についてたびたび言及した。その産業の政府による公営を別にすれば，また極端な場合の罰則を定めた法律を別にすれば，これらの介入策は財政的性質のものであり，すなわち補助金の給付と租税の賦課である。しかし利己心が単純競争下でなく独占下で作用する場合には，明らかに財政的介入は無効になってしまう。したがって本章では，独占のもとでどんな介入策が利用できるかを考察しよう。説明の単純化のために，ここでも古典派経済学者たち（classical economists）がそう考えたように，単純競争によって国民分配分が最大化されると仮定して考察を進めよう。このとき，独占に苦慮する政府は，独占下の分配分の大きさと単純競争下の分配分の大きさを比較するだろう。その課題は，事態を完全なものにすることではなく，むしろその事態を，独占力が作用しない場合と同程度にまで改善することである。

2　まず，ある王立委員会で最近唱えられた新しい形の間接的統制に目を向けよう。その提言では，独占的な売手に対抗するために，同じく独占力をもつ買手の

---

215) ダーウィン『自治体事業』102頁。

結合の形成を政府が奨励すべきだとされる。つまり買手側の結合によって，独占価格を課そうとする売手側の企てを中和できるだろうというわけである。この計画は，海運業界の協議会制度（Conference System）がもたらした弊害の部分的対策として，海運同盟（Shipping Rings）に関する王立委員会の多数派によって唱えられたものである。だが理論上，この計画は根拠薄弱である。なぜなら新たに生みだされるその第2の独占がもたらすのは，自然的ないし競争的な価格と呼べるようなものでなく，そのような価格を含むところの，ある広範囲にわたる不確定な価格だからである。確かに買手側の立場は，彼らが結合しない場合よりも良くなる。また価格も産出も，彼らが結合しない場合より社会的に望ましい水準に一層近づく，と期待すべき理由もある。しかし売手側と買手側のそれぞれの結合の間の駆け引きの結果が，単純競争に固有の結果に近いものになる見込みは，あまりなさそうである。この困難は，売手に対抗するために形成される独占がたとえ最終消費者たちによる独占であっても，生じるだろう。しかし実際には，最終消費者がこのように結合できる立場にあることは稀である。そのように結合できるのは，最終消費者と独占的売手の間にいる仲買人だけであり，しかもこれらの仲買人は，その依頼主である消費者に経費を転嫁できるので，独占的売手と闘うことに，消費者自身ほどに強い関心をほとんどもたない。以上のことは，同委員会の唱えた政策の重大な欠点であるように思われる[216]。

3　次に，より一般に承認されている見方を考察しよう。独占による収奪に脅かされる分野で，政府が私的産業の規制を試みるさいの，おそらく最も普通の間接的方法は，競争しあう企業どうしの結合を禁じることによって「現実の競争を維持」する方法である。この政策は合衆国で幅広く実施されてきた。鉄道会社の結合の企ても，産業経営者の結合の企ても，特別法の制定や裁判所の訴訟手続きによって繰り返し阻止されてきた。また北部証券持株会社（Northern Securities Holding Company）を解散させた判決や，タバコ・トラストを元の各事業部門に再分割することを強制した判決のような，この問題に関する顕著な判決も示されてきた。しかしこの政策も，3つの非常に重大な反論にさらされている。

　第1に，それは実際上，有効な形では実施できない政策である。立法府や裁判

216）『少数派報告』（*Minority Report*）97頁参照。南アフリカやオーストラリアの一部の業種には，そのような仲買人の連合がすでに存在する（『報告』86頁）。

所は，特定の結合形態の排除に成功するかもしれないが，結局のところ，それは他の結合形態に変わるだけだろう。すなわち多数の会社が共通の受託者（trustees）に経営代理権を与えることは，会社の権限を越えるものであるという合衆国最高裁判所の宣言は，ある場合には，その受託者によるそれぞれの会社の株の過半数の購入をもたらし，またある場合には，トラストの代わりに持株会社を生みだした。より最近の持株会社に対する規制も，同一の経営者によって経営される別々の会社に解体するだけで容易に対応できる。政府の歳入に損害を与えかねないカルテルを規制するオーストリアの法律は，中央本部事務所をもつカルテルを一掃したが，結局，その代わりに非公式協定が結ばれただけであった。最近のイギリスの，鉄道協定および合併に関する委員会は，その状況を次のように要約した。「これをおこなわなければならない，あれを禁じなければならない，と議会は法律を制定するだろうが，過去の経験が示す通り，どちらの当事者も望まないような活動方針すなわち積極的競争を，両当事者が協定や非公式協定によって避けようとするのを阻止する力は，われわれの議会になさそうである。議会はむろん，複数の鉄道会社の合併や協調活動を公認する法案を否決できるし，ある種の協定を無効，さらには違法であるとさえ定めることもできよう。しかし議会は，鉄道会社が（むろん同じことは製造会社にも言える），共通の活動方針をとろうとしたり，積極的競争をやめようとして互いに紳士協定を結ぶのを，阻止できない」[217]。「競争の維持」を直接にめざす法律が，実際にその目的の達成に確実に失敗することは，事実上，かなり明白だろう。

　結合を禁じる政策に対しては，第2の重大な反論がある。その背後にある根本的考えは，競争とは，その事業の投資の限界純生産物と他の事業のそれがほぼ均等になるための条件を意味するというものである。しかし第8章で述べたこの見解に関する留保条件を別にすれば，このような均等を期待できる競争は「単純競争」であるにもかかわらず，結合を禁じる法律がもたらす競争はほぼ確実に独占的競争，すなわち**少数**の競争者たちの競争であることに注意しなければならない。鉄道の結合が問題である場合には，このようになることは確実であり，また製造業の結合が問題である場合も，そのようになる蓋然性は非常に高い。しかし第10章で見たように，独占的競争は，その産業の投資の限界純生産物と他の産

---

[217] 『鉄道協定および合併に関する議会委員会』（*Departmental Committee on Railway Agreement and Amalgamation*）18頁。

業のそれを等しくするような産出を生みださないだろう。むしろ，その産出は不確定である。それらの競争者が互いに相手を破滅させるか，または吸収しようとする場合には，絶対的損失をもたらすほどに生産を増加させる「出血競争」が起こるかもしれず，この可能性は，ある巨大な事業体が他の事業体から不毛な勝利を得ようとする欲望によって高められる。要するに，たとえ「競争を維持」しようとする法律によって実際に結合を阻止できるような状況であっても，それらの法律は，競争によってのみ社会的に最も有利な価格や料金の水準が実現すると期待できるという意味での，競争の確立を保証できないだろう。

　しかしこれでもまだ，結合を禁じる政策への反論を語り尽くしたわけではない。第3の反論が残っている。結合は独占を生みだす原因であるのみならず，多くの場合，付随的利益を生みだす原因でもある。これに関しては，余談ながら，巨大な結合の方が，小さな個別の売手よりも，その事業方針として潜在的顧客の需要を開拓しようとする強い動機をもつことに注意すべきだろう。なぜなら巨大な結合は，そのための投資がもたらす利益の，より大きな割合を得るものと期待してよいからである。しかしここで注意すべき主な付随的利益とは，むしろ生産の経済性である。明らかに，その市場の一部が各成員に保証されるような幾つかのカルテル協定は，競争によって「自然」に滅びるはずの弱小企業を存続させやすいので，経済性を高めるどころか，実際には経済性を低下させてしまう[218]。しかし結合によって経営一元化のための何らかの手段が講じられれば，事態はしばしば異なるものになり，第9章で述べたような経済性が多少は得られる。とりわけ，弱小の，あるいは不利な立地の設備は，競争下にある場合よりずっと速やかに閉鎖される傾向があり[219]，またその他の設備についても，「比較費用会計

---

[218] ウォーカー『ドイツ石炭業における独占的結合』322頁参照。ただしウォーカー氏が指摘するように，この傾向は少なくともルール・カルテル (Ruhr Kartel) では，一見そう思われるよりも小さい。なぜなら大鉱山は，多くの縦穴を掘ったり，小鉱山を買収することによって，その「参加比率」を高めることができるからである（94頁）。

[219] リーフマンの説明を参照のこと。「さまざまな大企業がこれらの小炭坑を石炭シンジケートの参加比率を高めるためだけに取得し，その後にそれらを閉鎖して，その［参加比率に基づく］販売割当分を自社の炭坑のために要求した。それはむろん，閉鎖された炭坑の労働者や炭坑町にとってはつらいことだが，これらの小炭坑は自由競争のもとであれば，とっくの昔に倒産していたはずであるということも併せ考えなければならない。せいぜい言えることは，閉鎖や労働者の解雇がもっと前から予想できて，突然に生じないようにして欲しいということだけである」（リーフマン『カルテルとトラスト』61-2頁）。

(comparative cost accounting)」[220]の目的意識の力は，市場競争の盲目の力よりずっと力強く経営者の活力を刺激する傾向がある[221]。われわれは確かに，これらの経済性の重要性を誇張しないように用心しなければならない。なぜなら，もし結合という語で既存の結合を意味するならば，管理単位の規模は，構造面などの経済性の考慮に加えて，独占上の考慮によっても左右されるので，しばしばその規模が最も効率的な規模より過大になってしまうことを思い起こす必要があるからである。またもし結合という語で，独占が完全に排除されたときに，新たに初めから形成し直すのが有利であるような結合だけを意味するならば，この場合には**即座**に最も効率的な規模になるだろうけれども，即時の結果と並んで最終的な間接の結果も考慮すれば，依然としてその規模でさえ，おそらく大きすぎよう。なぜなら巨大な結合は，企業者機能の訓練の機会を減少させるので，その事業能力が本来至ったはずの水準にまで高まることを間接的に妨げやすいからである。「少数の者だけがもっている企業的才能の高度な発展は，多くの幅広い企業経験にかかっているように思われる」。この経験の機会が最も多くなるのは，いわば産業間を緊密につなぐ多くの階梯があるときであり，有能な者はそれを登って出世することができる。この条件は，ごく小さなものから巨大なものまで，さまざまな規模の事業からなる産業体系のもとで満たされる。もし産業全体が巨大トラストの形で組織されれば，肉体労働者と精神労働者をつなぐ階梯はないだろう。肉体労働者は，多くの小事業が手近にある場合にたやすく得られる精神労働を経験する機会をもたないだろう。それゆえ彼の能力が育成される機会はない。彼は見ている人にすぎず，おこなう人ではない。しかしジェヴォンズが適切に教えているように，見ることではなく，おこなうことこそが人を訓練するのである。すなわち「徹底的に精査した少数の実例は，ガラスケースを通して数千回見るよりも多くを教えてくれる。したがって，ほんのわずかな化石や鉱物を，もし可能であれば自然の現場で採集し，それからそれを家に持ち帰って，調べたり，本を読んだり，考えたりする方が，大英博物館の全体を見学するより，若者にとっては良い勉強になる」[222]。マーシャル博士も，1885 年の協同組合に関する講演でこの

---

220) 比較費用会計制度の詳しい説明は，ジェンクスが『合衆国労働公報』（1900 年，675 頁）の中でおこなっている。
221) マクレガー『産業の結合』34 頁参照。
222) ジェヴォンズ『社会改革の方法』61 頁。

点をさらに力説した。「漁船を操ることは，立派な帆船を遠くから観察することより，航行術の良い訓練になる」[223]。マーシャル博士は再び，1908年の王立経済学会の講演でもこの問題に注意を促し，小事業の教育的潜在力に関する彼の持論を，現在の乳業の組織を例に挙げて語った。彼が適切に指摘したように，産業の国営によって――むろん同じことは巨大な企業結合による産業運営にも言える――このような教育的階梯がなくなる場合には，国営が私営よりも**即時的に**経済的であることを論証するだけでは，全体として国営の方が経済的であることを示すには不十分だろう[224]。これらの留保条件は大変重要である。それらは，J. B. クラーク教授の次のような主張への強力な反論になる。「理想に近い状態とは，産業のどの大きな部門にも，摩擦なしに非常に経済的に活動する巨大な会社があり，しかも**それらの会社がその経済性の利益をすべて社会に還元せざるをえない状態だろう**」[225]。それでもなお，**場合によっては**，長期の観点からでさえ，結合が最終的に大きな経済性を確かにもたらすことはほぼ明白である。すなわちこの経済性が分配分に与える有利な影響は，独占力の行使が分配分に与える不利な影響より大きい**こともあろう**。例えば，独占を伴わずに非常に大きな経済性が発生したために，産出がその従来の量から倍増するほどの場合には，収穫逓増の場合でも収穫逓減の場合でも，結合は全体として産出を増加させ，価格を低下させるだろう[226]。ただしこれほど大きな経済性は明らかに発生しそうにないので，私も，任意の産業分野における結合の撤廃によってしばしば分配分が今より実際に減少する，と真剣に主張するつもりはない。しかし私は，それでも次のように主張する。そのような結合の撤廃は，結合を存続させながら独占的行動をなくすことに比べれば，しばしば有害だろう。

4 さて，すでに見たように，通常ならば結合する傾向のある売手の間の現実的競争を維持することによって，公益のために独占価格を規制しようとする政府の

---

223) 前掲書17頁。
224) インドのように，市場の狭さなどのためにどんな大規模産業の発展も妨げられている国では，産業の階梯の最上部が途切れているので，高い形態の事業能力の十分な訓練機会の提供に関して，本文で論じたものと同様の困難があることに注意すべきだろう（モリソン『インドのある州の産業組織』186頁参照）。
225) J. B. クラーク『トラストの統制』(Clark, *The Control of Trusts*, 1901) 29頁。
226) この命題が厳密に当てはまるのは，需要曲線と供給曲線を直線と仮定する場合である。

試みは，3つの重大な反論にさらされている。そこで次に，**潜在的**競争（*potential* competition）を維持しようとする政府の試みを考察することにしよう。そのような試みがとるに違いない明白な方向は，「閉鎖的結束（clubbing）」という方策の利用を罰するという方向である。さもなければ，そのような結束の噂があるだけでも潜在的競争者をその産業分野から駆逐するのに十分だろうからである。閉鎖的結束の主要な2つの手法は，第10章で見たような出血競争と，各種のボイコットである。ボイコットとは，第三者に圧力をかけて，その第三者が自由に行動する場合より不利な条件でしかわれわれの競争相手と取引しないようにさせることである。

5　出血競争，すなわち「破壊的廉売」（destructive dumping）とも呼ばれる武器は，何らかの産業分野を十分に独占できるほどのすでに巨大な事業によって行使される場合には，明らかに，新規参入者にとって圧倒的に強力なものになるに違いない。独占者は必然的に膨大な資産をもち，おそらくはずっと資産の少ない新規参入者を破滅させるために，この資産をほとんど際限なくつぎ込めるからである。そのような例が特に明瞭に見られるのは，多くの市場で多方面の財貨を扱っている独占者が，若干の財貨しか扱っていない競争相手と争う場合である。なぜならこの場合，その独占者の事業全体の単なる一部門にしか影響を与えない値下げによって競争相手を破滅させることができるからである。この種の値下げの極端な例は，スタンダード石油トラスト（Standard Oil Trust）の競争相手たちの，次のような申し立てによって与えられる。「競争相手の顧客が誰であるかを知るために，その貨車を追跡することに従事する者たちがおり，それから彼らはその顧客にもっと安い値を提示する。そのうえ，競争相手の事業秘密をスタンダード石油会社に漏洩させるために，ときには競争相手の職員が買収される，とも主張されている」[227]。この種の武器の巨大な威力は強調するまでもない。「ニューヨーク・フィラデルフィア間のジェイ・グールド社（Jay Gould）の電信線と競争しようした若干の企てが，料金を単なる名目にすぎない水準にまで引き下げることによって挫折させられてからというもの，この恐るべき武器の悪名はさらなる競争の企てを抑止するのに十分だった」[228]。

227)『合衆国産業委員会』（*U. S. A. Industrial Commission*）第1巻第1部，20頁。
228) ホブソン『近代資本主義の発展』（*Evolution of Modern Capitalism*, 1902）219頁。

6 ボイコットという武器は，出血競争という武器よりも攻撃範囲が狭い。それは，部外者と取引をする者は，それが特別に不利な取引条件でない限り，従来の仲間から取引を拒否されるという形で作用する。独占的売手が制裁として課す取引条件の悪化が，それを課される者にとって，部外者との取引をやめること以上の痛手である場合には，その独占者はその者に，自分の競争相手をボイコットするように強要することができる。この場合，明らかにその問題の商品は，自然的ないし人為的に移転不可能なものでなければならない[229]。なぜなら，独占的売手が販売を拒む財貨を，もし買手が仲買人を通じて購入できるならば，独占者が販売を拒んでもその買手は損害を被らないからである。それゆえ，その商品が自然的に移転可能であり，しかも独占者と最終消費者の間に仲買人が介在する場合に，ボイコットを実行しようとすれば，独占者と仲買人が結ぶ契約に，転売を禁じる厳しい条件が含まれなければならない。しかし移転の不可能性だけでは不十分である。これに加えて，結束に加わっていない売手がそのときの価格で**個々の反抗的消費者**に供給できる量が，ごくわずかであることも必要である。だが通常は，どの単一の売手の産出も，その市場の全消費量に比べれば小さな量になるだろうけれども，一人の代表的消費者の消費量に比べれば数倍も大きな量になるだろう。もしそうであれば，反抗的消費者は，自分が欲しいものを部外者である売手からすべて購入し，反抗的でない消費者に独占的売手の産出をすべて購入させることによって，独占者の販売拒否をうまく無効化できる。しかしこのことは，ボイコットという武器にとって，まったく致命的なものではない。なぜなら，けっしてすべての場合がそうではないけれども，多くの場合[230]，生産者は，いずれもかなり大量の生産物を扱う卸売業者・製造業者・輸送業者を通じて，間接的にその顧客と取引をおこなっているからである。この種の仲介者が存在する場合は，有効なボイコットが幾つかの重要なケースにおいて実行可能である。

そのような第1のケースが起こるのは，独占者の供給する商品が1種類の商品でなく複数の商品からなり，これらの財貨には需要が非常に切迫したものが含まれ，しかも特許などによって独占者がそれらを排他的に管理している場合であ

---

[229] 私の論文「独占と消費者余剰」（『エコノミック・ジャーナル』1904年9月，392頁）を参照のこと。
[230] 例えばジェンクスによれば，「報告をおこなっている企業結合の約半分は，消費者に直接販売している」（『合衆国労働公報』1900年，679頁）。

る。好例は製靴業であり，そこでは特定の企業が重要な特許を管理している。その特許機械は販売されることなく，次のような条件で貸し出される。すなわち「製造業者はこの特許機械を，それを管理している所有者が供給する他の機械としか組み合わせて用いてはならない，という条件である……。また他のあらゆる製造工程において，他の生産者が供給する機械で加工した財貨には最新の機械を用いてはならない，という条件もある」[231]。この種のケースは，登録商標をもつ人気商品の生産者がときおり小売業者に結ばせる「専売店契約」によっても例証される。

そのような第2のケースが起こるのは，購入者にとって——ここでも購入者は一般に製造業者である——必要なときに必要なサービスをすぐに得られることが重要であるのに，通常の供給者は，単一のどの購入者が求める量より総量としてはずっと多くのサービスを生産するが，そのような購入者がある特定の一時点に求める量より少なくしか生産しない場合である。このケースが実際に起こるのは，非常に傷みやすい財貨や，需要が非常に一時的であるために，輸送が意味のあるものになるには，その依頼された時点にすぐに輸送可能でなければならないような財貨の，輸送サービスの場合のみである。ボイコットの手法が最も完全に整備されているのは，この種の財貨の海上輸送においてである。かなり安定した需要があり，急ぐ必要のまったくない財貨の輸送は，購入者がもし望めば，すべて不定期貨物汽船によって手配できるが，それ以外の種類の財貨の場合にはそうはいかない。なぜなら不定期船や小さな船会社は定期的運行を保証できないからである[232]。それゆえ海運連盟は，競争相手である独立の船会社に対するボイコットを荷主に強要することが可能になる。その方法は，通常，「繰延払戻金（deferred rebates）」の形をとる[233]。この方法には2つの度合がある。西アフリカ海運協議会（West African Shipping Conference）や，インド・極東貿易に従事するすべての協議会では，払戻金は，輸出商人が競争相手の海運業者の輸送を利用しなかったという条件のもとで，これらの輸出商人に対してのみ支払われた。しかしそれらの商人の活動を輸送業者が仲介する場合に，その輸送業者は他の依頼主の

---

231) 『タイムズ』1903年2月8日。
232) 『海運同盟に関する王立委員会報告』13頁参照。この委員会の示唆によれば，繰延払戻金制度が，わが国の石炭輸出や，原材料品の輸入の大部分で用いられず，高級汽船の定期輸送サービスが欠かせない貨物でのみ用いられるのは，この理由のためである（77頁参照）。

財貨についても協議会に加入している業者としか取引してはならないという条件はなかった[234]。だが南アメリカ海運協議会では「輸送業者を通じて財貨を送る場合，払戻金の請求書には，その依頼主だけでなくその輸送業者も署名しなければならず，その輸送業者がそのすべての依頼主のためのすべての輸送において，一貫して払戻金の条件に従っていなければ，払戻金の請求は無効になる」[235]。

第3のケースも，少なくとも前述の2つのケースに劣らず重要である。それが起こるのは，独占者がある競争相手に対するボイコットを仲介業者におこなわせたいときに，その仲介業者というのが，競争相手の財貨を購入する製造業者や卸売業者でなく，それを運ぶ鉄道会社である場合である。独占者は，他の路線を用いて財貨を輸送できる場合には，自分の得意先を変えると言って鉄道会社を脅し，ときには，自分の競争相手に差別料金を課すように鉄道会社に強要できる立場にある。しかもあるケース，すなわち石油トラスト（Oil Trust）のケースでは，鉄道会社はトラストの競争相手に課した差別料金の一部を，そのトラストの経営陣に譲渡することを強いられたとさえ言われている[236]。

7　出血競争すなわち破壊的廉売の利用を法律の制定によって防ぐ試みは，脱法

---

233) 海運連盟に関する王立委員会は，この方法を次のように述べている。「船会社は，通知やチラシを出し，荷主に次のことを知らせる。すなわちある一定期間（通常4ヵ月か6ヵ月）の終わりに，海運協議会に加入する会社が出航させた船によってしか荷主が荷物を送っていなければ，荷主はその期間中に支払った総輸送料の一定割合（通常10パーセント）に等しい額の信用を与えられること，そして次の期間（通常4ヵ月か6ヵ月）の終わりにも，荷主がその輸送を協議会に加入する会社の船だけに限定し続けていれば，この額が荷主に支払われることである。こうして支払われる金銭は，繰延払戻金として知られている。例えば今日の南アフリカ貿易では，払戻金の額は，荷主が支払う貨物料の5パーセントである。その払戻金は，それぞれ6月30日と12月31日を期末とする2つの6ヵ月期間ごとに計算されるが，荷主に対するその支払日が来るのは次の6ヵ月期間が経過してからである。すなわち1月1日〜6月30日になされた輸送については，払戻金は次の1月1日に支払われ，また7月1日〜12月31日になされた輸送については，払戻金は次の7月1日に支払われる。したがってこの場合，貨物のどの個別種目に対する払戻金の支払も，少なくとも6ヵ月間は船舶保有者によって留保され，1月1日ないし7月1日に送られた貨物の場合には，12ヵ月間留保されることになる。もし期間中に荷主が，いかにわずかな量であれ財貨を，その協議会に加入していない会社が出航させる船によって送るならば，彼はその期間とその直前の期間における協議会の船による輸送の一切について，払戻金を受ける権利を失ってしまう」（『報告』9-10頁）。
234) 同上書29-30頁。
235) 同上書30頁。
236) 『巨大石油組織』（*The Great Oil Octopus*, 1911）40頁。

行為という難問に直面する。アメリカ産業委員会は，「どの地域においても，地域の競争を破壊するために，一般に流布している水準以下に価格を下げること」を違法と見なすべきだと提言した。被害を受けた者は相手を罰するために訴える権利をもつべきであるとされ，当局も違反者を起訴することが求められた[237]。J. B. クラーク教授も同様のことを述べている。しかし公共サービスをおこなう会社の場合のように，料金を定期的に公表すべきだと主張できる場合でさえ，特定の顧客に対する内密の割引や払戻金によって脱法行為をおこなうことは，明らかに可能だろうし，しかも露見しにくいので，違反者に厳罰を科してもその遵守は必ずしも確保できない[238]。破壊的廉売が，公共サービスをおこなう会社ではなく，さまざまな場所でさまざまな財貨を生産する製造業者によってなされる危険がある場合には，料金の定期的公表の強制は実際上不可能である。それゆえ立法者が直面する問題には，さらに複雑な難問の解決が要求される。破壊的廉売をおこなう形態が，ある特定の競争者ないし競争団体の地元市場だけに限られた値下げである場合には，いかに発見が難しいとはいえ，その違反は少なくとも明白である。しかしある特定種類の財貨のすべての販売における値下げの場合には，その違反は微妙である。なぜなら明らかに，あらゆる値下げが破壊的廉売であるわけでなく，それが合法か違法かを見分けるのは難しいからである。クラーク教授は，1つの判断基準として，「一定等級の財貨がまず値下げされ，それから再び値上げされ，またその期間中に競争相手が破滅した場合には，このことはその値下げの目的が違法なものであったことの証拠になるだろう」と提案する[239]。

1910年のアメリカ鉄道法（American railway law）では，そのような判断基準を用いて次のように定められた。「ある鉄道が競争の存在する区間で値下げをおこない，その競争がなくなった後に値上げをすることは，単に水運とのそのような競争がなくなったこと以外にも事情が変化したことを委員会に納得させることがで

---

[237] 『合衆国産業委員会』第18巻，154頁。
[238] コルソン氏の大著の次のような議論（『経済学講義』第6巻，398頁）は啓発的である。差別待遇の濫用は，「イギリスではアメリカに比べて非常に稀になったように思われる。イギリスの行政の方がずっと狭い範囲の権限しかもたず，しかもそこでの罰則の方が軽いにもかかわらず，そうなのである。なぜならイギリスでは会社間の協定を法律が認めているのに対し，アメリカでは行政当局は競争を消滅させかねない協定の防止に努めており，これが差別待遇を生む主な原因になっているからである。だから今でもこの差別は解消されないままである」。
[239] J. B. クラーク『トラストの統制』69頁。

きない限り，認められない」[240]。しかしこの基準は，あまり強くは押し通せない。なぜならもしそのようなことをすれば，不況期に，あるいは試行的に値下げをしたどんな企業も，その期間中に同一路線の他の企業が倒産すれば，その後に再び値上げができない状況に陥るだろうからである。

　同様の困難が，ボイコットを有効に防ぐ法律の妨げにもなっている。例えば1909年のオーストラリア英連邦の反トラスト改正法は，「他者と取引するさいに，自分としか取引してはならない，あるいは第三者と取引してはならないという条件を課す者には，500ポンドの罰金を科すと定めている」。しかしそのような条件が製造業者と小売業者の間で結ばれ，それが双方の利益になる場合には，脱法行為を防ぐのは明らかに至難の業であるに違いない。ボイコットが卸売業者ではなく鉄道会社によってなされる場合には，その困難はさらに明瞭である。アメリカの法律は，巨大鉄道トラストに有利な差別料金を防ごうと長年努力してきた。だが「そのトラストのある関係者は私にこう述べた。『ペンシルヴァニア鉄道は，スタンダード石油会社の競争相手の貨車を拒むことはできなかったが，それを側線に入れて待ちぼうけさせることを妨げる法律は何もなかった』と」[241]。また「ある貨物輸送状には，70バレルの小麦粉の受領が記されている。だが実は65バレルしか送られておらず，鉄道会社は架空の5バレルを紛失したことにしてその損害賠償をおこなう」。さらには，料金変更についてかなり前からの通知が法律上必要な場合を除き，得意先の荷主にはそれを内々に知らせ，他の荷主には何も知らせない，等々。なるほど合衆国の司法長官によれば，「鉄道の払戻金の授受は，今や，会社に対しても個人に対しても有効に施行できる法律によって禁止されている」[242]。しかし多くの権威者は依然として，この種のボイコットはまだ完全になくなっておらず，鉄道業界に競争がある限りは実際上存続するだろう，と考えているようである。

　これらのことから明らかなように，閉鎖的結束という手法の行使を法律で禁じる政策は，脱法行為を容易に防ぐことができない。しかし人々は十分な手間をかければ**逃れられる**法律を，実際には逃れようとしない場合も多い，ということを忘れるべきではない。なぜなら法律は，それが可決されるだけでも世論に作用

---

240)『エコノミスト』1910年1月25日，1412頁。
241) イリー『独占とトラスト』(Ely, *Monopolies and Trusts*, 1900) 97頁。
242)『エコノミスト』1903年2月28日。

し，法律が支持した側の行動に「世間体」や慣習の強い影響力を及ぼすからである。それゆえこの種の法律を慎重に整備すれば，とにかくその当面の目的をある程度は達成できるものと，それなりに期待してよかろう。

8 さて，以上のことが十分に承認されたならば，次の問題に移ることにしよう。すなわち閉鎖的結束の防止は，潜在的競争の維持にどれほど役立つだろうか。クラーク教授は，それがこの目的に十分に役立つと考えているようであり，彼によれば，「生産をめぐる正当な競争に関する限り，それは新たな工場を建てるのに十分なほどに，安全である」。しかし実際には，閉鎖的結束の手法が排除された場合でさえ，競争の完全な維持を妨げる他の障害がなお存在する。第1に，産業にとっての正常な企業単位が巨大なものであるならば，新たな企業活動の開始に必要な巨額の資本支出が，挑戦者の熱意を萎えさせる。しかもこれについては，多くの産業において，正常な企業単位の規模が近年大きくなっていることに注意すべきである。例えば1841年から1903年にかけて，イギリスの製紙業の産出は4万3,000トンから77万3,000トンに増加したが，企業数は500から282に減少した[243]。同様の発展は鉄鋼業でも起きている。第2に，独占的売手の側の集中が生産の経済性を高める程度が大きいほど，新たな競争者が現れるのは難しくなる。なぜなら集中によって大きな経済性が生じたならば，潜在的競争者は，独占的売手がその独占収入の一部を断念するだけで，少しも損失を被らずに自分より安く販売できることを悟るからである。第3に，独占的売手が競争的条件下の正常利益で満足しているときに，その売手がどれほどの価格で販売**できる**かを推測することが，費用や利潤に関する秘密主義のために部外者にとって困難である場合には，新たな競争を妨げる障害はさらに増大するだろう。それゆえ，閉鎖的結束の手法の利用を防ぐことによって潜在的競争を維持する企ては，せいぜい部分的にしか成功しないのである。

9 このように公的当局による間接的統制は不十分であるから，当然，直接的統制が提案されることになる。鉄道や製造業の独占に関する状態は，わが国の最近の鉄道協定および合併に関する議会委員会によって，特に合併に関して詳しく述

---

[243] レヴィー『独占，カルテルおよびトラスト』197頁。

べられている。それによれば，「結局，われわれは次のような意見を強くもっている。すなわち鉄道の共同行為に付随しうるあらゆる弊害からの保護が必要になる限り，そのような保護は，その弊害が協定の結果として起こるものであるか否かを問わず，その弊害自体を防ぐ一般的法律によって主に与えられるべきである。そのような方法の場合には，協定を規制する場合よりずっと幅広い保護が与えられることになる。またそれは，公式の協定だけでなく非公式の協定の場合にも公衆を保護するだろう。……それは，協定が存在する場合の企業の合理的行動と，協定が存在しない場合の企業の合理的行動との，混乱した区別も解消するだろう」[244]。もしこの方法を完全な厳密さで利用できるならば，すでに論じたような**いかなる**間接的統制も，むろん併用する必要はなかろう。しかし実際には直接的統制の有効性は不完全である以上，ある種の予備的防衛線として，同時に，潜在的競争によって新規参入が可能であるように確保すべきだろう。それでもやはり直接的統制は，さまざまな統制方法の中で，名誉ある筆頭の地位を占めるべきである。

10 直接的統制に求められる課題は，純粋理論分析によって容易に説明できる。単純競争に固有の産出が分配分にとって最も有利な産出であるとすれば，そのような産出がやがて実現するように調整をおこなう必要がある。そこには，価格・量・質という3項目が含まれるが，このうちのどれか1つを定めるだけでは不十分だろう。なぜならこれだけでは，他の2つが変化してそれを相殺する場合があるからである。もし質が一定であるときに，価格を単純競争に固有の水準に定めるならば，量は自動的にその条件に合った水準に定まるに違いないと，ときおり考えられている。しかし図を描けば，この考えが成り立つのは，その財貨の供給が収穫逓増か収穫一定の法則に従う場合のみであることがわかる。もしそれが収穫逓減の法則に従うのであれば，その売手は産出を単純競争に固有の量以下に減らし，この行動によって独占利潤を得ようという気になる。だから一般に，価格も量も質も，すべてを統制しなければならないのである。その統制には各種の制裁を利用できる。ときには，違反に対する罰則は直接の罰金であり，ときには，保護貿易をとる国の場合，それは競合する外国財の関税の撤廃である。カナダの

---

244)『鉄道協定および合併に関する議会委員会』21頁。

反トラスト法では，この両方の種類の罰則を定めている。すなわち法定の委員会が「企業結合の存在を発見した場合には，政府はその輸入関税を下げるか，あるいは撤廃し，加えて，同委員会の判定が正式に公表されてからもその不法行為を続ける者には，1日当り1,000ドルの罰金を科す」[245]。またときにはその制裁は，政府との競争という脅威である。例えば，郵便局が国民電話会社（National Telephone Company）の幹線を買収した1892年の協定に関して，ゴッシェン氏は，国は競争する権利をもつけれども，同社が分別をもって行動するならばこの権利を行使するまい，と仄めかしたのである[246]。最後に，ときにはその制裁は，事前に定められた，あるいは調停によって決定された条件での，その当該事業の設備全体の政府による買収という脅威だろう。

11 統制のために利用できる制裁の考察から，次に，それらの制裁を行使するための方法の考察に移ろう。大まかに言えば，これには消極的方法と積極的方法の2つがある。消極的方法とは，「不当」行為に関する一般規定を法律で定め，不当行為の実際の定義は裁判所の判断に委ねるというものである。イギリスやアメリカの鉄道を規制する委員会の活動では，料金**変更**の提案に対しては事実上，この方法がとられている。それらの委員会は，値上げの提案が正当か否かを判断し，これに基づいてそれを認めるか否かを決定しなければならない。同じく消極的方法をとっているのは，ある認可された会社が「正当な公的必要に応じて事業を運営し発展させる」ことに失敗した場合に，自治体がその事業を適正な価格──曖昧な言葉である──で引き継ぐことを認める，幾つかの認可制度である[247]。他方，積極的方法とは，料金率の明確な上限や，最低限のサービス提供量を法律で決めてしまうことであり，これは地方政府の認可に基づいて公益サービスの運営会社に通常与えられる特許状の条件によって例証される。

12 どんな方法で直接的統制の政策をおこなうにせよ，厳密に単純競争に等しい状態など，明らかにほとんど達成不可能である。この最も明白な理由は，公的当局がどんな条件を選んで課すにせよ，それを遵守**させる**ことが実際上は至難の業

---

245)『エコノミスト』1910年3月26日，665頁。
246) H. メイヤー『イギリスにおける公有と電話事業』56頁と199頁。
247) H. メイヤー『公益事業の公営と私営』第1巻，41頁。

だからである。量や価格という単純な属性に関する規則でさえ，多くの場合，二次的事柄を操作して無効化できる。例えばわが国の鉄道会社は，鉄道委員会の制裁に抵触することなく，実質的にその料金を引き上げた。側線の使用料などを新たに課したり，鉄道会社が納得するように荷造りしない限り，鉄道会社が荷主責任で運ぶ財貨の種類を減らしたり，払戻金を廃止したり，他にもそのような諸々の方策が用いられた[248]。質を守らせるのはさらに一層困難である。例えば，市電サービスの快適性や時間厳守，また食肉処理場や下水道の衛生状態などについては，最低限の質の**定義**が難しい場合もある。他の場合，例えば水道供給・ガス供給・牛乳供給・住宅のように，定義を基礎づけるための質の検査が可能な場合でも，定められた最低限に関する違反を**見破る**のは難しいことがある。食料および薬品に関する粗悪品防止法（Adulteration of Food and Drugs Act）に伴って発展したような入念な検査体制によって，確かにある程度は見破れるとしても，質的条件に関する脱法行為の可能性は，とにかくかなり大きいだろう。

13 しかし，公的当局の決定した条件を常に遵守させることが容易である場合でさえ，単純競争にほぼ等しい状態を達成することは，やはり不可能だろう。なぜなら公的当局には，ある特定のケースにふさわしいその状態がどんなものであるかを，判断する力がないからである。競争価格とは企業に投じられた資本に「通常」の利子率をもたらすような価格である，とは単純に言えない。なぜなら各事業施設の被るリスクの度合は異なるので，ある事業が成功したあかつきには，このリスクの埋め合わせをその事業への投資者——政府が保証できるのはこの人々だけである——に適切におこなわなければならないからである[249]。確かにこのことは，生産が多少ともお決まりの手順でなされる産業では，必ずしも大きな実際的困難をもたらさない。それはむしろ，試行段階にあるすべての産業で大きな問題になる。またリスクが皆無である場合でさえ，政府が適切に命令できるのは，あらゆる状況下で通常の利子率をもたらすだろう価格でなく，むしろ経営が「通常」の能力をもってなされる場合にそのような利子率をもたらすだろう価格にすぎない。しかしこれは，曖昧な難しい概念である。これらの困難や，情報の必然的不足を考慮するならば，公的当局はほぼ確実に，その対象となる会社に対

---

248) 『商務省鉄道協議会報告』57頁参照。
249) T. L. グリーン『企業財務』(Greene, *Corporation Finance*, 1897) 134頁参照。

して緩すぎる規制を課し，それゆえその会社に単純独占の力をもたせたまま放置するか，あるいは厳しすぎる規制を課し，それゆえその規制される産業が単純競争に固有の水準にまで発展するのを妨げてしまうだろう。緩すぎる規制の多くの例は，アメリカの諸々の市が与えた免許に見られる。他方，厳しすぎる規制の例は，1870年のイギリス市電法（British Tramways Act）である。馬車が一般的であった時代に作られたこの法律は，市電会社に21年間で満期になる営業免許を与え，満期になればその設備を「再生産費」で市が買収するという内容だった。後に判明したように，この条件では市電会社は，電車という新たな発明に投じた待忍と不確実性負担から正常収益率を得られなかった。その結果，わが国の電車の発展はずいぶん遅れてしまった。あまりにも遅れたので，1889年に最長免許期間を21年から42年に延長せざるをえなくなったほどである。

14 過度の緩さと過度の厳しさという，この2つの対照的種類の誤りの幅を限定するために，一部の公益事業については，その運営免許を一種の競売にかけるという方法が考案された。この計画では，最も関心をもつ人々が採算に合うと見なす条件の見積りを，彼ら自身に提示させる。その計画の特徴をベーカー氏は次のように述べている。「現行の最善の方式によれば，明確に特定された条件下における水道供給に最も安値をつけた会社に，市はその設備の建設免許を販売する。その免許は永久のものである場合もあるが，ある将来の期日に設備を買収する選択権を市に与える場合も多い」。しかし多くの場合，入札に参加できる会社はごくわずかであり，また彼ら自身の見積りは概算にすぎないに違いないので，この方法を採用しても依然として誤りの蓋然性がかなり残る。また大半の産業の状況は絶えず変化しているので，ある時期には適切な価格規制制度も別の時期には不適切なものにならざるをえないという事実によって，その誤りはとりわけ拡大しそうである。

15 規制の内容を定期的に改定するという取り決めによって，誤りの幅を限定するためにさらに努力することもできる。免許が課す規制は「事態の急激な変化のために，その全期間を通じては固定できない，あるいは適切に固定できない」[250]。「社会はあらゆる場合に，その将来の成長や収益に関心をもち続けるはずである」[251]。しかし免許の定期的改定の取り決めは不確実性を生みだし，その

産業の投資を社会的に有害なほどに減少させることがある。この危険に対処する第1の方法は，その改定箇所に会社の利害を守るための付帯条件をつけることである。例えば1844年の鉄道法（Railway Act）は，その路線が認可されて21年間を経過した支出済み資本への配当が10パーセントを超える場合には，次の21年間の10パーセントの配当を保証するという条件のもとで，財務省評議員（Lords of the Treasury）による料金や運賃などの改定を定めている。第2の方法は，改定の予想が投資に与える影響をごく小さなものにするために，改定時期を事業開始日からかなり先の将来に設けることである。しかしどちらの対処法をとっても，現実上の不完全な規制と理想上の完全な規制の溝を埋める手段としての改定の有効性は，明らかに低い。規制の改定は，この目的のための真に十分な手段になりえない。なぜなら，もし改定条件をそのようなものにすれば，改定の懸念が生産の深刻な減少を招くだろうからである。

16　さらにもう1つ，誤りの幅を限定するための方法がある。通常のすべての産業では，ある改定期間と次の改定期間までの**間**に，多くの需要変動が生じる。「単純競争」の指針に従うのであれば，そのような変動によって，その課される価格も変動するはずである。また容易に示されるように，この対応する価格変動は，需要変動が一定であれば，補助費用（supplementary cost）の占める割合が主要費用（prime cost）の占める割合に比べて大きい産業で，特に大きくなるはずである[252]。したがって，短期の需要変動とは無関係に価格をある一定水準に固定しようとするどんな統制の計画も，単純競争という目標から大きく逸れてしまいやすい。この失敗を最小化するために，営業を認めるにあたり，固定料金体系でなく何らかの形の自動調整型の料金体系を定める場合もある。そのような自動調整体系は，その規制される産業が購入する，またはその産業の業務に関連する，何らかの財貨の価格に基づくこともあるだろう。この線に沿った調整体系は，「製鉄の原材料の輸送料金を銑鉄価格に応じて変動させるという，少なくとも1つの鉄道会社に対してとられている方式」に見られる[253]。しかし何らかの種類の価格よりも，株主に支払う配当率に基づく調整体系の方がむしろ多く見られる。そのような調整体系の場合，ある一定の値下げを同時におこなうという条件

---

250)　ベミス『自治体の独占事業』32頁。
251)　H. メイヤー『公益事業の公営と私営』第1巻，24頁。

さえ満たせば，いつでも免許期間中に配当率を引き上げることが認められる。ガス会社に関するイギリス議会の幾つかの法律はその例であり，ある法律では，1,000立方フィート当り3シリング9ペンスの標準価格を定めたうえで，この価格から1ペニー改定するたびに，ガス会社は，値下げの場合には配当を4分の1パーセント引き上げてよいが，値上げの場合には配当を4分の1パーセント引き下げなければならないと規定している。もう1つの例は，大口電力供給に関するランカシャー動力会社法（Lancashire Power Company Act）である。この法律は「8パーセントの配当を定めており，またその電力料金が同法の認める最高価格より5パーセントの範囲内で低く設定されている場合には，配当が8パーセントを超えて0.25パーセント増加するたびに，その料金を1.25パーセント引き下げることを定めている」[254]。賃金スライドと同じく，むろんこの種の自動調整体系も，免許条件の定期的改定制度の代替策としてでなく，むしろ補完策として定められるのである。それを慎重に作るならば，それがない場合より，単純競争に固有の価格体系にさらに近づけることが可能になると期待できよう。しかし私的独占に対するどんな形態の政府統制においても，理想と現実のかなりの溝が残りやすいことは明白である。

---

252) DD' を長期需要曲線，SS' を長期供給曲線としよう。また S_1S_1' をその産業の固定設備が正常産出量 OM に適合している場合の短期供給曲線としよう。この S_1S_1' は，実際上，短期の限界供給価格曲線に等しくなる。明らかに，DD' と SS' と S_1S_1' は，単一点 P で交わる。P を通る垂線 PM と水平線 PR を描こう。そのとき PRS_1 は補助費用に対する正常収益を表し，さまざまな需要曲線の位置からもたらされる（短期の観点からの）生産者余剰の平均に等しい。D_1D_1' は任意の一時点の短期需要曲線を表し，Q で S_1S_1' と交わるとしよう。Q を通る垂線 QM' を描こう。そのとき QM' は，この短期の需要に対応する，単純競争に固有の価格を表している。DD' から D_1D_1' へのある一定の変動に対する，PM から QM' への変動は，S_1S_1' の傾きが急であるほど大きくなる。だが PRS_1 は補助費用に対する正常収益を表し，$PMOS_1$ は主要費用に対する正常収益を表すので，S_1S_1' は，補助費用の占める相対的割合が大きいほど，傾きが急になる。本文で述べた命題の証明は，以上の通りである。

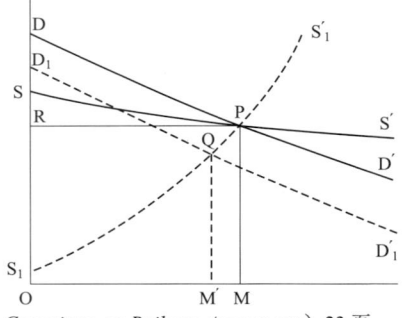

253) 『鉄道協定に関する議会委員会』（*Departmental Committee on Railway Agreements*）23頁。

254) H. メイヤー『イギリスの自治体所有事業』281頁。

第 17 章　産業の公営

1　前章では，直接および間接の，独占産業への公的統制の試みが非常に不完全にしか成功しそうにないことを明らかにした。容易にわかるように，そこで述べた問題の多くは，利己心が不適切な形で自由に作用する場合の，非独占産業への公的統制の成功も同じく妨げる。したがって，自分自身を規制することは他者を規制するより明らかに容易なので，もし公的当局が，他者によるこれらの産業の運営を規制しようとして悪戦苦闘せずに，むしろそれらを自分で運営すれば，国民分配分は増加するのではあるまいかという疑問が生じる。もし需要価格と限界供給価格が一致するように産出を調整しうる相対的精度だけで，この2つのやり方の優劣を判断すれば，むろんこの疑問には，確かに肯定の答えが与えられる。しかし実際には，自発的な購買組合と通常の営利事業を比較したさいに，その他の事柄が関係してきたように，ここでも他の事柄が関係してくる。すなわち供給の経済性――供給曲線の位置に関する専門用語――は公営でも私営でも同じだろう，と議論もせずに決めつけることはできない。公営は，私企業が公的に統制されるときでさえ，私営より経済性に劣るかもしれない。もしそうであれば，供給の経済性における公営の短所と，需給の調整におけるその長所を，比較考量しなければならない。それゆえ，先ほどの疑問に真の解答を与えようとすれば，まず生産効率の見地から，公営と私営の何らかの比較をおこなう必要がある。

2　最初に明らかにしておかなければならないのは，そのような比較を統計的におこなう試みは必ず失敗するという点である。もしある一定の産出をおこなうのに，**他の条件が等しい限り**，一般に私営より公営の方が多くの，あるいは少ない実質費用がかかることを示せるならば，確かに，その2つの組織形態の相対的効率性に関する真の証拠を得られるだろう。しかし現実世界では，こうした比較は実際不可能である。第1に，サービスの質は，同じ名称で呼ばれていても場所によって千差万別であり，しかもこれらの違いを適切に考慮することはほぼ不可能である。アメリカ市民連盟（American Civic Federation）の報告者によれば，「わが

国の市電は，他のどの国の公営ないし私営の市電より速く走り，より多くの乗客をつり革につかまらせて運び，より多くの人々を殺したり傷つけたりする。アメリカ人はこれを好むようであるが，イギリス人は嫌うだろう」[255]。この種の違いは一体どのようにすれば考慮できるだろうか。また生産条件も場所によって千差万別である。「シラキュース（合衆国）では水は自然に町に流れてくるが，インディアナポリスではポンプで汲み上げなければならない」[256]。「膨大な供給がなされ，しかも隣接する所有地間の相互不干渉という特殊な条件が満たされる大都市の私企業と，郊外の町の何らかの自治体事業の設備を，供給量の相対的大きさや，電力1単位当りの必要労働に基づいて比較することは，競争しあう双方にとって明らかに不公平である。また2つの照明施設がほぼ同じ年間産出量をもち，しかも隣接する所有地間の利害に関しても同等の立地条件にあるが，一方が北部，他方が南部に位置する場合も，やはりこのようには比較できない。なぜなら日照時間が異なるので，日々の業務時間がこの2つの地方で異なるからである。同様の理由から，ある施設の夏季業務と他の施設の冬季業務は，たとえ電力1単位の生産に必要な人間の労働量で測ってその2つを共通の基準に還元したとしても，比較できない」[257]。要するに，統計に基づく議論がこの分野ではほぼ完全に無価値であることは，明々白々である。

3 統計的証拠はこのように不十分なので——自発的購買組合を研究したときと同様に——ここでも一般的考察によって議論を進めざるをえない。その議論を始めるにあたり，まずアメリカ市民連盟委員会の次のような見解を考察すべきだろう。「他の条件が等しい限り，私営か公営かによってその財務結果が異なってくると考える特別の理由はまったくない」[258]。むろんこの見解の根拠は，あるサービスを提供するのが私的な会社であれ，公的な政府当局であれ，その実際の事業経営は似通っているに違いないということである。前者の場合には，株主の選ぶ重役たちの会議が，また後者の場合には，社会の代表として——ときには直接選挙，ときには間接選挙によって——任命される委員会が，それぞれ専門的経営者

---

255) H. メイヤー『公益事業の公営と私営』第1巻，287頁。
256) 同上書21頁。
257) ベミス『自治体の独占事業』289-90頁。
258) H. メイヤー『公益事業の公営と私営』第1巻，23頁。

を任命し，彼を全般的に監督しなければならない。全体としての経営能力は，選挙人，重役ないし委員，職員の間で分担されるものと考えてよかろう。ダーウィン少佐は，この三者の蓋然的効率性に関して，私企業の場合と自治体事業として知られる特定形態の公企業の場合とを比較する，詳細な調査をおこなった。明らかにそのような調査結果は漠然としたものであるに違いないので，ここで改めてそれを示すつもりはない。次のことを述べれば十分である。すなわち公営事業は自発的購買組合に実質的に等しいが，ただその重役を経営的資質よりむしろ政治的資質によって選ぶという点で異なり，したがって，他の条件が等しい限り，彼らは経営指導者にあまり適さないことが判明するだろう。しかし1つの注意点がある。公営事業の委員の選挙人たちが同時にその事業の職員でもある場合には，公営事業は「生産協同組合」に似たものになるので，公営事業もまた，規律や，地位の高い役員の十分な報酬に関しては，これらの生産者の組合が悩まされてきた困難に直面しやすい。しかもその困難の程度は，生産者の組合の方が消費者の組合よりずっと大きい。すなわち市の技術者が労働節約的装置を導入しようとするのを，市議会が妨げた場合さえあると言われている。その装置が，市会議員の支持者の幾人かの雇用を脅かすだろうからである[259]。しかしこの短所を，生産協同組合に同じく見られる長所と対比しなければならない。すなわち公務員の地位はそれ自体として魅力があり，利他的動機にも訴えかけるので，ある一定額の報酬によって，私営の場合に期待される以上の有能な技術者や経営者を獲得できる。この長所が実質的利益であり，技術者や経営者の自己犠牲によって得られる恩恵のたぐいでないことを，明確に理解しなければならない。なぜなら，社会に奉仕するという事実がその技術者や経営者に与える追加の満足の中に，新たな価値が生みだされているからである。この長所によって，先ほどの短所はかなり埋め合わされる。本節の一般的結論は，次の通りである。すなわち公営企業と株式企業の経営効率は──一部の小さな町における無能なお役所仕事という特殊ケースをむろん別にすれば──，ほぼ同等であると言えよう。

4 しかし，この一般的説明によって問題が論じ尽くされたわけではない。3つの重要な問題が残っており，一般にそれらは，公営が全体として公的統制より劣

---

259) 前掲書342-3頁。

ることを示す傾向がある。第1の問題は，同じ産業内のさまざまな生産者のみならず，一見無関係な産業のさまざまな生産者もまた，実はしばしば競争相手になるという事実に関連する。産業の内部に競合する企業がないばかりか，その外部にも競合する企業がないような，最も広い意味における独占産業も確かに考えられる。現代都市に水を供給するサービスは，通常，この意味における独占であると考えてよい理由が幾つかある。現在は別々に営まれている多くの産業を，1つに結合して，それと同様の他の独占を生みだすことも可能だろう。例えば，乗合バス・市電・自動車・馬車のような各種の交通手段が，すべて結合されて一元的に経営される状態も考えられる。同様の結合が，人工照明を提供するあらゆる手段，動力を提供するあらゆる手段についてなされることも，考えられる。しかしそのような計画は，現実からまったくかけ離れている。現実が示すように，ここで言う広い意味における独占と正当に見なせる産業は，水を供給する産業のみだろうと私は思う。ところで社会全体の利益が求めるのは，同じ産業内でも，異なる産業間でも，多くの企業が何らかの公共ニーズの供給をめぐって競争し，それを最も効率的に供給できる企業がその他の企業を駆逐することである[260]。しかしどんな企業でも，公的当局によって経営される場合には，たとえその競争相手より効率が悪くても，人為的に援助され維持されやすい。なぜなら，どんな政府企業の経営責任者も当然ながらその企業の成功を強く願って，社会全体の利益と自分たちの部局の利益を混同しやすいからである。それゆえ，ひとたび事業に乗り出した政府当局は，自分たちの競争力が弱いことがわかると，ほぼ確実にその武器庫から不公正な非経済的武器を持ち出し，これを用いて，その生産方法は民間の競争相手の生産方法より費用がかかるにもかかわらず，その産業において自分たちの事業を多かれ少なかれ永続的に維持する。こうした不公正な手段には2種類がある。すなわち主にその政府企業の保護を図る防御的手段と，主にその競争相手の妨害を図る攻撃的手段である。

　防御的な非経済的手段は主に，一般市民からの差別的補助金を獲得する方策を意図的ないし非意図的におこなうことである。その最もわかりやすい例は，一方では営利事業に従事し，他方では一般無償サービスの供給に従事する政府当局が，実際には前者に属する経費を，後者の活動部門に負わせる場合である。その

---

260) 第Ⅱ編第7章第11節参照。

非常に著しい例は，労働者住居のために購入した土地の価値を，一般市場価値でなく，この特定の目的のために定めた価値で登記するロンドン市議会の慣行に見られる。また自治体の市電の会計も，当然それに計上すべき道路経費を一般道路会計に計上して，繁栄を偽装することがある[261]。同様の方策がよりわかりにくい形で見られるのは，自治体が，私企業より低利で資金を借りることのできる強みに頼って，会計上，特別基金を積み立てない場合である。「自治体は，個人会社より低い利率で起債できる。なぜなら，町の査定可能財産のすべてが一般に，利子や元本の支払を担保するのに対し，個人会社はその事業に基づいてしか担保を提供できないからである」[262]。自治体のこの能力は主に，個人会社であれば報酬を提示して私人を説得しなければ得られないリスク負担を，自治体は地方税納税者に強制できるという事実のおかげにすぎない。公衆が，自治体については容易に確認できる事実や関係者の資質を，個人会社については確認できず，そのためにこのリスクが生じている場合——この場合，自治体による公営は実質貯蓄を減少させる——を除けば[263]，自治体の低利の借入の社会的費用と，個人会社の比較的高利の借入の社会的費用は同じである。もし2つの企業を公正に競争させるのであれば，自治体はその事業会計を均衡させる前に，その有利な信用から得ている利益の大部分をまず地方税の減税に回すべきである。こうしなければ自治体は事実上，その事業を一般市民の税金で支援していることになる。また自治体が経営者や技術者をより安価な条件で雇えるのが，地方税納税者のリスク負担によって破産の可能性を排除しているという事実のおかげである限り，自治体がこの面で得ている利益も同じく地方税の減税に回さなければ，自治体は同じものを二重計算していることになる。

　他方，攻撃的な非経済的手段が利用可能になるのは，公的当局がみずから企業を経営することに加えて，他の企業を統制する権限もしばしばもっているという事実のためである。この場合には，競争相手を妨害し損害を与えるような仕方

---

261) H. メイヤー『公益事業の公営と私営』第1巻，469頁。
262) ベミス『自治体の独占事業』45頁。
263) 自治体企業が利用できる，このように暗示された強みは，次の事実に基づく。すなわち人々が仲介者を通して何らかの事業に投資する場合，人々は，この仲介者がその義務を果たそうとしない，または果たせなくなるかもしれない，というリスクを必然的に負うという事実である。こうして引き受けられた不確実性負担は，生産費を構成する1つの実質的要素である。しかし政府がその仲介者であれば，その誠実と財政力は一般によく知られているので，実際上，この要素は除去される。

で，公的当局がその統制の権限を濫用する深刻な危険がある。みずから学校を経営すると同時にそれと競合する学校の経営を規制する教育当局が，その強い誘惑を受けることは明白である。みずから住宅を建てると同時に建築に関する条例を定める当局も，同様であり，またガス灯や市電を経営すると同時に電灯や乗合自動車を統制する自治体も，同様である。自治体が利用できる攻撃的手段のうち，おそらく最も単純なものは，みずからの事業活動に課される減債基金積立に関する条件を緩和し，個人会社に課されるその貸借契約満了時の買収の条件より有利にすることである。資本減耗や陳腐化を補うための基金だけでなく，公営企業の資本債務を返済するための減債基金を積み立てる公的当局は，事実上，その子孫たちの利益のために，現在の市民に課税しているのである[264]。同様にして，貸借契約満了時に，個人会社の設備を当局に無償で，あるいは「置換費用」を支払って引き渡すという条件で個人会社に営業免許を与える公的当局も，そのような税を課している。減債基金のもとで税が軽くなるように，したがって公営事業の競争相手である私営事業が差別的な形で損害を被るように，減債基金と営業免許のそれぞれの条件を設定できることは明らかである。

しかし，これらのものより露骨な形の攻撃もある。みずからガス施設を経営していた自治体が，拒否権行使などの手段によって電灯会社の発展を盛んに妨害したことは有名である。また「1898年以来，自分たちの照明設備を守ろうとする地方自治体の欲望のために，いわゆる大量発電送電会社の拡張を妨害することが認められてきた」[265]。同様にして中央政府も，電信の独占を守るために，他の電気通信手段に対して行政上の障害を設けていた。1884年に郵政長官（Postmaster-general）によって，国民電話会社はあらゆる郵便局において書面文章の受取や郵送を拒まれたが，長官はこの方策を弁護して，「もし書面文章を送ることが許されれば，われわれの電信の収入に大きな穴があくことを私は恐れる」と述べたのである[266]。最後に，1906年にマルコーニ無線会社（Marconi Wireless Company）に与えられた特許状では，連合王国と北アメリカとの間の無線通信を許可しながら，イタリアを除く大陸ヨーロッパ諸国との間の通信に関しては，そのような許

---

264) 農政省（Board of Agriculture）は，市議会に対して，市有地を借りる小規模農業者にこの種の減債基金の積み立てに十分なほどの高い地代を課すことを求めない，という新たな方針を示した（Cd. 4245，12頁）。
265) H. メイヤー『イギリスにおける公有と電話事業』351頁。
266) 同上書18頁。

可を与えないと特に定めているが，その目的は，イギリスや大陸ヨーロッパ諸国の政府が所有する通信ケーブルの利益を守ることにあった[267]。

　産業を経営する公的当局が，「不公正」な非経済的性質の防御的および攻撃的手段を用いる結果，すでに説明したように公営産業は，競争相手である私営産業の方がそのサービスを安価に提供できるという事実にもかかわらず，しばしば温存されることになる。結論として特に強調しなければならないのは，これらの手段の使用は，一見して思われるよりずっと効果的に，より経済性に優れた競争相手を排除するだろうということである。なぜならそれは直接に作用するのみならず，予想を通じて間接にも作用するからである。すなわちそれは，既存の競争者を市場から駆逐するのみならず，新しい競争者の参入も抑制する。慈善事業を企図している人は，自分が成功したあかつきには，政府当局がその有益性の判明した分野に参入することを知れば，大いに喜ぶ，あるいは喜ぶべきである。しかし営利企業に従事する人がこのことを知っても，彼のめざす目的は，慈善家の場合のように促進されはしない。それどころか，その目的は挫かれ，彼の活力はその事業以外の分野に向けられてしまう。公営住宅を建築する自治体の試みは，この種の弊害を招いたと言われている。これらの問題が生じる場合には，政府による産業経営が生産効率を悪化させる蓋然性は，明らかに高まるだろう。

5　前節の初めに触れた3つの問題のうちの，第2のものの考察に移ろう。この問題は，どんな産業的企業の活動でも，不確実性負担を含む複数の生産要素が結合されるという事実に起因する。各要素の結合にあたっては，ある一定の最適な比率があり，それを達成すれば生産の経済性は最大になるが，そこから乖離すればある一定の費用から得られる生産物は減少してしまう。ここで強調しなければならないのは，産業を経営する公共団体が不確実性負担の供給を過度に抑制しやすいという点である。

　これは次のような理由のためである。公的当局は，政府に対する民衆の敵意を1つの害悪と認識しており，また公的当局は，政府の思惑が外れて「今後数年間の債務不履行ないし重税をもたらすことにでもなれば，民衆の反発や，政府自体のみならずそのあらゆる部局への根深い不信感を生む」ことも認識している。そ

---

267) 前掲書 341-2 頁。

れにまた，どんなときでも公的当局の支配者は，その当局が政党政治体制に依拠するのであれば，「事業の失敗が自分たちの政敵に，権力を奪取する好機を与える」ことを知らないわけがない[268]。最後に，これらの支配者は次のことも幾らか感知できる。すなわち民衆の住宅の課税価値に比例して民衆から強制的に得られる一定量の不確実性負担は，その収益見通しが市民を惹きつける魅力に比例した市民の自発的出資によって得られる同量の不確実性負担よりも，多くの実質的犠牲〔経済的厚生の減少〕を伴う。したがって一般に，私的市民は利益の方を強く期待するが，公的当局は損失の方を強く懸念する。これは，公的当局の方が私企業よりも，不確実性負担という要素の供給を渋ることを**意味する**。この傾向の好例は，1892年に郵政省が電話幹線を引き継いだ後の，その経営に関するイギリス政府の行動である。「財務省は，郵政省に対して，見込みの怪しい事業拡大については，それに利害をもつ私人か地方自治体当局が，『一定マイルの幹線を運用し維持する評価費用に照らして定めた，ある具体的な年間収入』を保証しない限り，すべて拒否する政策をとらせた」[269]。このケースが公的当局の一般的姿勢をよく表していることの証拠として，ジョージ・ギップ卿の意見を引用してよかろう。すなわち「私有と公有のそれぞれの長所として何が考えられるにせよ，軍事的必要に迫られる場合を除けば，私企業の方が，どんな政府が引き受けるよりも，大きなリスクを確かに引き受けることは否定できない」[270]。マーシャル博士の意見はさらに語調が強い。「中央政府や地方政府の各部門は，工学などの発展的産業において，給料の高い何千人もの公務員を雇っているが，周知のように，多少とも重要な発明はごくわずかしか彼らの手でなされておらず，しかもこの若干の発明のほとんどすべてが，W. H. プリース卿のような，公務員になる前に自由企業で鍛え抜かれた人々の働きによるものである。政府はほとんど何も創造しない。……政府は，シェイクスピアの作品の立派な復刻本を出版することはできても，それを書かせることはできない。……自治体職員は電力事業のうわべを真似ることはできるが，新たなものを創造するのは自由企業の精神である」[271]。こうした立場は，アメリカ市民連盟の報告に要約されている。すなわち

---

268) 前掲書349頁。
269) 同上書65頁。
270) G. ギップ『鉄道の国有化』(Gibb, *Railway Nationalisation*, 1908) 9頁。
271) 『エコノミック・ジャーナル』1907年，21-2頁。

「商務省の長官補佐のペラム氏が（市民連盟の）委員会に語ったように，商務省は，自治体が新たな発明に挑戦したり，とにかく実験的な制度を試したりすることを奨励しなかった。商務省は，これらがうまくいくことを民間の個人会社が証明するまで待っていたのである。進歩はすべて，それらの会社が担っている」[272]。

ところで，不確実性負担の供給の抑制が生産の経済性に与える影響は，その産業の帯びる投機性の度合に応じて，産業ごとに明らかに異なってくる。それゆえ私営に対する公営の相対的不効率性は，投機性の高い事業では非常に著しくなり，投機性が実際上存在しない事業ではゼロになる。この考えは，財産受託者が投機証券（speculative securities）と投資証券（investment securities）を区別する方法に従って，産業を投機産業と非投機産業という2部門に分類する試みとして具体化されることもある。一方には実験段階の新産業を入れ，他方にはすでに試された既知の産業を入れれば，この分類は十分に有効である，と言われることもある。例えばジョージ・ギッブ卿は，こうした観点から，初期の鉄道と成熟期の鉄道を区別している。「とにかくその建設時代について言えば，鉄道網が私企業によって建設されたという事実から，イギリスは計り知れない利益を得た。だが鉄道網の建設後にそれを経営する問題は，建設を確保する問題とは本質的に異なることを，私は認める」[273]。同様にしてコモンズ教授も，1904年の著作において当時の市営電灯施設の設立に賛成しながらも，「8年前ないし10年前に市営電灯事業に着手した諸都市については批判の余地もある」と考えている。すなわち彼の考えでは「まず私的団体を助成して，すべての未踏分野に進出させるべき」なのである[274]。このように力説される区別は，確かにかなり重要である。しかし2つの注意点がある。第1に，ある場所ですでに確立している産業を別の場所に新たに作る必要が生じるかもしれないが，そこでの建設条件に大きな投機的要素が残っている場合もあろう。例えば，水道を供給する産業は旧来からの産業であるが，町ごとにまったく異なる水源地から，しかも実に多様な性質をもつ経路に沿って水を供給しなければならないので，他の町の経験はほとんど参考にならない。第2に，どんな産業でも，生産方法を改良するための実験——投機を伴う

---

272) H. メイヤー『公益事業の公営と私営』第1巻，437頁。
273) ギッブ『鉄道の国有化』11頁。
274) ベミス『自治体の独占事業』56頁。

──の余地がないほどに，十分に確立していることはあるまい。発展の余地が残るすべての産業は不確実性負担を多少とも需要するのだから，この要素の供給が妨げられれば，その産業も妨げられやすい。したがって，本節で論じた問題に起因する公営の相対的不経済性が大きくなるのは新しい産業のみである，と考えるのは誤りだろう。むろんその不経済性の程度は実験段階の産業で最大になるけれども，おそらくほぼすべての産業でかなり大きなものになるだろう。

6　第3の問題の考察に移ろう。各生産要素の最も経済的な組み合せを妨げることに起因する公営の相対的劣等性は，事業単位の最も経済的な規模を妨げることに起因するさらに別の劣等性を同時に伴う場合が多い。

　第14章で見たように，購買力と株式保有力の比率がほぼ等しい人々を十分に多く見つけることは難しいため，自発的な購買者組合は最も経済的な規模を達成できないことがある。公的企業は事実上の強制的な購買者組合なので，この困難を免れている。公的企業はその事業を確立するうえで，自発的組合の場合のように，成員がその株の保有に魅力を感じる必要はなく，したがって各成員の購買量と株式保有量の比率が類似している必要もない。なぜなら，命令として定めた義務に従わせる強制力──それを逃れるには，それを強制する国や町から移住する苦痛に耐えるほかないという事情に基づく強制力──が，説得力の代わりになるからである。しかし，自発的購買者組合の場合であれば最も経済的な規模の達成をもたらす要因によって，公的企業がこうした最適規模の達成に失敗することはなくとも，別の同じくらい重要な要因によって，公的企業は最適規模の達成に失敗することがある。実際問題として公的企業を経営できるのは，何らかの形の政治組織にまとめられた集団のみである。しかしその集団がどんな産業活動をおこなうにせよ，最も経済的な管理面積が，現代国家における公的当局の管轄面積と一致することは，めったになかろう。なぜなら公的当局の管轄面積は，産業の効率的経営とはまったく別の事情によって定められるからである。したがって一般に，ある産業の経営という明確な目的のために特別な公的当局を創設するか，あるいはその産業の管理単位の大きさを既存の公的当局の面積に合わせて変更しなければならない。中央政府とその関連地方当局の中間の面積をもつ巨大事業の場合には，経験が示すように，この面積に見合った特別な公的団体を創設することができ，また実際に創設されてきた。例えば，さまざまな港湾トラストやドッ

ク・トラスト，ロンドン水道局，ロンドン港湾局はよく知られている。しかし巨大事業の場合，特別な公的団体の創設は実際的な常套手段であるけれども，それでも，必ずしもすべての場合に採用されるような政策ではない。公営のもとで，管轄面積の適さない地方当局がその経営機関になる危険が特に高まるのは，当初はこの機関の管轄面積に適していたが，新発明によって，その後はより広い面積に適するようになる産業の場合である。水道供給・ガス灯・電力供給といった産業の最適な経営面積は，昔は幾つかの自治体を合わせた面積におよそ一致していた。しかし幾つかの近代発明がなされて以来，経済効率が最大になると考えられる面積は，自治体に基づく面積よりしばしばずっと広いものになっている。例えば「馬車を使っていた頃は，それぞれの地方当局の境界がだいたい商業活動の境界でもあった。ところが電車を使うようになり，教区などは，国全体に広がることさえある組織全体の細目の１つにすぎなくなってしまった」[275]。また大量送電手段の改良によって，電力供給の最も経済的な面積も数千平方マイルにまで拡大している。水道供給でさえ，今では遠方の湖から取水して大都市の必要を満たしているので，その水道管の通る経路に沿った多くの町にも水を供給する共同組織には，明白な経済性がある。実際のところ，現在，最も経済的な経営面積が自治体の面積を上回らないような公益産業は，おそらくガス灯ぐらいだろう。しかし経営に適する面積のこうした広域化に伴って，それぞれの公益産業が，それぞれの目的のために特別に創設される公的当局に移管されることはなかった。自治体から権限を取りあげることは，猛烈な抵抗を伴う難しい課題であり，たとえ取り組んでも成功しそうにない課題である。それゆえ実際上，公営とは，その最も経済的な経営面積が中央当局と地方当局のそれぞれの代表的面積の中間である産業を，通常，地方当局が運営することをしばしば意味し，これはむろん，その経営単位を経済的な最適水準以下に縮小することを意味する[276]。逆にその最も経済的な経営面積が，既存の最も小さな公的当局の管轄面積さえ下回るような事業の場合でも，その経営という特別の目的のために新たな当局を実際に創設できるなどとは，到底言えない。すなわち住宅建設，牛乳供給，食肉処理場の経営，アルコール飲料の小売などの産業が，もし何らかの公的当局に引き継がれるならば，この当局とはどんな場合も，本来は他の業務のために存在する何らかの当局にす

---

275) ポーター『自治体による所有の危険』（Porter, *Dangers of Municipal Ownership*, 1907）245頁。

ぎないだろう。したがってこれらの事業の場合も，公営は，一般論としてのみならず，実際問題として常に，経済効率を最大化する以上の過大な経営範囲の採用を意味するのである。

7　ところで，私企業の場合にはあらゆる産業が最も経済的な規模の経営単位に常に調整されるということが事実であれば，自治体による公営はこの点で私営に優ることはありえず，また全体的として大いに劣ることになる。単純競争のもとで正常に営まれるパン焼き・牛乳供給・住宅建設・農業などの産業では，私企業によって，最も経済的な規模の単位に大部分まで調整されると実際に考えてよかろう。しかし独占的要素が少しでも存在する産業では，けっしてこのように考えてはならないだろう。すなわち最も経済的な単位は，摩擦や，巨大合併への民衆の反発に配慮することによる制約などによって，その実現を妨げられることがある。そのように妨げられる蓋然性は，その産業の通常の状態が単純独占の状態でなく，独占的競争の状態である場合に，特に高まる。この場合には第7章で指摘したように宣伝競争などによる大きな浪費が生じるが，これは経営統合による一元化によって除去できるかもしれない。例えばジョージ・ギップ卿が鉄道について述べたように，「鉄道各社が活動するのは各自の路線のためである。その結果，積荷が少ないにもかかわらず，車両はやたら多くのマイル数を走り回る。……鉄道交通の荷物取扱と輸送に関して，もし各社の経営者たちが単一の観点から経済的な事業結果をめざして活動し，あらゆる場合に，最も経済的な事業結果をもたらす路線で貨物を運ぶことができれば，確実に大きな経済性を得られるだろう」[277]。同様の経済性は，同業種でなく異業種の各企業の結合によっても得られ

---

276) 自治体による公営に対する代替案は，多くの場合，自治体による統制である。自治体の面積が狭すぎれば，この統制によって私企業は自治体企業と同じくらい不効率になる，という反論もあるだろうが，自治体より広い管轄範囲をもつ別の当局に統制を移管する方が，運営を移管するより容易である。すなわち1906年のイギリス軽便鉄道法（British Light Railway Act）によって，軽便鉄道委員会という形でそのような広域当局が設置された（H. メイヤー『イギリスの自治体所有事業』69頁参照）。また「マサチューセッツのように，市電会社が，異なる10の町，ときには19もの町から営業免許を取得して活動するようなことが珍しくない場合には，自治体独自の統制は無意味である。州鉄道委員会は，この現状の法的承認である」（ロウェ（『アメリカ学会紀要』(Rowe, *Annals of the American Academy*) 1900年, 19頁)）。

277) ギップ『鉄道の国有化』21頁。

ることがある。公共の街路を利用するさまざまな産業を一元的管理下で協力させれば，おそらく経済性が高まるだろう。例えば「水道管は街路を舗装する前に埋設されるだろう。こうして，水道管埋設のために立派な舗装を掘り返す被害と支出は省かれる」[278]。この種のケース，すなわち産業の通常の状態が独占的競争であるケースでは，公営が最も経済的な経営単位の発展を妨げるどころか，実際にはそれを促すことも考えられる。しかしこうしたケースはおそらく，一般原則に対する例外にすぎないだろう。

8　本章の分析の一般的結果が示すように，公営は一般に，生産効率の面で私営に劣ることが判明するだろう。ただしこの劣等性は，前章で強調された次のような事実もふまえ，割り引いて考える必要がある。すなわち需給調整の面では，私企業に対する政府の規制は多大な困難に悩まされ，その政府当局がみずから運営する企業への規制のようには成功しそうにない。これらの対立しあう影響力が分配分にもたらす最終的結果は，場合によりけりである。公営による生産効率の低下は，その公営事業が，他の私営産業とかなりの程度まで競合する産業の一部，あるいは産業全体である場合には，特に大きくなる。それはまた，その公営事業の通常の経営単位が既存の公的当局の面積と大幅に異なる場合にも，特に大きくなる。他方，公的当局による私企業の規制が特に失敗しやすいのは，これらの産業が，その質を容易に検査できない財貨を生産する場合である。またどんな産業でも，不確実性負担という要素を大量に用いる必要がある場合には，これは公営と公的統制のどちらの成功も妨げるので，これらの対立しあう政策手段の比較結果を左右することはない。以上の考察結果を実際問題に適用するならば，2つのかなり明瞭な一般的推論が得られる。第1に，生産物の質が何より重要であり，私人の手に任せるとそれがなおざりにされる恐れがある産業については，公営が望ましい。例えばアメリカ市民連盟の報告書によれば，「われわれは次のように考える。すなわち市民の健康に関わる公益事業は，個人に任せるべきではない。個人に任せれば，利潤の誘惑によって悲惨な結果を招くかもしれない。したがってわれわれの判断では，衛生という課題意識を主に必要とする事業は，公共社会が運営すべきである」[279]。第2の推論は次のようなものである。すなわちそれ以

---

278) ベミス『自治体の独占事業』46頁。
279) H. メイヤー『公益事業の公営と私営』第1巻，23頁。

外の産業については，通常の生産単位の規模が小さく，また通常は単純競争が存在するだろう場合には，公営を企てるべきではない。独占産業の通常の状態は，前述の第1と第2の産業の中間であり，それを公営にすべきか，公的に統制すべきかは，一般的議論では決定できない。統制論が最も説得力をもつのは，その独占産業が何らかの他の産業と大部分まで競合する場合であり，公営論が最も説得力をもつのは，そのような公営によって経営単位の効率的拡大が可能になるような場合である。しかしあらゆる実際のケースでは，この二者択一的な手段のどちらかに決定する前に，その活動をおこなう特定の公的当局の一般的性質や，新たな職務がその本来の非産業的業務の遂行上の効率におそらく与えるだろう悪影響を，考慮する必要がある。

第 III 編
国民分配分の分配

第 1 章 序　論

1　前編の第2章で論じたように，国民分配分の大きさを変化させる諸原因の一般的作用は，その反対を示す特別の理由がない限り，貧者の総実質稼得にも同方向の作用を与えると考えられる。しかしその議論では，私はあえて，ある重要な種類の経済事象，すなわち相対的富者から相対的貧者への計画的移転によって国民分配分の分配を平等化する試みには触れなかった。そのような試みは，特定の貧者の労働報酬としての賃金の自然な動きに何らかの形で介入するか，あるいは特定の貧者の利益のために課税などによって社会のより豊かな成員から資源を徴収するか，のどちらかの試みとなって現れるだろう。一見したところ明らかに，そのどちらの種類の試みも，貧者の実質所得を増加させると同時に全体としての国民分配分を減少させるという意味において，非調和的に作用するように思われるだろう。もしこの一見したところ明らかな見方が妥当なものであれば，本編でおこなわなければならない議論は極めて複雑になったはずである。しかし実際には，国民分配分に作用する経済的原因の大部分が「調和的」であることを証明したときと同様の議論を用いて，本編で検討される特殊な原因についても同様の命題を証明できるのである。

2　相対的富者から相対的貧者に資源を移転するどんな計画の実施も，それが長期的に国民分配分を増加させるか減少させるかは別として，それが実施される年

については相対的貧者の実質所得を増加させるに違いない。むろんこのことは正しい。しかしこの明白な事実は，その計画が影響を及ぼす全期間を考慮に入れる場合でも，やはりそれは相対的貧者の実質所得を増加させる，という意味ではない。なぜなら貯蓄の源泉は，任意の年に生みだされた国民分配分か，過去から持ち越された蓄積か，のどちらかしかないからである。したがって，他の条件が等しい限り，ある年の分配分の減少は，翌年に労働に協力しうる資本の供給を減少させる。したがって翌年には，国民分配分も実質労働稼得も，本来達成されたはずの水準以下に減少する。そのまた翌年も，両者はさらにそのような水準以下に減少してゆき，それ以降も年々同様である。こうして始まる縮小過程が永続的，累積的なものであることは，容易にわかる。それゆえ，ある移転行為が直ちにもたらす貧者の実質所得の増加という短期的利益は，その行為が国民分配分を減少させない場合にのみ，長期的利益にもなる。単一の独立した移転行為についてこうして確立された考察結果は，明らかに，一連の継続的な移転行為にも等しく妥当する。年間に移転する資源量を毎年どんどん増やしてゆけば，明らかにその増加率を，貧者の労働稼得の減少率より大きくできるだろうし，またこのようにして国民分配分を急激に減少させてゆく過程の中で，それでも貧者の実質所得を，ある時期まではその自然水準以上に維持することもできるだろう。しかしこの特殊ケース——本編の最終章で再び言及するつもりである——を除けば，富者から貧者への移転が最終的に貧者の利益になるか否かという問題は，それが最終的に国民分配分を増加させるか否かという問題と，同一である。

3 こうして確立された同一性によって，本編の議論は大いに単純化されるが，それでもやはり，貧者に資源を移転しようと試みることと，実際に貧者への移転に成功することは，別の事柄であるという事実のために，議論は複雑になる。本編ではまず，第1の移転手段として，賃金の自然な動きに介入して資源を移転する試みを論じる。すなわち第2〜6章では，この試みがその短期的目標をうまく達成し，実際に移転をもたらすための条件を考察する。そして第7章では，この種の実際に移転を成功させる試みが，どのような条件下で国民分配分を増加させ，したがって貧者の富を最終的に増加させるかという問題を考察する。次に，第2の移転手段として，課税などを通じて計画される移転の試みを論じる。すなわち第8章では，**これらの試みが実際に移転をもたらすための条件を考察する。**

そして第9〜11章では，この種の実際に移転を成功させる試みが，どのような条件下で国民分配分を増加させ，したがって貧者の富を増加させるかという問題を考察する。第1と第2のどちらの移転手段による試みについても，学問上は興味深いが実際上は意味のない，次のような可能性は無視しよう。すなわち実際上は移転をもたらすことのできない移転の試みが，それにもかかわらず，理論上は分配分と貧者の実質稼得をどちらも増加させる可能性である。最後に，「ナショナル・ミニマム」に関する第12章では，貧者の実質稼得と国民分配分の大きさに対して，不調和な形で作用しうるような一連の特殊なケースの移転を，改めて考察する。このケースに関する議論全体を通じて，人口に生じるかもしれない反作用は無視する。なぜならこの問題は，すでに第I編第2章で考察済みだからである[1]。

第2章　賃金の自然な動きに介入する方法

1　賃金の自然な動きに介入して相対的富者から相対的貧者に資源を移転する試みは，産業分野のどこかの地点に，人為的な賃金率を確立する試みとなって現れる。分析上は，そのような賃金率を2つの主要形態に区別できよう。一方では，ある特定種類の労働の能力単位当りの賃金が人為的に変更される。他方では，ある人々がおこなう特定種類の労働の賃金が，他の人々がおこなうその同じ労働の賃金以上に，差別的に高められる。前者の例は，その正常水準以上に人為的に高められる，完全に調整された出来高賃金によって与えられる。後者の例は，能力の有無を問わずすべての者に労働時間当り同じ額を支払う時間賃金によって与えられる。しかし実際には，とにかく介入がなされれば，人為的要素や差別的要素が一般に幾らか混入するものである。実際の人為的な出来高賃金は，上述の理想的な出来高賃金よりも多くの差別的要素を含む傾向があり，また実際の人為的な時間賃金は，一見予想されるよりもわずかな差別的要素しか含まない傾向がある。本章では，さまざまな場合に見られる差別の度合を大まかに示すことにす

---

1) 28-31頁［本訳書69-72頁］参照。

る。

2 一般的に言って，ある一定の出来高賃金は，能力の高い労働者より能力の低い労働者をやや優遇すること，換言すれば，優れた労働者の能力賃金（efficiency-wage）よりやや高い能力賃金を，劣った労働者に支払うことを意味する。この理由は，第1に，工場では——むろん家内労働者の場合は別である——，仕事が遅いという意味で能力の低い労働者は，同量の財貨を生産するにしても，仕事の速い労働者より雇用主の機械や作業場を長時間「使用」するからであり，第2に，不注意であるという意味で能力の低い労働者は，慎重な労働者より事故を起こしやすいので，労働者災害補償法のもとでは雇用主の補償金の負担が重くなるからである。これらのことも考慮して，同種の仕事に従事するあらゆる等級の労働者に対して，等しい能力賃金を実際に支払う出来高賃金体系を作りあげることは，むろん可能だろう。しかし実際の賃金制度は一般に大まかなので，ここで示したような種類の劣った労働者に有利な，何らかの差別が生じることになる。

3 労働組合や調停裁判所によってなされる時間賃金に関する規制がしばしば多少とも意識的にめざしているのは，ある人為的な出来高賃金の確立であるが，そのような出来高賃金を直接に確立するのは実際上困難であるため，時間賃金の規制制度が利用される場合もある。模様や織り方が頻繁に変わる織物については，出来高賃金体系の構築は——異なる性能の機械や異なる設備で作業をおこなう労働者間の，公平な調整をおこなう問題を別にしても[2]——非常に難しいことがわかっている。ニュージーランドでは，この困難があまりに大きかったので，「多くの業種では，[最低賃金制度による]週賃金・日当・時間賃金が，ここ数年，組合の団体交渉の代わりになっている」。このような場合，時間賃金は，出来高賃

---

[2] このような設備の差異は重要だろう。ブラック嬢によれば，「仕事の方法や配分は，場所が変われば驚くほどに変わり，そこで得られる実質賃金も，そこでの管理者がたまたまもっている組織力や運営力の程度に大きく左右される。同じ工場内の異なる作業室で雇われ，外見上も同じ条件下で，正確に同じ業務を，同じ出来高賃金率でおこなう労働者の各集団において，ある集団の週平均生産量が他の集団のそれをいつもきまって上回ることは，よくあることである」（ブラック『衣服を作る人々』145頁）。同様にして，炭鉱夫の最低日当制度をめぐる最近の論争でも，その賛成論の1つとして，各労働者の炭坑内の持ち場や労働設備の違いを考慮すれば，出来高賃金は実際には不平等な能力賃金を意味するという意見があった。

金では実現困難であることがわかった目標を実現するための，間接の手段として利用されるにすぎない。このことは，特定産業のためのヴィクトリア州の賃金委員会やニュージーランドの調停裁判所の慣行によって，十分に例証される。これらの団体による決定や最低賃金は，ある一定の業務を遂行する**通常**の労働者の賃金を対象としている。有能な労働者がその最低賃金以上を稼ぐことを禁じる規則は何もなく，実際，1902 年のヴィクトリア州の工場査察官が述べたように，衣服製造業における男女の労働者の最低賃金はそれぞれ 45 シリング，20 シリングだったが，それぞれの平均賃金は 53 シリング 6 ペンス，22 シリング 3 ペンスだった[3]。また 1909 年の労働局の報告書によれば，「オークランド市内の工場の 2,451 人の従業員のうち，低賃金の老齢者や若年者を除けば，949 人が最低賃金率を受けとっており，1,504 人すなわち全体の 61 パーセントが最低賃金率以上を受けとっている。ウェリントンでは，最低賃金以上を受けとっている者の比率は 57 パーセント，クライストチャーチでは 47 パーセント，ダニーディンでは 46 パーセントである」[4]。同様のことは，標準賃金と最低賃金の両方に関して雇用主と協定を結ぶアメリカの幾つかの労働組合の方針によっても，大まかに例証される。ロアノークにあるノーフォーク西部鉄道（Norfolk and Western Railway）の作業場の最低賃金は時給 20 セントだが，標準賃金は時給 24 セントであり，その作業場で働く者の最も多くが受けとっていたのは後者の賃金である。また「スー」鉄道（"Soo" Railway）と国際機械工組合（International Association of Machinists）が 1903 年に結んだ協定でも，「その鉄道会社の機械作業場の最低賃金率を時給 30 セント，標準賃金を時給 $34\frac{1}{2}$ セントに定めている」[5]。もしこの種の協定のめざす目標が完全に実現するならば，理想的な出来高賃金制度から差別的要素

---

[3] ウェッブ『社会主義とナショナル・ミニマム』(Webb, *Socialism and the National Minimum*, 1909) 73 頁参照。

[4] 『クォータリー・ジャーナル・オブ・エコノミクス』1910 年，678 頁。最低賃金が最高賃金になる傾向の強弱は，むろん場合によりけりである。例えばブロードヘッド氏は，ニュージーランドについて次のように述べている。「外国との競争がない業種では，労働者の多くはそれぞれの熟練に応じて，裁判所が定めた最低賃金以上をもらっているが，輸入品と競争する他の業種では，最低賃金を最高賃金とする慣行がかなり一般的であるように思われる。後者の場合，雇用主たちは，法律で定められた以上の額を労働者に支払う余裕などないと主張している」（ブロードヘッド『ニュージーランドにおける政府の労働規制』72 頁）。

[5] ホランダーと G. E. バーネット『アメリカ労働組合運動の研究』(Hollander and Barnett, *Studies in American Trade Unionism*, 1905) 118 頁。

がなくなるのと同様に，理想的な時間賃金制度からも差別的要素はなくなるだろう。

4 しかし実際には，各労働者の能力に見合った時間賃金の正確な調整は非常に難しいことが多く，調整の確保に向けて真剣に努力する場合でさえ，能力の低い労働者を優遇する大きな差別的要素[6]——出来高賃金制度に存在するより大きな差別的要素——が残ってしまう。なるほど，能力の相対的低さが老齢のように多少とも一目瞭然の原因から生じている労働者については，調整はそれなりに実行可能だろう。時間に応じて支払われる熟練工の労働組合には，60歳以上の労働者が標準率以下の賃金を受け入れることを認める特別の取り決めがしばしばある。ベヴァリッジ氏が述べるように，そのような取り決めは，「例えば幾つかの家具製造業組合や，印刷業・皮革業・建設業などの組合の規則に見られる。実際，ある組合では，56歳以上の組合員は（組合の失業手当基金の負担軽減のために）標準率以下の賃金の受け入れを，その支部によって承認されるどころか，強制されるだろう」[7]。彼はまた，次のように付言する。「これらのケースの幾つかでは，例外を認める正式な規則がほとんど実施されなかったり，その支部が標準率以下の賃金の承認を拒むことも，むろんありうる。だが他方では，多くの組合がその問題に関する正式な規則をもたず，老いた組合員のために事実上の例外を設けていることも，まったく確かである。大工・指物師合同組合（Amalgamated Society of Carpenters and Joiners）がまさにそうであり，それより程度は劣るが，機械技師合同組合（Amalgamated Society of Engineers）もそうである。その問題は，なるほど大部分まではその特定の労働組合の支部の力と感情の問題である。すなわち標準賃金がしっかり確立していれば，老いた労働者に例外を設けても安全であると言えよう」[8]。しかし産業世界には，その能力の低さが老齢や虚弱のような明確な客観的原因とは無関係な，相対的に能力の低い多くの労働者がいる。そ

---

[6] ここでは，差別的要素が能力の高い労働者に有利になる若干の特殊ケースを暗に無視した。その最も重要な例は，「少年」が，ただ「少年」というだけで，非常に低い賃金率しか支払われない場合である。そのような場合，もし「少年」が実際に大人と同じ仕事をおこない，単に大人を手伝うだけでないならば，大人の労働者に有利な差別が存在するので，不況になれば大人の方は解雇されるが，少年の方は雇用され続けるだろう。

[7] ベヴァリッジ『失業——産業の問題』(Beveridge, *Unemployment : A Problem of Industry*, 1909) 124頁脚注。

のような人々について調整をおこなうのは，さらにずっと難しい。その困難の性質は，ニュージーランドの労使仲裁法（Arbitration Law）のもとで盛んに議論された「仕事の遅い労働者」のケースによって例証できよう。「最低」賃金を決定するさい，仲裁裁判所（Arbitration Court）は，仕事の遅い労働者のための「最低賃金以下の特別賃金」（"under-rate"）を決定する審理もおこなうのが通例である[9]。同法ができた初めの数年間は，労働組合の長や書記は，組合員がそのような特別賃金の承認を裁判所に求めることに対して，許可を出していた。しかしその後，老齢や事故や虚弱のために明らかに衰えた労働者からは区別される，仕事の遅い労働者については，これらの組合役員は許可を出すのを渋るようになった。そこで新しい取り決めでは，許可を出す権限は，その組合の代表者の意見を聴いたうえで，地方仲裁委員会（local Conciliation Board）の議長に委ねられた。ヴィクトリア州では，許可を出す権限は主席工場検査官がもつが，その条件として，どの工場においても，裁判所からの承認を得て働く労働者は，通常の最低賃金率でそこで雇われる成人労働者数の5分の1を超えてはならないとされている[10]。それらの組合が許可を出し渋るのはむろん，それによって，最低賃金の取得資格をもつ通常能力の労働者の満たすべき必要基準が引き上げられ，こうして狭猾に最低賃金が引き下げられることを恐れるからである。この消極姿勢は，それらの組合が失業した組合員たちに巨額の失業手当を支払う義務を負っている場合には，むろん抑制される傾向がある。しかしあらゆる場合に，その消極姿勢は幾らかの影響力を及ぼし続けそうであり，しかもそれは，境界線上の能力の労働者が許可を

---

8) 前掲書124頁。これらの取り決めの特徴と不確実性は，救貧法委員会に対するバーンズ氏の証言の中で示されている。「機械技師合同組合では，50歳以上の者には，ある町から他の町への移動を求めない。また一般的に言って——この問題を扱う委員会の判断に従って——およそ55歳以上の者には，標準賃金率の取得を求めない」。だが，これによって利益を得る労働者の割合はごくわずかである。「われわれは55歳の労働者に標準賃金率以下で働くことを許すけれども，実際のところ，55歳あるいは60歳の者でさえ，その機会を利用しないのがむしろ実情である。その組合の規律の感覚と，自分の仲間への義理の感覚が非常に強いので，労働者はほとんどの場合，標準賃金率以下で仕事をするぐらいであれば，むしろ仕事をまったく断念するだろう。それゆえ，労働者が低い賃金率を受け入れるのを労働組合が妨げているどころか，実際にはその逆に，組合はむしろそれを奨励しているのである」（国会議員G. N. バーンズ氏の証言，同委員会の『報告』313頁脚注に引用あり）。

9) ブロードヘッド『ニュージーランドにおける政府の労働規制』66頁参照。
10) エイヴズ『賃金委員会報告』61頁参照。

求めたがらないことや，最低賃金以下で労働者を雇っていると噂されるのを使用者が嫌うことによっても強められる[11]。それゆえ時間賃金の場合には，賃金が過度に硬直的にならないようにそれを能力に合わせて調整する真剣な努力がなされる場合でさえ，正確な調整はおそらく，出来高賃金の場合よりずっと不完全にしか実現しないだろう。

5　時間賃金に基づいて労働がおこなわれ，その標準賃金が意図的に固定されている場合には，各労働者の能力賃金の不一致は，明らかにさらに一層深刻になる。最も貧しい階層の労働者については，ある完全に固定した時間賃金がしばしば企図され，ときには実際に制定される。ちなみに，家内労働に関するイギリスの委員会報告書では，そのようなものは企図されていない。同委員会の提言は，後に産業委員会法（Trades Boards Act）として結実したが，それは実質的には最低出来高賃金の確立であり，それによって平均的労働者に十分な「生活賃金（living wage）」を稼得させる，したがって能力の低い労働者にはむろんそれより低い賃金を稼得させることをめざしていた[12]。しかしヴィクトリア州およびサウスオーストラリア州の幾つかの法律では，完全な硬直的賃金を企図している。これらの植民地の議会は，「いかなる者も，登録工場では，最低報酬——ヴィクトリア州は週2シリング6ペンス，サウスオーストラリア州は4シリング——を受けとらない限り，雇用されてはならないと決定した」[13]。同様にして，ニューサウスウェールズの1908年の最低賃金法（Minimum Wage Act）も，いかなる労働者ないし店員も，時間外労働としての稼得分を別にして，週に最低4シリングの賃

---

11) 最低賃金以下の特別賃金を認めることが最低賃金の抜け道になる危険は，同法の実施責任者たちも，はっきり理解している。「許可を出すさいにその主席検査官が指針とするのは，何らかの種類の個人的無能力に起因する申請であり，産業の，または特定の事業の切迫した事情ではない。もし状況が変化し，そのために許可の申請がより切迫したものになれば，地方仲裁委員会の決定の再考を要する事態がにわかに生じたという，実に筋の通った見解がとられる。その決定の有効期間中は，賃金条件はあくまでそれに従うべきであり，その決定は，賃金の下落を阻止ないし延期する力によって，将来にその最大の真価を発揮するだろうと考えられているわけである。このように期待されてはいるが，それはまだそのような種類の試練を受けていない。ここで強調する必要があるのは，そのような切迫した時期には，特別賃金の許可は頼りになる適切な手段とは言えないということである（エイヴズ『賃金委員会報告』63頁）。
12) 『家内労働に関する特別委員会』（*Report of the Select Committee on Home Work*）xiv-xv頁。
13) エイヴズ『賃金委員会報告』88頁。

金を受けとらない限り雇用されてはならないと定めている[14]。またニュージーランドの工場法も，次のように定めている。「その能力を問わず，工場で雇用されるあらゆる労働者は，その労働に対して，労使間で合意された賃金率の支払を雇用主から受ける権利をもち，16歳未満の少年少女には，どんな場合も週に最低5シリングを支払わなければならず，その後，20歳になるまで毎年，週3シリング以上の賃金の引き上げをおこなわなければならない」[15]。この条項が可決されたのは，「道理にかなう金銭報酬」を支払われることなく人々が雇用されるのを防ぐためである。支払はどんな場合も，時間外労働の支払とは別におこなわれなければならず，報奨金による支払も禁じられた[16]。同様の考えは，「勤労年齢，例えば23〜55歳の成人に関するナショナル・ミニマム──男女別のもの──」の方が，業種ごとに「標準賃金」を実際に設ける現行制度より望ましいだろうという，ときおりヴィクトリア州でなされる提案にも見られる[17]。しかしこの種の制度の場合，明らかに，非常に大きな賃金差別的要素が発生するだろう。

第3章　任意地点の賃金率を自然水準以上に引き上げるための3つの手段

1　労働者集団に支払われる賃金率を自然水準以上に引き上げる試みは，実際上，次の3つの手段のいずれかによってなされる。すなわち労働組合の団体交渉，世論の圧力，政府による強制的実施である。労働組合の行動は周知の事柄であり，例を挙げるまでもない。その手段はむろんストライキという制裁である。政府当局による実施も，オーストラリアとその周辺諸島の経験を考慮すれば，かなり周知の事柄である。その制裁は法律の違反者に罰を科すことである。この罰則は，オーストラリアの1906年の内国消費税法（Excise Tariff Act）が企てたが，のちに最高裁判所の違憲判決を受けたような特殊な形[18]，すなわち「公正かつ道理にか

---

14)　『レイバー・ガゼット』（*Labour Gazette*）1909年3月，103頁。
15)　エイヴズ『賃金委員会報告』88頁。
16)　同上書88頁。
17)　同上書48頁参照。
18)　セイント・レジャー氏の著作『オーストラリアの社会主義』（St. Ledger, *Australian Socialism*, 1909）の304頁以降に，最高裁判所の判決が収録されている。

なう賃金」以下しか支払わない国内製造業者に差別的消費税を課すという形をとることもあれば、あるいはもっと単純かつ直接的な罰であることもある。世論の圧力は主に、特に貧しい労働者のケースに対するものであり、その賃金があまりに低いので人道的感情がゆり動かされるのである。ときには世論の圧力は、組織化されない形態で現れる。例えばジョーンズ氏は、王立救貧法委員会への報告書の中で、イギリスの下層の労働者について、彼らの「賃金率は、もし慣例的、慣習的な標準賃金の有効な力がなかったならば、現状よりさらに低かっただろう」と断言している[19]。女性労働者の賃金がしばしば週10シリングほどに達するのも、おそらくこの種の原因が多少とも作用するからだろう。しかし世論による介入のさらに重要な形態が生じるのは、そうした世論が組織化される場合である。自発的な購買者組合は、その取引先を、労働者の待遇が公正な標準に達している事業所のみに限定することを企て、雇用主に圧力を加えようとする。この手法の有効範囲は産業によって大きく異なる。例えば小売店の店員の労働時間の場合には、それは実際に顧客の目にふれるので、彼らの目にふれない工場労働者や家内労働者の労働時間の場合より、その手法は容易に効果をもたらす[20]。だがどんな場合も、その手法は、顧客の知識の不完全性によって、また多くの商品はそれを消費者に最終的に販売する者の手に渡るまでに多くの製造工程を経るという事実によって、大きく制約される。それでもなお、諸々の私的団体は、ホワイトリスト［優良店・工場の一覧表］や労働組合推奨ラベルの工夫によって、この手法の活用に努めてきた[21]。しかしそれを活用して大きな成果を出しているのは、幅広い分野で受注契約を結ぶ公的団体である。1893年のイギリス下院の公正賃金決議（Fair Wages Resolution）がめざしたのは、政府との契約にさいしては、少なくとも「（その地方の）現行賃金率が労働者に支払われること」を求め、この点で政府の各部門が尽力することだった。ロンドン州議会はある賃金表を作成し、同州と受注契約を結ぶすべての企業は、当該事業ではこの賃金表に従って賃金を支

19）『王立救貧法委員会報告』付録第17巻、377頁。
20）メニー『在宅労働』（Mény, Le Travail à domicile, 1910）173頁参照。
21）オーストラリアの1905年の商標法（Trade Marks Act）は、すべての販売商品に、その製造者が労働組合員のみを雇用していたか否かを示すラベルの貼付を命じた。しかしこの法律は、高等法院によって違憲と判断された。その理由は、商標に関する法律を制定する連邦政府の権利は、その商標を用いる製造業者の利益とは無関係な商標に関する法律の制定を認めるものではない、というものだった（『エコノミスト』1908年9月19日、532頁）。

払うことに同意しなければならない。幾つかの町ではさらに，町との契約時のみならず，その他のすべての事業でも，常に「公正な」賃金率を支払っている企業としか契約を結ぶべきではないと主張されている。例えば「ベルファストとマンチェスターの職務規則では，事業に入札する者，あるいはそれを実施する契約者は，労使双方の団体が合意した賃金率をそのすべての労働者に支払うと共に，労使双方の団体が合意した労働時間を遵守していなければならず，またそれらの労働者が労働組合に加入するのを禁じてはならないことになっている。一方，ブラッドフォードでは，その契約者は，入札直前の3ヵ月間，労使双方の団体が合意した賃金率をそのすべての労働者に支払っていたという確証を示すことになっている」[22]。以上の3つの手段，すなわち労働組合の交渉，法制化，消費者側の圧力が，任意の労働者集団の賃金率をその自然水準以上に引き上げようと試みるさいの主要手段である。

2　このような試みがもたらす一般的結果を論じる前に，まずそのような試みが，ある限られた労働者集団の実質賃金率を自然水準以上に高めるというその直接の目標を達成するための，条件を考察することが望ましい。そこで，その産業分野のある特定の地点の賃金率を引き上げるための試みがなされると考え，そうした試みが直面するだろう問題を検討しよう。むろん第1の最も明白な問題は，直接の脱法行為である。そのような脱法行為が容易なのは，雇用主が労働の対価として労働者に支払う報酬が複合的であり，そこには貨幣賃金に加えて，雇用主が約束する勤務時間中の快適さ・衛生対策・安全設備，また多くの場合には一定の現物支給も含まれるという事実のためである。これらの項目のいずれかを変更することにより，雇用主はその気になれば，貨幣賃金の名目上の上昇を相殺できるだろう。しかし脱法行為の手口は，これだけではない。貧者は失業するぐらいであれば，しばしば低賃金に甘んじるだろうから，雇用主と労働者の共謀が起こり，ヴィクトリア州の中国人工場の例でよく知られているように，実際に名目より少

---

[22] 『公正賃金に関する委員会報告』(*Report of the Fair Wages Committee*) 50頁。受注契約者は労働者に標準賃金を支払わなければならないという必要条件を，特定の契約による彼らの仕事のみならずそのすべての仕事に適用しない限り，悪質な契約者は，同じ労働者を雇いながら，その契約の仕事をおこなう労働時間には十分な賃金を支払い，他の仕事をおこなう別の労働時間には非常に低い賃金を支払うことによって，その条件をくぐり抜けることができる。

ない賃金しか支払われないこともある。労働者が組織されていなければ——彼らが非常に貧しかったり，各人がばらばらに自宅で労働する場合には，特に組織されにくい[23]——，消費者組合はむろんのこと，強力な政府でさえ，引き上げられた賃金率を遵守させることは極めて難しいだろう。この事実は，女性および子どもの労働の衛生・安全・労働時間を規制するイギリスの法律の経験によって例証できよう。小規模で不明確な事業単位を有効に統制するのは，常に至難の業であった——「家族事業所（domestic workshops）」や，単独で働く者の場合には，家事と事業所の労働が非常に混ざり合いやすいので，労働時間の規制は特に難しい[24]——。現在のイギリスでは，雇用主自身が自宅で労働しながら外部から人を雇っている場所は，すべて「事業所（workshop）」であり，工場法の通常の規定に服する。そして雇用主が自宅で労働しながら自分の家族のみを雇っている場所は，すべて「家族事業所」であり，衛生対策についても，また通常の事業所ほどではないが若者や子どもの労働時間についても，規制されている。しかし家内労働者が外部の企業のために自宅で独りで働く場合には，その場所はこの種の規制の枠外にある。事業所や家族事業所についてさえ，検査官の既存の人数では，その規則を十分に**守らせる**ことができるかは怪しい[25]。どこでも検査官の職務は過重であり，あまりにも激務なので，イギリスでは増員が絶えず求められている。衛生対策や労働時間の規制でさえ，このように困難であるのに，賃金の規制となれば，なおさら困難である。故マクドナルド夫人が適切に述べたように，賃金率は，衛生対策や労働時間などと違い，検査官の眼力や直感で容易に見抜けるものではない[26]。それゆえ賃金率に関する違法行為は，労働者たちの公の行動によっ

---

23) ロイド氏によれば，「シェフィールドでも，ゾーリンゲンでも，刃物職人より研磨職人の方がよく組織されている主な理由は，研磨職人の方がその仕事のさいによく集まるからである」（『エコノミック・ジャーナル』1908年，379頁）。

24) ときおり言われるように，家族事業所については，雇用主のみならず，仕事の依頼者や，また地主にさえも，法律違反の法的責任を負わせるならば，それを遵守させることはより容易になるだろう（労働に関する王立委員会におけるウェッブ氏の証言，C. 7063-1, Q. 3740参照）。マサチューセッツでは，仕事の依頼者も責任を負わされることがある。

25) ニュージーランドとヴィクトリア州において，店員の労働時間を規制する法律の施行のさいに経験した困難を参照のこと。ニューサウスウェールズでは，店員を雇用しているか否かを問わず，あらゆる商店の労働時間を規制する一般法律によって，この困難を部分的に回避している。エイヴズ『商店の労働時間に関する報告』（*Report on Hours of Employment in Shops*, 1908）12頁。

26) 『エコノミック・ジャーナル』1908年，142頁。

てしか，ほとんど露見しない。ところが彼らが組織されていなければ，個々の労働者はそのように行動できないことが多い。しかし有効な労働者の組合があれば，この問題は克服できる。なぜなら組合員には頼りになる失業手当があるので，彼らは職を失うのを恐れて組合の標準賃金率以下の賃金に甘んじたりせず，むしろ組合の役員に訴えるだろうからである。個々の労働者がこのように訴えない場合でさえ，組合の役員は，鋭い目をした無給検査官の一団としての役割を果たすことになる。

3 前節までは直接の脱法行為を論じてきたが，間接の脱法行為とでも呼ぶべき問題の考察が残っている。間接の脱法行為が生じるのは，産業分野の一部における人為的な高い賃金率の確立が，従来からその地域にいた労働者に対するそのような賃金率の支払をもたらさずに，優れた能力のためにその高い賃金にもともと値するような新たな労働者をその地域に流入させるような形で，労働者の移動をもたらしてしまう場合である。例えば，1889年のいわゆる「ドック労働者の6ペンス銀貨（dockers' tanner）」の確立が，従来からそこにいたドック労働者のうちの虚弱な者を，地方からの強壮な移民によって部分的に置き替えたように，労働組合の標準賃金率で比べたさまざまな町の実質賃金の差は，主に，能力の高い労働者を実質賃金の高い町に引き寄せることになる。しかしこの種の間接の脱法行為は，その導入を試みる人為的賃金率が時間賃金でなく出来高賃金である場合には，明らかに実行不可能である。また時間賃金制度の場合でさえ，その人為的賃金率の適用される地方が広大すぎて，上述のような労働移動を可能にするほどに，同じ種類の優れた労働者が他の地方に十分にいなければ，それは実行不可能である。

4 以上の議論の一般的結果から，次のことが明らかになった。すなわち特定の労働者の実質賃金率を自然水準以上に引き上げて，相対的富者から相対的貧者に資源を移転しようとする試みは，脱法行為によって多かれ少なかれ妨げられやすいが，それでもその試みは，その**当面**の目標を少なくともある程度まで達成することにしばしば成功するだろう。したがって，そのような試みに対して，それはどんな人の実質賃金率も実際に引き上げることはできないと断定するのは，誤った反論である。その試みによって実質賃金率を引き上げることが**できる**という点

に，疑いの余地はまったくない。だから真の重要な問題は，特定の人々の実質賃金率を引き上げることによって，相対的富者から相対的貧者に資源を移転するという**最終**の目標を達成できるか否か，またもしできるならば，それはどんな場合であるか，ということである。次にこれらの問題を論じなければならない。そこでまず，導入される人為的賃金率は，理想的な出来高賃金と同じく，完全に無差別な性質のものであると仮定しよう。差別的要素の存在がもたらす影響は，第6章で論じるつもりである。

第4章　労働の雇用方式

1 前章の末尾で示した問題を検討すれば，すぐに次のような事実が判明する。すなわち任意の地点における無差別な人為的賃金率の確立がもたらす結果は，その人為的賃金率が確立される産業の労働の雇用方式にも一部依存する。したがって，そこで実際に見られるさまざまな雇用方式について，何らかの考察をおこなうことが重要になる。本章の課題はこれである。

2 H. ルウェリン・スミス卿は，ある重要な一節で，諸々の産業が需要不足に対処する2つの主要な方式を次のように区別した。「その問題を大まかに見れば，2つの主な方式を区別できよう。第1の一般的方式は，労働者の全員ないし大多数の労働時間短縮，すなわち作業短縮である。その好例は炭坑であり，そこでは生産削減はたいてい，ある一定数の坑夫の完全な失業ではなく，むしろ坑夫の週当り労働日数の短縮をもたらす。もう1つの例は製靴業だろう（私は当面，機械を用いる大工場を除外し，通常の出来高賃金制度に基づく労働がなされている場合だけを考える）。そこでは不況期には，完全な失業者は多く存在せず，むしろ非常に多くの人々が仕事量を減らされる。他の産業で用いられる第2の方式は，労働時間の短縮ではなく，失業の調整弁をなすある一定比率の労働者の解雇である。そのような業種の例は，建設業・土木業・造船業である。私は，それらの業種に労働時間短縮が知られていないとか，生産の拡大期に時間外労働がおこなわれない，などと言うつもりはない。しかしそれらの業種が需要の変動に適応する主な方式

は，労働者の数を変化させることである」[27]。この区別は［第IV編で扱う］産業変動との関わりで直接に解明されるが，明らかにそれは定常状態においても同様によく当てはまる。しかし本章の目的にとっては，その区別に若干の修正が必要である。その区別の本質は，任意の特定の週に得られる仕事を，その産業に属するすべての労働者に分散するという方式と，そのような仕事をそのうちの特定の労働者に集中するという方式の区別にあるのではない。むしろそれは，全期間を通じての分散が存在する方式と，それが存在しない方式の区別にあり，たとえある特定の週に分散が存在しなくても，全期間を通じての分散は存在するかもしれない。だから一方の側には，単純で限定的な集中という雇用方式があり，他方の側には，一般的な分散という雇用方式がある。集中方式の本質は，そこに存在する仕事がもっぱら特定の労働者に集中するので，他の労働者は完全に失業することである。集中方式は，需要が安定した分野では無条件に利用可能であり，また時間外労働という手段を使えば，需要が緩やかに増大する分野でさえも利用可能である。需要の変動が大きすぎてこうして対応できない場合でも，集中方式は，常勤労働者の名簿に加えて，常勤労働者の総稼得よりその総稼得が低いという事実にもかかわらず能力が低いためにその産業に留まり続ける，雇用上の優先度の低い労働者の名簿を用意すれば，かなりの程度まで利用可能である。これに対して分散方式の本質は，全員を継続して雇用する場合に，そこに存在する仕事がその遂行に必要な人数以上の労働者の間で分散されることである。分散方式は幾つかの等級に区別できる。一方の極端な場合には，分散は完全にランダムであり，他方の極端な場合には，分散は完全に均等である。理想的形態の均等分散では，必ずしも特定の時点にではなく，適当な短い期間全体を通じて，すべての労働者が仕事を均等に得るように計画される。そのため不況期でさえ，時間短縮や作業短縮のもとで全員を雇用し続けることによって，あるいは「サリー州のドックで

---

[27] 『雇用不足による困窮に関する委員会の第3報告』(*Third Report of the Committee on Distress from Want of Employment*) 証言録，Q. 4540, 48 頁。正常水準以下の水準からの仕事の減少に対しては，解雇方式をとる産業でさえ，正常水準以上の水準からの仕事の減少に対しては，時間短縮方式をとることが，ときおり見られるだろう（プリングル氏とジャクソン氏の『救貧法委員会への報告』付録第 19 巻の 82 頁に引用されている『労働組合総連盟の第 29 四半期報告』(*Twenty-Ninth Quarterly Report of the General Federation of Trade Unions*) 参照）。例えば土木業では，時間短縮のさいの平均短縮幅はごくわずかであるが，時間延長のさいの通常労働者の労働時間の平均延長幅は $3\frac{3}{4}$ パーセントである（Cd. 2337, 100 頁）。

常時働いている川岸の穀物運送人夫たち」の間に存在するとされるような各集団の交代勤務制によって，各人の仕事は均等化される[28]。

3 次に，その賃金率に差別的要素がないと仮定したうえで，集中方式と分散方式の間の選択，というよりもむしろ，それらの間の不可避的妥協のもとで，そのどちらかにどれほど近づくかという意味における選択，を左右する影響力を考察しなければならない。これらの影響力については，3つの主な種類に分けるのが便利である。すなわち，①その業種でなされる労働の性質に関するもの，②その業種の労働需要の変動の性質に関するもの，③典型的な個別の雇用中心地が含む範囲に関するもの，である。

4 この3種類の影響力の1つめについては，何らかのかなりの熟練の要る業種では，それほど熟練の要らない業種より，集中雇用方式が選ばれる傾向が強い，と大まかに結論してよかろう。その第1の理由は，しばしば熟練労働者は，彼らをある期間雇った特定の企業に対して一種の準レント価値［その特定種類の生産要素の短期的希少性に起因する高い要素価格］を獲得するからである。これは一部には，工場によって生産方法の細部が異なるので，ある工場に慣れた労働者は，特にその業務が多方面に及ぶものである場合には，他の同質の労働者以上にそこでは役に立つ，という事実のためである。それはまた一部には，熟練労働者は高

---

[28]『王立救貧法委員会報告』1156頁脚注。**均等分散**方式は，このように「労働時間短縮」以外の方法でも実行できる。この事実は，技術的事情のために「労働時間短縮」を利用できない場合も多いということを考えるとき，特に重要になる。均等分散方式は，例えば照明や暖房の追加費用がかかる時間帯のような，最も高くつく**時間帯**を切り捨てることによって，不況期でも大きな利益を得られるような場合には，なるほど容易に利用できる（ベヴァリッジ『失業』222頁）。しかし，機械を稼動し続ければかなりの利益を得られるが，これを実現するには，一定台数の機械に労働を一層まばらに分散しなければならない場合には，いつでも「その事業の操業時間を従来通りに保ちながらの，各労働者の労働時間短縮」を伴う解雇方式の方が好まれる。チャップマン教授は，どれも同じ賃金支払方法（出来高賃金）をとるさまざまな織物産業が，不況に対処するために時間短縮と労働解雇の2つの方式をそれぞれ採用したさまざまな度合を例証する幾つかの興味深い数字を示した。1907年11月から1908年11月までの期間に，綿産業の調査対象企業では，13.3パーセントの産出削減は，その5パーセント分が解雇，8.3パーセント分が労働時間短縮によって対処されたようである。一方，絹産業では，8.1パーセントの産出削減は，6.2パーセントの解雇と2.1パーセントの労働時間短縮をもたらした（チャップマン『ランカシャーの失業』51頁）。この違いの原因は，主に技術的事情にあるように思われる。

価な材料や精巧な機械を扱う場合が多いので，当然ながら雇用主も，これまでの仕事ぶりからその能力が明らかな労働者にそれらを託すことを好む，という事実のためである。こうした影響力は一般に，非熟練労働者の場合には存在しない。第2の理由は，熟練労働者が労働組合の成員であるならば，労働組合自体が規律の監視団体として幾らか作用するため，非熟練労働者の場合にときおり必要になるその行動に対する厳しい個人的監督を省けるからである。この点は重要であり，一部の非熟練産業においては，集中方式への真の反論を代表するものである。すなわち監督や管理者の規律上の指導力は，「彼が相当のやり手でない限りは，彼が首にする労働者に取って代わろうと門前で待ち構えている失業者の数にかかっている。不定期の仕事を慎重に配分すれば，この目的に必要な予備の失業者を維持することができる。荷運び労働者の親方や，監督などは，とにかく仕事を進捗させなければならないので，自分が雇う労働者を日頃から大事にし，そして自分が頻繁に，あるいはいつも雇う労働者を特に優遇しておけば，いざというときに大いに助かるのである。これこそが，リヴァプールのドックや倉庫におけるこの種の不規則労働の雇用主団体によるそうした雇用を減らそうとして，長年，その町の指導者たちが実に見事に力強く主張してきた計画に対する，真の反論であるとわれわれは考える」[29]。集中雇用方式が非熟練業種より熟練業種で採用されやすい第3の理由も，やはり，熟練労働者は一般に非熟練労働者よりずっとよく組織されているという事実に関わるものである。その結果，熟練労働者のストライキの可能性の方が雇用主にとってはずっと深刻な危険であるので，雇用主がストライキの予防に努める傾向は強まる。そのような予防策の1つに，労働者を個別に長期契約で雇う工夫がある。1つの例は，サウス・メトロポリタン・ガス会社とその「連携労働者（co-partners）」の協約である。「その協約は，労働者に3ヵ月から12ヵ月までのさまざまな期間の仕事を与えるという会社側の明確な約束であり，会社の労働者の大部分はそのような協約のもとで働いている。その発端は，おそらく周知のように，多くの労働者がわれわれに一斉に休業通告をおこなうのを防ぐためだった。1889年のストライキのとき，この業界のすべての火夫が一斉に休業通告をおこなった。それを防ぐために，会社は十分に多くの労働者を毎週集めようとして一連の協約を結んだのである。それは強制ではな

---

29) プリングル氏とジャクソン氏の『救貧法委員会への報告』付録第19巻，15頁。

い。それに署名するかしないかは労働者の自由であるが，署名する者は会社の繁栄に参加することになる。現在，署名した者には協約に加わった結果としてその賃金に 10 パーセントが追加されており，それゆえその大多数の労働者に署名させることに何の困難もなかったことを，あなた方も理解するだろう」[30]。明らかに，個別の長期契約制度は集中雇用方式を意味する。したがって，非熟練労働者の場合には長期契約を利用する誘因が小さいので，それだけ，集中方式を利用する誘因も小さくなる。しかし，以上の 3 つの理由による非熟練業種と熟練業種の事情の差異は「人為的」介入によって除去できる，ということに注意すべきである。例えば，労働組合はその関心を，最低賃金率のみならず最低雇用期間の要求にも向けることが有益だろう，と主張されている[31]。またベヴァリッジ氏も，世論の影響力の可能性を仄めかしている。すなわち「雇用をめぐる無制限な競争に直面するときでさえ，世論と慣習によってしばしば名目賃金率は維持される。労働時間当りのある一定の賃金率という概念は，たやすく直感的な生活水準の一部になるからである。しかし雇用の不規則性による実質所得の減少には，同様の抑制は存在しない」[32]。さらに救貧法委員会は，次のような独創的方法を提案している。「臨時労働をなくす 1 つの方法は，『雇用終了金（employment termination due）』とでも呼べるものを課すことだろう。すなわち雇用主と労働者のどちら側の都合によるにせよ，雇用の終了にさいしては，雇用主と労働者の双方による，政府への罰金ないし印紙税としての少額の支払を義務づけるのである。その税ないし『雇用終了金』は，『雇用終了』用紙に印紙を貼り，職業紹介所での登録時にあらゆる労働者にその提示を義務づければ，たやすく課すことができる。この制度が採用できればその利点は 3 つある，と主張されている。第 1 に，それは，雇用主と労働者のどちらかによる，いわゆる理不尽な雇用終了を抑止するだろう。第 2 に，会社で雇う臨時労働が多いほど，納めなければならない『雇用終了金』の額は増えるので，それは同じく臨時労働の雇用も抑止するだろう。そして第 3 に，たとえそれがこれらのどちらの行動も抑止できないとしても，その分だけそれは，われわれの他の何らかの提案の費用を賄う財源になるだろう」[33]。も

---

30)『慈善組織協会の非熟練労働に関する委員会報告』1908 年，170 頁。
31)『王立救貧法委員会報告』632 頁。
32) ベヴァリッジ『失業』107 頁。
33)『王立救貧法委員会報告』410-1 頁。

しこの種の工夫を導入すれば，なるべく同じ労働者を雇い続けようとする雇用主の欲望は明らかに強まり，それゆえこの欲望に起因するところの集中雇用方式の採用をめざす影響力も強まるだろう。国民保険法の「雇用主が12ヵ月間継続して労働者を雇用したとき，その雇用主はその労働者のために支払った拠出金の3分の1を還付される」という主旨の条項は[34]，ここで企図された種類の工夫である。明らかにそのような工夫は，その分だけ，非熟練産業における集中雇用方式を奨励することになる。しかし今のところ，それらの工夫は，実際にはとるに足りない程度しか発展していない。

5　第3節で区別した3種類の影響力の2つめのもの，すなわちさまざまな業種の労働需要の変動の性質に関する影響力については，熟練労働者と非熟練労働者のどちらの場合でも，概して変動性の高さは分散雇用方式を——特に均等分散方法を——有利にする傾向がある，と結論できよう。この傾向が覆される特殊な場合も，確かにときおり生じる。例えば，その生産過程で用いる何らかの材料の一部を自分のところで生産する事業所は，おのずと，その需要のうちの安定的部分を自分のところの労働者に集中させ，その変動的部分を一般労働市場からの雇用で満たす。また生産協同組合の事業所と取引する消費者組合も，同様の行動をとる。それでも一般に，**均等分散**方式には利点がある。第1に，雇用主はいずれ景気が回復することを知っている，あるいはそれを願っているので，需要が回復したときに労働を確保できるように，実際に当面必要である以上の労働者とつながりを保つことを好む。その最も有効な方法は，多くの労働者を非常勤雇用の形で維持することである。雇用主がこのように行動する利益は，その変動に季節性のあることが知られている産業で特に大きい。なぜならこれらの産業では，すべての人員がすぐまた必要になることは実際に確実だからである。炭坑夫たちの間や，農業において，「労働時間短縮」——分散方式の最もわかりやすい形——が利用されるのは，この種の季節性のためであると言われてきた。同様にして，ロンドンの建設業でも——時間賃金産業であり，明白な季節性のある産業である——，夏の週労働時間は50時間，冬は44時間である[35]。第2に，労働組合は，分散方式の採用を確保することに利害をもつ。なぜなら集中方式のもとでは，よ

---

34)　『解説のための覚書』（*Explanatory Memorandum*, Cd. 5991）5頁。
35)　ベヴァリッジ『失業』34頁参照。

り多くの者が完全に失業することになりやすく，より多くの失業手当を支給しなければならないからである。これを避けるために，組合はしばしば，時間外労働に関する規定によって間接に，あるいは明文化された規則によって直接に，ある一定量のワークシェアリングを不況期に確保しようと努力する。例えば，ウェールズの幾つかの町において機械工業・造船業協会（Engineers and shipbuilder's Association）とボイラー製造者労働組合（Boiler-makers' Union）が結んだ協定は，「有能な労働者が港で失業している」限り，時間外労働を制限することを定めている[36]。また仕立職人組合（Tailors' Trade Union）と仕立親方協会（Master Tailors' Association）の交渉でも，結局，後者は次のように宣言した。「われわれは，不況期に仕事を（一定の相互了解のもとで）公正に分配すべきであることを十分に認識し，この原則を実施するように全国の会員を説得する」[37]。

6 前節の考察内容は，第3節で区別した3つめの種類の影響力——すなわちさまざまな業種の典型的な個別の雇用中心地が含む範囲に関する影響力——と直接に関連する。前節の考察から明らかなように，分散雇用方式が有利になるのは，業種全体としての変動性が大きい場合のみである。なぜなら，他の条件が等しい限り，業種全体としての変動性が大きいことは，その業種のさまざまな雇用中心地の労働需要の変動性が大きいことを意味するからである。直接に作用している原因は，これらの中心地の変動性である。しかし典型的雇用中心地の変動性の大小は，どの産業でも，産業全体の変動性の大小のみならず，典型的中心地が含む範囲にも左右される。その理由はむろん，雇用の各中心地の変動性が各中心地の独自の事情によってある程度まで異なるために，ある程度まで相殺しあって，さまざまな事業施設の総需要の変動率は，それらを代表するある単一の事業施設の需要変動率より小さくなるだろうからである。これは，各施設の労働需要を一元的に集計し，その全施設を一元的に経営する者が各施設でその都度必要になる労働者を雇うようにすれば，各施設がこの点でばらばらに行動する場合より変動性は縮小する，ということを意味する。しかも一元化される施設数が多いほど，その変動性はますます縮小する。それゆえ需要の一元化は，集中雇用方式のより広範な採用を促すことになる。したがって，さまざまな産業において，この一元化

---

36)『労使協定に関する報告』（*Report on Collective Agreements*）1910年，xxiv 頁。
37) 同上書 xxviii 頁。

の実現可能性を左右する要因を明らかにすることが重要である。容易にわかるように，一元化を妨げる障害が最も小さくなるのは，各施設が同じ会社に属するときや，各施設の場所が固定しているとき，そしてそれらが地理的に近いときである。例えばロンドン・インド・ドック会社（London and India Docks）の場合には，ずいぶん昔に一元化がなされた[38]。他方，一元化を妨げる障害がやや深刻になるのは，各施設が確かに同じ会社や人物に属するとはいえ，ロンドンの建設業の場合のように，あちこちに散在し，しかも移動するときである。確かにこの場合でさえ，一元化が導入されることはある。例えばエイヴズ氏は，雇用不足による困窮に関する委員会の席で，建設業について次のように述べた。「ある雇用主の場合であるが，彼によれば，彼は人を雇う権限を通常のように現場監督に委ねず，自分でそれをおこなうようにした。それは，労働者を永続して使用し，労働者を現場から現場へと自由に配置転換できるようにするという特別な目的のためであり，これは現場監督にはできないことである。なぜなら現場監督は，他の現場監督が責任をもつ他の仕事に，労働者を移すことができないからである。他のやり方を採用する理由もわからないではないが，この雇用主の独自のやり方がもっと普及することは，非常に望ましいことだろう」[39]。しかし一般にロンドンの建設労働者は，会社が雇ったそれぞれの現場監督によって個別に雇われている。一元化を妨げる障害は，各施設が，単一ではなく複数の会社ないし人物に属する場合には，さらに深刻になる。なぜならこの場合に一元化を実現するには，その会社自体が，あるいは何らかの外部団体が，労働登録所（Labour Registry）ないし労働案内所の性質をもつ一定の組織を創設しなければならないからである。そのためには，明らかに，かなり大きな抵抗を克服する必要がある。

---

38) 1889年のストライキ以後，同ドック会社が新たな方針を採用したことの説明については，『王立救貧法委員会報告』356頁を参照のこと。ベヴァリッジ氏は，それがもたらした変化を次のように要約している。「かつて同社の47の業務部門は，それぞれ別々の組織単位として人員を雇用していた。各部門には，常勤労働者からなる少数の中核的人員と，多少とも緩やかに結びついた臨時労働者からなる多くの補助的人員がいた。その業務の8割は臨時労働者によってなされていた。今では，同社の業務に関しては，ドック組織全体が人員雇用の単位であり，その業務の8割は，中央事務所によって現場から現場へと派遣される，週契約の労働者という一元化された人員によってなされている」（ベヴァリッジ（『エコノミック・ジャーナル』1907年，73頁））。
39) 『雇用不足による困窮に関する委員会報告』証言録，Q. 10917.

7 結論にあたって，ある注意点を述べておく必要がある。多数の施設で雇用される労働の需要を一元化することは，分散雇用方式に対立するものとしての集中雇用方式にとって**有利である**，と私は論じた。だがそこから，そのような一元化を導入すれば，どんな場合でも集中方式の利用は実際に増加する，などと即断してはならない。一元化は集中方式の利用の増加を可能にするが，必ずしもその増加を実現させるわけではない。例えばフランスでは，労働組合によって組織された多くの労働案内所の職員は，「厳格に**申込**順に，組合員に仕事を割り当てる」[40]。「アントワープの案内所も，労働者が案内所に申し込んだ順に，彼らに仕事を斡旋するという規則を採用しているが，それは多くの批判を受けてきた方法である」[41]。ベルリンのビール業界の労働案内所でも，「労働者は，仕事を斡旋されるまで自分の順番を待たなければならない。すなわち登録時に番号をもらい，それから名簿上の自分の番号より前の番号の人がいなくなるまで待たなければならない」[42]。これらの場合には，一元化は集中雇用方式の利用をまったく増加させない。それを増加させるには，何らかの形の優先者名簿を用いなければならないのである。現在の観点からは，何を基準にしてこの名簿を作成するかは，少しも問題ではない。申込者の氏名をアルファベット順に並べた名簿でも，その目的にかなうだろう。しかし実際上，仮にも優先者名簿などというものが存在するならば，それは何らかの形で能力を基準にするものだろう，ということは確実である。例えばロンドンの中央（失業者）団体は，その模範規則集の中で，「労働案内所の相談員は，求職者を適性に応じて推薦する。しかし雇用主は自分が適切であると考える者を，その登録された求職者の中から選んでよい」と提案している[43]。大まかに言ってこの方針は，ベルリン中央労働登録所（Berlin Central Labour Registry）がめざしているものである[44]。能力を基準にするにせよ，他の方法をとるにせよ，案内所の職員が優先者名簿を用いるならば，集中雇用方式の利用は，いつでも大いに促進される。しかし一般に，労働案内所の運営者たちは，まだこの重要な真実を十分に理解していない。

---

40)『合衆国労働公報』第 72 巻，761 頁。
41) 同上書 766 頁。
42) シュロス『各国の失業者対策の機関と方法に関する報告』（Schloss, *Report on Agencies and Methods for Dealing with the Unemployed in Certain Foreign Countries*, 1904）84 頁。
43)『合衆国労働公報』第 72 巻，803 頁。
44) シュロス『各国の失業者対策の機関と方法に関する報告』87 頁参照。

第5章 特定業種における無差別な人為的賃金率が，相対的富者から相対的貧者に資源を移転する力

1 本章で論じる問題は次の通りである。すなわち産業分野のある地点における無差別な人為的賃金率の確立が，そこにいる人々の労働に対して支払われる賃金を引き上げるというその**短期的**目標を達成できることを承認したうえで，ではどんな条件下であれば，一体それは相対的富者から相対的貧者に資源を移転するというその**長期的**目標を達成できるだろうか。ただし，国民分配分の大きさに与えるその短期的作用が間接にもたらす，資本供給を通じての将来的作用については，ここでもさしあたり無視することに注意すべきである。それゆえこの問題は，相対的富者から相対的貧者に資源を移転することによって，後者の実質所得が最終的にどれほど変化するのかということでなく，むしろ——その前提として——そもそもそのような資源の移転を人為的賃金率という手段によって達成できるのかということである。この問題は**比較的**単純だが，それでも一挙にではなく，一歩ずつ解明してゆく方が良い。したがってまず，議論を単純化するために，賃金率が人為的に引き上げられる労働者集団の生産する財貨は，もっぱら労働者以外の人々によって消費されると暫定的に仮定しよう。

2 最初に，人為的な高い賃金率の確立が当該労働者集団の総所得に与える影響を，考察するのがよいだろう。この問題の答えは，形式的には実に単純明快である。すなわちそのような賃金率の確立は，その労働に対する需要の弾力性が1より大きければ，これらの労働者の稼得を減少させ，その需要の弾力性が1より小さければ，その稼得を増加させる。この結果は——むろん，その労働者は自分たちの生産する財貨を多くは購入しないという仮定のもとで——弾力性の定義から直ちに導かれる算術上の自明の理にすぎない。それをさらに具体的に考察すること，すなわち任意の労働者集団の労働に対する需要の弾力性の大小の傾向を決定する条件の考察こそが，ここで取り組まなければならない課題である。

3 この課題はそれほど容易なものではない。なぜなら，単なる一時的結果が問

題なのではなく，ここで問題になる弾力性は，適度な長さの期間における弾力性だからである。それゆえ例えば，賃金スライド制度の適切な構造を考えるさいに何より重要になる短期の弾力性のさまざまな決定因は[45]，ここでは場違いである。しかし第II編第9章でおこなった各種の財貨に関する弾力性の決定因の分析は，各種の労働にも同じく適用できるので，ここでも重要になる[46]。それを労働に適用すれば，以下のことが言えよう。

　第1に，一般的事実として，どんな商品の需要も，その代用品が容易に得られるほど，弾力的になりやすい。この事実は，各等級の労働者の相互関係にとっても重要な意味をもっている。なぜなら「常勤」労働者とそうでない労働者は，ある程度まで代替的だからである。例えば，成人「常勤」労働者の人為的な最低賃金を定めているオーストラリアでは，そのような労働者を女性や少年に置き替えることが，ときおり雇用主の利益になる。すなわち注文服業に最低賃金が導入された後に，ニューサウスウェールズの雇用主たちはエイヴズ氏に次のように語ったのである。「もしこの業種がなおも同じ数の男子労働者を雇い続けていたならば，人件費のために生産費は15〜20パーセントも上昇しただろう。だが女性労働者の導入によって，その上昇は最小限に抑えられた」[47]。しかしこのような代替の仕方は，実際にますますそうなってきているように，競合しあうあらゆる種類の労働が賃金交渉のさいに一致協力する場合には，明らかに不可能である。それゆえ前述の一般的事実は，むしろ労働と機械の関係に適用される場合にこそ，ずっと重要なものになる。なぜなら手作業の工程では，ごくわずかな人件費の上昇によっても，雇用主は機械設備を導入する場合があるからである。例えば，エイヴズ氏はある元検査官の言葉を引用しており，それによれば，ヴィクトリア州の衣服製造業では，最低賃金の決定がはからずも家内労働を不利に差別するものだったので，雇用は機械を使う工場労働に移り，「実際，すべての家内労働が停止した」そうである[48]。同様にしてヴィクトリア州の皮革業者も，自分たちの産業に与えた賃金委員会の影響を批評して，「賃金委員会制度がこの業界に適用されて以来，労働節約的機械を用いざるをえなくなり，その影響があまりにも大き

---

45) これらの決定因をめぐる議論については，私の『産業平和の原理と方法』(*Principles and Methods of Industrial Peace*, 1905) 第II編第3章を参照のこと。
46) 186-9頁［本訳書197-200頁］参照。
47) 『賃金委員会報告』185頁。

かったので，実際，皮革業はすっかり変わってしまった」と述べている[49]。同様のことを，ハンター氏は別の面から次のように述べた。「安い労働のおかげで，しばしば製造業は，不必要な時代遅れの製造方法を維持することができる。苦汗労働に頼っているようないわゆる遅れた産業は，子どもや女性の安価な労働に頼らなければ存続できない。新たに吹いて作ったガラス瓶を，6歳の子どもに焼釜から冷却所へ運ばせる必要が生じるのは，利潤欲のためでしかない。同じことは機械設備についても言える。すなわち女性や子どもの労働は安く，豊富にあるので，機械を発明したり新技術を導入する必要を感じることなく，やっていける」。しかしもしそれらの安価な労働に頼れなくなっても，「創造的頭脳に潜む無数の工夫によって，その一時の損失など，すぐに埋め合わせられるだろう」[50]。

---

48) 前掲書197頁。この「決定」は，時間賃金率と出来高賃金率の両方を定め，家内労働者には後者を支払うように義務づけるものだった。その意図は両者を等しくすることにあったが，実際には，雇用主は時間賃金率の方がずっと安上がりであることに気づいた。その元検査官は，次のように付言している。「シャツ業や下着業のように時間賃金率と出来高賃金率がほぼ同じである場合には，そのような問題は起きなかった。だから，その決定の施行から10年を経た今日でも，これらの業種には多くの家内労働者がいる」。家内労働者と工場労働者の間の選択は，家内労働者を雇う場合には雇用主は場所代や光熱費などを節約できる，という事実にも左右される。「賃金の低さより，工場の地代・維持費・監督費の節約の方が，家内労働の安さの大きな要因であるらしい」（ブラック『衣服を作る人々』44頁）。他方では，監督費の節約，またときには動力費の節約は，むろん工場労働でも可能だろう。最低賃金制度によって家内労働を不利に差別し，それゆえ家内労働者を駆逐する一般的政策は，強力な批判にさらされている。コレット嬢によれば，「むろんそれらの家内労働者たちは，自分の労働時間を選択できることや，例えば午後に外出したり来客をもてなしたりできることを非常に望んでいる。だから既婚女性にとって，家内労働には，継続的なつらい工場労働とは比較にならないほどの利点が実に多くある」（『家内労働に関する委員会での証言』(*Evidence before the Committee on Home Work*) Q. 793）。労働者にとって家で稼ぐ8シリングは，工場で稼ぐ15シリングに値する場合もあるとさえ言われる。なぜならもし彼女が工場に行けば，彼女はお金を払って誰かにその家事をしてもらう必要が生じるからである。救貧法委員会に対するジョーンズ氏の報告書において強調されたのは，女性を家内労働に引き寄せる家庭の絆の重要性である。彼は，救貧法の被救済民でもある女性労働者について率直に語り，仕事をもつ女性被救済民の約7割が臨時の家内労働に従事している点に注目した。「それ以外の者は，呼売りや小店のような不安定な仕事，上着縫いやボロ布の仕分け，ソーダ水やジャムの工場，洗濯屋などに主に見出されるだろう。そのような産業では不規則な出勤が許されるので，子どものいる寡婦の被救済民はそれに引き寄せられるのである」（『王立救貧法委員会』付録第17巻，340頁）。またジョーンズ氏は，院外救済と家内労働の直接の因果関係はほとんどない，という見方を強調している。「貧困こそが，ある一定数の女性を救貧法による救済に追いやるのであり，同じく貧困こそが，彼女たちを家内労働に追いやるのである」（343頁）。

49) 『賃金委員会報告』179頁。

第2に，一般的事実として，どんな商品の需要も，それを用いて生産する何か他の商品の総費用に占めるその費用の割合が大きいほど，弾力的になりやすい。この一般的事実によって，ある特定種類の労働の需要が特に非弾力的になりやすい幾つかの例を示すことできる。好例は，リトルトン氏が最近調査した，ラケットやファイヴズ球の覆いを縫う女性労働である[51]。もう1つの例は，G. アスクィス卿によって挙げられている。すなわち「金持ちのズボンは高級な仕立屋によって仕立てられるが，それらのズボンのボタンは苦汗産業で作られるだろう。それらのボタンに対する高い報酬など，ズボン全体の費用のほんの一部にすぎまい」[52]。建設企業の雇う技師がおこなう土木工事も，これらの技師はその生産力全体のごく一部として付随的に雇われるにすぎないので，やはり同じことが言える。同様にして，小売業者の仕事のために卸売価格と小売価格の差が大きくなる財貨についても，それを作った当初の労働が占める費用の割合は小さい。「例えば，淑女の衣装の作り手には10ペンスないし1シリングしか支払われないのに，その商品が25〜30シリングで販売されている場合，賃金の支払が小売価格に占める割合はごく小さいので，たとえ賃金が倍になっても，ほんの少ししか小売価格を上昇させないことは明白である」[53]。ある特定の生産活動において労働の占める割合が小さいというこの条件は，おそらくかなり頻繁に満たされるだろう。ある著者などは，「ほとんどの産業の生産の人件費は，通例，最終財貨の価格を大きく左右するほどのものでない」とさえ言うが，石炭採掘という重要な仕事では，坑夫の労働がその全費用の大部分を占めるので，その必要な条件が満たされないことに注意すべきである。

　第3に，一般的事実として，どんな商品の需要も，協力しあう各生産要素の供給が弾力的であるほど，弾力的になりやすい。しかしこの事実があるからといって，ある特定の労働者集団が雇用主の利潤や他の労働者の賃金からどれほど搾り取れるのか，という問題を考察する必要が生じるわけではない。そのような問題は，他の文脈では考察されるとしても，ここでは不要である。なぜなら適度な長さの期間に，ある特定の産業のこれらの労働者の稼得はそこに流布している水準

---

50) ハンター『貧困』(Hunter, *Poverty*, 1904) 244-5頁。
51) 『コンテンポラリー・レヴュー』1909年2月。
52) 『フォートナイトリー・レヴュー』(*Fortnightly Review*) 1908年8月，225頁。
53) キャドベリーとシャン『苦汗労働』(Cadbury and Shann, *Sweating*, 1907) 124頁。

に調整され、その水準は単一の業種に生じるどんな要因からも大きな影響を受けにくいからである。それでも前述の一般的事実から、次のように結論できる。すなわちその生産において非常に非弾力的な原材料を用いる産業では、労働需要は特に非弾力的になりやすい[54]。

第4に、一般的事実として、どんな商品の需要も、その商品がさらに何か別の商品の生産に用いられる場合には、その別の商品の需要が弾力的であるほど、弾力的になりやすい。この事実は、その需要が非常に非弾力的な財貨を製造する労働者集団においては、労働需要が特に非弾力的になることを意味する。本節の冒頭で述べたように、各種の財貨の需要の弾力性を左右する要因は、第II編第9章で議論されている。したがって、何らかの特定のケースの弾力性を推測するためには、そこで確立された結果と今得られた結果を合わせて考える必要があろう。この手順を具体的におこなえば、第2節で示した命題、すなわちある人為的賃金率の確立は、その労働の需要の弾力性が1より小さければ、その影響を直接に受ける労働者の総稼得を増加させ、この弾力性が1より大きければ、その総稼得を減少させるという命題を、実際に適用できるようになるはずである。

4 しかし特定の労働者の総稼得に与えるその影響は、本章の考察課題ではない。われわれの関心はむしろ、労働者全体の総稼得に与えるその影響を明らかにすることにある。この課題に取り組むために、まず本節では、産業分野の各部門の間に完全な移動性が存在し、また労働にとっての産業分野の各部門の魅力は、そこに集まった労働者の平均稼得で示されると仮定しよう。これらの仮定のもとでは、任意地点Aの賃金率の人為的引き上げは（弾力性が1である特殊な場合を除き）、Aと他の地点の間で必ず労働を移動させる。なぜなら均衡が成立するのは、その産業分野のあらゆる地点の魅力、すなわち先ほどの仮定に従えばそのあらゆる地点に集まった労働者の平均稼得が、均等になるときだけだからである。もしAと同じく他の地点にも人為的賃金が存在するならば、先ほどのようにして生じる地点間の労働移動は、各地点で実際に雇用される労働量の変化を必ずしも正確に反映しなくなる。なぜならあらゆる地点で、集まった人数が雇用される人数を上回るかもしれないからである。その場合、Aにおける賃金率の人為的引き上

---

[54] これらの産業には、土地を主な生産要素とする農業も含まれる。

げが労働者全体の稼得に与える影響は，Aに集まった労働者集団の稼得に与える影響と同じものになる。しかし一般に，長期の観点から言えば，産業分野の大部分において賃金はかなり伸縮的である。したがって，もし完全な移動性が存在するという前述の仮定に，A以外の地点の賃金率には人為的要素が存在しないというもう1つの仮定を加えるならば，より一層現実に近づくだろう。後者の仮定は，Aとこれらの他の地点の間の労働移動が，単に人々が移動してどこかの地点に集まっているだけでなく，人々がそれぞれの移動先で雇用されていることも意味する。さて，先ほどと同じく均衡が成立するためには，Aにおける平均賃金，すなわちAで雇用される労働者の総稼得をそこに集まった労働者数で割った値が，他の地点の同種の労働者の平均賃金に等しくなる必要がある。ただしこの場合には，先ほどの場合と異なり，他の地点の平均賃金は，そこに集まったあらゆる労働者（質の差異は無視する）が実際に得ている賃金である。このような場合には，そのすべての労働者を合わせた総稼得は，その労働者数にA以外の地点で流布している賃金率を乗じた値に必ず等しくなる。しかし外部からAへの労働流入は，外部の労働供給を減少させて外部の賃金率を上昇させ，またAから外部への労働流出は，外部の労働供給を増加させて外部の賃金率を低下させる。したがって労働者全体の総稼得は，人為的賃金率をAに確立する政策によってA自体の総稼得が増加する場合には増加するが，その逆の場合には減少することになる。換言すれば，Aにおける人為的賃金率の確立は，Aにおける労働需要の弾力性が1より小さければ，労働者全体の総稼得を増加させるが，その弾力性が1より大きければ，その総稼得を減少させる。しかしその増減の幅は，労働移動がない場合には拡大する。一般に労働移動は，その増減の幅を縮小する影響力をもつからである。

5 前節の議論を通じて，産業分野の各地点の魅力はそこに集まった（一定能力の）労働者の平均稼得によって示される，と仮定していたことに注意すべきである。それゆえ次に，完全な移動性が存在するというもう一方の仮定は依然として維持しながら，上述の仮定がどれほど現実に妥当するのかという点を検討しなければならない。雇用方式に関する前章の議論が重要になってくるのは，まさにこの点においてである。なぜなら，魅力と平均所得の関係はそこでの雇用方式しだいであることが示されるからである。最も単純なのは，私が**均等分散**と呼んだ種

類の分散方式がとられている場合である。その場合，A地点に集まったすべての人の平均稼得が，そこに集まったそれぞれの人の平均稼得になる。したがって，Aに行こうと思っている者にとっての稼得上の期待は，この額の**確実な**期待である。だからこれまで通り，Aの外部には人為的賃金率の存在しない労働分野もあるとすれば，その分野の人々が感じるAで働くことの魅力は，Aに集まった人々の平均稼得によって正確に示される。要するに，Aで働くことの魅力はそこに集まった労働者の平均稼得で示されるという仮定は，現実に合致するのである。したがって前節で示した抽象的結論は，もし**均等分散**雇用方式と共に，完全な移動性が存在しているならば，現実世界の条件に妥当する。

6 その分散が均等でなく，多少ともランダムな性質をもつような分散雇用方式と結びついた人為的賃金率のもたらす結果も，一見すると，前節の場合と同じだろうと思われるかもしれない。なぜなら，Aに行こうと思っている労働者にとっての期待稼得は，前節の場合と同じだからである。しかしその期待稼得の額は同じでも，その確実性は異なるという点に注意しなければならない。景気が堅調さを保つ場合の確実な，例えば週25シリングの稼得のほかにも，その期待値が週25シリングになる実にさまざまな稼得の可能性がある。これらは明らかに同じ事柄ではないので，必ずしも同じ魅力をもたない。純粋に抽象的な観点からは，そのような不確実性は一般に嫌われるので，ランダムな分散雇用方式が流布しているときには，均等な分散雇用方式が流布しているときより，ある一定の期待賃金率の魅力は薄くなると考えられよう[55]。しかしこの考えは，2つの事情によって制限される必要がある。第1に，ランダムな分散雇用方式は，ある人々にとっては特別に魅力的な，ある種の自由な暮らしと結びついていることが多い。一般に，この雇用方式が支配的である港湾労働のような業種では，労働者は損失を被らずに好きなときに休暇がとれるような取り決めになっており，これは彼らにとって他の雇用方式では得られない自由である。救貧法委員会の多数派は，この事情を幾らか重視している。「いわゆる『港湾労働者の夢（docker's romance）』とは，あらゆる労働者のうちで彼だけが，好きなときに休暇をとることができ，そのために損失を被らないというものである。……サウサンプトンのドック地帯で

---

55) 第II編第2章の**不確実性負担**に関する覚書を参照のこと。

は，常勤労働者が自分を非常勤労働者にして欲しいと頼むというような例も，幾つかあったことが知られている」[56]。ウォルシュ氏も同様の意見であり，彼によれば，かなりの割合の労働者がドック地帯に逃げ込んでいる。「なぜならそこでの仕事は断続的であるため，規則正しい出勤が求められる他の職業より彼らの性分に合うからである」[57]。第2の制限的事情は，ランダムな分散方式は高い失業率を償う高い賃金率を実際にもたらすという点である。一般に，失業率よりも賃金率の方が，産業の魅力の重要な要素である。なぜなら賃金率の方が明白であり，確かめることもできるからである。例えば救貧法委員会の報告書によれば，「リヴァプールでは，気楽に語られているように，その名ばかりの高賃金がこうした賃金率で常勤の職を得られるという誤った印象を与え，国内およびアイルランドから人々を惹きつけている」[58]。ディアール氏もロンドンの建設業について同様のことを述べており[59]，ベヴァリッジ氏もこの点を次のように強調した。「労働者に，2週間のうち4日ほど，1日5シリングで仕事を引き受けさせることができるのは，彼らが週15～18シリングの常勤職を馬鹿にして拒むときである」[60]。これらの制限的事情もふまえたうえで，おおむね，任意の地点Aにおけるある一定の期待賃金率は，均等な分散雇用方式の場合よりもランダムな分散雇用方式の場合に一層魅力的なものになるだろう，と結論しなければならない。ところで，人為的賃金率が存在せず，完全な移動性が存在する場合には，Aに集まった全員が常に「雇用」されるはずなので，ランダムな分散雇用方式の存在に起因するこの魅力の過大評価が生じるのは，その賃金率に人為的要素が含まれる場合に限られる。したがって，人為的賃金率の有無にかかわらず，とにかくランダムな分散雇用方式が存在するからと言って，その雇用方式の影響力を常に同一視することはできない。すなわちそれは，人為的賃金率のもたらす結果を実質的に変化させるのである。Aにおける労働需要の弾力性が1より大きい場合には，ランダムな分散雇用方式は，Aから他の地点へ働きに出る失業者の流出を抑制し，それゆえ第II編第2章第11節で論じたように，もし労働一般の需要の弾力性が1より大きければ，Aに均等な分散雇用方式が流布している場合より，労働

---

56) 『王立救貧法委員会報告』335頁と354頁。
57) 『港湾労働に関する報告』(Report on Dock Labour) 19頁。
58) 『王立救貧法委員会報告』353頁。
59) ディアール『ロンドンの建設業における失業問題』127頁。
60) ベヴァリッジ『失業』197頁。

者全体の総稼得の減少幅は拡大する。Aにおける労働需要の弾力性が1より小さい場合には、ランダムな分散雇用方式は、他の地点からAへ働きに来る労働者の流入を促し、それゆえ——同じく、労働一般の需要の弾力性が1より大きければ——均等な分散雇用方式が流布している場合より、労働者全体の総稼得の増加幅は縮小する。この意味において、ランダムな分散雇用方式は、賃金が上昇しても労働者全体の総稼得をまったく増加させず、むしろ実際には減少させるような結果をもたらす**こともある**。

7 次に、集中雇用方式のもたらす結果を考察しよう。この方式が流布している産業部門の魅力はやはりそこでの期待稼得によって決まるが、この期待稼得はそこに集まった労働者の平均稼得とはまったく別のものになる。例えば、集中方式が厳格に徹底される場合には、A地点に存在する仕事はどれも、ある特定の者だけに永続的に配分される。したがって、Aにおける平均稼得がどれほど高くても、Aに行こうと思っている外部の者にとっての期待稼得はゼロになる。Aに集まった人々の平均稼得が、そのような外部の者にとっての期待稼得になるのは、すでに仕事を得ているAの人々とほぼ同じくらいその外部の者が幸運な場合だけである。実際に雇用されないのであれば、誰もやって来ないし、誰も来なければ、Aには外部の者が誰もいなくなる。安定的産業では、Aにいてもそこで仕事を得られない人々は、実際にAから出てゆくし、変動的産業でも、そこで仕事を得られない人々の数は、何らかの種類の分散雇用方式が流布している場合より、ずっと少なくなる。また集中方式の影響力が発揮されるのも、ランダムな分散方式の影響力の場合と同じく、賃金率に人為的要素が含まれる場合に限られる。したがって集中雇用方式も、そのような人為的賃金の存在がもたらす結果を実質的に変化させることになる。この変化は、ランダムな分散雇用方式の採用がもたらす変化とは向きが逆である。すなわちAにおける労働需要の弾力性が1より大きい場合には、集中方式は、Aから他の地点に働きに出る失業者の流出を促進し、それゆえ——前と同じく、労働一般の需要の弾力性が1より大きければ——均等な分散雇用方式が流布している場合より、労働者全体の総稼得の減少幅は縮小する。この意味において、集中雇用方式は、賃金が上昇しても労働者全体の総稼得をまったく減少させず、むしろ実際には増加させるような結果をもたらす**こともある**。Aにおける労働需要の弾力性が1より小さい場合には、集中方式

は，他の地点から A へ働きに来る労働者の流入を抑制するのみならず，A から他の地点に働きに出る労働者の流出を強力に促進する。それゆえ，先ほどと同じく，他の地点の労働需要の弾力性が 1 より大きければ，集中雇用方式は，均等な分散雇用方式が A で流布している場合より，労働者全体の総稼得の増加幅をずっと拡大する。

8 ここまでは，移動が完全なので，当該産業分野における A 地点と他の地点のそれぞれで働く魅力は常に等しい，という仮定を維持してきた。しかし本章の分析を完成させるには，産業分野の各部門の間の完全な移動性は実際には存在しないことが多い，という事実を認識する必要がある。そしてもし完全な移動性がなければ，A における人為的賃金率の確立が A と他の地点の間の労働移動をもたらすとは，もはや必ずしも言えなくなる。もし労働移動がなければ，上述の人為的賃金率が労働者全体の総稼得に与える影響は，明らかに，それが A に集まった労働者集団の稼得に与える影響と同じものになる。こうした不完全な移動性が生じる 1 つのケースは，A が最下層の臨時の非熟練労働者の雇用分野を表すときである。なぜならこれらの労働者の稼得は，通常，他の労働者の稼得より能力の割に低い，と考えるべき理由があるからである[61]。その理由とは，臨時の非熟練労働者の供給が，より高い階層からの転落者や何の勉強にもならない仕事にその青春を浪費した若者によって膨れあがる，という点である[62]。これらの業種の労働者の数は，実際，通常の経済的要因によっては決定されない。むしろ最下層の非熟練労働は，入口はあっても出口のない一種の貯水槽を形成している。したがってこの種の労働の供給は常に溢れるほどに過剰であり，その通常の稼得水準

---

[61]「能力（efficiency）」という語には曖昧さや問題も含まれるが，ここでの文脈では詳しく論じることはできない。そのためには，1 単位の能力によって生産できる価値から独立した，何らかの尺度を見出さなければならないように思われるだろう。しかし，賃金は能力に一致する傾向があるという命題をあくまで維持しながら，どのようにすればこれを見出せるだろうか。これを理解することは難しい。なぜなら，a 単位の道徳力と b 単位の知力と c 単位の体力をもつ人が，b 単位の道徳力と c 単位の知力と a 単位の体力をもつ人より，多く稼ぐ傾向があるか，それとも少なく稼ぐ傾向があるかという問題は，諸々の商品——その生産においてこれらの資質がそれぞれ異なった比率で必要になる——に対する人々の相対的需要にかかっているからである。

[62]『王立救貧法委員会報告』407 頁参照。現在では，非熟練労働の相対的過剰供給は，単純な筋肉労働への需要を減少させる新しい機械の影響力のために，**一時的に高まることがある**（346 頁と 1146 頁参照）。

は相対的能力に見合うよりも常に低くなっている。それゆえ，外部から人がそこに入ろうと思わないようになれば，熟練の要らない低い等級の業種一般の賃金はかなり上昇するだろう。またそのような業種の労働条件も，そこに入ってゆく誘因がなくなれば改善するだろう。それは，労働者にとって，豊かな国から貧しい国に行く値打ちがなくなれば，その貧しい国の労働条件は改善するだろうというのと同じである。やや異なる理由からであるが，同じことは低賃金で女性が働く産業にも言える。以上のケースは「自然的」に移動が妨げられるケースであるが，人為的ケースが生じることもあり，その実際的影響は前者のケースと同じである。強力な労働組合は，徒弟数を制限する規則と結びついた「ユニオン・ショップ」制度を強要して，あるいは何か他の間接的方法によって，ある種の障壁を作りあげ，その業種を産業世界の他の部分との競争から遮断するかもしれない。この種のケースでは，その産業の非常に高い稼得の魅力が引き寄せる新規参入労働者を通じての調整は，実際に阻止される。しかしそのようなケースは，現代世界では大した重要性をもっていない。なぜなら徒弟制度が衰退したので，閉鎖会社（closed corporation）に組合員だけを雇わせるという排除権を維持する労働組合の力は，産業分野の大部分において失われたからである。

9　最後にもう1つ，取り除くべき単純化の仮定が残っている。すなわち第1節の末尾で導入された，賃金が人為的に引き上げられる労働者集団の生産する財貨は，もっぱら労働者以外の人々によって消費されるという仮定である。その仮定のおかげで，これまでは，貨幣稼得への影響と実質稼得への影響の違いを無視できたのである。その仮定が保証されなければ，もはやこの違いを無視することは正当化できない。貨幣稼得の増加は実質稼得を減少させることもあるので，前者の動きは人を惑わすかもしれない。もし貨幣稼得の増加する労働者たちの生産する財貨が，その労働者階級の成員のみによって消費されるならば，それは人を惑わすに**違いない**。なぜなら一般的に言って，その貨幣稼得の増加は，消費者としての立場の労働者全体（その貨幣稼得が増加する産業内の者も，その産業外の者も合わせて）に，それ以上の損失を被らせるに違いないからである。もしその消費者が，一部は労働者から，一部は労働者以外の者からなるならば，生産者としての労働者の利益と，消費者としての労働者の損失のどちらが大きいかは断言できなくなる。はっきり言えるのは，賃金稼得者でない者の占める消費割合が大きいほ

ど，人為的賃金率の確立は，豊かな階級から貧しい階級への全体としての実質的な資源の移転に成功しやすくなるだろう，ということだけである。したがって，任意の労働者集団の生産物の大部分が他の労働者によって消費される場合には，その供給の制限は，その制限をおこなう労働者たちの総実質所得を増加させるだろうが，全体としてのすべての労働者に移転の恩恵をもたらすことはなさそうである。この点は非常に重要である。なぜなら現実世界では，富者向けの奢侈品の大部分を作ったり提供したりしているのは，豊かな人々であり，貧しい賃金稼得者は，他の賃金稼得者向けの商品を作っているからである。例えばボサンケ夫人によれば，「最も賃金の低い労働者の状態を研究して何よりも強く驚かされるのは，彼らがほとんど常に，自分たちの階級が消費する財貨の生産に従事していることである。……低賃金の仕立師は，金持ちが見向きもしない安物の服を作っており，低賃金の召使は，上品で教養のある人にはとても我慢できないだろうようなサービスをおこなっている。一方，上品さや教養のための真の必要物は，もしこの言葉が芸術・音楽・文学などを意味するのであれば，専門職の人々によって生みだされている」[63]。むろんボサンケ夫人も，貧者の労働が重要な生産的役割を果たしている富者向けの奢侈品は皆無である，とまでは主張しないだろう。しかし連合王国の貧者の労働は，あまりこの種の奢侈品の供給に向けられていないように思われる[64]。このことは，ある特定の労働者集団に人為的な高い賃金率を確立することによる，相対的富者一般から相対的貧者一般への実質的な資源の移転を不可能にするわけではけっしてないが，貨幣稼得と実質稼得の区別を無視する場合に比べれば，こうした移転を極めて困難にするだろう。

第6章　特定業種における差別的な人為的賃金率が，相対的富者から相対的貧者に資源を移転する力

1　前章の一般的結論が示すように，産業分野の一部における無差別な人為的賃金率の確立は，相対的富者から相対的貧者に全体として資源を移転することにし

---

[63] H. D. ボサンケ『人民の力』(Bosanquet, *The Strength of the People*, 1902) 71頁。
[64] 「苦汗」労働者が作り，賃金稼得者以外の者が消費する商品の例については，キャドベリーとシャンの『苦汗労働』123頁を参照のこと。

ばしば失敗するが，それでも特定のケースではそれに成功するだろう。次に考察しなければならないのは，差別的要素を含まない人為的賃金率の場合に得られたこの結論が，差別的要素を含む人為的賃金率の場合にどのように修正される必要があるのか，という問題である。差別が存在し，しかも差別が有効である場合，すなわちさまざまな能力水準の労働者を高賃金地方と低賃金地方の間に再配分しても差別が相殺されない場合には，容易に示されるように，差別の存在は，労働者全体の総稼得を，差別的要素を含まない人為的賃金率の確立によって彼らが獲得**できたはずの**総稼得よりも減少させてしまう。例えばある産業において，能力の高い労働者のための人為的能力賃金 w と，能力の低い労働者のための人為的能力賃金 $(w+h)$ が定められているとしよう。このとき，その産業の労働需要の弾力性が 1 より大きい場合には，この 2 つの賃金を一般的能力賃金 w に統一することによって，その産業の労働者全体の総稼得を明らかに増加させることができ，またその労働需要の弾力性が 1 より小さい場合には，一般的能力賃金 $(w+h)$ に統一することによって，この総稼得を明らかに増加させることができる。それゆえ，幾つかの特殊ケースを除けば，このどちらかの統一によって労働者全体の総実質稼得をいつでも増加させることができる。したがって，差別的要素を含む人為的賃金率は，差別的要素を含まない人為的賃金率より，相対的富者全体から相対的貧者全体への資源の実質的な移転をもたらしにくいのである。それでもむろん，有利に差別される方の産業の労働需要の弾力性が十分に小さければ，差別的要素を含む人為的賃金でも，そのような移転をもたらすことは**可能**である。

2 しかし前節の議論のほかにも，この問題について述べるべき事柄が残っている。なぜなら，さまざまな能力水準の労働者に 1 日当り同じ賃金を支払うという意味における差別がある場合には，差別がない場合より労働者全体の総稼得が小さくなるのみならず，その業種の内部において，一方の労働者集団がそのすべてを実際に得て，他方の集団が実際に何も得ないような形でこの総稼得が分配されてしまうからである。こうした結果が生じやすいに違いないことは，先験的には明白である。なぜなら，もし雇用主が労働者 A，B，C を雇う場合には，労働者 X，Y，Z を雇う場合より低い能力賃金の支払で済むのであれば，すべての仕事をなるべく A，B，C に集中させ，X，Y，Z を雇わないようにすることが，必ず

雇用主の利益になるからである。同じ賃金を要求する各労働者の相対的能力を雇用主が知らなければ，雇用主がこのように行動する傾向は明らかに弱まる。例えば，建設業におけるすべての労働者を対象とする標準賃金率は，ロンドンでは，田舎の地方の場合ほどには大きな影響をもたない。田舎では，能力の低い労働者はすぐに監督に目をつけられてしまう[65]。また雇用主が親切心から，その年齢などのために比較的能力の衰えた労働者を雇い続けることもよくあるし，雇用主がたまたま出会った貧しい者を，慈善的賃金であえて雇うこともときにはある。しかしこれらのことは緩和要因にすぎない。能力の低い労働者を優遇する賃金制度がもたらす一般的結果は，間違いなく，労働と賃金を能力の高い労働者に集中させることである。

3　こうして一般的推論によって到達した結論は，もし望むならば，統計的に検証することもできよう。本編第2章で見たように，第1に，時間払いにせよ出来高払いにせよ，実際，現行のあらゆる賃金制度には何らかの差別的要素が含まれており，第2に，この差別的要素は，伸縮的な時間賃金制度よりも硬直的な時間賃金制度において顕著になり，第3に，この差別的要素は，出来高賃金制度よりも時間賃金制度一般において顕著になる。それゆえこれらに対応して，前節の結論が正しければ，次のことも当然予想されるだろう。①産業世界に生じる非自発的遊休は，主に少数の労働者に集中する。②この集中は，伸縮的な時間賃金制度をとる産業よりも硬直的な時間賃金制度をとる産業において強くなる。③この集中は，出来高賃金制度をとる産業よりも時間賃金制度一般をとる産業において強くなる。そして，この3つの予想がすべて実際に当たっていることを示す証拠がある。

　非自発的遊休一般が少数の労働者に集中する傾向［①］の例となる，詳細な数字が入手できるのは，主に時間賃金で働く機械技師合同組合と，主に出来高賃金で働くロンドン植字工組合（London Society of Compositor）に関してである。前者の組合の「欠員名簿」から，商務省は，好況と不況を含む長年の結果を平均し，雇用不足のために失われた労働日を示す以下の表を作成した。

　　年間3日未満の喪失　……　同組合の 70.4 パーセント

---

65) ディアール『ロンドンの建設業における失業問題』125-6 頁参照。

3日～4週の喪失	…………	同組合の 13 パーセント
4～8週の喪失	…………	同組合の 4.6 パーセント
8～12週の喪失	…………	同組合の 2.8 パーセント
12週以上の喪失	…………	同組合の 9 パーセント[66]

ロンドン植字工組合については，ベヴァリッジ氏が次のように記している。「2,268 人，すなわちその組合員全体の 19.8 パーセントが，1904 年に失業手当を受給した。このうち 1,671 人すなわち 74 パーセントは，翌年にも再申請し，1,402 人すなわち 62 パーセントは，そのまた翌年にも再申請した。1,261 人，すなわちその組合員全体の 10.8 パーセントが，1904～06 年の 3 年間に毎年申請し，1,006 人すなわち 8.6 パーセントは，1904～07 年の 4 年間に毎年申請した。しかも，繰り返し申請する傾向が最も高いのは，その受給額が最大の者たちであった。1904 年において，3 ポンド（4 週間分の失業手当）以下の受給者 876 人のうち，498 人すなわち 57 パーセントが 1905 年にも再申請したが，6 ポンド（$8\frac{1}{2}$ 週間分）以上の受給者 968 人のうち，再申請した比率はほぼ 88 パーセントだっ

---

[66] 『イギリスおよび諸外国の商業と産業』第 2 部（British and Foreign Trade and Industry, 2nd Series, 1903）99 頁参照。この分布が能力の低さに関連することは，1895 年（中位の雇用の年）について作成された付録の表が示唆している。

組合員の年齢	年間に失われた平均日数
15～25 歳	8.8 日
25～35 歳	13.1 日
35～45 歳	12.3 日
45～55 歳	20.1 日
55～65 歳	33.1 日
65 歳以上（老齢退職者を除く）	26.9 日

これらの表は，「時間短縮」・病気・遅刻・労働争議によって失われた時間や，時間外労働によって得られた時間を除外している。老齢者が最も失業を被っていることは一目瞭然であり，ブルックス氏は，この点に関する自分の確信を次のように強調した。「私は，ある製造業者がこう言うのを聞いた。この 40 年間の事業経験を通じて彼が痛感した最大の変化の 1 つは，老いの徴候をほとんど示さない労働者の排除であると」（ブルックス『社会不安』202 頁）。労働者災害補償法によってこの傾向が強まった，と考える人もいる。しかし故リヴゼー氏は，1907 年 3 月 16 日付『タイムズ』紙への手紙で，サウス・メトロポリタン・ガス会社の次のような調査結果を示した。「（年齢を）5 年ごとの期間に分けるならば，25～30 歳の事故率が最も高く，60～65 歳が最も低い。だから私は，30 歳の者よりも 50 歳以上の者に，特に危険な仕事をむしろ大いに任せたいのである」。しかしどの年齢集団の事故率も，むろんその集団の人数に比較して計算されるのである。

た。換言すれば，1904 年の給付全体の約 8 分の 7（1 万 6,000 ポンド中の 1 万 4,000 ポンド）が，1905 年にも再申請しなければならなかった者に支給されたということである」[67]。さらに機械技師についても，「1890 年と 1893 年を比べると，やや驚くべき結果が得られる。すなわち最も好況だった年の組合員の失業率（21.4 パーセント）が，最も不況だった年のその失業率（26.4 パーセント）とあまり変わらないのである」[68]。これらの数字の一般的含意は，トランスヴァール困窮委員会の次のような率直な意見の中で強調されている。「真に有能な者は，転職時の短期間を除き，めったに失業しない。なぜなら，彼は有能なので最も解雇されにくく，しかも彼の労働を必要とする場所に移住するための十分な金銭を一般にもっているからである」[69]。なるほど確かに，その点について補足する余地はほとんどない。周知のように失業の大部分は，その稼得の喪失を伴って，それほど有能でない者に降りかかるのである。

　一般原理からの②と③の推論，すなわち非自発的遊休の集中が，伸縮的な時間賃金制度よりも硬直的な時間賃金制度のもとで顕著になること，またその集中が，出来高賃金制度よりも時間賃金制度一般のもとで顕著になることは，より間接的な統計的根拠によって支持される。「時間短縮」によって産業不況に対処する業種では，確かに，その結果生じる非自発的遊休が高度に集中することはない。「人員解雇」によって産業不況に対処する業種でも，やはり高度な集中が生じないことはある。なぜなら人員解雇は，仕事のないさまざまな時期に，同じ人々ばかりが解雇されることを必ずしも意味しないからである。それでも，解雇方式はこうした低度の集中が生じる**一部**のケースを含むけれども，それはまた高度の集中が生じる**すべて**のケースを含む。それゆえ十分に広い領域をとれば，全体として，低度の集中は時間短縮と相関があり，高度の集中は人員解雇と相関がある，と当然考えてよかろう。それゆえ，もし出来高賃金と時間短縮の間に幾らか相関があり，しかも時間賃金制度をとる産業内において，伸縮的な時間賃金と時間短縮の間にもそれと同様の相関が見られるならば，本節で求めている統計的裏づけが得られるわけである。むろんこれらの相関は緊密ないし厳密なものでは

---

67) ベヴァリッジ『失業』140 頁。ジャクソン氏とプリングル氏は，同様の数字を 1891〜94 年についても算出している（『王立救貧法委員会報告』付録第 19 巻，77-8 頁）。
68) 同上書 72 頁。
69) 『トランスヴァール困窮委員会報告』（Report of the Transvaal Indigency Commission）121 頁。

ないだろうが，とにかく幾らかは現れると予想される。実際，それらが**確かに**現れると考えるべきもっともな根拠がある。もし伸縮的な時間賃金をとる産業と，硬直的な時間賃金をとる産業を大まかに比べたければ，労働組合が弱いドイツのケースと，それが強いイギリスのケースを比べるのが一番である。またもし出来高賃金をとる産業と，時間賃金をとる産業を比べたければ，素材はわが国ですぐに手に入る。これらの比較はどちらも，先ほど先験的に予想されたものと同じ結果を示す。まずその前者の比較は，ある最近の青書でなされている。「人員削減よりむしろ時間短縮によって不況期に対処する慣行は，ドイツでは，連合王国よりずっと広く普及しているように思われる。……ドイツの幾つかの当局は，一部の産業では時間短縮の慣行によって年間所得が4分の1から3分の1も減少するほどである，と言明している。イギリスの幾つかの産業，特に炭坑業と綿工業は，時間短縮制度に頼っているけれども，この制度が連合王国において失業者数を減らす作用の程度は，ドイツ帝国におけるよりずっと小さいことは確実である」[70]。次にその後者の比較は，**雇用不足による困窮に関する委員会**における H. ルウェリン・スミス卿の証言の中で示されている。本書の309頁［本訳書296-7頁］に彼の言葉を引用したが，そこでの各業種の検討からわかるように，彼が時間短縮をおこなう産業に分類する産業とは，まさに出来高賃金が支配的な産業であり，一方，彼が解雇をおこなう産業に分類する産業とは，時間賃金をとる産業である。なるほど一見すると，機械工業はこの原則に反するように思われるかもしれない。しかし事実上，この業種はかなりの出来高払い労働を含むけれども，**大部分は**時間払い労働であり，それゆえ例外ではない[71]。私はこれらの事実を過度に強調するつもりはないが，それらは，一般的推論によって到達した結果に若干の経験的裏づけを与えるだろう。

4 私が証明しようと努めてきた事柄，すなわち人為的賃金率に差別的要素が含まれる場合には，どんな産業でも，能力の高い労働者と能力の低い労働者の間の稼得分配が，差別のない場合よりも不均等になることは，一見，本章の課題とは無関係であるように思われるかもしれない。なるほど，労働者全体を相対的貧者全体と同一視し，それで満足する場合には，前述の事柄は，差別的要素を含む人

---

70) 『ドイツ諸都市の生活費に関する商務省報告』Cd. 4032, 522頁。
71) 『雇用不足による困窮に関する委員会の第3報告』証言録，Q. 4541 以降。

為的賃金率によって相対的富者から相対的貧者に資源を移転できるのか，またどれほど移転できるのか，を判断する材料にはなるまい。しかし形式的分類はある限度内では役立つが，それによって真の問題が曖昧になるのを許してはならない。われわれが最終的に知りたいのは，ある特定の種類の賃金操作によって，貧者に資源を移転できるか否かではなく，むしろそれによって，経済的厚生を増加させるような種類の移転をもたらせるか否かである。他の条件が等しい限り，賃金を相対的貧者の間に均等に分配する移転は，明らかにこの種のものである。しかし，貧者に利益を与えると同時に極貧者の所得を減少させる方策によってもたらされる移転が，経済的厚生を必ず増加させると考えることはできない。それゆえ，差別的な人為的賃金率の確立が，自発的遊休とそれに伴う困窮を貧者全体に分散させずに特定の貧者に集中させる傾向をもつという事実は，たとえそれが相対的富者から相対的貧者への資源の移転をもたらすにせよ，そのような移転は無差別な人為的賃金率の確立がもたらす移転より実質的に劣る，ということを意味するだろう。しかしすでに見たように，差別的要素を含む場合には，人為的賃金率の確立が貧者全体への移転をもたらす見込みは小さくなる。それゆえ，一般に次のように結論づけてよかろう。すなわち移転の手段としての差別的な賃金率が，経済的厚生を増加させるという最終目標を達成する見込みは，無差別な賃金率の場合よりもずっと小さい。

第7章　人為的賃金率がもたらす移転の最終結果

1　前節で到達した結論は，特定の場合には，ただし一見して思われるよりも稀であるが，賃金の自然な動きに介入することによって相対的富者から相対的貧者に資源を実質的に移転できる，というものである。しかしこの方法によってそのような移転をもたらせるという事実は，相対的貧者の実質所得の増加をもたらせるということを必ずしも意味しない。それどころか本編第2章で指摘したように，国民分配分が増加しない限り，相対的貧者は長期的には利益を受けないだろう。したがって今や，この最後の問題を考察しなければならない。すなわち任意の地点の賃金の自然な動きに介入し，相対的富者から相対的貧者に資源を移転す

ることによって，国民分配分は増加するだろうか，またどんな条件下であればそれは増加するだろうか。

2 第1に，国民分配分が増加する最も明白なケース，また幾つかの点で最も重要なケースは，何らかの業種の「賃金の自然な動き」が，その業種の雇用主と労働者の自由競争から直接生じるのでなく，個別の雇用主と個別の労働者集団の間の双方独占から構成される独立した産業内部の交渉によって影響を受ける場合である。第II編第7章で説明したように，実際の競争の不完全性のために，破廉恥な雇用主にとっては，無知で弱い立場の労働者に，市場におけるその労働の実質価値以下の低い賃金を認めさせるように精を出すことが，ときおり利益になる[72]。「評判の良い雇用主」や「評判の良い産業」が通常支払う賃金率に等しい「人為的」賃金率を当局が強制的に確立するならば，どんな業種でも，この反社会的な賃金交渉はなくなり，雇用主の活力は生産過程を改善する努力に向かうだろう。したがってこの種の人為的賃金率は――人為的という形容詞が適切であるならば――国民分配分を増加させる傾向がある。第2に，賃金の自然な動きが上述のような競争的水準と一致している場合でさえ，人為的要素を導入すれば国民分配分は増加することがある。なぜならどんな業種にせよ，もしその労働雇用方式が「集中方式」であるならば，そこで実際に仕事を得ている労働者以外は誰もその業種に引き寄せられないので，その業種における人為的賃金率の確立は，そこへの資源の投資に障害を設けるのとまったく同じことであり，また第II編の第3〜8章の一般的推論が示すように，そのような障害を設ければ，国民分配分は増加する**ことがある**からである。しかしこれらの章で同じく示したように，何らかの業種への資源の自然な流れを妨げる障害が，分配分の増加を直接の目的とせずに設けられる場合には，分配分が実際に増加することはめったにないだろう。しかもその業種の雇用方式が純粋な集中方式でない場合には，多くの労働者がその業種の待機失業者として維持されやすく，その結果生じる労働の浪費によって，分配分が増加する蓋然性はさらに一層低くなる。第3に，これらの特別な場合を別にしても，人為的賃金率の確立がもたらす資源の移転は，稼得が増加する労働者の産業能力を向上させて，国民分配分を増加させることがある。しか

---

[72] 第II編第7章第13節参照。

し労働者全体の総稼得が増加するとはいえ，**一部**の労働者の稼得はゼロにまで減少するだろうから，彼らの能力の被る損害が彼らより幸運な他の労働者の能力に与える利益に匹敵する場合も多い，ということを忘れてはならない。また第9章で論じるように，慎重な監督や管理を伴わない限り，資源の移転は能力の向上にほとんど役立たず，現状ではこのような監督や管理はまったく欠如している。第4に，たとえ労働者の能力が全体としてやや向上するにせよ，これに対しては2つの重要な事実を対比しなければならない。1つは，資源の投資は，分配分の増加をめざして計画的に決定された仕方によってだけでなく，そのような観点とは無関係な仕方によっても，自然な経路から逸れるということであり，もう1つは，産業全体の労働と待忍に対する報酬が幾らか減少するので，これらの生産要素の量がやがて減少するだろうということである。以上の考察の結果として，次のように言える。すなわち任意地点における賃金の自然な動きへの介入がもたらす相対的富者から相対的貧者への資源の移転は，若干の特別なケースでは成功することもあるが，それでも通常は国民分配分を減少させる傾向があり，そのため結局のところ，相対的貧者の実質所得を減少させる傾向がある[73]。

3 こうした結果に直面するため，前述のような相対的貧者への資源移転の試みは，経済的厚生を減少させるものとして通常は非難される。しかしそれでもなお，最下層の最も能力の低い労働者については，より広い見地からそれを擁護することが可能である。しかもこの擁護論は，相対的富者から労働者に全体として資源を移転することに成功する人為的賃金率のみならず，これに失敗する人為的賃金率にも妥当するのである。その根拠は，貧者がいわば政府の慈善によって救済される場合には，常に産業的資質が悪影響を受けるという点にある。それゆえ，もし放置すれば救貧法によって公に救済する必要が生じる一部の人々を，最低賃金制度によって通常の産業活動の中でいわばこっそり救済できるならば，他の条件が等しい限り，経済的厚生は増加するだろう。そのような計画を有効なものにするためには，その産業は集中雇用方式を採用する必要があろう。なぜな

---

73) ここで到達した結論は，特定の産業における政府のあらゆる賃金規制に対する反論にはならず，賃金率を正常水準以上に引き上げようとする政府の規制に対する反論として利用できるにすぎない，ということに注意しなければならない。私の『産業平和の原理と方法』第Ⅱ編第2章を参照のこと。

ら，さもないと貧者がその産業に引き寄せられ，大挙して一斉に，あるいは少しずつ，その教区に流入しかねないからである。しかしもし集中方式が採用されていれば，現状では地方税で賄う救貧法のわずかな給付によって不十分に救済されている実に多くの貧者は，自分たちの顧客によって十分に救済されることになり，他方，その残余の者——数はずっと絞られる——は，救貧法がすべて引き受けることになろう。この計画への最も明白な反論は，相対的に能力の低い市民を世話することは社会全体の義務であって，ラケットボールなどの商品を購入する金持ちだけの義務ではないというものである。しかし相対的に能力の低い市民が，社会全体で幅広く消費される生産物を作っている場合や，商品ではない財・サービスの生産のために自治体や国で働いている場合には，この反論はその力をほとんど失うだろう。しかしさらに重大な反論がある。1日の最低賃金を定めるという方法では，相対的に能力の低い多くの者を民間産業の仕事から排除してしまうが，本来ならば彼らはそこで国民分配分に幾らか寄与したはずである——その寄与は確かに小さいが，それでも，救貧法当局の保護下で彼らがおこなうだろう寄与よりはかなり大きい——[74]。この反論にはかなりの力があるけれども，

---

74) 公的扶助を受けている労働者を産業から排除すれば，国民分配分は減少するが，自立した労働者の実質稼得は増加するので，貧者にとって有利であり，それゆえ経済的厚生にとっても有利である，と論じられることがある。しかし長期の観点から見た貧者の利益は，自立した労働者のみの利益でなく，すべての労働者の利益と同一視されるべきである。なぜならどんな労働者も，その生涯のある時期には他者に依存しやすいからである。しかし長期の観点から見れば労働需要の弾力性は高まるので，労働供給が減少すれば，自立した労働者と依存した労働者を合わせた総所得も減少する。それゆえこの議論に従う限り，老齢貧民に関する王立委員会に提出された，2つの特定の年金計画に具体化された政策をおこなうことは，賢明ではない。一方は，年金の受給要件として「性別を問わず，年金受給者はあらゆる労働を控えること」を含むのに対し，他方は，「60歳以上で，かつその年齢を超えると労働を禁じられる者」に年金を支給しようとする。これらの計画はそれぞれ，ハーディー氏とランズベリー氏が唱えたものである（『老齢貧民に関する王立委員会報告』(*Report of the Royal Commission on the Aged Poor*, 1895) 72頁）。しかし，年金受給者を働かせないことは，より特殊な観点からは擁護できる点にも注意すべきである。年金の受給要件は体力の衰えでもよい。これは直接に検証できないが，労働を控えることが例えば4シリングの年金の受給要件になるならば，その要件に従うこと自体が，実際にその受給者が定期的に4シリング以上はあまり稼げないことを保証するだろう。それゆえそのような計画は，4シリングの線を下回る多くの者の労働を消滅させるが，それでもなお，その線を上回る多くの者の年金の受給を防ぐ手段として，また年金を受給ないし期待してその勤労意欲が弱まるのを防ぐ手段としては，望ましいかもしれない。一部の友愛組合が運営してきた年金制度の方針は，この考え方に基づくようである（『老齢貧民に関する王立委員会』証言録，Q. 10880）。

「被救済貧民の堕落（taint of pauperism）」を極度に重大な害悪と見なす者にとって，それは必ずしも決定的な反論にはならない。

第8章　相対的富者から相対的貧者への資源の直接的移転

1　ここまでは，賃金の自然な動きに介入して相対的富者から相対的貧者に資源を移転する試みについて論じてきた。次は，貧しい階層のために直接になされる慈善家ないし政府の行動によって，そのような移転をもたらす試みについて，同様の議論をしなければならない。この場合には，移転の試みによって実際に移転をもたらすというその当面の目標を達成するための条件に関する準備的考察は，ごく手短に済ませることができる。必要なのは，次のような2つの通俗的議論に対する簡単な批評だけである。第1の議論は，どんな条件下でも移転は不可能だと一般的に主張するのに対し，第2の議論は，資源を引き渡される貧者が同時に賃労働を禁じられない限り，移転の可能性について懐疑的である。

2　第1の議論の立場は，一部の貧者の利益のために富者から貨幣を徴収すれば，他の貧者が提供する労働の購入を富者は減らさざるをえなくなるので，それは他の貧者に実質的に等しい負担を被らせることを必然的に意味するというものである。この見方の根拠は次のように示されよう。すなわち明らかに，富者の支出の大部分は直接ないし間接に労働の雇用を生みだしており，また同じく明らかに，富者の所得が課税によって例えば2,000万ポンド減少すれば，その支出もそれに応じて減少するに違いない。この事実だけに目を向け，もしその課税がなされなければこの支出によって雇用されたはずの労働者は，課税された2,000万ポンドにほぼ等しい所得の喪失を被るに違いない，と即座に結論づける人もいる。しかしこのような議論は，富者から徴収された2,000万ポンドが貧者に移転されることや，貧者によるその支出が，富者による支出に劣らず多くの雇用を生みだすだろうことを見落としている。またもし貧者の利益のために富者に対して2,000万ポンドの増税をおこなうことの直接の影響を考察するのであれば，次の点に注意することも明らかに重要である。すなわち一方で仕事を失う人々と他方で仕事を

得る人々は，異なる人々だろうという点，したがって特定の目的のために訓練されたある一定数の労働者は，獲得された熟練という自分の無形資本が永久に価値を失ったことに気づくだろうという点である。しかしこの喪失は増税の結果ではなく，課税の**変更**の結果であるから，貧者の利益のために富者に対して 2,000 万ポンドの**減税**をおこなう場合にも，やはり生じるだろう。ここで問題としているのは，この種の付随的結果ではない。富者から何も集めず，貧者に何も与えないある恒常的制度と，富者から 2,000 万ポンドを集め，貧者にそれを与える別の恒常的制度を，比べなければならないのである。この比較にとって，上述のような付随的結果は無関係である。特殊な場合を除いて大まかに述べるならば，ある階級から他の階級に 2,000 万ポンドを年々移転しようがしまいが，労働の雇用や賃金はほとんど変化しないと言えよう。したがって，この領域における作用が移転の試みを無効化してしまうという考えは，まったくの幻想である。

3　第1節で区別した第2の通俗的議論は，どんな貧者集団にせよ，もし何らかの種類の補助金が給付されれば，その結果彼らは，雇用主にとってのその労働の価値以下の低い賃金でも働く気になるので，受給した補助金を富者階級の成員に事実上返すことになる，と主張する。この見方は，一部は先験的推論に，また一部はいわゆる経験に基づいている。したがって 2 通りの反論が必要である。先験的推論はまず，救貧法の補助金のおかげで人は，本来ならば飢えなどのとにかく深刻な苦痛なしには承諾できないような低賃金を承諾**できる**ようになる，という事実から出発する。そこから進んで，もし低賃金で労働**できる**ようになれば，人は低賃金で働く**気になる**，と主張するのである。ところで，その習慣的生活水準を維持するには不十分な補助金を受給している労働者が，自分に対して独占者の立場にいる雇用主と対峙しているような特別なケースでは，この推論は確かに妥当するかもしれない。しかし一般に，雇用主の間に競争があれば，それはまったく妥当しない。過去の貯蓄によって財産を築いた人は，財産のない人より低賃金で労働**可能**である。百万長者は，被救済貧民より安い報酬で労働**可能**である。こうした資力によって彼は，市場の駆け引きで不利になるどころか，それは一般に，その逆の結果をもたらすだろう。収入の良い仕事をする夫の妻が，通常以下の低賃金を受け入れやすいというのも，事実に反する。その逆に，こうした理由などのために「屈せず」にいられる女性は，一般に，通常以下の低賃金に最も強

く抵抗する人々に属する。次に，いわゆる経験からの推論の方に移ろう。こちらはまず，2つの広く承認された事実から出発する。第1の事実は，救貧法の補助金を受給している多くの老人や虚弱者は，彼らの従事する業種に現在流布している通常の時間賃金よりかなり低い額しか，民間の雇用主からもらっていないことである。第2の事実は，1832年の救貧法委員会における証言が示すように，賃金補助による救済を救貧委員たちが拒むと，「たちまち農業経営者は労働者に公正な賃金を払うようになった」ことである。これらの事実から，救貧法の補助金が存在する場合には，労働者はその雇用主にとってのその労働の価値より低い賃金を受け入れる，という推論が導かれるわけである。しかしこの推論は不適切であり，それに代わるもっと適切な説明がある。すなわち老人や虚弱者の場合，その時間賃金の低さは，彼らが1時間におこなえる仕事の質が劣るか，量が少ないという事情のためではあるまいか。旧い救貧法の場合，その差別的救済制度のために人々は，それが実施されていた間は怠けて手を抜いて働き，それが廃止されると懸命に働いたが，これこそがその賃金の違いの原因だったのではあるまいか。真の経験的分析はこれらの線に沿ってなされるべきであり，被救済貧民が雇用主にとってのその価値以下の低い賃金で働くという示唆に基づいてなされるべきではない。この見方は，一般的考察と合致するうえに，最近の調査によっても裏づけられている。その調査によれば，2人の労働者がおり，一方は救貧法の補助金を受けており，他方は受けていないという事実においてのみ異なる場合には，2人の賃金は実際に同額になる傾向がある。例えばジョーンズ氏とウィリアムズ嬢は，救貧法委員会のための，院外救済（out-relief）が賃金に与える影響に関する研究の結果として，次のように述べた。「院外救済を受けている家族と同居する，女性労働者が低賃金に甘んじているという証拠は，何も見つからなかった。そのような賃金労働者はどこでも，彼女たちより圧倒的にずっと大勢の，救済を受けていない女性と同じ賃金率で働いていた。……被救済貧民である親と同居する娘が，その間接の救済関係のために他の者より低い賃金率に甘んじていたり，他の者より少ししか稼いでいないという証拠は，何も見つけられなかった」[75]。したがって，第1節で区別した第1の議論と同じく，この第2の議論も崩れるので，次のような単純な結論だけが残る。すなわち慈善家や政府の直接的

75）『王立救貧法委員会報告』付録第36巻，vi-vii頁。

行動による相対的富者から相対的貧者への資源の移転は，明らかに可能であり，そのためのどんな特別な条件も不要である。

4 ここまでは，直接的移転に関するわれわれの結論は，賃金の自然な動きへの介入がもたらす移転に関して到達した結論と同じである。しかしここからは，議論が異なってくる。すでに見たように後者の種類の移転は，非常に特殊な場合でない限りは国民分配分を減少させるので，明らかに経済的厚生を減少させるに違いない。ところが直接的移転については，この種の一般的説明はおこなえない。直接的移転によって国民分配分が増加するか否か，すなわち経済的厚生が増加するか否かは，場合によりけりである。したがって，これらの正反対の帰結のどちらが起こるかを決定する条件を考察しなければならない。この条件を検討するには，移転の事実がもたらす影響と，その事実の期待がもたらす影響を分けて分析する方が好都合である。したがって第9章では移転の事実を考察し，第10章と第11章ではその事実の期待を，資本と労働のそれぞれの側から考察しよう。

第9章　相対的富者から相対的貧者への直接的移転の事実がもたらす影響

1 本章の観点からは，富者から貧者に資源を移転するという事実は，年々生みだされる分配分を3つの異なる用途の間で再配分することと同一視できよう。もし事態が「自然」に進行し，移転がまったく生じなければ，この分配分は，一部は富者が消費する財貨の形態，一部は将来の生産を助ける機械の形態，また一部は貧者が消費する財貨の形態をとる。富者から貧者に資源が移転される場合には，分配分のこの第3の部分が，他の2つの部分を犠牲にして増加する。本章の課題は，ある年の分配分の，3用途間におけるこの再配分が，将来の年々の分配分の大きさに与える影響を明らかにすることである。

2 富者から貧者に移転される資源量をyポンドとしよう。もし移転がなされなかったならば，yポンドのうち機械の形態をとったはずの部分は，明らかに，将来の年々の分配分の増加に寄与しただろう。また富者の消費に向けられる部分

も，それが富者の産業能力の向上に役立つ限りは，同じく幾らか寄与しただろう。しかし富者の場合，消費の適度な減少によって——むろん所得を 5,000 ポンドから 100 ポンドに減少させるほどの重税ならば話は別だろう——能力があまり低下することはなさそうである。それゆえ，y ポンドのうち，もし貧者に移転されなければ機械になったはずの部分のみが，将来の国民分配分に実質的に寄与したはずの部分であると大まかに言えよう。この部分が $k \cdot y$ ポンドであるとする。このとき，機械に投資された資源からの正常収益を利子率 i で表すならば，相対的富者から y ポンドを徴収することによる分配分の損失は $i \cdot k \cdot y$ で表される。また貧者に移転された資源が貧者の産業能力を向上させることによって生じる収益を，利子率 j で表すことにしよう。以上のように考えるとき，y ポンドの移転の事実がもたらす最終的結果は，$i \cdot k$ が j より小さければ，国民分配分の増加であり，$i \cdot k$ が j より大きければ，その減少である。それゆえ本章の課題は，各種の移転のさいの，これらの変数の相対的大きさを決定する条件を明らかにすることである。

3 k が小さいほど，$i \cdot k$ が j より小さくなりやすいことは明白なので，どのようにして k が決まるのかを，まず考察すべきだろう。この考察は次のような興味深い結果をもたらす。すなわち富者からの資源の徴収が，相続税のような将来の税によるのか，所得税のような現在の税によるのかに応じて，k は変化する傾向がある。この命題は次のように証明できる。その徴収される資源が資本と所得のそれぞれから支払われる比率に応じて，k が変化することは明らかである。しかしある一定額が徴収される場合，この比率は，消費と貯蓄のそれぞれの効用表——消費と貯蓄という 2 つの用途に向けられる資源の生みだす果実を表す——の弾力性にもっぱら依存し，また容易に示されるように，消費の効用表の弾力性に比べて貯蓄の効用表の弾力性が大きいほど，資本から取り去られる比率は大きくなる[76]。ところで，この 2 つの弾力性の相対的大きさは，課税を少しずつ頻繁におこなうか，それとも大規模にときおりおこなうかによって，異なってくる。例えば，不労所得に対する所得税によって 2,000 万ポンドをある集団から毎年徴収することは，その集団の各成員に比較的少ない額を毎年課税することであるのに対し，同じ額を相続税によって毎年徴収することは，その集団のその年に死亡する少数の成員の財産に比較的大きな額をときおり課税することである。その本質

的違いを理解するには，20万の集団の各人から毎年100ポンドずつ集めて，年間2,000万ポンドを徴収する所得税方式と，その集団の各人から20年に1度，2,000ポンドずつ集めて同じ総額を徴収する相続税法式を，考えてみればよい。完全な予見力（perfect foresight）が流布していれば，死亡保険による備えがなされたり，個人支出が調整されたりして，その2つの方式のもたらす結果に何ら大した違いは生じないだろう。すなわち相続税方式の場合には，所得税方式の場合のように毎年100ポンドを国庫に納めるのでなく，各人は毎年約100ポンドの保険料を保険会社に支払い，その死亡した年度におこなわなければならない相続税の納付のさいに，保険会社から保険金を受けとるだろう。誰の行動にも何ら本質的な違いは生じないだろう。しかし現実世界では予見力は不完全なので，20年ごとに何らかの財産から支払わなければならない税のために，それ以前ないし以後の課税されない期間に十分な備えがなされることはなかろう。したがっておそらく相続税方式の場合，その税が実際に課される年に属する資源からは，100ポンドをかなり上回る量が税のために取り去られるに違いなく，またそれ以外の年に属する資源からは，100ポンドをかなり下回る量しか取り去られないだろう。しかしどんな年でも，その年の資源から取り去られる量が大きいほど，貯蓄用途の効用表の弾力性に比べて消費用途の効用表の弾力性が小さくなることは，かなり明白である。もしそうであれば――そうなるという主張は厳密に証明された事柄と言うより，むしろ1つの意見にすぎないことに注意しなければならない――，数学上は，一般に相続税方式は，所得税方式よりも資本を多少とも減少させやすい。相続税が実際に財産に課されるのは，長い期間を空けてであるという事実のみならず，死亡によって財産の所有者が変わり，したがって資本からの支払がしばしば特に容易になる特殊な時点であるという事実も，この結論を強めるもう1つの要因である[77]。

---

[76] Aを資源の通常の貯蓄量，Bをその通常の消費量，e_a，e_bをその2つの用途の効用曲線の弾力性，そしてRを政府が徴収する資源量とすれば，任意の年の投資用途に対するその抑制の大きさは，一次的近似として以下のように表される。

$$\Delta A = R \cdot \frac{e_a \cdot A}{e_a \cdot A + e_b \cdot B}$$

$e_a \cdot A$が$e_b \cdot B$に比べて大きいほど，ΔAの値は明らかに大きくなる。私の『保護と特恵の輸入関税』（*Protective and Preferential Import Duties*, 1906）94頁を参照のこと。

4 前節の結論は，2種類の歳入調達方式がもたらす影響の相対量に関するものにすぎず，その影響の絶対量に関するものではない。したがって，できればさらに何か他の考察によって，それを補いたいと思うのは当然である。一見すると，その手がかりは統計から得られそうなので，国民分配分の6分の1から7分の1が毎年資本に転換されるというボーレイ氏の推計に基づき，富者から移転される y ポンドのうち，y があまり大きくなければ，およそこの程度の比率がおそらく資本から支払われるだろう，と言いたくなる。しかし分配分全体の貯蓄率は，分配分のうち富者が得る部分の貯蓄率より間違いなくずっと低いという事実によって，その推論は崩れる[78]。また k は，徴収される資源が資本と所得のそれぞれから支払われる比率によって変化するけれども，これは先ほどの比率とは異なることにも注意しなければならない。それゆえ，こうした方法による推計は不可能である。現在入手できる事実から k の**絶対**値に関して言えるのは，どんな場合も，それは 1 よりやや小さいに違いないということだけである。

5 k が 1 より小さいという事実は，$i \cdot k$ が i より小さいことを，したがって j が i より大きければ貧者へのどんな資源移転によっても国民分配分が増加することを，意味する。ところで i は，富者がおこなう通常の投資形態の収益を表すので，正常利子率にほぼ等しいと考えてよかろう。それゆえ，何らかの資源の移転に関して，貧者への投資からの収益率 j が i より大きいか否かという問題は，それが正常利子率より大きいか否かという問題と同じである。明らかに，この問題に対しては一般的解答を示すことはできない。貧者の消費のために移転される資源が生みだす成果は，その移転に伴う受給要件によっても，それを受けとる貧者の種類によっても，変化するに違いない。したがって本章の課題は，j を相対的に大きくすると考えられるような種類の移転があるのか否か，またもしあるなら

---

[77] むろんこの結論は，相続税方式の**事実の期待**がもたらす影響も考慮しない限り，財源調達手段としての相続税への反論にはならない。次章で見るように，事実の期待という面では，相続税方式は所得税方式より悪影響が小さいのである。

[78] アイルソン氏（『国民の進歩』147頁）は，さまざまな所得階層の貯蓄率を次のように推計した。すなわち5,000ポンド以上の者は 42パーセント，700〜5,000ポンドでは 35パーセント，160〜700ポンドでは 8パーセント，52〜160ポンドでは $2\frac{1}{2}$ パーセントである。しかし，そのような推計の根拠として信頼できる統計は何もない。アイルソン氏の著書へのボーレイ氏の書評を参照のこと（『王立統計学会雑誌』(*Journal of the Royal Statistical Society*) 1910年，442頁以降）。

ばそれはどんな種類のものであるのか，を明らかにすることに帰着する。

6 さて，労働者の能力を高めるために費やされる追加的1ポンドが，機械の性能を高めるために費やされる追加的1ポンドより多くの生産物を最終的に生みだすことによって，通常の経済的諸力の働きには，貧者とその子どもに投資される資源の限界純生産物を，機械に投資される資源の限界純生産物より大きくする傾向があることを，一般に信じるべき理由がある。この信念の理由は，貧者が，自分自身とその子どもの能力にみずから十分に投資できるほどの資金をもたず，しかも十分な資金をもつ他者が，これを代わりにしてやることもほとんどできない状態にあるということである。奴隷経済や，あるいは他者によって貨幣を投資された労働者がその貸付の担保としてその能力を何らかの形で抵当に入れることができるような社会制度のもとでは，事情は別だろう。しかし現実世界では，資本家が貧者の能力に投資した貨幣の収益の大部分を，何らかの形で確実に回収できる容易な手段は存在しない。資本家が貸付をしても，その返済の保証を強要することはできず，また彼らが自分のところの労働者に訓練を施して直接に投資しても，この労働者がその仕事をすぐに辞めないという保証はない。以上のことをふまえると，ある適量の資源を相対的富者から相対的貧者に移転すれば，その恩恵を受ける貧者の経済的能力の向上によって生産物は増加し，その移転される資源のもたらす収益率は正常利子率をかなり上回るだろう，すなわちjはiをかなり上回るだろう，と信じるべき一見明白な強い理由が存在するのである。

7 ところが，一般原理からのこの一見明白な推論に対して，明白さではほとんどひけをとらない反論がある。なぜなら前節の推論は，貧者に移転されるあらゆる資源が，自分自身の経済的能力の向上のために最も考え抜かれた仕方で貧者によって活用されるものと，暗に前提しているからである。しかし現実問題として，貧者は自分自身に投資する企業者としては，まるきり無力である。通常の事業の企業者——少なくとも，自家消費ではなく市場販売のために財貨を生産する企業者——は，一般に企業者どうしの厳しい競争にさらされている。その結果，愚かで無知な者は駆逐される傾向があり，その階級の知的平均水準にほぼ達している者だけが，企業者として活動を続ける。市場販売ではなく自家消費のために財貨が生産される，したがって競争が緩和される産業分野では，他の条件が等し

い限り，その能力の標準は低下する傾向がある。この点はイギリスの織物業の歴史がよく示している。産業革命期の羊毛やリネンは，農民の暮らしのいつもながらの日常作業の中で生産されていたが，綿の場合はそうではなかった。「どの地方でも，その従事者は，副業ではなく専業として，利益のためにそれをおこなっていた」[79]。その結果，綿工業における改良は，その他の織物よりずっと急速に発展し普及した。ところで，自家生産と最も完全に結びついている投資分野とは，明らかに，人々が自分自身とその子どもの能力のために投資をおこなう分野であり，ここでは自然淘汰の作用は極度に弱い。料理の下手な，あるいは漬物だけで子どもを育てる女性が，破産して母親業から淘汰されるわけでもなく，自分の息子の放蕩三昧に投資する父親が，父親業から淘汰されるわけでもない。その結果，これらの分野に投資しなければならない人々は，彼らがまるきりその能力を欠くかもしれないという事実にもかかわらず，企業者としてそこで活動し続けることになる。こうした事実のために，彼らの無知は特にひどくなり，ばかげた失敗が絶えず繰り返される。例えば，教育省の最近の報告書は次のように述べている。「栄養失調の児童の大部分は，食物の不足というより，むしろ不適切な食物のためである。もし両親を指導し説得して，その児童に現在かけている食費をより啓蒙された適切な仕方で支出させることができれば，それによってわが国の大都市の貧しい地域の小学生の体格にもたらせる改善は，地方税からの出費で彼らにときおり給食を与えることによってもたらせるどんな改善よりも大きい，と言ってもおそらく過言ではない」[80]。同様にしてボサンケ夫人も，ラウントリーの言う9分の3の貧困のうち，その約9分の2までが「二次的」貧困[1]であることを指摘している。すなわち「貧困問題の主な原因は親の無知と無頓着さであって，彼らはより良く暮らすための資力が不足しているわけではない。またこの見方は，ほとんどの栄養失調は食事の不足というより，むしろ不適切な食事に起因するという数多くの証言によって，さらに強められる」[81]。無知が蔓延して

---

79) クラパム『ケンブリッジ近代史』(*Cambridge Modern History*) 第10巻，753頁参照。
80) Cd. 5131, 5頁。
[1] ラウントリーの「二次的貧困」(secondary poverty) 概念とは，収入自体は肉体的能力の維持に必要な額を満たしているが，浪費（飲酒や賭博）や家計上の無知のために，肉体的能力の維持ができなくなる状態をさす。
81) ボサンケ「肉体的退歩と貧困線」("Physical Degeneration and the Poverty Line", 『コンテンポラリー・レヴュー』1904年1月) 72頁。

いるのは，子どもの食事についてだけではない。無知には同じく，少なくとも，子どもの訓練のための賢明な投資を妨げる力もある。「多くの親は自分の息子を，各種の作業員や電報配達人にならせる。なぜならそれらが世間体の良い仕事に見えるからである。しかしそれらの仕事に将来性があるか否かを，彼らはけっしてよく考えず，おそらくそれを知るすべもない。この側面は，熟練業種に関する多くの委員会報告で詳しく論じられている。父親自身が息子に良い仕事を世話してやれる立場にない場合，一体どうすれば息子を良い仕事に就かせてやれるのか，父親にもわからない場合が多いのである」[82]。好例は，H. ルウェリン・スミス卿の次のような観察である。すなわちクレイドレー・ヒースの製釘業者の間では，「その業種は半世紀以上も衰退し続けているにもかかわらず，子どもたちはそれでもその親の業種に入ってゆくので，ますます労働者が増えている」。また「非常に多くの親は，さまざまな業種の相対的有利さをわかっていない。……その息子たちはいつでも年長の仲間に従って，同じ工場や作業場，あるいはとにかく同じ業種に入ってゆく傾向がある。また地元に存在する業種が低い等級のものである場合でも……少年たちは各自の能力に関係なく，最も安易な道に一般に従う」[83]。そのすべてが若者に対する投資の具体的ケースに関するものではないが，他にも幾つかの例を容易に挙げられる。しかし本節の初めに示した命題，すなわち貧者は自分自身とその子どもに投資する企業者としてはまるきり無力であるという命題を確立するには，これで十分だろう。

8 こうした事情のために，第6節で示した推論，すなわち適量の資源が相対的富者から相対的貧者に移転される場合に，貧者の能力の向上がもたらす収益率は正常利子率を上回るだろうという推論は，主張できなくなる。それどころか，貧者への資源の移転に特別な要件を課さない限り，移転される資金はほとんどすべて浪費されてしまいかねない。その大部分は，能力という生産物を何らもたらさず，したがってその全体としての収益も，正常利子率をずっと下回るだろう。何の要件も伴わないこの種の無効な移転の例は，わが国の多くの地方で運営されている「院外救済」の慣行である。救済手当の受給者はそれを何に使っているの

---

82) 少年労働に関するジャクソン氏の報告。『王立救貧法委員会報告』付録第20巻，9-10頁。
83) ジャクソン氏の報告（161頁）。『エンクワイアーズ・クラブ』（*Enquirers' Club*）からの引用。

か。多くの救貧委員会（Boards of Guardians）は，それを把握するための方策を何も実施していない[84]。「重要な例外もあるが，救貧委員会はこれらの施しや手当を与えながら，その見返りとして，最も基本的な要件の遵守さえ求めることはない。……われわれは，このようにして公的資金で維持される，表現しようのない不潔と放置の状態にある施設，また日常的飲酒と無規律な暮らしの住居を見た」[85]。極貧者の間に蔓延する甚だしい無知を考慮すれば，施しさえすれば能力の向上のために適切に支出される，などと期待するのは怠慢である。どんな移転であれ，能力の向上という明確な目標をもった移転の仕組みを作るための，考え抜かれた慎重な試みがなされない限り，貧者に移転される資源の収益が機械に投資される資源の収益に匹敵することなど，まずありえないだろう。このことは，被扶助者に要件の遵守を強制することによって，その移転に管理と指導のための何らかの施策が伴わなければならないことを意味する。そのような要件を求めることこそが，救貧法委員会の多数派と少数派の1909年の両報告書の基本的立場であり，多数派はこれを端的に次のように述べた。救貧法当局は「自立の回復につながるような生活様式を受け入れる受給者しか救済しないという，その運営方針の範囲を拡大しなければならない。これは新たな原則ではない。それは1834年の運営当局の主要方針であり，それ以来ずっと，ある階層——労働可能者——は特定の要件のもとでのみ救済されてきた。今やその原理を，他の階層にも適用する必要がある。そうしなければ救済政策をさらに発展させることはできない。このことは明らかである。すなわち病人が要件を受け入れない限り，施設であれ自宅であれ，病気は治らないし，経済的問題に悩む者が要件に従わない限り，それらの問題に立ち向かうこともできない。また当局が要件を課す権限をもたない限り，道徳的弱さを更生することもできない」[86]。また要件を課すことのできる状況に関する実際的考慮から，委員会は，院外救済と院外救済の各領域についての一般的結論に導かれている。例えば多数派によれば，「われわれは（院外救済の）多くの受給者の高潔さや真価をよく認識しているけれども，救貧委員による手当の支給が，最悪の種類の社会的・道徳的状況の永続を助長している多

---

84) 『王立救貧法委員会——多数派報告』（*Royal Commission on the Poor Laws, Majority Report*）267頁参照。
85) 『少数派報告』750頁。
86) 『多数派報告』232頁。

くのケースに注目せざるをえない」[87]。したがって，きちんとした家で立派に暮らしている者にしか，けっして院外救済をおこなうべきでなく，おそらく一部のスラム地区では，院外救済を完全に禁止すべきであるようにさえ思われる[88]。委員会の多数派も少数派も，自宅で求められる衛生や生活習慣などの要件の遵守を拒む者を，強制的に施設に入所させる権限をもつべきだろう[89]。救済を受けている両親の家で適切に養育されていない子どもは，強制的に「施設か職業学校に送られる」べきである[90]。「犯罪を繰り返す」子どもについては，どちらの報告書も，「これらの子どもを施設に保護する権限が与えられるべきであり，その親は拘留施設に置かれる」ことに賛同している[91]。結局，要件の承諾を迫らなければ**ならず**，被扶助者の自宅でそれを遵守させることが実際上不可能な場合には，これらの者を施設に入所させなければならない。

9 施設内にせよ施設外にせよ，さまざまな場合における，能力の向上を意図した資源移転のための要件の**性質**を詳しく論じることは，本書の考察の範囲外である。しかし3つのかなり明白な一般命題があり，これらを示すことは有益だろう。

　第1に，課される要件は画一的なものでなく，慎重に考え抜かれた，そのときどきに助けを必要とするさまざまな階層の人々のそれぞれのニーズに合ったものでなければならない。多くの異なる種類のケースに無差別に適用される画一的要件が役に立たないことは，ほぼ確実である。これこそが，「一般雑居型ワークハウス（general mixed workhouse）」に対して，救貧法委員会の多数派と少数派の双方が表明している強い非難の理由である。すなわち「その問題が主に生じるのは，1つの施設で，しかも1人の施設長のもとで，まったく異なる扱いを要する人々，例えば虚弱者と労働可能者，老人と若者，知的障害者，てんかん患者，精神障害者，ならず者などを，一緒くたに扱おうとするからである。その問題は，1832年の王立委員会が企図したように，特定種別ごとの専門施設に分けることによってのみ対処できる。このようにすれば，老人を慈悲深く扱っても，それに

---

87) 前掲書102頁。
88) 同上書152頁参照。
89) 同上書282頁参照。
90) 同上書620頁。
91) 同上書187頁。

よって若者をそこに引き寄せてしまうことはなかろう。またこのようにすれば，労働可能な怠け者は厳しい規律のもとに置かれるので，働く能力を失うこともなかろう」[92]。このようにしなければ，専門家としてそのすべての異なる種別を扱うことなど到底できない「雑多な職員たち」に，頼らざるをえなくなる。事態が最も深刻なのは，むろんロンドンなどの巨大ワークハウスであるが，多かれ少なかれどこでも深刻である。それゆえ，自宅外で救済されることに決まった貧者たちを慎重に分類したうえで，各種別の事情に特別に配慮して用意された別々の施設で彼らを取り扱うことに，救貧法委員会の多数派と少数派の双方が賛同するわけである。またこの計画では，州や特別市のようなかなり大きな運営単位が暗に主張されている。

　第2に，その要件を遵守しなければならない期間は，もし可能であれば，救済が実際におこなわれる期間を越えて延長されるべきである。この点は，救貧法による救済を受けた少年の事後支援策として，委員会多数派によって強調されている。すなわち「14歳の子どもを，不適切であることが判明するかもしれない状況に送り出し，そこで自力で生活させるのでは，不十分である」[93]。またこの点は，救貧病院（Poor Law Infirmaries）の退院者についても重要である。『少数派報告』は次のように明言している。「ワークハウスの医務室や救貧病院から毎週退院する何百人もの結核などの患者が自宅に帰った後に，とにかく何らかの種類の衛生的予防策の遵守を確保するための試みは，何もなされていない。それを遵守させなければ，彼らやその隣人はすぐまた病気になってしまうに違いない」[94]。これらの，また類似のケースでは，実際の救済期間を越えて管理を延長する意義は明らかに非常に大きい。

　第3に，その要件の策定にあたっては，感情のない機械とは異なり，人間という機械のもたらす産出は，物的環境のみならず精神的環境の関数でもあるという事実を考慮すべきである。その救済の仕方が，それまで立派に暮らしていた人々に，浮浪者や，ならず者と付き合うことを長期間強いるようなものであれば，彼らの産業的資質は危険にさらされる。他方で，物的援助という贈与に，相手への関心，共感，友人としての助言が伴うならば，労働や貯蓄の意欲は大いに，また

---

92) 前掲書 135 頁。
93) 同上書 188 頁。
94) 『少数派報告』867 頁。

恒常的に高められるだろう。だからエルバーフェルト市やベルゲン市の計画のような——多くのイギリスの町で今日発展しつつある自発的な共済ギルド（Guilds of Help）は基本的にこれを手本としている[95]——個人的な世話の要素を大いに活用する救貧法運営制度は，機械的原則に基づく制度より，有利な**貨幣的**投資になるだろう。このことは，自発的努力と公式の救貧行政の連携が非常に重要であることを示している。

10 以上の議論によって，相対的富者から相対的貧者に移転された資源は，その移転のさいに前述のような一般的方針に沿って作成した要件を課さない限り，正常利子率に匹敵する収益率を到底もたらしそうにないことが，ある程度明らかになった。しかし要件の遵守を求めるときでさえ，第6節で示した一般原理は，どんな場合でも貧者への適量の資源移転は正常利子率を上回る収益率をもたらすに違いないという推論を，保証するわけではない。それどころか，2種類の移転，すなわちおそらくjがiより大きくなる移転と，おそらくjがiより小さくなる移転を区別する必要がある。この区別は，移転を受ける貧者の種類に基づいている。

一方の側には，ある非常に重要な貧者階級が存在し，彼らに投資しても，大した収益は期待できない。この階級には主として，精神的・知的・身体的な障害者の大集団が含まれる。国内外の授産施設（Labour Colonies）の歴史，わが国の知的障害児の特別学校における経験によって，この階級の人々にとって真の「治療」が実際上不可能であることは，かなり明白である。すなわち「メルクスプラス（Merxplas）の施設の入所者のうち，かなりの割合の者がそこでの生活によって，道徳的，社会的に回復したというのは事実と言えるのか否かについて，意見を求められた同施設の職員は，そのように更生されるケースはごくわずかであると返答した」[96]。このことは，最も困難な種類のケースの支援に尽力した他の複数の施設についても同様である[97]。要するに，われわれが認識しなければならないのは，肉体の領域と同じく経済の領域でも，社会はある一定数の「治療不可能

---

[95] スノーデン氏の『共済ギルドに関する地方政府委員会報告』（*Report of the Local Government Board on Guilds of Help*, Cd. 5664）参照．

[96] 『王立救貧法委員会報告』付録第32巻，17頁．

[97] 同上書80頁．その逆の例については81頁を参照のこと．刑罰として入る，あるいは自発的に入る，授産施設に関する多くの情報が，付録第9巻と第32巻に含まれている．

な人々」(incurables) に直面するという事実である。なぜなら，そのような人々が見出されるとき，われわれにせいぜいできるのは，他人に寄生する機会，道徳的弊害の拡大の機会，彼ら自身と同じ性質の子どもを生む機会から，彼らを永続的に引き離すことしかないからである。どうしようもない悪人，精神障害者，その他の不幸な者を除けば，そのような人々については，生涯にわたって，確かに社会が慈悲深く世話をするだろう。しかしわれわれの主な努力は，教育によって，さらには精神的・肉体的な障害者の出産制限によって，この不幸な生活 (tainted lives) の流れをその源で断ち切ることでなければならない[98]。真の意味で彼らを「治療」することは，人の力を越えている。能力への投資の収益率が低いことは，遺伝的障害を被っておらず，善良な市民としての日々を過ごしてきたが，その能力が老いて衰えた，あるいは重大な事故で失われた人々についても言える。ここでもやはり，投資の観点から見れば，その土壌は不毛である。そのような人々への資源の移転は，他の目的のためには望ましいだろうが，産業的能力の向上を通じて大きな収益を生みだすとは期待できない。

　他方の側にも，2種類の非常に重要な貧者階級が存在する。すなわち病気や失業の初期段階の成人と，若者一般である。くどくど述べるまでもないが，一時的な病気は，早期に治療しなければ慢性的な健康被害をもたらすことがあり，また失業は，肉体的にも精神的にも産業的能力を大きく損なう種類の堕落をもたらすことがある。もし援助が遅れれば——国民保険法成立以前のイギリスで実施されていた抑止的な医療救済 (Medical Relief) 制度のもとでは，病気に対する援助がしばしば遅れた——，それがついに届いた頃には，ほとんど効果がないことも多い。一方，その初期段階における援助は，病気が慢性化する前の病人にとっても，怠惰が習慣化する前の失業者にとっても，能力の大幅な低下を防ぐので，非常に大きな収益を生むだろう。貧者の普通の子どもの養育や教育に投資される資源については，なおさらそうである。そのような子どものための適切な手当の支給は，人生の最も柔軟な成長期に強い肉体を作りあげ，それから一般的知性の面と，おそらくは特殊な何らかの技術的熟練の面で訓練された精神を生みだすことによって，能力に非常に大きな影響を与えることができる。この2種類の貧者階級への十分に熟慮された投資のための，相対的富者からの資源移転は，それが膨

---

98) 第Ⅰ編第4章第2節参照。

大な量の移転でない限りは，ほぼ間違いなく，機械への投資から得られる以上の収益をもたらし続けるだろう。しかも第2節で見たように，何らかの形の生産的投資から取り去られるのは，移転される資源の一部にすぎないだろう。したがって，ここで述べたような投資のためにこの2種類の貧者階級に資源を**移転する事実**——移転の期待からは区別される——は，実際上，確実に国民分配分を増加させることになる。

第10章　直接的移転に関する相対的富者側の期待がもたらす影響

1　第7章の終わりで示したように，富者から貧者にある一定の資源が年々移転されるという事実は，将来にも同様の移転がなされるという期待（expectation）と一般に結びついている。富者側と貧者側の双方がもつこの期待は，生産に向けられる資源の量を変化させる，したがって分配分の大きさを変化させる，間接的影響力を発揮するだろう。本章では，これに関して，移転に対する富者側の期待がもたらす影響を考察する。この影響は，その移転が自発的であるか強制的であるかによって根本的に異なってくる[99]。強制的移転は，富者による一定量の貯蓄ないし一定量の努力がその本人にもたらす，純収入の減少を意味することがある。したがって，彼のおこなう待忍と努力の量が減少し，それによって国民分配分も減少する，という一見明白な強い見込みがある。他方，自発的移転は，資源の新たな用途が見つかり，資源を他の可能な用途に投じるよりそこに投じたいと，人々が一層強く願うことを常に意味する。これは，資源の所有に対する彼らの欲望が高まること，したがって資源を得るために彼らが供給しようとする待忍と努力の量も同じく増加すること，を意味する。それゆえ富者から貧者への自発的移転に関する期待は，国民分配分の減少ではなく，その増加をもたらす間接的影響力を発揮するだろう。したがって経済的厚生の見地からは，自発的移転は強

---

99) 以下の議論では，資源の減少に関する期待のために富者がより多く労働するようになるという間接的影響は，二次的な重要性しかないので無視する。他方，資源の増加に関する期待のために貧者がより少ししか労働しなくなるという間接的影響は，それよりずっと大きな重要性をもつので，次章の第3節で議論するつもりである。

制的移転より優れている。まず，この自発的な形の移転から検討しよう。

2　自発的移転が促進されるのは，その移転者にとって移転が経済的利益になるような方法があるときである。一見すると，このような方法は考えることさえできないように思われる。しかし実際には，そのような方法は考えられるのみならず，すべての文明国の慣行の中で大いに利用されてきた。その方法とは相互保険（mutual insurance）である。そのような保険はすべて，それが火災・事故・病気・失業，あるいは他のどんな「リスク」に対するものであるにせよ，その保険がかけられている災難を幸運にも免れた者から，その災難を不幸にも被った者への，富の移転を意味する。しかし諸々の事象に保険をかけるのは，その発生によってそれを被った者の富が何らかの形で減少すると懸念される場合のみだから，その災難を免れた者は災難を被った者より一般に豊かである[100]。したがって相互保険は，相対的富者から相対的貧者への移転を意味する。ただし相対的富者がこの移転に関する保険契約を結んで「割に合う」のは，一定の限界内においてのみである。この基本的な理由は，その事象の発生前の契約交渉時には，誰が相対的富者になり，誰が相対的貧者になるのか，通常はわからないからである。効用逓減法則のため，千分の1の可能性で1万ポンドを失うことの方が，この危険の期待値すなわち10ポンドを失うこと以上に，私にとってはつらい。だから私はその危険から自分を守るために，10ポンドを超える保険料でも進んで払おうとする。それゆえ，10ポンドをあまり超えない保険料で，相互保険の仕組みを十分に安定化できるほどに多くの同様の立場の人々がいるならば，その全員にとって，その求められる保険料をある基金に拠出し，実際に損害を被った者にそこから補償をおこなうことは，割に合うだろう。また，たとえ支払う保険料と各成員の抱えるリスクとの調整が不完全であっても，やはりそれをおこなうことは，その全員にとって割に合うだろう。限界内であれば，事故や失業の可能性が低い労働者も，これらの災難に遭いやすい労働者と同じ条件で保険のために団結することによって，利益を得る。限界内であれば，その保険集団の中のあまり災難に遭いそうにない者でも，この種の協力によって利益を得ると期待できるが，その限界の

---

[100]　これ以外の種類の事象にも「保険がかけられる」ことは，確かにある。例えば，Aは「保険によって守るべき利害」を何ももたないのに，Bに生命保険をかけたりする。しかしこの種の移転は，実は保険ではなく，その名を装った賭事である。

幅は明らかに狭くなる。課される保険料と各成員の抱えるリスクの期待値との比率が，大きく乖離してはならないのである。例えば，その成員には，安全で健康的な業種の労働者も，危険で非健康的な業種の労働者も含まれるのに，同じ保険料で，病気や事故に対して均一額の手当を支給する任意加入の保険基金は，見られないはずであるし，明らかに健康な者と明らかに病弱な者を，同じ条件で受け入れる任意加入の生命保険組合も，見られないはずである。また景気変動の小さい鉄道業の労働者と景気変動の激しい建設業や土木業の労働者を，このように同様に扱う任意加入の失業保険計画も，見られないはずである。保険料とリスクの比率の差異が許容される限界の幅は狭いけれども，それでも幾らか存在する。そのおかげで，多くの任意相互保険が可能になり，また保険集団の全成員について保険料とリスクの比率を厳密に均等化する必要がある場合よりずっと多くの，相対的富者から相対的貧者への移転が生じるのである。

3 前述の事柄と実際上深く関連する事柄として，次のことを付言できよう。すなわちその移転にあたって，相対的貧者の行動を，相対的富者が自分に有利であると考える種類のものに制限できる場合には，相対的富者から相対的貧者への自発的移転が，相対的富者の経済的利益になることがある。能力の高い労働者が，能力の低い労働者に対しても，自分たちと同様に組合からの失業手当の受給を認めようという気になるのは，この種の理由から主に説明される。能力の低い労働者が多少とも限定された階層の人々であることは，336-7 頁［本訳書 318-20 頁］の数字が示しており，それによれば，機械技師やロンドンの植字工の間で生じる大半の失業は，比較的少数の者に集中している。なるほど能力の低い労働者は，初めの加入審査や，手当支給期間の制限によって（前年の支給期間が長いと，翌年の支給期間は短くなる），あるいは保険料を一定期間継続して納めるまで手当を支給しないことによって，一部は労働組合から排除される。しかしこの排除の慣行は，一般に極めて緩やかなものでしかない。なぜならその保険事象は，単に仕事を見出せないということではなく，**その労働組合が適切と考えるその業種の賃金率において，組合員が通常従事する業種に仕事を見出せないということだからである**[101]。優れた労働者が，劣った労働者の賃金を標準賃金率の水準に維持することに関心をもち，自分たちが直接の損失を被るとわかっていながら，その基金に多くの劣った労働者を加入させるのは，この事実を考慮するからである。この

場合，彼らはある間接の利益を見込んでおり，だからこそ進んで代価を支払うのである。それゆえ労働組合が運営する任意失業保険は，同じ保険料でありながら，一見して信じられないほどにさまざまな能力水準の労働者を含む傾向がある[102]。「実際，ある労働者集団は，彼らが取得する以上の額を絶えず支払い，(より小さい) 別の集団は，彼らが支払う以上の額を絶えず取得する」[103] という事実は，両集団による任意失業保険の存続にとって致命的な問題ではない。しかしその被保険者たちが競争のない異なる業種に属すならば，おそらくそれは致命的だろう。そのような場合には，スイスのサンガルで2年間実施された強制保険制度のもとで実際に起きたように，最も失業しそうにない労働者たちの強い反発が予想されるはずである。

4 第2〜3節で考察したのは，移転者側の経済的利益の見込みによって促される種類の自発的移転である。しかし自発的移転は，この種のものだけではない。ときには，純粋な利他心の発達の結果として，ときには，与えるという事実に伴う力の感覚への愛好心の発達の結果として，人々は，その生前ないし死亡時に，私的ないし政府機関を通じて公的に，貧者のために資金を提供するようになるかもしれない。また人々の心に訴えかけるのは，この種の動機だけではない。富者からの資源移転は，誰にも費用のかからない表彰や勲章によって，巧妙に隠された方法でも引き出すことができる。これらのものは，まさしく名誉の象徴であり，その具体物である。なぜならそれに値しない人物がそれを受けた場合でも，それを与える者に敬意を抱くか，抱くふりをする者は，それを受けた者にも間接の敬意を払うからである。新たな勲章の授与は，すでに授与された勲章の所有者に

---

101) デンマークでは，他業種に転職するための移動を妨げる障害は，現在の失業手当より低い賃金の仕事を受け入れるすべての者に，失業手当の最大額とその仕事の賃金の差額を，失業基金から支払うという取り決めによって，部分的に緩和されている。シュロス『失業保険』(*Insurance against Unemployment*, 1909) 61頁。

102) 例えば，「葉巻生産組合は多額の失業手当を支出しているが，この基金の管理者たちはわれわれに対し，この手当の受給者の多くは平均賃金を稼げない虚弱者であり，その多くは老齢者であると語った」(C. R. ヘンダーソン『合衆国の労働保険』(Henderson, *Industrial Insurance in the United States*, 1909) 92頁。**能力の低い者が低い賃金を受け入れることによって能力の高い者が被る危険**は，通俗的意見では一般にかなり誇張されていることに注意すべきである。

103) 『失業による困窮に関する委員会の第3報告』(*Third Report of the Committee on Distress from Unemployment*)，ブース氏の証言，Q. 10519。

とってのその価値を，確かに幾らか低下させるだろう。メリット勲章を優秀なレンガ積み職人の間にばらまけば，その元来の対象階級にとってのその魅力は消滅してしまうだろう。しかしこの問題は，従来の勲章を増やさずに，新たな勲章を設けるようにすれば，ほぼ克服できる。したがってこの方法を用いれば，それは富者からの多額の所得移転を確保するための十分な動機づけになり，しかもこの移転に関する期待が，国民分配分の生産のために富者が供給する待忍と努力を少しも減少させず，むしろかなり増加させる，ということも考えられる。

5 さて次に，自発的ではなく強制的な性格をもつ移転の考察に移ろう。強制的移転が期待を通じてもたらす間接の影響は，むろん場合によりけりである。なぜなら，強制的移転は一般に課税を通じておこなわれるが，課税される人々の供給する待忍と努力に及ぼすその影響は，税の種類によって異なってくるからである。本章の第1節で述べたように，課税は，待忍と努力の生みだす一定の産出から得られる最終的利益の減少を含意する**こともある**ので，これらの生産要素の供給を減少させやすい。しかしこの種のケースを詳しく論じる前に，これとは別に，富者への課税がこのような含意をもたないケースに目を向けよう。すなわちどの富者にとっても，その課税額が，みずからの供給する待忍と努力の量に関係なく，一定であるようなケースである。この条件が満たされる場合には，任意の単位の待忍と努力から得られるだろう収益が，課税によって減少するという理由は何もない。真実地代（true rent）への課税や，待忍と努力の増加によらない資産価値の上昇への課税は，この条件を満たしている。これらの税を実際に利用する機会もあるだろう。しかしそこでは，公平性に配慮して，次のようになされる場合が多いだろうし，また私の意見ではそのようにすべきである。すなわち第1に，真実地代への課税を軽くすること，また第2に，労働によらない資産価値の上昇に課税するさいには，それが偶然の上昇であり，その資産の所有者の観点から見て，臨時収入（windfalls）であると正当に言えるような上昇部分のみに課税を限定することである[104]。

6 前節で述べたのは，課税に関する期待が，富者の努力と待忍の供給を抑制し

---

104) 私の小冊子『土地課税政策』（*The Policy of Land Taxation*, 1909）20頁以降を参照のこと。

ないような種類の課税である。次に，努力の果実が「消費」される場合も貯蓄される場合も，その果実に同じ均一税率で課税されるような仕組みの税を考察しよう。一見すると，一般所得税はこれに該当するように思われるかもしれないが，実はそうではない。なぜなら一般所得税は，事実上，貯蓄される努力の果実に対して二重に課税するものだからである。しかし消費財への支出に比例する課税の体系であれば，努力の果実が消費用途と貯蓄用途のどちらに向かうにせよ，これらに均一に課税することが確保されよう。そのような体系のもとでは，消費される資源も貯蓄される資源も——ただし貯蓄の場合にはその将来の産出を通じて——等しく課税されよう。観念的には，個々の消費財に対する多数の間接税によってそのような体系を作れるかもしれないが，実際的には，富者の支出に重く課税するという目的のために間接税の体系を用いることは不可能である。第1に，富者の支出の大部分が向けられるのは非物的対象——外国旅行のような，また音楽家・医者・教師の直接的用役のような対象——であり，それらに課税するにはどうしても膨大な手間がかかる。第2に，富者の支出の残りの部分が向けられる物的対象の多くは，重い税に適さない対象であり，なぜならそれらの対象と貧者が消費する同種の対象の違いは，種類というより，むしろ質にあるからである。そのため，富者の消費する財貨に個別の重い税を課せば，事実上，貧者が消費する低い等級の同種の財貨にも法外な税を課すことにならざるをえない。一方，従価税を大幅に拡大するどんな体系も，技術的困難のために不可能である。確かに，高級ワイン，葉巻，羽根飾りや紋章付衣裳の誇示，自動車，高級な借し邸宅[105]，広大な私有地などの幾つかの奢侈品が存在するので，それらを通じて富者に幾らか負担させることはできる。しかし，これらの高級品から得られる税収は少ないにもかかわらず，こうした消費の少ない財貨にかける税の徴収費用はどうしても大きくなる。第3に，「大衆向け財貨」にかける通常の間接税についても，富者はこのような財貨のごくわずかな割合しか消費しないので，明らかに，富者から徴収できる歳入はたかが知れている。それゆえ，もし支出に対する税によって富者に重く課税しようとするのであれば，彼らが消費する財貨に間接

---

105) むろん居住家屋税（inhabited house duty）は，より高価な家に，より高率の従価税を課している。この税の難点は，個人住宅が課税可能な「支払能力」の指標と見なせるのに対し，単に事業施設として用いられている家屋はそのように見なせないことである。ニュージーランドの不動産は，わが国の家屋と同様の，差別税率制度によって課税されている。

税をかけるという考えは捨てなければならない。その目的を達成するには、現在、生命保険に投じられた資金が控除されるのと同じく、投資一般に投じられた資金が控除されるように修正した所得税に頼る方が、より実際的に有望だろう。確かにこの種のどんな所得税制度も、技術的困難を幾つか克服する必要があるけれども、それを先験的に否定する十分な理由はないように思われる。もしそれを導入できれば、消費用途と貯蓄用途に差別税率を設けずに富者に課税できる重要な手段を、われわれは手に入れることになる。

7　この計画に基づいて設計される所得税に関する期待は、明らかに、富者の産業的努力の供給を幾らか抑制する傾向があるに違いない。なぜならそれは、ある一定単位の精神的能力の発揮から得られる収益に関する期待を悪化させるからである。しかもそれが産業的努力の供給を抑制する限り、それは間接に、そこから貯蓄がなされる唯一の源泉〔国民分配分〕を減少させ、それゆえ同じく間接に、待忍の供給も減少させるに違いない。産業的努力の供給が抑制される程度は、一部は、税のために有能な人々が外国に流出する程度によって、また一部は、外国に流出しない他の有能な人々の努力が税のために弱まる程度によって、決まる。この2通りの経路を順に検討しよう。能力から生じる稼得への課税が、有能な人々を外国に流出させる影響力は、母国と外国でそれぞれ得られる所得や暮らしやすさの差を変化させることによって作用する。しかしこの問題については、ある誤解の恐れがある。イギリスに住むことの相対的利益を減少させる税は、**常に**人々を外国に流出させるわけではない。なぜなら2つの地方の間の移動と同じく、2つの国の間の移動に費用と不便を伴う場合には、両国の同じ能力水準の人々の年々の稼得は、その年々の稼得の資本還元価値がこの費用と不便の和を上回らない範囲内で、異なりうるからである。実際、その2地点間の稼得の差には、ある中核範囲ないし幅があり、その中核範囲内であれば、稼得の差が存在しても2地点間の移動は生じないだろう[106]。この場合、もしその2つの地点の一方の稼得に課税しても、その税が、均衡と両立しつつAの稼得がBの稼得を上回ってもよい最大限度と、均衡と両立しつつBの稼得がAの稼得を上回ってよい最大限度の差より、小さい限り、確実に移動が生じるわけではない。その税の

---

106) 第Ⅱ編第4章第5節参照。

資本還元価値が，その移動の費用と不便の和の半分ほどに相当するようなものでない限り，移動は生じない**だろう**。したがって，移動の費用と不便が大きい場合には，非常に重い税をかけない限り，人々が外国に流出することはなかろう。私見では，母国に住むことは多くの金持ちにとって非常に大きな意味をもつので——特に，富をもつことの利益は主に社会的利益であるから——外国に移り住む費用と不便は非常に大きいだろう。したがって私は，最も不利な場合でさえ，能力から生じる大きな稼得への適度な税が，有能な人々を大量に外国に流出させるような結果を招くとは思わない。さて次に，課税が国内に留まる有能な人々の能力の発揮を抑制する傾向について考察しよう。私見では，やはりここでもその影響はわずかだろう。適度な税によって能力の訓練が抑制されることなど，確かにありえない。また有能な人物が実際に産業に従事しているとき，その目的は主に「成功」——利潤の一部を奪う税によって少しも妨げられない目的——であるから，適度な税の有無にかかわらず，彼は相変わらずよく働くだろう。それゆえ私は，富者の支出への適度な課税計画に関する期待が，富者の産業的努力の供給を大幅に抑制する結果を招くとは思わない。もしそうであれば，その期待は，待忍の供給についても，本節の初めに述べたような間接的過程を通じて，大幅には減少させないに違いない。したがって，本節で考察した種類の所得税と，前節で考察した真実地代や臨時収入への課税は，理論上は大きく異なるが，実際上はそれほど異ならない。すなわちそれらに関する期待がもたらす国民分配分の減少は，どちらも小さいだろう。

8 イギリスで実際に用いられている富者への課税の形態は，概して前述のようなものではない。その主なものは，一般所得税，累進付加税（super-tax），投資所得への特別所得税，そして——この特別所得税と算術的に同値の形態の——相続税である。最初の2種類の税のうち支出に対する税でない部分と，最後の2種類の税の全体は，明確に貯蓄を不利に差別している。したがって，それらがもたらす年間の資源移転に関する富者の期待は，消費用途の魅力に比べて貯蓄用途の魅力を低下させるに違いない。それゆえその期待は，富者の産業的努力の供給をわずかながらも抑制し，それによって貯蓄の源泉［国民分配分］を減少させ，さらに通常は貯蓄用途に向かうはずの資源の一部を，毎年，他の用途に向かうようにするに違いない[107]。こうして生じる待忍の供給の減少，それゆえ国民分配分の

減少は，その年の所得のうち，投資に通常向けられる部分が消費に通常向けられる部分より大きいほど，明らかに大きくなる[108]。そして一般的に言って，支出に対する税の場合とは異なり，こうして生じるだろう分配分の減少がわずかであると考えることはできない。したがって，貯蓄を不利に差別する税がもたらす資源移転に関する富者の期待は，このように差別しない税がもたらす同量の移転に関するその期待よりも有害である。

9 しかし前節の結論を述べるにあたり，私はある重要な問題を無視していた。すなわち，不労所得に対する通常の税と相続税のような将来の税を区別せず，同じ種類の税として論じていたのである。本節では，後者の種類の税に関する期待がもたらす待忍の供給の減少は，他の条件が等しい限り，前者の種類の税に関する期待がもたらすその供給の減少よりかなり小さくなるだろう，という点に注意しなければならない。産業的投資の収益に課税して，100万ポンドを調達しなければならないとしよう。政府にとっては，この額を毎年，あらゆる企業の年間収益に対する税によって徴収するか，それともある期間内に設立された企業の年間収益のみに対する税によって徴収するかは，どちらでもよい問題である。しかしこれらの企業の関係者にとっては，どちらの方法が選ばれるかは重要な問題である。それらの企業の関係者は，あらゆる将来の事柄を割り引いて考える，したがって将来の税についても割り引いて考えるので，後者の方法による課税に関する期待の方が，彼らの供給する待忍の量を減少させる影響力は小さくなる。遠い

---

107) ここでは次のような問題を割愛した。すなわちある一定の歳入を調達するさい，消費される資源のみにかける税と，消費される資源と貯蓄される資源の両方にかける税では，第7節の議論が示すように，どちらの場合も産業的努力の供給をおそらくほとんど抑制しないにせよ，それでもどちらの方がその供給を抑制するだろうかという問題である。容易に示されるように，単一の需要源泉のみにかける税によるある一定の歳入の調達は，単一の需要源泉の弾力性が，他方の需要源泉の弾力性よりかなり小さくない限り，両源泉にかける同率の税による同額の歳入の調達より，産業的努力の供給を大きく抑制するだろう（私の『保護と特恵の輸入関税』27-8頁を参照のこと）。

108) その課税額が不労所得に基づいて算定されるとしよう。このとき，Rをその歳入額，Aをその税がない場合の貯蓄額，Bをその税がない場合の消費額，e_aを貯蓄用途の弾力性，e_bを消費用途の弾力性とすれば，貯蓄の効用を表す曲線上における税による効用の低下は，およそ$\frac{R}{A}$に等しい。ΔAをその結果生じる貯蓄の減少分とすれば，一次的近似として，ΔAは以下のように示される。

$$\Delta A = R \cdot \frac{e_a \cdot e_b \cdot B}{e_a \cdot A + e_b \cdot B}$$

将来のことなので，その将来の税を納める頃には，投資者本人がもはや死亡している可能性もかなり高いという事情は，この差異を大いに強めることになる。それゆえ**期限付き**の課税には，ある特別な，一般にあまり認識されていない利点がある。すなわち政府は課税を延期すれば，直ちに課税する場合よりも，その税に関する期待が待忍の供給を，それゆえ国民分配分を，少ししか減少させないような形で，ある一定額を毎年調達できるのである。そのような課税の延期の方法は，過去20年間に形成されたすべての改良資産の地方税を免除し，20年の経過後にそれらに課税し始めるというマーシャル博士の提案によって例証される。この原理は，市電などの公益企業に期限付きの賃借権を与え，その満期のさいに，事前に合意した価格でその企業の設備を地方当局に引き渡すという工夫の基礎になっている。またその原理は，1871年のブラジルの法律［新生児自由法］の基礎にもなっており，同法はその成立後に生まれた，奴隷のすべての子どもを自由の身にすると宣言した[109]。しかし，これで問題が論じ尽くされたわけではない。さらに注意しなければならないのは，課税するのが，投資者本人の死亡する**可能性**のある期間内の特定の時点でなく，明確にその死亡**時点**である場合には，現在の税に対する，将来の税の優越性が高まることである。なぜなら確実な事柄は，蓋然的な事柄より，明らかに強い影響を行動に及ぼすからである。またこの種の将来の税の方が，待忍の供給を少ししか抑制しないと考えるべき，さらなる理由もある。すなわち蓄積の動機というものは，幾分かは，大金持ちになって死ぬことで得られる名誉への期待である。相続税はその動機を妨げない。カーネギー氏はこの点を次のように述べている。「この政策によって企業心の根幹が傷つき，人々の蓄積欲が弱まってしまうのではないかと恐れる必要はない。なぜなら大財産を遺して死後も語り草になりたいという大望を抱く階級にとって，その財産から膨大な額を政府に納めることは，むしろ魅力的でさえあり，確かに幾らか気高い大望だからである」[110]。さらにもう1点，付け加えることができよう。すなわち初代の蓄積者の死亡時ではなく，その第2代目や第3代目の相続者の死亡時に課される財産税がもたらす抑制的影響は，相続税がもたらすそれよりずっと小さ

---

109) リニャーノ『自由経済の原理と調和する社会主義について』53頁参照。
110) カーネギー『今日の問題――富，労働，社会主義』(Carnegie, *Problems of To-day : Wealth, Labour, Socialism*, 1908) 5頁。相続税方式のもう1つの付随的長所は，おそらくそれによって，さもなければ怠惰に暮らしたはずの一部の相続人が働くようになり，国民分配分の生産に役立つ精神的活動の供給を増加させるだろうという点である。

くなると考えるべき理由がある。この考えに基づき，リニャーノ氏はある巧妙な計画を提案した。その計画によれば，遺産は，初代の蓄積者がその後継者に譲渡したさいに例えば3分の1だけ課税され，その残りは，この後継者がそれを再び次の後継者に譲渡したさいに3分の2だけ課税され，そのまた次の相続のさいには，当初の遺産のすべてが徴収される[111]。むろん，こうした計画の実施には何らかの技術的困難が伴うだろうし，相続人がその元本を損ねないように，すべての遺産の保全を求める法律を成立させる必要さえあるだろう。もしこれらの困難を克服できれば，この計画によって，そうした課税に対する期待の方が，現行の相続税制度より小さな抑制的影響しか待忍の供給に及ぼさないような形で，ある一定の歳入を得られることは確実である。しかし通常の相続税でさえ，貯蓄を不利に差別する延期されない税より，抑制的影響は断然小さいのである。したがって，貯蓄を不利に差別する税に関する期待の方が，それと同じ歳入をもたらす支出に対する税に関する期待より，分配分にとって一般に有害であるという前述の結論は，その点では妥当しないことも多いだろう。その結論が妥当するか否かを確定する手段は何もない。しかし富者から貨幣を徴収する手段としての支出に対する税が，実際上の理由のために利用困難である場合には，第9章第3節の議論にもかかわらず，明らかに，相続税こそが政治家たちによって当然注目されるべ

---

111) リニャーノ『自由経済の原理と調和する社会主義について』参照。リニャーノ氏はこの計画を次のように詳細に述べた。「例えばAが死亡時に総額aの財産を遺しても，国が共同相続人として介入し，例えば3分の1を取り上げ，そして残りの3分の2については，Aの完全な意思によって相続人に指名されたBに相続税を課すことになる。自分の収入や貯蓄，相続財産による収入からの純貯蓄により，あるいはそれらの両方により，Bの全財産bは，相続したaの3分の2だけ増加する。彼の死亡時には，このようなaの3分の2とbを合わせた額が，たとえ入り混じっていても，国家はaとbをそれぞれ，ちょうど3分の2ずつの価値に分ける。そしてこの相続分bだけでなくaの3分の2についても，常に3分の1が取り上げられる。aは，実質的な貯蓄者であるAからBが最初に相続した財産総額を表すと同時に，例えば3分2というさらに高い税率を課される部分でもある（この課税は1/3，2/3，3/3，すなわち33パーセント，66パーセント，100パーセントという特殊な累進性をもつが，それはむろん簡単な一例にすぎない）」（60頁）。しかもそこで指摘されるように，AがBに遺した一切の財産を国が吸収すると同時に，AからBへの免税譲渡を認める制度であっても，今度はBの死亡時に，その同じ一般課税方式を適用できる。それは，「このようにして最初は0/1，次は1/1となるような特殊な累進性」（61頁）をもつ。リニャーノが示唆するように，ある祖先が自分の死後に生まれる直系の子孫の利益を守ろうとする欲望は，同世代の遠い親戚の利益を守ろうとする欲望とほとんど同じようなものである（87頁）。

きである[112]。

第11章　直接的移転に関する相対的貧者側の期待がもたらす影響

1　前章では，資源の移転に関する**富者**の期待によって，富者の行動を通じて国民分配分にもたらされる間接的影響を論じた。次に本章では，資源の移転に関する**貧者**の期待によって，貧者の行動を通じてもたらされる，もう一方の間接的影響を論じる必要がある。そのためには，貧者への移転を3種類に大別すると便利である。すなわちその受け手の立場から見て，①国民分配分を生みだす労働や待

---

[112] ここで，幾らか実際的に重要な，ある通俗的誤解に注意すべきだろう。ある種の課税制度が確立され，それによる待忍の供給の減少は小さい，したがって国民分配分の減少は小さいとしよう。それでも，待忍がイギリスの労働ではなく外国の労働と協力するように転換されるので，イギリスの労働者の絶対的取分の減少は大きい，したがって経済的厚生の減少は大きいと論じられることがある。このような転換が生じる場合，確かにイギリスの労働者は，ある特殊な損失を被る。なぜなら実質的に，イギリスの労働者の競争相手が現れるからである。しかし実際上，富者への課税が資本の大規模な国外流出をもたらすという通俗的考えには，何も根拠がない。その主張は，人々が一般にその所得の源泉である資本を，イギリスの企業ではなく外国の企業に送らざるをえなくなるというものである。ところで，待忍の果実を減少させる所得税が，イギリスに住む外国人の投資に損害を与える場合には，なるほど確かに，外国人がイギリスに投資する有利さは低下し，その分だけ，外国人はその資本を引き揚げたり，外国に設備をもつ外国の会社はその本社を引き揚げたりする。しかしこれは些細な問題にすぎない。なぜなら，外国からのイギリスへの投資額は明らかに少ないからである。だから，むしろ検討しなければならない実質的争点は，高率の直接税によってイギリス人の所有する資本が国外に流出するという主張である。この主張は誤りであるように思われる。イギリスの所得税と相続税は，植民地の所得税とは異なり（『植民地会議議事録』(*Minutes of Colonial Conference*) 1907年，188頁），イギリス国内に**所有される**所得や財産に課されるのであって，イギリス国内で**稼いだり築いたりした**所得や財産だけに課されるのではない。だから一般に，イギリスに住むイギリス人にとっては，イギリスの直接税が高いからといって，その貯蓄を投資のために外国に送る理由など存在しない。それゆえ，計画的な不正を除けば，イギリス人の資本が国外に流出するさいには，イギリス人の資本家も同じく国外に流出するに違いない。しかしこれが大規模に生じないことは，すでに［第7節で］同意済みである。また高率の直接税がもたらす想像上の間接的影響，すなわち「社会主義」の恐怖によって，資本家が流出せずに，資本だけが流出することも当然ありうるという主張は誤りである。なぜならおそらく，「社会主義」がイギリスの工場主をやり玉に挙げながら，イギリスの外国証券所有者をそのまま放っておくわけがないからである。したがって，この脚注で考察した事柄，すなわち労働者の絶対的取分の減少を通じて厚生が被る特殊な損失は，大した問題ではない。

忍を怠ることに対して中立的［無差別］な移転，②この点に関して怠ることを不利に差別する移転，③怠ることを優遇する移転，である。この3種類の移転が国民分配分にもたらす影響を順に検討してゆこう。

2　差別的要素をまったく伴わない貧者への移転は，次のようにして策定できる。まずその社会の成員を，彼らが——資源の移転分を除いて——おそらく得るだろう収入額に応じて，あるいはより適切には，自分のために「当然稼げるはずであると考えられる」収入額に応じて，分類する。そしてこれらの各集団のうちの低い階層の者には補助金を給付するが，その額は，彼らが実際に稼ぐ収入ではなく，彼らが当然稼げるはずであると判断される［潜在的］収入に反比例するようにする。その設定される基準はむろん，人々の立場や人々の種類に応じて異なるだろう。例えば，ある人がある一定年齢で当然確保していると考えられる，貯蓄から得る所得は，その生活状況しだいである。すなわち「週12シリングで暮らす人が，1シリングの自分の年金を確保したとすれば，その倹約は，週50ポンドで暮らす人が3シリングの年金を得る場合よりずっと本物である」。そうしたすべての事情を十分考慮したうえで，その対象となる各家族に合った適切な基準を考えるのは，貧者への補助金の給付を委ねられる者の仕事である。この基準に従って彼らは，その補助金を「実績（performance）」ではなく「能力（capacity）」に応じて給付することによって，実績を低下させる誘因を人々に与える危険を回避する。この制度の基本的考えは，1871〜72年のウッドハウス氏の報告で提示されたものであり，そこで彼は，［スピナムランド制度のような］賃金補助としての救済と，稼得補助としての救済を区別しようと努めた。すなわち「稼得補助としての救済は，明らかに院外救済制度と不可分のものである。例えばすべての連合教区（unions）で，子どものいる労働可能な寡婦には救済金が支給されており，そのような救済はすべて，その寡婦が洗濯，掃除，あるいは他の同様の仕事によって稼ぐ所得を明らかに補助するものである。また私が訪れたほぼすべての連合教区で，昔はいつも働いていたが今は各種の臨時の仕事にときおり雇われるにすぎない老人や虚弱者に，救済金が与えられている。以上の2種類の貧民の救済は，現行の救貧法の導入以前にかなり広く普及していた賃金補助としての救済制度から区別できるように思われる」[113]。多くの救貧委員会が，老いた女性，虚弱な女性，子どものいる寡婦に与える救済の方法は，前述の考え方にますます近づ

きつつある。男性が従事するほとんどの通常の職業では，もし1日も欠勤せず，扶養家族もいなければ，平均的能力の労働者にかなり十分な稼得をもたらすが，女性のほとんどの職業ではそうなっていない，と救貧委員会は考えているようである。すなわちたとえ子どもがいなくても，通常の能力をもつ寡婦が，適度な時間の労働などによって「自立した生活を送り，また人生の通常の危険に備える」に十分なほど稼**げる**か否かは，まったく不明である[114]。それゆえ，「女性はひとたび（院外救済に）登録されると，不品行や度重なる放縦の罪を犯さない限り，その資格を失わない。彼女の稼得は変わるかもしれないが，救済金は一定である。彼女の稼得が調査されるのは，最初の申請のときだけであり，その後はめったにない。……ある職員はその通常の業務慣行を端的に次のように述べた。『われわれは，その女性たちが幾ら稼ぐかをまったく気にしない。彼女たちが10シリングを稼げないことはわかりきっている。彼女たちは，半クラウン［2.5シリング］の仕事であれば，いつでも見つけることができる』。したがって，詳しい調査をめったにしない連合教区——すなわちほとんどの連合教区——では，被救済貧民である労働者は，能力の限り精一杯働く意欲をそがれることがない」[115]。同様の考え方は，医療扶助を受けた者や，子どもを公的当局に養育してもらった者に対する，（返済義務を伴う貸付などの方法による）イギリスの厳格な支払請求制度にも具体化されている。請求されるのは，その貧者に提供されたサービスの実費ではなく，他者からの援助の望みがない場合におそらく自分で稼げるだろう収入の評価に基づいた額である。例えば教育省の通知552号は，親が子どもの給食費の全額を支払えない場合，「給食を無料で与えるよりは，親の資力が許す額だけでも支払わせるべきである」と主張している[116]。換言すれば，各家族に対する政府からの給付額を，自分で生計を立てる能力に反比例させようとしているのである。

---

113) 『王立救貧法委員会報告』Cd. 4690，付録第17巻，335頁に引用あり。
114) スティール－メイトランド氏とスクワィア嬢（『王立救貧法委員会報告』付録第16巻，5頁参照）。女性のための確立された職種がない地域では，むろん寡婦の暮らしは特に苦しいものになりやすい。そうした地域では「困窮した寡婦はすぐさま救貧法による救済を求め，寡婦である間はずっと地方税で扶助される」。家内労働の機会がある場合には救済は延期されることもあるが，それはしばしば，次章で定められるミニマムの基準の適切な解釈では到底認められないような，長時間労働という犠牲を伴っている（182頁参照）。
115) ウィリアムズ嬢とジョーンズ氏（『王立救貧法委員会報告』付録第17巻，334頁）。

3 一見するとおそらく，無差別な移転に関する貧者の期待は，貧者の労働と待忍の供給に，したがって国民分配分の大きさに，どんな場合も影響を与えないように思われるかもしれない。しかしこの考えは誤りである。むしろその影響は，**どのように**資源を移転するかによって異なってくる。もし貧者が自分で稼げる額とは無関係に，贈与として例えば毎週1ポンドの給付を約束するような仕方で，資源を一般的購買力［貨幣］の形で移転し，それが彼の気質に何も影響を与えないとすれば，彼が稼ぐ任意の第n単位の貨幣の彼にとっての効用は，一般に低下する。しかし，彼がおこなう任意の第n単位の労働の不効用は変化しない。それゆえ彼が従来と同量の労働をおこない続けるならば，その労働の最終単位の不効用は，その報酬として得る貨幣の効用より大きくなるだろう。したがって，毎週の給付を期待して，その受給者は労働の供給を，それゆえ国民分配分への貢献を，減少させるだろう。その期待がこのような結果をもたらす程度は，その給付額と，その受給者の貨幣の効用曲線や労働の不効用曲線の形に依存するが，とにかく，他の条件が等しい限りは，分配分への貢献を**幾らか**減少させる傾向がある。またその移転を現物給付の形でおこない，移転のない場合に受給者が自分の稼得で購入しただろうニーズを満たすように計画しても，その結果は貨幣給付の場合とまったく同じである。しかしその移転を（転売や質入のできない）現物給付の形でおこない，移転のない場合に受給者が購入しなかっただろうニーズを満たすように計画するならば，その結果は違ってくる。従来と同じニーズを満たすためには，彼は自分の労働によって稼ぐ貨幣の最終単位が必要になるので，彼にとってその最終単位は，移転のない場合と同じ効用をもつ。それゆえ，彼の労働と貯蓄による国民分配分への貢献は，何ら減少しないだろう。したがって，無差

---

116) 教育省通知552号，第4段落。1910年のその法律の運用に関する教育省の報告書によれば，実際に親から回収される金額はわずかである（Cd. 5131, 9頁）。支払の有無にかかわらず提供されるサービスに対する厳格な支払請求には，むろん実際的困難がある。また「返済義務を伴う貸付」という方法は，親の活力を産業的努力から支払回避の企ての方に向けさせてしまうという理由からも，反対論にさらされることが多い。ボサンケ夫人が述べるように，「多くの金銭が無鉄砲に浪費されるのは，使わなければ集金人に取られるだけだからである」（『エコノミック・ジャーナル』1896年，223頁，また『王立救貧法委員会――少数派報告』941頁も参照のこと）。他方では，すでに指摘されているように，「請求や回収」の失敗が主に起こるのは，明白な「困窮者」に提供されるサービスの場合のみであり，この条件に当てはまらない精神障害者の場合には，親類からかなりの額が容易に集金される（フリーマン『エコノミック・ジャーナル』1911年，294頁以降）参照）。

別な移転の一般的実施に関する貧者の期待は，国民分配分をやや減少させる傾向があるとはいえ，この期待がそのような傾向をもたらしにくい，幾つかの特殊な移転の例を挙げることができる。すなわち貧者のために共用の公園や私用の花々を提供すれば，移転の期待によって分配分を減少させることなく，富者から貧者に移転できる。同じことは，明らかに一般衛生対策についても言えるのであり，その経費に対する政府資金からの補助金は，通常の医療費に対する補助金とは異なる位置にある。救貧法委員会が述べるように，「衛生対策は，大部分は個人の手に余るものであり，社会が提供しなければならない社会的必要であるのに対し，医療は本来，個人的必要であり，その大部分は個人の力で容易に満たされる」[117]。貧しい階層の大部分の労働者については，失業保険もやはり異なる位置にあると考えるべき理由がある。ジャクソン氏とプリングル氏によれば，「保険数理上，保険に加入できる労働者は，そのほとんどが専門的立場にいる紡績工・力織機操作者・指物師・機械工・植字工などの，事実上，生産過程のまさしく最上部にいる者だけである。彼らより下にいる大勢の者は皆，自立した生活から『経済的に転落』する危険に常にさらされながら暮らしている」[118]。むろんこれは，低い階層の労働者にとっては失業保険の費用があまりに大きいので，どんな場合も，彼らの乏しい資力ではそれに加入できないという意味である。したがって，政府の失業保険制度に関する彼らの期待は，国民分配分に対する彼らの貢献を減少させないだろう。

4　次に，貧者が労働や貯蓄を怠るのを不利に差別するような移転を考察しよう。そのような移転の可能性は，比較的最近まで認識されていなかった。しかし今では，マーシャル博士がきっと次のように問うはずである。「院内および院外の救済は，**貯蓄を奨励する**ように，またその資力はわずかであっても，それでもできるだけ適切に行動したいと願う人々に希望を与えるように，運営されるべきではなかろうか」[119]。第2節で述べた能力の基準は，これを実現するうえでも，ある容易な手段を提供してくれる。この場合，貧者への給付額を能力に反比例させるのでなく，これらの給付を，実績と能力の一致を条件とするような何らかの方法

---

117)『王立救貧法委員会報告』231頁。
118) 同上書，付録第19巻，10頁。
119)『エコノミック・ジャーナル』1891年，189頁。

でおこなう必要があろう。それは実際上，その能力水準に応じて適切に設定された実績の基準に達している者を，これに達していない同じ能力水準の者より優遇することを意味するだろう。この工夫は，デンマークの老齢年金に関する原則の中で大まかに利用されている。すなわちその受給資格を得るには，公的救済に頼らなくても済むように，50～60歳の間に十分に働き，貯蓄しておかなければならない。この制度に言及したフラックス教授は，ハンザ教授に同意して，60歳以降の生活の備えに関する限りでは，それが倹約や労働や私的慈善を抑制することを認めながらも，次のように主張する。「しかし50～60歳の生活の備えに関する限りでは，倹約と私的慈善はいずれも刺激される。貧乏であっても正直で勤勉な者に，また彼を助けることに関心をもつだろう友人や昔の雇用主などに，今や課されるのは，それを試みることを人が思い止まるほどにその達成が困難でも不確実でもない，ある限られた課題のみである。これによって，この期間に自立を保とうとする動機は強まり，その動機の有効性も著しく高まる。多くの人は，達成不可能であるように見える課題を試みることには躊躇する。しかし課題をより達成しやすいものにすることで，さもなければ眠っていた多くの努力が呼び覚まされるのである」[120]。この種の方法を他にも応用する機会が存在することは，ほとんど疑う余地がない。

5 最後に，貧者側の怠惰を優遇する移転を考察しよう。近代諸国の貧民救済法のもとでなされる移転の大部分は，この種のものである。そのような法律はいずれも，ある一定基準を満たす収入を自力で得られない者には，その能力の水準を問わず，その基準と彼が実際に自力で得た収入の差額に等しい給付金を支給する，と保証している。これは明らかに怠惰を優遇するものである。また扶助を毎週定期的に与えるにせよ，救済事業でよくあるように冬季に限定するにせよ，どちらも等しく怠惰を優遇するものである。なぜなら「ある臨時労働者に，毎年4週間，定期的に週13シリングの失業手当を与えることは，年間を通じてその週賃金に1シリングを補助するのと算術上は同じこと」だからである[121]。明らかに，この種の差別的移転に関する期待は国民分配分を減少させるに違いない。こ

---

120) フラックス「デンマークの老齢貧民」，『イェール・レビュー』("Denmark and its Aged Poor", *Yale Review*) 1899年，15頁．
121) 『王立救貧法委員会報告』395頁．

れを証明する議論など不要である。したがってわれわれの議論は，そのような一定の差別的移転制度が確立された場合に，それによって分配分が減少する程度を左右する影響力のみに絞られるだろう。これらの影響力には次の2つがある。1つは，扶助を求める者が自分で稼ぐことのできる収入が，分配分へのその貢献を表す比率であり，もう1つは，移転に伴って彼に課される諸々の要件である。以下ではこれらを順に検討してゆく。

6 次のように仮定するのが通例である。すなわちある人物が自分のために私的に得る収入は，国民分配分に対するその貢献に正確に一致するので，貧者へのある移転制度の確立がもたらす，こうして得られる収入の総額の減少は，それと同量の国民分配分の減少を意味する。大まかな意味では，確かにこの仮定は正しい。労働と貯蓄からの，わずかな所得に有利な差別を，分配分に対するわずかな貢献に有利な差別と同一視する場合には，大した誤りは生じない。しかし，国民分配分に何ら貢献することなく所得を獲得できる方法も幾つかあるので，こうした仮定が不適切になるケースも幾つかある。この一般的事実が大きな実際的重要性をもつのは，貧者がよく相互保険によっておこなう，失業・病気・老齢への備えという特別なケースにおいてである。老齢ないし病気の労働者が私的な貯蓄から所得を引き出す場合には，その所得は，分配分に対しておこなった同量の用役の対価として彼が受ける報酬であるが，彼がそのような所得を相互保険組合の給付基金から引き出す場合には，これは一般にそのような報酬ではない。ある極端な例を挙げよう。明らかに類似したリスク見通しをもつ多くの者が，その年に災難に遭うそのうちの何人かのニーズのために，毎年の保険料の拠出に同意するとしよう。誰が災難に遭うかわからないので，彼ら全員にとって，その契約は結ぶに値するものである。しかし明らかに，災難に遭った者が受けとる所得は単なる移転所得であるから，何らそれと同量の分配分の創出を意味しない。それは実際，贈与として友人からもらった所得と何ら変わらない。むろん，実際の保険制度はもっと複雑である。すなわち労働者階級が保険をかけるほとんどのリスクは，年齢が高まるにつれ，ますます発生しやすくなるような種類のものである。けれども，徐々に保険料が上がってゆく保険制度を作るのは不便である。確かにそのような制度も試みられたが，実際上，その魅力において，毎年均一な保険料に基づく制度に太刀打ちできなかった。しかし均一保険料制度が，加入者と結ん

だ契約をいつでも履行できるという意味において，財務を健全に保つべきであるならば，たとえ新規加入者の流れが止まることになろうとも，若手の保険加入者の年間リスクの期待値を上回る額に，年間の保険料を設定する必要がある。これは事実上，その保険組合が，既存の組合員に有利な契約を結ぶことによって生じた債務の現在価値から，それらの組合員がおそらく支払うだろう将来の保険料の現在価値を差し引いた額に等しい貨幣を，準備金として保有する，したがっておそらく投資する，ということを意味する[122]。しかし財務の健全性を保つために十分な準備金の積立がなされる場合でさえ——事故に対するノルウェーの強制保険制度では，準備金の積立が法律によって義務づけられているように——，ある単純な保険組合に関して先ほど指摘した事柄は，かなりの程度，ここでも妥当する。すなわち財務の健全性を保つために必要な準備金は必ず，支払日を迎える手当を賄うための十分な利子を生みだす額より，ずっと少なくなる。なぜなら後者の目的にとっての十分な準備金は，既存の組合員と結んだ契約によって生じた債務の総現在価値より，ずっと大きな額にならざるをえないだろうからである[123]。したがって，財務が完全に安定しているほとんどの組合では，どの年に支給される手当にも，投資基金から得られる所得に加えて，その年に受けとる保険料がかなりの割合で含まれており，また財務が不完全にしか安定していない組合では，その割合はさらに大きくなる。わが国では，1907年の労働統計概要（Abstract of Labour Statistics）に示された主な友愛組合の積立基金と手当支給額の数字を合わせると，「積立基金」は2,050万ポンド，手当支給額は350万ポンドであることがわかる。しかし2,000万ポンドの資本額では，せいぜい100万ポンドの年収益しか生みだすまい。それゆえこれらの組合が支給する手当の大部分——全体の約4分の3——は，投資貨幣からの利子によってでなく，他の被保険者がその年に納める保険料によって賄われているに違いない。したがって，労働者が友愛組合

---

[122] この問題に関する優れた議論として，ゲファールト『保険原理』（Gephart, *Principles of Insurance*, 1911）第8章を参照のこと。

[123] なぜなら，i を利子率，a をある一定額の年金とし，翌年から支給を開始して n 年間続くとすれば，元本を取り崩さずに利子によってその年金を賄うために必要な額は $\frac{a}{i}$ になるが，その年金の現在価値は $\frac{a}{i} \cdot \{1 - \frac{1}{(1+i)^n}\}$ になるからである。しかもここで述べた準備金に加えて，実際には保険組合は常に，「確率」上の年金支給額を上回る請求がなされることに備えて，さらに多くの準備金を保有する必要がある。ただし大きな組合では，この目的のために必要な準備金は一般にわずかである。

の疾病保険や老齢保険などから引き出す所得は，国民分配分に対する実質的貢献とはほとんど関係のない所得であるという結論になる。したがって，これらのニーズに対してあまり備えない者を政府が優遇することは，国民分配分に対してあまり貢献しない者を実質的に優遇することを意味するわけではない。より具体的に言えば，病気や老齢に備えるための保険料を自分で支払えないすべての者に代わって，政府がその支払を引き受けることは，労働者による保険料の拠出を実際上免除することになるが，国民分配分に対する彼らの貢献をその額と同じだけ減少させることにはけっしてなるまい。だからシドニー・ウェッブ氏が，そのような政府の行動のもたらす主な結果は，病人や老人を養う負担を，その仲間の労働者の肩から地方税納税者全体の肩に移すことであるにすぎないだろうと論じるとき，彼は実質的に正しいのである[124]。このことは，強制保険の場合にはなおさら正しい。なぜなら強制保険の場合，ノルウェー・モデルのような「資本還元価値」に基づく財務方式を義務づける特別の規制がなくても，若い被保険者の新規加入が抑制されないことは確実であるから，その準備金を，財務の安定のための保険数理上の必要額よりずっと低い水準に安心して保つことができるからである[125]。それゆえ，保険から引き出される所得に関して貧者を優遇することは，貧者全体を優遇することとは別の問題であり，前者は後者より，国民分配分に対してずっと小さな悪影響しか与えないだろう。

---

[124] このような観点から，シドニー・ウェッブ氏は，個人の拠出による強制保険に対比される方式として，全費用の国庫負担による保険に強く賛成している。彼の論拠は，個人の拠出金の徴収にかかる膨大な経費である。すなわち「歳入調達の方法として見れば，すべての賃金労働者を強制加入させる保険では，毎週の保険料控除という手間のかかる煩雑な事務，登録カードや用紙の山，膨大な被保険者名簿，身元確認や不正防止のために不可欠な組織が必要になり，あらゆる雇用主に大変な手間を絶えずかけさせるのみならず，途方もなく多くの公務員の任命も伴うので，わが国の他のどんな税と比べても，すべての関係者に，ほとんど馬鹿げたほどの費用や面倒をかける」（ウェッブ『困窮の防止』(*The Prevention of Destitution*, 1911) 170 頁）。実にウェッブ氏は，徴収費用が，その調達される歳入全体の 2～3 パーセントどころか 20～25 パーセントにも達するだろう，と示唆するほどである。

[125] 例えばドイツの災害保険法では，「保険料は，その年度中に支給日をむかえる手当を賄うためだけに徴収され，またそれ以後の各年度に支給日をむかえる手当も，各年度に納められた保険料によって賄われる。雇用主はこの方法を好む，と言われてきた。なぜなら彼らは，その場合，さもなければ組合によって徴収され，その資本還元価値の中に積み立てられてしまう貨幣を，自分たちの事業のために留保できるからである」（フランケルと M. M. ドーソン『ヨーロッパの労働者保険』112 頁）。

7 次に，差別的な資源の移転を受けるさいに貧者に課される諸々の要件がもたらす影響力を考察しよう。こうした移転に関する期待が国民分配分の減少の恐れをもたらすのはむろん，その能力にそれなりに一致した労働量を供給する潜在的被救済者の努力——貧者には待忍を供給する余裕がないことは明白であり，ここでは待忍の減少は無視する——を弱めてしまうからである。しかし資源の移転に，そのような一致の達成を怠らないようにさせる抑止的要件が伴うならば，こうした悪影響は緩和される。くれぐれも注意しなければならないのは，その必要な抑止（Deterrence）とは，非常に能力の低い者が扶助を申請するのを抑止することではないという点である。その種の抑止は，治療を成功させる多くの機会を，逆に奪ってしまいかねない。ここで言うところの必要な抑止とは，潜在的被扶助者が，その能力の発揮を故意に怠らないようにさせるための抑止である。子ども・老人・一時的病人については，能力が非常に低いので，抑止的要件の有無が国民分配分に与える影響は，ほとんど取るに足りない。しかし労働可能な貧者については，話は別である。もしこれらの多くの者が扶助をあてにして怠ける気になれば，国民分配分は大幅に減少する。したがって，有効な抑止的要件をどれほど整備できるかという問題は，細心の注意に値する。

8 現在，そのような要件を定めようとするさいに最もよく見られる要素は，それが最もわかりやすいからであるが，扶助を受けるすべての労働可能な貧者に対する労働の強制である。この要素の重要性は，1832 年の王立委員会でなされた幾つかの証言によって十分に例証されている。例えばヘンダーソン氏は，リヴァプールに関するその覚書の中で次のように述べた。「労働［の強制］の導入により，救貧院にはめっきり人がいなくなった。ところが，いつもプリマスから得ていた廃品の十分な供給の確保が難しいときもあった。その供給が乏しいとわかれば，被救済貧民は救貧院になだれ込んできた。だが，その門前に積まれた廃品の山を見れば，当面の間，彼らは思い止まったはずである」[126]。同様のことを，サルフォード市の会計監査役だったアトキンソン氏も述べている。「仕事不足や失業のために救済を申請した者に仕事を見つけてやることは，特にその仕事がそれまでの彼らの仕事と別の種類のものだった場合には，非常に良い結果をもたらし

---

[126]『1832 年救貧法委員会報告』（*Report of the Poor Law Commission of 1832*）161 頁。

た。サルフォードでは，石を砕いて公道に敷く仕事は，この2年間で数百ポンドの［貧民救済費の］節約を市にもたらした。なぜなら実際，2, 3日以上も仕事に留まり続ける者はほとんどいないし，一方，その他の者については，あえて言わなくても察していただけるだろうからである。彼らは皆，自分の仕事を何とか見つけ，しばらくの間は世話をする必要がなくなる。奇妙な事実であるけれども，手元にある石の蓄えがすべてなくなって他の石がまだ来ないときには，彼らは一人残らず再び救済を申請し，救貧委員には，彼らを救済する義務がある。ところが石の到着を知らされるやいなや，彼らは再び自分の仕事を見つける」[127]。ポプラー連合教区に関するデイヴィー氏の最近の報告書から得られる情報も，同様の主旨である。それゆえ，労働を免除されるという期待のもつ大きな魅力をふまえ，友愛組合は失業手当を組合員の通常賃金の3分の1以下に留めるべきだというような意見も，ときおり実際に主張される。それでも，抑止的要件としての労働の有効性はまったく限られたものにすぎない。その主な理由は，ある人が民間の雇用主に雇われる場合に発揮する必要のある水準に近い活力をもって，その人を救貧法当局のために働かせることなど，至難の業だからである。被救済者をそれぞれ，彼らの従来の業種で働かせることは，実際上不可能である。したがって，どうしても何らかの一般的な労働形態が必要になる。そのような労働については，さまざまな人々から構成される雑多な集団に対して，単一の実績の基準を定めることは不可能である。それゆえ「その従来の通常の仕事ないし職業，その年齢や肉体能力を適切にふまえ」，各人に要求される実績の基準を定めなければならない。これは客観的に検証できないので，「どんな特定の課題も強要することはできない。その仕事をおこなう人々の能力は異なるのだから，各人に達成できそうな仕事量をこなすことしか要求できない。……その達成すべき実績の基準は，実際のところ，労働意欲のない労働者によって決まる」[128]。通常の慣行である解雇という手段はどんな場合も使えないという事実のために，救貧法当局は，この傾向をまったく解消できない状態にある。したがって潜在的被扶助者も，公的扶助を申請したさいに自分たちに課される労働が厳しい種類のものでないことを知っている。そのうえ，たとえこの問題を克服できたとしても，救貧法が与える仕事の確実性や安定性は，その従事者から，ときおりの失業に伴う危険，面

---

127) 前掲書162頁。
128) 『雇用不足による困窮に関する委員会報告』。ベヴァリッジ『失業』153頁に引用あり。

倒，費用，新たな仕事を見つける必要などを省いてくれるので，やはりこちらの方が自立した労働より魅力的である，ということになるかもしれない。通常は定期的に労働する同質な人々の集団が共通の災難に見舞われるような，ごく特殊なケースでは——アメリカの南北戦争がもたらしたランカシャーの綿不足や，インドのある地方の農業に大打撃を与える局地的干ばつ[129]のようなケースでは——，通常は産業に従事している人々が救済基金をあてにして怠けるのを防ぐには，有能な労働者の場合であれば，労働による抑止効果だけでも確かに十分である。すなわち「ランカシャーの綿不足という前例によって次のことが示された。何かの災害や規則的雇用の一時的中断によって定職を奪われたとはいえ，いずれその定職に復帰することが実際上確実な特定の階層の労働者については，彼らの雇用を目的として，専門的組織のもとで期間を限定しておこなわれる公共事業こそが，その一時的困窮を救済する最も簡単な方法だろう」[130]。しかし通常の時期の一般的形態の困窮の取り扱いについては，多くの経験から明らかなように，労働による抑止効果だけでは，差別的移転に関する貧者の期待が怠惰を生みだすのを防ぐには，それゆえ分配分が減少するのを防ぐには，不十分である。市民権剝奪も，いわゆる被救済者のスティグマも，実務担当者の意見では同じく不十分である。したがって，真に有効な抑止を確保すべきであるならば，懲戒的手段を用いるほかはない。これは，施設内で監督され過度の外出が許されないという意味である。懲戒的手段の必要性は，浮浪者収容施設（casual wards）や通常の救貧院が，実際にすべての入所者に対して，彼らの望む期間だけ場所や食事を提供するイギリスでは，これまであまりよく認識されてこなかった。しかしヨーロッパ大陸では，事情は大いに異なっている。働きたくないという理由から自分で生活費を稼がない労働可能者は，長期間，労働施設に入れられる。ベルギーではそのような人は，2～7年の間，メルクスプラスの刑罰施設に収容されることもある[131]。ベルンの州法は，6ヵ月～2年の間，労働施設に彼らを強制収容することを定めている[132]。ドイツ帝国の刑法にも同様の規定がある[133]。大陸の慣行をわが国でも採用しようという提案が，今では真剣になされるようになってきた。例えば浮

---

129) モリソン『インドのある州の産業組織』272-80 頁参照。
130) 『王立救貧法委員会報告——少数派報告』1129 頁。
131) W. H. ドーソン『浮浪者問題』(Dawson, *The Vagrancy Problem*, 1910) 106 頁参照。
132) 同上書 179 頁。
133) 同上書 193 頁。

浪者に関する委員会は、「常習的浮浪者の階層を法律で定義すべきである。またこの階層には、ある一定期間、例えば 12 ヵ月のうちに、3 回以上、浮浪者法 (Vagrancy Act) で現在規定されている違反――すなわち野宿、物乞い、浮浪者収容施設における労働課題の遂行の拒否、自分で生活費を稼がずに救貧税の世話になること――を犯す者を含めるべきである」と勧告した[134]。このような議論の一般的結論が示唆するのは、この問題に慎重に配慮して、救貧法当局は、差別的な資源の移転をおこなうさいに貧者に課する諸々の要件の制度を整備することができるし、そのような制度は、人々がこうした移転をあてにして怠惰になるのを現行のイギリスの制度よりずっと有効に防ぐだろう、ということである。けれども、こうした差別的移転に関する期待によって国民分配分が**少しも**減少しなくなるほどに、やがてその制度が完全なものになるなどと、真剣に期待することはできない。

第 12 章　ナショナル・ミニマム

1　前の 3 つの章で示した考察を結合すれば、相対的富者から相対的貧者へのある一定の年々の資源移転の事実と、その事実に関する期待が、国民分配分を増加させる傾向があるか否かを、われわれは述べられるはずである。すなわち生産に有益な結果をもたらすような形で、膨大な資源を移転する計画を工夫できることは、ほぼ明白である。第 1 章で見たように、そのような移転は最終的に、相対的貧者の実質所得を増加させる結果をもたらす、つまりまったく明白な形で経済的厚生を増加させる結果をもたらすに違いない。他方、国民分配分を減少させる移転は、もしその年々の移転量を一定に保つならば、相対的貧者の実質所得を縮小させてゆき、最終的には、彼らの稼得額と彼らの受けとる移転額との合計が、年々の移転がまったくなされない場合の彼らの稼得額より少なくなってしまうに違いない。したがってこの種の移転は、まったく明白な形で経済的厚生を減少させる結果をもたらす。しかし結果がこのように明白でない、第 1 章の終わりに触

---

134)『浮浪者に関する議会委員会報告』(*Report of the Departmental Committee on Vagrancy, 1906*) 第 1 巻, 59 頁.

れたもう1つの種類の移転がある。私が言っているのは，貧者の所得のうち，彼らが働いて稼ぐ部分が変化する場合に，それを相殺するようにその量が年々変化する移転の制度のことである。政府が生活条件のナショナル・ミニマムを制定し，あらゆる市民に，どんな事情があろうとも，その人生の浮き沈みの中でそれを下回ることを許さない場合には，いつでもこの種の制度が暗に導入されている。なぜならそのようなナショナル・ミニマムの制定は，実際上，貧困を優遇する種類の貧者への移転を意味するので，国民分配分を減少させるが，それはまた同時に，無限の長期の観点から見れば，貧者の総実質所得を増加させるだろうからである。したがって，ナショナル・ミニマムの制定が経済的厚生に与えるだろう影響を確定することは，これらの対立しあう2つの影響力を均衡させることを意味する。

2 この課題に取り組むにあたり，まず，ナショナル・ミニマムの厳密な意味を明瞭に理解しておくことが望ましい。それは，満足の主観的最低限としてでなく，生活条件の客観的最低限として理解されなければならない。またその条件とは，生活の一側面だけに関するものでなく，全般的な諸条件でなければならない。だからミニマムには，ある確定した量と質の，住居，衛生設備，食料，余暇，快適な生活用具，労働上の安全や健康の促進に適した機器などが含まれる。しかもミニマムは絶対である。すなわちある市民がその全項目を達成できるのに，あえてその一項目だけミニマムを達成しないことを望むというような事態に，政府は一切配慮しない。例えば彼は，人が住むのに適さない安い部屋に住むことによって，大酒を飲む金をつくることを許されない。またある市民が，必ずしもミニマムの全項目を達成できないにせよ，ある一項目を達成しないことにすれば自立した生活を維持できる場合も，それはやはり許されない。政府は，自力で生活するためにそうせざるをえない家族もあるという理由から，ミニマムを上回る時間の児童労働や女性労働をおこなうことや，あるいはミニマムを下回る住居に住むことを，個別のケースに応じて許すことはないだろう。なぜなら，もしそれが事実であるならば，その家族はそもそも自力で生活することを要求されるべきではないからである。「貧しい寡婦や働けない父親に，その子どもを学校に通わせずに，子どもに稼がせることを容認する」ような政策に，弁明の余地はない[135]。むしろ，児童雇用法（Employment of Children Act）に関する委員会が次のよ

うに言明したことは，まったく適切である。「加えてわれわれは，現在，児童労働に経済的に頼ることがあまりに多い寡婦などのケースでは，もはや現在のために［児童の］未来を犠牲にすることよってでなく，むしろより科学的な手段，おそらくはより寛大な公的扶助の手段によって対処すべきであると感じている」[136]。

3 現場の慈善活動家の間には，次のような一般合意が存在する。すなわち誰も極度の欠乏に陥らないほどの，十分に高い水準のナショナル・ミニマムの制定が望ましいこと，そしてこれを確保するために，相対的富者から相対的貧者へのどれほどの資源の移転が必要になるとしても，分配分が減少してしまうかもしれないというその悪影響にひるまず，これを実行しなければならないことである[137]。現場の慈善家たちが唱えるこの政策は，もし極度の欠乏が個人に与える苦痛を無限大と考えるならば，その政策によって全体としての経済的厚生が増加することを示せるという意味では，分析上も正当化される。なぜならその場合には，極度の欠乏をなくすという善は，分配分の減少から生じるだろうどんな悪とも比べようがないほどに大きいからである。したがってここまでは何の問題もない。しかし明らかに，われわれの議論はこれだけでは済まない。**何らかの**ナショナル・ミニマムの制定によって経済的厚生が増加するか否かという問題のみならず，**どの程度の**ナショナル・ミニマムを制定すればそれが最も有効に増加するのかという問題を，考える必要がある。ところで，極度の欠乏状態でない限りは，一般に認められているように所得の増分には有限量の満足の増分が伴う。それゆえ，移転のもたらす直接的善と間接的悪はどちらも有限量になるので，前述の問題に対する正しい形式的解答は次のような命題によって与えられる。すなわち経済的厚生が最も増加するのは，貧者への限界的貨幣移転のもたらす直接的善が，その結果

---

135) ヘンダーソン『合衆国の労働保険』301頁参照。
136) 『報告』15頁。
137) 本書のさまざまな箇所で論じてきた労働能力の向上が，それ自体として，一部の労働者をミニマムの基準以下の水準に追いやることになる，と言われることもある。なるほど理論上は，労働能力の向上は実質的に労働供給の増加に等しいので，ある一定の質の労働単位の実質賃金をわずかながら下落させる，というのは正しい。しかし労働一般の需要の弾力的性質をふまえれば，この変化によって自立した生活の水準以下に追いやられる，能力の向上しない労働者の数など取るに足りないことは，ほぼ確実だろう。

生じる分配分の減少のもたらす間接的悪と，ちょうど均衡するような水準のミニマムの制定によってである。

4 この形式的解答から，ある特定の国で，ある特定の時期に，どの程度のナショナル・ミニマムを制定すべきであるかという定量的推計を導きだすには，大量の詳細な情報を入手し，分析する必要があろう。だがその多くは，現状では研究者が入手できない情報である。しかし次のような一般的推論であれば，安全に引き出すことができる。すなわち，他の条件が等しい限り，その社会の1人当り実質所得が大きいほど，そのナショナル・ミニマムを有益に設定できる水準は高くなる。この命題の第1の理由は次の通りである。すべての者の所得をある一定のミニマムにまで引き上げるように設計された差別的移転制度に関する期待がもたらす，分配分の減少は，そのミニマム以下の収入であれば自力で稼げるすべての者が，本来ならばそのようにして通常稼いでいたはずの個人収入の総額に，等しくなる傾向がある。それゆえ分配分の減少は，ミニマムを上回る賃金を稼げない者の比率が高いほど，それだけ大きくなる。またそのような労働者の比率は，その社会の1人当り実質所得が低いほど，高くなるに違いない。これは，社会が相対的に貧しい場合には，ある一定のナショナル・ミニマムの制定によって，その社会が相対的に豊かである場合より，それだけますます大量の分配分を失うことを意味する。「労働可能な被救済貧民の全体的な境遇は，最下層の自立した労働者の境遇より，実際に，または外見上も，恵まれたものにすべきではない」という1832年の王立救貧法委員会の勧告［いわゆる劣等処遇原則］の背後には，おそらくこの事情があった。「最下層の自立した労働者」とは，成人の健康な通常の非熟練労働者である。当時は，非熟練労働者の人口比率が非常に高かった。したがって，こうした労働者が通常稼げる以上の恵まれた境遇をあらゆる者に保証すれば，国にとっては大量の国民が働かなくなる恐れがあっただろう。分配分の大部分が，そうした国民の努力全体にかかっていたのである。しかし今では，1832年の非熟練労働者の稼得によって表される境遇以上の恵まれた境遇を保証しても，ずっとわずかな程度しか分配分は減少しないだろう。なぜなら，それ以下の賃金しか稼げない国民の比率は大幅に低下しているからである。これだけではない。今では，今日の非熟練労働者の境遇に等しいミニマムを保証しても，1832年の非熟練労働者の境遇に等しいミニマムの保証が当時及ぼしたよりも，

わずかな程度の影響しか分配分に及ぼさないだろう。なぜなら国民分配分に対する非熟練労働者の寄与率も，今では当時より低下しているからである。以上のことが，国民1人当り実質所得の増加に伴って，国はますます高いナショナル・ミニマムを打ち立てるべきである，という前述の命題の第1の正当な理由を提供する。この命題の第2の理由は，たとえある一定水準のナショナル・ミニマムの制定によって失われる分配分の割合が，豊かな国と貧しい国で同じであっても，その分配分の任意の第 n 単位の喪失による満足の減少はおそらく，分配分の大きい国の方が分配分の小さい国より少ないからである[138]。したがって，過酷な逆境の自然環境にいる開拓労働者の集団を考察している場合には，そこでのナショナル・ミニマムは，長時間の労働，不衛生な環境，低い実質賃金が，その最も能力の低い市民の間に流布することを正当に承認するだろう。しかし資本が蓄積され，自然が征服され，発明や発見が進むにつれて，事態は変化する。社会的富の一部を用いて，労働時間を短縮したり，衛生設備を改善したり，危険な機械を柵で囲ったり，より良い住居や教育を義務づけたり，十分に健康的な食物の供給をすべての市民に保証したりすることが，ますます明瞭な利益になる。だから，相対的に貧しい国はその「困窮した（destitute）」市民に少ししか給付しないけれども，相対的に豊かな国は「助けを必要とする（necessitous）」[139] すべての者にそれより多く給付すべきだという主張は，もっともである。ヘンダーソン氏は合衆国に関して，「社会的保護を，最も弱い国民を飢えによる惨めな苦痛や死から守るためだけの手段と見なすことは，われわれのような国にはふさわしくない」と適切に述べた[140]。すなわち現代世界の豊かな国々は，ずっとこれ以上のことができるし，それが実に公的な義務でもある。

---

138) 現代の意見はこの見方に近づきつつあり，一方，一次的ニーズが満たされた後には，所得から得られる満足は，その所得の増加率に等しい量ずつ増加する，というベルヌーイの主張からは離れつつあるように思われる（シジウィック『経済学原理』(*Principles of Political Economy*, 1883) 566頁参照）。
139) この用語［poor の婉曲語］は，1909年の救貧法報告書の多数派委員によって用いられた。
140) ヘンダーソン『合衆国の労働保険』43頁。

第 IV 編
国民分配分の変動

第1章　経済的厚生と，代表的労働者の所得の変動

1　第I編第2章では，類似した2人がある一定量の資源を消費に利用できる場合，この量を彼らの間で均等に分けるほど，経済的厚生が増加することを，効用逓減法則を用いて示した。またこの仮想的集団の人数が，類似した2人から類似した多数の人々に増えても，利用できる資源を彼らの間で均等に分けるほど——分配の均等度は標準偏差ないし平均二乗偏差で示される——，経済的厚生が増加することは，やはり依然として正しい，ということも示した。ところで，ある時点における多くの類似した人々を，多くの類似した時点におけるある人に置き替えても，明らかに，このようにして到達した結果は等しく妥当する。すなわちある人の嗜好やニーズがある一定期間を通じて変化せず，またその期間全体の総消費が一定量である場合には，その消費がこの期間全体に均等に分散するほど，経済的厚生は増加する[1]。この命題からわれわれはさらに次の命題に，すなわちある集団の代表的成員の消費が時間を通じて均等に配分されるほど，その集団の成員の経済的厚生は増加するという命題に進もう。第I編の25頁［本訳書67頁］の脚注35の議論を拡張すれば容易に示されるように，この後者の命題

---

1) むろん，個人のニーズが変化する場合には——ニーズは，結婚前や子どもの自立後よりも，扶養家族をもつ期間に高まるだろう——，消費の変化がニーズの変化にうまく適合するほど，厚生は増加する。通常の労働者のニーズが，その生涯の各時期にどのように変化するかについての優れた説明として，ルロワ-ボリュー『富の分配』452-3頁を参照のこと。

は，その代表的成員の消費の通時的な配分の均等性が，各成員の消費の標準偏差ないし平均二乗偏差の算術平均で示される場合には，前者の命題と等しい妥当性をもつ。

2　さて，類似した2人だけからなる社会のケースに戻ろう。そして，このAとBの各人の消費は可変的であり，Aの通常の消費はBのそれよりずっと多いとしよう。経験はわれわれに，効用逓減法則と並んで，次のようなもう1つの法則の存在を保証してくれる。すなわちある欲求が満たされるにつれ，効用の逓減率自体も逓減する，換言すれば需要曲線は一般に原点に対して凸型である[2]。この法則から直接導かれるのは，各人の平均消費量を変化させずにBの消費変動を縮小させるどんな移転制度も，たとえこの縮小がAの消費変動の拡大という犠牲を伴って生じるにせよ，AとBを合わせた経済的厚生を増加させるということである。先ほどと同様に，この命題からさらに次の命題に進むことは容易である。すなわち各集団が多少とも同質であるならば，各集団の平均消費量を変化させずに，より貧しい集団の代表的成員の消費変動を縮小させるどんな移転制度も，たとえこの縮小がより豊かな集団の代表的成員の消費変動の拡大という犠牲を伴って生じるにせよ，2つの集団の人々を合わせた経済的厚生を増加させる。

3　本書の第III編の幾つかの部分で，「貧者」を大まかに肉体労働者階級と同一視して問題を単純化したことが，想起されよう。その同じ単純化を，ここでも採用するのが好都合だろう。こうすれば，今述べた2つの命題から，次のような一般的結論に到達できる。すなわち代表的労働者の消費変動を縮小させるどんな計画も，他の条件が等しい限り，たとえそれが他のより豊かな階級の代表的成員の消費変動の拡大という犠牲を伴う移転によってなされる場合でも，経済的厚生を増加させる傾向がある。この結論は，第1～2節の抽象的議論から直ちに導かれる。しかしそこで触れなかった以下の3つの実際的事情も考慮すれば，その結論はさらに強まるだろう。

4　第1の実際的事情は，消費一般の変動が，その時点の満足の喪失のみならず，

---

[2] 私の『産業平和の原理と方法』70頁を参照のこと。

厚生にとって有害な将来の帰結も惹起することである。しかもその変動が貧者の消費に生じる場合には，この帰結は特に重大なものになる。それは，一部は肉体の領域に，一部は道徳の領域に作用する。一方では，消費の変動に伴ってときおり生じやすい資力の欠乏は，それを被る者の体力に，特にその日常の食物が減らされかねない幼い子どもの体力に，永続的害悪をもたらすだろう。他方では，この資力の欠乏は，不可欠な生活の糧を得るために，道徳心の永続的衰えを招きかねない手段に人々を誘い，そのあげく人々が救貧法に頼るようになるのは，ほとんど明白である。なぜなら，周知のようにイギリスの被救済貧民数の推移を表す曲線は，失業者数の推移を表す曲線を1年ほど遅れて追いかけるからであり[3]，またある人々によれば，救貧法や浮浪生活に頼ることは，明確な堕落の段階に入ったことを示すからである。ハンター氏は，懸命な努力や自立心の見られる貧困と被救済生活（pauperism）との間には，明確な境界線があると明言する。「被救済貧民は一般に不幸であるとは言えない。彼らは恥じておらず，自立することを切望してもいない。彼らは苦しんでおらず，不満も感じていない。彼らは貧困と被救済生活を隔てる線を踏み越えてしまったのである」[4]。ベヴァリッジ氏も次のように付言している。「自分の家族を救貧法に委ねて，救貧院に入ったり放浪したりする人々は，一般に，疑いもなく自分自身の弱さに起因する不運のために，もはや労働可能者でもなければ，敬意を払うにも値しなくなってしまった人々である。一度そこに踏み入ると，彼らはめったにもう産業に戻ってこない」[5]。労働者の1年のうち，稼ぎの少ない月に生じるこれらの悪は，明らかに，稼ぎの多い月に生じる善によって，十分に相殺されることはない。

---

3) 約1年という間隔はおそらく，一部には，貯蓄，家財の質入，子どもの稼ぎなどによって可能になる抵抗のためであり，また一部には，**被救済貧民の流入**が減少しても，この流入が死亡などのために生じる流出を上回る限り，被救済貧民は減少しないという事実のためである（ベヴァリッジ『失業』49頁参照）。
4) ハンター『貧困』3頁。
5) ベヴァリッジ『失業』50頁。王立救貧法委員会の少数派は，稼得の不規則性の大きな原因が被救済生活にあることを示そうとするこの種の推論の根拠として，困窮委員会（Distress Committees）への申請者の大部分が，ここで述べたどちらかの種類の短期の臨時労働者であるという事実を挙げた（『少数派報告』1151頁）。しかし現在の産業制度のもとでは，どんな雇用形式で彼らが働くにせよ，臨時労働者になるのは主に，被救済貧民になりやすい能力の低い人々であることに注意すべきである。

5 第2の実際的事情は次の通りである。貧しい階級の消費変動を生みだす原因は一般に，労働期間と遊休期間の繰り返しという意味における，さまざまな程度の雇用変動も生みだす。この2つの変動の結合を防ぐ方策がとられる場合も，確かにあるだろう。企業者の労働需要の変動は，労働時間短縮から，フルタイムの労働をへて，時間外労働に至る，あるいはその逆方向への調整という形で克服される**こともあり**，この場合には，労働期間と遊休期間の繰り返しという意味における雇用変動はなくなる。しかし大部分の産業では，企業者の労働需要の変動はこのような形で克服されるわけではない。一般にそれらは，ここで定義したような意味における雇用変動を伴う。それゆえ，もし労働者階級の消費変動の**原因**がもたらす害悪全体を明らかにしたいのであれば，この消費変動がもたらす悪影響に加えて，雇用変動がもたらす悪影響も考慮しなければならない。雇用変動がそれ自体としてもう1つの社会的害悪であることは，容易にわかる。例えば自分の土地ないし借地で働くような，代わりの種類の仕事がある場合を除けば[6]，遊休はしばしば，遊休している人々の経済的能力や一般的能力に重大な悪影響——遊休が長引くにつれて急激に高まる悪影響——を及ぼすだろう。例えば，周知のように，酒びたりが最もひどくなるのは仕事のない時期であることが多い[7]。王立救貧法委員会では次のような証言がなされた。「ある仕事の終了のために遊休を強いられると，当然ながらその労働者は気晴らしを求めるが，それは十中八九まで最寄りの居酒屋である。この種の人々にとって，激しい重労働と完全な遊休の頻繁な繰り返しは，おのずと徐々に道徳的・肉体的な堕落をもたらし，ついにはその人々は，機会を与えられても労働できなくなる」[8]。オールデン氏は，多くの労働者を雇う人物の次のような言葉を引用した。「私のところの熟練労働者の5，6パーセントが今まさに失業中である。長い遊休期間のうちに，これらの誰もが，いつもきまって衰えてしまう。その衰え方が非常に著しい場合もある。その者は以前より腕が落ちてしまい，有能でなくなる。多くの労働者を雇うわれわれ全員に共通する経験は，長期間の遊休ほど熟練労働者の能力に悪影響を与えるものはないということである」[9]。トランスヴァール困窮委員会も次のように報

---

6) ベルギーでは労働者向けの鉄道乗車券が安いので，多くの労働者は菜園付きの田舎住宅に住み，通常の仕事がなくなると，彼らはその耕作に向かう（ラウントリー『失業』(*Unemployment,* 1911) 267 頁参照）。

7) 慈善組織協会『非熟練労働者に関する報告』56 頁参照。

8) 『少数派報告』1138 頁に引用あり。

告している。「失業は，慢性的・絶望的な種類の困窮の最も有力な原因の1つである。人がどれほどの腕をもっていようとも，長期の失業の間にどうしても衰えてしまう。その手は器用さを幾らか失い，怠け癖もつく。そのような傾向によって，失業者は雇用不可能な水準にまで衰えてゆく」[10]。ひとたび臨時の労働者になった者は，もはや容易には常勤の労働者に戻れない[11]。ある最近のアメリカの研究結果も参考になるだろう。「遊休を強いられる期間が回復や休息の期間になるのであれば，雇用不足には良い面もあろう。だが強いられた遊休は，回復や休息をもたらさない。仕事探しは仕事自体よりずっと大変なのである。慈善団体の事務所の1つで，担当者が来るのを待って座っていたある申請者が，その求職活動の経験を語ってくれた。彼は朝5時に起き，そこに行けば仕事を得られると聞いたある遠い場所まで3, 4マイルも歩いたものだった。彼は他の者に先んじようとして朝早く出かけ，電車賃を払う余裕がないので歩いた。残念ながら最初の場所では仕事を得られず，何マイルも離れた別の場所にとぼとぼ歩いて向かったが，そこでも再び失望させられるだけだった。……その男性は自分の話を語りながら，失業とは単なる賃金の喪失を遙かに越えるものを意味するという真理を痛感しているようだった。すなわちそれは，貨幣では測れない極めて重大な力の消耗を意味する」[12]。ここでもやはり消費の場合と同じく，明らかに，稼ぎの少ない月に生じる悪は，稼ぎの多い月に生じる善によって相殺されることはない。しばしばそうであるように，稼ぎの多い月が長時間の超過労働を意味する場合には，それらの月は，稼ぎの少ない月に生じる悪い影響を相殺するどんな善い影響も生みださず，むしろそれ自体がもう1つの悪い影響となって付加されることも，実際によくあるのである。

6 第3の実際的事情は大まかに言うと，実際の近代世界では，消費や雇用の変

---

9) オールデン『失業者——国民の問題』(Alden, *The Unemployed, a National Question*, 1905) 6頁。
10) 『トランスヴァール困窮委員会報告』120頁。
11) 慈善組織協会の非熟練労働者委員会における幾つかの証言は，臨時の港湾労働者を常勤の労働者に変えようとした試みが，規則正しい出勤を拒否する労働者によって失敗させられた経緯について述べている(『慈善組織協会の非熟練労働に関する委員会報告』1908年，183頁)。
12) 『合衆国労働案内所公報』(*United States Bulletin of the Bureau of Labour*) 第79巻，906-7頁。

動という事実が，平均的資力の乏しい者たちに，その事実自体に加えて，その事実の生々しい予感，すなわち不安定や不確実の強い感覚をもたらすことである。H. ルウェリン・スミス卿はその点を，端的に次のように述べた。「リスクの大きさや計算可能性が一定の限界を越えると，要するにそれがギャンブラーのリスクとでも言えるものになると，それにさらされることは，元気づけの刺激として作用しなくなるばかりか，ある非常に深刻な種類の悪影響をもたらすことは，歴史や観察がはっきり示しているように思われる」[13]。同様にして，ルロワ-ボリュー教授も次のように断言するが，それは確かにもっともである。「例外的な場合を除けば，一般に今日の社会悪は，賃金の不十分さよりも，むしろ雇用の不安定さにある」[14]。

7 前述のように，以上の3つの実際的事情は，抽象的分析によって第3節で到達した結論をさらに強めてくれる。だから今や完全に立証されたように，代表的労働者の**消費**変動を縮小させる原因は，たとえそれが他のより豊かな人々の消費変動の拡大という犠牲を伴う移転によってしかもたらせない場合でも，一般に国民的厚生を増加させる。したがってわれわれは確信をもって，本章の最終目標，すなわち代表的労働者の**実質所得**の変動に関する類似の命題，に進むことができよう。当然ながら，消費の変動と実質所得の変動は異なる問題である。だから次のような場合もおそらく考えられる。すなわち類似した人々からなる集団は，実質所得の激しい変動にもかかわらず，貯蓄や相互扶助や保険によって，消費の完全な安定を確保するかもしれないし，また豊かさの度合の異なる2集団の間でも，質入や比較的裕福な商人からの信用に基づく借金によって，その2集団のうちの貧しい方の集団は，豊かな方の集団の負担によって消費の完全な安定を確保するかもしれない。実際上，これらの方策があるので，一般に消費の状態は所得の状態より幾らか安定している。それでもなお，完全に合理的な経済人の世界でさえ，これらの方策がその極限まで推し進められないことは明白であり，現実世界ではなおさらである。だから実質所得の変動を被る集団は常に，**ある**程度の消費の変動も被る。そして――ここが肝心な点である――実質所得の変動が大きいほど，常に消費の変動も大きくなる。それゆえ次のように結論される。すなわわ

---

13)『エコノミック・ジャーナル』1910年，518頁。
14) ルロワ-ボリュー『富の分配』612頁。

ち，他の条件が等しい限り，代表的労働者の実質所得の変動を縮小させるどんな計画も，たとえそれが他の階級の代表的成員の消費の変動を拡大させるという犠牲を伴う移転制度によってなされる場合でも，国民的厚生を増加させるだろう．

第2章 保　　険

1 本論を進めるのを少し中断して，本章では，ある大きな実際的重要性をもつ関連問題を検討したい．前章の終わりで見たように，集団の所得変動の状態が一定であっても，その消費変動の状態は厳密に確定するわけではない．明らかに，その場合，経済的厚生はこの2つの状態の相関の仕方にも一部依存するに違いない．すなわち所得変動が一定であっても，この相関に基づき，代表的労働者の消費変動を縮小させる方策は，他の条件が等しい限り，経済的厚生を増加させるに違いない．それゆえ，この目的のために利用できる各種の方策を検討する必要がある．その主なものは，相互扶助と貯蓄である．

2 相互扶助（mutuality）方式は，その最も純粋な形では，ある期間内の各成員の通時的総消費とその期間内の各成員の通時的総所得を均等に保ちながら，各年においても，全成員を合わせた集計的消費と集計的所得を均等に保つ．それは，各年において成員間で所得の移転をおこない，各年の集計的消費の，集計的消費の平均からの偏差が，彼らの間で均等になるようにするのである．すなわち n 人の成員がいて，ある年の全成員の集計的所得がその平均を H だけ上回る場合には，各人の個別消費が各人の個別消費の平均を $\frac{H}{n}$ だけ上回るように，移転を計画する．容易にわかるように，各年の全成員の集計的消費と，期間全体の各成員の個別消費が与えられれば，この方法に基づいておこなわれる移転制度は，代表的成員の消費変動を可能な最小値にまで縮小する．またどんな移転制度も，この形に近づくほど，これと同様の作用をもつようになる．すなわちそれは，代表的成員の消費変動をその所得変動より縮小し，また各人の個別消費のその平均からの偏差を $\frac{H}{n}$ に近づけることに成功するほど，代表的成員の消費変動をますます縮小するのである．相互扶助方式に関するこの記述が，全体として成員間の富の

移転は一切なされない，と前提している点に注意すべきである。それが実際に前提しているのは，あらゆる成員の支払う掛金が，その単なるリスク上の損失ではなく，実際上の損失に一致することである。本章の目的にとっては，このように前提して議論するのが便利である。相対的富者から相対的貧者に資源を移転する手段としての相互扶助の働きは，第Ⅲ編第 10 章ですでに検討済みである。だから本章で扱うのは，各人の年間消費を，その年間所得から区別された平均所得に近づける手段としての，相互扶助の働きに限られる。

3 貯蓄方式も，その最も純粋な形では，どんな年にも集団の成員間の所得移転を一切伴わない。それは，各個人が，収入の多い年の超過所得をその後の収入の少ない年に使用するために保持して，消費を常に同量に保つことである。この方式が完全に実行されれば，明らかに，その集団の代表的成員の消費変動はゼロにまで縮小するだろう。その方式が不完全に実行される場合でも，その完全さの程度に応じて，やはり同様の作用をもつ。すなわちそれによって，代表的成員の消費変動は所得変動より縮小し，また各人の個別消費のその平均からの偏差がゼロに近づくほど，代表的成員の消費変動はますます縮小するのである。

4 実際には，相互扶助方式と貯蓄方式は結合されることが多い。なぜなら，貯蓄方式のみを単独で実行しても，代表的成員の消費変動をゼロに縮小することは**可能**だが，膨大な量の資源を貯蓄するという犠牲を忍ばなければ，これは不可能だからである。各成員は，各自の個別所得に生じる変動を十分に相殺できるだけの蓄えを，平均的に保持する必要がある。しかし各成員の状況が，一部には，他の成員と無関係な独立した原因によって左右される集団では，任意の年の各人の個別所得のその平均からの偏差を合わせた和は，各人の個別所得を合わせた和のその平均からの偏差より，ずっと大きくなる。それゆえ，個人的にでなく社会全体で貯蓄すれば，代表的成員の消費変動をある一定程度にまで縮小するために必要な貯蓄量は，大幅に省かれる。相互扶助方式と貯蓄方式のこの結合は，一般に**保険**（*Insurance*）として知られているものである[15]。保険は，消費を安定させるうえで，貯蓄だけに頼るよりも安上がりな方式である。したがって，安上がりで

---

15) 保険の他の側面については，第Ⅱ編第 4 章第 6 節，第Ⅲ編第 10 章第 2〜3 節を参照のこと。

あることが決定的重要性をもつ貧しい階級においては，私的な貯蓄を促進する試みが失敗した場合でも——失業に備えるための私的な貯蓄に補助金を出すヘント［ベルギー北西部の都市］の制度はその好例である[16]——，保険を促進する試みは成功している。

5 ところで実際には，保険は，個別の稼得変動を是正するために，たやすく直接に適用できるわけではない。なぜなら，保険をこのように計画すれば，それは稼得を減少させる行動への補助金として作用してしまうからである。それゆえ，個人の所得の減少やニーズの増加に直結しやすい幾つかの事象を選んで，これに保険をかけることになる。そのような事象は，それを故意に起こしたり偽装したりする誘因をできるだけ被保険者に与えにくい種類のものでなければならない。各種の保険制度がうまく発展するか否かは，この条件に従って制度を策定できる程度に主にかかっている。2つの事象，すなわち死と，適切な出生届制度が存在する場合におけるある一定年齢への到達については，一般的に言って，人がそれらを故意に起こしたり偽装したりする危険はない。また一般性においてやや劣るが，同様のことは，手足の喪失のような明確な形の重度の身体障害についても言える。しかし貧者に広く普及している他の2つの主要な保険事象，すなわち「病気」と，協定賃金で仕事が見つからないことは[17]，上述のどちらの危険にもさらされる。したがってこれらの事象の保険では，多くの予防策を講じなければならない。最も明白な予防策は，その事象の発生時に，それが被保険者に与えるだろう損失よりかなり少ない額しか，保険金を支給しないとする規則である。例えば労働組合の失業手当制度では，①被保険者が働いていた場合におそらく稼ぐだろ

---

16)「組合を組織しない労働者のためにヘントなどでなされた補助金給付は，完全に失敗するか，十分に満足な成功でないか，のどちらかの結果に終わった。ストラスブールや大半のフランスの都市では，自治体による補助金は労働組合員だけに限られ，組合員以外の者は除かれている。このようにして労働者に労働組合への加入を強いることへの社会的・政治的な批判にもかかわらず，そのように限られるのである」(『王立救貧法委員会報告』付録第9巻，737頁）。
17) 労働組合が失業保険を運営する場合，むろんそこで言われる賃金とは，その組合の標準賃金率である。しかし，より大規模な失業保険制度の場合，このような賃金の決定には幾つかの問題もある。イギリスの国民保険法は，それを，当該被保険者がいつも得ている賃金を下回らないものとして，あるいは他の地方で働く場合には，そこで流布している賃金を下回らないものとして，定めている。

う額より，手当の額をずっと少なくすること，②手当の支給期間を限定すること，③失業の始まった数日後から手当の支給を開始すること[18]，を常に定めている。この種の間接の予防策のほかに，不正防止のために直接に監視する方が望ましい場合も多い。イギリスでは，保険基金の加入者どうしの形式ばらない監視が最も有効である，と一般に考えられてきた。このことをふまえ，イギリスの友愛組合の疾病手当基金は，たとえ全国規模の団体であっても，地域ごとに運営されるのが普通である[19]。同様にして失業手当も，それが存在する場合はほとんど常に，特定の業種において集団で働く労働者の組合によって組織されてきた。しかし疾病保険に関する最近のドイツの経験が示すように，集権化された巨大な組合であっても，組織された監査職員の働きによって有効に監視することは可能である。また失業保険についても，新たな方法がとられ始めている。なぜなら監視は実際のところ，国内でも国外でも発展している職業紹介制度を通じてなされる仕事の斡旋によっても，付随的におこなえるからである。だから同僚による形式ばらない監視は，それ以上にずっと入念な方法に置き替えられつつあるようである。しかし何らかの種類の監視は，今でも極めて重要である。

6 保険事象を故意に起こしたり偽装したりするのを防ぐ必要が，消費を安定させる手段としての保険を妨げる障害になるのは，事柄の本質上，ある程度はやむ

---

18) この支払遅延の方策は，常にその目的を達成するわけではないようである。例えば『エコノミスト』（1909年6月19日）によれば，「特に1906年の法律のある条項は，事故の日から**労働不能状態が2週間以上続くならば補償を給付する**と定めており，労働者に病気を長引かせるように促している。その結果，2〜3週間の病気が多くなり，サウスウェールズのある共済組合（Mutual Indemnity Society）は，同法の施行後に自分たちの組合が経験した，下表のような奇妙な変化を公表した。これらの数字の解説は不要である」。

	1907年上半期	1907年下半期
	労働者千人当り	労働者千人当り
7〜14日の病気	18.89	7.44
14日以上の病気	35.08	69.26

19) ウィロウビー『労働者の保険』（Willoughby, *Workingmen's Insurance*, 1898）334頁参照。ドイツの疾病保険は，1883年の法律によって「多くの別個の組合に委託されており，各組合の収支は，他の組合から完全に独立している」（37頁）。しかし新たな法律によって，これは変更された。フランケルとM. M. ドーソン『ヨーロッパの労働者保険』158頁参照。

をえない。したがって，完全に合理的な経済人の国においてさえ，どうしても保険は，代表的労働者の所得を安定させるには到底不十分なものにしかならない。実際，どんな場合も，保険がそのように十分な程度までおこなわれることはありえない。なぜなら，安定から得られる一連の効用の増分は逓減するのに対し，安定を得るために必要な貯蓄の一連の効用の増分は逓増するからである。これは十分に明白である。しかし消費の安定は，第 II 編第 4 章で述べたように将来に関する目標の 1 つであって，その安定の価値は，安定を得ようと思っている実際の労働者本人が普通に評価するよりも実は大きい，という点に注意すべきである[20]。この点で彼らは，完全に合理的な経済人でないため，保険は，現状下でもある程度まで有利に活用できるにもかかわらず，それよりずっとわずかしか活用されないのである。リチャード・ベル氏は，この事実とその背後にある原因を非常に明快に示した。すなわち「多くの労働者がたくさんの賃金を稼いでいる好況期に，残念ながら，労働者はそのとき受けとる追加の金銭を大事にせず，実に気前よく酒や賭事にふけってしまう。そのため，小さな不況に直面しただけで，彼らは完全に雇用主の言いなりになり，本来ならば陥らずにすんだ状態に甘んじなければならなくなる」[21]。可能であるはずの調整がなされないこの種の失敗は，貧しい階級全体のみならず，確かにあらゆる階級全体に共通して見られるものである。それは，所得が極めて不安定な貧者の不用意さによって例証される。ラッシュブリッジ氏が慈善組織協会の失業委員会の席で述べた次のような意見は，これと深く関連する。「港湾地域についての私見を述べるならば，最大の害悪は，妻たちが土曜の夜（Saturday night）と呼んでいるひとときがないことである。夫が仕事を得て賃金を支払われているのに，妻はその金をまったく見ることがないという場合もある」[22]。同様のことは，長い間隔をあけて報酬を受けとる者が経験するだろうような，計画的な支出の難しさによって，間接的にも示される。「救貧院に詳しい人であればよく御存じのように，3ヵ月ごとに支給される年金を，お金が必要になる時まで残しておけないというだけの理由で，救貧院にやってくる年金暮らしの退役軍人はかなり多いのである」[23]。またそれは，「賃金の支

---

20) 第 II 編第 4 章第 6 節参照。
21) ラウントリー『賭事』（*Betting and Gambling*）217 頁。
22) 『雇用不足による困窮の救済に関する委員会報告』10 頁。
23) ボサンケ『人民の力』263 頁。

払」を毎月ではなく，2週間ごと，あるいは毎週にして欲しいという，しばしばなされる要求によっても例証される。なぜならそうすれば，労働者救済施設の運営は楽になるからである。ある労働者は，カーネギー氏に，毎月の支払から2週間ごとの支払への賃金制度の変更は，買物のさいの即金払いを可能にし，これによって生じる貯蓄を通じて，賃金の5パーセントの追加に相当すると語った[24]。最近のイギリスの炭坑法（Mines Act）がその点をふまえ，炭坑夫の賃金を毎週支払わなければならない，と定めていることに注意すべきである。労働者が安定の利益を過小評価することのさらなる証拠は，慈善家も営利会社も，労働者を説得して将来に備えさせるためには不可欠であると考える方策によって，別の面からも示すことができる。例えばリー氏は，倹約組合（Thrift Society）に関するその興味深い議論の中で，組合員たちの倹約の促進は，「通常は週に1回，定刻に訪れる集金人を使って，その家族に自宅にいることを求める組合」の設立によって，最もよく実現されると主張している。「集金人が訪れるのは，まだ先見の明がほとんどない人々，したがって自主的に貯蓄しない人々である。いかに少額の貯蓄を求めるにせよ，とにかく彼らに対しては，倹約の権化のような人物が訪れなければならず，しかも定期的に訪れなければならない。集金人の次回の訪問が彼らの近視眼的な視野内に常に入るように，訪問の間隔はあまり長いものであってはならない」[25]。実際，次のような賭博業者のやり方を参考にする必要さえある。すなわちその労を惜しまない手下たちは，夫の留守中に労働者の妻を訪ねたり，召使いを捕まえたり，工場にいる労働者を昼食時に待ち伏せることも辞さないのである[26]。この種の行動の必要性は，「埋葬費積立組合（burial society）への拠出金と他の貯蓄形態の大きな違い」によって例証される[27]。またその必要性は，ジェッブ嬢が注目した次のような事実からも，さらに一層明らかになる。すなわち郵便局は，23歳の男性に，週1ペンスで保険金10ポンドの生命保険を提供するのに対し，プルデンシャル生命保険会社（Prudential Assurance Company）の保険金は7ポンド12シリングにすぎない。ところが，集金人のいるプルデン

---

24) カーネギー『今日の問題』63頁参照。災害補償給付金への強制的出資に賛同する救貧法委員会少数派の議論も参照のこと（『少数派報告』925頁）。

25) リー『建設的かつ防貧的な慈善』（Lee, *Constructive and Preventive Philanthropy*, 1902) 22頁。

26) ラウントリー『賭事』73頁参照。

27) オクタヴィア・ヒル嬢（『老齢貧民に関する王立委員会』証言録，Q. 10569）。

シャルは，保険契約が1億4,200万ポンドに達したのに対し，集金人のいない郵便局は，79万ポンドにしか達しなかったのである[28]）。

7　通常の貧者本人の経済的関心を動機とする限り，明らかに，貧者は自分の消費を安定させるために保険を利用することはない。この点を考慮すれば，政府は，貧者の保険加入を何らかの形で促進することによって経済的厚生を増加させることが可能である。また本章では無視したが，第II編と第III編で述べた保険の他の利益も考慮すれば，むろんこうした促進策をとるための根拠はさらに強められる。第II編第4章第6節で見たように，大まかに言って2つの促進形態，すなわち助成と強制が可能である。ちょうど良い機会なので，これらについて，ここで論じておこう。助成による促進は，労働者の私的保険制度に関連して，程度の差こそあれ，多くの政府当局によって採用されてきた。最も軽微な形では，それは統計資料やリスク算定表を提供するだけである[29]）。その重要性は，ヘンダーソン氏が注目した，合衆国に非常に多く存在する地域相互扶助組合（local mutual aid associations）の制度上の欠点によって例証される。「これらの自発的地域組合の主な弊害は，それらが一般に，有能な保険計理人の助けも借りず，また何らの科学的基礎もなく，組織され運営されていることにある。新しく設立された組合も，その計画の蓋然的結果を何ら理解することなく，旧来の組合の規則を模倣する」[30]）。この種の問題は，州の役人の指導的援助によって，明らかに部分的には緩和できよう——ただし明らかに，地方組合はその助言をいつも心から歓迎するとは限るまい——。助成が第2の段階に至るのは，政府がある制度を定め，これを通じて保険契約を結べるようにし，このようにして保険者に不正や支払不能に対する保証を与える場合である。例えばフランスには，老齢年金のための国民金庫（Caisse nationale des retraites pour la vieillesse）があり，これは個人保険を容易にするだけでなく，団体保険も容易にするものである[31]）。同様に，1907年のマサチューセッツの貯蓄銀行保険法（Savings Bank Insurance Act）や1908年のカナダ政府の年金法（Annuities Act）も，政府の保証に基づき，低い保険料で保

28）『ケンブリッジ』115頁。
29）ルイス『国家保険』（Lewis, *State Insurance*, 1909）49頁参照。
30）ヘンダーソン『合衆国の労働保険』80頁。
31）ウィロウビー『労働者の保険』122頁参照。

険や年金を販売するものである³²⁾。助成が第3の段階に至るのは，政府が補助金を給付する場合である。そのような補助金は少額であり，アンドリフォール氏が1889年のフランスの相互保険組合法案に関する報告書の中で示したような形態で理解できよう。すなわち「真に有益であるためには，政府の補助金を一定の限界内に抑え，その真の目的を保つべきである。この目的とは，貯蓄と倹約を喚起すること，相互扶助組合への加入に関心をもつように奨励すること，それらの組合を説得して老齢年金分野にも進出させること，そしておそらくは，それを整備する当面の間，あるいは伝染病などの大きな災害による緊急時や困窮時に，それらの組合を援助することである」³³⁾。イギリスにおけるこの種の補助金の例は，所得のうち生命保険契約の保険料に支出される部分の，所得税からの控除である。最後に，助成が最も進んだ第4の段階に至るのは，その補助金の給付額が大きい場合である。ヘント制度［本訳書377頁］を採用した都市が失業保険に対しておこなう拠出の多くは，これに属する³⁴⁾。すなわちそのような補助金はその手当支給額の50パーセントに達しており，またベルギーでは，老齢年金保険への政府補助金が60パーセントにも達している³⁵⁾。他方，保険の促進策としての強制については，ドイツにおける疾病や事故に対する強制保険法や，老齢や廃疾に

---

32) 『クォータリー・ジャーナル・オブ・エコノミクス』1910年，718頁参照。
33) ウィロウビー『労働者の保険』180頁参照。
34) この制度はベルギーで広く普及しているが，他の場所でもかなり採用されている。「フランス（1905年），ノルウェー（1906年），デンマーク（1907年）では，国がそれを取り入れた。フランスの多くの都市も，失業基金に補助金を出すという形でそれを取り入れている。ドイツでは，シュトラスブルク市（1906年）がそれを取り入れ，またミュンヘン（1905年）などでも実際に導入されつつある。イタリアでは，ミラノの人道組合（Société Umanitaine, 1905年）がそれを活用してきた。スイスでは，直接的な強制保険の失敗後にサンガル（1905年）がそれを採用し，バーゼル（1907年）でも現在提案されている」（『王立救貧法委員会報告』付録第9巻，736頁）。イギリスでは，国民保険法に規定された不安定産業（non-scheduled industries）の任意加入の失業保険に関して，その制度が取り入れられている。
35) フランケルとM. M. ドーソン『ヨーロッパの労働者保険』321頁参照。経済的厚生の観点からは，各産業の保険に支給する補助金の総額を，私的に支給される手当の額に応じて直接に変動させるのみならず，各産業の賃金水準と逆に変動させるならば，この種の制度はさらに改善されよう。こうしなければ，豊かな労働者集団の方が，貧しい労働者集団より手厚く援助されることになってしまうからである。政府の補助金を定めたフランスの法律は，この方向への改革の一歩を踏みだすものである。すなわち「基金から支給される失業手当の額が1日当り1シリング$7\frac{1}{4}$ペンスを上回る場合には，（1シリング$7\frac{1}{4}$ペンスを上回る）その超過分については，補助金を支給しない」（シュロス『失業保険』44頁）。

対する保険法によって十分に例証されており，2，3の都市では，通常の健康な労働者に失業保険を強制する試みもなされてきた。1884年のハンガリーの法律には部分的強制の興味深い例が見られ，「労働者の多数派が扶助基金の設立を決定した産業では，少数派もそれに加入し，基金を維持するためにその週賃金からある一定率を支払わなければならない」[36]とされる。わが国の国民保険法では，すべての業種における疾病と，建設業および土木業における失業に関して，強制方式を採用している。

8　以上の議論によって，労働者保険のための何らかの促進策を講じることが社会的に望ましいと認められるならば，助成と強制という2つの促進形態を比較することが重要になる。むろんこの比較にあたっては，強制方式が採用される場合には，被保険者に課される保険料が各人のリスクの期待値にかなり一致するように計画される，と前提しなければならない。なぜならこのように前提しなければ，一部の労働者は，自分たちが他人の利益のために負担を強いられていると感じ，政府の補助金によって，あるいはこれらの他の労働者に標準賃金以下での雇用を禁じるという条件を守らせることによって，その埋め合わせが得られない限り，その制度に憤慨して，サンガルでそうなったように保険から離脱しようとするからである。しかし強制方式を科学的計画に基づいて発展させるならば，それは，助成方式では十分に回避できないある実際上の問題を回避できるという利点をもつ。なぜなら助成は，労働者が自発的に設立した労働組合や友愛組合を通じてでなければ，ほとんど有効に実施できないからである。しかしどんな国にも，これらの組合に加入していない非常に多くの労働者がいる。したがって，その助成の作用が差別的なものにならないようにするためには，正規組合員になる気はないが政府の補助する基金に関してのみ組合員になろうとする一般労働者の加入も認めるように，それらの組合に対して加入規則の変更を強制しなければならない。この種の規則はデンマークやノルウェーで普及しているが[37]，それらは明らかに不十分なものであり，──ノルウェーで実際に生じたように──大きな摩擦を生みやすい。しかし強制方式であれば，この問題は生じない。さらに重要なのは，助成も強制も，それ自体が目的ではなく，それらはどちらも人々を保険に加

---

36)『エコノミック・ジャーナル』1908年，632頁。
37) ギボン『失業保険』(Gibbon, *Unemployment Insurance*, 1911) 192頁参照。

入させる手段にすぎないという点である。この点から見れば，疑いの余地なく，強制方式を選ぶべきである。通俗的には，強制保険は普遍的皆保険（universal insurance）を意味すると考えられているが，むろんそうではない。なぜならどんな保険制度であれ，それが病気や失業を扱う限り，手当は一定期間後に打ち切られるため，能力の非常に低い者は，その強制加入にもかかわらず，しばしば無保険状態になるに違いないからである。例えばイギリスの国民保険法の規定では，労働者は，拠出金を納めた週の数の5分の1を超えると失業手当を受給できなくなる。強制方式は明らかに，**すべての**労働者が加入する普遍的皆保険を意味しない。それでも強制方式は一般に，どんな助成制度よりも，ずっと普遍的皆保険に近いものになるに違いない。ザッカー氏の次のような主張は，まったくその通りである。「強制保険法は，その目的を比較的短期間のうちに達成するのに対し，任意保険制度は，政府の補助金を用いてさえ，一部の人々を不完全に救ったにすぎず，保険による保護を最も必要とする人々をまったく救わなかった」[38]。しかし実際には，以上のような点から，助成より強制の方が一般に優れているという結論が引き出されるわけではない。そのような場合に人々が善であると**考える**ものは，**実際の善**を決定する道程の第一歩にすぎないからである。政府の強制という観念が甚だしく不人気な国では，その事実のために，天秤は助成方式の方に傾くかもしれない。しかし実のところ，強制の不人気は，とにかく西ヨーロッパの労働者の間では，現実上のものというより，むしろ想像上のものだろう。ドイツやフランスやイギリスの法律で採用されてきた，政府による強制と一定の助成を結合する工夫によって，強制の「原理」は，どうやら広く受け入れられるようになっているらしい[39]。

第3章　労働者階級の総実質所得の変動と，代表的労働者の実質所得の変動

1　さて，本論に戻って，さらに一歩進まなければならない。第1章で見たよう

---

[38] ヘンダーソン『合衆国の労働保険』311頁に引用あり。
[39] 老齢年金と障害年金に関する1910年のフランスの法律の解説としては，『レイバー・ガゼット』1911年，116頁を参照のこと。

に，代表的労働者の実質所得の変動を縮小させるどんな原因も，たとえその原因が他の階級の代表的成員の実質所得の変動を拡大させる移転制度によってもたらされるにせよ，経済的厚生を増加させる傾向がある。次に考察しなければならないのは，この事実から，国全体の総賃金の変動を左右する原因が経済的厚生に与える影響について，どのようなことが言えるのかという問題である。

2　一見すると，代表的労働者の実質所得は，労働者階級全体の総実質所得と必ず同方向に動くように思われるかもしれない。もしこの関係が成り立つならば，他の条件が等しい限り，国民的厚生は労働者の総実質所得の変動を縮小させるどんな原因によっても増加する，と直ちに言えよう。しかし実際には，この関係は成り立たない。なるほど代表的労働者の所得の変動は，労働者階級の総所得の変動を同時に縮小させるような原因によらなければ，実際にはあまり縮小しない，ということは一般に正しい。だが，この命題の逆は成り立たない。労働者階級の総所得の変動を縮小させる原因は，代表的労働者の所得の変動を縮小させないどころか，実際には拡大させることもある。確かに，すべての労働者がすべての場所や業種の間を完全に移動可能であれば，そのような結果になることはなかろう。しかし現行の条件下では，それが起こりうることは容易にわかる。この点は，ある仮想上の極端な場合を考えれば，明快に示すことができる。労働がAとBの2地点で需要され，AB間の移動はまったく不可能であるとしよう。もしAの需要が不安定で，Bの需要が安定していれば，AとBを合わせた総需要は，Aの不安定を「相殺」するように策定されるBへの不安定の導入によって，より安定化できる。しかし，こうしてもたらされるAとBを合わせた総需要の安定性の向上は——むろんAとBを合わせた労働者の総所得の安定性の向上を意味するけれども——，すべての労働者の所得の変動を縮小させるわけではない。むしろそれは反対の結果をもたらす。なぜならAの労働者の所得変動は縮小するのに対し，Bの労働者の所得変動は拡大するからである——むろんその結果，代表的労働者の所得変動は縮小するどころか，拡大してしまう——。労働の移動が完全に可能でも不可能でもない現実世界では，その分析結果は次のようになる。すなわちどの労働者集団の労働需要も不安定にすることなく，労働者全体の労働需要を安定させ，これによって労働者全体の実質稼得を安定させる原因は，常に代表的労働者の稼得の変動を縮小する。これに対し，一部の労働者の労働需

要を不安定にすることによって，労働者全体の労働需要を安定させ，これによって労働者全体の実質稼得を安定させる原因は，必ずしも常に代表的労働者の稼得の変動を縮小するわけでなく，ときにはそれを拡大し，ときには縮小する。

3 労働者の総所得の変動を左右する通常の経済的原因の大部分は，前節の終わりに区別した2種類の原因の，前者に属する。その第1の理由は，それらが無原則な原因であり，特に調整を意図しているわけではないので，現在の観点からは「技術的意味においてランダム」だからである。ある部分の変動だけに影響を与えるランダムな原因が存在し，しかもそれが全体の変動と逆方向の変動をもたらすような形で，他の部分の変動と相関しているということは，先験的にまずなさそうである。第2の理由は，これらの通常の原因のうち，群を抜いて最も重要なもの，すなわち自然の恵みと事業上の確信を通じて作用する原因は，非常に一般的な種類の原因であり，それゆえ経済世界の一部のみならずその全体に，直接に影響を与えるからである。したがって，すべての原因がそうだとは言わないが，**この2つの**原因に限って言えば，代表的労働者の実質所得は，労働者階級全体の総実質所得と必ず同方向に動く。それゆえこれらの原因に限って言えば，経済的厚生は，労働者の総実質所得の変動を縮小させるどんな原因によっても必ず増加し，またその変動を拡大させるどんな原因によっても必ず減少する。本編の次章以降で扱うのは，最終章を除き，もっぱらこの種の一般的原因である。

第4章　一般物価の変動

1 本章以降の議論では，一般物価水準が変化する，すなわち貨幣の購買力が変化するという事実によって，労働者階級の実質稼得の変動にさまざまな仕方で作用する，ある修正的影響力を頻繁に考慮することになる。したがって本論をさらに進めるに先立って，一般物価水準の変動の性質と原因を考察しておく方が好都合である。この考察は，われわれの目的にとっては，貨幣以外の各財貨の相対的価値の変動を無視しても十分におこなうことができる。それゆえここでは，財貨一般を，それに相当する量のある単一の代表的財貨——例えば小麦——に還元す

ることができ，われわれの考察を貨幣とこの「代表的財貨」の関係のみに限定できる，と仮定しよう。

2 貨幣の価値ないし購買力が，他のあらゆる価値と同じく，需給という一般的な力の相互作用によって決まること，またそのときおりの変動も，この相互作用から生じる変動によって決まることは，経済理論の常識である。また貨幣需要の弾力性は，周知のように1である。それゆえ貨幣価値の変動の決定因は，①ある一定の単位当り小麦価格における貨幣供給量の変動，②ある一定の単位当り小麦価格における貨幣需要量の変動，③通常の貨幣供給量の近傍におけるその供給の弾力性，の3つからなる。①②の変動が小さいほど，また③の弾力性が大きいほど，一般物価の変動が小さくなると言えよう。もし貨幣の需要表と供給表の変動が互いに独立していれば，以上の議論によってこの主題を論じ尽くしたことになる。しかし，供給表の上方移動が同じく需要表を上方移動させるような形で，両者の変動が因果関係をもつ場合には，この関係は物価変動を拡大するのに対し，供給表の上方移動が逆に需要表を下方移動させるような関係が存在する場合には，それは物価変動を縮小する。以下では，上述の①〜③のそれぞれの大きさを左右する原因と，①②の変動の間に存在する因果関係の性質を，考察する。

3 ある単位当り小麦価格における貨幣需要量の変動は，産業一般の変動から生じるが，後者の変動の性質と範囲は，本編の第6章と第7章で詳しく論じられる。第1に，財貨で測った貨幣需要表は，財貨で測った国民分配分の変動と同方向に変動する。第2に，国民分配分が一定であれば，そのような貨幣需要表は，人々が第 n 単位の貨幣と第 n 単位の財貨のそれぞれから得られると期待する満足の比率と同方向に変動する。国民分配分を変動させる原因は，本編の第6章で詳しく論じられる。一方，人々が第 n 単位の貨幣と第 n 単位の財貨のそれぞれから得る相対的満足を変動させる原因のうち，最も重要な2つのものは，第1に，投資収益に関する期待の変化であり，第2に，満期に近づいた債務を支払うさいに生じうる困難に対する保証としての，貨幣保有の利益に関する評価の変化である。第1の原因が，貨幣の相対的満足に，それゆえ貨幣の価値に，影響を与える仕方は容易に説明される。なぜなら貨幣は，鉄や木材，あるいは労働者階級が賃金として得る財貨［賃金財］と同じようには，生産に投資できない財貨の1つで

あるため，第 n 単位の貨幣が生みだす期待満足は，投資意欲が高まれば，第 n 単位のそれらの投資可能財が生みだす期待満足より相対的に減少し，また投資意欲が低下すれば，逆に相対的に増加するからである。貨幣のもたらす満足と他の投資不可能財のもたらす満足の比率が，何らかの仕方で変化すると考える理由はまったくない。それゆえこれらのことは，投資収益に関する期待が高まる場合には，第 n 単位の貨幣のもたらす満足が，第 n 単位の財貨一般——投資可能財と投資不可能財を合わせたもの——のもたらす満足に比べて減少し，また投資収益に関する期待が低下する場合には，逆に増加することを意味する。第2の原因の作用，すなわち支払不履行を防ぐ手段としての貨幣保有の欲望がどのようにして変化するかについては，説明するまでもない。明らかに，この目的のために貨幣を保有しようとする欲望の高まりは，第 n 単位の貨幣から得られると期待される相対的満足の増加を意味し，またその欲望の低下は，その相対的満足の減少を意味する。しかし投資に関する期待の高まりと不良債権の恐れの低下は，どちらも一般に楽観的姿勢の生みだす結果であるから，同時に現れる傾向があり，また同様に，投資に関する期待の低下と不良債権の恐れの高まりは，どちらも一般に悲観的姿勢の生みだす結果であるから，やはり同時に現れる傾向がある。それゆえわれわれは，この分析によって，貨幣需要表を変動させる2つの究極的原因を突きとめたのである。すなわち国民分配分の変動と，経済世界の感情（sentiment）の変動である。これらの原因の，そのまた原因の議論については，第6章と第7章をそれぞれ参照していただきたい。貨幣需要の変動因に関して述べる必要があることは，以上である。というのも，さらに詳しい分析はここではおそらく不要だからである。前節で述べた命題，すなわち貨幣需要の変動が小さいほど，一般物価の変動は小さくなる，ということだけを心に留めておけば十分である。

4 貨幣供給表の変動を決定する影響力を考察する前に，第2節で示した第3の命題を検討しておく方が好都合だろう。この命題は，通常の貨幣供給量の近傍におけるその供給の弾力性が大きいほど，貨幣価値の変動は縮小するというものだった[40]。この弾力性の大きさの決定因に関する議論は，近代文明国家の貨幣供給が次の2つの部分からなるという事実のために複雑になる。すなわち人々が保有する正貨と，小切手のための預金や兌換可能な銀行紙幣の形で人々が保有する銀行貨幣である。だから貨幣供給は，その国のすべての正貨とすべての銀行貨幣

の和から，銀行貨幣の準備として銀行が保有する正貨を差し引いた量に等しい。銀行貨幣全体が，銀行に準備されている正貨によって完全に基礎づけられているならば，銀行貨幣とそのために保有される準備は相殺しあって，貨幣供給は単にその国の正貨全体に等しくなるだろう。しかし現実世界では，銀行貨幣は，準備されている正貨を上回る量の兌換請求権からなる。この事実がもたらす複雑さを克服するために，あえて単純化した2つのケースを論じることにしよう。

5　第1に，貨幣供給と正貨供給は常に等しく，それゆえ貨幣供給の弾力性は正貨供給の弾力性に等しいと考えよう。この場合の弾力性の大きさは明らかに，その貨幣の原料になる物質，あるいはその物質の特性に依存する。貨幣が政府の裁量的意志によって発行される不換紙幣からなるならば，その弾力性はゼロになる[41]。貨幣が自由に発行されるが，それを使わなければならない用途がその特定の国の通貨として以外にはほとんどなく，しかも人為的制限に妨げられて国外に容易に輸送できない物質からなるならば，その弾力性は小さくなる。貨幣が外国通貨や芸術に広く転用される物質からなるならば，その弾力性は大きくなる。貨幣が，複本位制や合成本位制のもとで自由に発行される複数の物質からなるならば，外国通貨などの他の用途に転用できるその量は，単本位制の場合より大きくなるので，その供給の弾力性も大きくなる。

6　第2に，貨幣供給と銀行貨幣の供給は常に等しく，また銀行貨幣の準備として利用できる正貨の供給は厳密に一定であると考えよう。この場合，通常の貨幣供給量の近傍におけるその供給の弾力性を決定する影響力は，やや複雑になる。大まかに言って銀行は，ある一定量の正貨に基づいて銀行貨幣をどれだけ供給す

---

40) 任意の点における貨幣供給が完全に非弾力的であれば，その結果生じる価格変動の拡大は，一見して考えられるよりずっと大きなものになる，と付言できよう。なぜなら，需要が増加して供給の限界に近づくと，人々は，すぐに貨幣を得なければそれをまったく得られなくなるのではないかと恐れ，この恐れが需要をさらに増加させるからである。これこそが，バジョットの次のような見解の最終的根拠である。すなわちイングランド銀行は，パニックを防ぐために，その提示される証券が健全であり，また借入希望者が高い利子率の支払に同意する場合には，幾らでも要求に応じて貸出をおこなう用意があることを宣言すべきである。

41) むろん，金本位制に基づいて規制される紙幣は，政府の裁量的意志によって発行される紙幣ではない。

るかを決めるにあたり，財貨と引き換えに追加単位の銀行貨幣を販売することによって得られるだろう利益と，そのような販売によって冒すことになる，銀行券や預金の支払請求に応じられなくなる追加リスクを，均衡させる。したがって，銀行貨幣に対して提示される，財貨で測った価格が，例えば1パーセント上昇するときの銀行貨幣の供給の増加率，すなわち銀行貨幣の供給の弾力性は，その供給の限界単位がもたらすリスクの増加率と逆方向に変化する。ところで周知のように，他の条件が等しい限り，銀行貨幣の供給がその基礎である正貨量を上回るならば，流通する銀行貨幣の単位が多いほど，銀行貨幣の限界単位のもつリスクは増大する。しかも，少ない量どうしの差は大きなものにはならないが，大きな量どうしの差は大きくなりうるので，大量の銀行貨幣を供給する場合のその限界単位のもつリスク——すなわち連続する2つの単位がそれぞれもつリスクの差——は，少ししか供給しない場合のその限界単位のもつリスクより大きくなる，と考えるべき理由もおそらく幾らかある。いずれにせよ，前者の場合の方がその限界単位のもつリスクは小さくなる，と考えるべき理由は明らかに何もない。以上のことが承認されれば，おそらく次のように言えよう。すなわち銀行貨幣の存在量が大きいほど，銀行貨幣の1パーセントの供給の増加がもたらすその限界単位のリスクの増加率は大きくなる。したがって，他の条件が等しい限り，銀行貨幣の供給の弾力性は，それが少量だけ供給されている場合よりも大量に供給されている場合の方が，小さくなりやすい。この結果から，以下の2つの重要な命題を確立することができる。

7　第1の命題は，**他の条件が等しい限り**，通常の時期に発行される銀行貨幣が，その基礎である正貨準備を上回る程度が少ないほど，貨幣供給はあらゆる需要変動に対して，より弾力的になりやすいというものである。この命題には，**他の条件が等しい限り**という条件が絶対に不可欠である。その命題から，高い比率の金準備をもつ国と低い比率の金準備をもつ国を比べて，前者の国では銀行業務が互いに無関係な多数の別々の銀行によってなされるのに対し，後者の国では銀行業務がすべての準備を一元化した中央銀行によってなされるような場合でも，前者の国の方が貨幣供給は弾力的になる，などと推論してはならない。また2つの国を比べて，低い比率の金準備をもつ国の銀行が，この点における自分たちの不足に備えて，金で支払われる満期の近い大量の外国為替手形を保有したり[42]，国際

市場で取引される第一級証券を大量に保有する場合や，さらには海外から地金を借りる非公式の強い力をもつ場合も[43]，そのように推論してはならない。しかし，これらの明白な留保条件を伴いながらも，本節の冒頭で述べた命題は確立されたものと考えてよかろう。したがって，もし博愛心に促されて，あるいは政府の助成に促されて，あるいは 3,000 万ポンド相当のポンド紙幣のうちの例えば 1,000 万ポンド分を証券に基づいて発行する特権を与えられる代償として[44]，銀行界がその負債に対する金準備の保有比率を高めることに同意すれば，貨幣供給の弾力性は大きくなり，それによって物価変動は縮小するだろう。その反対に，困難な時期には，通常であれば国庫に保管される資金を銀行に預金して財務長官が銀行を支援するのが常であるアメリカの制度は，事実上，少ししか準備を保有しないことを助長するものであるから[45]，貨幣供給の弾力性を低下させ，物価変

---

42) スウェーデン国民銀行に対し，通常認められる限度額を超えて，「同銀行が国外銀行や為替取引所に保有する当座勘定に等しい額まで」紙幣の発行を認めるスウェーデンの法律は，国内手形とは異なる外国手形の特殊な性質を認識している。また3ヵ月物の外国手形を紙幣に対する準備と見なすオーストリア・ハンガリー銀行の規則も，このことを認識している。他方で，ドイツ帝国銀行に対し，紙幣に対する準備のうちの金以外の部分を，割引手形で保有することを定めたドイツの規則は，外国手形と国内手形を区別していない。

43) わが国で金融危機が発生すれば外国人は大損害を被るので，連合王国はこの点で強力である。イギリスにベアリング危機（Baring crisis）を乗り切らせるために，フランス銀行が 300 万ポンドを提供したとき，「パリは事態の救済に利害関係をもっていたのであり，それについて思い違いをしていたわけではない」（ゴッシェン『経済問題に関する試論と講演』109 頁）。しかも，ヨーロッパ各国がわが国に過度に依存していることは，「ロンドンに向かった金が再び戻ってくることは，誰でも知っている」という事実によっても強められる（ウィザーズ『貨幣の意味』（Withers, *The Meaning of Money*, 1909）290 頁）。それでもゴッシェンが示唆するように，かつて複本位制や紙幣に基づいていた諸外国が今では金本位制を採用しており，それゆえ危機のさいにはわが国に劣らず熱心に金を求めるという事実のために，わが国の力は弱まっている。すなわち「近隣諸国の通貨法の改正により，わが国の金準備については，これまで以上に油断なく注視することが不可欠になったように思われる」（ゴッシェン『経済問題に関する試論と講演』55 頁）。

44) このゴッシェン卿の計画は，当初の案では――それは後にやや修正された――その作成者自身によって次のように述べられていた。「われわれは，金に対しては 2,000 万ポンドの紙幣を，また政府国債に対しては 1,000 万ポンドの紙幣を，発行するだろう。もし紙幣を発行して国債を引き受けるならば，中央銀行は 2,000 万ポンドの**一元化された**金をもつことになる。これは，手元で保有できない（すなわち流通する）3,000 万ポンドの金貨とは比べものにならないほど強力な準備である」（ゴッシェン『経済問題に関する試論と講演』122 頁）。

45) エメリー「恐慌の教訓」（Emery, "Some Lessons of the Panic",『イェール・レビュー』1908 年 2 月，346 頁）参照。

動を拡大させる，という点に注意すべきである。わが国でも，政府はイングランド銀行を破綻させるぐらいならば，むしろ銀行法（Bank Act）を一時停止するだろうという認識は，わずかながらも，おそらくアメリカの制度の場合と同様に作用するだろう。

8 第6節の分析がもたらす第2の重要な命題は，通常の時期に銀行貨幣の発行とその基礎である正貨の比率を一定に保つようにしているどんな国でも，貨幣供給の弾力性は，そのあらゆる供給量において同じではなく，他の条件が等しい限り，銀行貨幣の発行量が増加するにつれて低下するというものである。これは一般的に十分に言えることであるが，より細かく言えば，貨幣供給の弾力性はある点を過ぎると，準備率に関する法律の規則のために不自然に急に低下する場合がある，ということも付言すべきだろう。すなわち連合王国では，銀行貨幣のうちイングランド銀行券の形をとる部分は，同銀行の発券部（Issue Department）が保有する金準備をある一定量より上回ってはならないとされている。合衆国では，紙幣の発行のみならず，銀行貨幣のうち預金貸出からなる部分も，法律で制限されている。準備都市（reserve cities）では，準備率は25パーセントを下回ってはならず，準備都市以外では，15パーセントを下回ってはならない。このような規則は，ある一定の限界的な準備率に至ると（正貨供給が一定ならば）貨幣供給の弾力性が突如ゼロになる，という結果をもたらす。準備率に関する完全に硬直的な制限の代わりに，法律がある種の柔軟な制限を定めている場合には，やはり弾力性の多少の人為的低下はあるにせよ，その低下は緩和される。ドイツ帝国銀行（Reichsbank）の活動を規定した1907年の法律，すなわち銀行貨幣のうち発行紙幣からなる部分については，ある一定の上限額を超える発行紙幣にすべて課税するという法律［本章第13節参照］は，長らく，柔軟な制度の古典的事例だった。1908年のアメリカの通貨法（Currency Act）も同様の線に沿って作られている[46)]。また貨幣供給の弾力性の低下は，完全に硬直的な制度のもとでさえ，銀行法の一時停止や，例えばイギリスやベルギーの銀行特許法（Bank Charter Act）の一時停止[47)]，あるいはアメリカのような現金支払の一時停止によって[48)]，いつでも防ぐことができよう。

---

46) この法律の解説については，『クォータリー・ジャーナル・オブ・エコノミクス』1908年，666頁以降を参照のこと。

9 ここまでは，貨幣供給の弾力性を決定する影響力を，単純化のための2つの仮定のもとでそれぞれ検討してきた。1つは，貨幣の供給は常に正貨の供給に等しいという仮定であり，もう1つは，貨幣の供給は常に銀行貨幣の供給に等しく，また銀行貨幣を基礎づける正貨準備は一定であるという仮定だった。この2つのケースの分析を組み合わせれば，それは，現実世界に生じる実際問題について述べなければならないことの大部分を含むものになる。しかし正貨は流通することもあれば，銀行貨幣の基礎として作用することもあるという事実が，さらなる問題をもたらすため，これを論じる必要がある。近代国家では，卸売の財貨購入と相対的富者による小売の財貨購入は，大部分が銀行貨幣でなされるのに対し，肉体労働者による財貨購入のほぼすべてと，相対的貧者による小売の財貨購入の大部分は，正貨でなされる。もし銀行貨幣と正貨のどちらか一方の貨幣価値が変動するならば，明らかに，もう一方の貨幣価値も一般に同方向に変動する。それゆえ，貨幣需要の増加によって，まず銀行貨幣の供給が増加すると，次には正貨が準備から引き出されるという第2の結果が生じる。なぜなら財貨の小売価格の上昇や（好況が期待される時期には）人件費の上昇のために，人々の手元には，より多くの正貨が必要になるからである。しかしその次には，準備の減少のために，銀行が供給しようとする銀行貨幣の量は抑制される傾向がある。だから上述の第2の結果が生じると，それが生じないときより貨幣供給は非弾力的になる。したがって，**他の条件が等しい限り**，その社会でおこなわれる取引のうち，銀行貨幣で通常おこなわれる取引の比率が高いほど，また正貨で通常おこなわれる取引の比率が低いほど，貨幣供給の弾力性は大きくなり，したがって物価変動は縮小する。「便利どころか，時間や手間の点で銀行手数料があまりに高くつく」

47）ベルギーでは，国民銀行に対して「流通する銀行券と他の一覧払い負債（obligations at sight）の総額の3分の1に相当する」正貨を手元に保有することを定めた規則を，財務大臣は裁量的に停止することが法律で認められている（パルグレイヴ『公定歩合と短期金融市場』(Palgrave, *Bank-Rate and the Money Market*, 1903) 184頁）。

48）1907年の恐慌では，当局は公式にも非公式にも，そのような一時停止の許可を幅広く与えた。西部の幾つかの州では，一連の法的な銀行休業を宣言する方策がとられた。他の幾つかの州では，銀行は，預金者に一定の限度額の現金だけを支払い，支払保証小切手（certified cheques）か，他店宛で手形振出（drafts on correspondent）によって帳尻を合わせれば，破産させられることはないという通知を受けた。アンドリュー氏によれば，「大まかに言って，住民数2万5,000人以上の都市の3分の2で，程度の差こそあれ，銀行は現金支払を一時停止した」のである（『クォータリー・ジャーナル・オブ・エコノミクス』1908年，502頁）。

人口の少ない地方では，正貨の使用比率は比較的高いと考えられよう[49]。例えば「農業者に穀物代を現金で支払うことは，今ではアメリカおよびカナダの全土に定着した慣行である。その慣行は非常に普及しているので，西部の多くの製粉工場は今では『為替』で取引せずに，現金で農業者から小麦を買い，それを製粉してから再び農業者に小麦粉を売る。……したがって毎年（6月・7月・8月には），同国の金融業者，特に東部の金融業者は，他の事業用途から通貨が引き出されてしまうので，やや逼迫する」[50]。もし西部の農業者が現金でなく銀行貨幣で代金を受けとるならば，おそらく貨幣供給の弾力性は大きくなり，したがってアメリカの一般物価は実際より安定するだろう。

10 ここまでは，第2節で見た一般物価の変動の3つの決定因のうちの2つ，すなわち貨幣需要の変動と貨幣供給の弾力性を考察した。次に，最後に残された決定因である貨幣供給の変動を考察しよう。貨幣供給の変動のうちのある部分は，銀行家が維持しようと決定する準備率の変化から生じる。この部分の変動は，それが貨幣需要の変動に**起因する**限りでは，すでに貨幣需要の変動に関連して考察済みである。だからここで扱うのはそのような変動に起因しない独立した貨幣供給の変動のみであるが，その重要性は低い。その最も重要な変動が起こるのは，納税のために，小切手支払銀行（cheque-paying bank）がイングランド銀行に保有する預金残高を，政府の預金残高に振り替える場合である。小切手支払銀行が発行する銀行貨幣はその預金残高に応じて変化するので，後者の減少は前者を減少させてしまう。一方，イングランド銀行の持ち高（position）総額が一定である限り，同行の発券量には，それを相殺する増加は生じない。その結果，正貨量が変動しなくても，貨幣供給は変動する[51]。しかし貨幣供給の変動の大部分は，正貨供給の変動から生じており，しかも前者の変動は，一般に後者に比例する。なぜなら，銀行準備と流通にそれぞれ利用できる正貨の量が半減すれば，正貨の量も，ある一定の需要価格のもとで流通する銀行貨幣の量も，同じく半減するから

---

49) フィッシャー『貨幣の購買力』（*The Purchasing Power of Money*, 1911）51頁参照。
50) R. E. スミス『小麦畑と世界の市場』（Smith, *Wheat Fields and Markets of the World*, 1908）277頁。
51) この問題に関するやや異なる観点からの議論として，ウィザーズ『貨幣の意味』250-2頁を参照のこと。アメリカにおける税の徴収では，財務省は一般にその歳入を銀行に預金しないので，さらに激しい攪乱的影響が生じる。

である．それゆえ貨幣供給の変動（率）は，一般に正貨供給の変動（率）に等しい．

11 貨幣供給の変動の大きさは，その国が貨幣の原料にする物質と，その物質の性質に依存する．第1に，その選ばれた物質が紙であり，政府の**承認**（*imprimatur*）によって価値を帯びるにすぎない不換紙幣である場合には，明らかに，その量を瞬時に変化させ，その供給を大幅に変動させることができる．そうした変動が実際に生じる危険が最も高まるのは，財政難の政府がその職員に給与を支払うにあたり，不換紙幣の新規発行という，いわば国民に無利子の貸付を強要できるような手段をもつ場合である．第2に，その選ばれた物質が自由に鋳造され，したがって貨幣としてのその供給が，何らかの裁量的判断ではなく一般的原因によって決まる場合には，この物質の年間産出量に比べてその永続的ストックが大きいほど，すなわちその物質が耐久的であるほど，ある一定価格における貨幣供給の変動は明らかに小さくなる．第3に，貨幣が単一の物質ではなく複数の「独立」した物質からなる場合には，それらがその国の通貨制度のもとで一定の交換比率で併用されるか，あるいは一定の混合比率で結合された鋳貨であるかを問わず，貨幣を構成する物質の数が多いほど，ある一定価格における貨幣供給は**おそらく安定するだろう**[52]．最後に，ある国で貨幣として用いられる単一ないし複数の物質が，国の内外で他の用途にも転用できる場合には，それらの他の用途の需要の変動は，明らかにその国における貨幣用途のためのその供給も変動させる．この種の変動の最も重要なケースが生じるのは，同一の物質が複数の国で貨幣として用いられるときである．その特に重要な例は連合王国に見出される．なぜなら，フランス銀行やドイツ帝国銀行とは異なり，イングランド銀行は金の輸出をまったく制限していないからである．その直接の帰結として，もし外国人がロンドンの金に対する請求権をもち，その兌換を望むならば，その人は自由に金を得られる．またその間接の帰結として，国際的取引の決済のために金が必要になると予想する多くの外国の貿易業者は，ロンドンで定期的に信用を購入するのに対し，準備のために金が必要になると予想する大陸の一部の金融機関は，「ロンド

---

[52]『エコノミック・ジャーナル』1895年，448頁以降のエッジワース教授の詳しい分析と，金銀委員会（Gold and Silver Commission）におけるマーシャル博士の複本位制論（Cd. 5512-1, Q. 9837）も参照のこと．

396

ン宛ての為替手形で蓄積したポートフォリオを常に維持し，それが満期になっても絶えず置き換えるので，いざとなれば，それらの金融機関は紙幣発行の基礎を補給するためにロンドンから金を調達できよう」[53]。もう1つの間接の帰結として，イギリスと世界各国の貿易は，イギリスの貿易業者の販売先宛てではなく，ロンドン宛てに振り出される為替手形によって一般に決済されている。要するにロンドンは，あらかじめ慎重に用意された方法に従って，金を必要とする外国人が金の請求権をいつでも提示できる，国際金融の中心地なのである。むろんイギリスの手形引受業者や割引業者は，彼らがこうして提供するサービスの報酬を得ているが——これらのサービスは年間1,800万ポンドに達するという推計もある——，それを提供する代償としてわが国は通常，貨幣供給の特に大きな変動を被っており，これこそがおそらく，イングリス・パルグレイヴ卿が注目した次のような事実の主な原因だろう[54]。すなわちわが国の公定歩合は，フランス，ドイツ，ベルギー，オランダの公定歩合より，一層しばしば，しかも一層大幅に，その通常の平均水準から離れて変動してきたのである。

12 前節の議論では，貨幣需要表の変動に関する第3節の議論と同じく，供給表の変動と需要表の変動の間に存在しうる相互依存関係を一切考慮しなかった。しかし第2節で述べたように，一般物価の変動を左右する影響力に関する分析は，この関係を検討しない限り，完成しない。なぜなら第2節で述べたように，明らかに，もし需要（ないし供給）表の上方移動が供給（ないし需要）表の上方移動をもたらす傾向をもつならば，物価変動は，その2つの表の移動が互いに独立して起こる場合より拡大するのに対し，もしそれが供給（ないし需要）表の下方移動をもたらす傾向をもつならば，物価変動はより縮小するからである。したがって，本章の議論を完成させるために，その2つの表の移動の間に，もし存在するとすればどんな関係が存在するのかを考察する必要がある。

13 この問題を考察すれば，ある非常に重要な結論に直ちに導かれる。すなわち短期間しか続かないことがわかっている変動が需給のどちらか一方の表に起こると，もう一方の表も常に移動して，一般物価の変動を抑える傾向がある。例えば

---

53) ウィザーズ『貨幣の意味』171-2頁。

54) パルグレイヴ『公定歩合と短期金融市場』150-1頁。

休暇や納税などのために定期的に起こる貨幣需要の高まりに対しては，銀行から引き出された貨幣がすぐ戻ってくることがわかっているので，銀行家は，一時的であるか否かわからない同量の需要の高まりに対する場合より，ある一定量の正貨に基づき，多くの銀行貨幣を供給しようとする。換言すれば，**この種の**需要の高まりは，貨幣供給表の下方移動をもたらす。この傾向は，供給の弾力性が低下する場合と同じく，準備率を制限する規則によって妨げられるけれども，次のような 1907 年のドイツの法律を手本にしてこの規則を作れば，それは深刻な妨げにはなるまい。すなわちその法律はドイツ帝国銀行に対して，3 月・6 月・9 月・12 月の各月末に，通常の非課税の紙幣発行に加え，2 億マルクの非課税の紙幣発行を認めている[55]。また貨幣供給表が移動して一般物価の変動を抑える傾向は，準備を多くの銀行に分散する多元的準備制度のもとでは，準備を単一の銀行に集中する一元的準備制度の場合より，ずっと弱くなる。なぜなら前者の場合，貨幣がすぐ銀行に戻ってくることがわかっていても，その貨幣を供給した当の銀行に戻ってくるとは限らないからである。この点が特に重要になるのは，金融恐慌によって貨幣需要が一時的に高まる場合であり，このことは，そうした一時的高まりがあまりに激しいときには，多元的準備に基づく銀行制度はその複数の準備を一元的に共同管理することをしばしば強いられる，という事実が示している[56]。それでも，貨幣供給表が移動して一般物価の変動を抑える傾向は，とにかく**幾らか**存在しそうである。同様にして，スコットランドやアイルランドの銀行がイングランド銀行から正貨を定期的に引き出すことによって生じるような，一

---

55) 『エコノミック・ジャーナル』1910 年，214 頁。
56) 本節の目的上，金融恐慌の性質を議論する必要はない。しかし，そのような恐慌のもたらす貨幣需要の高まりは，通例，単なる貨幣需要の高まりではないという点に注意すべきである。すなわちそれは，信頼の揺らいだ何らかの形の銀行貨幣に対する需要ではなく，正貨に対する需要の高まりである。フィッシャー教授が述べるように，「恐慌の逆説は，次のような場合に如実に示される。すなわち人は，銀行が自分の預金額を支払えるだけの現金をもっているか否かについて尋ね，そして『あなたが私に支払えるならば，私は支払を望まないが，あなたが支払えないならば，私は支払を望む！』と言うのである」（フィッシャー『貨幣の購買力』44 頁）。しかし通常は，1 単位の正貨に基づいて多くの単位の銀行貨幣が発行されているため，貨幣需要のうち，正貨による支払を求められる部分の比率の上昇を伴う貨幣需要の増加は，こうした上昇を伴わない貨幣需要の同量の増加より，ずっと大きな量の増加に相当する。それゆえ，一般物価を下落させる金融恐慌の影響は，銀行貨幣の兌換に対する公衆の信頼を維持する政策をおこなえば，大幅に緩和できる。財務省が通知を出し，1844 年の法律で認められた額を超える紙幣発行についてイングランド銀行に免責を約束することは，事実上，そのような政策の 1 つである。

時的であるとわかっている貨幣供給の減少は，正貨への需要を例えば3ヵ月後の貨幣支払約束への需要に置き換えて，一部は対処される。むろんその理由は，3ヵ月後には，財貨で測って貨幣がより安価になると期待されるからである。他の例も容易に挙げられるが，それらは割愛しよう。一般的結論は次の通りである。すなわち需給のどちらか一方の表に生じる変動が一時的であるとわかっているならば，この知識は他方の表の相殺的移動をもたらし，**他の条件が等しい限り**，一般物価の変動をかなり抑制する。

14 一時的であることがわかっている貨幣需要表の変動という特殊なケースでは，供給表の相殺的移動によって物価変動は抑えられる。この事実は直ちに次のことを示唆する。すなわち相殺的制度を創設すれば，どんな場合でも，物価変動を抑えられる，あるいは完全になくすことさえできるかもしれない。なぜなら，貨幣供給の変動の管理を「無原則な力」に委ねなければならない理由はなく，知性の力によって計画的にその安定化をめざしてはならない理由もないからである。この目的をめざし，リカードの示唆に基づくある計画が最近，アーヴィング・フィッシャー博士の『貨幣の購買力』の最終章で詳細に議論された。その本質は，「ある一定重量の金を示す平価ではなく，ある一定の購買力をもつような重量の金を示す平価」での兌換を義務づけられた，公式委員会の設立にある[57]。フィッシャー博士の案では，このように売買される通貨は名目的象徴金貨 (token gold coins) だが，むろん理論上は——実際上はそうでないかもしれないが——紙幣というもっと安上りな形態でもよい。この計画は，1単位の貨幣が常に，それを使用する国の公式指数で示されたある一定の購買力をもつことを保証する。他の各国も，金本位制の原則に従って自国通貨をこの国の通貨に固定するならば，この国と同じ指数に基づいて購買力の固定した貨幣をもつことができよう。ある国で消費される「商品一般」で測った貨幣価値の安定は，他国で消費される「商品一般」で測った貨幣価値の安定を意味しないだろうから，なるほど，この種の「派生的」固定性は完全なものではない。それでもおそらく，「イギリスにおける1単位の固定された購買力［貨幣］は，1オンスの金や1オンスの銀よりも安定した購買力を，他の文明諸国にもたらすだろう」[58]。フィッシャー博

---

57) フィッシャー『貨幣の購買力』342頁。
58) マーシャル（『コンテンポラリー・レヴュー』1887年，371頁）。

士の計画を実施するには，それを運営する国の管理委員会は，むろん大量の金や通貨の蓄えを保持する必要があろう。**その委員会にこれらの金や通貨を供給する国にとっての**この計画の実質年間費用は，これらの蓄えのうち，それまでその国の通貨や銀行準備に使用されていなかった——新たに保持しなければならなくなる——部分の，利子で表されよう。それは，インドの人民にとっての，金とルピーの為替基金の年間費用の場合とまったく同じだろう。彼らは金とルピーの相対価値を一定に保つために，それらをロンドンやカルカッタに保持している。**世界にとっての**この計画の実質年間費用は，その公式委員会を支える当局にとっての純費用より，やや少ないだろう。なぜなら，必要な金の蓄えを各国の金融組織から引き出しても，それによって各国の金融組織の能率が低下することはないだろうからである。このことに加えて，ある国がこの計画を採用すれば他の各国の物価も大いに安定するという事実は，もし仮にそのような公式委員会を創設するのであれば，国際機関として設立し，国際的に資金を供給するのが最善の道であることを示唆している。その場合でさえ，物価の安定から得られる間接的利益が直接的費用を上回るか否かは，どちらの量も測定する手段がないため，厳密には証明できない。しかし私見では，非常に大きな純利益がおそらく得られるように思われる。

第5章　労働者階級の実質所得を変動させる原因

1　再び本論に戻ろう。第3章の結論は当然ながら，労働者階級の実質所得の変動を決定する一般的原因の考察を要求する。そこで本節ではまず，労働者階級の消費の特性がこれらの原因のもたらす結果をどのように変化させるかを分析し，この問題を直接に解明する準備を整えるのが好都合である。なぜならむろん現実世界では，労働者は通常，豊かな階級の人々と同じ商品を購入するわけでも，それらを同じ割合で購入するわけでもないからである。もし労働者の消費の主要部分を占める財貨が，財貨一般より供給の変動が大きい，あるいは小さいと考えるべき理由がなければ，その消費の特性の問題は，本章の議論にとって重要ではなかろう。しかし事実問題として，観察から2つの重要なことがわかる。第1に，

労働者の消費に占める食料品の割合は，富者のそれよりずっと大きい。第2に，労働者の消費に占める原材料の割合も，やはり富者のそれよりずっと大きい。なぜなら富者が求めるのは，それを生産するうえで，製造の面でも小売の流通組織の面でも，人間の活動が主に重要になる上質の財貨であって，未加工の原材料ではないからである。ところが食料や原材料は大部分が地表に生じるので，それらの産出は気候条件のさまざまな影響力を受ける。したがって，財貨一般で測った労働者階級の実質所得の変動の決定因に，この変動を幾らか拡大するもう1つの原因として，次のものを加える必要がある。すなわち労働者階級の実質所得は，財貨一般の形ではなく，幾つかの特に変動しやすい財貨の形をとるという事実である。これは，労働者階級が実際に購入する商品で測った所得の変動――すなわち彼らが利害関心をもつ所得の変動という意味にすぎない――は，財貨一般で測ったその所得の変動より，幾らか大きいだろうということを意味する。

2　しかしこうした労働者階級の消費の特性を十分に理解したうえで，今後はこれを無視し，財貨一般で測ったその実質所得の変動に考察を絞ろう。こうすれば，やや抽象的ではあるが，この問題に光を照らすある分析枠組を利用できるようになる。すなわち国民分配分は商品の継続的な流れである，と考えてよい。ある一定率で毎週流入してくるこの流れは，企業者や利子取得者の法的管理下にあり，彼らによって，すぐに倉庫や仕事場からなる貯水槽に移される。この流れがDとして知られているとしよう。またそれと同量の週当りの継続的流出も起きている。すなわち一方では，商品の法的所有者による消費，他方では，これらの法的所有者が，今後の財貨の生産のための労働の賃金として自分の財貨の所有権を譲り渡すところの，労働者による消費である。これらの流れの前者がA，後者がBとして知られているとしよう。このとき明らかにBは，労働者階級の実質所得を大まかに示している。定常状態では，3つの流れはどれも一定量であり，流入量Dは2つの流出量の和（A＋B）に等しい。しかも仕事場には，常に一定の**蓄積**――Cとして知られているとしよう――が存在し続け，それを構成する財貨は常に変化しているが，その総量は一定のままである。定常状態でなければ，流入量Dの自生的変動によって，あるいは資源管理者が即時的消費，蓄積，労働雇用に対する投資という3用途間で感じる相対的魅力の自生的変動によって，Bはいつでも変動を開始しうる。Bが変動し始める仕方は，これ以外にはない。

3 流入量Dの変化がBに作用する過程は，容易に説明できる。流入量Dの変化がもたらす直近の影響は，明らかに，倉庫や仕事場に保持される財貨の蓄積Cを同量だけ変化させることであるに違いない。しかし財貨の蓄積と，さらに財貨を作るための労働の賃金として財貨を労働者に支払うことは，二者択一的な競合しあう用途である。したがって，流入量Dが変化しても，その変化分のすべてが蓄積用途Cに吸収されることはなかろう。むしろ，一部はこのように吸収されるが，他の部分は労働雇用に投じられる流出Bを増加させることに向かうと予想され，後者の部分の大きさについては，次のような2つの一般命題を定めることができよう[59)]。第1に，倉庫や仕事場に通常保持される財貨の蓄積がその年間の回転分に比べて大きいほど，流入量Dの変化分のうち，蓄積用途Cに吸収されるだろう部分は大きくなり，それゆえ流出量Bの増加として再び現れるだろう部分は小さくなる。蓄積の通常の量を左右する影響力に関する議論については，第II編第6章第5節を再び参照していただきたい。第2のさらに重要な命題は，他の条件が等しい限り，Dの当初の変動が大きいほど，Bのその後の変動も大きくなるというものである。一方，即時的消費・蓄積・［労働雇用］投資という3用途のもつ相対的魅力の変化がBに作用する過程は，もっと容易に理解できる。どの年であれ，3用途間に配分される財貨の総量は，その年の流入に，過去から持ち越された蓄積を加えた和である。他の条件が等しい限り，労働雇用のための投資という用途の相対的魅力が以前より高まれば，流出Bに向かう資源の割合が増大し，しかもその投資用途の相対的魅力の高まりが大きくなるほ

---

59) 例えば，通常の年の均衡条件は明らかに，企業者が消費するA単位，賃金に向けられるB単位，蓄積されるC単位，のそれぞれから企業者の得る限界効用がすべて等しくなることである。各用途に向けられる財貨のさまざまな量のもたらす効用は，明らかに曲線で表すことができる。各曲線の弾力性――すなわち各用途に向けられる資源の微少な変化のもたらす効用の変化率を，各用途に向けられた資源の変化率で割った商――を，e_a，e_b，e_cとしよう。そのとき容易に証明されるように，もし任意の年の流入がDから（D±ΔD）になり，それゆえ分配分の変化率が $\frac{\Delta D}{D}$ で表されるならば，労働雇用に向かう流出の変化率（労働供給表は一定とする），すなわち $\frac{\Delta B}{B}$ は，以下の分数の値にほぼ等しくなる。

$$\frac{e_b \cdot B}{e_a \cdot A + e_b \cdot B + e_c \cdot C} \cdot \frac{\Delta D}{D}$$

明らかにこの値は，$\frac{\Delta D}{D}$ より常に小さくなり，またBに比べてCとAが大きいほど，またe_bに比べてe_cとe_aが大きいほど，$\frac{\Delta D}{D}$ よりますます小さくなる。

ど，その割合がますます増大することは，形式ばった議論をしなくても明らかである。

4 ここまでの議論では，すべての取引が物々交換によってなされると暗に仮定していた。すなわち財貨一般の流入が生じれば，それらはその法的管理者によって倉庫や仕事場に移され，その後はこの貯水槽の中で彼らによって自由に使用されると仮定していた。そこでのすべての取引は，「交換媒体」なしでも成立する直接の取引であると見なしていたのである。むろん現実世界の取引は，このように単純ではなく，一般に次のようになる。流入してくる財貨を法的に所有する企業者や農業者などは，それらがもたらされると，問屋や商店主に販売して代金を受けとる。そして企業者や農業者などはこの販売収入を，一部は自分たちの使う個人所得に，一部は自分たちに融資してくれた人々への利子支払に，一部は今後の労働雇用のために，それぞれ用いる。こうして配分された貨幣はその後，商店主から財貨を購入する手段として，あらゆる集団によって用いられる。年々流入してくる分配分は，実際にはこのようにして最終的に分配されるのである。完全な定常状態では，この過程の迂回的性質のために最終的な分配結果が変わってしまうようなことは，明らかにどんな点においてもまったくない。商店主から企業者に支払われる貨幣の量も，それと引き換えに企業者から商店主に手渡される財貨の量も，毎年同じであり，企業者がおこなう［3用途間の］貨幣の配分も同じである。またその配分後に各集団がおこなう購入の量も同じである。各集団が毎年消費する財貨の量も，永続的に蓄積される量も，同じであるばかりか，あらゆる時点において，その取引が物々交換でなされた場合の量と同じである。さらに，定常状態ではないが，貨幣制度が物価を一定に保つようになっている場合も，その実質的な分配結果は，上述の迂回的過程の有無にかかわらず，明らかに同じになるに違いない。なぜなら，動機の力は貨幣媒体を通じて間接に財貨に作用するが，それでも1単位の貨幣によって常に同量の財貨を購入できるので，貨幣媒体は完全に価値が固定しており，それが受ける力とそれが与える力は完全に等しいからである。最後に，完全な定常状態ではなく，また貨幣制度が物価を一定に保つようになっていない場合でも，もしあらゆる一般物価の変動を完全に予見できるのであれば，貨幣媒体の介在はやはり何の影響も及ぼさない。なぜなら賃金契約を含むすべての取引契約にあたって，将来の価格変動が完全に考慮され

るからである[60]。しかし実際には，現状のすべての近代諸国では一般物価は変動しており，しかもそれは不完全にしか予見されない。この場合，貨幣制度は動機の力を媒介するさいに，その力のもたらす結果を変化させる，と考えるべき一見明白な理由がある。したがって本章の結論を述べる前に，この考えが正しいのか否か，またどこまで正しいのか，を考察する必要がある。

5　現行のあらゆる貨幣制度のもとでは，他の条件が等しい限り，国民分配分が自生的に増加すれば，財貨は貨幣に比べて豊富になるので，一般物価は下落し，また国民分配分が自生的に減少すれば，一般物価は上昇する。これに対し，他の条件が等しい限り，投資用途の相対的魅力が高まれば，賃金や原材料に支出するために銀行から貨幣が引き出されるので，一般物価は上昇し，また投資用途の相対的魅力が低下すると，一般物価は下落する[61]。しかし賃金率は，賃金スライド

---

60) 誤解を避けるために次の点に注意すべきである。すなわちこの議論が厳密に妥当するのは，すべての契約当事者が，分配分を構成するさまざまな商品を等しい割合で購入する，と仮定する場合のみである。もし彼らがこのように購入しなければ，「財貨一般」の価格変動についての知識が，彼らが利害関心をもつ特定の財貨集合の価格変動についての知識をもたらさなくなる。しかし本論ではこの事実を無視する。なぜなら，理想的標準——厳密には作成不可能である——ではなく「財貨一般」で測った価値に基づいて契約することによって，どれほどの調整の不完全性が生じるにせよ，実際に用いられる標準が，財貨一般の価格に対して相対的に変動するならば，調整の不完全性がさらに増大することは，実際上確実だからである。また調整の不完全性の増大は，その用いられる標準の「財貨一般」に対する相対的変動が大きいほど，大幅なものになる。

61) 物価上昇は，**あらゆる**種類の銀行借入の増加によってでなく，材料や賃金に支出するための銀行借入の増加によってのみ生じる，という点に注意することが重要である。借入は，事業上の確信が高まる場合のみならず，その確信が低下する場合にも，増加することがある。事業者たちは，自分の債権が支払われないのに，自分の負債が請求されるのを悟ると，法律が完全な決済の力を与えているある商品，すなわち貨幣を急いで得ようとする。この目的のために彼らは，非常に安値で他のすべての財貨を，さらに一層の安値で証券を，売ろうとする。割引率は大幅に上昇するが，一般物価は上昇するどころか逆に下落する。例えばケメラー氏は，フィッシャー教授が展開した一般的な推論過程に従って，適切に次のように述べた。「短期貸付（call money）に対する需要の多さは，ときには確信の低さの兆候であり，現金化（liquidation）を意味するが，ときには確信の高さの兆候であり，新たな良い投資機会を意味する。これに対し，短期貸付の供給の少なさは，ときには確信の低さの兆候であり，銀行準備を増やすための需要や，当面の事業活動のための資金不足を意味するが，ときには事業上の確信の高さや，短期貨幣市場自体ないし長期貨幣市場における良い投資機会の兆候である。これらの理由のために，短期貨幣の同一の割引率はしばしば，事業上の確信に関する正反対の状態を意味するのである」（ケメラー『貨幣と物価』（Kemmerer, *Money and Prices*）124 頁）。

などのうまく作られた柔軟な争議調停制度がなければ，大きな摩擦を克服しない限り，固定している(62)。したがって，国民分配分の増加と投資用途の魅力の低下はどちらも，［名目賃金の硬直性のため］財貨で測った労働供給表を実際に上方移動させ，また国民分配分の減少と投資用途の魅力の高まりはどちらも，同様にして，労働供給表を実際に下方移動させる。しかし労働需要は一般に非常に弾力的であるため，実質労働稼得は，その供給表の上方移動によって減少し，またその供給表の下方移動によって増加する。したがって通常の貨幣制度の介在は，国民分配分の変動にあたっては，実質労働稼得への影響を，その介在がない場合より縮小する傾向をもたらすのに対し，投資用途の相対的魅力の変動にあたっては，実質労働稼得への影響を，より拡大する傾向をもたらす。以上の説明によってこの問題が論じ尽くされたのであれば，次のことを認めざるをえないだろう。すなわち国民分配分の変動にあたっては，貨幣制度は動機の力を媒介するさいに，その力の向きを逆転させることさえあるだろうから，その媒介によって，物々交換体制の場合には増加したはずの実質労働稼得が減少したり，また物々交換体制の場合には減少したはずの実質労働稼得が増加したりするかもしれない。しかし少し考えれば明らかなように，この可能性を真剣に考慮する必要はない。なぜなら国民分配分が増加するさい，明らかに，労働者が第 n 単位の労働に対して求める実質賃金率は，物価の下落率ほどには大きく上昇しないが，雇用主の提示する実質賃金率は，少なくとも物価の下落率と同じくらい上昇するだろうからである。したがって労働雇用量が減少することはほとんどありえず，そして労働雇用量が非常に大幅に減少しない限り，総実質労働稼得は増加するに**違いない**。国民分配分が減少する場合にも，まったく同じことが言える。それゆえ，国民分配分の変動によって生じる一般物価の変動が，前者の変動によって生じる労働稼得への当初の影響の向きを逆転させることはありえない。したがって，われわれは次のように結論する。すなわち通常の貨幣制度の介在は，分配分の流入の自生的変動

---

62) むろんこれに伴う摩擦の大きさは，労働者組織の勢力や方針に応じて，国によって異なる。例えば「ドイツでは，労働組合の標準賃金率が大ブリテンほどに普及していないので，労働者は，特に不況期には，彼らが以前に雇われていたときより低い賃金で仕事を引き受ける，より大きな自由をもつ。何らかの種類の雇用へのより速やかな復帰と，それによる労働組合員の失業率の低下は，ここから生じている。……カルヴァー氏は，次のように述べてさえいる。『ドイツでは実際，今でもほぼすべての場合，労働者が失業手当を請求できるのは，やや不利な，あるいはまったく不利な労働条件下でさえ，仕事を得られない場合だけである』」(『ドイツ諸都市の生活費に関する商務省報告』Cd. 4032, 521頁)。

や，投資用途の相対的魅力の自生的変動が，労働者階級の総実質稼得にもたらす影響の向きを逆転させることはないが，その影響の量を，前者の自生的変動の場合には縮小させ，後者のそれの場合には拡大させる[63]。

第6章　自然の恵みの変動と外国の需要の変動

1　前章においては，一方では国民分配分として知られる財貨の流入の自生的変動によって，他方では即時的消費・蓄積・［労働雇用］投資の相対的魅力の自生的変動によって，労働者階級の実質所得が変動する仕方を，解明する試みがなされた。どちらの場合も明らかに，これらの自生的変動の幅が大きいほど，換言すればそれらの示す変動性（variability）が大きいほど，その結果生じる労働者階級の実質稼得の変動性は大きくなるだろう。したがって，この2種類の自生的変動の幅の決定因を調べる必要がある。その課題に着手するにあたり，まず本章では国民分配分の場合を考察する。

2　国民分配分の自生的変動は，全世界の立場からは，自然の恵み（bounty of nature）の変化から生じ，ある特定国の立場からは，この変化と，その国が生産す

---

[63] この議論は，一般物価を一定に保つような貨幣制度のもとで，投資用途の相対的魅力の変化が労働者階級の実質稼得を変化させる過程について，読者に1つの問題を提起するだろう。すなわち投資用途の相対的魅力が変化すれば，事業者が銀行から引き出し，賃金として支払う貨幣の量も変化するだろう。しかしその結果生じる賃金稼得者の貨幣所得の変化が，商店主が彼らに販売する財貨の量のみを変化させ，これらの財貨の価格を同時に変化させないということは，一見すると不可能なように思われるからである。この問題の答えは，以下の通りである。事業者が銀行から引き出す貨幣量の変化を相殺するためには，一般物価を一定に保つという課題を託された政府当局は，貨幣の兌換条件を変更する必要があろう。この政策によって当局は，人々全体が，特に商店主が，手元に保有する貨幣量を間接的に変化させることになろう。したがって，投資用途の相対的魅力の高まりは，最終的に，賃金稼得者が手元に保有する貨幣を増加させるのみならず，商店主が手元に保有する貨幣を減少させる結果をもたらし，また投資用途の相対的魅力の低下は，最終的に，この反対の結果をもたらすだろう。ところが，商店主が保有する貨幣の減少は，彼らの立場から見ると，貨幣で測った財貨の価値を減少させるので，彼らは従来の価格で従来より多くの財貨を売ろうとし，また彼らが保有する貨幣の増加は，その反対の結果をもたらすだろう。以上のようにして，この問題は解決される。

る輸出品を購入する外国人の欲望の変化から生じる[64]。この2種類の変化を個別に検討する準備として，すでに本書で何度か用いた[65]，そのどちらの変化にも適用できる一般命題を想起しよう。すなわち人々の卵を少数の容器に入れるより，多数の容器に分けて入れる方が，変動性は常に縮小する傾向がある。各容器が互いに無関係な独立した原因によって影響を受ける場合には，この結論は直接に数学的に証明可能であり，ある一定数の容器が雇用の変動性にもたらす蓋然的結果の程度も確定可能である。また，一部の容器の被る直接的損害が他の容器に蓋然的利益を与えるような形でそれらの容器が相関している場合には，容器の多さが変動性を縮小するという蓋然的結果の程度は，上述の程度より大きくなる。穀物生産についてはこの条件が当てはまる，と考えられることもある。「穀物の産出量は湿気に大きく依存」し，「全ヨーロッパ，アジア，全アメリカで同時に，過度の湿気，あるいは過度の乾燥が生じることは自然的に不可能である」と言われてきた。さらに『エコノミスト』誌が適切に指摘したように，「種まきは一年を通じて毎月おこなわれているので，ヨーロッパの不作が判明してからでも，南半球のオーストラリアやアルゼンチンの小麦の作付面積を増やす時間的余裕は十分にある。このような穀物供給体制が価格に与えた影響は，次のようなものだった。1898年以前には，穀物価格は激しく変動していたが，その後は，やや上昇傾向を示しながらも著しく安定している」[66]。これに対し，一部の容器の被る損害が他の容器にも蓋然的損害を与えるような形でそれらの容器が相関している場合には，容器の多さが変動性を縮小するという蓋然的結果の程度は，前述の数学的程度より小さくなる。わかりやすい例は，複数の需要源泉地のいずれかにおける不況の発生である。なぜならこれは，同時期の他の多くの源泉地における不況と同じ原因から生じている場合が多く，したがって互いに関連しあっているからである。しかしこの場合でさえ，各容器の景気が**多少とも**互いに独立している限り，容器の多さは安定性を多少とも促進する。それゆえわれわれの一般命題は，次のような2つの主要な形に分解される。第1に，もしある国が財貨をそこから購入する供給源泉地が，多少とも互いに独立していれば，他の条件が等しい限

---

64) 特定の発明は，自然の恵みの**持続的**高まりのようなものであるから，**景気変動**の研究にとって第一級の重要性があるわけではない。
65) 第Ⅱ編第6章第6節参照。
66) 『エコノミスト』1909年4月17日，811頁。

り，それらの源泉地の数が多いほど，その国が輸入によって得る国民分配分の変動性は縮小する。第2に，もしある国の輸出品の販売先である外国の需要源泉地が，多少とも互いに独立していれば，他の条件が等しい限り，これらの源泉地の数が多いほど，その国が輸入によって得る国民分配分の変動性は縮小する。また付言しておくならば，多少とも互いに独立した外国の需要源泉地の数が多いほど，ある国の輸出は，それが多くの異なる国に対してなされるという意味でも，それが多くの異なる種類の財貨を含むという意味でも，幅広いものになる。

3 次に，自然の恵みの変動性を考察しよう。この変動性は，他の条件が等しい限り，取引される商品が人間の支配の及ばない自然力に主に左右される種類のものであるほど，拡大しやすいと言えよう。自然力に左右される商品の中で最も重要なのは，すでに見たように，地表で育てられる，したがって気候条件の変動の影響を受ける作物である。一部の作物は生来，他の作物より変動が激しい。例えば「ホップほど，毎年の収穫量が激しく変動する農作物はほとんどない。ホップの作付面積が最大，すなわち7万1,789エーカーになった1878年でも，国内収穫量はせいぜい70万ハンドレッド・ウエイトだったと考えられるのに，その面積が4万8,962エーカーにまで縮小した1905年の国内収穫量は70万ハンドレッド・ウエイトをやや下回ったにすぎなかった」[67]。しかしほぼすべての作物が，非常に激しく変動するのである。この点は，1909年8月号の『コンテンポラリー・レヴュー』のH. S. ジェヴォンズ氏の論文「景気変動と太陽活動（Trade Fluctuations and Solar Activity）」によって明らかにされた。「実際には，自然災害によるにせよ，あるいはたとえ大戦争によるにせよ，ある単一年度に被る資本喪失は，自然の恵みの変動に比べればわずかである。1891年から翌年にかけて，穀物収穫量は100億ブッシェルほど減少した。その生産物の平均価値を1ブッシェル当り2シリングと見なせば，それは，1891年から翌年にかけて，1億ポンドの財貨に相当する分だけ世界が貧しくなったことを意味する。1901年から翌年にかけて，穀物産出高は25億ブッシェル，すなわち2億5,000万ポンド相当，増加した。綿・羊毛・米・牛肉・羊肉・ゴム・乳製品・茶・コーヒー・エンドウ・

---

67)『ホップ産業に関する特別委員会報告』（*Report from the Select Committee on the Hop Industry*, 1908）v頁。むろん委員会が指摘したように，集約農法の進展も考慮しなければならない。これを考慮すれば，この例証は一見そう思われるほどには妥当しなくなる。

大豆・ジャガイモ・果物など，他の多くの農産物も含めれば，明らかにこれらの数字はさらにずっと大きくなろう。むろん相殺的要因も多く存在しており，特定の作物がある国では豊作であるのに他の国では不作であったり，また世界全体で数年の間，一部の作物は豊作であるのに他の大多数の作物は不作であったりすることもある。しかし私は，穀物以外の作物の統計も検討した結果，全体としてそれらがほぼ同じように変動する傾向があるということを確信した。それゆえ，世界のあらゆる農産物や酪農生産物を含めれば，年々の利益と損失について示した先ほどの数字は2倍になることさえ十分に考えられる。また極東貿易とランカシャーの繁栄の大部分とが深く依存する，中国の膨大な米や豆の収穫も計算に入れることができるならば，おそらく実際にその数字は2倍以上になるだろう」[68]。しかし穀物の場合でさえ，変動をもたらす要因としての，人間の支配の及ばない自然力の重要性は，ある程度まで人間の支配によって制限される。例えばインドでは，灌漑工事の発展が，その収穫量を左右する季節変動の影響力を大いに緩和している[69]。より一般的に見れば，次のように言えよう。すなわち富が増えるにつれて，人々は不規則性や不確実性をなくすために多く支出できるようになるので，従来は自然の手に委ねていた仕事を代わりにおこなうために，機械を導入する傾向がある。この点は，ずいぶん前からW. S. ジェヴォンズによって見事に示されていた。「機械改良の傾向とは，労働が，天候や季節に左右されなくなることである。風がなければ風車は動かないので，製粉業者はその時間を無駄にするが，蒸気製粉機は，もし必要であれば一年中，昼も夜も動かすことができる。昔はアイルランドへの旅行者は，ディー川沿いのチェスターかパークゲイトで何週間も待たされたものだが，今ではアイリッシュ海を4時間か6時間で，1日に何度も渡ることができる。30年ほど前に私がおこなったオーストラリアへの航海は，風や波に翻弄されて90日もかかったが，今では高速蒸気船によって40日足らずで行ける」[70]。

4 次に，イギリスの輸出品を購入する外国人の欲望の変動性を考察しよう。この変動の大きさは，一部は，これらの輸出品のうち，個別の需要の変動しやすい

---

68) 『コンテンポラリー・レヴュー』1909年8月，185頁。
69) モリソン『インドのある州の産業組織』156-61頁参照。
70) W. S. ジェヴォンズ『経済学原理』(*The Principles of Economics*, 1905) 77頁。

財貨が占める割合に，また一部は，そのさまざまな輸出先の数と，輸出品を構成するさまざまな品目の数に，依存する。これらの問題の一般的議論については，第II編第6章を再び参照していただきたい。イギリスの輸出品に対する外国人の欲望の変動性は，その欲望の変動性のみならず，他の国々が提供する同じ商品の供給の変動性にも依存する，と付言できよう。これは，イギリスがその輸出品の主要な供給地である場合には，イギリスの国民分配分の変動は，これらの商品が他の国々でも大量に生産される場合より縮小するだろう，ということを示唆する。最後に，イギリスの貿易が，ときおりその税率の変わる関税障壁を通過しなくてもよい場合には，イギリスの国民分配分の変動は，それを通過する必要がある場合より縮小するだろう。

5 最後にもう1点，考慮すべきことがある。自然の恵みの変動と，わが国の輸出品に対する外国人の欲望の変動はいずれも，わが国への財貨の流入の変動，すなわち国民分配分の変動を一般にもたらす。しかし自然の恵みの変動が，国内消費向けでなく，輸出向けに国内で生産される財貨に関して現れる場合，それによって国民分配分が変動するか否かは，**確実**にはわからない。わが国の輸出品に対する外国の需要の弾力性が1である特殊ケースでは，この流入の大きさは変動しない。以上の考察から，われわれは次のように結論する。すなわち自然の恵みの変動性と，わが国の輸出品に対する外国人の欲望の変動性が一定であるならば，国民分配分に生じる自生的変動の大きさは，国内で生産される財貨に対する外国の需要の弾力性にも一部依存する。他の条件が等しければ，この外国の需要の弾力性が1より大きいにせよ小さいにせよ，とにかく1から乖離するほど，国民分配分の変動は拡大するだろう。また外国の需要が非常に弾力的であるならば，その弾力性の影響を受けるわが国の輸出可能品の産出の減少は，それと交換に獲得する輸入品の量を大幅に減少させるのに対し，外国の需要が非常に非弾力的であるならば，そのような輸出可能品の産出の減少は，それと交換に獲得する輸入品を大幅に増加させる。しかしわが国の輸出可能品に対する外国の需要の弾力性がほぼ1である場合には，輸出によって獲得する輸入品の量は，その輸出の量がどれほどであろうとも，ほぼ同じである。この対照的帰結は，合衆国の輸出産業の状況によって容易に例証される。すなわちピアット・アンドリュー氏によれば，「合衆国の綿の輸出額は，その収穫量の変動がどれほどであろうとも，よ

り貿易範囲の狭い合衆国の小麦の輸出額ほどの激しい変動を被らない。なぜなら（アメリカの綿が世界全体の供給に占めるシェアは小麦より大きいので）小麦価格よりも綿価格の方がアメリカの収穫量に速やかに調整され，このことが綿の収穫全体の価値にも，輸出にも，より大きな安定をもたらすからである」[71]。

第7章　事業予測の誤りの変動

1　国民分配分の自生的変動を支配する原因の考察が終わったので，即時的個人消費および蓄積から区別されるものとしての，投資——労働雇用を伴う——の相対的魅力の自生的変動を支配する原因の考察に移ろう。大まかに言って，消費用途の魅力に対する人々の絶対的評価——専門用語では，消費用途に関する効用曲線の形状と位置——は一定であると見なせるだろう。それゆえ，その競合しあう3用途の相対的魅力の自生的変動をもたらす原因は，労働雇用用途と蓄積用途のどちらかの絶対的魅力を変化させる原因のうちに求められるに違いない。また蓄積される財貨の主な機能は，不良債権の危険や，その他の投資の失敗からその保有者を守ることであるのに対し，労働雇用に向けられる財貨の主な機能は，さらなる財貨を将来に生みだすことである。それゆえ容易にわかるように，蓄積に対する欲望の低下と投資に対する欲望の高まり，あるいは蓄積に対する欲望の高まりと投資に対する欲望の低下は，一般に，根底では共通の原因がもたらす，すなわち労働雇用に向けられる資源——正確には任意の第 n 単位の資源——の蓋然的産出量に関する事業者の期待の変動がもたらす，相関しあう結果である。だから期待の改善は，蓄積という安全に対する欲望の低下と投資の危険に対する欲望の高まりの両方を意味し，同様にして期待の悪化も，蓄積という安全に対する欲望の高まりと投資の危険に対する欲望の低下の両方を意味する。それゆえ結局のところ，他の2用途の魅力に比べて労働雇用投資の魅力を変動させる原因は，「将来財」の生産のために労働雇用に投じられる任意の第 n 単位の資源がもたらす産出に関する，事業者の期待を変動させる原因と同じものである。

---

71)『クォータリー・ジャーナル・オブ・エコノミクス』1906年，340頁。

2 第 n 単位の資源を将来財の生産に投じて得られる収益が，事実問題として常に同じである場合には，この収益の予測に関して事業者の犯す誤りの変動が，必然的に，その期待の変動の原因であり，しかもその期待の変動の唯一の原因だろう。また事業者がけっして誤らないか，あるいは同じ誤りを常に繰り返すような場合には，第 n 単位の資源を将来財の生産に投じて実際に得られる収益の変動が，必然的に，事業者の期待の変動の原因であり，しかもその期待の変動の唯一の原因だろう。むろん現実には，誤りの変動と事実の変動がどちらも生じる。この現実は，正しく予測された事実の個々の変動と，誤りの個々の変動が相殺しあうので，その２つが合わさって生じる期待の変動は，そのどちらか一方だけが独立して作用した場合に生じるだろう変動より小さくなる場合がある，ということを意味する。しかしこの現実にもかかわらず，周知のように，ある大きさが２つの部分からなり，それぞれが多少とも互いに独立して変動する場合には，どちらか一方の部分の変動性が大きいほど，その全体の変動性も大きくなるだろう。それゆえ事業者の期待の変動は，労働雇用に投じられる第 n 単位の資源から生じる実質産出高の変動と，事業者の期待に含まれる**誤り**の変動の両方によってもたらされる，と結論づけてよい。ところで労働雇用に投じられる第 n 単位の資源の実質産出高を変動させるのは，前章で論じた２つの原因，すなわち自然の恵みの変動と外国の需要の変動だけである。したがって，経済世界の期待を変動させる一方の種類の２つの原因は，すでに検討済みである。そしてもう一方の種類の原因は，事業者の予測に含まれる誤りの変動である。本章の課題は，この誤りの大きさを決定する原因を考察することである。

3 平均的に見て，経済世界の景気判断が過度の楽観ないし過度の悲観のどちらかに偏っている，と考えるべき理由は明らかに何もない。むしろおそらく，そこから誤りの偏差を測定するところのいわば基準線は，ある特定の種類の誤りではなく，正しい判断であるように思われる。これは，発生する誤りのその平均からの偏差は，発生する誤りの絶対量と同じであり，したがって誤りのその平均からの変動の幅を決定する原因は，誤りの幅を決定する原因と同じであるということを意味する。このことのおかげで，本章の課題は，そのようになっていない場合より少し単純化される。すなわち経済世界の予測に生じる典型的な誤りの大きさを決定する影響力の考察という課題に，単純化される。これらの影響力は４

種類——①近代産業に特有の形態，②経済行動の基礎になる予測を立てる役割を委ねられた人々の資質，③各人の予測が相互に作用しあう仕方，④発生した誤りの増殖力——に大別できるだろう。以下ではこれらの種類の影響力を順に検討してゆく。

4 近代産業に特有の形態には2つの側面があり，どちらも事業予測の誤りの幅を拡大する傾向をもつ。第1は，交換の側面である。初期の時代には，それぞれの家族や小集団は多少とも自給自足しており，産業活動は主に自分たちの消費する財貨の生産に向けられていた，と考えられよう。しかし近代世界では，各生産者の作るほぼすべてのものが，実際上，他の誰かに販売される。したがって，昔はどんな分野の投資に関する予測も，その投資の物的生産力に関する単一の予測にすぎなかったが，今ではそれは，この物的生産力と，その生産物を他の人々の生産物と交換できる比率に関する，2つの予測からなる。そのため各事業者はその予測にあたって，自分の産業のみならず，当然ながら彼にとって畑違いの他の多くの産業の蓋然的状況も考慮しなければならず，これによって明らかに誤りの幅は拡大する。

誤りの幅に影響を与える近代産業の第2の側面は，その「将来展望性（prospectiveness）」である。これが作用する仕方は，次のように述べられよう。ある人が将来財という見返りを期待して，労働雇用に幾らか資源を投資しようと考えている場合に，ある一定単位の労働によって（直接に，または交換を通じて）得られる将来財の量について，あるいはある一定量の資源によって購入できる労働単位の数について，誤算の生じることがある。もし投資の決意の後にその行為が常にすぐ実行されるのであれば，この後者の形の誤りは生じないはずである。しかし近代世界では，生産活動にはたいてい長い時間がかかるので，それに用いる労働や材料の多くは，これらが必要になる数ヵ月も前から，あるいは何年も前から，取引契約を結んでおかなければならない。だから「先物買い（forward buying）」という現象が起こるのであり，すなわち将来展望をもって生産をおこなう企業は，あまり将来展望が必要でない生産をおこなう企業からある将来の期日に，特定の価格で，特定の量を購入する契約を結ぶのである。しかし通常，労働や一部の原材料については先物契約を結ぶことができない。したがってほとんどの関係企業は，将来になってからそれらを調達することになるが，その将来の購入価格

を考えるにあたり，その購入費用のかなりの部分については大まかな推量に甘んじなければならない。しかもその推量をおこなう各企業は通常，他の企業が結んだ将来の取引契約に関する情報をもたないので，これらの取引契約の履行が労働や原材料の実質価格を上昇させることを見落としやすい。それゆえこの場合には，取引契約の締結と履行が同時におこなわれる場合よりも，楽観的期待に向かう一般的変動は促進されやすくなり，また同様の命題は，悲観的期待に向かう一般的変動にも当てはまる。ハル氏が適切に述べたように，もし政府が「現地点で結ばれている契約による今後数ヵ月間の建設予定量についてのすべての関連情報」を毎月公表するならば[72]，事業予測の変動の幅を拡大する先物購入の影響は緩和されるはずである。なぜならそれを公表すれば，事業者は，あらゆる将来の契約を結ぶさいに，労働や原材料の実質価格の迫り来る変動についてもっと用心するはずだからである。同様の緩和は，何らかの重要産業の大部分が一元的に経営される場合にも，もたらされよう。なぜならその場合，その産業の各企業の経営者は，他のすべての企業の利益も考えて契約を結ぼうと自発的に心がけるようになるだろうからである。

5 次に，経済行動の基礎になる予測を立てる役割を委ねられた人々の資質を考察しよう。初期の社会では，これらの人々は，実際にさまざまな産業に従事し，自分の資産をその産業の遂行に向ける企業者に限られていた。本節の問題にとっては，彼らの資質だけが重要であるから，その場合には明らかに，有能な人々が職業として事業活動を選ぼうとするか否かによって，立てられる予測の誤りの幅は縮小ないし拡大するだろう。しかし近代世界のほとんどの種類の産業では，実際の事業経営者の資産のみならず，その他の非常に多くの人々の資産からも，資金を調達している。それゆえ，このような他の人々の予測も同じく重要になるため，彼らの参加によってその予測を立てる人々全体の資質がどのように変化するかを考察しなければならない。

　この問題に答えるには，近代の産業組織では，産業の外部でその予測を立てる人々は2種類に分けられることに注意する必要がある。一方は，職業的金融業者であり，他方は，賭博の興奮をときおり楽しむ一般公衆である。職業的金融業者

---

72) ハル『産業不況』(Hull, *Industrial Depressions*, 1911) 218 頁。

が立てそうな予測と，通常の事業者が立てそうな予測を比べれば，その正確さの違いは一目瞭然である。第1に，職業的金融業者は相場の予測という特定の業務の玄人であるのに対し，通常の取引に従事する他の多くの人々にとって，相場の予測という業務は1つの副業にすぎない。明らかに玄人の方が，一般公衆より正しい予測を立てそうである。第2に，知的な事業者であれば**地元**の経済状況に詳しいのは当然であるが，その程度の知識があれば正しい予測のための基礎として十分だった昔に比べると，近年では輸送・通信手段の発展が多くの産業にもたらした国際的性質のために，玄人の優位性はさらに高まっている。第3に，専門化の進展という事実のために，破産による淘汰の作用が活発になり，正しい予測を立てようにも立てられない者は淘汰される。すなわち金融業者と製造業者の役割を1人で兼ねている者は，下手な市場取引にもかかわらず，その製造業の技術力によって成功することがある。しかしその2つの役割が分離されれば，自分より他の人々の方が上手くできる役割を引き受けようとする者は皆，金銭を失ってその分野から淘汰されるだろう。またこの自然淘汰の効率は，次のような事実によって高められる。すなわち職業的金融業者は膨大な取引をおこなうので，偶然の要素は先ほどの結果に少ししか影響を与えず，能力の要素の方が大きな影響を与えるのである。それゆえどんな産業においても，職業的金融業者の登場は，その産業の従来の関係者よりも将来の状況を正しく予測できる者の登場を意味する，ということは疑う余地がない。

　しかし残念ながら，経済行動の基礎になる投資予測を立てる業務が外部にも開かれている場合には，それに参加するのは職業的金融業者だけではない。それどころか，特別な知識や能力をまったく欠いた多くの一般公衆もそれに参加する。この一般公衆のもつ予測能力は，明らかに，通常の事業者の予測能力よりずっと低い。そのうえ，偽の情報を流すなどの方法によって，そのような素人参加者の予測を故意に誤らせることが職業的金融業者の利益になることもあり，通常，職業的金融業者はそれをおこなう力をもっている。したがって次に考察しなければならないのは，ときおり参加する一般公衆の下手な相場予測によっておそらく生じるだろう誤りの増加は，職業的金融業者の優れた予測によって生じる誤りの減少を上回るだろうか，それとも下回るだろうか，という問題である。

　この問題は，明らかに，どのような一般的解答も示せない問題である。各種の生産企業に資源を配分するさいに，ときおり参加する一般公衆と常に参加する職

業的金融業者がそれぞれ果たす役割の相対的重要性は，一部はその産業の性質に，また一部は伝統や慣習に左右される。ドイツのように，極端に低い額面価値の株式に基づく新会社の設立を法律で禁じるならば，さもなければ経済に影響を与える予測を立てたはずの一定数の貧しい，おそらく無知な人々は，排除されるだろう[73]。また同じくドイツのように，多くの会社設立の背後にそれに責任をもつ銀行家がいる場合にも，ときおり参加する一般公衆の果たす役割の相対的重要性は低下する。経済に影響を与える事業予測の形成にあたり，素人の見解に対して職業的玄人の見解のウエイトを増大させるものは何であれ，明らかにその分だけ，その予測が被るだろう誤りの幅を縮小する傾向がある。

6 次に，第3節で述べた，予測の誤りの一般的な幅を決定する第3の種類の原因，すなわち各人の予測の相互作用の仕方を考察しよう。この問題はかなり重要である。なぜなら，各関係者の誤りが互いに独立していれば，明らかに，それらは多少とも相殺しあう傾向があるので，全体として必ずしも巨大な影響力をもたないだろうからである。むろん通常，その相殺はかなり不完全なものにすぎない。［任意の時点において］過度の楽観と過度の悲観の間には，さまざまな度合の個々の誤りが分布している。たとえそれらの誤りが均一な形で分布する蓋然性の方が，他の**特定の形**で分布する蓋然性より高い——この命題は疑う余地がある——ということが正しいとしても，均一な形で分布する蓋然性の方が，他の**何らかの**（不特定な）形で分布する蓋然性より高いということは，確かに正しくない。それどころか，明らかに，前者の方がずっと蓋然性は低い。任意の時点において，楽観と悲観の間に存在する個々の誤りの分布が不均一になり，ときには非常に不均一になることは，実際上確実である。ところで，各関係者が互いに独立して行動する場合には，彼らが互いに導きあって同じ行動に向かう場合より，明らかに，分布の不均一性はずっと縮小する。しかし一斉に**同じ**行動をとろうとする傾向が彼らにあるならば，誤りの平均幅は法外に拡大してしまう。船上の乗客が常に互いに独立して歩き回っているならば，船の均衡に大きな攪乱をもたらす危険はほとんどないが，彼らが一方の側から他方の側に一斉に慌てて殺到すれ

---

73) ドイツでは，10ポンド以下の額面の株式は一切認められず，50ポンド以下の額面の株式も通常は認められない（シャスター『ドイツ民法の原理』(*The Principles of German Civil Law*, 1907) 44頁）。

ば，極めて危険である[74]。したがってこの問題においては，将来に関する期待によって事業経営者たちが実際に一斉に同じ行動をとる，その傾向の程度を考察することが重要である。

7　経験が示すように，各事業者を結びつける金融上のつながりをまったく別にしても，彼らの間には，ある程度の心理的相互依存性が存在する。経済世界のある部分の雰囲気の変化は，まったく非理性的な仕方で，他のまったく無関係な部分にも広がってゆく。事業上の確信の高まりや低下は，「共感的，伝染的興奮によって拡大してゆき，人間社会を非常に大きく揺り動かす」[75]。すなわち相互暗示による一種の社会的催眠の仕組み（a quasi-hypnotic system of mutual suggestion）が作用し始めるのである。

　「人から人へ，魂から魂へ，次々に彼らは火をともしてゆく」。

この傾向が最も顕著になるのは，事業者たちが大都市の商業地区に集まって住んでいるときである[76]。しかし経済世界の各部分の心理的相互依存性は，貨幣的相互依存性に比べれば，小さな問題にすぎない。すなわち事業者たちは，ある雰囲気の共感によって互いに結ばれているのみならず，債務者・債権者関係によっても，さらにずっと固く結ばれている。なぜならこの関係は，事業者と不活動資本家（sleeping capitalist）の間のみならず，事業者どうしの間にも存在するからである。実際，ほとんどの企業は，借手であると同時に貸手でもある。事業者たちはある集団から材料を信用で買って，彼らから金を借り，そして別の集団に自分たちの製品を信用で売って，彼らに金を貸す。こうしていわば，各事業者が直前の事業者に対しては債務者であり，直後の事業者に対しては債権者であることを示す，流列 A-B-C-D が生じるのである。この事実は，良きにせよ悪しきにせよ，何らかの出来事がそのうちの誰かに起これば，その影響が他の者にも伝わりやすいことを意味する。極端な場合，もし企業Bに対して大きな負債をもつ企業Aが破産し，その負債を払えなくなれば，Aの倒産によってBも倒産し，そしてBの倒産によって，次はCも倒産するだろう。しかもこの事業者どうしの貨幣

---

74) フィッシャー『資本と所得の性質』297頁参照。
75) ケメラー『貨幣と物価』83頁。
76) E. D. ジョーンズ『経済恐慌』（Jones, *Economic Crises, 1900*）204頁参照。

的相互依存性の程度は，原材料の生産業者と完成生産物の製造業者の間，完成生産物の製造業者と卸売業者の間，卸売業者と小売業者の間における，より長期の信用取引をもたらす，あるいはより多額の信用取引をもたらすあらゆる事業慣行の発展によって，明らかに高まる[77]。ところで次節で見るように[78]，事業者の立てる予測は，その現在の経済状態に大きく左右される。したがって現在の貨幣的相互依存性は，それによって予測の相互依存性をもたらし，このようにして，人々に一斉に同じ行動をとらせる傾向をもつ力としての群集心理（psychology of crowds），すなわち心理的相互依存性と合わさって作用する。したがって現在の経済世界の仕組みのもとでは，明らかに，人々が一斉に同じ行動をとるやや強い傾向がある。その傾向がある限り，それがない場合より，事業予測の誤りの幅は拡大する。

8 最後に，第3節で見た予測の誤りの第4の種類の原因，すなわち発生した誤りの増幅力を考察しよう。すべての取引を物々交換でおこなう世界では，誤りが発生してもその場限りで消滅するので，その発生から消滅までの影響力の大きさは一定に留まるだろう。しかし現実世界では，発生する誤りは，静止的，惰性的なものではない。むしろそれは，いわば自己増幅してゆくのであり，何らかの外部の力が干渉してそれを消滅させるまで成長し続ける傾向をもつ。誤りがこうした特性をもつのは，ある購買力標準［貨幣］によって取引をおこなうという事実のためであり，この購買力標準の財貨一般に対する相対価値は，その標準に対する需要によって変動しやすい。その展開過程は，楽観的錯誤による景気の高まりがもたらすと考えられる事柄を分析すれば，例証できよう。第5章で説明したよ

---

77) 金融仲介業者と顧客の間でそうであるように，信用は「短期決済」制度によって抑えられている点にも注意すべきである。この制度は，「資金力のない売買人が，その自由に使える資金で損失を補塡できる以上の大きな危険を引き受けることによる，損失の危険を低下させるためのものであり，またこうして仲介業を安全なものにして，より薄利でも仲介業を継続できるようにするためのものである。契約の当事者は，短期の価格変動によって生じる損失を十分に補塡できるだけの預金をおこなうことがあり（義務の場合もある），もしその預金で補塡できる額を超えて価格が変動すれば，その預金をさらに増やすに違いない」（『イギリス協会報告』（*British Association Report*）1900年，4頁）。その制度は，株式市場で証拠金に基づいて投機をおこなう人々の間でも，商品市場で先物取引をおこなう人々の間でも，実際に普及している。

78) 463頁［本訳書418頁］参照。

うに，事業者は投資収益の高まりを予想すると，銀行から貨幣を借りて原材料の購入や労働の雇用をおこなう。こうして貨幣の流通量が増加するので，物価は上昇する。しかし物価の上昇は通常，完全には予見されないので，賃金率や——本節の観点からはさらに重要なものである——利子率に関する契約条件において，十分に考慮されない。それゆえいわば運命的なカラクリによって，大部分は賃金支払者であり債務者でもある事業者は，賃金稼得者や不活動資本家を犠牲にして，完全な予見の存在する経済世界の場合以上に繁栄する。しかもこのカラクリは，彼らの富の実質的変化を生みだすのみならず，ある想像的変化も生みだす。なぜなら，人々は普段より多くの，あるいは少ない貨幣をもつと，たとえ物価がそれに正確に比例して変動していたとしても，それでも「金銭で考える」自然的傾向のために，自分たちが本当に豊かになった，あるいは本当に貧しくなったと勘違いしやすい。ところで，人々の判断が彼らの感じ方に左右されることは，周知の事実である。彼らが豊かになっている，あるいはそのように思っている場合には，彼らは不確実さの明るい面を見る傾向があり，彼らが貧しくなっている場合には，その暗い面を見る傾向がある。成功はさらなる成功の希望を生み，失敗はさらなる失敗の恐れを生む。したがって，事業者を豊かにするものは何であれ，楽観的錯誤に拍車をかけ，彼らを貧しくするものは何であれ，悲観的錯誤に拍車をかける。こうして，ひとたび彼らが犯した楽観的錯誤はますます増幅してゆくことになる。彼らはさらに貨幣を借り，それによってさらに物価を上昇させる。物価の上昇によって，またもや彼らは豊かになり，その結果，またもや彼らの予測の誤りは拡大する。このようにして動き出した過程は，外部からの力によって妨げられなければ，際限なく続く傾向がある。小児として生まれた誤りが，しだいに巨人の姿に成長するのである。これでもまだ，その顚末をすべて述べ尽くしたわけではない。なぜならその誤りは，成長するにつれて，自己を増幅させると同時に，貨幣制度が生みだす物価の変動も増幅させ，そして後者によってさらなる増幅力を得るからである。この理由は，一般物価の変動が単に不完全に予見されるのみならず，不均一に予見されるからである。すなわち企業者階級のおこなう予想は，不活動資本家や賃金稼得階級のおこなう予想より，一般に正確である。したがって事業者は，物価上昇期には，資本家や賃金稼得者から任意の量の用役を安い実質価格で得られるだろうと予想し，また物価下落期には，資本家や賃金稼得者が任意の量の用役の対価として相変わらず高い実質価格を要求

するだろうと予想する。だから物価上昇期には，投資収益に関する事業者の期待は，資本家や賃金稼得者から一種の補助金を得られるという期待によって高まり，また物価下落期には，資本家や賃金稼得者の用役に対して一種の使用料を払わなければならないという期待によって低下する。こうして，フィッシャー教授が述べたように，「予見の不均一性（不完全性から区別されるものとして）は，物価上昇期には過剰投資を，また物価下落期には相対的停滞をもたらす」のである[79]。誤りには，自己増幅する傾向のみならず，そのための協力要因を増幅させる傾向もある。この2通りの傾向があるという事実によって，事業予測の典型的誤りの大きさは，そうでない場合より，明らかにずっと拡大する。それゆえ現行の貨幣制度の形態を，一般物価を一定に保つようなものに変更するならば，おそらくその誤りの大きさはかなり縮小するだろう[80]。

9 しかし，誤りが増幅力をもつという事実が事業予測の典型的誤りの大きさに与える影響力は，外部からの力によってその増幅が止まるまでの期間の長さを考察しない限り，完全には確定しない。なぜなら誤りが増幅してゆく規模は，明らかに，この期間の長さに直接依存するからである。また誤りが増幅し続ける通常の期間は，他の仕方によっても，誤り一般の通常の変動の規模を左右する。なぜなら過度の楽観にせよ過度の悲観にせよ，とにかくどんな種類の誤りでも，誤りであることが判明すれば，その判明の事実は，当然ながら感情の反動を生みだし，おそらく逆方向の誤りを生みだすからである。その誤りの判明が感情の反動を生みだすところの当初の誤りが大きいほど，この逆方向の誤りは大きくなるだろう，ということもかなり明白である[81]。それゆえ，楽観の誤りが判明するまでの通常の期間が長いほど，楽観的誤りの平均規模のみならず，悲観的誤りの平均規模も大きくなるだろう。ここから次の3つのことが言えよう。第1に，どんな社会でも，すぐに回収できる収益のためでなく，鉄道建設が約束するような遠い

---

79) フィッシャー『利子率』286頁
80) 第5章第5節で論証したように，現行の貨幣制度のおかげで，自然の恵みの一定の変動がもたらす労働者階級の実質稼得の変動は，他の貨幣制度の場合より小さくなっている。この事実を考慮すると，本文の議論から，現行の貨幣制度を廃止して物価を一定に保つような貨幣制度に変更すれば，労働者階級の実質稼得の変動は全体として縮小するだろう，と無条件に言うことはできなくなる。それでもこの命題の正しさは，ほとんど疑う余地がないように思われる。

将来の収益のためになされる投資の比率が高いほど，その社会の誤りの大きさ，したがって誤りの変動性は拡大するだろう。第2に，一方では，誤りを犯した産業経営者は，損失の少ないうちに非を認めて撤退することを渋るし，他方では，資金の少ない者より資金の多い者の方が，非を認めることを先延ばしできるので，事業者の平均資金が少ないときより多いときの方が，誤りの幅と誤りの変動性は拡大するだろう。これを裏づけるものとして，バートン氏の次のような見解に注目したい。すなわち物価が最高潮に達した後に起こりやすい恐慌の継続期間――数ヵ月，または1年にわたることさえある――は，近年長期化しているが，その長期化は，富の増加によって産業経営者がより多くの個人的資金を留保するようになったからである。第3に，誤りを犯した事業者が借入金によって事業を継続できる場合には，非を認めることをさらに先延ばしできるので，このような継続の手段がない場合より，誤りの幅と誤りの変動性は拡大するだろう。債権者の命運が潜在的に破産している債務者の命運と一蓮托生であるために，債権者があえて自分の貸付金の返済を求めない場合には，そのような手段を利用できよう。また銀行家が近視眼的方針をとる場合にも，そのような手段を利用できよう。ただし非を認めることをこの種の手段によって延期しても，その延期によって，結局は認めなければならない誤りを拡大するだけのことであり，こう考えるべき非常に強い理由があることも述べておきたい。なぜなら一方では，破産するほどの大きな誤りを犯すような事業所は，そもそも経営が上手くなされていないのだから，たとえその事業所の経営がさらに悪化しなくても，将来に再び誤りを犯すだろうと考えられるし，他方では，その事業所はすでに破産しているので，さらなる損失を被るのはその事業所でなく，むしろその債権者であり，それゆえ

---

81) これに関連して次のことに注意すべきである。すなわち「事業の破産」のもつ真の重要性は，それが誤った楽観を暴露し，したがって反動としての誤った悲観を生みだす原因になるという事実にある。破産自体に大した経済的重要性はない。破産の結果として事業の企てが断念されることなど，めったにない。通常の破産処理は，売却を通じて，あるいは債権者の利益を守る破産管財人を通じて，その事業が他の人々――より活力があり，より有能な人々であることが多い――の管理下に移されるというものであり，比較的有能な企業者が比較的無能な企業者に取って代わるだけのことである。それゆえ，バートン氏が引用したジョン・ミルの次のような言葉は正しい。「一般に，恐慌は資本を破壊するわけではない。それはただ，背信行為とも言えるどうしようもない不生産的活動によって，これまで破壊されてきた資本の大きさを暴露するだけである」(バートン『金融危機』(Burton, *Financial Crises*, 1902) 20頁)。

この事業所の経営はさらに放漫になりやすいからである。後者の危険は，各種の詐欺や悪質な取引に対する厳しい規定を含む破産法の制定によって，一部は緩和することができる。

第8章　労働者階級の実質稼得の，変動因と変動性の関係

1　ここまでは2つのことを考察してきた。すなわち第1は，国民分配分の自生的変動と国民分配分の3用途の相対的魅力の自生的変動が個別に生じるときに，それらが労働雇用に投資される資源量に与えると予想される影響である。第2は，この2通りの各変動の，発生と規模を決定する要因である。この2つの線に沿ってうまく研究をおこなえば，明らかに，年々の労働雇用に向かう資源の流れの変動性を決定する幾つかの影響力に関して，知識を得られるだろう。しかしこの2通りの影響力の他にも，ここまでの議論でまったく考慮しなかった他の重要な影響力が存在する。本章ではこれに目を向けなければならない。すなわち労働者階級の実質所得の変動性は，国民分配分の自生的変動と，その3用途の相対的魅力の自生的変動だけに依存するわけではない[82]。それは，①国民分配分とその3用途の相対的魅力との，さまざまな大きさや方向の個々の変動の発生**順序** (order)，そして②もし存在するならば，その2系列の変動の間に存在する相関の性質，にも依存する。本章では，この2つの問題を順に解明してゆく。

2　さまざまな個別の変動の発生順序が重要になる理由は，次の通りである。将来財の生産のための労働購入に向けられる資源量の変動は，それが分配分の変動の結果であるにせよ，あるいは3用途のもつ相対的魅力の変動の結果であるにせよ，一般に将来の年々の分配分の大きさに反作用を及ぼし，そしてこれを通じて，将来の年々の労働購入に向けられる資源量に再び反作用を及ぼす。このように反作用する理由はむろん，労働雇用に向けられる［賃金］基金の変動が一般

---

82)「国民分配分の自生的変動」とは，3用途の相対的魅力の変動に起因しない変動を意味し，「3用途の相対的魅力の自生的変動」とは，国民分配分の変動に起因しない変動を意味する。おそらく，このように説明するほかはない。

に，生産量が変更される業種における労働量の変動を，したがってそれ以後の年々の分配分の変動を，意味するからである。ある年に労働雇用に向けられる資源量の変動が，それ以後の年々の分配分の大きさに反作用を及ぼす程度は，次の事実によって明らかに抑制される。すなわち投資の増加期には，投資の減少期より，投資される資源のずっと大きな割合が，破産するだろう浪費的企業に向けられる。しかも投資の減少期には，生産に投入される**知性**の量が一般に増加する。これは一部には，相対的に能力の低い事業者が他の者に事業を売却せざるをえなくなるからであるが，むしろ大部分は，事業を継続する者が「自分たちの意地にかけて，より良い方法を考え出そうとし，また他の者がおこなった改良を取り入れようと必死に努力する」からである[83]。しかしこれらの抑制要因にもかかわらず，ある年に労働雇用に向けられる資源量の増加がそれ以後の年々の分配分を増加させる傾向をもち，また前者の減少が後者を減少させる傾向をもつことは，ほとんど明白である。そしてもしそうであれば，明らかに，直ちにさらなる反作用がそれ以後の年々の労働購入に向けられる資源量にも生じるに違いない。したがって，分配分の増加と減少が短い間隔で交互に起こる場合には，あるいは投資用途の相対的魅力の増加と減少が短い間隔で交互に起こる場合には，実質労働稼得の変動性は，増加の年と減少の年がランダムに起こる場合より縮小し，また通常は増加の年が続いた後に減少の年が続くような場合より，かなり縮小するだろう。これらのことから，自然の恵みの変動の順序――ここでは外国の需要の変動を特に考察する必要はない――と，3用途の相対的魅力の変動の順序を，考察する必要が生じるわけである。

3 自然の恵みの変動の順序は，統計によって研究できる。産出の増加ないし減少の一方が連続して起こる傾向は実際に観察可能であり，それは，各年の状態が互いに完全に独立している場合におそらくそうなるだろう以上に，顕著であるように思われる。この傾向を，説明不可能な単なる偶然と見なす必要はない。なぜなら「イングランド東部における小麦収穫量の明らかな周期性」に関するショー博士の研究と，その考察範囲を合衆国にまで広げた H. S. ジェヴォンズ氏の同様の研究は，太陽［の黒点の変動］周期にぴたりと一致する，したがって太陽周期

---

[83] 金銀委員会でのマーシャルの証言（Cd. 5512-1），Q. 9816.

におそらく起因する，11年の小麦周期の存在を明らかにしたように思われるからである。もしこれが正しいとすれば，投資用途と他の2用途の相対的魅力に生じる変動の順序は，事業上の楽観と悲観の自己増幅作用に関する前章の考察から，直ちに引き出されるだろう。前章の議論から明らかなように，任意の年に楽観ないし悲観の種がまかれるならば，新たな原因が干渉しない限り，その種はどんどん成長し続ける。したがって，ある年に楽観（ないし悲観）が優勢であるならば，おそらくその後の数年も楽観（ないし悲観）が優勢であり続ける。換言すれば，数年間，投資用途の魅力が高かったり，また数年間，投資用途の魅力が低かったりする場合には，各年の状態が互いに完全に独立している場合におそらくそうなるよりも，投資の増加ないし減少は毎年連続して起こる傾向がある。それゆえ次のように結論される。自然の恵みの変動にせよ，3用途の相対的魅力の変動にせよ，その変動の発生順序は，その変動の大きさだけに注目する場合に予想される以上に，労働者階級の実質稼得の変動性を拡大する。

4　次に，自然の恵みの変動の系列と，投資用途の相対的魅力の変動の系列の間に相関が存在するのか否か，また存在するならばどの程度のものであるのか，という問題に移ろう。この問題が労働者階級の実質稼得の変動性を考えるさいに重要であることは，すぐにわかる。すなわち a と b を，この2つの変動の系列が単独で作用する場合に生じる変動性であるとしよう。このとき，その2系列がまったく相関していない場合には，それらが合わさった総変動は，ここで仮定した a と b のどちらよりもおそらく大きくなるが，自然の恵みの変動に起因する変化と，投資用途の相対的魅力の変動に起因する変化は，幾分か相殺しあうこともあるだろうから，総変動は a と b の和よりもおそらく小さくなる。自然の恵みの変動と事業上の確信の変動が負の相関をもち，一方が正であるときにおそらく他方が負になる場合には，総変動は縮小し，それを構成する a と b のどちらよりも小さくなることがある。これに対し，その2系列の変動が多少とも正の相関をもち，自然の恵みの高まりがおそらく事業上の確信の高まりをもたらす場合には，総変動は拡大し，また完全な相関をもつような極端な場合には，総変動はそれを構成する a と b の和に等しくなる。したがって明らかに，こうした相関に関する事実を考察するまで，われわれの研究は完成しないのである。

5 この考察の第一歩として，前章で述べた心理上の一般的事実に注目すべきだろう。前章で説明したように，成功の美酒に酔う人々が事実の保証する度合を超えて楽観的になるのは，主として好況期であり，また彼らが過度に悲観的になるのは，主として不況期である。ところで，事業者たちの好況や不況は，むろん自然の恵みの変動以外の原因からも生じる。例えばそれらは，金供給の変化や銀行組織の変化がもたらす，一般物価の自生的変動からも生じるだろう。むろん事業予測の誤りの変動も，現在の景気の状態とはまったく無関係な原因から生じることがある。それでも，自然の恵みの変動に起因する現在の好況や不況が，事業予測の誤りを変動させる重要な原因であることは，ほとんど明白である。なるほど，次のような反論もあるかもしれない。すなわち自然の恵みの高まりは，他の条件が等しい限り，物価の下落を意味し，そして物価の下落は，利子取得者や賃金稼得者に利益をもたらす反面，事業者に損失を被らせ，こうして事業予測を悪化させる傾向があると。しかし容易にわかるように，物価の下落を伴う分配分の増加は，物価の下落を伴わない分配分の増加に比べれば，確かに経済世界の繁栄を抑制するけれども，分配分が一定である以上は，物価の下落する状態が，物価の安定している状態より，経済世界の繁栄を抑制するようなことは，ほとんどなかろう。同様の議論は，分配分の減少が物価を上昇させるケースにも妥当する。したがって自然の恵みの変動は，事業予測の誤りを同方向に変動させる直接の原因であるから，両者はむろん正の相関をもつのである。事業予測の誤りの変動と，事業上の確信の変動すなわち投資用途の相対的魅力の変動は，別のものである。このことを忘れてはならない。454 頁［本訳書 411 頁］で説明したように，後者の種類の変動は，事業予測の誤りの変動のみならず，労働雇用に投資される資源の第 n 単位から実際に得られる産出の変動によっても生じる。しかしこの区別にもかかわらず，自然の恵みの変動と事業予測の誤りの変動が正の相関をもつという先ほどの論証によって，自然の恵みの変動と，事業上の確信の変動すなわち投資用途の相対的魅力の変動は，程度は劣るが同じく正の相関をもつという，さらなる命題の**蓋然性も高められる**のである。

6 第 1 節で述べた 2 つの問題のほかにも，景気変動という病を治療しようとする者にとって非常に関心の高い第 3 の問題がある。ここまでの議論によって，3 種類の変動を区別できることが明らかになった。すなわち自然の恵みの変動，こ

の変動から直接に生じる事業上の確信の変動，そして自然の恵みの過去ないし現在の状態とは無関係に生じる事業上の確信の変動である。実質労働稼得の変動性の決定因としてのこれらの各変動の相対的重要性について得られる知識は，明らかに，政治家にとって大いに重要である。ハル氏はその興味深い著書『産業不況』において，この種の知識を提供しようと試みた。彼によれば，変動性の主な原因，実際のところ唯一の重要な原因は，過去の作物収穫量のどんな変化とも無関係な，自生的に生じる事業上の確信の変動に見出される。すなわち彼は実に明確に，「好況や不況の原因は産業の内部に存在するに違いない。そこでは事業規模の大幅な変動が起こる可能性があり，また実際に起こっている」と主張する[84]。彼の議論は，次のような2つの統計的命題に基づいている。第1に，製造業の産出量の変動は他の業種の産出量の変動よりずっと激しく，しかも産出額の変動で見れば，それがさらに激しいこと，また第2に，不況の厳しさに関する主要国の国別の順位は，鉄の産出量および産出額に関する国別の順序に一致することである[85]。なるほど一見すると，この2つの事実はハル氏の主張を裏づけているように思われる。しかしよく考えればすぐにわかるように，実はそうではない。これらの命題から立証されたのは——実はこれさえも立証されたのか否か怪しいが——，製造業の被る変動は農業の被る変動より大きいということにすぎない。このことは，事業上の確信の変動が，しかも——これを構成する一部にすぎない——過去の作物収穫量の変動とは無関係に生じる事業上の確信の変動部分が，投資の変動性を決める支配的要因であることの証拠にはならない。なぜなら上述のこと——製造業の被る変動が農業の被る変動より大きいということ——は，たとえ事業上の期待がまったく変化しなくても，起こるかもしれないからである。すなわち作物収穫量の変動は，分配分の変動を実際にもたらすので，当然ながら投資を変動させ，そして当然ながらこの投資の変動の大部分は投資財において生じる[86]。ハル氏の示した統計的事実から言えるのは，これだけである。したがってこれらの事実からは，彼の主張を裏づけるどんな正当な根拠も引き出せない。しかも統計が示すように，作物収穫量の変化とその直後の事業活動の変化の間にはかなり顕著な正の相関があり，H. S. ジェヴォンズ氏はこの点を

---

84) ハル『産業不況』100頁。
85) 同上書82頁。
86) 第II編第6章第8節参照。

次のように述べている。「銑鉄の生産量は，製鉄業や製鋼業の状態を示す最良の指標であり，またこれらの業種の状態自体が，おそらくやや極端な形ではあるけれども，その国（例えば合衆国）の産業一般の状態と共に変動する。すなわち製鉄業や製鋼業の変動は，他業種の変動とぴたりと同時に起こるが，他業種より全体として激しく変動する傾向がある。合衆国における人口当りの各年の銑鉄の生産量を計算し，その曲線を農業の総生産量の曲線と並べるならば，その2組の数値の相関は明白である。1870〜71年の豊作の後には，1872〜73年の鉄生産の大幅な増加があり，1879〜80年の豊作の後にも，やはり2年後の1882年に最高値に達した鉄生産の増加があった。また1884年の豊作も，2年後に製鉄業の活況をもたらした。1888〜95年には，銑鉄生産の曲線が1年遅れて農業生産の曲線をぴたりと追いかけており，1893年以降は，製鉄業と製鋼業の急成長を適切に斟酌すれば，その2曲線の一致が最も顕著である」[87]。ピアット・アンドリュー教授も，H. S. ジェヴォンズ氏と同様のことを論じている。すなわちアンドリュー教授も，作物収穫量がアメリカの事業世界に与える影響力に関する慎重な考察を総括し，次のように述べた。「過去40年間を概観するならば，好況へのあらゆる動きの始まりと，あらゆる不況への転換点（それはしばしば実際の恐慌の発生の数年前に見られることに注意すべきである）が，作物収穫量と密接に関連していたことを，指摘せざるをえない」[88]。以上のようにして立証された相関から，自然の恵みの変動と事業上の確信の変動の間に相関があると推論するのは，一見すると当然のことであるように思われる。ところで，任意の年の作物収穫量の変化と，それとは無関係に生じる事業上の確信の変化が，相関していると考えるべき理由はない。したがって，もし作物収穫量の変動とは無関係に生じる事業上の確信の変動が，投資の変動性の圧倒的に有力な原因であるならば，〔作物収穫量

---

87) 『コンテンポラリー・レヴュー』1909年8月，177-8頁。これに関連して，H. S. ジェヴォンズ氏はもう1つの興味深い事実に注目している。「1870年代には，豊作が製鉄業にその完全な影響を及ぼすのに2年かかった。また90年代の初めまでは，豊作の1年後に製鉄業の好況が起きた。ところが近年では，それらの動きが同時に起こるようになっている。今日では栽培中の作物は，農業者自身によって，あるいは農業者がその作物を先物販売する商人によって，割り引かれる——文字通りその現状における貨幣価値に換算される——。製造業者や卸売業者は，政府の作柄予想も参考にして，豊作から生じる需要を予想し，鉄道業者も車両の需要を予想する。こうして，一斉に発注が繰り返されるわけである」（同論文）。

88) 『クォータリー・ジャーナル・オブ・エコノミクス』1906年，351頁。

の変動と投資の変動の間の〕どんな種類の顕著な相関も，実際にはまず観察されないはずである。したがって，同時期の作物収穫量の変化とは無関係に生じる事業上の確信の変化は，おそらく実質労働稼得の変動性の圧倒的に有力な原因ではない。だからハル氏の結論は，その統計的に得られる証拠によって裏づけられないばかりか，むしろそれと矛盾するのである。しかしこのような消極的結論のみならず，積極的結論も述べることができよう。すなわち自然の恵みの変動は，それが直接にもたらす事業上の確信の変動と結合して，おそらく実質労働稼得の変動性の重要な原因の1つになっている。現状で得られる情報からは，この問題について，これ以上の明確な結論を得ることはできない。

第9章　労働需要の安定を図る慈善家および政府の行動

1　ここまでは労働者階級の実質所得の変動性に影響を与える原因を考察してきたが，そこで考察したのはあくまでも，労働者階級全体の実質所得の変動性に与えるその影響が，代表的労働者の実質所得の変動性に与える影響と同方向であるような原因だった。第3章で述べたように，われわれが実際問題として関心をもつだろう原因の大部分は，この種のものである。しかし必ずしもこのように言えない，ある重要な種類の原因も存在する。第2章で強調したように公的当局は，他の条件が等しい限り，代表的労働者の実質所得の変動性が縮小すれば経済的厚生は増加する傾向がある，という事実を認識している。また公的当局は，この種の変動性の縮小による厚生の増加が私的産業経営者の損益計算では一般に無視される，ということも認識している。したがって，公的当局が次のように判断するのはまったく適切である。すなわち，たとえ代表的労働者の稼得の安定化をめざす慈善家ないし政府の行動に，ある一定額の直接的費用がかかっても，そのような行動には正当な根拠がある。むろんその直接的費用が大きいほど，安定化行動の推進は社会に利益をもたらしにくいだろう。そのような行動が，何か物的に消滅しやすい，あるいは様式の変化によって価値を失いやすい何らかの商品を作るために，不況期に失業者を就労させる場合には，その直接的費用は大きくなり，また明らかに無益な仕事を生みだす場合には，その費用はさらに大きくなる。こ

れに対し，本来ならば失業していた人々を，「実際にかなり有用な」何らかの仕事に向かわせることができる場合には，その費用は比較的小さくなるだろう。この種のことは，ある量の安定化行動によって経済的厚生がどれほど高まるかを判断するさいの参考になる。しかしどんな場合でも，**何らかの量の安定化行動によって利益を得られるのである**。ここまでは，公的当局も私的慈善家も理解していることが多く，この理解に基づき，労働者階級の実質所得の安定という明確な目的をもって，彼らは，自分たちの労働需要の一部を好況期から不況期に計画的に移すことがある。しかしここで強調しなければならないのは，労働者階級全体の実質所得の変動性を縮小させるこの種の原因が，常に代表的労働者の実質所得の変動性をうまく縮小させるとは限らないという点である。本章では，その成否を分ける条件を考察する。

2 しかしその前に，ある反論を斥けておく必要がある。この反論は，慈善家も政府も，労働者階級全体の実質所得の変動性を縮小することさえできないに違いないというものである。その主張によれば，労働雇用に向けられる資源量は常に厳密に固定されているので，ある場所の労働雇用の増加のために政府や私人がふり向けるどんな資源も，必然的にどこか他の場所の労働雇用から取り去られた資源にすぎない。トランスヴァール困窮委員会の言葉を借りれば，「富は賃金が支払われる唯一の原資であり，政府はその労働者に賃金を支払うために課税しなければならない。したがって，政府が失業者に仕事を与える場合，それは単に，賃金支払能力を個人から政府自体に移転しているにすぎない。それは，一方で雇用を減少させ，他方で雇用を増加させる。それは，私的個人によって雇用される労働者から仕事を奪い，政府が選んだ労働者に仕事を与えるのである」[89]。私の考えでは，このように提起された問題は，第5章第2節で示した枠組に従い，歪みをもたらす貨幣のヴェール（veil of money）をくぐり抜けて次のことを想起すれば，最も明瞭に考察できる。すなわちどんな時点においても，産業を支配する人々が手に入れた資源は，3つの用途——①企業者や資本家の即時的消費，②蓄積，③将来財の生産に従事する労働の雇用——に向けられる。この分析枠組が明瞭に存在する以上，もはや，任意の時点において利用できる労働雇用基金は何ら

---

[89] 『トランスヴァール困窮委員会報告』129頁。

かの厳密に固定された量である，と考えることはできない。労働雇用基金は，明らかに，その3用途間の資源の移転によって変動する。慈善家や政府が不況期に資源を借り，好況期に利子を付けて返せば，その全体を通じてはどんな移転の必要もなく，そのような移転を不況期におこなえるだろう。むろん確かに，こうして借りられる資源の一部は，通常であれば私人によって労働雇用を伴う投資に向けられていたはずの基金から取り去られたものだろう。しかし他の部分は，通常であれば蓄積されていたはずの基金や，通常であれば相対的富者によって消費されていたはずの基金から取り去られたものだろう。したがって，労働雇用に向かう総資源の純変化は，政府がこの用途に追加する資源量より小さくなるとはいえ，ほぼ常に幾らかの，しばしばかなり大きな，純変化が生じるのである。そのうえ現代の文明諸国には，もう1つの原資――トランスヴァール委員会が完全に見落としたもの――があり，民間企業者が労働雇用に投資する資源量を少しも減少させずに，そこから必要な資源をおそらく大量に引き出すことができる。この原資とは，慈善や救貧法が，不安定な雇用の影響によって落ちぶれた人々の救済に毎年向けている膨大な資源である。不況期における政府による労働雇用が，失業やその結果生じる貧民救済活動を減少させる場合には，労働雇用のための費用は，これらの救済団体の費用の減少によって相殺されるだろう。以上の2つの理由から，本節の冒頭で述べた反論は斥けられる。

3 では，本章の主題に戻ろう。まず，産業分野の一部の労働稼得の変動性を拡大することなく，その産業分野のすべての部分の労働稼得の変動性を縮小できる方策を考察する。第3章で見たように，このような方策の場合には，総稼得の変動性の縮小は明らかに，代表的労働者の稼得の変動性の縮小を，したがって経済的厚生の増加をもたらす。この方策は2種類に大別される。一方では，労働者の利害に配慮する財貨の特定の購入者は，時期を自由に動かせる自分の需要によって，その財貨の他の購入者の需要の隙間を埋め，このようにしてその総需要をより安定させ，それによって間接的に，雇用主が労働投資基金をより安定して獲得したり使用したりできるようにする。他方では，労働者の利害に配慮する特定の雇用主は，不況期に採算が取れなくても販売や在庫のために生産を継続し，労働雇用のための投資を，その状況のもとで自分たちの経済的利益になる以上に安定的に保つ。この2種類の方策を，順に簡単に論じてゆこう。

4 需要の隙間を埋める行動は，注意深い個人消費者の活動である場合もある。彼らは，一般の人々が買っている時期にではなく，需要の少ない時期に自分の服を買おうと決意する。また需要の隙間を埋める行動は，公的部門の活動である場合もある。陸軍省は，各地の「予備隊」の兵役期間が仕事の少ない季節に当たるように，あらゆる場合に計画できよう[90]。同様の計画に基づき，教育当局も，一定の年齢以下のすべての若者に対し，失業期間中は職業訓練学校に通うことを義務づけるかもしれない。「ある一定の年齢，例えば 19 歳以下の者は，失業期間中は（職業訓練学校に）戻り，それまでの仕事で得た知識や能力を発展させるべきである。したがって，彼が失業すれば直ちにその事実を，おそらくは地元の職業紹介所を通じて職業訓練学校の校長に知らせることは，雇用主の罰則を伴う義務になるだろう。その少年にとっても，仕事を確保したという証明書を再び提出するまでは，職業訓練学校に戻ることが直ちに義務になるだろう」[91]。救貧委員会は備品の発注時に，また場合によっては海軍省委員会も船舶の発注時に，需要を安定させる同様の影響力を発揮する機会をもつ。そのような一般的政策は，プロシアの商務大臣が 1904 年に発した「雇用対策の組織に関する通知（Circular concerning the Organisation of the Provision of Employment）」に明瞭に含まれており，シュロス氏の『各国の失業者対策の機関と方法に関する報告』に引用されている。その通知とは次のようなものである。「大規模な雇用不足の防止を図る，あるいはその発生が避けられない場合でもその影響の緩和を図る方策に対して，あなた方が自発的に配慮するように，われわれはさらに要請する。国だけでなく地方自治体も，雇用主としての力を行使するさいには，失業の害悪の緩和のために事業の適切な配分と規制がなされるように，一般的，組織的に配慮し，そのために全力を尽くす義務がある。ほとんどの重要な産業施設には，必ずしもある定まった時期におこなう必要のない仕事がある。また同じくあらゆる国や地方自治体にも，その業務の配分において，状況に応じてその時期を一定の範囲内で自由に選べる仕事がある。もしすべての行政機関がその業務計画を立てるにあたり，そのような仕事を，雇用不足の予想される時期におこなうように配慮し，また特に，あらゆる種類の失業者，とりわけ非熟練労働者を雇用できる事業を，大都市や産業の

---

90)『王立救貧法委員会報告』411 頁脚注。また『ウエストミンスター・ガゼット』(1908 年 10 月 1 日)のホルデイン卿の提案も参照のこと。

91) ラウントリー『失業』21 頁。

中心地で真冬にほぼ規則的に繰り返されてきたような，雇用不足に脅かされる時期のために残しておけば，多くの場合，広範な雇用不足の現実の発生を確実に防げるし，深刻な困窮も防げるだろう」[92]。同様の政策は，自治体の不定期事業に関する救貧法委員会の最近の提言でも，具体的に述べられている。すなわち「自分のところの常勤労働者以外の者をときおり雇用したり，彼らと契約を結ぶことが避けられない場合には，もし可能であれば公的当局は，通常の定期の仕事の不況期に，その不定期の仕事を労働市場に作用させるように計画することが望ましい，とわれわれは考える。この点はチャップマン教授によって詳しく述べられており，彼の提案によれば，公的当局の労働需要が変動する場合には，そのような需要を好況や不況や季節性の影響力から切り離し，そして計画的にその需要を，自由市場の需要と逆に変動させるようにすることが望ましい」[93]。このように素描された政策は，地方自治体への補助金を中央政府が不況期に賢明に支給することによって，促進されることもある。不況期に特定の種類の消費に対して補助金を支給し，その必要な財源を好況期のそれに対応する税によって調達するという制度を作れば，その政策はおそらく一層促進されるだろう。バルフォア氏は実際に下院でこうした改革のための提案をおこなったが，その提案は，産業の不況期に輸出企業に補助金を与え，これらの企業が外国から契約を受注する力を高めるというものだった。国内向けの財貨を生産する企業に補助金を与え，外国の消費者ではなくイギリスの消費者にその利益を還元する方がよい，と考える人もおそらくいるだろう。しかしこれは，その政策の一般的な考え方自体を否定するものではない。

5 消費者による救済行動から雇用主による救済行動の考察に移るならば，われわれは次のことに気づく。すなわち私的な経済利害より労働雇用投資の安定確保を優先する経営方針は，不況期の余剰生産物を主として，その市場で販売するか，あるいは在庫として保持するかによって，やや異なる作用をもつ。その大部分を在庫に回すならば，単独の雇用主でさえ，労働者の稼得の安定にかなりの――とにかく相殺されない――影響をもたらすだろう。しかし余剰生産物の大部分を市場で安売りすれば，自分のところの労働者を雇い続けるという慈善的雇用

---

92)『諸外国の失業者対策の機関と方法に関する報告』108 頁。
93)『王立救貧法委員会報告』411 頁。

主の行動は，他の雇用主が本来ならば解雇しなかったはずの労働者を解雇してしまうという事態を，間接にもたらす。なぜなら慈善的企業による大量販売は，その財貨の価格を低下させ，したがって他の企業の産出を減少させるからである。その市場全体に占める慈善的企業の産出の割合が大きい場合には，その負の影響は，その当初の正の影響に**ほぼ**匹敵する[94]。だから政府が不況期に労働者を就労させて，私企業が通常生産するものを生産し販売しても，無駄である[95]。しかしそのような問題は，どんな業種にせよ，雇用主全員によってなされる救済行動の場合には生じない。この点は，もし一見して明白でなければ，本頁の脚注の数学的説明の検討によって明白になる。雇用主全員によるこの種の救済行動は，むろん「善良」な雇用主たちの自発的協定によってなされることもあるが，労働組合や法律の圧力によってなされることの方が多い。シュロス氏は，労働組合による次のような圧力の例を挙げている。「ランカシャーでは，もし不況で溶鉱炉の火が消されたために，労働者が仕事の中断を命じられれば，その協定は，その中断のために失われた労働時間に関して賃金の半分がこれらの労働者に支払われない限り，3ヵ月以内に追加の溶鉱炉を始動してはならないと定めている」[96]。法律による圧力の例はむろん，組織的な超過労働の許される範囲を制限する法律である。救貧法委員会の少数派は，季節性をもつ業種のためにそのような法律の必要を力説している。すなわち「労働時間を法律で制限すれば，消費者の需要圧力の変動の激しさを大いに和らげることができる。綿工場の職工の労働時間を個々の工場主が決めていた時代には，紡績業や綿織業は季節性をもつ業種の極端な例だった。また製造業者も，即時の納品を強引に求める顧客に抵抗できなかった。今では最大労働時間が法律で定められているので，買手もその購入を以前より規則的におこなうようになっている。ロンドンのドレス仕立業の極端な季節変動

---

94) この命題の数学的説明は，以下の通りである。n 個の企業があり，それぞれの産出を x, 生産の弾力性を e, その財貨の社会的需要の弾力性を η とする。そのうちのどれか1つの企業の販売向けの産出が，博愛心によって hx 単位だけ増加するとしよう。その結果生じる，その博愛的企業を含むすべての企業の産出の純増は（一次近似すれば），$hx \cdot \dfrac{\eta}{(n-1)e+\eta}$ に等しくなる。η が非常に大きくない限り，あるいは e が非常に小さくない限り，n が大きくなると，明らかにこの純増は hx より小さくなる。

95) N. G. ピアーソン『経済学原理』(Pierson, *Principles of Economics*, 1902) 292 頁参照。

96) 『労使協定に関する商務省報告』(*Board of Trade Report on Collective Agreements*, 1910) xxviii 頁。

は，もしドレス仕立業者に1日の法定最大労働時間を完全に遵守させるならば，明らかに縮小するだろう。それによって顧客は，過度に短い期日の納品を強要できなくなるにすぎないだろう」[97]。そのような規則は，労働雇用基金を安定化するのみならず，他の影響も付随的にもたらす。すなわち異なる産業ないし地域が，異なる時期に好況を迎える場合には，それによって労働者のより大量の移動が必要になる。すでに考察した他の要因と同じく，そのような移動も，総労働稼得を安定化する影響力を確実に発揮することは明白である。

6 次に，総労働稼得の変動性を縮小させる第2の種類の方策を論じなければならない。すなわちある労働者集団に対する需要の明らかな不安定性を相殺するために，他の集団に対する需要にあえて不安定性をもたらすという方策である。具体的には，この政策は次のように述べられよう。特定の種類の労働を雇用している——あるいはより限定されたケースの方が好ましければ，特定の種類の財貨を生産している——大部分の施設は政府の管理下にはないが，一部は政府の管理下にある。通常，政府の管理する施設の産出はかなり安定しているが，そうでない他の施設の産出は不安定だろう。ここで考察される政策は，政府の管理する施設に，相殺的な種類の不安定性を計画的にもたらすというものである。植林に関する王立委員会はこの政策を支持している。その委員たちは「多くの労働を必要とする林野事業の一部，すなわち植林は，十分に融通の利く性質のものであるから，労働が豊富であれば推進し，労働が乏しければ中止できる」ということに同意し[98]，それに同意するや否や，この方法に基づいて人為的に相殺的変動をもたらす政策は望ましいものだと即座に結論づけている。また王立救貧法委員会の少数派も，植林のみならずさらにずっと広範な産業分野を対象にして，同様の政策を支持する立場をとっている。すなわち「国や地方の当局が事業やサービスに年々支出する1億5,000万スターリングのうち，少なくとも年間400万スターリングを留保可能であることは疑う余地がない，とわれわれは考える。その400万スターリングは，毎年均一に当然の事柄としておこなう経常的事業のための財源ではない。むしろそれは，公債を用いた10年計画の事業のための財源であり，

---

[97] 『王立救貧法委員会報告』
[98] 『海岸浸食および植林に関する王立委員会報告』（*Report of Royal Commission on Coast Erosion and Afforestation*）第2巻, 13頁。

この事業は，連合王国内のどこにも仕事を見出せない労働可能者の失業登録数が通常水準を上回っている，と国民職業紹介所から報告がなされる時期に，単年度当り 1,000〜1,500 万スターリングの毎年変動する支出規模でおこなうものである。国民職業紹介所を所管する大臣がこの報告をおこなえば——例えば現行の失業率の指数が 4 パーセントを上回るときには常に——，政府のそれぞれの部門は，それぞれの資本支出の 10 年計画に基づいて行動するだろう。海軍省は特別な戦艦を保有したり，大砲や砲弾の備蓄を増やすだろう。陸軍省は経常的に必要になる兵舎をやや多めに発注したり，さまざまな備蓄を多めに補充するだろう。建設省（Office of Works）は，新たに郵便局やその他の政府の建物を作ったり，古びた備品を更新したりする，その経常的業務を前倒しするだろう。郵便局は通常の 3〜4 倍の速さで，連合王国のあらゆる村への電信や電話の普及を進めるだろう。政府刊行物発行所（Stationery Office）さえも，いつもの 2〜3 倍の速さで，史料編纂委員会（Historical Manuscripts Commission）の本を印刷したり，公文書を出版するだろう。しかし他にも，ずっと多くのことができるはずである。近い将来には明らかに，何百万もの金銭を支出して，小学校の校舎の最もひどいものを建てかえ，中学校の数を大幅に増やし，高等技術学校や教員養成学校も増やし，わが国の 15 の大学の定員や設備も 2〜3 倍に増やさなければならなくなる。この建設事業と供給事業をすべておこなうだけでも，前述の 1 年当り 400 万スターリング，すなわち 10 年当り 4,000 万スターリングの有益な支出先になるだろうが，これらは実際，年々均一におこなわれず，また効率上，そうする必要もない。国民職業紹介所を所管する大臣によって，失業指数が要注意水準に達したと報告される時期に，10 年計画の教育施設維持助成金を給付し，地方教育当局が，連合王国全土でこれらの事業を，ちょうど必要な規模だけ臨機応変に実施できるようにすべきだろう。同時に地方当局も，市電・水道・公共浴場・発電所・労働者住宅・公会堂・下水・街路整備など，資本的性質を有する自治体の通常事業を，不況期には好況期以上に推進できよう。実際，これはすでに実行され始めている。われわれは，過去 20 年間の循環的不況が，連合王国では 1878〜79 年の不況や 1839〜42 年の不況のときほど厳しく感じられなかったという事実の理由を，自治体企業がこの方向に大きく進み始め，小さいながらも自分たちの活動の波によって，私的産業の活動の波を幾らか相殺したという点に求めたい」[99]。このように具体化された労働雇用基金の安定化政策は，確かに場合によっては，代表的

労働者の稼得も安定させるだろう。しかし本編第3章で明らかにしたように，この政策は，どんな場合でもそのような成果を達成するわけではない。ある特定の場合にその政策が代表的労働者の稼得を安定させるか否かは，その政策の対象となる労働者たちの移動性の程度にかかっている。自治体企業が特定の種類の労働者の一部のみを雇う場合，もしその自治体企業の生産量を毎年一定にせず，この種類の労働者を雇う近隣の他の施設の生産量と逆に変動させるならば，代表的労働者の稼得の変動は縮小するだろう。これに対し，もし国有林で毎年なされる事業の規模を毎年一定にせず，熟練工や機械工を雇用する都市の業種でなされる事業の規模と逆に変動させるならば，実際のところ，代表的労働者の稼得の変動は拡大するだろう[100]。一部の労働需要に相殺的変動をもたらして労働需要全体を

---

99) 『少数派報告』1196頁。ここに引用した委員会少数派の議論は，最も不況の厳しい年の失業量を通常水準に戻すためには，その年の賃金基金に1,000万ポンドを追加すれば十分だろうという主張と結びついている。しかし——ボーレイ氏が示したある統計的証拠に基づく——この主張は，その1,000万ポンドの追加がすべて労働者の新規雇用に向かい，賃金の上昇にまったく向かわないことを前提している。それは明らかに，まずありえない非現実的な前提である。不況期の総賃金基金を好況期のそれに等しくするには，1,000万ポンドどころか，1億ポンドほどの額が必要だろう。

100) ベルギーの経験では，植林事業は，冬季以外は建設業で働く**非熟練**労働者に冬季の仕事を与えるという目的に，よく適しているようである。ラウントリー『土地と労働』507頁参照。

101) 『王立救貧法委員会報告』1198頁。相殺的需要変動政策は，必ずしも貧民救済政策と結合する必要はないが，実際にはそれと結合していたので，その有効性は低下していた。すなわち商業的に成り立たないような条件下で，「失業者」を相殺的需要変動政策のために雇用していたのである。1907〜8年の『地方政府委員会報告』は，困窮委員会が提案した「実際にかなり有用な」事業の実施によって，困窮委員会がその救済申請を審査した失業者に仕事を提供できる場合に，どのようにして地方政府委員会がその事業に補助金を給付したかを説明している（clxxiv頁）。すなわち「本来は市議会か都市区議会が実施し，また本来はそれらの議会が自治体の資産からその費用を支出するはずの事業［貧民救済政策］のために，補助金が申請された場合には，われわれの給付する補助金は通常，失業者の雇用［相殺的需要変動政策］のために必要になると見積もられる事業費を超える部分のみに限定された」（clxxvi頁）。この種の政策には，困窮委員会に救済申請をおこなわない優れた労働者を犠牲にして，非常に能率の悪い条件下で働く劣った労働者を優遇するという重大な欠点がある。例えば，救貧法委員会がベスナル・グリーン困窮委員会の報告書から引用したように，「経常的事業を必要以上に……前倒しするのは，将来に安定して雇用される労働者の数をわざわざ減らそうと計画するようなものである。……これが意味するのは，その経常的事業を……ずっと大きな費用をかけて，ずっと低い能率で，早い時期に失業者がやり終えてしまったというただそれだけの理由のために，有能な階層の労働者が……失業者になってしまうということである」（『報告』383頁）。しかし相殺的需要変動政策と貧民救済事業の結合は，前者のいかなる本質的要素でもない。

安定させる政策がなされる場合，地域間にせよ業種間にせよ，とにかく移動性を向上させるものは何であれ，代表的労働者の稼得の変動が縮小する蓋然性をこのようにして高めてくれるのである。救貧法委員会の少数派が次のように述べるとき，その力点の置き方はおそらく間違っているが，その結論は確かに正しい。「現状において長期雇用を求める嘆願にどれほどの影響力があろうとも，効率的な国民職業紹介所と，管理された国内労働需要（Regularised National Demand for Labour）が存在するならば，その影響力は大幅に弱まる，とわれわれは考える」[101]。

結　語

　本書の冒頭で示された困難な課題は，不完全ながらも，今や達成された。一方には経済的厚生があり，他方には，国民分配分の大きさ，人々の間におけるその分配，時間を通じてのその配分がある。われわれは，その双方の間に存在する諸々の一般関係を研究した。私はここで再び，本書の議論全体の要約をおこなうつもりはない。その骨子はすでに詳細目次に示されている。しかしこのような研究の完成が当然示唆する，ある一般的種類の2つの考察が残っており，それを述べることが全体の総括に役立つだろう。

　第1は，この研究が辿らざるをえなかった道程の多くの，極度の険しさについてである。経済学自体は難解な学問であるにせよ，経済の力が重要な役割を果たす実際問題の議論については，特別な訓練なしでも十分におこなえる，などと思うのは通俗的な錯覚である。この見方には何の根拠もない。経済理論の研究はなるほど困難であるが，研究によって獲得した知識を実際問題の指針として用いるのは，さらに困難な課題である。なぜならそれには，経済理論の完全な理解のみならず，多くの制限的事情を比較考量するための訓練された判断力も必要だからである。このことは，たとえ人間生活において経済的厚生と厚生一般が一致する関係にあるとしても，やはり正しいだろう。しかし実際，人はパンのみで生きるのではない。したがって改革者は，自分の行動がおそらくもたらすだろう経済的帰結を正しく予測することも必要であるが，経済的利益を促進しようとする情熱のあまり，さらに高い，さらに捉えがたい何らかの善をうっかり犠牲にしないように常に用心することも必要である。これらをすべてやり遂げる判断力は，訓練されない素人が生まれながらにもっている権利ではない。この著述によって私は，いわば為政者の書（the book of statesmanship）に一頁を加えようと努めたが，そうした書は，多忙な政治家が読んで理解できるものではなく，けっしてそのようなものにはならない。

　しかし，この第1の考察が研究の困難に関するものであるならば，われわれの第2の考察は必ずや，その困難に値するような実際的課題の重要性に関するもの

でなければならない。その達成を手助けすることが，経済学者の悲願とする目標である。経済学者がやり遂げようとする困難な分析は，人間生活の改善の道具である。われわれの周りの貧苦と惨めさ，一部の豊かな家族の有害な贅沢，多くの貧しい家族をおおう恐るべき不確実性。これらはあまりにも明白な悪であり，見過ごすわけにはいかない。人の命が肉体の死によって終わろうとも，あるいはそのまま死の門をくぐるように定められていようとも，人がこの世で経験する善と悪は実在する。だから善を促進し，悪を抑制することが，やむにやまれぬ義務となる。その課題の困難さをもって，何もせずにそれを放置する口実にすることは，もしそうしようと思えば，簡単である。しかし弱い人間に行動を思い止まらせる困難は，強い人間にとっては激励となり，刺激となる。困難を包み隠さずに示すことこそ，経済学を志す優れた新人を獲得する道である。大山脈の頂上に達するのは，遠くから様子を窺うだけの臆病さによるのでも，訓練に欠けた情熱に任せて突進する無謀さによるのでもない。まずは自分の課題を知り，その準備をしなければならない。それから日の出と共に，力を一つにして，われわれは最後には，その課題をおそらく成就するだろう。

解題　厚生経済学とは何であるのか

本　郷　　亮

> 私たちに叫ぶ，もの言わぬ無数の者たち，
> 妻をもつ男たち，おさなごをもつ女たち，
> ただ生きることだけを祈る，これらすべての者よ
> 　　　（Pigou 1901：237, 引用された詩，作者不明）

　ピグーの伝記・思想・経済学の全体像は，すでに別の研究書（本郷 2007）で詳しく論じられている。この解題では主に，そこで触れなかった重要な論点を取り上げるように努めたい。

I　本訳書の目的

　ピグーは厚生経済学の確立者として有名である。しかし今日に至るまで，彼のめざした厚生経済学は，ときには経済学史家の間でさえ，かなり矮小化された姿でしか理解されていない。その理由はごく単純である。従来の通俗的なピグー像は，ロビンズやケインズの批判，すなわち「第2命題論争」や「ケインズ革命」によって反射的・間接的に形成された部分が大きく，実際にピグーがおこなった議論は，その難解さもあり，そもそもよく知られていないのである。
　わが国には，ピグー厚生経済学の体系を含む主著級著作の邦訳さえ存在しなかった。というのも，ひとまずその体系の範囲をいわゆる「3命題」[1]に基づいて定めるならば，そこには各命題に対応する3分野——資源配分論・分配論・景気変動論——が含まれねばならない。だが『厚生経済学』（Pigou 1920）の既存の邦訳書は第4版を底本としているため，初版に含まれていた景気変動論が抜け落ちている（本訳書450頁の表を参照）——ただし既存の邦訳書はピグーの体系的

---

[1] この有名な「3命題」については，本訳書の63, 66, 72頁をそれぞれ参照のこと。

理解を目的としていたわけではないので，これを批判するのは酷だろう——。むろん他にも理由はあるけれども，とにかく通俗的な「厚生経済学」理解が，資源配分論と分配論に偏り，景気変動論を比較的軽視してきたことは否めない事実である。

本訳書は，厚生経済学の最初の体系書である『富と厚生』（1912年）の出版百周年を好機として，このような状況を打破するために企てられた。すなわち本訳書を公刊する第1の目的は，厚生経済学とは何であるのかという問いへの答えを，ピグー自身に直接に語らせることである。ケンブリッジ大学教授就任講演『実践との関わりにおける経済学』（1908年）を併せて収録したのも，そのためである。

第2の目的は，ケンブリッジ経済学派全体の研究の推進である。マーシャルやケインズに比べて，ピグー研究の相対的後れは深刻であり，そのことがケンブリッジ経済学派全体の研究のボトルネックにもなっていたとすれば，マーシャルやケインズの研究者にとっても大きな不幸である。それゆえ本訳書によって，マーシャル，ピグー，ケインズのそれぞれの体系書の邦訳が揃ったことには，大きな意味がある。少なくともわれわれは，ケンブリッジ経済学派の主要な展開を，従来より容易に概観できるようになるだろう。

II 厚生経済学の源流——貧困と失業

ピグー厚生経済学の形成過程については，何らかの単一の源流にすべてを帰すことが難しいため，その思想面も含めて多面的に研究されてきた。しかし本節では特に重要な本流として，貧困と失業に対する初期ピグーの問題関心に議論を絞ることにする。

貧困問題　社会問題に関するピグーの最初の公刊論文は，「慈善問題の諸側面」（Pigou 1901）である。その主題は，経済学者にはなじみの薄いものであるが，失業者・寡婦・老人・障害者などに対する専門的な慈善活動の確立であった。ここで言う「慈善」とは，けっして単なる寄付行為のことでなく——むしろ無差別的な金銭援助は厳しく批判されている——，今日の「ソーシャルワーク」，すなわち主にマン・ツー・マンの相談援助に相当する専門的活動である。この論文は，金銭援助だけでは貧困問題は解決しないという基本認識に立っており，この立場は『富と厚生』の分配論でも一貫している（本訳書333-5頁）。簡単に言え

ば，富・所得の再分配政策の成否は，その移転された金銭を貧者がどのように使用するかという点に大きくかかっており，したがってこの点も含めて貧者を援助・指導する施策が必要になるわけである。

　この論文でピグーは，当時のイギリスの貧困に関する次のような調査結果を紹介している。「チャールズ・ブース氏は，ロンドンの人口の30パーセントが『貧困 poor』か『極貧 very poor』の状態にあると推定した。『貧困』者とは，週18～21シリングほどの，普通規模の家庭［夫婦と子ども3人］にとってのぎりぎりの所得であるにせよ，ほぼ安定した収入のある者であり，『極貧』者とは，何らかの原因によってこの基準をかなり下回る者である」(Pigou 1901：236-7)。このブースの有名な貧困調査は，次の2点において従来の伝統的「貧困」観を覆すものであったため，多くの知識人を驚かせたと言われている。第1に，世界で最も豊かであるはずの大英帝国の首都に，これほどの大規模な貧困が見出された点であり，第2に，その主な原因が，ごく一部の特殊な個人の問題（怠惰や飲酒など）として片付けにくい，老齢・病気・失業などに見出された点である。こうして20世紀初頭のイギリスでは，「貧困」が社会的・公的な問題として次第に認識され始めるようになる。

　ピグーが「慈善問題の諸側面」のような論文を書いた理由は何だろうか。あるいは単刀直入に言えば，彼がこの時期に哲学研究から経済学研究に転向した理由は何だろうか。その最大の要因はおそらく，ブースのもたらしたこの「貧困」観の転換である。例えば教授就任講演で語られたように，ピグーが最も共感を寄せたのは，「ロンドンのスラムを歩き，自分の仲間を少しでも助けようと心を動かされて経済学を学ぼうとする」者であった（本訳書9頁）。また『富と厚生』の巻頭言には，ブースの言葉が掲げられた（本訳書23頁）[2]。貧困というものを熟知したブースの言葉は，厚生経済学の最初の体系書の巻頭言にふさわしいものだろう。実際，ピグーはこの1901年論文で，自分が貧者の暮らしを直接に知らず，それゆえブースのような実践家の著作などから間接に学んだことを率直に告白している[3]。

　周知のように，上述のような「貧困」観の転換は，王立救貧法委員会による救貧法改革論（1905～9年）や，自由党による一連の改革（リベラル・リフォーム，

---

[2] この巻頭言は，D. コラード編『ピグー経済学著作集』(Pigou 1999) 第2巻の『富と厚生』には見られない。おそらく見落とされたのだろう。

1906〜11年）につながってゆく。『富と厚生』の索引を見れば，救貧法委員会の報告書の参照回数が群を抜いて最大であること，すなわち同委員会のさまざまな議論が厚生経済学に相当の影響を与えたことがわかる。またリベラル・リフォームは，20世紀イギリスの社会保障制度の礎石を据えるものであったが——特に以下の4つの法律は画期的である——，これらの法律は，どれも『富と厚生』の重要な考察対象になっている。厚生経済学は，こうした新たな潮流を（その長所も短所も）冷徹に分析するという歴史的課題を担っていたわけである。

 1908年　老齢年金法
 1909年　賃金委員会法（最低賃金法），職業紹介所法（公共職業安定所の設置）
 1911年　国民保険法（医療保険と失業保険）

 以上のことから，同書の——したがって厚生経済学の——新しい側面が浮かび上がってくる。それは，文字通りリベラル・リフォームのさなかに執筆された，「福祉経済論の古典」としての側面である。「社会保障論（公的扶助論を含む）の古典」ないし「経済政策論の古典」という表現では，私的部門の自発的役割が除外されてしまうため，同書全体の理解としては不適切である。ピグーが公的部門と私的部門の双方の役割に常に目配りしていることは，同書の目次を眺めるだけでも明白だろう。この「福祉経済論の古典」としての側面は，これまで十分に認識されてこなかったが，18世紀以来のイギリス主流派経済学の長きにわたる展開の中に厚生経済学を位置づけ，その独自の歴史的意義を求めようとするさいには，重要な1つの特徴的側面になるはずである。

 失業問題　1907年，ピグーは王立救貧法委員会に「救貧法による救済の経済的側面および影響に関するメモランダム」（Pigou 1907，以下「メモランダム」と略す）を提出した。彼が国政に初めて関与したのは，このときであり，彼が失業問題（特に景気変動問題）を研究し始めた契機も，この辺りに求められる[4]。「メモランダム」では，「3命題」のうち，第1と第2の命題だけが述べられ，第3命

3）後年，ピグーはこれを反省し，次のように語った。「ほとんどの経済学者は，まさにその職業柄，多かれ少なかれ象牙の塔の住人である。彼らが自分の研究対象に接するのは主に，直接にではなく，印刷物を通して間接にである。だから彼らには……あの詳しい実際的知識や，あの現実的感覚がない。最前線の戦闘には，後方の将校にはけっして十分に理解できない要素がある」。それゆえ，多感な若い頃に，直接の経験を積むことが経済学者の「義務」である（Pigou 1935：11-2）。

4）McBriar（1987：258 n），本郷（2007：72-3）を参照のこと。

題が欠けていたように，貧困と景気変動の関係はあまり重視されていなかった。しかし彼は「メモランダム」提出後に，同委員会で当時議論されていた2種類の公共事業論を聞き知ったようである。

　その1つは委員会多数派の案であり，A地方で（国全体ではない）労働需要が減少すれば，そのつど税により資金を調達し，A地方で公共事業をおこなうか，あるいはA地方で元来不定期になされている公共事業の時期を不況期に集中させて，A地方の労働需要を安定化するというものである。もう1つは委員会少数派の案であり，国債により資金を調達して公共事業をおこない，（特定地方ではなく）国全体の総労働需要を安定化するというものである[5]。

　こうした政策論議から，ピグーは経済理論上の新たな着想を得たのではあるまいか。翌1908年，ピグーはケンブリッジ大学経済学教授に就任し，その記念講演『実践との関わりにおける経済学』において，「失業という大問題」（本訳書15頁）の解明の重要性を指摘すると共に，委員会多数派の公共事業論を擁護した――この講演は彼のめざす実践経済学の研究構想，いわば厚生経済学のマニフェストである――。これ以後，彼はもっぱら実践経済学＝厚生経済学の完成に力を注ぎ，そして4年後に『富と厚生』（1912年）が出版された。厚生経済学はこれをもって誕生したと言ってよい。

　教授就任から『富と厚生』までの期間（1908～12年）は資料が少なく，後者の執筆過程はこれまでほとんど不明であった。しかし近年，その間の経緯に新たな光を照らす新資料が発掘された。すなわち「非自発的遊休の問題」（Pigou 1910）である。パリで開かれた失業に関する国際会議のために書かれたこの論文は，ケンブリッジ大学マーシャル図書館に，いわゆる「ピグー・コレクション」としてでなく，普通図書として所蔵されており，ごく近年（本郷 2006）まで，その内容はむろんのこと，その存在自体も世界的にまったく知られていなかった。

　「ケインズ革命」以後の通説によれば，ピグーは非自発的失業を認めない「古典派経済学者」の代表であるから，このような初期の論文の名称が「非自発的遊休の問題」であること自体，またそこに非自発的遊休の定義や，前述の2種類の公共事業論に関する比較分析が含まれることは，実に興味深い逆説である。この論文の主題は，非自発的遊休の諸原因と，非自発的遊休の分配を決定する諸原因

---

[5]「非自発的遊休の問題」（Pigou 1910）では，これらの公共事業論が比較考量されている。

の要約である。関心のある読者は，ぜひその邦訳（Pigou 1910）を参照していただきたい。

　ちなみに，ピグーが救貧法委員会少数派の公共事業論に初めて言及したのは，この論文においてである。彼の立場は，労働移動を確保しない限り，すなわち前年に創設されていた職業紹介所の有効性を見極めない限り，そのような公共事業は，各地方に固有の労働需要の波（相対的景気変動）をかえって拡大する恐れがあるという慎重なものであり，この立場は『富と厚生』でも一貫している（本訳書435-6頁）。

　またピグーは，この論文の末尾で次のように述べた。「実は数年前，私は失業問題を研究しようと志した。その研究を進めるなかで私は，その主題が経済学上の遠く離れた多くの分野［資源配分論や分配論など］と非常に絡み合っているので，失業のみを扱う単行本では――短い論文など論外である――失業を十分に論じきるのはまったく不可能だろうということに気づいた」（Pigou 1910：10, 訳240）。すでに気づかれたかもしれないが，『富と厚生』の序文にも，これとほぼ同じ文章が見られる（本訳書25頁）。通常，序文冒頭の文章というものは，著作全体の特徴に関わるものであるから，特別な重みをもつはずである。

　この対応する2つの文章から言えるのは，彼にとって，失業問題の解明は景気変動論の研究だけでは不可能であり，資源配分論や分配論が不可欠の関連分野になること，言い換えれば，『富と厚生』が「だんだんと膨らみ」，その体系が「より広いものになった」のは，失業問題の解明のためだったことである。厚生経済学体系の構築上の最大の難関とも言える景気変動論が，『富と厚生』の最終編で扱われた必然性も――公共事業論はその最終章「労働需要の安定を図る慈善家および政府の行動」で扱われた――，また失業のみを扱った単行本『失業』（Pigou 1913）が『富と厚生』の出版後に現れた必然性も，ここから理解できる。

　厚生経済学体系の形成過程とは，1908年以後に限って言えば，まさしく失業問題の研究過程である。ところが厚生経済学に関する従来の評価では，資源配分論や分配論に比べて景気変動論は軽視されてきた――第1命題や第2命題に比べて第3命題は軽視されてきた――。こうした偏りは，ピグー自身の意図に照らせば，根本的な誤りであると言わざるをえない。

III 『実践との関わりにおける経済学』——厚生経済学のマニフェスト

　厚生経済学の最大の源流は，貧困問題と失業問題の研究にある。後者は前者の主要因の1つであるから，この2つは交わって一筋の流れをなしているとも言える。しかし厚生経済学の構想が明確に述べられ，その体系の構築が具体的に始まるのは，教授就任講演『実践との関わりにおける経済学』以降である。ピグーが生まれたのは1877年11月18日であるから，この講演をおこなったとき（1908年10月30日），彼はまだ30歳の若さであった。

　この講演は，①実践経済学＝厚生経済学の提唱，②経済学の実践力（社会改良を指導できる力の程度）の吟味，という2つの主題からなり，これらを通じて，ケンブリッジ経済学の発展のために有能な若者の参加を呼びかけるものであった。

　そこで示された課題は，4年後の『富と厚生』によってひとまず果たされることになる。それゆえ厚生経済学の本質を知ろうとすれば，『実践との関わりにおける経済学』は，『富と厚生』と並ぶ必読文献になるはずである。

　実践経済学　ピグーによる実践経済学の提唱は，以下のように要約できる。

(1) 経済学の存在理由は「果実」（厚生＝善）をもたらすことであり，そのためには社会改良を指導できなければならない。この経済学観を受け入れるならば，経済学のあり方は，おのずと定まってくる（第3〜5節）。

(2) 経済学は倫理学の助けを必要とする。倫理学はめざすべき善を設定し，経済学はその適切な実現方法を提示するという意味において，経済学は「倫理学の侍女」である（第6節）。

(3) 経済学は，現実を指向する学問でなければならない。それゆえ，非現実的な仮定に基づくモデルの分析に終始するわけにはいかない（第7節）。

(4) 経済学は，予測を可能にするような一般法則からなる理論体系を構築しなければならない（第8節）。

　この有名な議論は，それまであまり明示的に論じられなかった経済学の根本問題を，(1)の実践的信念という大前提から導き出し，整理する試みとして評価できる。むろんピグー自身も認めるように，(1)はあくまで個人的信条にすぎず（本訳書7-8頁），これに賛同するか否かは各人次第である。それゆえこの一連の議論は，実践経済学への説得ないし勧誘である。

　経済学の実践力　「国民の福利 national well-being」の向上のために，現状にお

いて経済学者が果たせる指導的役割とは何だろうか。すなわち経済学の実践力の吟味については、以下のように整理できる。

　経済学が果たせる役割：①通俗論議の打破（第 10〜12 節），
　　　　　　　　　　　　②定性分析（第 13 節〜15 節）。

　経済学が果たせない役割（今後の課題）：③定量分析（第 16 節）。

　②については，ピグーは具体例として失業問題だけを挙げ，その原因としての景気変動の重要性や，その対策としての公共事業論などを論じた。他の問題ではなく，あえて失業問題が選ばれた理由は，厚生経済学体系の構築上，やはりそれが最大の難問として相当強く意識されていたからだろう。③については，改めて敷衍する必要もないが，今日のような全国規模の各種経済統計がほとんど整備されていなかった当時にあって，計量経済モデルの開発は 1 つの念願に留まらざるをえなかっただろう（そのような統計は，リベラル・リフォームや，第一次世界大戦中の戦時計画経済に伴う実務的必要性を通じて，その後に徐々に整備されてゆくのである）。

　それゆえここでは，①についてのみ，特にその背景を述べておきたい。経済学は，「批判的議論の道具」となり，経済に関する通俗論議を打破し，良識を提供することができる。それは「民主主義国家の政策」を指導するうえで，決定的に重要な仕事である（本訳書 13 頁）。

　20 世紀初頭，イギリスの労働者階級は労働党によって組織化され，もはや政治的に無視できない勢力に成長しつつあった。国民の大多数を占める彼らの政治参加は，文字通りの民主政治，あるいは大衆社会の到来を意味する。この新たな社会段階において，普遍的・全体的利益をめざす合理的な経済政策の立案・実行は，果たして可能だろうか。民主主義の政治過程に対するピグーの関心と認識は，初期の 2 つの論文——「経済理論と政治理論の類似性」（Pigou 1902）と「政治学と経済学の統一」（Pigou 1906a）——に具体的に示されているが，1906 年の別の論文でも，フランスの社会学者ギュスタヴ・ル・ボンの『群衆心理』（*Psychologie des foules*, 1895）から次のような章句が引用されている。「指導者はしばしば，高い知性や豊かな学識をもっていることがある。だがこれは一般に，役立つというよりも，むしろ妨げになる。知性は物事の複雑な関係を明らかにし，説明や理解を可能にするので，いつでもその人を寛大にしてしまい，使徒たる者に必要な確信の堅さと激しさを著しく弱める」（Pigou 1906b : 2）。高い知性はしばし

ば懐疑をもたらすが，大衆指導者に必要なのは，そのような「確信を欠いた口調」（本訳書20頁）ではなく，わかりやすい形で物事を単純化し，常に善悪を断定することである。民主主義社会，あるいは大衆社会を指導しようとする経済学者は，そこに常に存在する通俗論議や，指導者による大衆扇動ないし大衆迎合と常に戦わざるをえない。

政治過程に関するピグーの慎重な認識は，例えば『富と厚生』の第II編第15章「政府の介入」に最も明瞭に見られ（特に本訳書247-8頁），この点を十分に考慮しなければ，彼の唱えた各種の経済政策論を正しく理解することは不可能である。現代的な言い方をすれば，彼は「市場の失敗」と「政府の失敗」を比較考量し，そのうえで公的介入の是非を実際的に判断していたのである。

IV 『富と厚生』

ピグーの厚生経済学には一貫した基本認識がある。すなわち資本主義経済体制における資源の配分，富の分配は必ずしも効率的ないし公正なものではなく，しかも資本主義経済は本質的に不安定である（ただしその変動幅には一定の限度がある）。しかし「3命題」が示すように，資源配分・分配・景気変動の3分野において適切な人為的対策をおこなえば，経済を自由に放任する場合より経済的厚生を増加させることが可能である。なお，ここで言う「人為的対策」の実行主体とは，けっして政府（地方政府を含む）のみならず，個人・労働組合・雇用主・購買者組合などの民間主体も明示的に含まれる点に注意すべきである。

また上述の3分野は，いずれも国民分配分という集計概念を軸にして考察される。特に景気変動論では，それが極めて顕著である。この意味においてピグーの厚生経済学は，マクロ理論の性格を帯びている。しかし『富と厚生』を一読すれば，おそらく容易に理解されるように，それはあくまでもミクロ的基礎をもつ，あるいはミクロ的基礎の必要を強く意識したマクロ理論であると言うべきだろう。

ところで『富と厚生』には──同じことは『厚生経済学』にも言える──，論述上の顕著な特徴がある。それは，ある抽象命題が述べられた後には，たいていその具体例も併せて述べられることである。ピグーが愛好した登山活動に喩えるならば，それはあたかも，経験世界の岩肌にこまめにハーケンを打ち込み，これに演繹（理論）のザイルを通して，慎重によじ登ってゆくような論述スタイルで

ある。しかもそれらの具体例の地理的範囲は極めて広く，英語圏の国々はむろんのこと，ドイツ，フランス，イタリアなどの大陸諸国にまで及んでおり，彼が各国の政策・制度の動向にかなり強い関心をもっていたことがわかる。このような論述スタイルは，明確に自覚された一種の方法論であったとも考えられる。すなわち，ピグーによれば，晩年のマーシャルは次のような規則を守っていたそうである。

　「① 研究のエンジンとしてより，むしろ言葉を要約する道具として，数学を使用せよ。
　② 考察を終えるまで数式を残しておくこと。
　③ それを言葉（English）で表現せよ。
　④ 次に，それを現実世界の重要な事柄によって例証せよ。
　⑤ 数式を削除（burn）せよ。
　⑥ もし④ができなければ，③を削除せよ」（Pigou 1953：8-9）。

　むろんこの規則が，数学の使用なども含めた同書の論述形式をすべて説明してくれるわけではない。しかしそれでも，ピグーがこうした問題意識を継承していた事実は重要である。

　ロビンズによる批判　『富と厚生』全編の要約は，その詳細目次に示されているので，ここでは割愛する。しかし分配論については，少し触れておく必要がある。ピグー厚生経済学の基礎には，ⓐ各人の限界効用は逓減する，ⓑ各人は同じ気質（効用関数）をもつ[6]，という2つの仮定が置かれている。これらの仮定は確かに非科学的であり，それゆえロビンズ（Robbins 1932）の批判以来，ピグーの厚生経済学，特にその分配論は多くの批判にさらされ，ときには頭から否定されてきた。では，ロビンズの批判はその後の経済政策論全般に──というのも，その批判の対象となるのは厚生経済学のみに留まらないはずだから──，どのような教訓を残しただろうか。なるほどそれは理論的には，その後の「厚生経済学」の発展に大きく貢献したが，実際的すなわち政策論的には結局，経済学者は自分自身の価値判断を自覚すべきであるという教訓を残した以外，あまり実質的な影響を与えなかったように思われる。

---

6)「現実世界において，2人の個人はけっしてまったく同質ではない」が，「……さまざまな人々の享楽能力の違いを考慮するのは不可能であるから，その問題は無視せざるをえず……すべての租税負担者の気質は同じものと仮定される」（Pigou 1928：8, 76）。

例えば財政学・公共経済学・環境経済学などでは，たとえ効用の個人間比較が科学的に不可能であることを認めるにせよ，今日の先進国の公共支出の大部分が再分配的なものである事実（社会保障費など）をふまえれば，また民主主義社会では平等が人々の大きな関心になりやすいことをふまえれば，分配問題を政策面で避けることは難しいだろう。特に長期の経済問題，例えば年金や環境の問題は，異時点間（世代間）の分配問題という形をとる場合も多いが，将来世代が生まれていなければ，科学的な効用の個人間比較はむろん不可能である。パレート最適という価値判断さえも，ここでは場違いだろう——現在世代がすべての資源を利用し，将来世代に何も残さなくても，パレート最適は成立する——。それゆえこれらの政策論分野の研究者は，上述の⒜⒝のような簡単な便宜的仮定を置くなどして，各自の研究を進めるのが通例である。これはピグーの実践重視の姿勢と同じものである。

「経済学は規範科学ではなく，実証科学」（本訳書 9 頁）であることは当然であり，実際世界の諸々の経済政策を統一的観点から論じるには，価値を含意する何らかの仮定，すなわち倫理学の導きが不可欠である。厚生経済学がめざすのはそもそも実証科学ではなく，実際問題を扱えるような実践経済学（「倫理学の侍女」）である。おそらくこれは，程度の差こそあれ，ケンブリッジ経済学派全体に対しても広く言えよう。

V 『富と厚生』以後

体系の展開　厚生経済学（welfare economics）という名称は，『厚生経済学』（*The Economics of Welfare*）に由来する——日本語ではまったく同じになる——。そのため一般に，厚生経済学は，『厚生経済学』初版（Pigou 1920）によって確立されたと言われることが多い。しかしそれは，名称の類似性のみに囚われた誤解である。厚生経済学は，『富と厚生』（Pigou 1912）によってすでに確立されている。

ただしこのように理解する場合，『富と厚生』の時点では厚生経済学という言葉自体が未だ存在しないので，混乱が生じかねない。しかしこれは言葉の問題であり，厚生経済学を実践経済学——『実践との関わりにおける経済学』——の体系として定義すれば，解決する。だからここでは，厚生経済学は固有名詞としての『厚生経済学』を意味するわけではない。

体系の展開	内　容
① 『富と厚生』(1912年)	資源配分論，分配論，景気循環論
② 『厚生経済学』初版（1920年）	資源配分論，労働経済論，財政論，分配論，景気循環論
③ 三部作 　(1) 『景気変動論』（Pigou 1927） 　(2) 『財政の研究』（Pigou 1928） 　(3) 『厚生経済学』第4版（1932年）	(1) 景気循環論 (2) 財政論 (3) 資源配分論，労働経済論，分配論

　厚生経済学体系の展開は，以下の表のように3段階に分けて理解することができる。

　①その体系の構築は，1912年の『富と厚生』によってひとまず果たされた。同書は，（総論的な第I編を除けば）3命題に対応する資源配分論・分配論・景気変動論だけからなるという意味で，最もシンプルな体系である。

　②1920年の『厚生経済学』初版は，『富と厚生』の改訂増補版として準備されたものであるため，後者のかなりの割合の文章がそのままの形で見られる[7]。新たに追加された編は労働経済論と財政論の2つである。これらの編に特別な力点を置かない限り，（『富と厚生』ではなく）『厚生経済学』初版によって厚生経済学が誕生したと言うことは難しい。

　ところで，平時の経済に関する厚生経済学体系と戦時の経済に関する『戦争の経済学』（Pigou 1921）は，密接な対応関係があるとはいえ，やはり便宜的に区別すべきだろう。これはけっして後者を軽視するという意味ではない。第1に，戦時の経済統制・財政・市民生活のあり方などを扱った同書は，経済学史上，1つの画期をなすものと言えるかもしれない。第一次世界大戦以来，国家間の戦争は総力戦――国民経済の戦争――の様相を帯びることが多くなった。それゆえ『戦争の経済学』の巻頭には，次のような章句が掲げられた。「昔は剣を持って戦うのが習いであった。しかるに今は，心優しい父なる神がすべての者に与えたパンを，あちらこちらで奪い取って戦う」（ダンテ『神曲』天国篇，第18歌，第127-9

---

[7]「本書はもともと，1912年に出版された私の『富と厚生』の改訂増補版とするつもりだった。しかし著述が非常に膨らみ，ずっと広い領域を扱うようになったので，本書は『富と厚生』の多くの節をそのまま含むとはいえ，実質的に独立の本になった」（『厚生経済学』初版序文）。

節)。もし仮に「戦争」を,より広い「大災害」という悪に置き替えることができれば,同書を「非常時の経済学」の先駆として再評価することもできよう。

第2に,未解決の問題であるが,ピグーは戦時経済統制の経験から,イギリス政府の統制能力が意外にも高いことを認識したと考えるべき幾つかの理由がある。もし戦前と戦後を比べて——例えば『富と厚生』と『厚生経済学』——,彼の政策論の立場に差異が見られるとすれば,主な原因はここに求められるかもしれない。

③1930年代の初めには,さらなる拡充のために,『厚生経済学』から景気循環論と財政論がそれぞれ独立の本として分離し,その体系はいわゆる「三部作」構成になる。

「ケインズ革命」　第II節の結論,すなわち厚生経済学体系は(1908年以後に限って言えば)主に失業問題の研究を通じて形成されたという事実は,従来の通俗的理解に照らせば,極めて逆説的であるように思われるかもしれない。しかしそれは単に,「ケインズ革命」論の生みだした先入観によるものである。ケインズの『一般理論』を特徴づける論争的レトリックは,それが意図的であったか否かは別にして,「古典派経済学者」の代表者ピグーという虚像を生みだした。この虚像を堅く信じる者には,第II節の結論は到底理解できないはずである。

その虚像に従えば,「古典派経済学者」であるピグーは,失業対策として賃金カットを唱えなければならないのであり,公共事業を唱えるはずがない——たとえ彼が,教授就任講演『実践との関わりにおける経済学』(1908年),「非自発的遊休の問題」(1910年),『富と厚生』第IV編などにおいて,非自発的遊休の救済策として公共事業論を展開していたとしても,それは彼自身の理論と矛盾する政策論にすぎない——。なぜならこのように考えなければ,「ケインズ革命」自体の意義が揺らぐからである。しかしこの虚像は「革命」劇場の演出手法の1つにすぎず,文献実証に基づく実像ではまったくない。むしろケインズは,初期のピグーの失業論・景気変動論から多大な影響を受けていたというのが真相だろう。それは,『富と厚生』の序文で「大変親切にも本書全体を閲読してくれた」ケインズに対して謝辞が述べられていることからもわかる(本訳書25頁)。

それゆえピグーが,「J. M. ケインズ氏の『雇用,利子および貨幣の一般理論』」(Pigou 1936)のなかで,上述のような虚像に対して激しい憤りを表したのも自然である。この有名な書評論文は,「ケインズ革命」の考察上,これまでずいぶん

過小評価されてきた——なるほどその内容の多くは，虚像を前提する限り，理解不可能である——。しかし今日，これを改めて精査するならば，ケンブリッジ経済学派の展開を知る重要な手がかりを得られるに違いない[8]。

そのような再検討にあたって，最も重要な難問となるのは，おそらくケンブリッジ貨幣論の展開である。ケインズの主な貢献の1つは貨幣論にあるが，それはどの程度まで先人たちの業績に負っていたのか。ピグー自身は次のように述べたが，具体的な点は未だ多くが不明である。「……マーシャルのkのウサギがケインズのキツネに変身したかと思いきや，今度はそれが突然分裂して2匹に殖えるのだから，狩人は仰天することになる！ すなわち『一般理論』の119頁で狩人は，目の前の原っぱを逃げてゆく**2匹**の流動性選好関数を見る。1匹は貨幣量の一部を所得量に関連づけるものであり，もう1匹は貨幣量の残りの一部を利子率に関連づけるものである。狩人は可笑しいやら腹が立つやら，ただ呆れるばかりだろう」(Pigou 1936: 120-1, 訳120)。

ところで，ピグーの貨幣論が初めてまとまった形で示されたのは，『富と厚生』の第IV編第4章「一般物価の変動」においてである。これが後に洗練されて「貨幣の価値」(Pigou 1917)となり，さらに加筆修正されて——理論的骨格に変化はない——最終的には「法貨の交換価値」(Pigou 1923)となる。17年論文および23年論文は，マーシャル以来のケンブリッジ貨幣論の展開上の一里塚とされる重要文献である。これらの論文の最大の意義は，次頁の①②式によって「法貨の交換価値」の決定の仕方が示された点にある。法貨請求権（すなわち貨幣一般）に関する①式はマーシャル以来の伝統的定式であるから，法貨（すなわちベース・マネーとしての貴金属貨幣）に関する②式にピグーの独自性が見出されよう。

P：法貨請求権および法貨の価値

R：社会（銀行家を除く）に存在する，財貨で測った資産総量

k：Rのうち，社会が法貨請求権の形で保有しようとする比率

c：人々が自分の法貨請求権のうち法貨の形で保有しようとする比率

---

[8] 『一般理論』におけるピグー批判は，ピグー側から見れば，明白なこじつけであり，ケインズ側から見ても，ピグー本人を論争に誘い出すための挑発であったと考えられる。またその論争の主な舞台は『エコノミック・ジャーナル』誌であったが，そのさい同誌の編集者ケインズは，果たしてその立場上の権限を公正に用いただろうか。実はこの点については，かなり疑問がある（Aslanbeigui and Oaks, 2007）。

それゆえ $(1-c)$ は，人々が銀行紙幣や銀行残高で保有する比率

h：銀行紙幣や銀行残高に対して，銀行家が保有しようとする法貨の比率（準備率）

M_a：法貨請求権の供給量

M_b：法貨の供給量

法貨請求権の均衡条件式　　$P = \dfrac{k \cdot R}{M_a}$ ……………………………………①

法貨の均衡条件式　　$P = \dfrac{k \cdot R}{M_b}\{c + h(1-c)\}$ ……………………②

「ケインズ革命」との関連で常に問題となるのは，ピグーが，R, k, c, h の決定因として何を考えていたかという点である。①②の定式化の後に，ピグーはこれを詳しく考察しているが（Pigou 1923: 179-87, 訳 101-7），利子率の役割を明示的に述べなかった。それゆえこれを明瞭な形で示したケインズの功績は，たとえその定式化に何らかの不備があったとしても，正当に認められるべきである。

しかし，ピグーの貨幣論をもっぱら後年の流動性選好説の観点から評価するばかりでは，「ケインズ革命」の先入観に囚われた姿勢であると言わざるをえない。「法貨」に着目したピグーの貨幣論には，むしろ別の重要な目的があったようにも思われる。例えば①②式からは，一種の貨幣乗数論を意味する次式が，容易に導かれる。

$$M_a = \dfrac{1}{\{c + h(1-c)\}} \cdot M_b$$

c と h が小さいほど，乗数 $\dfrac{1}{\{c + h(1-c)\}}$ の値は大きくなる。

最後に，21 世紀に入り，わが国では主に若手を中心に，本格的・内在的なピグー研究が盛んに進められてきた。これらはケンブリッジ経済学派全体の理解にも新たな光を照らし始めており，ピグーとケインズの関係は，もはや従来の定説では整合的に理解することが難しくなっている。加えて最近，ニュー・ケインジアンの代表とも言える G. マンキューが中心となって，いわゆるピグー税の実現をめざす「ピグー・クラブ（Pigou Club）」が結成されたように，今や経済政策論

分野では，共に政府介入の重要性を唱えたピグーとケインズは，むしろ総合の道を歩み出しているように思われる。もし従来型の「ケインズ革命」論が成り立たないのであれば，これを早急に清算し，かつてマーシャルがそう願ったように，新たなケンブリッジ総合の立場を模索すべきではなかろうか。

余談ながら，これまで所在が不明であったピグーの墓について，それがグランチェスターの教会墓地（Church of St. Andrew & St. Mary, Grantchester）にあることを，このたび現地で確認した。ケンブリッジ大学から南西に徒歩1時間ほどの場所である。墓石には「Arthur Cecil PIGOU 1877-1959」とだけ刻まれている。

参考文献

Aslanbeigui, N. & Oaks, G. [2007], "The Editor as Scientific Revolutionary : Keynes, *The Economic Journal*, and the Pigou Affair, 1936-1938", *Journal of the History of Economic Thought*, 29-1 : 15-48.

McBriar, A. M. [1987], *An Edwardian Mixed Doubles : the Bosanquets versus the Webbs : A Study in British Social Policy 1890-1929*, Oxford : Clarendon Press.

Pigou, A. C. [1901], "Some Aspects of the Problem of Charity", in C. F. G. Masterman *et al.*, *The Heart of the Empire : Discussions of Problems of Modern City Life in England, with an Essay on Imperialism*, London : T. Fisher Unwin, 236-61.

——[1902], "A Parallel between Economics and Political Theory", *Economic Journal*, 12 : 274-7.

——[1906a], "The Unity of Political and Economic Science", *Economic Journal*, 16 : 372-80.

——[1906b], "Protection and the Working Classes", *The Edinburgh Review* : 1-32.

——[1907], "Memorandum on Some Economic Aspects and Effects of Poor Law Relief", in *Royal Commission on the Poor Laws and Relief of Distress* (Cd. 5086, *Minutes of Evidence*, Appendix vol. 9, 1910 : 981-1000).

——[1910], *The Problem of Involuntary Idleness*, Paris : Conférence Internationale du Chômage.（本郷亮「ピグー復権の現代意義——雇用論を軸に」に全訳を所収，丸山徹編著『経済学のエピメーテウス』知泉書館，2010：213-41）.

——[1913], *Unemployment*, London : Williams & Norgate.

——[1917], "The Value of Money", *Quarterly Journal of Economics*, 32 : 38-65.

——[1920], *The Economics of Welfare*, 1st ed., 1920, 4th ed., 1932, London : Macmillan（永田清監修／気賀健三・千種義人・鈴木諒一・福岡正夫・大熊一郎訳『厚生経済学（第4版）』東洋経済新報社，1953）.

——[1921], *The Political Economy of War*, 1st ed., 1921, 2nd ed., 1939, London : Macmillan（内山脩策訳『戦争の経済学（第2版）』実業之日本社，1944）.

——[1923], "The Exchange Value of Legal Tender Money", in *Essays in Applied Economics*, London : P. S. King, 1923（本郷亮訳「法貨の交換価値（1908年）——邦訳と解説」,『弘前大学経済研究』第33号，2010：98-114）.

——[1927], *Industrial Fluctuations*, 1st ed., 1927, 2nd ed., 1929, London : Macmillan.

――[1928], *A Study in Public Finance*, 1st ed., 1928, 2nd ed., 1929, 3rd ed., 1947, London : Macmillan.

――[1935], *Economics in Practice : Six Lectures on Current Issues*, London : Macmillan.

――[1936], "Mr. J. M. Keynes' General Theory of Employment, Interest and Money", *Economica*, n. s.: 115-32（本郷亮訳「J. M. ケインズ氏の『雇用，利子および貨幣の一般理論』（1936年）――邦訳と解説」，『弘前大学経済研究』第 34 号，2011 : 115-31）.

――[1953], *Alfred Marshall and Current Thought*, London : Macmillan.

――[1999], *A. C. Pigou Collected Economic Writings*, D. Collard (ed.), 14 vols., Basingstoke : Macmillan.

Robbins, L.［1932］, *An Essay on the Nature and Significance of Economic Science*, 1st ed., 1932, 2nd ed., 1935, London : Macmillan（辻六兵衛訳『経済学の本質と意義（第 2 版）』東洋経済新報社，1957）.

本郷亮［2006］，「ピグーの『失業の理論』――20 年代不況の理論表現として」，経済学史学会『経済学史研究』第 48-1 号：63-77。

本郷亮［2007］，『ピグーの思想と経済学――ケンブリッジの知的展開のなかで』名古屋大学出版会。

あとがき

　私は 2008 年の春に本書の訳業を開始し，翌年の暮れには「直訳」による草稿を完成させた。しかし大変困ったことに，渾身の力をふり絞ったつもりのその訳文は，私自身が読んでも非常に意味のわかりにくい代物だった。ピグーの英文を直訳しても「日本語」にならない，ということを痛感させられた。その後，翻訳を試みる者の責任とは何かについて悶々と悩みながら，推敲に推敲を重ねた結果が，本書である。

　八木紀一郎先生は，かつて京都大学で教鞭をとっておられたとき，他大学の院生であった私に対し，大学院のゼミナールに 1 年間参加することをお許しくださった。それは私にとって，伝統あるその学風にふれる貴重な機会，思い出深い武者修行であった。そのような八木先生が，本書の監訳を快くお引き受けくださったことに，私はどれほど勇気づけられたかわからない。深くお礼を申し上げたいと思う。

　私はかつて，関西学院大学名誉教授である田中敏弘先生と共に，J. B. クラークの『富の分配――賃金，利子，利潤の理論』（日本経済評論社，2007 年）を邦訳したことがある。田中先生の指導のもとで，私は初めて「古典」というものの訳出を経験した。先生にお送りした草稿は，いつも真っ赤になって帰ってきたが，そのようなマン・ツー・マンの指導を 2 年間の長きにわたって受ける機会を得たことは，研究者として私の一生の幸せであると思う。以来，その指導が無駄でなかったことを何とかして先生に示したいと願っていた。本書の訳業をあえて企てた私的動機の 1 つは，これである。

　フランス語については越森彦氏（白百合女子大学）に，イタリア語については武部展久氏（神戸市外国語大学）に，それぞれ指導していただいた。両氏の友情によって多くの誤りを取り除くことができた。

　西宮の経済学史研究会（旧堀研究会），大阪の近代経済学史研究会ならびに仙台の経済思想研究会における討論と友好的批判に対して，感謝する。

　本書の出版を快く引き受けられ，今日に至るまで私を励まし，いろいろとお気づかいくださった名古屋大学出版会の橘宗吾さんと長畑節子さんに，あらためて

お礼を申し上げたい。今回も，お二人にはずいぶん助けていただいた。

　この訳業にあたっては，日本学術振興会から科学研究費補助金（若手研究B, 19730152と23730207）を，またその出版にあたっても，同会から平成24年度科学研究費補助金（研究成果公開促進費「学術図書」）を受けた。財政の苦しい時代，社会の困難な時代にこのような助成を受けたことに，心より感謝すると共に，責任の重さを痛感する。

　最後に，母校関西学院大学の学部・大学院において，研究のみならず他の重要な側面でも私を導いてくださった井上琢智学長に，言葉では表し難いが，変わらぬ感謝と尊敬の念を述べたい。

　本書に含まれるかもしれない誤りについての責任は，もとより私にある。謹んで読者の批判を乞いたい。

　本書を妻恵美子，弘太郎，凜々子，和々子にささげる。

2012年6月　西宮にて

本　郷　亮

索　引

この索引は，原書の索引をもとに，新たに作成したものである。

【人　名】

ア　行

アイヒホルツ Eichholz　94
アイルズ Iles, George　131
アイルソン Ireson, Frank　68, 332
アーウィック Urwick, E. J.　69
アクィナス Aquinas, Thomas　8
アクワース Acworth, William Mitchell　226-7
アシュレー Ashley, W. J.　160
アスクィス Askwith, Sir G.　308
アトキンソン Atkinson　361
アンドリフォール Andrifford　382
アンドリュー Andrew, A. Piatt　393, 409, 426
イリー Ely, Richard Theodole　261
イングリス Inglis　131
ウィザース Withers, Hartley　391, 394, 396
ウィックスティード Wicksteed, Philip Henry　111
ウィリアムズ Williams, Sydney Charles　225
ウィリアムズ嬢 Williams　328, 354
ウィルソン Wilson, Edmund Beecher　93
ウィロウビー Willoughby, William Franklin　378, 381-2
ウェタム Whetham, Catherine Durning　90-1
ウェタム Whetham, William Cecil Dampier　12, 90-1
ウェッブ Webb, Sidney　94-5, 287, 294, 360
ウェルズ Wells, Herbert George　97
ウォーカー Walker, Francis　201, 210, 253
ウォルシュ Walsh　312
ウォルポール Walpole, Sir Spencer　64
ウッドハウス Wodehouse　353
エイヴズ Aves, Ernest　175, 186, 289-91, 294, 303, 306
エッジワース Edgeworth, Francis Ysidro　9, 55, 79, 111, 203-4, 395
エッフェル Effertz, Otto　52
エメリー Emery, Henry C.　391
エリクソン Erickson, Halford　233
オールデン Alden, Percy　372-3

カ　行

カーヴァー Carver, Thomas Nixon　61, 110-1, 184
カッセル Cassel, Gustav　110, 112, 114, 117, 131
カーネギー Carnegie, Andrew　350, 380
カーライル Carlyle, Thomas　9
カルヴァー Calwer　404
ガント Gantt, Henry Laurence　174
ギッブ Gibb, Sir George　276-7, 280
ギッフェン Giffen, Sir Robert　77, 177
ギボン Gibbon, Sir Gwilym　383
キャドベリー Cadbury, Edward　164, 180, 199, 308, 316
キャナン Cannan, Edwin　247
ギルマン Gilman, Nicholas Paine　51
クェインタンス Quaintance, Hadly Winfield　51
クラーク Clark, John Bates　255, 260, 262
クラーク Clark, John Maurice　237
クラーク Clark, V. S.　51, 201
クラパム Clapham, John Harold　148, 334
グラハム Graham, John W.　176
グリーン Greene, Bethnal　435
グリーン Greene, Thomas L.　265
クルノー Cournot, Antoine Augustin　134, 203
ケインズ Keynes, John Maynard　25, 75-6
ゲファールト Gephart, William Franklin　359
ケメラー Kemmerer, Edwin Walter　403, 416
ゴッシェン Goschen, George Joachim　17, 129, 264, 391
コモンズ Commons, John Rogers　277
コリー Corrie, Donald W.　25
コール Cole, William Morse　63
コルソン Colson, Clément　170, 213, 229-30, 260
ゴールトン Galton, Francis　90-1
コレット嬢 Collett　307

サ　行

ザウアーベック Sauerbeck　79, 86
ザッカー Zacker　384

ジェヴォンズ Jevons, Herbert Stanley　407, 422, 425
ジェヴォンズ Jevons, William Stanley　17, 64-5, 198, 254, 408
ジェッブ Jebb　380
ジェンクス Jenks　197, 254, 257
シジウィック Sidgwick, Henry　52, 54, 368
ジャクソン Jackson　70, 150, 297, 299, 320, 335, 356
シャスター Schuster, Ernest Joseph　100, 186, 415
シャン Shann, George　308, 316
シュモラー Schmoller, Gustav Friedrich von　155
シュロス Schloss, David F.　304, 344, 382, 430, 432
ショー Shaw, Bernard　179
ショー博士 Shaw　422
ジョーンズ Jones　293, 307, 328, 354
ジョーンズ Jones, Edward D.　416
ジョンソン Johnson, Emory Richard　198, 225
スクワィア Squire　354
スティール-メイトランド Steel-Maitland　354
スノーデン Snowden　339
スマート Smart, William　176
スミス Smith, Adam　10, 132, 135
スミス Smith, Sir Hubert Llewellyn　17, 148, 163, 296, 321, 335, 374
スミス Smith, Rollin E.　394

タ 行

ダーウィン Darwin, Leonard　52, 250, 271
タウシッグ Taussig, Frank William　60, 112, 119, 222, 224
タルド Tarde, Gabriel　96
ダンレイヴン Dunraven, Windham Thomas Wyndham-Quin　138
チオザ-マニー Chiozza-Money, Leo George　68, 110
チャタートン-ヒル Chatterton-Hill, George　72
チャップマン Chapman, Sydney John　71, 199, 298, 431
チュルゴー Turgot, Anne Robert Jacques　112
ディアール Dearle, Norman Burrell　163, 199, 312, 318
デイヴィー Davy　362
テイラー Taylor, Henry Charles　172
ドーソン Dawson, Miles Menander　141, 360, 378, 382
ドーソン Dawson, William Harbutt　363
トムソン Thomson, John Arthur　94, 99

トレッドゴールド Tredgold　91
ドンキャスター Doncaster, Leonard　90, 93

ナ 行

ニコルソン Nicholson, Frederick Augustus　144
ニコルソン Nicholson, Joseph Shield　169, 173
ニスフォロ Niceforo, Alfredo　100
ニューズホルム Newsholme　98
ニュートン Newton, Isaac　12

ハ 行

ハイクラフト Haycraft, John Berry　98
バジョット Bagehot, Walter　389
パーソンズ Persons, Warren M.　67
バターワース Butterworth　182
ハチンス Hutchins, B. L.　180
ハーディー Hardy　325
ハドレー Hadley, Arthur Twining　233-5
バートン Burton, Theodore Elijah　420
パネット Punnett, Reginald Crundall　92, 94-5, 97
バーネット Barnet, Canon　65
バーネット Barnett, George Ernest　287
ハミルトン Hamilton, W. R.　195
ハル Hull, George Huntington　413, 425, 427
パルグレイヴ Palgrave, Robert Harry Inglis　393, 396
バルフォア Balfour, Arthur James　431
パレート Pareto, Vilfredo　28, 67, 70, 78, 80, 100, 103-6, 184, 193, 241
ハンザ Hansa　357
バーンズ Barnes, G. N.　289
ハンター Hunter, Robert　307-8, 371
ピアース Pierce, Franklin　15
ピアソン Pearson, Karl　91, 93, 100
ピアーソン Pierson, Nikolaas Gerard　432
ヒース Heath, J. St. G.　150
ビッカーダイク Bickerdike, C. F.　237
ヒル Hill, Octavia　64, 380
フィッシャー Fisher, Irving　9, 49, 58-62, 65, 155, 394, 397-8, 403, 416, 419
フェイ Fay, Charles Ryle　246
フォーヴィル Foville, Alfred de　138
ブース Booth, Charles　23, 72, 95, 138, 344
ブラウニング Browning, Robert　11
ブラウン Brown, H. Y.　129
ブラック Black, Clementina　160-1, 185, 286, 307
フラックス Flux, Alfred William　63, 86, 110, 357

索引 461

プランケット Plunkett, Sir Horace Curzon　64
フランケル Frankel, Lee Kaufer　141, 360, 378, 382
プリース Preece, W.　249, 276
フリーマン Freeman, Arnold　355
プリングル Pringle　70, 297, 299, 320, 356
ブルックス Brooks, John Graham　160, 319
ブルティヨン Bertillon　72
ブレンターノ Brentano, Franz　54
ブレンターノ Brentano, Lujo　71, 100
ブロードヘッド Broadhead, Henry　199-200, 287, 289
ヘインズ Haines, Henry S.　226
ベヴァリッジ Beveridge, William Henry　288, 298, 300-1, 303, 312, 319-20, 362, 371
ベーカー Baker　266
ベーコン Bacon, Francis　96
ベッセ Besse, Pierre　198
ベートソン Bateson, William　90-1
ベニーニ Benini, Rodolfo　64, 105-7
ベミス Bemis, Edward Webster　169-70, 248, 267, 270, 273, 277, 281
ペラム Pelham　277
ベル Bell, Richard　379
ヘロン Heron　72
ヘンダーソン Henderson　361
ヘンダーソン Henderson, Charles Richmond　344, 366, 368, 381, 384
ポアンカレー Poincaré, Henri　11
ボーエン Bowen　168-9
ボサンケ夫人 Bosanquet, Helen Dendy　316, 334-5, 355, 379
ポーター Porter, Robert Percival　279
ホブソン Hobson, John Atkinson　115, 165, 178, 195, 256
ホブハウス Hobhouse, Leonard Trelawney　95
ホランダー Hollander, Jacob Harry　287
ホルデイン Haldane　430
ボーレイ Bowley, Arthur Lyon　74, 105, 128, 332, 435
ホワイト Whyte, Adam Gowans　64

マ 行

マイト Mite, Matthew　7
マエム Mahaim, Ernest　147, 149, 176, 229
マクドナルド夫人 MacDonald, Margaret E.　294
マクファーソン McPherson, Logan Grant　198
マクレガー Macgregor, David Hutchison　139, 254
マクロスティー Mccrosty, H. W.　195

マコーレイ Macaulay, Thomas Babington　7
マーシャル Marshall, Alfred　3, 19, 59-60, 62, 64-5, 70, 78, 85, 95-6, 111, 113-4, 120, 123, 180, 190, 197, 241, 248, 254, 276, 350, 356, 395, 398, 422
マジュースキ Majewski, Erasme de　96
マルコーニ Marconi, Guglielmo　117, 274
マリオット Marriott, H.　227, 230-1
マルサス Malthus, Thomas Robert　71
ミーキン Meakin, Budgett　50, 55
ミード Meade, Edward Sherwood　202
ミル Mill, John Stuart　56, 65, 157, 420
ムーア Moore, George Edward　48
ムーア Moore, Henry Ludwell　108
メイヤー Meyer, Hugo Richard　170, 247, 249, 264, 267-8, 270, 273-4, 277, 280-1
メニー Mény, G.　292
メンデル Mendel, Gregor Johann　12, 89
モリソン Morison, Theodore　144, 173, 255, 363, 408

ヤ 行

ユークリッド Euclid　10
ユール Yule　99

ラ・ワ行

ラウントリー Rowntree, Benjamin Seebohm　51, 71, 173, 176, 185, 229, 334, 372, 379-80, 430, 435
ラサール Lassalle　66
ラザール Lazard, Max　161-2
ラッシュブリッジ Rushbridge　379
ラッセル Russell, Bertrand　10
ランズベリー Lansbury　325
ラントゥール Rentoul, Robert Reid　92
ランドリー Landry, Adolphe　68
リー Lee, Joseph　380
リヴゼー Livesey　319
リカード Ricardo, David　398
リード Read, Carveth　11
リトルトン Lyttelton, A.　308
リニャーノ Rignano, Eugenio　65-6, 69, 350-1
リーフマン Liefmann, Robert　196, 200, 253
リプレー Ripley, William Zebina　222
リーマン Riemann, Bernhard　11
ルイス Lewis, Frank Wesley　381
ルヴァソー Levasseur, Emile　115
ルシエール Rousiers, Paul de　148
ルロワーボリュー Leroy-Beaulieu, Paul　66, 71, 74, 119, 369, 374

レヴァー Lever, W. H.　54
レヴィー Levy, Hermann　198-9, 201, 262
レジャー St. Ledger, Anthony James Joseph　291
ロイド Lloyd, G. I. H.　294
ロウエ Rowe　280
ローソン Lawson, Thomas William　186
ロック Lock, Robert Heath　92-4
ロバチェフスキー Lobachevskii, Nikolai Ivanovich　10-1
ロビンソン Robinson　201
ワトキンス Watkins, George Pendleton　36, 67, 74, 107, 155

【事　項】

ア 行

移転 transference（資源の）
　——に関する期待の影響　341-64
　課税による富者からの強制的な——　345-51
　慈善家および政府による——　326-41
　賃金への介入による——　285-325
　表彰や勲章の活用による富者からの自発的な——　344-5
　貧民救済による貧者への——　353-8
　保険による貧者への——　358-60
　保険による富者からの自発的——　341-4
移動（性）mobility
　——と国民分配分　146-9
　——の障害に関する分析　136-46
　通俗的定義　136
煙害の防止 smoke prevention　176
『王立救貧法委員会報告』Report of Royal Commission on Poor Laws　53, 116, 120, 143, 147, 298, 300, 303, 312, 314, 320, 335-9, 354, 356-7, 363, 368, 371-2, 377, 382, 430-1, 433, 435

カ 行

科学 science
　——による一般化 generalisation　11-2
　実証 positive——と規範 normative——　9
　純粋 pure——と現実 realistic——　10-1
銀行貨幣 bank-money　389-93
経済学 Economics
　——のための弁明 apologia　5
　定性分析と定量分析　15, 19
　倫理学と——　9-10
限界純生産物 marginal net products　→「純生産物」も参照のこと
　——の均等が国民分配分の大きさにもたらす影響　132-5
　——の均等を妨げる障害　135-86
　　各産業における需要の相対的変動　156-66
　　社会的純生産物と私的純生産物の乖離　166-86
　　取引単位の不完全な可分性　152-6
　　差別独占下における——の均等　208-21
　　単純競争下における——の均等　187-92
　　単純独占下における——の均等　205-9
　　独占的競争下における——の均等　203-5
厚生 welfare
　——と経済的——　48-57
　定義の難しさ　48
購買者組合 purchasers' association
　——と株式会社 joint-stock companies　242-3
　——による限界純生産物の均等　239-46
　——の目的　239
光明と果実　6-8
効用逓減 diminishing utility の法則　112
国民分配分 national dividend
　——の構成要素　57-63
　——の測定　73-88
　——の変動（性）　400-2
　——の変動（性）の原因　405-10
　移転に関する貧者側の期待と——　352-64
　移転に関する富者側の期待と——　341-51
　「移動を妨げる障害」と——　135-66
　経済的厚生と——　123
　限界純生産物の均等と——　135
　資源の移転と——　329-41
　人為的賃金率 artificial wage-rates と——　322-6
　政府による規制 regulation と政府による経営 operation の比較　246-82
　パレート法則と——の分配　103-8
国民保険法 National Insurance Act　141, 181, 301, 340, 383-4

サ 行

「3命題」（ピグー厚生経済学の）
　第1命題　63
　第2命題　66
　第3命題　72-3
事業予測 business forecast の変動　410-21

索 引　463

指数 index number　73-88
　　ザウアーベックの方法　86
　　マーシャルの方法　85
収穫逓減 diminishing returns の法則　111
純生産物 net product
　　社会的——と私的——の乖離　166-87
　　　——と独占的競争　181-4
　　　——と双方独占　184-6
　　　時間賃金と出来高賃金がもたらす乖離　174-5
　　　土地保有 land tenure の形態がもたらす乖離　171-4
　　　付随的な負の用役がもたらす乖離　179-80
　　　付随的な用役がもたらす乖離　176-8
　　　補助金と税を用いた是正策　180-1
生産要素 factors of production　109
　　待忍 waiting と労働の関係　114
　　不確実性負担 uncertainty-bearing　123-4, 131
　　不確実性負担と労働の関係　113-4
政府介入 state intervention
　　——と収用権 right of eminent domain　246-7
　　——による腐敗　247-9
　　理事会 agency of commissioners を通じての——　249-50
　　単純競争の間接的統制を通じての——　192-3
　　独占の間接的統制を通じての——　250-62
　　独占の直接的統制を通じての——　262-8
　　産業の公営を通じての——　269-82
生物学 Biology　6-7, 89-101
宣伝 advertisement　181-4
　　独占下における——　197

タ　行

単純競争 simple competition,
　　——下における各用途の私的純生産物の均等　187-93
　　——下における社会的純生産物と私的純生産物の乖離　166-81
　　鉄道料金における「サービス費用原則」の例　221
ダンピング dumping　256
賃金 wage
　　——への介入と国民分配分　322-6
　　——を引き上げる試み　291-3
　　　その障害　293-5
　　最低賃金 minimum wage　325-6
　　差別的 differential——　316-22
　　出来高 piece——と時間 time——（失業との関係）　285-91, 318-21
　　無差別的 non-differential——　296-316
鉄道料金 railway rates　221-39
　　——の区域制度 zone system　238-9
　　——の「サービス費用原則」　225-7
　　——の「サービス価値原則」　227-38
独占 monopoly
　　——が需要の変動に与える影響　157-8
　　——の発生条件　193-203
　　寡占 multiple　203
　　差別 discriminating 独占　208-9
　　差別独占と単純競争の産出量の比較　218
　　差別独占と単純独占の産出量の比較　217
　　双方 bilateral 独占　184
　　単純 simple 独占　205-8
　　鉄道料金における「サービス価値原則」の例としての差別独占　221
独占的競争 monopolistic competition
　　——下における社会的純生産物と私的純生産物の乖離　181-4
　　——の発生条件　203-4
　　「出血競争」"cut throat"　204-5, 257

ナ　行

ナショナル・ミニマム National Minimum　364-8
農地保有法 Agricultural Holdings Act　171-4

ハ・マ行

パレート法則 Pareto's Law　103-8
貧民救済の原則 principles of Poor Relief　352-64
　　差別的および無差別的　352-61
物価 prices　→「変動」
分配 distribution の意味　109-10
変動 variability
　　一般物価の——　386-99
　　　貨幣供給の——　394-6
　　　貨幣供給の弾力性　388-94
　　　貨幣需要の——　386-8
　　　物価安定策　398-9
　　雇用の——　372-5
　　需要の安定を図る慈善家および政府の行動　427-36
　　代表的労働者の実質所得の——　369-75
　　労働者階級の総実質所得の——　399-405
　　労働と待忍に対する需要の——を左右する要因　157-66
　　　在庫の変化がそれらの需要の——に与える影響　158-9

独占がそれらの需要の――に与える影響　157-8
ボイコット boycott　256-61
保険 insurance
　　　――による富者から貧者への資源移転　342-4, 358-60
　　　――の成功条件　377-8
　　　強制――の擁護論　141
　　　政府による――の強制　383-4
　　　政府による――の助成　379-82
　　　相互扶助 mutuality と貯蓄　375-6
保証貸付 guaranteed loans　154-6
満足 satisfaction の定義　53

ラ　行

利己心 self-interest

――と政府の介入　246-82
――の自由な作用への介入　166-240
限界純生産物の均等と――　132-3
労働 labour
　　　――移動を妨げる障害　136-52
　　　――需要の弾力性　118-9, 305-9
　　　――需要の変動　157-66
　　　――と国民分配分　110
　　　――の雇用方式 methods of engagement　171, 174-5, 296-304, 310-4
　　　雇用政策 Labour Bureaus policy　303-4, 430-1, 435-6
　　　非――要素との関係　113-23
労働（授産）施設 labour colonies　363-4

《監訳者紹介》

八木　紀一郎（やぎ　きいちろう）
　1947 年生まれ
　名古屋大学大学院経済学研究科博士課程単位取得退学
　現　在　摂南大学経済学部教授，京都大学名誉教授，経済学博士
　著　書　『オーストリア経済思想史研究』（名古屋大学出版会，1988 年）
　　　　　Austrian and German Economic Thought（Routledge, 2011）他

《訳者紹介》

本　郷　亮（ほんごう　りょう）
　1972 年生まれ
　関西学院大学大学院経済学研究科博士後期課程修了
　現　在　関西学院大学経済学部准教授，博士（経済学）
　著　書　『ピグーの思想と経済学』（名古屋大学出版会，2007 年）他

―――――――――――――――――――――――――――――――
ピグー　富と厚生
―――――――――――――――――――――――――――――――
2012 年 8 月 1 日　初版第 1 刷発行

　　　　　　　　　　　　　　　　　　　　　定価はカバーに
　　　　　　　　　　　　　　　　　　　　　表示しています

　　　　　　　　　　　監訳者　八　木　紀一郎
　　　　　　　　　　　訳　者　本　郷　　　亮
　　　　　　　　　　　発行者　石　井　三　記
―――――――――――――――――――――――――――――――
　　　　　　　発行所　一般財団法人　名古屋大学出版会
　　　　　〒464-0814　名古屋市千種区不老町 1 名古屋大学構内
　　　　　　　　　　　電話(052)781-5027/FAX(052)781-0697

　ⓒ Kiichiro YAGI and Ryo HONGO, 2012　　　　　Printed in Japan
　印刷・製本　㈱クイックス　　　　　　　ISBN978-4-8158-0702-3
　乱丁・落丁はお取替えいたします。

　Ⓡ〈日本複製権センター委託出版物〉
　本書の全部または一部を無断で複写複製（コピー）することは，著作権法
　上の例外を除き，禁じられています。本書からの複写を希望される場合は，
　必ず事前に日本複製権センター（03-3401-2382）の許諾を受けてください。

本郷　亮著
ピグーの思想と経済学
―ケンブリッジの知的展開のなかで―
A5・350 頁
本体5,700円

八木紀一郎著
社会経済学
―資本主義を知る―
A5・256 頁
本体2,800円

J. A. シュンペーター著　八木紀一郎編訳
資本主義は生きのびるか
―経済社会学論集―
A5・404 頁
本体4,800円

鍋島直樹著
ケインズとカレツキ
―ポスト・ケインズ派経済学の源泉―
A5・320 頁
本体5,500円

S. クレスゲ／L. ウェナー編　嶋津格訳
ハイエク，ハイエクを語る
四六・316 頁
本体3,200円

田中敏弘著
アメリカ新古典派経済学の成立
―J. B. クラーク研究―
A5・426 頁
本体6,000円

高　哲男著
現代アメリカ経済思想の起源
―プラグマティズムと制度経済学―
A5・274 頁
本体5,000円

L. マーフィー／T. ネーゲル著　伊藤恭彦訳
税と正義
A5・266 頁
本体4,500円